Akten des XI. Internationalen Germanistenkongresses Paris 2005
„Germanistik im Konflikt der Kulturen"

Band 10

Jahrbuch
für
Internationale Germanistik

Reihe A • Kongressberichte
Band 86

PETER LANG

Bern · Berlin · Bruxelles · Frankfurt am Main · New York · Oxford · Wien

UNIVERSITÉ
PARIS
SORBONNE
PARIS IV

Akten des XI. Internationalen Germanistenkongresses Paris 2005 „Germanistik im Konflikt der Kulturen"

Herausgegeben von
Jean-Marie Valentin

unter Mitarbeit von
Brigitte Scherbacher-Posé

Band 10

Geschlechterdifferenzen als Kulturkonflikte

Betreut von
Béatrice Dumiche, Ortrud Gutjahr und Vivian Liska

Regiekunst und *Development-Theatre*

Betreut von
Bernard Banoun, Simone Seym und Marielle Silhouette

Streiten im Lichte der linguistischen und
literaturwissenschaftlichen Dialogforschung

Betreut von
Priscilla Hayden-Roy, Francine Maier-Schaeffer, Günter Sasse
und Johannes Schwitalla

Deutsche Sprache und Literatur nach der Wende

Betreut von
Klaus Michael Bogdal, Anna Chiarloni, Ulla Fix,
Marie-Hélène Quéval und Patrick Stevenson

PETER LANG
Bern · Berlin · Bruxelles · Frankfurt am Main · New York · Oxford · Wien

Bibliografische Information Der Deutschen Bibliothek
Die Deutsche Bibliothek verzeichnet diese Publikation in der Deutschen
Nationalbibliografie; detaillierte bibliografische Daten sind im Internet über
‹http://dnb.ddb.de› abrufbar.

ISSN 0171-8320
ISBN 978-3-03910-799-5

© Peter Lang AG, Internationaler Verlag der Wissenschaften, Bern 2007
Hochfeldstrasse 32, Postfach 746, CH-3000 Bern 9
info@peterlang.com, www.peterlang.com, www.peterlang.net

Printed in Germany

Inhaltsverzeichnis

Sektion 22
Regiekunst und Development-Theatre

Sektion 24
Streiten im Lichte der linguistischen und
literaturwissenschaftlichen Dialogforschung

Sektion 20

Geschlechterdifferenzen als Kulturkonflikte

Betreut
von
Béatrice Dumiche, Ortrud Gutjahr
und Vivian Liska

ORTRUD GUTJAHR (Hamburg, Deutschland)

Geschlechterdifferenzen als Kulturkonflikte. Einführung in Sektion 20

Wenn beim Germanistenkongress 2005 in Paris unter dem Generalthema „Germanistik im Konflikt der Kulturen" eine Sektion mit dem Titel „Geschlechterdifferenzen als Kulturkonflikte" etabliert wurde, so gibt dies einer Veränderung der Forschungsansätze zu Geschlecht und Kultur Ausdruck, die sich seit dem letzten Dezennium des 20. Jahrhunderts abzeichnete. Denn nicht ohne Grund ging die kulturwissenschaftliche Wende in den frühen 90er Jahren mit einer umfassenden Selbstreflexion der feministischen Forschung einher, wie sie sich mit den 70er Jahren des vorigen Jahrhunderts an den deutschen Universitäten etabliert hatte. Die begrifflichen Grundlagen der feministischen Forschung wurden einer kritischen Revision unterzogen,[1] die langjährigen theoretischen Debatten um Gleichheit und Differenz auf die Reflexion der Kategorie Geschlecht und ihrer Bedeutung im Feld kulturwissenschaftlicher Forschung verlagert.[2]

In diesem Zusammenhang setzte eine intensive Beschäftigung mit der in Amerika entwickelten Gender-Forschung ein,[3] die mit Verzögerung in

1   Vgl. hierzu u.a.: Katharina Baisch / Ines Kappert / Marianne Schuller / Elisabeth Strowick / Ortrud Gutjahr (Hgg.): Gender revisited. Subjekt- und Politikbegriffe in Kultur und Medien. Stuttgart 2002. – Ingrid Bauer (Hg.): Gender-Studies: Denkachsen und Perspektiven der Geschlechterforschung. Innsbruck 2002. – Stella Jegher: Feminismus, Gender, Geschlecht. Zürich 2003. – Ingrid Neumann-Holzschuh (Hg.): Gender, Genre, Geschlecht: sprach- und literaturwissenschaftliche Beiträge zur Gender-Forschung. Tübingen 2001. – Ewa Waniek / Silvia Stoller (Hgg.): Verhandlungen des Geschlechts: zur Konstruktivismusdebatte in der Gender-Theorie. Wien 2001.

2   Inge Stephan: „Gender, Geschlecht und Theorie". In: Christina von Braun und Dies. (Hgg.): Genderstudien. Eine Einführung. Stuttgart 2000, S. 58–96. – Claudia Breger / Dorothea Dornhof / Dagmar von Hoff: „Gender Studies / Gender Trouble. Tendenzen und Perspektiven der deutschsprachigen Forschung". In: Zeitschrift für Germanistik NF 9.1 (1999), S. 72–113.

3   Linda J. Nicholson: Gender and History: the limits of social theory in the age of the family. New York 1986. – Nancy Fraser: Unruly practices: power, discourse, and gender in contemporary social theory. Oxford 1989. – Elaine Showalter: Speaking of Gender. New York 1989. – Mary Roth Walsh (Hg.): Women, Men, and Gender. Ongoing Debates. New Haven und London 1997.

die Theoriebildung in Deutschland Eingang fand. Denn erst durch die Elaborierung kulturwissenschaftlicher Fragestellungen und Ansätze eröffneten sich auch für die Untersuchung von Geschlechterkonstruktionen neue Perspektiven. In der Diskussion um die Kategorie Geschlecht gewann die Sex / Gender-Relation hohen Attraktivitätswert, da sie eine Unterscheidung zwischen biologischem und sozialem Geschlecht ermöglicht und zugleich deren Bedeutungtraditionen neu denkt. Vor allem aber wurde damit eine ganz grundsätzliche Kritik an Grundannahmen der Geschlechterforschung angestoßen, die in Deutschland im Zuge der Studentenbewegung und deren vielfältigen Emanzipationsansprüchen innerhalb der Germanistik als feministische Literaturwissenschaft entstanden war.

Bereits durch die Rezeption der *écriture féminine* und des dekonstruktiven Feminismus amerikanischer Provenienz war in den 80er Jahren herausgestellt worden, dass Geschlechtlichkeit weder biologisch noch kulturell als etwas Wesentliches verstanden werden kann, sondern in ihrer rhetorischen Verfasstheit als Effekte sprachlicher Zuweisungen und Oppositionsbildungen zu verstehen ist.[4] Geschlechterzuschreibungen werden unter diesen theoretischen Voraussetzungen als Figuren illusionärer Sinneffekte gelesen. Dekonstruktive Lektüre analysiert literarische Figuren als differenzielle Momente, die nicht bedeuten wollen, was sie zu erkennen geben und versteht sich als Defiguration und Kritik vorgegebener Muster und Bedeutungszuweisungen.

Als Judith Butlers Buch *Gender Trouble* ein Jahr nach Erscheinen unter dem Titel *Das Unbehagen der Geschlechter* in deutscher Sprache veröffentlicht wurde, war durch die Entwicklung von den Frauenstudien zum dekonstruktiven Feminismus das Feld für die produktive Rezeption dieses Ansatzes bereitet.[5] Die in Butlers Buch reflektierte Debatte um geschlechtliche Identität verdankt sich Impulsen aus der feministischen Literaturwissenschaft, nämlich der Psychoanalyse und ihren Verbindungen mit der Linguistik, dem französischen Dekonstruktivismus, Foucaults Diskurstheorie

4   Barbara Vinken (Hg.): Dekonstruktiver Feminismus. Literaturwissenschaft in Amerika. Frankfurt a. M. 1992.
5   Judith Butler: Das Unbehagen der Geschlechter. Frankfurt a.M. 1991 [Gender trouble: feminism and the subversion of identity. New York 1990]. Zur Rezeption von Butlers Buch siehe z. B. die Studien von Isabell Lorey: Immer Ärger mit dem Subjekt. Theoretische und politische Konsequenzen eines juridischen Machtmodells: Judith Butler. Tübingen 1996. – Christine Hauskeller: Das paradoxe Subjekt. Unterwerfung und Widerstand bei Judith Butler und Michel Foucault. Tübingen 2000. – Karin Ludewig: Die Wiederkehr der Lust. Körperpolitik nach Foucault und Butler. Frankfurt a. M. 2002 und Feministische Studien: Kritik der Kategorie Geschlecht 11.2 (1993).

und soziologischen Interaktionsmodellen. Essentielle Geschlechtsidenti-
täten werden mit diesem Ansatz als Effekte kultureller Normen lesbar gemacht und jeglicher Rekurs auf vordiskursive Geschlechterkörper als Illusion markiert. Denn die Kategorie *sex* ist nach Butler ebenso kulturell
konstituiert wie *gender* auch.

Butlers Thesen stellten die feministische Literaturwissenschaft, wie sie
sich in den 60er und 70er Jahren mit emanzipatorischem Selbstverständnis herausgebildet hatte, radikal in Frage. Die Untersuchung von Weib-
lichkeitsbildern in der Literatur als Ausdruck männlicher Projektionen
schien nun obsolet. Die große Wirkung, die das Buch hatte, verdankt sich
dem Ansatz, Geschlechterbeziehungen „nicht länger als Ausdruck oder
Repräsentation einer statischen, naturgegebenen Ordnung" zu sehen, sondern als „Repräsentationen von kulturellen Regelsystemen"[6]. Butler refe-
riert Theorien zu Sex/Gender-Konstellationen von Freud, Lacan, Foucault
und Vertreterinnen der *écriture féminine* und stellt jegliche Form von Naturalismus und Essentialismus, die Logik binärer Strukturen und die heterosexuelle Matrix als gesellschaftliches Organisationsprinzip in Frage. Sie
geht davon aus, dass das biologische Geschlecht *(sex)* niemals als natür-
liches Geschlecht, sondern nur über soziokulturelle Vermittlung überhaupt
wahrgenommen werden kann. Butler kritisiert in diesem Zusammenhang
auch die Psychoanalyse, da hier Normen formuliert seien, die einer heterosexuellen Matrix folgen.[7] Demgegenüber verfolgt sie eine aufklärerische
Intention, insofern sie nach der Zuschreibungspraxis, also dem diskursiven
Verfahren zur Herstellung von Geschlecht fragt. Präferiert werden bei ihr
gender acts, also beispielsweise parodistische Praktiken, mit denen Kategorien von Geschlecht und Sexualität ins Wanken gebracht werden. Butler versteht Vergeschlechtlichung als fortwährende *gender performances*,
die darin bestehen, dass kulturelle Zuschreibungen bewusst am eigenen
Körper wiederholt werden, damit sie als solche erkannt werden können.
Parodie und Travestie sollen sichtbar machen, dass Geschlechtsidentität
nichts anderes als eine performative Aneignung von Zuschreibungen ist.

---

6 Renate Hof: Die Grammatik der Geschlechter, „Gender" als Analysekategorie
   der Literaturwissenschaft. Frankfurt a. M., New York 1995, S. 16.
7 Der Genderdiskurs der 90er Jahre hat klassische feministische Grundannahmen wie Frau, Identität und Subjekt unterwandert und dekonstruiert. Teresa de
   Lauretis hat in ihrer Studie: The practice of love: lesbian sexuality and perverse
   desire. Bloomington 1994, die 1996 unter dem Titel: Die andere Szene. Psychoanalyse und lesbische Sexualität. Berlin 1996 ins Deutsche übersetzt wurde, in
   Auseinandersetzung mit der Psychoanalyse Sexualität als semiotischen Prozess
   betrachtet. Lauretis betont, dass die Psychoanalyse wegen der Betonung des
   Scheiterns der sexuellen Identität wieder gelesen werden müsse.

Konzepte der Maskerade, wie sie Butler in *Gender Troubles* in Anknüpfung an Rivière,[8] Lacan und den poststrukturalistischen Feminismus entwickelt hatte, wurden auch in der Genderdebatte in Deutschland weiter entwickelt.[9] Maskerade wird hierbei als Nachahmung eines nicht vorhandenen Originals verstanden[10] und Geschlecht als Kompromissbildung, mit der Konflikte und Widersprüche verhüllt und zugleich bewahrt bleiben.

Mit der Übernahme des Begriffs Gender in den deutschen Sprachgebrauch wird zum einen noch einmal buchstäblich deutlich, dass die Entwicklung der feministischen Theorie ohne den Transfer aus den USA undenkbar ist. Zum anderen wird der deutsche Begriff Geschlecht damit aber nicht obsolet, denn er umfasst ein weites semantisches Feld, dessen Erschließung sich lohnt. Der lateinische Begriff Genus, von dem sich Geschlecht ableitet, meint Geburt, Abkunft, Stamm, Haus, Familie, Nachkomme, Gattung und Klasse. In der ursprünglichen Bedeutung bezeichnete Geschlecht die Art des Menschen (das Menschengeschlecht), wie auch die blutsverwandte Familie oder Sippe, die auf einen Stammvater zurückgeht.[11] Im Weiteren werden aber auch die sekundären Geschlechtsmerkmale eines Menschen sowie seine Zugehörigkeit zu einer der dichotom bestimmten Gruppen von Männern oder Frauen damit gemeint. Der Begriff Geschlecht umspannt also einerseits sowohl eine Einheit (Menschheit) wie auch eine Spaltung (Männer und Frauen). Andererseits bezieht sich Geschlecht auf biologische wie soziokulturelle Differenzbestimmungen, die durch diskursive Vorgaben geprägt sind.[12] Komposita erweitern und präzisieren dieses semantische Feld von Geschlecht noch weiter. So wird etwa mit dem Begriff *Geschlechtsidentität* das durch Sozialisation in einer Kulturgemeinschaft erworbene Bewusstsein gefasst, einem differentiellen, von einem anderen abgegrenzten Geschlecht anzugehören.

---

8   Joan Rivière: „Weiblichkeit als Maskerade". In: Liliane Weissberg (Hg.): Weiblichkeit als Maskerade. Frankfurt a.M. 1994, S. 34–47 [zuerst in engl. veröffentlicht als „Womanliness as a Masquerade". In: The International Journal of
    Psychoanalysis 10 (1929), S. 36–44].

9   Elfi Bettinger/Julika Funk (Hgg.): Maskeraden. Geschlechterdifferenz in der
    literarischen Inszenierung. Berlin 1995.

10 Vgl. hierzu auch: Gertrud Lehnert: Wenn Frauen Männerkleider tragen. Geschlecht und Maskerade in Literatur und Geschichte. München 1997.

11 Jacob und Wilhelm Grimm: Deutsches Wörterbuch, 33 Bde. München 1984,
    Bd. 5, S. 3903 ff.

12 Vgl. hierzu auch die entsprechenden Einträge in: Renate Kroll (Hg.): Metzler-
    Lexikon Gender Studies, Geschlechterforschung: Ansätze – Personen – Grundbegriffe. Stuttgart 2002.

Geschlechtsidentität meint somit auch die Selbstwahrnehmung eines Subjekts als geschlechtlich bestimmtes. Der Begriff *Geschlechtscharakter* verweist demgegenüber auf eine Festschreibung von Eigenschaften und Verhaltensweisen, die für einen Zeitraum gleichsam geschlechtsspezifisch kanonisiert werden. Hierbei handelt es sich um eine diskursive Konstruktion von dichotomen Zuordnungen. Mit dem Begriff *Geschlechterrolle* wird in Anlehnung an die soziologische Rollentheorie ein gesellschaftlich erwartetes Verhalten gefasst, durch das eine weibliche oder eine männliche Position zu erkennen gegeben wird. Unter Geschlechterrolle kann somit das soziale Verhalten gemäß einer Geschlechterbestimmung verstanden werden, wie auch ein spielerischer Umgang mit diesen Geschlechtszuschreibungen. Mit dem Begriff *Geschlechterverhältnisse* werden die Beziehungen der Geschlechter untereinander nach Maßgabe soziokultureller Vorgaben und unter den Bedingungen epochenspezifischer Geschlechterdiskurse bestimmt.

Obwohl der Begriff Genus (Verb: genere = erzeugen, erschaffen, hervorbringen) auf die Erzeugung von Bedeutungen, die Herstellung von Klassifikationen und die Konstruktion von Beziehungen hinweist, konnte er sich innerhalb der deutschsprachigen Geschlechterforschung nicht etablieren.[13] Genus wird im deutschen Sprachgebrauch als lexikalisch-grammatische Kategorie verwendet. In der Literatur- und Kunstwissenschaft dient der Begriff *genre* (der französische Begriff für *gender*) auch der Kategorisierung innerhalb von Gattungen oder Gebieten. Der englisch-amerikanische Begriff *gender* konnte sich jedoch im deutschen Sprachgebrauch etablieren, weil er theoretisch wesentlich stärker bestimmt ist als der Begriff Geschlecht. Im deutschsprachigen Zusammenhang wird Gender im Sinne von soziokulturell konstruiertem Geschlecht im Gegensatz zum biologischen Geschlecht gebraucht. Populär wurde die Kategorie Gender aber vor allem durch die deutsche Übersetzung von Butlers *Gender Trouble,* denn keine theoretische Debatte hat die feministische Forschung so polarisiert und zugleich revidiert wie Butlers Buch.

Gender Studies sind mittlerweile nicht mehr marginales Randgebiet innerhalb der Wissenschaften, sondern diskussionsbeherrschend. Die feministische Wissenschaftskritik wurde institutionell verankert und zu einem Forschungsfeld, das mehr und mehr Ansehen genießt. Professuren wurden zu diesem Schwerpunkt ausgeschrieben und Graduiertenkollegs zu diesem Themengebiet ermöglichen eine Nachwuchsförderung, mit wel-

---

13 Ein Versuch, die Kategorie Genus zu etablieren, wurde unternommen mit dem Band: Renate Hof/Hadumod Bußmann (Hgg.): Genus. Zur Geschlechterdifferenz in den Kulturwissenschaften. Stuttgart 1995.

cher der Genderforschung immer breiterer Raum eingeräumt wurde.[14] In eigens eingerichteten Reihen werden die Ergebnisse dieser Forschungen publiziert.[15] Ebenso sind zahlreiche Zeitschriften zur feministischen Forschung und zu Genderstudien erschienen.[16] An vielen deutschen Universitäten können mittlerweile *Gender Studies* zumeist in transdiziplinärer Zusammenarbeit von Kultur-, Sprach-, Literatur- und Sozialwissenschaften studiert werden[17] und Zentren für interdisziplinäre Frauen- und Geschlechterforschung wurden etabliert.

Die *Gender Studies* können als Grundlage, als Fortsetzung oder Überwindung der feministischen Literaturwissenschaft gesehen werden. Durch sie kam es zu einer Ausdifferenzierung der Geschlechterthematik und Verknüpfung mit anderen Kategorien gesellschaftlicher Differenzierung. So werden innerhalb der *Gender Studies* auch andere Differenzstudien wie

14 Besonders einflussreich war das Münchener Graduiertenkolleg „Geschlechterdifferenz und Literatur", das seit Anfang der 90er Jahre gefördert wurde. Im Rahmen dieses Graduiertenkollegs wurden zahlreiche Symposien veranstaltet und Sammelbände zu Autorschaft, Geschlechterdifferenz und Maskerade publiziert. Beispiele hierfür sind Ina Schabert/Barbara Schaff (Hgg.): Autorschaft: Genus und Genie in der Zeit um 1800. Berlin 1994. – Birgit Wägenbaur: Die Pathologie der Liebe: literarische Weiblichkeitsentwürfe um 1800. Berlin 1996. – Claudia Öhlschläger (Hg.): Körper – Gedächtnis – Schrift: der Körper als Medium kultureller Erinnerung. Berlin 1997. – Kati Röttger (Hg.): Differenzen in der Geschlechterdifferenz: aktuelle Perspektiven der Geschlechterforschung. Berlin 1999 in der Reihe „Geschlechterdifferenz und Literatur".

15 Die von Ina Schabert und Gerhard Neumann herausgegebene Reihe „Geschlechterdifferenz und Literatur" im Erich Schmidt-Verlag und die von Inge Stephan und Sigrid Weigel herausgegebene Reihe „Literatur – Kultur – Geschlecht" im Böhlau-Verlag sowie die Reihe „Gender Studies" im Suhrkamp Verlag.

16 „Rundbrief Frauen in der Literaturwissenschaft", der von der Hamburger Arbeitsstelle für feministische Literaturwissenschaft herausgegeben wurde. Die Zeitschriften „Metis. Zeitschrift für historische Frauenforschung und feministische Praxis" (Dortmund). – „Die Philosophin. Forum für feministische Theorie und Philosophie" (Tübingen). – „Querelles. Jahrbuch für Frauenforschung" (Göttingen). – „Feministische Studien (Stuttgart). – „Figurationen: Gender, Literatur, Kultur" (Köln).

17 Als Beispiele: Interdisziplinärer Magisterstudiengang für NF und HF: Geschlechterstudien/gender studies an der Berliner Humboldt Universität. – Interdisziplinärer Magisterstudiengang für NF: Feministische Studien an der Universität Bremen. – Studiengang: Gender Studies/Geschlechterforschung an der Freiburger Universität. – Studiengang: Gender Studies u. a. an den Universitäten Konstanz und Hamburg.

Queer Studies,[18] interkulturelle[19] oder postkoloniale[20] Studien betrieben und die Konstruktion von Männlichkeit rückt ins Blickfeld des Interesses.[21] Zentrale Frage wird nun, wie die Untersuchung von Geschlecht mit anderen Formen der Bedeutungszuschreibung und Hierarchisierung verzahnt werden kann.[22] Denn Gender-Studien definieren keine Geschlechterdifferenz, sondern untersuchen, wie solche Differenzzuschreibungen in verschiedenen Zusammenhängen und Epochendiskursen hergestellt werden und welche Bedeutung ihnen beigemessen wird.

Vor allem die epochenspezifischen Geschlechterdiskurse, mit deren Hilfe die Zuschreibungspraktiken verfestigt und legitimiert werden, geraten nun verstärkt ins Blickfeld, insofern mit dem Begriff Gender nach der

18 Gesa Lindemann: Das paradoxe Geschlecht. Frankfurt a.M. 1993. – Alexandra Busch / Dirck Linck: Frauenliebe/Männerliebe. Eine lesbisch-schwule Literaturgeschichte in Porträts. Stuttgart 1997. – Ulf Heidel: Jenseits der Geschlechtergrenzen: Sexualitäten, Identitäten und Körper in Perspektiven von Queer Studies. Hamburg 2001. – Andreas Kraß (Hg.): Queer denken: gegen die Ordnung der Sexualität. Frankfurt a.M. 2003.
19 Z.B. Judith Schlehe (Hg.): Zwischen den Kulturen – zwischen den Geschlechtern. Münster 2000. – Judith Schlehe (Hg.): Interkulturelle Geschlechterforschung: Identitäten – Imaginationen – Repräsentationen, Frankfurt a. M. 2001.
20 Hito Steyerl (Hg.): Spricht die Subalterne deutsch? Migration und postkoloniale Kritik. Münster 2003. – Encarnacíon Gutíerrez Rodríguez: „Fallstricke des Feminismus. Das Denken ‚kritischer Differenzen‘ ohne geopolitische Kontextualisierung. Einige Überlegungen zur Rezeption antirassistischer und postkolonialer Kritik". In: polylog. Zeitschrift für interkulturelles Philosophieren 2 (2000) [= http://them.polylog.org/2/age-de.htm]
21 Z.B. Stefan Beier: Kritische Männerforschung: neue Ansätze in der Geschlechtertheorie. Berlin 1996. – Constance Engelfried: Männlichkeiten: die Öffnung des feministischen Blicks auf den Mann. Weinheim 1997. – Doris Janshen: Blickwechsel: der neue Dialog zwischen Frauen- und Männerforschung. Frankfurt a.M. 2001. – Ursula Pasero / Christine Weinbach (Hg.): Frauen, Männer, Gender trouble: systemtheoretische Essays. Frankfurt a.M. 2003.
22 Z.B. in Brigitte Rommelspacher: Dominanzkultur: Texte zu Fremdheit und Macht. Berlin 1995. – Sedef Gümen: „Die sozialpolitische Konstruktion ‚kultureller‘ Differenzen in der bundesdeutschen Frauen- und Migrationsforschung". In: Beiträge zur feministischen Theorie und Praxis 42 (1996), S. 77–90. – Sabine Schülting: Wilde Frauen, fremde Welten. Kolonisierungsgeschichten aus Amerika. Reinbek bei Hamburg 1997. – Heidi Armbruster: „Feministische Theorien und Ethnologie". In: polylog. Zeitschrift für interkulturelles Philosophieren 4 (1999) [http://lit.polylog.org/2/eah-de.htm]. – Claudia Rademacher / Peter Wiechens (Hgg.): Geschlecht, Ethnizität, Klasse. Zur sozialen Konstruktion von Hierarchie und Differenz. Opladen 2001. – Birgit Sauer: „Ethnizität (Ethnozentrismus)". In: Renate Kroll (Hg.): Metzler-Lexikon Gender Studies, Geschlechterforschung: Ansätze – Personen – Grundbegriffe. Stuttgart 2002, S. 92f.

Funktion und den Konsequenzen von Differenzierungen, Polarisierungen und Hierarchisierungen gefragt wird. Es geht also um die Untersuchung der Rückwirkungen von Mythen, Ideologien und religiösen Vorstellungen auf die Entstehung von Geschlechterzuschreibungen. Mit der Gender-Kategorie werden ältere feministische Forschungen um eine dynamische Beziehungskategorie erweitert, mit der die Herstellung von Differenz untersucht werden kann. Der ehemals feministische Ansatz wechselt damit auch in eine interdisziplinär ausgerichtete Kulturwissenschaft, die sich nun prinzipiell mit der Konstruktion von Geschlecht auch in wissenschaftlichen Argumentationsmustern auseinander setzt.[23] Aufgehoben ist damit auch eine Dichotomisierung zwischen Frauenforschung und kanonisierter Wissenschaft zugunsten einer Etablierung der Kategorie Geschlecht in dem kulturwissenschaftlichen Forschungsbereich.[24] Die Gender-Studien verstehen sich mithin auch als eine Form der Wissenschaftskritik, insofern Konstruktionsbedingungen des Faches und des Wissenskanons hinterfragt werden. Mit dem Hinweis auf die kulturelle Konstruktion von Geschlechtsidentität wird darüber hinaus grundlegende Kritik an essentialistischen Vorstellungen artikuliert. Es geht mithin also um die Art und Weise, wie über kulturspezifische Bedeutungszuschreibungen Differenzen generiert, Dichotomisierungen eingeführt und Hierarchien produziert werden.

So fanden beispielsweise im Rahmen des durch die Deutsche Forschungsgemeinschaft geförderten Projektes „Das Subjekt und die Anderen. Interkulturalität und Geschlechterdifferenz von der frühen Neuzeit bis zur Gegenwart" an der Universität Trier Tagungen statt, in denen die europäische Subjektkonstruktion über die Etablierung jeweiliger ‚Anderer' untersucht wurde.[25] Hier wurde der Versuch unternommen, die Interkulturalitätsforschung und die feministische Kulturkritik zusammenzuführen und Überschneidungen von kultureller und sexueller Differenz in den Blick zu nehmen. Untersucht wurden die Erzeugungsregeln sexueller, ethnischer und nationaler Differenz in literarischen Repräsentationen. Dabei ging es auch um die Frage, in welcher Weise Geschlechtermythen kulturelle Unter-

---

23   Von Braun und Stephan plädieren für eine Beibehaltung der feministischen Forschung neben der genderorientierten Forschung. Christina von Braun / Inge Stephan (Hgg.): Gender-Studien: eine Einführung. Stuttgart 2000, S. 11.

24   Dörte Bischoff: „Gender-Theorien. Neuere deutsche Literatur". In: Claudia Benthien / Hans Rudolf Velten (Hgg.): Germanistik als Kulturwissenschaft. Eine Einführung in neue Theoriekonzepte. Reinbek bei Hamburg 2002, S. 298–322.

25   Z. B. Herbert Uerlings / Karl Hölz / Viktoria Schmidt-Linsenhoff (Hgg.): Das Subjekt und die Anderen: Interkulturalität und Geschlechterdifferenz vom 18. Jahrhundert bis zur Gegenwart. Berlin 2001.

schiede und Machtverhältnisse naturalisieren. Untersucht wurde, wie Deutungsmuster des sexuell und kulturell Fremden durch Ethnisierung hierarchisiert werden. Insofern Kulturbegegnung nicht selten in den Dichotomien von männlich und weiblich gefasst wird, wurde innerhalb dieses Forschungszusammenhanges herausgearbeitet, dass die Selbstermächtigung der Europäer über Geschlechtsmetaphern konstruiert wird.[26] Die Begegnung zwischen alter und neuer Welt ist nicht selten in das Narrativ einer Paarbeziehung eingekleidet, mit der koloniale Beziehungen emotional verbrämt werden.[27] Ansatzpunkt ist, dass in der Literatur jene Dichotomien, welche Kultur strukturieren, mit ihren Verwerfungen und Verfehlungen, und damit auch in Distanz zum Diskurs, inszeniert werden.

Während in der feministischen Literaturwissenschaft die Frau in ihrem Objektstatus untersucht wurde, gerät im gegenwärtigen Forschungsfeld das hegemoniale Subjekt in den Blick, das des konstitutiven Fremden bedarf, um sich als solches überhaupt etablieren zu können.[28] Damit rücken aber auch die kulturspezifische Konstruktion von Geschlecht und die Verfahren der geschlechtsspezifischen Bedeutungszuschreibung ins Zentrum einer kulturwissenschaftlich orientierten Literaturwissenschaft. Unter dieser kulturwissenschaftlichen Perspektive lassen sich Männlichkeit und Weiblichkeit als Relations- oder Unterscheidungsbegriffe fassen, mit denen Differenzpositionen bestimmt werden. Weiblichkeit und Männlichkeit sind demnach heuristisch als operationale Größen von Geschlechtlichkeit zu verstehen, die erst durch die kulturellen Prozesse der Vergeschlechtlichung hervorgebracht werden. Die geschlechtliche Differenzierung ist dabei an den jeweiligen kulturellen Kontext gebunden und nur innerhalb dieses Kontextes plausibel.

Auf Geschlecht wird somit nicht reagiert, sondern es wird in seiner Bedeutung durch Interaktionen und kommunikative Situationen hergestellt. Geschlecht basiert auf keiner naturwüchsigen Differenz, sondern die Differenz wird als Bedeutungsraum, in dem Geschlechtlichkeit zugesprochen

---

26 Vgl. hierzu auch: Tzvetan Todorov: Die Eroberung Amerikas. Das Problem der Anderen. Frankfurt a.M. 1985, S. 185.

27 Vgl. hierzu ausführlich: Herbert Uerlings: „Das Subjekt und die Anderen. Zur Analyse sexueller und kultureller Differenz. Skizze eines Forschungsbereichs". In: Ders./Hölz/Schmidt-Linsenhoff: Das Subjekt und die Anderen, S. 19–54, hier: S. 19.

28 Vgl. hierzu auch: Uerlings: Das Subjekt und die Anderen, S. 23. Für die deutschsprachige Forschung siehe z.B. Sedef Gümen: „Die sozialpolitische Konstruktion ‚kultureller' Differenzen in der bundesdeutschen Frauen- und Migrationsforschung". In: Beiträge zur feministischen Theorie und Praxis 42 (1996), S. 77–90.

wird, erst hergestellt. Somit sind es nicht vorfindbare Unterschiede, die durch die Begriffe Männlichkeit und Weiblichkeit nur ihren sprachlichen Ausdruck finden, sondern es ist eine Tradition von geschlechtsspezifischen Zuschreibungen, durch die Geschlechterdifferenzen wahrgenommen und dramatisiert werden. Geschlechtlichkeit wird einerseits durch einen kulturellen Kanon von Zuschreibungen bestimmt und andererseits gleichzeitig durch performative Akte, mit denen Teile des kulturellen Archivs fortgeschrieben, umgedeutet oder subvertiert werden. Geschlechtlichkeit ist somit kulturelles Archiv, das über Speichermedien wie Bilder, Texte, Tonaufzeichnungen und Filme präsent gehalten wird. Zugleich aber ist dieses Archiv auch die Bühne, auf der Geschlecht immer wieder neu inszenierbar wird. Dramatisiert aber werden Geschlechtsunterschiede besonders in Phasen kulturellen Wandels, wenn Geschlechterzuschreibungen ins Wanken geraten und umcodiert werden. Das Geschlecht ist demnach Teil einer kulturdistinktiven Beziehungsdefinition,[29] die erst Selbstdefinition ermöglicht, da jede Selbstbeschreibung geschlechtsspezifische Alterität, von der sich das Selbst abgrenzend profiliert, in Anspruch nehmen muss.

So werden die Analysen zur kulturellen Konstruktion von Geschlecht für eine interkulturelle Gender-Theorie anschlussfähig, wenn die Kategorie Geschlecht auch als interkulturell, translokal und multipel konstruiert untersucht wird.[30] Auch Judith Butler hat in ihren Untersuchungen herausgestellt, dass kulturelle Geschlechtskonstruktionen über Ausschlussbestimmungen vermittelt sind, „und zwar so, daß das Menschliche nicht nur in Abgrenzung gegenüber dem Unmenschlichen produziert wird, sondern durch eine Reihe von Verwerfungen, radikalen Auslöschungen, denen die Möglichkeit kultureller Artikulation regelrecht verwehrt wird.“[31] Fragestellungen zu Geschlechterdifferenzen als Kulturkonflikte richten ihr Augenmerk dabei auf die Verwerfungen[32] bei interkulturellen Geschlechterbeziehungen, die von der antiken Mythologie bis zur Gegenwartsliteratur im Zusammenhang mit Kriegen, Handel, Kolonialismus und Reisen nicht selten im Zeichen von Gewalt und rigiden Grenzziehungen stehen. In den

---

29 Vgl. Hahn: Die soziale Konstruktion des Fremden, S. 140–166. – Kai Uwe Hellmann: „Fremdheit als soziale Konstruktion. Eine Studie zur Systemtheorie des Fremden". In: Herfried Münkler (Hg.): Die Herausforderung durch das Fremde. Berlin 1998, S. 401–459.

30 Judith Schlehe: „Gender als transkulturelle Konstruktion". In: Judith Schlehe (Hg.): Zwischen den Kulturen – Zwischen den Geschlechtern. Kulturkontakte und Genderkonstrukte. Münster u. a. 2000, S. 7–16.

31 Judith Butler: Körper von Gewicht. Die diskursiven Grenzen des Geschlechts. Berlin 1995, S. 29.

32 Vgl. James P. Sterba: Three Challenges to Ethics. Environmentalism, Feminism and Multiculturalism. New York u. a. 2001.

Fokus des Interesses rücken die Erzeugungsregeln solcher Grenzziehungen, um damit die Ein- und Ausschlussbewegungen zu untersuchen, nach denen sich Kultur je neu formiert.

Die innerhalb der Sektion „Geschlechterdifferenzen als Kulturkonflikte" zur Publikation eingereichten Beiträge nehmen in der Frage nach den Konfliktpotentialen kulturvariabler Konstruktionsbedingungen von Geschlechtlichkeit unter historischer Dimension auf literarische Texte Bezug, die den Zeitraum von der Goethezeit bis ins späte 20. Jahrhundert umfassen. Nicht selten wird dabei nach der Diskursivierung neuer Wissensformen gefragt, durch die Geschlechterkonstruktionen neue Bestimmungen erfahren. So wurde von Marie-Claire Hook-Demarle (Paris) noch einmal betont, dass im Gefolge von aufklärerischen Aufbruchsbewegungen und den Veränderungen durch die Französische Revolution es auch Frauen möglich wurde, durch das Ideal der Geselligkeit im privaten Raum Öffentlichkeit herzustellen und somit in begrenztem Umfang neue Diskurse mit zu initiieren. Dass die Ausdifferenzierung der Geschlechterdifferenz um 1800 nicht mehr allein in den Dichotomien von Natur / Kultur oder Geist / Körper gefasst werden kann, wird von Barbara Thums (Tübingen) durch den Kloster-Topos veranschaulicht. Anhand eines medizinischen Textes, der die Frage nach den Auswirkungen der Einsamkeit behandelt, kann gezeigt werden, wie das Kloster, das als Gegenwelt und zugleich Container für Ausgeschlossenes und Tabuisiertes bestimmt wird, im Sinne Foucaults als Heterotopos fungiert. Aufgegriffen wird bei dieser Bestimmung die um 1800 virulente Debatte um die Einbildungskraft, welche durch Orientalismus- und Sexualmetaphern semantisiert und als Abweichung von aufgeklärter Vernunftreligion kategorisiert werden kann. Spuren dieser weitreichenden Bestimmung werden bis in die Verweltlichung des zölibatären Ideals und den Entwurf eines bürgerlichen Liebesideals ausgemacht. Wie sehr Geschlechterdiskurse in die Literatur um 1800 Eingang finden und andererseits diese Phantasien wiederum als Erklärungsmuster für Phänomene der Alltagswelt eingesetzt werden können, wird von Richard Ilgner (St. John's) durch die Interpretation die Figur der Helena im zweiten Teil von Goethes *Faust* verdeutlicht. Amalgamiert werde in der Figur der Helena ein moderner Kulturkonflikt, wie er sich mit der Etablierung der bürgerlichen Gesellschaft herauskristallisierte. Es gehe nämlich implizit um einen Kampf gegen weibliche Sexualität und damit – wie der Rekurs auf die Fruchtbarkeit und Leiblichkeitsmythen der Antike zeige – um die Verdrängung von Körperlichkeit und letztlich um das Aufzeigen von kulturellen Vernichtungstendenzen.

Ein weiterer Schwerpunkt der zur Publikation eingereichten Beiträge liegt in der Literatur des späten 19. Jahrhunderts, die bevorzugt im Sinne einer Literatur am Vorabend der literarischen Moderne gedeutet wird. Louise Forssell (Stockholm) betont, dass Theodor Storm, der mit seinem Schrei-

ben der Ästhetik des Realismus verpflichtet ist, bereits in die Moderne
voraus weisende Tendenzen aufweist. Ausgehend von Robert Connells
Konzept zur hegemonialen Männlichkeit wird die Binnendifferenzierung
von Männlichkeit in Storms Novelle *Der Herr Etatsrat* untersucht und die
Familie für die Herausbildung von Geschlechtsidentität als wichtigste Institution der bürgerlichen Gesellschaft in den Blick gehoben. Herausgearbeitet wird, wie kulturelle Ängste in Figuren männlicher Schwäche deponiert werden. Storm zeige in einer Zeit, in der die Erfüllung hegemonialer
Männlichkeit kulturell eingefordert werde, bereits deren Maskenhaftigkeit.
Dass die Geschlechterkonflikte im Roman des Realismus vielfältig auch
durch die technische Moderne und ihren neuen Wertediskurs fundiert werden, kann von Márta Harmat (Szeged) anhand der paradigmatischen Ehebruchsromane des 19. Jahrhunderts aufgewiesen werden. Entwickelt wird
die These, dass in Theodor Fontanes *Effi Briest*, Leo Tolstois *Anna Karenina* und Gustave Flauberts *Madame Bovary* das Zerbrechen der weiblichen Protagonistinnen an einem durch die Männerfiguren repräsentierten
Ordnungsdiskurs des 19. Jahrhunderts gezeigt werde und damit zugleich
ein spezifisch moderner Genderdiskurs zur Sprache komme. Ganz in diesem Sinne untersucht Xiaoqiao Wu (Beijing) anhand Theodor Fontanes
Roman *Stine*, dass die Verbindung zwischen einem Mädchen der Unterschicht und einem Mann aus dem Adelsstand nicht allein aufgrund der
Standesunterschiede als Mesalliance gilt. Vielmehr sei der Geschlechter-
konflikt auch einem militärischen Wertekodex geschuldet, der eine epo-
chensignifikante Form hegemonialer Männlichkeit hervortreibe.

Innerhalb der Geschlechterdiskurse um 1900 wird, wie dies Hélène
Laffont (Amiens) darlegt, die Philosophie Nietzsches zu einem Steinbruch,
bei dem nicht selten Theoreme und Parolen zu Weiblichkeit und Männlichkeit vor allen Dingen vor dem Hintergrund von Bachofens *Mutterrecht*
zu einem diffusen Konglomerat von Vorstellungen über Weiblichkeit amal-
gamieren. Insbesondere im Rekurs auf antike Mythologeme über Fruchtbarkeit werde in der Frau die Gebärerin des Übermenschen gesehen. In
welcher Weise dann aber auch Kolonisierung und Expansionsbestrebun-
gen Geschlechterdiskurse um 1900 geprägt haben, kann Thomas Pekar
(Tokyo) anhand von Romanen deutlich werden lassen, in denen Frauen,
die Japanreisen unternommen hatten, in kulturvergleichender Absicht über
die Geschlechterkonstellationen in Japan und Europa geschrieben haben.
In diesen Romanen werde gleichsam ein literarisches Kontrastprogramm
zu dem in der deutschsprachigen Literatur vielfach verhandelten Thema
männlicher Hegemonialität entwickelt. Denn die kulturrelativistische Sichtweise der Romane generiere nicht nur eine Überschätzung weiblicher
Emanzipationsbestrebungen im Westen, sondern auch eine Überlagerung
von Emanzipations- und Nationaldiskurs. Andrea Bandhauer und Maria

Veber (Sydney) zeigen anhand der Aufzeichnungen und Briefe der Missionarsfrau Frieda von Strehlow, dass der Kolonisierung und Missionierung
Australiens zu Ende des 19. Jahrhunderts implizit ein weiblicher Unter-
werfungsauftrag in doppelter Hinsicht eingeschrieben war. Die Missionarsfrau war gezwungen, innerhalb der Geschlechterkonstellation eine untergeordnete Rolle einzunehmen und sich zugleich zur Komplizin eines religiös
abgestützten Hegemonialstrebens zu machen.

Die in den letzten zwanzig Jahren ausdifferenzierte Männlichkeitsforschung hat deutlich herausgearbeitet, dass Vorstellungen über Männlichkeit
gerade im Zusammenhang mit Kolonialismus und Eroberung besonders
deutlich hervortreten. Die Formierung der modernen Gesellschaft geht mit
der Diskursivierung von Männlichkeit als einer von Vernunft geprägten
Charakterstruktur in Wissenschaft, Wirtschaft und Staat einher. Die Legitimierung des Patriarchats und die Legitimierung des Imperialismus gehen
dabei nicht selten eine enge Verbindung ein. Ausgehend von Connells Studie über Männlichkeit wird von Sascha Kiefer (Saarbrücken) im Vergleich
von Thomas Manns Novelle *Tod in Venedig* mit Bodo Kirchhoffs *Mexikanische Novelle* und Hans-Christoph Buchs *Kain und Abel in Afrika* herausgearbeitet, dass mit der Reise in eine verlockende Fremde ein Verlassen der
heterosexuellen Matrix inszeniert wird. Die Protagonisten der drei ausgewählten Texte seien als familienunabhängige Männer konzipiert, die ihr
homosexuelles Begehren auf das exotisch Andere projizieren, wobei sich
das Objekt des Begehrens in einen Psychopompos verwandle. Durch diese
Figurenkonstellation wird implizit eine leistungsethisch asketische Variante
von Männlichkeit exponiert, bei der das Begehren durch die Verknüpfung
mit Krankheit und Tod abgestraft werde und sich implizit die diskursive
Gewalt von Geschlechterkonfigurationen offenbare. Dass das exotisch Fremde aber auch als Gegenmodell zur patriarchal organisierten Erinnerungskul-
tur verstanden werden kann, wird von Eva Kormann (Karlsruhe) an Julia
Manns *Erinnerungen* verdeutlicht. Die Mutter von Thomas und Heinrich
Mann trage mit ihren Kindheitserinnerungen nicht nur zur identitätsstiften-
den Familienchronik bei, sondern führe mit ihren Erinnerungen an ein exo-
tisch-stilisiertes Brasilien als ihrem eigenen Herkunfts- und Sehnsuchtsland
zugleich eine spezifische Form der Hybridität in einen Familienmythos ein,
der sich an der männlichen Traditionslinie abarbeitet.

Die Gewalt hegemonialer Männlichkeit als einer Fassadenidentität
macht Klaus Wieland (Strasbourg) insbesondere an Kriegsromanen der Weimarer Republik (Jünger, Renns und Remarque) deutlich, in denen die Pa-
radoxie zur Darstellung komme, dass der soldatische Körper durch Krieg
hervorgebracht, aber auch zugleich zerstört werden soll. Julian Preece (Canterbury) setzt sich unter geschlechterspezifischer Perspektive mit der Figur
des Dienstmädchens im Werk Veza Canettis auseinander und betont, dass

die Autorin versucht habe, durch unterschiedliche Bezeichnungen von der Dienstmagd bis zur Bonne das soziale Umfeld wie auch das „Persönlichkeitsgefühl" der Dienstmädchen zu verdeutlichen, um diesen Figuren mit sozialkritischem Impetus Dignität zu verleihen.

Die bereits im Zuge der feministischen Literaturwissenschaft vielrezipierte österreichische Autorin Ingeborg Bachmann habe, wie dies Françoise Rétif (Rouen) thesenartig darlegt, über die Sprachfigur der Angrenzung bereits Geschlechterfigurationen auch im Zusammenhang mit Kulturkonflikten in ihrem Schreiben dekonstruiert. Mireille Tabah (Brüssel) legt hingegen dar, wie Peter Handke in seinem Roman *Wunschloses Unglück* die Analyse eines Geschlechterdiskurses entfaltet, insofern er darüber erzählt, wie die starke Internalisierung kulturelle Anforderungen und geschlechtsspezifische Zumutungen bei der Mutter in die Selbstdestruktion führten.

Wie kaum eine andere Autorin hat Elfriede Jelinek die Kritik an Geschlechterkonstellationen durch eine von diskursiven Versatzstücken geprägte Sprache deutlich werden lassen. Durch die rhetorische Verfasstheit ihrer Texte trägt sie nicht nur zur Fragmentierung von Vorstellungen zur Geschlechterbeziehung bei, sondern stellt auch in besonders extremer Weise die Ausgrenzung der Frau dar, indem diese über eine xenophobisch ausgeschlossene Position markiert wird, wie Rita Swandrlik (Florenz) darlegt. Die Frau blickt bei Jelinek zwar auf eine Wirklichkeit, zu der sie nicht gehört, doch wird durch Chieh Chien (Taipei) deutlich gemacht, dass sie sich auch zur Komplizin des Patriarchats macht.

Wird schon bei Jelinek die Frau Opfer der Gewalt wie auch selbst zur aggressiven und autoaggressiven Täterin, so greifen Autorinnen insbesondere im späten 20. Jahrhundert das Tabu-Thema weiblicher Gewalt auf, die sich nicht nur gegen männliche Peiniger wendet, wie dies Kathleen Thorpe (Johannesburg) darlegt, sondern insbesondere auch an den eigenen Kindern ausagiert wird. Dass aber in literarischen Texten auch geschlechtsspezifische Stereotype eingelagert werden, um deren performativen Charakter aufweisen zu können, verdeutlicht Asuman Ağaçsapan (Eskişehir) mit der Interpretation eines Romans von Barbara Frischmuth.

Es liegt in der Natur der Sache, dass Themenstellung, wissenschaftliche Herangehensweise und Diktion der Sektionsbeiträge des größten internationalen Germanistenkongresses nicht nur individueller wissenschaftlicher Sozialisation geschuldet sind, sondern sich auch kulturspezifischer Einbindung verdanken. Bei aller Diversifikation in der Ausgestaltung des Themas „Geschlechterdifferenzen als Kulturkonflikt" hat sich jedoch deutlich herausgestellt, dass genderspezifische Fragestellungen nicht mehr in der Nische der Frauenforschung verortet werden, sondern zu einem zentralen Forschungsgebiet kulturwissenschaftlich orientierter Literaturwissenschaft geworden sind.

Andrea Bandhauer und Maria Veber (Sydney, Australien)

„Contact Zone" – Frieda Strehlow in Hermannsburg

Vorbemerkung: Literaturwissenschaft als Kulturwissenschaft in Australien

Für die australische Germanistik haben sich durch die Veränderungen, die mit dem Begriff Interkulturalität gefasst werden, Möglichkeiten ergeben, Forschungsort und -perspektive neu zu überdenken. In der so genannten Auslandsgermanistik, die die „tyranny of distance"[1] zu den deutschsprachigen Zentren des Faches als Nachteil empfand, rückten an der Schnittstelle von Inlands- und Auslandsgermanistik, der Interkulturellen Germanistik, vermehrt bilaterale Forschungsgebiete in den Mittelpunkt. Dies förderte in der hiesigen Germanistik den Perspektivenwechsel hin zu Fragestellungen, die den Standort Australien mit einbeziehen. Zwar gab es in der australischen Germanistik sehr wohl kulturgeschichtliche Forschungen, beispielsweise über die deutschen Einwanderer in Australien, sowie imagologische Untersuchungen.[2] Erst durch die kulturwissenschaftliche Wende innerhalb der Literaturwissenschaft jedoch wird der Erforschung nicht-kanonisierter und außerhalb der deutschsprachigen Länder entstandener Texte vermehrte Aufmerksamkeit gewidmet.

Unser Projekt „Gender und Kulturkontakt" erforscht archivierte Materialien deutscher Missionare in Australien. Wir lesen diese Materialien, wie zum Beispiel Briefe, Notiz- und Tagebücher, im Hinblick auf die Beschreibungen von Begegnungen von Aborigines und weißen Kolonialisten. Im Speziellen gehen wir von dem von Mary Louise Pratt gefassten Begriff

---

1 Geoffrey Blainey: The Tyranny of Distance. Melbourne 1968. (Der Titel zu Blaineys 1966 erstmals veröffentlichtem Buch, der sich sowohl auf die geographische Abgeschiedenheit Australiens vom Rest der (europäischen und amerikanischen) Welt als auch auf die riesigen Distanzen innerhalb Australiens bezieht, wurde in Australien zum Schlagwort.)

2 Alan Corkhill und Manfred Jurgensen (Hgg.): The German Presence in Queensland over the last 150 Years: Proceedings of an International Symposium Aug. 24, 25 and 26, 1987, University of Queensland, Brisbane, Australia. St. Lucia, Queensland 1988; Leslie Bodi, Stephen Jeffries und Susan Radvansky: Image of a Continent: a Bibliography of German Australiana from the Beginnings to 1975. Bild eines Kontinents: eine Bibliographie deutscher Australiana von den Anfängen bis 1975. Wiesbaden 1990.

der „contact zone" aus. „Contact zone" meint hier den Ort der kolonialen Begegnungen, an dem geographisch und historisch getrennte Kulturen in Kontakt kommen und eine andauernde Beziehung etablieren. Nach Pratt ist diese Beziehung durch Zwangsausübung, radikale Ungleichheit und unlösbare Konflikte gekennzeichnet.[3]

In unserem Falle ist die „contact zone" der Ort der Begegnungen von deutschen lutherischen Missionaren mit den jeweiligen australischen Ureinwohnerstämmen. Innerhalb dieses Rahmens geht es also zunächst um das von Männern gesteuerte lutherische Missionsprojekt und seine eigene Art der Kolonisierung. Darüber hinaus gilt unser besonderes Interesse der Funktion und Stellung der Missionarsfrau innerhalb dieses Projektes. Während die Missionsarbeit ausschließlich dem Mann anvertraut wurde, leisteten die Ehefrauen der Missionare grundlegende Arbeit, die im öffentlichen Missionsdiskurs nicht anerkannt wurde. Durch die Erforschung von Briefen und anderen schriftlichen Materialien von Missionarsfrauen sowie von den Missionaren selbst tragen wir zur Entstehung eines polyphonen Textes über das lutherische Missionsprojekt in Australien bei, der bisher vernachlässigte Genderaspekte dieser „contact zone" beleuchtet.

Carl und Frieda Strehlow in Hermannsburg: Gender und Missionsarbeit

In dieser Studie befassen wir uns mit dem Ehepaar Carl und Frieda Strehlow, das 1895 bis 1922 die Missionsstation Hermannsburg mitten in der Wüste von Zentralaustralien führte. Zum ersten Mal stellen wir einige Briefe von Frieda Strehlow vor, die im Lutheran Archive in Adelaide, Südaustralien, aufbewahrt sind.

Gerade das deutsche lutherische Missionsprojekt gewährt durch seine eigene Art der Kolonisierung der Ureinwohner Einsichten, die sich grundsätzlich von denjenigen der angelsächsischen Kolonialisten unterscheiden. Die lutherische Ideologie der Bekehrung der „Heiden" orientierte sich an einem emphatischen Zugang. Die Missionare mussten sich mit Sprache und Kultur der Ureinwohner vertraut machen, um die Gewinnung von Seelen zu gewährleisten. Das Projekt der Vermittlung der Heiligen Schrift war nämlich nach lutherischer Auffassung am ehesten durch eine Übersetzung in die jeweiligen Stammessprachen möglich.[4] Hier unterscheidet sich die

---

3   Mary Louise Pratt: Imperial Eyes. Travel Writing and Transculturation. London, New York 1992, S. 6 f.
4   Walter Veit: „Labourers in the Vineyard or The Uneducated Missionary. Aspects of the Non-Theological Education of Missionaries". In: Traditions in the

lutherische von der anglikanischen Mission, die ihre Botschaft ausschließlich auf Englisch vermittelte.

Carl Strehlow übersetzte zusammen mit seinem Kollegen Reuther das
Alte Testament in die Sprache der Aranda, ein Stamm, der in der Gegend
von Hermannsburg lebte.[5] Im Laufe der Jahre überschritt seine Tätigkeit
allerdings bei Weitem die einem Missionar zugeteilten Aufgaben und Ver-
antwortlichkeiten. Entgegen der Wünsche seiner Vorgesetzten beschäftigte
er sich immer intensiver mit der Kultur der Aranda, wobei er grundlegende
ethnographische Arbeit leistete. Die „aboriginal elders" (die Stammesältes-
ten) gewährten ihm Zugang zu Informationen über streng geheime Män-
nerriten („secret sacred information"). Trotz seiner Weigerung, diese „heid-
nischen" Riten anzuerkennen, wuchs Strehlows Faszination für eine Kultur,
deren Eigenständigkeit und Komplexität er zunehmend anerkannte.[6] Zusätzlich sammelte er Mythen und Legenden der Aranda und Loritja-Stämme,
die er ins Deutsche übersetzte und die unter dem Titel *Die Aranda- und
Loritja-Stämme in Zentralaustralien* durch das Völkermuseum Frankfurt
am Main veröffentlicht wurden.[7] Im Falle Carl Strehlows führte die Missionsarbeit also zu einer tiefer gehenden Begegnung mit der Aranda-Kultur,
wo es zum Beispiel um ein Verständnis des Göttlichen sowie anderer spiri-
tueller Begriffe ging. Seine Schriften sind immer noch eine wichtige Quelle für heutige ethnographische und anthropologische Untersuchungen. Über
seine spirituelle und ethnographische Arbeit über die Aranda wird weiterhin geforscht.[8]

    Midst of Change: Communities, Cultures and the Strehlow Legacy in Central
    Australia. Proceedings of the Strehlow Conference, Alice Springs, 18. to 20. Sep-
    tember 2002. Alice Springs, S. 136–150, hier S. 140.

5   Die Aranda werden heute Arrernte genannt. Wir benutzen den zu Zeiten der
    Strehlows gängigen Namen.

6   Walter F. Veit: „Social Anthropology Versus Cultural Anthropology: Baldwin,
    Walter, Spencer and Carl Friedrich Theodor Strehlow in Central Australia."
    In: Ders.: (Gastherausgeber): The Struggle for Souls and Science. Construc-
    ting the Fifth Continent: German Missionaries and Scientists in Australia.
    Strehlow Research Centre, Occasional Paper No 3, Alice Springs: Northern
    Territory Government 2004, S. 92–110, hier S. 108.

7   Carl Strehlow: Die Aranda und Loritja-Stämme in Zentralaustralien (7 Bän-
    de). Frankfurt a. M.: Baer, S. 1907–1920.

8   Walter F. Veit: „Social Anthropology Versus Cultural Anthropology" (Anm. 6)
    und „Labourers in the Vineyard" (Anm. 4); Diane Austin-Broos, „Narratives of
    the Encounter at Ntaria." In: Oceania. (65): 1994 und „The Meaning of *Pepe:*
    God's Law and The Western Arrernte." In: The Journal of Religious History.
    27(3), October 2003, S. 311–328; Jacqueline Van Gent: „Changing Concepts of
    Embodiment and Illness among the Western Arrernte at Hermannsburg Mis-
    sion." In: The Journal of Religious History. 27(3), October 2003, S. 329–347.

Frieda Strehlows Leben sowie ihr Beitrag zum Missionsprojekt ist hingegen noch weitgehend unerforscht.[9] Sie kam 1895 als 19jährige aus Obersulzbach südlich von Nürnberg nach Adelaide in Südaustralien, um dort Carl Strehlow zu heiraten. Er hatte im vorhergehenden Jahr die Missionsstation Hermannsburg übernommen, die seit vier Jahren leer gestanden hatte. (Die Vorgänger des Paares hatten die Station aus gesundheitlichen Gründen bereits vier Jahre zuvor verlassen müssen.) Die Strehlows führten die Mission bis zu Carls Tod im Jahre 1922.[10] Während dieser Zeit gebar Frieda Strehlow sechs Kinder, von denen fünf im Jahre 1910 nach Deutschland gebracht wurden, um dort erzogen und ausgebildet zu werden. Nur das jüngste Kind, Theodor, blieb auf der Station und wuchs dort auf. Carl Strehlow sah seine ersten fünf Kinder nie wieder. Frieda Strehlow jedoch verließ 1931 Australien und kehrte wieder nach Deutschland zurück, wo sie die abrupt abgebrochene Beziehung zu ihren fünf älteren Kindern wieder aufnimmt.[11]

Frieda Strehlows Leben war von solchen extremen Veränderungen und Brüchen geprägt. Am schwierigsten muss wohl gewesen sein, dass sich ihre Rolle als Mutter nicht mit ihren Aufgaben als Missionarsfrau vereinbaren ließ. Hinzu kam noch, dass ihr Beitrag bei der Bekehrungsarbeit innerhalb des lutherischen Kontextes nicht anerkannt wurde und unsichtbar blieb, obwohl sie für die Mission extreme Opfer brachte. Als weiße Christin unter den so genannten Heiden unterstützte sie mit ihrer alltäglichen Arbeit das Projekt der Missionierung der Aranda, blieb jedoch davon ausgeschlossen. Diese Situation des Ausgeschlossenseins verdoppelte sich insofern, als Status und Religion sie auch vom Kreis der Aranda-Frauen isolierte, auch wenn sie als einzige Missionarsfrau über längere Zeitspannen hinweg auf die Gesellschaft ihrer Geschlechtsgenossinnen angewiesen gewesen sein muss. Während Carl Strehlow die Position der Autorität besetzte und über die legitimierte Missionsarbeit Einblick in die spirituelle Welt und die Eigenart der Aranda bekam, agierte Frieda Strehlow auch in ihrer Funktion als Vorsteherin des Hauses immer nur als Unterstützerin des Missionsprojektes ihres Mannes. Was ihr als Missionarsfrau jedoch zustand, war die Rolle der „Hüterin der Moral" der Aranda-Frauen. In dieser Rolle als Familienmutter im weiteren Sinne schuf sie die Bedingungen, unter denen die Sendung erst stattfinden konnte. Diese Spannung zwischen Unterordnung und Autorität beleuchtet die folgende Anekdote, die Frieda in einem Brief erzählt.

9　Barry Hill: Broken Song. T. G. H. Strehlow and Aboriginal Possession. Sydney 2002. John Strehlow, Frieda Strehlows Enkel, arbeitet zurzeit an einer Biographie über seine Großeltern (Korrespondenz mit John Strehlow).
10　Siehe T. G. H. Strehlow.
11　Siehe zum Beispiel Barry Hill.

In dieser Anekdote geht es um das Erlernen der Aranda-Sprache, was, wie sie selbst meint, sie viel mehr Zeit gekostet hat als ihren Mann. Als sie eines Tages ihrer Haushaltshilfe Rachel, einer der christianisierten Aranda-Frauen, eine Anweisung gab, lachte diese Frieda aus und weigerte sich, die Anordnung auszuführen. Dies verärgerte Frieda sehr. Erst als ihr Mann von der Missionsschule nach Hause kam, klärte sich das Missverständnis auf. Karl ließ Frieda die Anweisung wiederholen und bemerkte dazu, dass es kein Wunder sei. So wie sie sich ausgedrückt hätte, wäre es für Rachel unmöglich, die Anweisung zu verstehen und ihr zu folgen.[12]

Diese Anekdote veranschaulicht Friedas schwierige Stellung im Strehlowschen Haushalt und auf der Station. Anders als ihr Mann erhielt sie beim Erlernen der Aranda-Sprache wenig Unterstützung, was ihre Autorität gegenüber den Aranda-Frauen unterminierte. Es war jedoch gerade diese Autorität, die das Funktionieren des Alltags auf der Station gewährleisten sollte.

Das doppelte Ausgeschlossensein spiegelt sich in den uns vorliegenden Briefen Frieda Strehlows. Bei der Besprechung dieser Briefe richten wir unseren Blick auf die Art und Weise, wie sie sich selbst und ihre Aufgabe darstellt. Die Briefe sind an die Vorgesetzten der Mission und deren Gattinnen gerichtet. Während der Missionsarbeit in Hermannsburg unterstand Carl Strehlow dem Komitee der Immanuel-Synode der südaustralischen lutherischen Kirche in Tanunda. Als Missionar war er verpflichtet, regelmäßig einen Bericht an den Vorstand zu schreiben (zu der Zeit vertreten durch die Pastoren Rechner, Kaibel und Stolz). Frieda Strehlow fügte normalerweise einen Brief an die jeweilige Gattin bei, und wenn Carl aus irgendwelchen Gründen nicht selbst schreiben konnte, schrieb sie in Vertretung für ihn.[13]

Ihre Berichte über den Missionsalltag in Hermannsburg bewegen sich im Spannungsfeld der Abhängigkeit von den lutherischen Autoritäten einerseits und der Freundschaft vor dem Hintergrund gemeinsamer Lebensumstände andrerseits. So handelt es sich in den frühen Briefen um Dankesbriefe für gelieferte Lebensmittel, Kleider und Haushaltsartikel. Gleichzeitig wird die Bitte um weitere Warensendungen formuliert. Wegen der häufigen und lange anhaltenden Dürreperioden vertrocknete der von Frieda angelegte Garten immer wieder vollständig, und die Mission war insbe-

---

12 Philipp A. Scherer: Selected Letters from the Outback. Tanunda 1994, S. 43.
13 Es geht um Briefe aus den Jahren 1900 und 1901, und 1919 und 1921. Zwei von den insgesamt acht Briefen sind an Rechners Frau Bertha Bergmann gerichtet (1900), zwei weitere aus dem Jahr 1901 an den nachfolgenden Pastor Kaibel und die um 1919 verfassten letzten vier an Margarete Kind (1921), Pastor Stolz' Frau. Dabei sind die letzten Briefe die ausführlichsten.

sondere auf die Lebensmittelzulieferungen angewiesen. Dabei bestimmte die Synode, wie viel und was geliefert wurde. Vor dem Hintergrund dieses Abhängigkeitsverhältnisses inszenieren diese Briefe das harte Leben in der Fremde – der Wüste Australiens – wo die Aufrechterhaltung und Weiterführung eines christlich europäisch geprägten Alltags die Bewahrung der Identität gewährleisten soll. Insofern wird die Welt der Aranda zum fremden „Anderen" stilisiert, vor dessen Folie Frieda an die Gemeinsamkeiten der lutherischen Gemeinde appelliert. Um die Schwere ihrer Arbeit und die Bedürftigkeit ihrer Familie zu veranschaulichen, schildert sie immer wieder drastisch, welche Schwierigkeiten sie mit den Aranda hat. So schreibt sie am 22. November 1901:

> Sehr geehrter Herr Pastor!
>
> Die Kamele kamen am 12. Nov. zu unserer großen Freude hier an. Haben Sie herzlichen Dank für die herrlich riechende Seife, die aber mein lieber Mann in Verwahrung genommen hat, sowie für die Besorgung von Weihnachtsgeschenken für meinen lieben Mann und Kinder. Sie werden sich sehr über die beiden Wagen freuen. Rudolf läuft fest im Haus und Hof herum er zahnt ziemlich und die Hitzepickeln [sic] plagen ihn. Wir haben schreckliche Hitze und schwüle Tage und keine Aussicht auf Regen. Der Herr erbarme sich unser und unseres Viehes. In letzter Zeit halten sich wieder mehr der alten schwarzen Schönheiten hier auf. Sie kommen zum Essen sehen aber immer wie sie vor dem Gottesdienst und Andachten [sic] unbemerkt in die Creek entschlüpfen können. Bei ihnen heißt es auch „Und ihr habts nicht gewollt."
> Nehmen Sie nochmals herzlichen Dank von
> Ihrer
> ergebenen Frieda Strehlow

Der australische Anthropologe Tim Rowse hat bereits ausführlich über den Tausch als Disziplinierungsmaßnahme im Foucaultschen Sinne geschrieben: Christianisierung gegen Lebensmittelrationen.[14] Insofern handelten die Strehlows so wie alle anderen Missionare. Carl Strehlow wich jedoch insoweit von der üblichen Praxis ab, als er das Essen vor der Messe austeilte. Das Resultat war das von Frieda erwähnte „Entschlüpfen" mancher Frauen, um der anschließenden Messe zu entgehen. Frieda kommentiert das Verhalten der „schwarzen Schönheiten" mit dem Hinweis auf die Stelle aus dem Evangelium nach Lukas (XIII, 3 und 4) „Jesu Klage über Jerusalem". Dort heißt es:

---

14 Tim Rowse: White Flower White Power: From Rations to Citizenship in Central Australia. Melbourne 1998 (siehe Kapitel 5).

Jerusalem, Jerusalem, die du tötest die Propheten und steinigst, die zu dir gesandt werden, wie oft habe ich deine Kinder versammeln wollen wie eine Henne
ihre Küken unter ihre Flügel, und ihr habt nicht gewollt.

Diese Stelle verdeutlicht Friedas moralische Mission und ihre Rolle bei
der ‚Disziplinierung' der Aranda-Frauen, die nach ihrer Aussage ihre ganze Kraft und Geduld fordern. Damit wird der Appellcharakter dieses Briefes deutlich. In den folgenden Jahren wird dieses Verhältnis der Abhängigkeit einerseits und der Suche nach Verständnis auf der Basis eines
gemeinsamen Schicksals andererseits bestehen bleiben.

Mit fortschreitendem Alter fällt Frieda ihre Aufgabe immer schwerer
und sie klagt über verschiedene körperliche Beschwerden: „Schmerzen in
allen Gelenken und Knochen" schreibt sie am 15. Mai 1919.

In einem Brief aus dem Jahre 1921 heißt es:

Heute haben die schwarzen Frauen und großen Mädchen angefangen, ihre Kleider zu nähen. Einige nähen mit meiner alten Maschine. Ich bin immer froh,
wenn ich mit dem Schneiden fertig bin, diesmal besonders weil ich alles mit
einer gewöhnlichen Schere schneiden musste und ist dann [sic] der Ballen von
der rechten Hand geschwollen und am Finger bekomme ich Blasen. Ich hatte
gehofft meine große Zuschneideschere würde im Oktober wieder kommen,
doch sie ist bis heute noch nicht aufgetaucht.

Hier stellt Frieda dar, wie ihre Aufgabe, die Aranda-Frauen ‚züchtig' zu
bekleiden, ihrer eigenen Gesundheit abträglich ist. Diese letzten Briefe sind
an Margarete Stolz, die Frau des damaligen Pastors und Carls Vorgesetzten, gerichtet. Zu ihr hatte Frieda eine freundschaftliche Beziehung hergestellt, wo sie relativ offen über ihre Entbehrungen, körperlichen Leiden
und ihre Sehnsucht nach den Kindern in Deutschland berichten konnte.
Gleichzeitig versichert sie ihre Freundin, die sich in einer ähnlichen, wenn
auch vielleicht nicht ganz so schwierigen Lage befand, ihres Verständnisses. So gratuliert sie Margarete zur Geburt eines Kindes und sorgt sich um
deren Wohlbefinden. Sie schreibt:

Hast du eine Waschmaschine? Denn das Waschen sollte doch eine zu große
Anstrengung sein und das Aufhängen auf der Leine. In dieser Beziehung hat
man es hier leichter mit den Schwarzen.

Hier, wo das Mitleid mit Margarete mit der Instrumentalisierung der schwarzen Frauen zusammenfällt, durchkreuzen sich die Diskurse Gender und
Rasse. Der Duktus des Briefes inszeniert das gemeinsame schwere Schicksal
und imaginiert eine Lebenswelt, wo die europäische Zivilisation – in Form
einer Waschmaschine – das Frauenleben erleichtert. Im Zuge dieser Projektion kann sich Frieda in ihrer europäischen Identität bestätigen. Im schar-

fen Kontrast dazu steht der Mangel an Mitgefühl für die schwarzen Frauen, die durch Disziplinierung und Kontrolle in die Christenheit „heimgeholt" werden sollen, und dadurch ihrer Freiheit beraubt wurden. Der Kulturkontakt wird hier deutlich zum Kulturkonflikt, wo die dominante Kultur ihre Identität durch die diskursive Deplatzierung des Anderen stiftet.

Das Missionsprojekt, das Frieda unseres Wissens nie in Frage gestellt hat, das aber für sie zahlreiche Entbehrungen bedeutete, perpetuiert sich so im negativen Sinne in der Instrumentalisierung der Aranda-Frauen, die ihr als Arbeitskräfte das Leben erleichtern sollen. Damit zeigt sich die paradoxe Situation der Missionarsfrau, nämlich dass sie einerseits ihr Leben für die Missionierung der „Heiden" opfert, und diese jedoch andererseits zu Opfern macht. Friedas Leben und Wirken müssen vor diesem Hintergrund erforscht werden.

SASCHA KIEFER (Saarbrücken, Deutschland)

Konstruierte Männlichkeit und externalisierte Homosexualität in Reiseerzählungen von Thomas Mann (*Der Tod in Venedig*, 1912) Bodo Kirchhoff (*Mexikanische Novelle*, 1984) und Hans-Christoph Buch (*Kain und Abel in Afrika*, 2001)

Die in den letzten zwanzig Jahren reich ausdifferenzierte Männlichkeitsforschung[1] hat schon früh einen Zusammenhang hergestellt zwischen den in der westlichen Welt dominierenden Vorstellungen von Männlichkeit(en) und dem von europäischen Staaten seit dem 15. Jahrhundert betriebenen Kolonialismus. Die kulturell und diskursiv produzierte, in Wirtschaft, Wissenschaft und Staat zunehmend institutionalisierte Festlegung des männlichen Geschlechtscharakters auf Rationalität, Aktivität, Aggressivität und Dominanzstreben bezeichnet die Position, aus der heraus sich die europäischen Seefahrer und Soldaten den fremden Ländern genähert haben; mit den „Definitionen von ‚Männlichkeit' (als von Vernunft geprägte Charakterstruktur) und ‚westlicher Zivilisation' (die ihre Vernunft in die rückständigen Teile der Welt hinausträgt) wurde eine kulturelle Verbindung geschaffen zwischen der Legitimation des Patriarchats und der Legitimation des Imperialismus".[2]

Die frühen Kolonialherren verkörperten vielleicht als erste einen Typus von ‚hegemonialer Männlichkeit', der für ihre Zeit und weit darüber hinaus bestimmend werden sollte. Begriff und Konzept der ‚Hegemonialen Männlichkeit' wurden von dem australischen Soziologen Robert W. Connell geprägt. Connells grundlegende These besagt, dass es in einer Gesellschaft unterschiedliche Männlichkeiten gibt, die in einem hierarchischen Verhältnis zueinander stehen; die Relationen zwischen den verschiedenen Männlichkeiten umschreibt er mit den Begriffen Hegemonie, Komplizenschaft, Unterordnung und Marginalisierung. Hegemonial ist „jene Form von Männ-

---

1 Vgl. dazu im Überblick Toni Tholen: „Männlichkeitsforschung und Literatur. Auf der Suche nach sozialen und ästhetischen Formen eines künftigen Geschlechterdialogs". In: Weimarer Beiträge 49 (2003), S. 418–432.
2 Robert W. Connell: Der gemachte Mann. Konstruktion und Krise von Männlichkeiten. Hg. und mit einem Geleitwort versehen von Ursula Müller. Opladen 1999, S. 206 f.

lichkeit, die in einer gegebenen Struktur des Geschlechterverhältnisses die bestimmende Position einnimmt"[3]; am untersten Ende der männlichen Geschlechterhierarchie sieht Connell dagegen die homosexuelle Männlichkeit, die durch die verschiedensten Praktiken diskriminiert wird.

Gegenüber der unüberschaubaren Vielfalt mann-männlicher Beziehungen unter den Bedingungen der kolonialen Situation und ihrer asymmetrischen Machtstrukturen[4] können die folgenden Ausführungen nur eine bestimmte Konstellation fokussieren, die in verschiedenen deutschsprachigen Erzähltexten gestaltet wird. Das Textkorpus besteht dabei aus einem modernen Klassiker, nämlich Thomas Manns Novelle *Der Tod in Venedig*, sowie zwei neueren Erzähltexten: Bodo Kirchhoffs *Mexikanischer Novelle* und Hans Christoph Buchs Roman *Kain und Abel in Afrika*.

Die Ähnlichkeit zwischen den drei Texten ist bemerkenswert: Im Mittelpunkt stehen jeweils männliche, familiär ungebundene Protagonisten, die auf Reisen gehen. Dabei legt der 53jährige Gustav von Aschenbach die relativ kürzeste Strecke zurück: Er fährt von München nach Venedig, das im Text jedoch „zu einem Vorposten des asiatischen Kontinents umfunktioniert" und als „symbolisches Kolonialgebiet"[5] betrachtet wird. Dass der junge Tadzio polnischer Herkunft ist und damit aus einem klassischen Einflussgebiet der Deutschen stammt, weist auf die Richtung von Aschenbachs stummem Begehren: „Aschenbachs homoerotischer Blick ist ein kolonialer Blick, der den Knaben als Objekt betrachtet, das ohne weiteres in Besitz genommen werden kann".[6] Er selbst spricht von „exotischen Ausschweifungen des Gefühls", die mit „haltungsvolle[r] Strenge" und „anständige[r] Männlichkeit"[7] unvereinbar seien.

Eine ähnlich tiefgreifende Erschütterung seiner Selbstsicht wie der preußische Leistungsethiker Aschenbach erleidet der 34jährige Journalist Armin in Bodo Kirchhoffs *Mexikanischer Novelle*. Als freier Mitarbeiter einer Breisgauer Provinzzeitung besucht er deutsche Luftwaffeneinheiten in Übersee; den 10 Jahre jüngeren Leutnant Ritzi will er als typischen modernen Soldaten porträtieren. Armins leichtfertig eingegangene Affäre mit einer Mexikanerin kostet schließlich Ritzi das Leben; dieser hatte Armins

3   Ebd., S. 97.
4   Vgl. dazu Robert Aldrich: Colonialism and Homosexuality. London 2003.
5   Vgl. Ehrhard Bahr: „Imperialismuskritik und Orientalismus in Thomas Manns ‚Tod in Venedig'". In: Thomas Mann: Der Tod in Venedig. Wirklichkeit, Dichtung, Mythos. Hg. von Frank Baron und Gert Sautermeister. Lübeck 2003, S. 1–16, hier S. 8.
6   Ebd., S. 4.
7   Thomas Mann: Der Tod in Venedig. In: Ders.: Frühe Erzählungen 1893–1912. Hg. und textkritisch durchgesehen von Terence J. Reed unter Mitarbeit von Malte Herwig. Frankfurt a. M. 2004 (= GKFA, 2.1), S. 501–592, hier S. 568.

Nähe gesucht, weil ihn der schreibende Landsmann nicht zuletzt erotisch fasziniert hat. Armin wird zu Unrecht des Mordes an Ritzi bezichtigt; in seiner Gefängniszelle trifft er den 14- oder 15jährigen Mexikaner Raoul wieder, der ihm schon mehrfach über den Weg gelaufen war. Die Novelle endet mit einem Sexualakt zwischen Armin und Raoul: „Mein lebenslanges formloses Selbstgespräch schien mit diesen Küssen zu Ende zu gehen; langsam glitt ich in ein anderes Leben."[8] Armins Lösung von allen Schreibambitionen und von seiner europäischen Identität wird so parallel geführt mit dem „Ausstieg aus der heterosexuellen Matrix".[9]

Dass hingegen die Beziehung zwischen dem deutschen Leutnant und dem deutschen Journalisten trotz einer unverkennbaren und beiderseitigen Faszination voneinander auf Gedanken, Andeutungen und wenige Berührungen beschränkt blieb, ist alles andere als Zufall. Ritzi und Armin sind sich zu ähnlich; beide, der technikbegeisterte Pilot und der nüchtern analysierende Journalist, vertreten die hegemoniale Männlichkeit, sie stammen aus „derselben Ecke" Deutschlands, sprechen „denselben Dialekt"[10] und hatten früher sogar den gleichen „Schulweg".[11] Gemeinsame kulturelle Prägungen, mit denen das Tabu der Homosexualität verbunden ist, lassen eine Beziehung zwischen Armin und Ritzi nicht zu. Möglich wird sie aber mit dem fremdartig-exotischen Raoul, der in keiner Weise an die heimatliche Kultur erinnert und auf den das homosexuelle Begehren projiziert werden kann; Armins Übergang „in ein anderes Leben" erweist sich als die Auslöschung und Aufhebung seiner bisherigen Existenz[12] und insofern als strukturanaloge Variante zur rauschhaften Verführung zum Tode, der Gustav von Aschenbach in Venedig erliegt. Durch die Verbindung von Homosexualität mit Kriminalität, Schuld und Strafe – Schauplatz der gleichgeschlechtlichen Erfüllung ist schließlich eine Gefängniszelle – bleibt Kirchhoffs Novelle in ähnlich ambivalenter Weise an den traditionellen homophoben Diskurs gebunden wie *Der Tod in Venedig* durch die Verbindung von Homosexualität und Krankheit.[13]

8   Bodo Kirchhoff: Mexikanische Novelle. Frankfurt a. M. 1984, S. 175.
9   Raliza Ivanova: „Der Ausstieg aus der heterosexuellen Matrix – ein neuer kultureller Mythos?" In: Pavel Pitkov (Hg.): Mythos – Geschlechterbeziehungen – Literatur. Sofia 2000 (= Germanica, 7), S. 255–262.
10 Kirchhoff: Mexikanische Novelle, S. 17.
11 Ebd., S. 48.
12 Vgl. Raimar Zons: „Lieben und Schreiben. Bodo Kirchhoff: Mexikanische Novelle (1984)". In: Winfried Freund (Hg.): Deutsche Novellen. Von der Klassik bis zur Gegenwart. München 1993, S. 301–312, hier S. 312.
13 Vgl. dazu die entsprechenden Kapitel ‚Homosexualität und Kriminalität' bzw. ‚Homosexualität und Krankheit' in Guy Hocquenghem: Das homosexuelle Verlangen. München 1974 (= Reihe Hanser, 151), S. 33–40.

Der dritte Deutsche, den sein Autor auf Reisen schickt und der hier betrachtet werden soll, ist eine historische Figur. Es handelt sich um den Afrikaforscher Dr. Richard Kandt (1867–1918), der eine Zeit lang als Resident des deutschen Kaiserreichs in Ruanda gelebt hat. Hans Christoph Buch widmet ihm in seinem Roman *Kain und Abel in Afrika* jedes zweite Kapitel, denn dieser Roman operiert auf zwei Zeit- und Handlungsebenen: Auf der ersten bereist ein deutscher Journalist die Schauplätze der Massaker und Völkermorde zwischen Hutus und Tutsis in den 1990er Jahren; die zweite besteht aus einem fingierten Bericht, den Richard Kandt in der Ich-Perspektive von seinen Forschungsreisen im gleichen Gebiet, aber fast hundert Jahre früher erstattet. Beide Schichten zusammen ergeben eine differenzierte Annäherung an die afrikanische Misere, die zu einem erheblichen Teil in der kolonialen Vergangenheit wurzelt. Für den vorliegenden Zusammenhang ist allerdings nur der Handlungsstrang um Richard Kandt relevant.

Kandt, der bei Robert Koch promoviert wurde, geht mit 29 Jahren nach Afrika, um die sagenumwobenen Quellen des Nils zu finden. Sein sexuelles Begehren richtet sich bald auf einen jungen Eselstreiber und „entlaufenen Missionsschüler namens Mabruk"[14]; die Erfüllung seiner „geheimsten Wünsche"[15] bedeutet für den deutsch-jüdischen Akademiker eine regressive Einheitserfahrung, die lange in ihm nachwirkt – bis hin zu der Vision, die er Jahrzehnte später in seiner Todesstunde hat und von der er als Ich-Erzähler (in einer an sich paradoxen Überschreitung seiner erzähltechnischen Möglichkeiten) berichtet:

> „Ich gebe dir den Todeskuß", sagte der Tod und beugte sich über mein Bett. „Du kannst mich nicht küssen", sagte ich, „weil du keine Lippen mehr hast. Ich habe dich nicht gerufen, geh weg!" Doch der ungebetene Besucher ließ sich nicht abwimmeln, und als ich aufblickte, sah ich das Gesicht von Mabruk über mir. „Ich dachte, du seist tot", hörte ich mich sagen, während ich ihn selig lächelnd in die Arme schloß, „wie dumm von mir!" Und nach dieser Umarmung hatte ich mich mein Leben lang gesehnt.[16]

Mit dieser vielleicht etwas sentimentalen Passage enden die Richard Kandt gewidmeten Kapitel von Hans Christoph Buchs Roman, und es ist an der Zeit, die Analogien zwischen den drei vorgestellten Texten vertiefend zu rekapitulieren.

Die drei untersuchten Texte motivieren das homosexuelle Begehren ihrer Protagonisten und dessen Genese erstaunlich ähnlich. Die Hauptfiguren werden zunächst auf eine Weise charakterisiert, die sie den verschie-

---

14 Hans Christoph Buch: Kain und Abel in Afrika. Roman. Berlin 2001, S. 70.
15 Ebd., S. 143.
16 Ebd., S. 209 f.

denen Ausprägungen mitteleuropäischer hegemonialer Männlichkeit zu-
ordnet: Gustav von Aschenbach verkörpert die leistungsethische, asketische Variante, der Journalist Armin die machohafte, Richard Kandt die
Position des Abenteurers und Forschers. Allerdings wird auch die Labilität
der Selbst- und Lebensentwürfe angedeutet, die den jeweiligen Reisen eine
Art Fluchtcharakter verleiht: Aschenbach entflieht einer Schreib- und Krea-
tivitätskrise, die sein Selbstverständnis als Künstler bedroht; Armin erhofft
sich von seinen mexikanischen Reportagen Impulse für seine längst stag-
nierende Journalistenlaufbahn; Kandt schließlich zieht sein zivilisations-
skeptisches Ungenügen am alten Europa nach Afrika. Keiner der drei Männer ist sozial oder familiär gebunden; sie leben und reisen allein, sind
emotional verarmt und definieren sich – ein typisches Element hegemonialer Männlichkeitsentwürfe[17] – fast ausschließlich über ihre berufliche Tätigkeit. In Deutschland hatten sie ausnahmslos heterosexuelle Beziehungen, auf deren beiläufige Erwähnung keiner der Texte verzichtet. Die
verstörende, in allen drei Fällen von fiebrigen Erkrankungen sekundierte
Entdeckung des homosexuellen Impulses ist aufs engste verschränkt mit
der Erfahrung einer fremden, kolonialisierten Kultur.

Genauso auffällig wie die Verwandtschaft der drei Protagonisten ist
die Ähnlichkeit zwischen den Objekten, auf die sich das jeweilige Begehren richtet. Als Angehörige der fremden Kultur sind Tadzio, Raoul und
Mabruk dem kolonialen Blick unterworfen, den jeder der Protagonisten
verinnerlicht hat und der eine Wahrnehmung des begehrten Gegenübers
auf gleicher Augenhöhe von vornherein ausschließt; hinzu kommt ihr ju-
gendliches Alter. Die Kommunikation erfolgt weitgehend über begehrli-
che Blicke, nicht über das Medium der Sprache: Zwischen Aschenbach
und Tadzio wird kein Wort gewechselt; Armin glaubt sich in Bezug auf
Raoul an einen „Brauch des Schweigens" und der „stillen Übereinkunft"[18]
gebunden; Mabruk wird vor allem geschätzt, weil er den „Selbstgesprächen"
seines Herrn „stets höflich beipflichtet".[19]

Die deutschen Männer suchen Entlastung von diskursiven und intellektuellen Zwängen; wenn die Sprache der Blicke und der Körper an die
Stelle der verbalen Kommunikation tritt, ist das für sie ein lustvoller und
„einfacher Vorgang".[20] Die Objekte des Begehrens werden wahrgenom-

17 Vgl. Sylka Scholz: „‚Hegemoniale Männlichkeit‘ – Innovatives Konzept oder
 Leerformel?" In: GeschlechterVerhältnisse. Analysen aus Wissenschaft, Politik und Praxis. Berlin 2004 (Reihe: Texte/Rosa-Luxemburg-Stiftung, 18),
 S. 33–45, hier S. 38.
18 Kirchhoff: Mexikanische Novelle (Anm. 8), S. 151.
19 Buch: Kain und Abel in Afrika (Anm. 14), S. 196.
20 Kirchhoff: Mexikanische Novelle (Anm. 8), S. 152, 153.

men als jung, schön, fremdartig, körperbetont, stumm, wenig gebildet, passiv und naturverbunden und entsprechen damit den Polen, auf die in der dichotomen Charakterisierung der Geschlechtscharaktere das ‚Weibliche' festgelegt wird. Die frühe Psychoanalyse hätte die drei Deutschen wohl als ‚Objekt-Homoerotiker'[21] charakterisiert, da sie lediglich das weibliche gegen ein männliches Objekt vertauscht haben, aber ansonsten ein traditionelles, der hegemonialen Männlichkeit verpflichtetes Selbstbild pflegen.

Wichtig ist, dass diese abweichende Objektwahl in allen drei Texten aus der Fremdbegegnung heraus motiviert wird: In der Entfernung vom heimischen Normensystem, geschwächt durch das ungewohnte Klima, weitgehend isoliert und im Bewusstsein kolonialer Überlegenheit über alle Angehörigen der indigenen Kultur werden psycho-physische Erlebnisbarrieren aufgehoben, macht sich der homosexuelle Impuls bemerkbar, der im Zeichen der hegemonialen Männlichkeit frühzeitig aus der eigenen psychischen Struktur externalisiert worden war.

Einen wirklichen Rückweg gibt es für keinen der Protagonisten: Aschenbach stirbt in Venedig; ob Armin seine mexikanische Gefängniszelle je wieder verlassen wird, lässt Bodo Kirchhoff offen; Richard Kandt schließlich wird zwar von den deutschen Behörden zurückgezwungen, bleibt aber fremd im eigenen Land und findet in der Todesstunde symbolisch zu Mabruk zurück. Keiner der drei Texte kann umhin, das jeweilige Objekt des Begehrens zum Psychopompos, zum Todesboten zu stilisieren; unterstrichen wird somit, dass der homosexuelle Impuls nicht dauerhaft in die Selbstdefinition der Protagonisten zu integrieren ist. Eine ‚emanzipatorische' Tendenz in Bezug auf die Marginalisierung homosexueller Männlichkeit verfolgen weder die Novellen Thomas Manns und Bodo Kirchhoffs noch der Roman von Hans Christoph Buch; wohl aber machen sie die diskursive Gewalt bewusst, die Männlichkeitsbilder und Geschlechterkonfigurationen formt, zeigen die Labilität solcher Konstrukte, die dem polymorphen Begehren nicht gerecht werden können und inszenieren in der Begegnung mit der Fremde die Dichotomien, auf denen die eigene Kultur beruht.

---

21 Vgl. Sándor Ferenczi: „Zur Nosologie der männlichen Homosexualität (Homoerotik)." In: Ders.: Schriften zur Psychoanalyse. Hg. und eingel. von Michael Balint. Bd. 1. Frankfurt a.M. 1970, S. 184–197.

EVA KORMANN (Karlsruhe, Deutschland)

Dodo – Julia – Frau Heinrich Mann.
Zu Julia Manns *Erinnerungen aus Dodos Kindheit*

Julia Mann, Mutter von Heinrich, Thomas, Julia, Carla und Viktor Mann, schrieb 1903 ihre Kindheits- und Jugenderinnerungen.[1] Das Büchlein *Erinnerungen aus Dodos Kindheit* muss im Kontext von Kulturstereotypen, der Autobiographie- und Geschlechtergeschichte und des weitverzweigten Netzwerks autobiographischen und familienbezogenen Schreibens der Familie Mann gelesen werden. Lebens- und familiengeschichtliches Schreiben war eine Obsession der „Firma Mann"[2]: Heinrich Mann ist in *Ein Zeitalter wird besichtigt* (1946) Chronist seiner Zeit und Autobiograph. Sein Roman *Zwischen den Rassen* (1907) übernimmt im ersten Teil zahlreiche Motive aus den Kindheitserinnerungen seiner Mutter.[3] Sein Bruder Thomas protokollierte in seinen Tagebüchern die eigenen Vorlieben und Begierden und schrieb eine große Zahl von kürzeren autobiographischen Gelegenheitsschriften.[4] Seine *Buddenbrooks* (1901) tragen den Titel *Verfall einer Familie*, schöpfen aus der eigenen Familiengeschichte und lassen in Gerda Buddenbrook eine Figur auftreten, die deutlich Züge der Mutter trägt. Julias jüngster Sohn Viktor veröffentlichte 1949 ebenfalls Memoiren unter dem Titel *Wir waren fünf*. Familienschriften waren auch Tradition im

---

1   Julia Mann: Aus Dodos Kindheit. Erinnerungen. Konstanz 1958. Zitate aus dieser Erstausgabe mit Seitenangaben im Text. Außerdem veröffentlicht in Julia Mann: „Ich spreche so gern mit meinen Kindern. Erinnerungen, Skizzen, Briefwechsel mit Heinrich Mann". Hg. von Rosemarie Eggert. Berlin / Weimar 1991, S. 7–49.

2   Vgl. Ute Kröger: „Wie ich leben soll, weiß ich noch nicht". Erika Mann zwischen „Pfeffermühle" und „Firma Mann". Ein Porträt. Mit Erinnerungen von Frido Mann. Zürich 2005.

3   „Zwischen den Rassen" liest sich als entidyllisierte Geschichte der Mutter. Die Konflikte werden in Heinrichs Mann Roman auch dadurch schärfer, dass er entdifferenziert: Julia Manns Geschichte kennt drei Kulturen, die der Farbigen, die der Europäer in Brasilien und die norddeutsche. Heinrich Mann verschärft und vereinfacht: In seinem Roman gibt es zwei „Rassen", eine nordische und eine südliche.

4   Thomas Mann: Über mich selbst. Autobiographische Schriften. Frankfurt a.M. 1983.

Pringsheimschen Hause: Ein *Kinderbüchlein*, in dem Hedwig Pringsheim die Entwicklung ihrer Kinder festhielt, hat sich erhalten, von Katia Mann soll es ähnliche Aufzeichnungen gegeben haben.[5] Katia Mann erzählte ihrem Sohn Michael und Elisabeth Plessen im Gespräch *Meine ungeschriebenen Memoiren* (1975). Autobiographisch sind viele Schriften Klaus Manns: vor allem *Kind dieser Zeit* (1932) und *The Turning Point* (1942), auch der Roman *Mephisto* (1936) ist geprägt von autobiographischen Verwicklungen. Erika und Michael Mann pflegten als Familienarchivare die Schriften ihres Vaters Thomas. Monika Mann verfasste familienbezogene Erinnerungen.[6] Michaels Sohn Frido schreibt autobiographisch und familiengeschichtlich inspirierte Romane, auch Julias Kindheitsgeschichte hat er dabei verwertet.[7] Die Texte zeigen zudem, dass dem Schreiben eine Schicht des mündlichen biographischen und autobiographischen Erzählens vorgelagert war.[8] Was Julia Mann 1903 aufschrieb, hatte sie zuvor ihren Kindern erzählt. Wenn sie die Erinnerungen gerade im Jahr 1903, zwei Jahre nach dem Erscheinen der *Buddenbrooks*, zu Papier brachte und sich dabei an keiner Stelle auf ihr Pendant im Roman des Sohnes bezieht, will sie offenbar ihre Version der Geschichte gegen die Übermacht des literarischen Porträts festschreiben.

Was heute als exotische Schreibsucht und anachronistische Familienbesessenheit fasziniert, war im Kontext der Lübecker Großkaufleute Bestandteil einer innerfamiliären und geschäftsbezogenen Repräsentation und Gedächtnispflege: Die Geschichte der Familie und des Familienbetriebs wird archiviert. Seit dem späten Mittelalter gibt es ‚libri di famiglia', gibt es Hausbücher und Familienchroniken.[9] Die Begriffe, mit denen die Aufzeichnungen betitelt werden, und die Intensität und Struktur der Darstellung

---

5   Vgl. Inge und Walter Jens: Frau Thomas Mann. Das Leben der Katharina Pringsheim. Reinbek 2003, S. 22 f., 83 und 338. Für den Hinweis auf das „Kinderbüchlein" danke ich Irmela von der Lühe.

6   Monika Mann: Vergangenes und Gegenwärtiges. München 1956. Dies.: „Mein Bruder Klaus". In: Neue Deutsche Hefte 21 (1974), H. 3, S. 520–521.

7   Frido Mann: Professor Parsifal. Autobiographischer Roman. München 1989. Ders.: Brasa. München 1999.

8   Vgl. Thomas Mann: [Das Bild der Mutter]. In: Ders.: Über mich selbst. S. 152–154, hier S. 152. Klaus Mann: Der Wendepunkt, S. 10 f.

9   Vgl. zur aus Italien stammenden, ins Spätmittelalter zurückreichenden Tradition der verschiedenen Familienschriften u. a. Eva Kormann: Ich, Welt und Gott. Autobiographik im 17. Jahrhundert. Köln u. a. 2004, S. 248 ff.; Hans Rudolf Velten: Das selbst geschriebene Leben. Eine Studie zur deutschen Autobiographie im 16. Jahrhundert. Heidelberg 1995; Christof Weiand: „Libri di famiglia" und Autobiographie in Italien zwischen Tre- und Cinquecento. Tübingen 1993.

variieren. Hausbücher gleichen einem Sammelordner für die verschiedensten Textsorten und übernehmen im Laufe der Geschichte wechselnde Funktionen: In Zeiten, in denen der familiäre Generationenverband die wichtigste Institution der Daseinsvorsorge darstellt, bilden Familiengeschichten eine wichtige Macht- und Entscheidungsbasis für zukünftige Generationen. Die Funktionen der Institution ‚Familie‘ sind im Laufe gesellschaftlicher Modernisierungsprozesse an Zahl und Gewicht geringer geworden, in großen Kaufmanns- und Industriellenfamilien hat aber die Institution ‚Familie‘ sich ihre wirtschaftliche und machtpolitische Dimension länger erhalten können. Thomas Manns *Buddenbrooks* setzen dieser Tradition ein literarisches Denkmal.[10] Bezeichnenderweise geht die Familienchronistik in die fiktionale Literatur ein, als sie ihre alltagsweltliche Funktion verloren hat. Familienpapiere hat es im Hause Mann gegeben: In einem ihrer Briefe an den Sohn Heinrich verweist Julia Mann auf eine „rotsamtene Familienpapiermappe", die in einer hölzernen Kassette aufbewahrt wurde.[11] Ob Julia ihre Kindheitserinnerungen je in die repräsentative Mappe gelegt hat, wissen wir nicht. Ihre Erzählung hat in jedem Fall zur erweiterten ‚Sammelkladde‘ gehört und das Familienbewusstsein der Nachkommen geprägt.

Julia Mann wurde 1851 bei Angra do Reis in Brasilien geboren. Ihr Vater war der deutschstämmige Kolonialwarengroßkaufmann Johann Ludwig Hermann Bruhns, ihre Mutter Maria da Silva war die in Brasilien geborene Tochter portugiesischer Plantagenbesitzer. Sie starb 1856 bei der Geburt ihres sechsten Kindes. Der Witwer brachte seine Kinder nach Lübeck. Julia und ihre Schwester wurden in einem Pensionat zu höherer Gesellschaftstauglichkeit erzogen. 1869 heiratete Julia den zwölf Jahre älteren Lübecker Kaufmann und späteren Senator Thomas Johann Heinrich, genannt Heinrich Mann. 1891 wurde sie Witwe, verließ Lübeck und siedelte in München und Umgebung.

Aus Dodos Kindheit erzählt in einem kindertümelnden Stil von der Kinderzeit in Brasilien und den Jugendjahren im Pensionat. Die erzählte Zeit endet, als Julia mit sechzehneinhalb Jahren „ihren künftigen Gatten" kennenlernt: „Da war sie sechzehneinhalb Jahre alt, und ihr Schicksal war besiegelt." (S. 48). Dass es besiegelt ist, dass sie jetzt ‚Frau Heinrich Mann‘ zu sein hat, markieren auch die brieflichen Ermahnungen ihres Vaters zum rollengerechten, d. h. standes- und geschlechtsgemäßen Verhalten, die im Text folgen. Dass die Mutter in den Erinnerungen mit Namen bezeichnet wird, der Vater aber nicht, passt zu dem die Familienkladde erweiternden

---

10 Vgl. Thomas Mann: Buddenbrooks. Verfall einer Familie. Hg. von Peter de Mendelssohn. Frankfurt a. M. 1981, S. 160–162, S. 487 und S. 532–534.

11 Brief von 16. 02. 1905, abgedruckt in: Julia Mann: „Ich spreche so gern mit meinen Kindern" (Anm. 1), S. 142–148, hier S. 143.

Charakter des Textes: Der deutschstämmige, väterliche Teil ist den Kindern Julias näher als der mütterliche brasilianische Teil. Für den aber will die Kindheitsgeschichte Memoria. Julia Mann stellt ihre Erinnerungen unter ein Motto aus einem der deutsch-patriotischen Lieder Ernst Moritz Arndts. Es soll hier bezeugen, dass Julias eigentliches Vaterland ihr Mutterland Brasilien ist. Dies ist bezeichnend für die hybride Identität, die sich Julia Mann zuschreibt: Von der deutschen Kultur geprägt, wird ihr das Land der Kindheit zu einem Sehnsuchts- und Zufluchtsraum, den sie als den ihren empfindet – und ihn doch als das Fremde und Exotische betrachtet.

Die Eingangspassagen verorten Geburt und Kindheit in einer paradiesischen Traumwelt. Dass Julia in einem Bilderbuch-Urwald „unter Affen und Papageien" (S. 5) geboren wurde, ist aber, versteht sich, nicht ihre eigene Erinnerung. Sie folgt darin der Version, die ihr der Vater später in Deutschland erzählt hat: Brasilien wird mit norddeutschem und sehnsüchtigem Blick geschildert. Der Ort der Kindheit wird als Zwischenraum zwischen Meer und Urwald beschrieben, erhält keine genaue Bezeichnung, wird exotisiert, verniedlicht und verallgemeinert. Es ist ein Bilderbuchland, von dem Julia Mann im Stil schwächerer Kinderbücher berichtet:

> Es [das Kind, also sie selbst] lief im Hemdchen, das durch einen Gürtel gehalten wurde, barfuß umher; einmal vornhinaus an den Meeresstrand, um von den mächtigen Steinen die Muscheln und kleinen Austern zu lösen, die sie zum Rösten in's Haus an den Herd brachte; dann wieder hinter das Haus an den Rand des Urwaldes, wo sie herabgefallene Cocosnüsse und Bananen sammelte [...]. Ach was gab es dort nicht an schönen und guten Dingen! [...] Und vom Urwalde her ertönte fast ununterbrochen das wilde Geschrei der Brüllaffen und Papageien. Auch mit dem Mulattenkinde Luiziana und mit Brüderchen Nené spielte sie [...]. Vom Gürteltierschwanz brachten die Schwarzen ihr, um sie zu schmücken, die kleinsten Ringe, die sie sich an alle Finger steckte. (S. 6 f.).

Wenn die Farbigen so geschildert werden, als sorgten sie ganz selbstverständlich und mit Freude für das Vergnügen der Weißen, formulieren diese Erinnerungen einen harmlos daherschleichenden Rassismus-Exotismus.

Lejeune hat das erste Buch der *Confessions* Rousseaus gedeutet als Darstellung der eigenen Kindheits- und Jugendgeschichte nach dem Modell zunehmender Kultur- und Zivilisationseinbrüche und damit einhergehender Korrumpierung.[12] Ähnliches lässt sich auch für die viel schlichteren Bekenntnisse der Julia Mann sagen. Die frühe Kindheit in einem Haus

---

12 Philippe Lejeune: Der autobiographische Pakt. Frankfurt a. M. 1994, S. 99–188.

zwischen Meer und Urwald ist das goldene Zeitalter. Die Natur birgt exotische Schätze, von ihr geht keine Gefahr aus. Schließlich bricht die Zivilisation ein – in Gestalt vom Zwang zum korrekten Sprechen und in Gestalt fremder Sprachen, von Schule (für die älteren Geschwister) und der Entfernung der Geschwister aus der Familie. Jetzt enthält die Kindheit auch Schrecken, allerdings noch in gebändigter, beherrschbarer Form: Der Schrecken ist verbunden mit der Ökonomie, die zum Haus und seiner Umgebung gehört – es ist also doch nicht nur Urwald und Meer um dieses Haus herum, sondern auch eine Plantage und Manufakturen. Dodo wird Zeugin des Arbeitsunfalls eines jungen Farbigen. Diese Schilderung wird jedoch gleich zum Anlass, von der Güte der Mutter zu erzählen, die den Verletzten im Elternhaus pflegt. Der zweite Einbruch ins Kindheitsparadies findet auf der Ilha Grande bei den Großeltern mütterlicherseits statt, es ist die geschlechts- und klassenspezifische, auch rassen- und kulturendiskriminierende Erziehung: Die ‚Großmai‘ ist streng. Sie trennt Dodo von den farbigen Arbeitern und zwingt sie, ihr im Haus beim Klöppeln zuzuschauen. „Das war Strafe für die kleine Freiheitsliebende" (S. 9). Jetzt kennt die Natur auch Gefahren: Dodo begegnet einer Boa constrictor.

Abschiede sind ein weiteres Charakteristikum dieser Stufe der Kindheitserzählung. Julia schildert die Rückkehr von den Großeltern zu ihren Eltern, wie sie auf einem Kanu übers nächtliche Meer gefahren wird. Der große Abschied ist der Tod ihrer Mai und die Überfahrt nach Deutschland. Davor aber schiebt die Erzählung als retardierendes Moment noch die Schilderung zweier Erlebnisse, die zwischen Faszinosum und Tremendum oszillieren: Tropenregen und Karneval konfrontieren das Kind mit dem Entfesselten, das sich jeglicher Kontrolle entzieht. Der große Verlust und Abschied bringt endgültig die Konfrontation mit dem Nicht-mehr-Kontrollierbaren, mit dem Tod. Mai stirbt, und ein Jahr später schickt der Vater die Mädchen in ein norddeutsches Pensionat. Jetzt kann auch die idyllisierende Kindheitsgeschichte Gefühle des Verlassenseins und eines Kulturschocks nicht mehr verbergen.

Der Prozess der Assimilation beginnt: Der katholisch-abergläubische Teufelsglaube wird dem Kind mit einer Tracht Prügel exorziert (S. 24). Die in Brasilien katholisch erzogenen Kinder werden protestantisch, Dodo lernt Deutsch und vergisst ihre portugiesische Muttersprache. Das junge Mädchen soll zur standesgemäßen Ehefrau für einen norddeutschen Kaufmann erzogen werden. Dass sie sich in diese Rolle nicht widerstandslos fügen will, machen selbst die kindertümelnden Erinnerungen deutlich: Dodo will der Großmai nicht im Zimmer beim Klöppeln zusehen, sehnt sich aus Deutschland nach ihrer brasilianischen Heimat zurück, will ans Theater und springt in den Schweizer Bergen über die steilsten Pfade. Als junges Mädchen bestimmt sie zickig-schnippisch, wer ihr den Hof machen darf,

sehnt sich nach einer Karriere als Künstlerin und bezeichnet ihre Ehe-
schließung wenig enthusiastisch als Besiegelung ihres Schicksals.

Dodo ist Julia Mann. Dass die Autorin sich nahezu durchgängig in der
dritten Person und mit ihrem Kinderkosenamen bezeichnet, auch wenn sie
sich zum Zeitpunkt des Erzählens selbst anspricht (S. 74), charakterisiert
die Perspektive der Autorin auf die eigene Person: Hier erzählt und schreibt
ein Mensch, der nie die erwachsene Julia Mann (oder Bruhns oder da Silva) war, sondern allerhöchstens die erwachsene Frau Heinrich Mann, eine
Rollenzuweisung, der sie aber durch den Umzug von Lübeck weg nach
München und durch die Kindheitssehnsucht entfliehen wollte und in gewisser Weise auch konnte.

Die Fremdheitserfahrung dieser Frau in der Lübecker Kaufmannsge-
sellschaft ist von ihren Söhnen bemerkt, beschrieben, als Kulturdifferenz,
gar als Rassenkonflikt gedeutet und im Mythos der kreolischen Herkunft
ihrer Mutter übersteigert worden. Doch hinter dieser Fremdheit steht neben einer kulturellen Hybridität auch das Unbehagen an der Rolle einer
höheren Tochter und Gattin in einem durchaus patriarchalischen, gesellschaftlich borniertem und seine hybriden Anteile abwehrenden „Lübeck
als geistige[r] Lebensform".[13]

13 Thomas Mann: „Lübeck als geistige Lebensform". In: Ders.: Über mich selbst
    (Anm. 4), S. 28–50.

KLAUS WIELAND (Strasbourg, Frankreich)

Die Krise der Männlichkeit in deutschsprachigen Kriegsromanen der Weimarer Republik

Die in der Spätaufklärung vor dem sozialhistorischen Hintergrund der Entstehung der bürgerlich-kapitalistischen Gesellschaft konstruierte hegemoniale Männlichkeit[1] wurde um 1800 mit der Einführung der allgemeinen Wehrpflicht in den meisten europäischen Nationalstaaten militarisiert.[2] Die Armee wurde zur „Schule der männlichen Nation, des männlichen Volkes"[3], zu einer homosozialen Sozialisationsinstanz, die maßgeblich an der Konstruktion der männlichen Geschlechtsidentität beteiligt war. Das Leitmodell der militärischen Männlichkeit vereinigte in Analogie zur zivilen Variante der hegemonialen Männlichkeit sowohl körperliche (biologisches Geschlecht) als auch innere und soziale Eigenschaften (soziales Geschlecht), nämlich Kampf- und Willenskraft, Mut und Tapferkeit, Selbstkontrolle, Abenteuergeist, Opferbereitschaft sowie Kameradschaft. Im Laufe des 19. Jahrhunderts konnte sich das Konzept der hegemonialen Männlichkeit in der sozialen Praxis durchsetzen, bevor seine militärische Variante in der ersten Hälfte des 20. Jahrhunderts im Ersten und Zweiten Weltkrieg eine gefährliche Übersteigerung mit fatalen Konsequenzen erfuhr. Der Große Krieg war „ein maskulines Ereignis par excellence"[4], bei dem der Soldat seine Männlichkeit im Dienste des Imperialismus unter Beweis stellen sollte. Dieser Nachweis war umso dringlicher zu erbringen, als seit dem späten 19. Jahrhundert die hegemoniale Männlichkeit durch das von der Frauen-

---

1   Gender-theoretisch stützt sich die vorliegende Arbeit auf das Männlichkeitsmodell von Robert W. Connell, der zwischen der hegemonialen, Komplizen-, marginalisierten und untergeordneten Männlichkeit unterscheidet: Der gemachte Mann. Konstruktion und Krise von Männlichkeiten. Opladen 1999 (Englisches Original: 1995).

2   Zur Militarisierung der hegemonialen Männlichkeit siehe Wolfgang Schmale: Geschichte der Männlichkeit in Europa (1450–2000). Wien/Köln/Weimar 2003, S. 195–203.

3   Ute Frevert: „Männer(T)Räume. Die allgemeine Wehrpflicht und ihre geschlechtergeschichtlichen Implikationen". In: Österreichische Zeitschrift für Geschichtswissenschaft 11 (2000), S. 111–123, dort S. 116.

4   George L. Mosse: Das Bild des Mannes. Zur Konstruktion der modernen Männlichkeit. Frankfurt a. M. 1997 (Englisches Original: 1996), S. 143.

bewegung propagierte neue Frauenbild ernsthaft in Frage gestellt wurde. In der Literatur wurde die militärische Erfahrung des Ersten Weltkriegs in der Gattung des Kriegsromans[5] fiktional-ästhetisch verarbeitet. Im Folgenden sollen Ernst Jüngers Kriegstagebuch *In Stahlgewittern* (1920), Ludwig Renns Antikriegsroman *Krieg* (1928/1929) sowie Erich Maria Remarques Weltbestseller *Im Westen nichts Neues* (1929) exemplarisch auf die ihnen eingeschriebenen Männlichkeitsmodelle untersucht werden.[6]

1. Die militärisch-hegemoniale Männlichkeit

Die drei genannten Kriegsromane sind jeweils aus der Perspektive eines autodiegetischen Erzählers geschrieben, der von seinen Kriegserfahrungen an der Westfront in chronologischer Ordnung berichtet. Die Erzählerfiguren sind jung und zunächst gemeine Soldaten. Jünger erzählt in seinem autobiografischen Kriegstagebuch *In Stahlgewittern* von seinem sozialen Aufstieg in der Militärhierarchie zum mehrfach ausgezeichneten Leutnant, während die militärische Niederlage des Deutschen Kaiserreichs weitgehend ausgeblendet wird. Renn und Remarque verschleiern dagegen die deutsche Kriegsniederlage nicht; die Romanhelden, die anfangs den Krieg bejahten, durchlaufen einen Desillusionierungsprozess, an dessen Ende sie keinen Sinn mehr im Krieg sehen. In der simulierten Autobiografie *Krieg* steigt die fiktive Figur Ludwig Renn zwar zum Vizefeldwebel auf, doch im Herbst 1918 hat er alle Illusionen über den Krieg verloren. Paul Bäumer, der Protagonist in Remarques fiktivem Roman *Im Westen nichts Neues*, dessen Fronterfahrungen, wie es im Prolog ausdrücklich heißt, für eine ganze Generation von jungen Männern repräsentativ sein sollen, bleibt während des gesamten Krieges ein gewöhnlicher Soldat und fällt schließlich ebenso desillusioniert wie sinnlos kurz vor Kriegsende.

5　　Einen Überblick über die Kriegsromane der Weimarer Republik bieten Hans-Harald Müller: Der Krieg und die Schriftsteller. Der Kriegsroman der Weimarer Republik. Stuttgart 1986; Margrit Stickelberger-Eder: Aufbruch 1914. Kriegsromane der späten Weimarer Republik. Zürich/München 1983; Herbert Bornebusch: „Kriegsromane". In: Horst Albert Glaser (Hg.): Deutsche Literatur. Eine Sozialgeschichte. Bd. 9: Weimarer Republik – Drittes Reich: Avantgardismus, Parteilichkeit, Exil. 1918–1945. Hg. von Alexander von Bormann und Horst Albert Glaser. Reinbek bei Hamburg 1983, S. 138–143.

6　　Zitiert wird nach folgenden Textausgaben: Ernst Jünger: In Stahlgewittern. Stuttgart 2003; Ludwig Renn: Krieg. Berlin 2001; Erich Maria Remarque: Im Westen nichts Neues. Roman. Köln 1998. Die Sekundärliteratur zu diesen Romanen kann hier aus Platzgründen nicht berücksichtigt werden.

1.1 Der soldatische Männerkörper

Die Körper der drei Kriegsromanhelden werden als gesund und kräftig beschrieben und durch militärisch-institutionalisierte Körperpraktiken im Rahmen der Rekrutenausbildung und bei Kampfeinsätzen an der Front noch weiter gestärkt. Unfreiwillig machen die Texte damit deutlich, dass der soldatische Männerkörper keineswegs von Natur aus gegeben ist, sondern vielmehr das Resultat von sozialen Prozessen darstellt und somit erst kulturell konstruiert werden muss. Körperliche Maskulinität wird in den Romanen immer wieder durch die Isotopien [Festigkeit], [Trockenheit] und [Geschlossenheit] sprachlich umrissen[7], wodurch die Männerkörper in eine Oppositionsrelation zur natürlichen, kulturellen und sozialen Umwelt gesetzt werden, welche sich in einem unaufhaltsamen Auflösungsprozess befindet. Während der Boden durch unzählige Gräben, Trichter und Krater zerfurcht ist und durch Regen und Blut aufgeweicht wird, die Häuser zerschossen und die Straßen aufgerissen sind und die Körper der Leichen zerfetzt und blutüberströmt verstreut liegen, schreitet der Soldat in Uniform, Stiefeln und mit Stahlhelm durch die sich auflösende Kriegswelt. Dabei schonen die Romanhelden niemals ihren Körper: Auch wenn sie schon verletzt sind, kämpfen sie noch mit letzter Kraft und lassen sich erst dann ins Lazarett abtransportieren, wenn sie schwer verwundet sind, um einmal genesen sofort wieder zum Kampf an die Front zurückzukehren. Tragen sie Narben davon, gelten diese geradezu als Zeichen von militärischer Maskulinität. Beim Abtransport von der Westfront im September 1918 rekapituliert der verletzte Jünger stolz die körperlichen Zeichen seiner martialisch-heroisch gesteigerten Männlichkeit.

> Von Kleinigkeiten wie von Prellschüssen und Rissen abgesehen, hatte ich im ganzen mindestens vierzehn Treffer aufgefangen, nämlich fünf Gewehrgeschosse, zwei Granatsplitter, eine Schrapnellkugel, vier Handgranaten- und zwei Gewehrgeschosssplitter, die mit Ein- und Ausschüssen gerade zwanzig Narben zurückließen. In diesem Kriege […] hatte ich es immerhin erreicht, dass elf von diesen Geschossen auf mich persönlich gezielt waren. Ich heftete daher das Goldene Verwundetenabzeichen, das mir in diesen Tagen verliehen wurde, mit Recht an meine Brust. (S. 323)

Der schonungslose Körpereinsatz sowie die physischen Verletzungen und Verstümmelungen machen deutlich, dass der Krieg den soldatischen Körper nicht nur hervorbringen, sondern auch beschädigen und sogar zerstö-

---

7 Siehe dazu auch Klaus Theweleit: Männerphantasien. Bd. 2: Männerkörper – Zur Psychoanalyse des weißen Terrors. Reinbek bei Hamburg 1984 (Erstausgabe: 1978).

ren kann. Interessant wäre es zu sehen, ob sich die Kriegsversehrten in ihrer männlichen Gender-Identität verunsichert fühlen, doch dies bleibt in den genannten Romanen eine informatorische Nullposition. Schwerverwundete Soldaten sterben noch sofort an der Front bzw. im Lazarett oder werden in die Heimat gebracht, ohne dass die Texte Informationen darüber liefern würden, wie sie ihre körperlichen Beeinträchtigungen im Hinblick auf ihre männliche Geschlechtsidentität verarbeiten. Die Nullposition kann psychologisch als Verdrängung einer verunsicherten Männlichkeit gelesen werden, welche die Texte nicht offen zu thematisieren bereit sind.

1.2 Die inneren Werte des soldatischen Mannes

Die meisten Soldaten der genannten Kriegsromane kämpfen in der Anfangsphase des Krieges tapfer, unerschrocken und selbstdiszipliniert, manchmal auch abenteuerfreudig und allzeit bereit, sich für das Vaterland zu opfern. Bei Jünger bleiben die Soldaten bis zum Kriegsende diesen inneren Werten treu, ja die Fronterfahrungen erlauben es ihnen sogar, sie zu festigen bzw. noch besser zu verwirklichen:

> In diesen Männern war ein Element lebendig, das die Wahrheit des Krieges unterstrich und doch vergeistigte, die sachliche Freude an der Gefahr, der ritterliche Drang zum Bestehen eines Kampfes. Im Laufe von vier Jahren schmolz das Feuer ein immer reineres, ein immer kühneres Kriegertum heraus. (S. 158–159)

Die inneren Werte des soldatischen Mannes werden im Prinzip auch von Renns und Remarques Romanhelden verkörpert, doch sie räumen anders als Jünger ein, dass diese Werte im Kriegsalltag nicht ständig lebbar sind. Schon die ersten Sterbenden und Toten, mit denen die jungen Rekruten in *Im Westen nichts Neues* konfrontiert werden, lassen sie spüren, dass „die Todesangst stärker ist" (S. 18) als die Bereitschaft, für das Vaterland zu sterben. Die Tatsache, dass Bäumer versichert, sie seien deshalb „keine Meuterer, keine Deserteure, keine Feiglinge" (S. 18) unterstreicht nur, wie sehr die jungen Männer in ihrer Gender-Identität verunsichert sind. Und auch Renn gesteht sich nach seiner ersten Schlacht schließlich in einem inneren Monolog ein, dass er ängstlich und feige gekämpft hat:

> Als ich dort oben war, war ich noch feige! Vorhin. – Feigheit ist es doch nicht! Ach, ist denn das keine Feigheit, wenn man den Kopf verliert vor ein paar Schüssen! [...] Nicht einmal habe ich in meiner Angst gemerkt, dass ich keine Patrone mehr im Lauf hatte! – Jetzt liegt der fremde Leutnant dort vorn tot. Der ist nicht feige gewesen, der ist ehrlich gefallen. Und liegt dort tot! – Das war mir plötzlich so schrecklich.

Und ich habe meine Leute von dort drüben vorgelockt, und weshalb? Weil ich nicht feige aussehen wollte! Aussehen, aussehen! Als ob ich nicht die Feigheit, die Angst in mir gehabt hätte! Die Gedanken peitschten in mir. (S. 32–33)

Sowohl Bäumer als auch Renn gelingt es meistens dank ihrer affektiven Selbstkontrolle, nach außen hin die militärische Männlichkeit zumindest als Fassadenidentität aufrechtzuerhalten, so dass sie bei ihren Kameraden weiterhin in hohem Ansehen stehen. Ihr Verhältnis zur hegemonialen Männlichkeit ist daher nach Robert W. Connell eher als ‚Komplizenschaft' zu bezeichnen, d. h. diese „Schlachtenbummler hegemonialer Männlichkeit" profitieren von der „patriarchalen Dividende", den Vorteilen des Patriarchats, ohne den hohen normativen Ansprüchen desselben wirklich vollständig gerecht zu werden.

1.3 Die Kameradschaft

Die durch das Kameradschaftsprinzip sichergestellte soziale Kohäsion der Armee erfüllt hauptsächlich zwei Funktionen, nämlich in kollektiver Hinsicht die Kampffähigkeit der Truppe zu stärken und in individueller Hinsicht den Soldaten das Gefühl psychisch-emotionaler Sicherheit zu vermitteln. Die homosoziale Schützengrabengemeinschaft wird in allen drei Kriegsromanen überschwänglich gepriesen.[8] Jünger zählt sie zu „den schönsten Erinnerungen aller Krieger" (S. 158) und Bäumer betrachtet sie sogar als die wichtigste Kriegserfahrung und -errungenschaft überhaupt: „Das Wichtigste war aber, daß in uns ein festes, praktisches Zusammengehörigkeitsgefühl erwachte, das sich im Felde dann zum Besten steigerte, was der Krieg hervorbrachte: zur Kameradschaft!" (S. 28) Die Frontkameradschaft äußert sich im militärischen Alltag auf vielfältige Weise, z.B. teilen sich die Soldaten die knappen Nahrungsmittel, kochen gemeinsam, ergeben sich der Völlerei und Zecherei, sprechen sich in schweren Augenblicken Trost zu, retten verwundete Kameraden und statten ihnen im Lazarett Krankenbesuche ab. Solche fürsorglichen Kameradschaftsdienste verlei-

---

8 Dass die Kameradschaft das Soldatenleben im Ersten Weltkrieg stark prägte, lässt sich auch an nicht-literarischen Texten der Zeit, z. B. Feldpostbriefen und Tagebüchern von einfachen Soldaten, belegen. Siehe dazu Thomas Kühne: „‚[…] aus diesem Krieg werden nicht nur harte Männer heimkehren'. Kriegskameradschaft und Männlichkeit im 20. Jahrhundert". In: Ders. (Hg.): Männergeschichte – Geschlechtergeschichte. Männlichkeit im Wandel der Moderne. Frankfurt a. M. / New York 1996, S. 174–192, zum Ersten Weltkrieg insbesondere S. 176–180.

hen der soldatischen Männlichkeit durchaus auch weibliche Züge, die besonders deutlich in Remarques *Im Westen nichts Neues* ausgeprägt sind und vom Protagonisten Bäumer übrigens mühelos in seine männliche Geschlechtsidentität integriert werden können.

Die Militärhierarchie kann zu einem Hindernis für die Kameradschaft und einer Gefahr für die soldatische Männlichkeit werden, wenn die militärischen Rangunterschiede von den Soldaten als trennend, ja antagonistisch erlebt werden. Nicht alle Offiziere fühlen sich für ihre Untergebenen so verantwortlich wie die vorbildlichen Leutnants Fabian und Lamm in Renns Roman *Krieg*, die ein Gefühl der Verbundenheit zwischen militärischer Führung und Gefolgschaft aufzubauen vermögen. In Remarques *Im Westen nichts Neues* schikaniert dagegen der Unteroffizier Himmelstoß, unter den einfachen Soldaten als „der schärfste Schinder des Kasernenhofes" (S. 25) bekannt, seine Untergebenen auf geradezu sadistische Weise. Da die Figuren in diesen Szenen weitgehend extern fokalisiert sind, erfährt der Leser kaum etwas darüber, wie sie es psychisch-emotional und kognitiv verarbeiten, wenn sie zwanzig Stunden lang ein Paar Stiefel wichsen müssen, den Kasernenhof mit einer Handbürste sauber machen müssen oder ihnen bei Turnübungen vor versammelter Truppe vom Vorgesetzten in den Hosenboden gefasst wird. Derartige öffentliche Demütigungen bringen die betroffenen Soldaten zumindest zeitweise in die Nähe der marginalisierten Männlichkeit.

Aus militärpolitischer Sicht kann die Kameradschaft auch kontraproduktiv werden, wenn die Soldaten sie auf den Kriegsgegner ausweiten. In *Im Westen nichts Neues* empfindet Bäumer etwa Mitleid mit hungernden und kranken russischen Kriegsgefangenen und wird sich bei ihrem Anblick der ebenso willkürlichen wie sinnlosen Einteilung der Menschen in Freund-Feind-Kategorien bewusst: „Ein Befehl hat diese stillen Gestalten zu unseren Feinden gemacht; ein Befehl könnte sie in unsere Freunde verwandeln." (S. 134) Und als er einen französischen Soldaten im Nahkampf tödlich verwundet und mehrere Stunden lang neben ihm in einem Erdtrichter liegend seinem Todeskampf beiwohnt, wird ihm der militärische Gegner zum Kameraden: „Ich will dir ja helfen, Kamerad, camarade, camarade, camarade –" (S. 150). Durch dieses Erlebnis wird Bäumer schließlich zu einem Anhänger eines humanistischen Pazifismus, der ihn den Krieg endgültig ablehnen lässt.

2. Untergeordnete Männlichkeiten

Vereinzelt erscheinen in den Kriegsromanen auch Figuren, die sich so weit vom Leitbild der militärisch-hegemonialen Männlichkeit entfernen, dass sie teilweise verachtet und ähnlich wie Frauen gesellschaftlich unterdrückt werden. Solche untergeordneten Männlichkeiten betreffen nie die Protagonisten selbst, sondern stets Nebenfiguren, die sich als notorisch ängstlich und feige erweisen, desertieren, an Hysterie leiden oder durch homoerotisches Begehren gekennzeichnet sind. Angstmeier und Feiglinge werden in der Regel bald verletzt oder getötet, d. h. solche Figuren erscheinen als im Krieg nicht überlebensfähig. Die Zahl der Deserteure nimmt zu, je näher der Zusammenbruch der deutschen Armee an der Westfront rückt. Vor allem Renn stellt die Auflösung der Truppen am Kriegsende eindringlich dar, als die Soldaten gleich gruppenweise zum Feind überlaufen. Kriegshysteriker oder „Kriegszitterer", wie sie damals auch bezeichnet wurden, kommen in den drei Romanen höchst selten vor und werden nie explizit als solche benannt; zu sehr unterlag die männliche Hysterie damals einem sozialen Tabu, da Hysterie bis weit ins 19. Jahrhunderte hinein als spezifisch weibliche Pathologie konstruiert worden war.[9] Homoerotisches Begehren war seinerzeit am stärksten sozial tabuisiert, da hegemoniale Männlichkeit an Heterosexualität gebunden war und sie daher durch Homoerotik radikal in Frage gestellt wurde. Wenn homoerotisches Begehren überhaupt in den Romanen dargestellt wird, wird es aus der Welt deutscher, militärischer Normalität ausgegrenzt und abgewehrt, d. h. homoerotische Praktiken kommen beim militärischen Gegner vor, z. B. unter russischen Kriegsgefangenen in *Im Westen nichts Neues*, oder die homoerotisch empfindenden Männer werden wie in *Krieg* in ein Nervenlazarett interniert.

Untergeordnete Männlichkeiten werden aus der jeweiligen Textperspektive sehr unterschiedlich bewertet. Während Jünger Repräsentanten dieses für ihn abweichenden Männlichkeitsmodells kaum darstellt und sie entweder verlacht oder energisch zurechtweist, nimmt Renn eine eher neutrale Haltung gegenüber den Gender-Abweichlern ein. Remarques Romanheld Bäumer zeigt sogar Verständnis für sie und distanziert sich vorsichtig von den sozialen und militärischen Sanktionen, die über sie verhängt werden.

---

9   Zur Konzeptualisierung der männlichen Hysterie durch den medizinisch-psychiatrischen Diskurs im späten 19. und frühen 20. Jahrhundert siehe Ursula Link-Heer: „,Männliche Hysterie'. Eine Diskurs-Analyse". In: Ursula A. J. Becher/Jörn Rüsen (Hgg.): Weiblichkeit in geschichtlicher Perspektive. Fallstudien und Reflexionen zu Grundproblemen der historischen Frauenforschung. Frankfurt a. M. 1988, S. 364–396.

3. Krise der Männlichkeit?

Die Kriegsromane *In Stahlgewittern* von Ernst Jünger, *Krieg* von Ludwig Renn und *Im Westen nichts Neues* von Erich Maria Remarque bestätigen weitgehend das zeitgenössische Gender-Leitmodell der militärisch-hegemonialen Männlichkeit, indem sie es von den Protagonisten umsetzten lassen. Renn und Remarque räumen dabei allerdings ein, dass dieses Konzept so hohe normative Ansprüche stellt, dass es im Kriegsalltag nicht immer verwirklicht werden kann, und rücken die Maskulinität ihrer Romanhelden zumindest zeitweise in die Nähe der Komplizen- und marginalisierten Männlichkeit, während die Figuren nach außen hin meistens eine militärisch-hegemoniale Fassadenidentität aufrechterhalten können. Untergeordnete Maskulinitäten werden bei Jünger kaum und bei Renn und Remarque nur am Rande dargestellt; die letztgenannten Autoren tolerieren diese zwar, bauen sie aber nicht als Gender-Alternativen zur hegemonialen Männlichkeit auf. Während Jünger die soldatische Maskulinität noch einmal emphatisch in Szene setzt, überwiegt bei Renn und Remarque eher, wenn dies auch nicht offen eingestanden wird, Gender-Ratlosigkeit, die von einer latenten Krise der Männlichkeit im deutschsprachigen Kriegsroman der Weimarer Republik zeugt[10]: Wie männlich kann der Mann jenseits der militärisch-hegemonialen Männlichkeit sein?

10 Ob von einer Krise der Männlichkeit im frühen 20. Jahrhundert in der westlichen Welt gesprochen werden kann, wird in der sozial- und kulturgeschichtlichen Forschung kontrovers diskutiert. Während Wolfgang Schmale (Anm. 2) und George L. Mosse (Anm. 4) allenfalls von einer Krisentendenz ausgehen, meinen Elisabeth Badinter, Anneliese Maugue und Jacques Le Rider, eine manifeste Krise der Männlichkeit ausmachen zu können. Siehe Elisabeth Badinter: XY. De l'identité masculine. Paris 1992, S. 29–41; Annelise Maugue: L'identité masculine en crise au tournant du siècle. Paris 1987; Jacques Le Rider: Modernité viennoise et crises de l'identité. Paris 1990, S. 91–194.

JULIAN PREECE (Canterbury, Grossbritannien)

Die Magd als literarische Figur in den Wiener Werken von Veza und Elias Canetti

Veza Taubner-Calderon, wie sie damals noch hieß, hatte zahlreiche Gründe, die schreckliche Therese Krumbholz in Elias Canettis *Die Blendung* (geschrieben 1930–31, veröffentlicht 1935), deren Entstehung sie unmittelbar miterlebte, als verschobenes Porträt zu verstehen. ,Veza' und ,Therese' klingen ähnlich (wie ,Leda' und ,Veza' in seiner *Komödie der Eitelkeit* oder ,Knut Tell', ihr eigenes Porträt des Freundes und Geliebten, und ,Kanetti Elias'). Therese, die ursprünglich Hermine heißen sollte, ist sechzehn Jahre älter als Peter Kien, die männliche Hauptfigur und verrückter Bibliophil, hier liegt also eine Verdoppelung des Altersunterschiedes zwischen dem jungen Romancier und seiner literarischen Lehrerin und künftigen Frau vor. Therese hat aber acht Jahre lang für Kien gearbeitet, bevor er glaubt, ihre Achtung für Bücher zu entdecken und sich entscheidet sie zu heiraten. Als Therese dagegen protestiert, wenn der Hausbesorger Benedikt Pfaff sie als *Dienstmädchen* bezeichnet, erwähnt sie eine andere bedeutungsschwere Zahl: ,Dienstmädchen ließ sie sich nicht gefallen. Seit vierunddreißig Jahren führt sie die Wirtschaft. Ein Jahr bald ist sie schon eine anständige Hausfrau'.[1] Veza wurde 1931 vierunddreißig, dem Jahr, in dem der Roman fertig geschrieben wurde. Das intellektuelle Leben Dr. Peter Kiens zerbricht, sobald er Ehemann geworden ist. Als Elias und Veza im Februar 1934 auf sein Drängeln heiraten, besteht Veza darauf, dass er seine Freiheit behält:[2] Sie will keine konventionelle Ehe, vielleicht weil sie fürchtet, die gleiche Rolle in seinem Leben zu spielen, wie Therese in dem seines Romanhelden. Nichts schlimmer als das. Veza sollte immer die erste Frau Canetti sein, duldete seine vielen Liebschaften, freundete sich sogar mit seinen Geliebten an – soweit das ging – und schlief selbst nicht mehr mit ihm. In ihren Schriften fiel ihre Antwort allerdings anders aus: zumindest schriftlich kehrte sie den Spieß um, indem sie die Identität annahm, die er ihr aufgezwungen hatte, um sie sofort zu untergraben. Sie nannte sich Veza Magd und schrieb über Mägde.

Nachdem Veza im Juni 1932 in der Wiener *Arbeiter-Zeitung* angefangen hatte zu veröffentlichen und Canetti zweimal als den eitlen und inkompetenten Knut Tell dargestellt hatte, wird sie viel offensichtlicher und auf

---

1 Elias Canetti: Die Blendung. Frankfurt a. M. 1965, S. 350.
2 Sven Hanuschek: Elias Canetti. Biographie. München/Wien 2005, S. 266.

jeden Fall positiver in seiner *Komödie der Eitelkeit* porträtiert.[3] Er macht deutlich, dass er Vezas literarische Reaktion auf den Roman zur Kenntnis genommen hatte und reagiert nun selbst literarisch. Einige Szenen in seinem zweiten Theaterstück lesen sich, als ob sie ihm beim Schreiben über die Schulter guckte, was leicht der Fall gewesen sein konnte, da er seit dem Herbst 1933 bei ihr und ihrer Mutter in der Ferdinandstraße der Wiener Leopoldstadt wohnte. In einem ungedruckten Kapitel des dritten Bandes seiner Autobiographie, in welchem er im eklatanten Gegensatz zur gedruckten Version auf Vezas Schriften eingeht, schreibt er:

> Das Zimmer in der Hagenberggasse mit dem Blick auf den Steinhof (an dem ich sehr hing) verlor ich im Herbst 1933 während meiner Abwesenheit in Strassburg. Seither war ich an der Ferdinandstraße bei Veza gewesen, in ihrer „gelben Straße", wie sie die in ihren Geschichten nannte, es war die Straße der Lederhändler. Dann war ich wieder in die Leopoldstadt zurück gekehrt. Da hatte ich während des Winters die „Komödie der Eitelkeit" fertig geschrieben, der größere Teil davon entstand dort bei ihr. Da war ich während der Februarkämpfe des Jahres 1934. Da hatten wir am Ende dieses Monats – vielleicht auch aus Verzweiflung über die katastrophalen öffentlichen Ereignisse – geheiratet.[4]

In *Komödie der Eitelkeit* prangert er zum ersten Mal die soziale Ungerechtigkeit an, genau wie Veza das tat und zeigte, dass er ein Thema, das ihr am Herzen lag, jetzt durchaus ernst nahm: die soziale Stellung der Hausmägde. Wie ein junges Mädchen ihren Namen verliert – und dadurch ihre Individualität und Identität – als sie in den Dienst eines bürgerlichen Haushalts eintritt, beschäftigt ihn jetzt genau so, wie es Veza in ihrer Erzählung ‚Der Kanal' beschäftigt hatte, die ein Kapitel der *Gelben Straße* werden sollte und im November 1933 in der *Arbeiter-Zeitung* gedruckt wurde, als er noch an seinem Theaterstück arbeitete. Als Milli Kreiss, Tochter der Gemischtwarenhänderlin *Therese* Kreiss, sich zum Vorstellungsgespräch meldet, beklagt sich ihre Arbeitgeberin über ihren Namen: ‚Auch ein Name; Milli! Ein Brechmittel von einem Namen. Jeder zweite Dienstbot heißt Milli heut. Ich brauch eine Zofe'.[5] Sie einigen sich schließlich auf Mary, nachdem die Dame Millis

3   Knut Tell spielt eine wichtige Nebenrolle im ersten Kapitel der *Gelben Straße* ‚Das Ungeheuer', das erst 1990 veröffentlicht wurde, und ist die Hauptfigur in ‚Der Fund' (Arbeiter-Zeitung, 28.04.1933) und: Der Fund: Erzählungen und Stücke. München/Wien 2001, S. 11–17.

4   ‚Heirat (späte Heirat)', ein entworfenes und wieder verworfenes Kapitel für *Das Augenspiel*. München/Wien 1985. Canetti-Nachlass, Zürich Zentralbibliothek, Schachtel 60.

5   Elias Canetti: Dramen: Hochzeit, Komödie der Eitelkeit, Die Befristeten. Frankfurt a. M. 1978, S. 145.

Vorschlag Leonie abgelehnt hat, weil es ‚zu hoch' klingt.[6] Die Dame fragt ferner, ob sie schwanger sei, ein weiteres Thema, von dem Wiener Arbeitgeber geradezu besessen waren, das Veza selbst schon im ‚Kanal' gestreift hatte. Millis Vorgängerin hatte dreizehn Jahre im Haushalt gearbeitet und musste entlassen werden, weil sie ihnen ‚zu alt' geworden ist, so wird Milli mitgeteilt. Der wirkliche Grund ist, dass sie sich mit ihnen auf eine einer Magd ungebührliche Weise stritt. Auch der Prediger ist schockiert, als sie zu ihm sagt, dass sie keinen Mann braucht. Diese starke weibliche Persönlichkeit konnte sich nicht schärfer von den frauenfeindlichen Frauenfiguren in der *Blendung* abheben.

Mägde waren in jedem Haushalt gegenwärtig und kommen dementsprechend häufig in der Literatur der Epoche vor. Wie sie dargestellt wurden, hing von den politischen Sympathien des jeweiligen Autors ab. *Der veruntreute Himmel. Die Geschichte einer Magd*, den Franz Werfel 1939 in Schweden veröffentlichte, ist eine Geschichte frommer Selbstaufopferung, die dem Leben der Familienköchin der Mahler-Werfels nachgebildet sein sollte.[7] Die Heldin verkörpert das konventionelle Ideal einer perfekten Magd: sie hat in ihrer Jugend nie Männer ins Haus eingeschmuggelt und ist nie angetrunken nach Hause gekommen; sie verzichtete auf ihren freien Nachmittag (ihren ‚Ausgang') und verbrachte den Sonntag dienstbereit in ihrem Zimmer; und sie hatte nur selten Besuch.[8] Die aus Mähren stammende Teta Linek zog im Alter von fünfzehn Jahren in die Hauptstadt, um in Dienst einzutreten und arbeitete insgesamt fünfundfünfzig Jahre lang für die gleiche Familie. Dieser frühe Lebensweg ist alles, was sie mit Vezas Mägden gemeinsam hat.

Es dauert vierzig Jahre, bis Magdfiguren in Elias Canettis Schriften wieder präsent werden. In der dreibändigen Autobiographie äußert er sich über sie respektvoll, ohne allerdings die alten Themen der Dreißiger Jahre wieder aufzugreifen. Die verschiedenen Kindermädchen in Bulgarien, England, und der Schweiz spielen zum Teil wichtige Rollen in seinem Leben. Sie haben Namen, die er nennt, und Meinungen, auf die oft geachtet werden muss. Es ist ferner bezeichnend, dass Mägde eine zentrale Rolle in den beiden ersten Romanen seiner literarischen Schülerin Friedl Benedikt spielen, *Let thy Moon Arise* und *The Monster*, die beide 1944 in englischer Sprache unter dem Decknamen Anna Sebastian erschienen.[9] In *The Monster* geht es um die Ausübung von Macht in zwischenmenschlichen Beziehungen, was für Canetti in dieser Periode das alles übergreifende Thema ist. Die wichtigste von

---

6 Ebenda, S. 147.
7 Franz Werfel: Der veruntreute Himmel. Die Geschichte einer Magd. Stockholm 1939.
8 Ebenda, S. 7 und S. 27.
9 Beide sind Elias Canetti gewidmet und erschienen bei Jonathan Cape.

diesen Beziehungen ist diejenige zwischen der Magd Kate und der Hauptfigur, Jonathan Crisp. Schreibt die ‚faule und vernarrte Schülerin', wie sie sich selbst mit ironischem Pathos nennt, nur in Anlehnung an *Die Blendung* oder hat sie – vielleicht über Elias – auch von der Frau ihres ‚Meisters' gelernt? In einem anderen ungedruckten Kapitel für den zweiten Band der Autobiographie, *Die Fackel im Ohr*, zeigte Canetti mehr Verständnis für Vezas schriftstellerische Tätigkeiten, als im Vorwort zu ihrem ersten posthum erschienenen Roman, *Die Gelbe Straße*, das ihm von feministischer Seite harte Kritik einbrachte. Er erklärt ihre Fähigkeit, den Schmerz und die Demütigung anderer nicht nur zu verstehen, sondern auch mitzuleben oder mitzufühlen (in anderen Worten, sie hatte eine Veranlagung zur ‚Verwandlung'):

> Sie beließ es nicht bei diesem Mitgefühl, sondern überschüttete den Gedemütigten mit Lob und Geschenken. Das war ihr Balsam und er ging ihr nie aus. Einen Getretenen verstand sie so zu heben, dass er sich erhaben vorkam. Ein verstoßenes Mädchen nahm sie zu sich in Dienst und flößte ihr das Gefühl ein, dass ihr ein irdisches Königreich bevorstehe. Manchen geschah, was sie ihnen vorhergesagt hatte, andere, ungeduldig oder ohne Vertrauen, entzogen sich und bereuten, was ihnen entgangen war. Sie hatte hundert Wege, sich zu verschaffen, was sie für ihre Großmut benötigte. Für ihre Schützlinge verschwendete sie, was sie besaß, und als sie nichts mehr besaß, scheute sie sich nicht, für sie zu betteln.

Vezas Geschichten zeichnen sich tatsächlich dadurch aus, dass sie die Gefühle und die zum Teil angeschlagene Psychologie ihrer unbedeutenden Figuren sehr ernst nimmt. Veza half anderen im Leben wie beim Schreiben. Der Auszug aus einem Kapitel, das er ‚Trauer und Verlockung' nennen wollte, endet mit seiner Erklärung ihrer Wahl des Namens Veza Magd:

> Ein junges Mädchen, das vom Land in die Stadt verschlagen wurde, das bei grausamen Herrschaften dienen musste, das leichtgläubig und schutzlos jedem Rohling von einem Bewerber ausgeliefert war, das um seinen Ausgang betrogen wurde, in einer stinkenden Kammer schlief, das wenig zu essen bekam und um den Lohn bestohlen wurde, – wenn es nur das Glück hatte, in ihrer Straße zu wohnen, so hörte es von ihr, die zur Legende geworden war und suchte sie auf und fand bei ihr Hilfe und so unentbehrlich war Veza dieser Schutz, den sie den Hilflosen gewährte, dass sie sich den Namen Veza Magd zulegte, als sie Geschichten über sie zu schreiben begann und bald auch veröffentlichte.[10]

Hätte er diese Worte wie geplant veröffentlicht, hätte er manches von der feministischen Schelte vermieden.

---

10 ‚Trauer und Verlockung', ZB 226. Vgl. sein ‚Vorwort' zu *Die Gelbe Straße*. München/Wien 1990, S. 5–9.

Mägde kommen in Vezas Fiktion immer wieder vor, von der ersten Seite der *Gelben Straße*, wo die treue Rosa überfahren wird, als sie ihrer Arbeitgeberin das Leben rettet, bis ‚Toogoods oder das Licht‘, die in England während des Krieges spielt.[11] Die Anzahl der verschiedenen Bezeichnungen für Magd, die allein in der *Gelben Strasse* verwendet werden, zeigt wie allgegenwärtig sie nicht nur hinter der Kulisse im Wiener Leben tatsächlich waren. Die Worte sind alle im Prinzip ebenso austauschbar wie die Personen, die die harte Arbeit im Haushalt leisteten: Dienstmagd, Kammermagd, Mädchen, Dienstmädchen, Kindermädchen, Stubenmädchen, Hausgehilfin, Dienerin, Bedienerin, Bonne, Servierdame.

Vezas Interesse an Mägden ging viel tiefer als ihr literarischer Partner ahnen konnte. In ‚Geld – Geld – Geld‘, die letzte Geschichte, die sie zu ihren Lebzeiten veröffentlichen konnte, rächt sich die Magd Draga Kozil für den Tod ihres Mannes, der sich umbrachte, nachdem der Stiefvater der Ich-Erzählerin ihn aus seinem Haus auf die Straße gesetzt hat, weil er seine Miete nicht bezahlen konnte. Dragas Unbarmherzigkeit ist durch ihre ‚zwei kleinen, tiefschwarzen Augen‘ gekennzeichnet, die entweder von der Maske ihres Gesichts oder durch die ‚dicken Wülste‘ gedeckt sind.[12] Sie besitzt noch die Fähigkeit zu sehen, im Gegensatz zu den echten Bösewichtern wie der Familientyrann Herr Iger im Oger-Kapitel der *Gelben Straße* oder der Nazi Baldur Pilz in ihrem zweiten Roman, *Die Schildkröten*. Draga Kozil spielt nur eine Rolle und ihre Tarnung wird sie bald wieder abwerfen, sobald sie ihr Ziel erreicht hat. Ihre Vorgängerin, eine junge Bäuerin von klassischer Schönheit aus der Steiermark, hatte gekündigt, als sie zu Hause nach dem Weltkrieg wieder auf dem Hof gebraucht wurde. Bis dann hat es dem Stiefvater gefallen, kleine Aufträge für sie zu erfinden, zum Teil, weil er es genoss, seinen Willen einer attraktiven jungen Frau aufzuzwingen, zum Teil, weil er es nicht leiden konnte, wenn sie nicht genug zu tun hatte, während er sie bezahlte. Sie gehörte ihm und er war es gewohnt, von seinem Besitz Geld zu verdienen. Gerade aus diesem Grund rächt sich Draga an ihm.

In diesem fiktiven Bericht über ihre eigene Kindheit spaltet sich die Autorin in zwei: die Stieftochter und Ich-Erzählerin ist entsetzt, als sie Dragas wahre Identität entdeckt und erfährt, daß sie den Tod ihres ehemaligen Vermieters beschleunigt hat, indem sie ihm zu große Mengen von dem von ihm so heiß begehrten Fleisch und Alkohol vorgesetzt hat. Aber sie stimmt Draga sofort zu, dass die Affäre verheimlicht werden muss. Dadurch wird sie zur Komplizin beim Mord ihres Stiefvaters. Draga hat den gleichen Nach-

11 Der Fund (Anm. 3), S. 197–204.

12 Veza Canetti: ‚Geld – Geld – Geld. Das Leben eines reichen Mannes‘, Text und Kritik: Veza Canetti 156 (2002). S. 22. Zuerst erschienen in *Die Stunde*, 1. Mai 1937.

namen wie eine der vier Annas im ‚Kanal', die alle auf einmal aufstehen, als
ihr Name aufgerufen wird, so eifrig sind sie, einen Posten in einem bürgerlichen Haushalt zu bekommen. Anna Kozil stammt aus dem Sudetenland,
Draga aus dem bosnischen Sarajevo, dem Geburtsort von Vezas Mutter, ebenso wie die Heldin des *Ogers*, die auch Draga heißt. Mägde bei Veza kommen
immer nach Wien aus der Provinz des Habsburger Reiches: ihre Denkweise
und Erwartungen verstoßen oft gegen die harte moderne Wirklichkeit, vor
allem in Sachen Liebe, was zu fatalen Missverständnissen führen kann.[13]
Wenn wir durch die Namensgebung berechtigt sind, in der bosnischen Draga aus ‚Geld – Geld – Geld' eine Projektion der Autorin zu erblicken, denn
dürfen wir schließen, dass Veza sich selbst und ihre soziale Erfahrung kommentiert, wenn sie sich Magd nennt, um ihre Geschichten an die Öffentlichkeit zu bringen, allerdings nicht ganz auf die Art und Weise, die ihr Mann ihr
in seinem Vorwort zu ihrem ersten Roman vorgeschlagen hat.

In der *Arbeiter-Zeitung* wurde auch über die unterdrückte Persönlichkeit und angeschlagenes Selbstbewusstsein bei Mägden geschrieben.[14] Auch
daran hat Veza Canetti die Kritik in ihren Geschichten angeknüpft. In ihrer
Erklärung der Psychologie von Mägden fängt Veza mit einer Analyse ihres
Blickes an:

> Die Schönheit unter Mägden unterscheidet sich von der Schönheit der Bürgerin-
> nen nur in einem Punkt. Für wenig Geld gedungen und abgenützt, haben die
> Mägde so selten ihren Willen, ihre Freiheit, ja, ihren eigenen Raum für sich, daß
> ihr Blick sich ziellos bewegt, immer einer Einschränkung gegenwärtig, eines
> Befehls, einer Ermahnung, – harte Hinweise auf ihre Besitzlosigkeit, Wurzel-
> losigkeit, Weglosigkeit. Diese Unsicherheit des Blicks ist das Kainszeichen ei-
> ner Magd, dieser unbehüteten Seele, die ihre grosse Genugtuung über die Herrin
> nicht kennt, weil sie die heimliche Werbung des Herrn als Demütigung ansieht
> und nicht als Triumph.[15]

Die vielen Einsichten in den Geist einer Magd machen ‚Pastora', eine der
beiden in Sevilla spielenden Geschichten, auch zu einer ihren persönlichsten: sie war selbst Spaniolerin, die laut Elias von Sevilla sprach, als ob sie
dort aufgewachsen war.[16] In ‚Pastora' schreibt sie aus dem Gesichtspunkt
einer Untergegebenen und Ausgegrenzten über eine Machtkonstellation. Auch

13 Karin Walser: Dienstmädchen, Frauenarbeit und Weiblichkeitsbilder um 1900.
    Frankfurt a.M. 1986, S. 18.
14 Siehe auch Dorothee Wierling: Mädchen für alles. Arbeitsalltag und Lebensge-
    schichte städtischer Dienstmädchen um die Jahrhundertwende. Berlin/Bonn
    1987, die sich in ihrer gründlichen Untersuchung mit jedem von diesen Themen
    beschäftigt.
15 Veza Canetti: Der Fund (Anm. 3), S. 158–159.
16 Elias Canetti: Die Fackel im Ohr. Frankfurt a.M.: Fischer, 1981, S. 120.

das gehörte natürlich zum Themenkreis von Elias Canettis zweitem großem Werk, *Masse und Macht.*

Indem sie über Mägde schrieb, behandelt Veza eine Reihe von sozialen Themen, die weibliches Dienstpersonal betraf und die seit der Jahrhundertwende in Deutschland zur Debatte standen. Mit Humor und Anteilnahme untergräbt sie Clichés und stellt tradiertes Gedankengut in Frage. Zu diesen Themen gehören die hohe Selbstmordrate unter unverheirateten im Dienst arbeiteten Frauen, die Verbindung zwischen privaten Vermittlungsagenturen und Kriminalität, beziehungsweise Prostitution, und uneheliche Kinder. Die deutsche Arbeiterbewegung hatte sich lange dagegen gesträubt, Dienstpersonal zu rekrutieren. Ob Männer oder Frauen, und die überwiegende Mehrheit bestand aus Frauen, standen sie unter dem Verdacht auf der Seite ihrer Arbeitgeber zu sein und wurden als reaktionär eingestuft, weil sie im Gegensatz zur wachsenden industriellen Arbeiterschaft häufig keinen modernen Status als Arbeitnehmer hatten. Bis in die moderne Epoche hinein wurden sie oft nicht mit Geld bezahlt, sie wurden verdingt, und der Hausherr genoss das so genannte *Züchtigungsrecht.* Ob auf dem Lande oder in der modernen Großstadt, sie waren in ihrem Haushalt sozial isoliert. Viele arbeiteten nur vorübergehend in diesem Beruf und hörten damit auf, als sie heirateten. Bis zum ersten Jahrzehnt des neuen Jahrhunderts gab es Verbände, die sich für ihre Rechte einsetzten. Weil sie die beweglichste Berufsgruppe bildeten und vom Lande in die Stadt zogen, arbeiteten sie an einer Schlüsselstelle der Moderne, als Zentraleuropa sich von einer Agrar- in eine industrielle Gesellschaft wandelte.[17]

In der *Arbeiter-Zeitung* wurden die wirklichen Arbeitsbedingungen von Mägden oft aufs Korn genommen. In einigen von Vezas Geschichten, allen voran ‚Der Kanal‘, führt sie diese Kampagnen direkt weiter. Leser der Zeitung werden gebeten, zum Beispiel, ihre Mägde über die Gewerkschaft oder die städtische Agentur anzuheuern. Solche Unternehmen, wie das von Frau Hatvanys im ‚Kanal‘, das am Ende der Geschichte von der Polizei geschlossen wird, sollten sie vermeiden: denn nur wenn eine Magd gesetzlich angemeldet ist, hat sie eine Chance, Arbeitslosengeld zu bekommen, wenn sie ihre Stelle verliert. In den fünf Wochen, nachdem der Name Veza Magd zum ersten Mal in der *Arbeiter-Zeitung* gedruckt wurde, wird über Versuche berichtet, eine Gewerkschaft für Mägde ins Leben zu rufen (1. August 1932) und über das häufige Los von ältesten Töchtern, wie Anna Seidler aus ‚Der Sieger‘,[18] die die Rolle von Familienernährern übernehmen müssen (25. Juli). Anzeigen für Verhütung stehen neben Artikeln über die Familienpolitik der Nationalsozialisten, die Frauen als industrielle Kinder-Hersteller benutzen wollen. Es fällt

---

17 Wierling: Mädchen für alles (Anm. 14), S. 283–287 und S. 67.
18 Veza Canettis erste veröffentlichte Erzählung in der ‚Arbeiter-Zeitung‘ vom 29. Juni 1932. Wieder gedruckt in ‚Geduld bringt Rosen‘. München/Wien: Hanser, 1992.

auf, wie oft Begriffe wie ‚Persönlichkeitsgefühl' verwendet werden und auf
welche Weise das psychische Wohl diskutiert wird, beides bedeutende Themen bei Veza Canetti.

‚Grete Wiesel, Hausgehilfin' erklärt am 4. Juli 1932, dass die unehe-
lichen Kinder von Hausmägden die Folgen von Liebesnächten sind, weil
unverheiratete junge Frauen, die fern der Heimat wohnen, Liebe finden, wo
sie geboten wird. Die Autorin schreibt gegen das Vorurteil an, laut welchem
unverheiratete Mütter aus der Unterschicht nicht wüssten, was Moral und
Sitte seien. Veza schreibt gegen andere Vorurteile: ihre Mägde sind oft ängstlich aber immer ehrlich, zum Beispiel Pastora in ‚Der Seher' wird von allen
verdächtigt, ihren teuren Schal gestohlen zu haben, nur weil sie ihnen zu arm
scheint, ein schönes Kleidungsstück zu besitzen. In den *Schildkröten* ist die
Frau des großzügigen Felberbaum schon aus Wien geflüchtet und arbeitet
als Magd in Manchester, wo sie versucht, ihm ein Visum zu besorgen. Das
Motiv unterstreicht Felberbaums eigene Menschlichkeit. Die Kammermagd
ist die einzige ehrliche Figur in dem Luxussanatorium in ‚Schweigegeld'.
Umgeben von Schwindlern aus dem Adel und Großbürgertum verweigert
sie aus Naivität das Geld, das der ‚Magnat' ihr überreicht, damit sie niemandem erzählt, dass eine Baronin aus einem Nachbarzimmer die Nacht bei ihm
verbracht hat. Die Magd übergibt die Banknote der Baronin in der Annahme, es sei ihr für ihre Liebesdienste bestimmt. Für ihr diskretes Schweigen
braucht der ‚Magnat' nicht zu bezahlen.

Veza schrieb weiter über Mägde auch nach der Schließung der *Arbeiter-
Zeitung*. Eine der letzten Anspielungen ist auch eine der persönlichsten. Das
englische Ehepaar, das die Erzählerin und ihren Mann in ‚Toogoods oder
das Licht' beherbergt, tut alles andere als Gutes für seine Gäste. Die hilflose
Erzählerin vergleicht sich mit den niedrigen Figuren, die im Mittelpunkt der
Wiener Geschichten standen haben:

> Mir war zumute wie bei uns in der Heimat den Bauernmägden, die nach reiner
> Luft und Kuhmilch duftend in die Stadt kommen und sich der Gnädigen vorstel-
> len. Ist die Gnädige gnädig, so werden sie verdingt, bis ihr Duft verraucht. Ist sie
> ungnädig, dann leg dich hin und stirb, denn das bist du wert und nicht mehr.[19]

Es war nicht nur, weil sie anderen diente, dass Veza Canetti sich Veza Magd
nannte, wie ihr Witwer im Vorwort zur *Gelben Strasse* darlegte, sondern
weil sie Solidarität mit den anonymen Dienerinnen ausdrücken und aufzeigen wollte, was sie fühlten und dachten. Am Anfang reagierte sie auf seine
Gefühle für sie, wie er sie in der *Blendung* zum Ausdruck bringt. Ihre Ansichten über ihren Lebensgefährten wurden langsam wieder freundlicher,
aber ihre Meinung über Mägde hat sie nie revidiert.

---

19   Veza Canetti: Der Fund (Anm. 3), S. 201–202.

FRANÇOISE RÉTIF (Rouen, Frankreich)

Konstruktion und Dekonstruktion
der Geschlechterdifferenzen als Kulturkonflikte
bei Ingeborg Bachmann

Viel, sehr viel ist schon über die Behandlung der Geschlechterdifferenzen bei Ingeborg Bachmann gesagt und geschrieben worden[1]. Spätestens bei der Veröffentlichung der vierbändigen Ausgabe von Christine Koschel und Inge von Weidenbaum (1978) entdeckten die InterpretInnen erstmals Bachmanns Auseinandersetzung mit der untergeordneten Stellung der Frau in der patriarchalischen Gesellschaft. Ihr Werk hat aber den feministischen Bachmann-InterpretInnen immer große Schwierigkeiten bereitet, indem es sich jeder Theorie, jeder Festlegung entzog. Man konnte ihr z. B. in den 70er, 80er Jahren vorwerfen, hilflos leidende oder leidenschaftlich liebende Frauenfiguren dargestellt zu haben, die sich mit ihrem Opferstatus abfinden, d. h. dadurch die Geschlechterpolarität und die Rollenverteilung des 19. Jahrhunderts reproduzieren. Später neigte man dazu, ihr Werk theoretisch undifferenziert auf den französischen Poststrukturalismus zu beziehen. Ich möchte hier zeigen, wie sehr Bachmann immer wieder zwischen Konstruktion und Dekonstruktion der Geschlechterdifferenzen, d. h. auch zwischen einem kritisch-realistischen und einem utopischen Bild der Gesellschaft und gesellschaftlichen Realität hin- und herpendelt. M. E. sollte

---

1 Nur einige Werke oder Artikel werden hier berücksichtigt: Kurt Bartsch: Ingeborg Bachmann. Stuttgart 1988; Marlis Gerhardt: Essays zur Kränkung der Frau. Darmstadt 1982; Hans Höller: Ingeborg Bachmann, 1987; Höller, Rororo 1999; Ritta Jo Horsley: „Reading ‚Undine geht'. Bachmann and Feminist Theory". In: Modern Austrian Literature 18 (1985), H. 3/4; Christine Ivanovic: „Böhmen als Heterotopie". In: Interpretationen. Werke von Ingeborg Bachmann. Stuttgart 2002; Ortrud Gutjahr: Fragmente unwiderstehlicher Liebe. Zur Dialogstruktur literarischer Subjektentgrenzung in Ingeborg Bachmanns ‚Franza', 1988; Irmela von der Lühe: Courage, September 1983; Peter-Horst Neumann: Merkur, 1978; Françoise Rétif: Simone de Beauvoir et Ingeborg Bachmann, Doktorarbeit 1987. Veröffentlichung Bern: Peter Lang, 1989; F. Rétif und Erika Tunner: Ingeborg Bachmann, Austriaca, Nr.43, décembre 1996; F. Rétif: Simone de Beauvoir, 1998; F. Rétif: Ingeborg Bachmann, Europe, Nr. 892–893, août-septembre 1993; Sigrid Weigel: Text und Kritik, 1984; Weigel: Modern Austrian Literature, 1985.

man nämlich die österreichische Schriftstellerin und ihr Werk an keiner festen, eindeutigen Stelle geisteswissenschaftlicher Entwicklung verorten, mit keiner „Schule" verbinden; vielmehr wird festgestellt, dass sie etliche Entwicklungen vorausgenommen, vieles antizipiert hat, ohne jemals mit *einer* Bewegung identifiziert werden zu können. Was natürlich nicht ausschließt, dass sie von einigen vereinnahmt werden mochte.

Das Wort Dekonstruktion soll hier nicht oder nicht genau im Sinne Derridas verstanden werden, sondern im allgemeineren Sinne als Aufhebung der Kategorisierung bzw. Dichotomisierung der Geschlechter – wobei noch näher bestimmt werden muss, ob eine solche Aufhebung im physischen, sexuellen oder bloß im gesellschaftlichen Bereich gemeint ist. Der vorliegende Aufsatz stellt sich gerade zur Aufgabe, Bachmanns Auffassung der Dekonstruktion der Geschlechter in ihrem schillernden, facettenhaften Charakter näher zu bestimmen.

Der gute Gott von Manhattan

Die Darstellung der Geschlechterdifferenzen fängt bei Ingeborg Bachmann nicht erst 1961 mit der bekannten und, wie man (inzwischen) weiß, auch zu relativierenden „Übersiedlung" der Lyrikerin zur Prosa an. Schon in den Hörspielen, und insbesondere im *Guten Gott von Manhattan*, von Hans Höller als „Kriminalgeschichte der Liebe" bezeichnet, die schon auf den *Todesarten*-Zyklus vorausweist, deutet das Trio Jennifer/Jan/der Gute Gott (ähnlich wie das Trio Ich/Ivan/Malina (Vater) in *Malina*) auf die verfehlte Möglichkeit hin, die Diskrepanz und Opposition bzw. Dichotomie zwischen den Geschlechtern aufzuheben. Wie Kurt Bartsch feststellt, „klagt das Hörspiel wie die zeitlich parallel zum *Guten Gott von Manhattan* stehende Erzählung *Undine geht* (auf die ich später zurückkommen werde) über das männliche, funktionalisierte, nützlichkeits- und profitorientierte Lebensmuster, in dem die weiblich konnotierten, emotionalen Ansprüche unterdrückt, ja abgetötet werden" (Bartsch, 1988, S.88). Der durch eine Reihe von „mythèmes" wiederaufgenommene Tristan-Mythos (Rétif, Doktorarbeit 1987/Veröffentlichung 1989) wird u.a. insofern umgeschrieben, als nur die Frau, Jennifer alias Isolde, vom Anschlag des das Gewaltprinzip in der Gesellschaft verkörpernden Guten Gottes (der mit Isoldes Ehemann und König verglichen werden kann) getroffen wird. Der Mann und Geliebte stirbt ja im Gegensatz zu Tristan nicht, sondern verzichtet auf die Liebe und kehrt in den vom Guten Gott verteidigten gegebenen sozialen Zustand heil und allein zurück. Tristans und Isoldes Schicksal trennen sich unwiderruflich. Wo im Mythos die Grenze zwischen den Liebenden und dem Vertreter der Macht lief, läuft sie hier mitten durch das Liebespaar, sie scheidet die Geschlechter: die Frau steht auf der Seite der Liebe, der Mann/ die Männer auf der Seite der Macht.

Böhmen liegt am Meer

Im Gedicht *Böhmen liegt am Meer* wird die Aufhebung der Dichotomisierung der Geschlechter weitergeführt bis hin zur „echten" Dekonstruktion der Geschlechterdifferenzen im Sinne Derridas oder Nancys. Es ist schon darauf hingewiesen worden, dass die dort ausgeführte totale Aufhebung der Geschlechterdifferenzen („bin ich's nicht, ist es einer, der ist so gut wie ich") mit der Wiederaufnahme und Erweiterung des für Bachmann so wichtigen Begriffes des Grenzens und Aneinandergrenzens einhergeht – eines Begriffes, der mit Jean-Luc Nancys Vorstellung des „toucher à" verblüffend verwandt ist[2]. Dabei wird die seit Rousseau vorherrschende Auffassung der menschlichen Singularität, und überhaupt des isolierten Individuums und Schöpfers durch etwas, was Nancys Begriff des „être singulier pluriel"[3] sehr nahe kommt, ersetzt. So wird ein literarischer und gesellschaftlich-utopischer Raum entworfen, in dem die Geschlechterdifferenzen, bzw. die Differenzen zwischen den verschiedenen ‚Reichen' und überhaupt zwischen Menschlichem und Nicht-Menschlichem nicht mehr existieren und daher auch nicht mehr als Ursache für Kulturkonflikte gelten können.

> „An die Stelle des persönlich unterscheidenden Namens", schreibt Christine Ivanovic, „setzt das Gedicht die Gleich-Gültigkeit des Namens in einem anderen Sinne: im Angrenzen wird die Grenze eben nicht als Form der Ausgrenzung erfahren, sondern im Bekenntnis zu ihr als deren geistige Überschreitung. Der als Heterotop codierte Name Böhmen hebt die Andersheit – sei es jüdische, sei es weibliche – auf; das Bekenntnis zu Böhmen und seiner begründenden Lage erzwingt ein Absehen von den – zur Vernichtung führenden – Unterscheidungsmerkmalen der persönlichen Identität. Dagegen wird die im Sprechen des Gedichts im Zuge eines radikal emanzipatorischen Prozesses

---

2   Siehe dazu Anm. 2 und Françoise Rétif: „Ondine bohémienne". In: Alain Cozic, Jacques Lajarrige (Hgg.): Traversées du miroir, Mélanges offerts à Erika Tunner. Paris: L'Harmattan 2005, S. 137–144. Auch Rétif: „Le livre à venir – Ingeborg Bachmanns Lektüre von Maurice Blanchot". In : Ingeborg Bachmann, a cura di Robert Pichl und Barbara Agnese, Cultura tedesca. Roma: Donzelli Editore, Nr. 25, Aprile 2004, S. 129–143.
3   Jean-Luc Nancy: Être singulier pluriel. Paris 2003.

gewonnene Fähigkeit, „Land meiner Wahl zu sehen" [Vers 24], zum eigentlichen Unterscheidungsmerkmal, welches das sprechende Ich nicht nur mit
Shakespeare solidarisiert.[4]

Es wird nicht nur von den sexuellen, sondern von allen Unterscheidungs-
merkmalen der persönlichen Identität abgesehen. „Zum eigentlichen Unterscheidungsmerkmal" des Ichs gilt nur noch die Fähigkeit an jemand anderen zu grenzen, seien es die anderen Geschlechter, Tiere, Wörter, der
Tod, usw. – damit wird die herkömmliche Auffassung des anderen überhaupt aufgehoben. Wie Nancy schreibt,

> il n'y a pas d'original ni d'origine de l'identité, mais ce qui tient lieu ‚d'origine',
> c'est le partage des singularités. Cela signifie que cette origine […] n'est pas
> autre chose que la limite: l'origine est le tracé des bords sur lesquels, ou le
> long desquels s'exposent les êtres singuliers. (*La Communauté désœuvrée*,
> 1986, 3. Auflage 1999, S. 83).

Damit wird auch die herkömmliche Auffassung des Schriftstellers aufgehoben. In einer unpublizierten Aufzeichnung des Jahres 1973 schrieb Bachmann:

> […] es ist nicht ein Gedicht, das ich für mich beanspruche, ich glaube nicht
> einmal, dass ich es geschrieben habe, ich kann es manchmal nicht glauben,
> denn wenn ich es könnte, würde ich meinen Namen wegnehmen und darunter
> schreiben ‚Dichter unbekannt'. Es ist für alle und es ist von jemandem ge-
> schrieben, der nicht existiert.[5]

Diese Aufzeichnung (jenseits der Bezugnahme auf Shakespeare und Heine) wie die grammatische Form des Gedichtes selbst verhindern die mögliche Identifizierung des Sprechenden mit einem weiblichen Ich – im Gegensatz zur Undine-Erzählung. Das Weibliche geht sozusagen verloren.
Hier darf also die Frage aufgeworfen werden, ob Bachmann damit auch
nicht – bewusst oder unbewusst – die Dekonstruktion der Geschlechter
nicht schon problematisiert. Geht nämlich mit der Dekonstruktion der Geschlechter nicht auch die weibliche Subjektivität verloren? Oder im Gegenteil: Besteht die Expansion des Weiblichen gerade in dieser neuen Definition des Aneinandergrenzens? Wie kann aber eine Expansion des
Weiblichen mit dem Verschwinden aller grammatischen Geschlechtsmar-
kierungen einhergehen? Könnte es sein, dass die Dekonstruktion, die das
Reich des Weiblichen jenseits oder eher *vor* jeder Dichotomie der Geschlechter herstellen sollte, letzten Endes vom Männlichen vereinnahmt

4   Christine Ivanovic: Böhmen als Heterotopie (Anm. 1), S. 119–120.
5   Ebenda, S. 120.

wird? Wird nicht wieder ein Ausschluss des Weiblichen trotz ursprünglich gegenteiliger Absichten erzwungen?

Anhand des Vergleichs zwischen *Undine geht* und *Böhmen liegt am Meer* könnte schließlich gezeigt werden, dass die Dekonstruktion der Geschlechter und die Dekonstruktion der Mythen eng miteinander verbunden sind[6].

Schlussfolgerung

Sehr früh hat Ingeborg Bachmann angefangen, die Geschlechterdifferenzen als Kulturkonflikte darzustellen, und insofern darf sie als feministische Vordenkerin gelten. Sie darf aber weder mit dem so genannten Universalismus Beauvoirs, noch mit dem Essentialismus der zweiten feministischen Generation identifiziert werden. Sie hat bemerkenswerterweise manche Gedanken oder Begriffe des Poststrukturalismus – m. E. mehr von Nancy als von Derrida – in ihrem Werk vorweggenommen und gleich in die Praxis umgesetzt. Ihr Denken und Schreiben nehmen also eine einzigartige Stellung ein. In ständiger Suche, die Positionen unaufhörlich und unermüdlich variierend, den Ort ständig wechselnd, im Durchgang durch männliche Zuschreibungen andere erfindend, die Tradition schon durch diese *fließende* Struktur ihres Denkens und Schreibens subvertierend, hat sie *ihre* Dekonstruktion entworfen, die dem Text als gesellschaftliche Praxis stark verhaftet bleibt. Vielleicht besteht diese ihre Dekonstruktion in nichts anderem als in dem eben genannten Oszillieren der Positionen.

An etwas anderem hat sie auch immer festgehalten: an der Materie, an der Sinnlichkeit, an der Leibhaftigkeit, am Fleisch der Körper und der Welt, wo ihr Schreiben und ihre Sprache verankert bleiben: für sie gibt es ja außersprachliche Referenten. Das subtile und variierende Instrumentarium der Geschlechterdifferenzen und ihrer Dekonstruktion, das ihr Werk durchzieht, stellt die Hauptfrage, lässt sie aber offen wirken: Wie können Geschlechterdichotomien aufgehoben werden, ohne auf das Weibliche zu verzichten? Sie hat die Gefahr der Dekonstruktion poststrukturalistischer Prägung vorhergesehen und sie zugleich überwunden, indem sie sich weder mit diesem Denken noch mit den vorangehenden identifizieren lassen. Der höchste Wert der Literatur besteht für sie gerade darin, dass sie sich „nicht ganz in unseren Besitz bringen" lässt und dass sie immer „Fragment" bleibt.[7]

---

6   Vgl. dazu Anm. 2.
7   Vgl. das Ende der letzten *Frankfurter Vorlesung* „Literatur als Utopie".

MIREILLE TABAH (Bruxelles, Belgien)

Genderdifferenz als kulturelle Performanz bei Peter Handke

In seinen Journalen wie in seiner Fiktion hat Peter Handke Frauenbilder und Weiblichkeitsimagines von einer horrenden Stereotypie, die in der Sekundärliteratur kaum bemerkt wurde, entworfen. Andererseits hat aber gerade Handke in *Wunschloses Unglück* das ergreifende Modell einer weiblichen Existenz gezeichnet, die durch die patriarchalischen Geschlechterrollenzuschreibungen systematisch entmenschlicht und in den Selbstmord getrieben wurde. Und nicht zuletzt hat der Autor seine Utopie einer „anderen Zeit" auch an der Suche von Frauen nach einer alternativen, friedlich-harmonischen Lebensform exemplifiziert.

Wie verhält sich nun Handkes Dämonisierung des Weiblichen zu jener Utopie einer „anderen", weiblich konnotierten Lebensweise? Handkes Werk soll im Folgenden einer Lesart unterzogen werden, bei der Weiblichkeit und Männlichkeit im Hinblick auf ihre kulturelle Performativität hinterfragt werden. Es geht darum herauszuarbeiten, inwiefern sich Handkes Verdammung der abendländischen Kultur und sein Begehren nach einem symbiotischen Verhältnis zur Welt auf soziokulturelle Strategien der Idealisierung und/oder der Verdrängung und Verteufelung des „Weiblichen" stützen, und inwiefern der innerkulturelle Konflikt beim Autor mit der Verfestigung oder aber der Dekonstruktion der Genderdifferenz verbunden ist.

Ausgangspunkt meiner Analyse ist die Erzählung *Wunschloses Unglück*.[1] Handkes Mutter, wie der Autor sie dem Leser vorstellt, tötete sich, weil ihr in der androzentrischen Gesellschaft und Kultur kein eigenes Begehren erlaubt wurde und sie nur noch vom Gefühl des Mangels beherrscht war. Ihr Leben war „ein Naturschauspiel mit einem menschlichen Requisit" (WU, S. 54), das trotz des Versuchs des Sohnes, beim Schreiben Spuren ihrer Individualität und die Eigenart ihrer Existenz ans Licht zu bringen, auch bei der Beschreibung im „allgemeinen Formelvorrat für die Biographie eines Frauenlebens" (WU, S. 39), d.h. im vorgegebenen Diskurs über Frauen, untergeht. Handkes Verdienst ist es, das Leben seiner Mutter eben nicht als „Natur", sondern als „Schauspiel" dargestellt zu haben, als exemplarische *performance*, bei der die zwangsweise Reprodukti-

---

1 Peter Handke: Wunschloses Unglück. Salzburg und Wien 2004. Im Folgenden zitiert als WU.

on der soziokulturellen Zuschreibungen an die Frau die Mutter zugrunde
gerichtet hat. Heute lässt sich *Wunschloses Unglück* aus der Genderper-
spektive als dekonstruktive Analyse eines Geschlechterdiskurses lesen, der
eine weibliche Identität erzeugt, deren Internalisierung und performative
Wiederholung Frauen buchstäblich in den Tod führen. In Handkes Inszenierung dieser weiblichen Todesart figuriert Weiblichkeit als Paradigma
kultureller, sozialer und schließlich physischer Auslöschung. Sie stellt sich
als soziokulturelle Konstruktion heraus, die in die Subjektivität, aber auch
in den Körper der Frau gewaltsam eingeschrieben wird. Die Gewalt, die
die Zwänge der Frauenrolle der Mutter angetan haben, ist am Ende ihres
Lebens von ihrem geschädigten Leib buchstäblich abzulesen (WU, S. 66).
Nachdem der Versuch, das tradierte Muster einer uneigentlichen Frauen-
existenz zu überwinden und die Mutter nicht bloß als *sujet assujetti*, sondern doch auch als selbständiges und widerstandsfähiges Subjekt wahrzunehmen, sich als vergeblich erwiesen hat, löst sich die Erzählung bei der
Erinnerung an den körperlichen Zerfall der Mutter in Sprachfetzen auf.

„Später werde ich über das alles Genaueres schreiben," lautet der letzte Satz der Erzählung. Doch auf die tragische und zugleich banale Existenz seiner Mutter ist Handke bisher nicht, zumindest nicht genauer, eingegangen. Der Satz bezieht sich im Grunde auch nur sekundär auf die
Mutter. Primär geht es um das unauslöschliche „Grausen" (WU, S. 90) und
„Entsetzen" (WU, S. 8), das die Vorstellung von der Leere ihrer Existenz
und von ihrem grausamen Ende beim Ich-Erzähler bzw. Autor ausgelöst
hat. Das Debakel ihres Lebens wurde dem Erzähler-Autor zuletzt an ihrem
zerstörten Körper so „handgreiflich erfahrbar" (WU, S. 67), dass er in
„sprachlosen Schrecksekunden" (WU, S. 41) die Vernichtung ihres Le-
bensgefühls und ihre tödliche Wunschlosigkeit am eigenen Leib erlebte:
„weil dabei ihre Gefühle so körperlich werden, dass ich diese als Doppelgänger erlebe und mit ihnen identisch bin" (WU, S. 41). Der Sohn hat sich
das Gefühl der Nicht-Existenz und der Nicht-Identität, das die patriarchalische Geschlechterideologie seiner Mutter eingeprägt hat, buchstäblich
einverleibt. Ihr Gefühl eines grundsätzlichen Mangels und die damit verbundene Lebensmüdigkeit und Lebensangst, ihr Entsetzen über die Leere
ihres Daseins und die Gewalt, die ihr die Gesellschaft angetan hat, haben
derart tief auf ihren Sohn eingewirkt, dass Angst und Entsetzen zu Handkes eigenen Grundgefühlen geworden sind.

In dem wenige Monate vorher geschriebenen Roman *Der Kurze Brief
zum langen Abschied* führt Handke den Schrecken, der den Ich-Erzähler
immer wieder überfällt, auf dessen depressive Mutter und auf die kleinbäuer-
liche Enge und Armut, die ihre und seine eigene misslungene Sozialisation
bestimmt haben, zurück. Die Angst des vaterlosen Kindes um seine einzige
Bezugsperson wird zu einer panischen Existenzangst, von der der Ich-Er-

zähler sich dadurch zu befreien hofft, dass er sie auf seine Ex-Frau Judith projiziert und diese dabei als seine Mörderin imaginiert. Judith ist eine jener vielen teuflischen Frauengestalten, die Handke und seine Helden auf ihrer Suche nach der beglückenden „wahren Empfindung" der Einheit des Ich und seiner Symbiose mit dem All-Zusammenhang verfolgen. Die Utopie einer „anderen", friedlichen Welt, die sich dem Autor und seinen fiktiven Alter Egos in seltenen „Zwischenräumen" in der Barbarei der modernen Kultur durch die Epiphanie einer Landschaft oder eines alltäglichen Gegenstands auftut, ist für sie erst dann vorstellbar, wenn der „Störfaktor"[2] Frau auf Distanz gehalten wird. „Die Tatsache Frau [...] als Fluch", heißt es in der Erzählung *Don Juan*.[3] Gegen diesen ‚Fluch' hilft für den Verführer gegen seinen Willen nur die ‚Flucht'. Gerade bei der Wiederholung der Liebesabenteuer erweist sich: „Sie alle [die Frauen] strahlten da etwas Düsteres, ja Drohendes aus [...]. Sie alle konnten gefährlich werden."[4]

Weiblichkeit aber bedeutet bei Handke Gefahr, gar Todesgefahr, weil ihr Ur-Bild ein angstbesetztes, destabilisierendes und daher bedrohliches Mutter-Imago ist. Weil die Rolle der Mutter in der sozialen und ökonomischen Organisation der Geschlechter überdeterminiert ist,[5] kommt es oft, auch nach der präödipalen Phase und bis ins Erwachsenenalter, zu einer Identifizierung mit der Mutter, die die Ausbildung eines eigenen Ich hemmt, was wiederum zu Angst- und Abwehrreaktionen führt, deren unmittelbar auslösender Faktor und Opfer meistens der weibliche Körper ist. Beim Anblick des geschundenen Leibs seiner Mutter musste Handke „erschreckt und verärgert" aus dem Zimmer gehen (WU, S. 66–67). Auch Handkes männliche Alter Egos *müssen* sich durch Flucht, verbale oder physische Aggression vor dem weiblichen Geschlecht retten. Der Selbstschutzmechanismus, bei dem sie den abgewehrten, angstbesetzten mütterlichen Anteil ihrer selbst auf eine männermordende Frau zurückprojizieren, die sie sich vom eigenen Leib halten müssen, erweist sich dabei als ein performativer Akt, insofern er unkritisch auf das tradierte Bild der Frau als Verkörperung von Bedrohung und Tod zurückgreift. Als Autor reproduziert Handke dieses Bild auch in *Wunschloses Unglück* und trägt damit paradoxerweise zur Verfestigung des hegemonialen Geschlechterdiskurses bei, den er gerade in dieser Erzählung zu dekonstruieren versucht.

2   Isolde Schaad: „Ein Fleck, der nicht ausgeht. Über das Frauenbild bei Peter Handke". In: Text und Kritik 24/1999, S. 100–109, Zit. S. 102.
3   Peter Handke: Don Juan (erzählt von ihm selbst). Frankfurt a.M. 2004, S. 65–66.
4   Ebenda, S. 95.
5   Vgl. u.a. Nancy Chodorow: Das Erbe der Mütter. Psychoanalyse und Soziologie der Geschlechter. München 1994.

Geradezu anstößig liest sich die Stelle, wo der Erzähler-Autor nach dem Begräbnis, als er zum ersten Mal das Bedürfnis empfindet, „etwas über [s]eine Mutter zu schreiben" (WU, S. 83), beim Treppenhinaufgehen vor sich hin lacht, sich „übermütig die Faust auf die Brust" schlägt und sich selbst umarmt. „Langsam, selbstbewusst wie jemand mit einem einzigartigen Geheimnis, ging ich dann die Treppe wieder hinunter." (WU, S. 65–65). Diese theatralische Inszenierung einer obszönen narzisstischen Geste veranschaulicht auf paradigmatische Weise Benjamins Denkbild „Nach der Vollendung": das Phantasma einer männlichen Selbstschöpfung durch die Erzeugung eines Kunstwerks, deren Voraussetzung die Vernichtung des „Weiblichen" im Künstler ist, das die Idee zum Kunstwerk empfangen hat.[6] Indem der Künstler durch seine „männliche" Schöpfungskraft das Empfangene zum eigentlichen Kunstwerk vollendet, beseitigt er imaginär seine Abhängigkeit von „der dunklen Tiefe des Mutterschoßes" und vom Weiblichen überhaupt. Elisabeth Bronfen hat nachgewiesen, dass die imaginäre Eliminierung des „Weiblichen" im Künstler in der abendländischen Kultur oft durch eine weibliche Leiche repräsentiert wird.[7] In *Wunschloses Unglück* fallen der reale und der imaginäre Tod der Mutter zusammen. Die Idee zum Kunstwerk – „etwas über meine Mutter schreiben" – hat ihm die Mutter durch ihren Tod gegeben; die vollendete Erzählung aber ist das eigene Werk Peter Handkes, der sich dadurch von der Mutter trennt und sich als männlichen Autor selbst schöpft.

Benjamins Kunstauffassung stellt den Künstler als ein doppelgeschlechtliches Wesen vor, das aber im schöpferischen Akt die traditionelle Geschlechterhierarchie wiederherstellt. Bei Handke ist der Schreibprozess überhaupt männlich markiert. Das Phantasma einer männlichen Selbstgeburt in *Wunschloses Unglück* kehrt in den Machtphantasien seiner späteren Erzähler und Schriftstellergestalten wieder, die sich als geradezu heilige Vermittler des Seins und als Verkünder des eigentlichen Lebens verstehen. Dabei reproduziert Handke performativ zentrale Begriffe des phallozentrischen Diskurses: zum einen die „Metaphysik der Präsenz" (Derrida) eines allen kulturellen Repräsentationen vorgängigen Seins in der immanenten Welt, zum anderen den Vorrang der Sprache als Hauptbestandteil des „männlichen" Logos vor der weiblich kodierten Körperlichkeit und Materie.

Doch jenes „Weibliche", das Handke imaginär von sich abgespalten hat, kehrt in der Utopie einer „anderen" Daseinsweise wieder, die der Autor unermüdlich als Gegenbild zum Tod des Ich unter der Macht ideologi-

---

6   Walter Benjamin: Denkbilder. Gesammelte Schriften, Bd 10. Frankfurt a.M. 1980, S. 305–438. Vgl. dazu Lena Lindhoff: Einführung in die feministische Literaturtheorie. Stuttgart/Weimar 1995, S. 22.
7   Elisabeth Bronfen: Nur über ihre Leiche. München 1996.

scher Diskurse entwirft, dessen Urbild der Tod seiner Mutter ist. Bedeutet Wunschlosigkeit Unglück und Tod des Subjekts, so verspricht das Wünschen Glück und erhält am Leben. Das Wünschen ist bei Handke die gleichsam erotische Triebkraft, die durch die vom Autor immer wieder dargestellten Epiphanien eines Dings oder einer Landschaft ausgelöst wird. Die Empfindung, in solchen Augenblicken in völligem Einklang mit sich selbst, den Mitmenschen und der Natur zu sein, verursacht bei Handke und seinen Protagonisten ein irrationales Selbst- und Lebensgefühl und zugleich eine unbestimmte Liebe zur Welt und zur ganzen Menschheit, die sich zu einem intensiven Glücksgefühl vereinigen. Dieses Erlebnis eröffnet ihnen wiederum die Möglichkeit einer harmonischen, glücklichen Existenzweise, die ihnen erst den Wunsch weiterzuleben gibt. Daraus entwickelt Handke die Utopie der Rückkehr zu einem ursprünglichen „Sein im Frieden"[8] in Opposition zu den tödlichen diskursiven Praktiken der heutigen abendländischen Kultur, wie er sie am fragwürdigsten in seinen Jugoslawien-Büchern entworfen hat.

Das Wünschen ist bei Handke leer: Es ist weder ein Verlangen nach bestimmten Objekten, noch das Streben nach einer vorstellbaren „anderen" Gesellschaftsform, sondern das Begehren nach Ganzheit und Zusammenhang überhaupt. Nach Lacan wird die Trennung von der Mutter beim Eintritt in die symbolische Ordnung des Vaters als Verlust der imaginären Einheit des Ichs mit sich selbst und mit dem Anderen erlebt. Dieser grundsätzliche Mangel artikuliere sich fortan im Begehren nach der verlorenen Ganzheit. Nach dem endgültigen Verlust der Mutter, den Handke in *Wunschloses Unglück* als seinen Eintritt in die symbolische Ordnung des Vaters bzw. des Mannes und als Genese seiner Autorschaft imaginiert, richtet sich sein Begehren durch metonymische Verschiebung auf neue Objekte, mit denen er bzw. die fiktiven Gestalten, in die er sich projiziert, die ursprüngliche Symbiose mit der Mutter und die eigene, imaginäre Einheit wieder erlebt bzw. erleben. Von nun an steht nicht mehr das Entsetzen über den Verlust der Ganzheit im Mittelpunkt von Handkes Werken, sondern der Drang, die ursprüngliche Einheit über eine imaginäre Verschmelzung mit Gegenständen, Orten und Landschaften, kurz: mit der im abendländischen Diskurs weiblich bzw. mütterlich kodierten Materie, Natur und Heimat, zu rekonstruieren. Die Macht der Diskurse, nicht zuletzt des Geschlechterdiskurses, die Handke in *Wunschloses Unglück*, und nur dort, exemplarisch dekonstruiert hat, kehrt diesmal in der performativen Festlegung des Weiblichen auf den vorsprachlichen Raum der Mutter-Kind-Symbiose und in der Wiederholung des Mythos eines mütterlich-naturhaften Ursprungs wieder.

---

8   Peter Handke: Die Lehre der Sainte-Victoire. Frankfurt a.M. 1980, S. 121.

Damit reproduziert und konsolidiert Handkes Werk den hegemonialen
Geschlechterdiskurs im Widerspruch zu seiner eigenen Diskurs- und Kulturkritik. Wohlgemerkt: Die wenigen Frauengestalten, auf die Handke seine
Friedensutopie projiziert hat, vor allem im Werk *Die linkshändige Frau*
(1976) und auf die Figur der ehemaligen Bankfrau in *Bildverlust* (2002),
schaffen kein eigenes Kunstwerk. Am Ende letztgenannten Werkes erweist
sich der Roman selbst als Frucht der Liebesvereinigung der Frau mit dem
Autor, dem sie ihre Geschichte erzählt hat: eine erneute Inszenierung von
Benjamins Denkbild und eine gleichsam inzestuöse Wiedergutmachung
der „Schuld" des männlichen Autors gegenüber der Mutter.

RITA SVANDRLIK (Florenz, Italien)

Zur Typologie der Konflikte in Elfriede Jelineks
Die Liebhaberinnen und *Oh Wildnis, oh Schutz vor ihr*

> Religiöse und metaphysische Konflikte sind
> abgelöst worden durch soziale, mitmenschliche
> und politische. Und sie alle münden für den
> Schriftsteller in den Konflikt mit der Sprache.
>
> (Ingeborg Bachmann, *Frankfurter Vorlesungen,*
> *Fragen und Scheinfragen*)

Ich möchte vom Titel der Sektion – *Geschlechterdifferenzen als Kultur-konflikte* – ausgehen und diesen auf die zu besprechenden Werke Elfriede Jelineks beziehen. Bei Jelinek spielt die Thematisierung der Geschlechter-differenz – allerdings in der Einzahl und innerhalb des übergeordneten Rahmens der geschlechtsübergreifenden sozioökonomischen Differenz eine kaum zu überschätzende Rolle: „wenn einer ein schicksal erlebt, dann nicht hier, wenn einer ein schicksal hat, dann ist es ein mann, wenn einer ein schicksal bekommt, dann ist es eine frau". So heißt es in Jelineks Roman *Die Liebhaberinnen* (L, S. 6)[1] über die Menschen in der österreichischen Provinz, die für ihre Bewohner durchaus kein so schönes Land ist, wie es die Selbstdarstellung der Zweiten Republik will und wie es die Werbe-trommeln der Fremdenverkehrsindustrie verbreiten. Auf die schon oft in der Sekundärliteratur untersuchte Anti-Idylle[2] will ich aber hier nur inso-fern eingehen, als sie für die Thematik des Konflikts relevant ist. Der Text

---

1 Zitiert wird nach der Ausgabe *Die Liebhaberinnen*, Reinbek bei Hamburg 1993. Verwendet wird die Sigle L, gefolgt von der Seitenzahl. Für *Oh Wildnis, oh Schutz vor ihr* steht die Sigle W.

2 Vgl. Yasmin Hoffmann: Elfriede Jelinek. Sprach- und Kulturkritik im Erzähl-werk. Opladen/Wiesbaden 1999, S. 83 ff.; zum Anti-Heimatroman in den sieb-ziger Jahren vgl. Josef Donnenberg: „Das Thema Heimat in der Gegenwarts-literatur und Anzengruber als Schlüsselfigur der Tradition der Heimatliteratur". In: Friedbert Aspetsberger (Hg.): Traditionen in der neueren österreichischen Literatur. Zehn Vorträge. Wien 1980, S. 67–82; zum Thema „Natur" vgl. Klaus Zeyringer: „Natur-Kulisse. Zu einem Natur-Bild österreichischer Gegenwarts-literatur". In: Was. Zeitschrift für Kultur und Politik, 81 (1995), S. 11–24.

erzählt, wie zwei junge Frauen „ein Schicksal bekommen", obwohl sie
verzweifelt und aktiv versuchen, ihr Leben zu gestalten: Brigitte – auf die
konventionellste und unsympathischste Weise – indem sie sich einen ihr
erschwinglichen Mann „mit Zukunft" aussucht und ihn durch Schwangerschaft zur Ehe zwingt. Paula, indem sie die Schneiderei lernen will, weil
sie dadurch „etwas vom Leben haben will", selbstverständlich auch die
Liebe, wie sie sie aus der Trivialliteratur und dem Fernsehen kennt. Beide
Frauen setzen also auf die Ehe, Brigitte mit dem Elektriker Heinz, Paula
mit dem Holzfäller Erich. Mit der Ehe wird die Frau aber vertragsgemäß
zum Eigentum des Mannes, selbst wenn dieser ein Besitzloser und Ausge-
beuteter wie Erich ist (L, S. 130). Durch die Hochzeit wird Brigitte zwar
von der Akkordarbeit in der Fabrik erlöst, muss aber als Aushilfskraft im
Geschäft ihres Mannes die dreifache Belastung als Hausfrau, Mutter und
Verkäuferin auf sich nehmen. Paula versucht, nachdem sie den Alkoholiker
Erich geheiratet und zwei Kinder in die Welt gesetzt hat, durch Prostitution
im Nachbarort zum nötigen Geld zu kommen, um wenigstens ihre Reise-
träume und den Wunsch nach einer eigenen Wohnung zu realisieren. Sie
wird schuldig geschieden und endet – als Akkordarbeiterin – in der Fabrik.
    Genauso wie für die Reichen gilt auch für die Besitzlosen in der Pro-
vinz, in der Stadt, wie auch auf dem Land nur das Gesetz des Habens, des
Besitzes und des Geldes. Der Unterschied liegt aber darin, dass die Besitzlosen immer auf verlorenen Posten kämpfen und „emotionelle Krüppel"
sind (L, S. 90). Die Frauen tragen das ihnen einzig Mögliche zu Markte,
nämlich ihren Körper und dessen Gebärfähigkeit und Arbeitskraft. Auch
die Liebe ist nichts anderes als ein Mittel zum Zweck, ein falsches Gefühl,
wie Brigitte von vornherein weiß. Ihr Gefühlsleben ist dann auch von Hass
und Ekel dominiert. Aber Paula, die sowohl den Besitz als auch die Liebe
haben möchte, ist im Kampf der Geschlechter – ein Ausdruck, der im Text
mehrmals vorkommt – schlechter dran:

> brigitte will nur besitzen und möglichst viel. Brigitte will einfach HABEN und
> FESTHALTEN.
> paula will haben und liebhaben, und den leuten zeigen, daß man hat, und was
> man hat und liebhat. (L, S. 115–116)

Folgerichtig wird der Wortschatz der Wirtschaft für den Komplex ‚Liebe'
verwendet, Frauen sind Gegenstände, die die Männer „unverbraucht […]
nehmen" möchten (L, S. 17), weil sie so einen höheren Wert haben. Wo die
Besitzergreifung höchste gesellschaftliche Regel ist, gehen die Menschen
nicht gerade zimperlich miteinander um. Solidarität ist ausgeschlossen, Hass
und Neid sind die praktizierten Gefühle, die Konflikte brechen am brutal-
sten innerhalb der Familien und manchmal zwischen Nachbarn aus. In den

Familien herrscht nicht nur der Kampf der Geschlechter, sondern auch derjenige der Generationen: Die Eltern und insbesondere die Mütter sind von Hass und Lebensneid gegen die eigenen Kinder erfüllt, einem Hass, der von den eigenen erlittenen Entbehrungen, Erniedrigungen, Enttäuschungen und Leiden genährt wird und einen ewigen „natürlichen Kreislauf" (L, S. 15) bestimmt, in dem die Frauen die treuesten und besten Verwalterinnen des gegebenen Zustandes sind. Das Gesellschaftliche und somit das Politische, strukturiert das Private[3]. Der Roman *Die Liebhaberinnen* reproduziert förmlich die Wiederholung und Kreisförmigkeit. Die Unentrinnbarkeit aus dem Kreislauf beinhaltet, dass man nicht von Leben sprechen kann, sondern nur von Sterben (L, S. 17) und von Tod: Die Frauen sind von der Hochzeit an tot (L, S. 18).

Neben den Geschlechter- und Generationenkonflikten wird der soziale Konflikt, nicht zwischen Klassen, sondern innerhalb derselben Klasse, dargestellt. Zugleich werden natürliche Erscheinungen wie Krankheit und Tod als Konsequenzen des historischen Übels beschrieben, als Folgen der sozialen, von Ausbeutung und Unterdrückung geprägten Missstände. Immerhin kann man in Brigittes Geschichte eine Dynamik der Eroberung erkennen und Paulas Geschichte als die eines zum Scheitern verurteilten Aufbegehrens lesen. Männer dagegen scheinen viel integrierter als die Frauen, sie lassen ihren Frust an den Frauen ab und spülen ihn mit Alkohol hinunter. Im zehn Jahre später geschriebenen Prosatext *Oh Wildnis, oh Schutz vor ihr* wird jedoch unter anderem aus der Perspektive des Mannes ‚erzählt', und nicht nur aus der Perspektive der Besitzlosen, sondern auch aus derjenigen der Besitzenden.

Dieses Werk hat einen männlichen Protagonisten namens Erich, er ist auch Holzfäller[4] und könnte also dieselbe Figur aus dem früheren Roman sein. Auch dieser Erich war einmal verheiratet und hat zwei Kinder. Die Geschichte wird aber andersrum erzählt: Nicht seine Ehefrau, sondern er wurde wegen seiner Gewaltausbrüche gegen seine Kinder schuldig geschieden. Außerdem hat sich seine Frau einen Förster mit gesellschaftlich höherem Status angelacht und ist mit ihm und den Kindern nach Tirol gezogen. Somit hat der Holzfäller das Haus, das seinen Schwiegereltern gehörte,

---

3   Der Kreis ist die zentrale Metapher, wie Yasmin Hoffmann unterstreicht (Anm. 2), S. 85.

4   In der Sekundärliteratur wird darauf hingewiesen, dass die Wahl eines Holzfällers mit Barthes' *Mythen des Alltags* im Zusammenhang steht, einem Text, der auch für *Die Liebhaberinnen* von zentraler Bedeutung ist. Der Jeleneksche Holzfäller verwendet jedoch nicht die Objektsprache wie bei Barthes, sondern eine Sprache, die vielfach von den Mustern und Klischees der Medien beeinflusst ist (vgl. Marlies Janz: Elfriede Jelinek. Stuttgart/Weimar 1995, S. 100).

seine Frau, die Kinder und wegen seiner Trunksucht auch die Arbeit verloren. Eben diese totale Hilflosigkeit und sein junger, kräftiger und einigermaßen noch attraktiver Körper üben auf zwei Frauen eine Anziehungskraft
aus: die alte Dichterin, Hauptfigur des zweiten Kapitels, und die Managerin, die im dritten Teil zentral steht. Im Mittelpunkt des ersten Kapitels
steht dagegen Erich selbst. Er befindet sich in einem Hohlweg, er ist auf
dem Aufstieg zum Haus der Dichterin, in deren Auftrag er im Dorf einge-
kauft hat und die ihn zu einer Jause eingeladen hat, weil sie mit ihm Sex
haben möchte.

Im ersten Kapitel werden die Gedanken Erichs fragmentarisch, jedoch
nicht im Bewusstseinsstrom[5], wiedergegeben. Seine Gedanken über den
Verlust von Heim und Familie und über seine krebskranke Schwester über-
schneiden sich mit seinen mentalen Reaktionen auf die zufällige Begegnung mit der Managerin, die ihn für den nächsten Tag als Hilfe bei den
Vorbereitungen zum Festessen nach der großen Jagdpartie anheuert. Die
elegante Frau, die Erich wie aus dem Bildschirm herausgetreten vorkommt
(W, 33), hat es aber ebenfalls auf Erich als Sexualobjekt abgesehen. Bei
dieser Konstellation könnte man auf eine Konkurrenz zwischen den beiden Frauen schließen, eventuell auf ein Eifersuchts- und Liebesdrama tip-
pen, aber: „falsch geraten, wir sind ja in keinem Liebesroman", würde Jelinek sagen. Wo wir sind, das müssen wir uns erarbeiten.

Im zweiten Kapitel werden die Gedanken der alten Frau, der ehemaligen Geliebten eines verstorbenen nazibelasteten Philosophen, wiedergegeben, während sie auf Erich wartet und im Keller eine Liebesfalle vorbereitet, die ihr dann selbst zum Verhängnis wird. Der dritte und letzte Teil
spielt auf dem Oberförsterhaus und im Jagdschloss eines deutschen Mil-
lionärs, eines Kaufhauskönigs, der als „der Jagdherr" bezeichnet wird, in
dem es schließlich zur Sexszene zwischen Managerin und Erich kommt.
Erich stellt sich tatsächlich vor, dass die Frau auch Gefühle für ihn aufbrin-
gen müsste. Sie aber lacht nur über seine Hilflosigkeit: Noch halb angezogen ergreift Erich vor dem für ihn ganz ungewohnten Verhalten der Frau
die Flucht, überhört die Aufforderungen der diversen Leibwächter, anzu-
halten und sich auszuweisen, und wird niedergeschossen. Der Mann erscheint also hier als Opfer, wenn er auch so gezeichnet wurde, dass er
kaum Mitleid erweckt. Letzteres liegt auch nicht in der Absicht der Autorin, die ihre Figuren immer sehr distanziert und von außen beschreibt, doch

---

5 Die Stimmen und die Erzählperspektive wechseln dauernd, außerdem können
   die meisten Gedanken, die man formal Erich zuschreiben kann, vom realistischen Standpunkt nicht von ihm stammen, da sie seinem Bewusstseinsstand
   und seinem Sprachregister nicht zugänglich wären (vgl. Yasmin Hoffmann
   [Anm. 2], S. 131).

auch den Beherrschten die Sprache zurückgibt, während die Herrscher sich auf einer elementaren Ebene ausdrücken. Wessen Opfer Erich ist, ist eine logische jedoch schwer zu beantwortende Frage, da viele und Vieles zu seiner unglücklichen Situation beigetragen haben.

Dafür, dass die Geschlechterdifferenz auch in diesem Text eine entscheidende Rolle spielt, könnte man unzählige Belegstellen aufführen. Wenn Frauen, die es sich (finanziell) leisten können, die Rolle der Eroberinnen übernehmen, suchen sie sich einen Mann wie Erich aus, der in der sozialen Hierarchie nicht tiefer unten stehen könnte. Trotzdem scheitert ihr Begehren. Mit bitterer Ironie führt das zweite Kapitel auf, wie sich der weltberühmte Philosoph und Nazi jede sexuelle Perversion an der Geliebten – damals noch keine Dichterin – erlauben konnte. Über die Gedichte der „Philosophenwitwe" (W, S. 117) äußert sich die auktoriale Stimme selbst wenig schmeichelnd, und dass die dichterischen Versuche der alten Aichholz auch bei Redakteuren und Zuhörern nur Spott hervorrufen, findet ebenfalls seine Erklärung im Geschlecht und im Alter der Autorin: Bei männlichen Dichtern wäre es eben anders (W, S. 107). Die Macht bekommt den Frauen aber ebenso wenig: Die namenlose Managerin muss sie mit einem völlig neurotischen Verhältnis zu ihrem Körper abbüßen („es fehlt ihr eine Rohrverbindung zu sich selbst", W, S. 216), während unter dem selben Dach im Zimmer nebenan der Kaufhauskönig ganz normal – männlich – den Freuden der Tafel und der Liebe mit seiner Ehefrau, einer Filmschauspielerin, frönt, die alle Eigenschaften der alkoholisierten dümmlichen Glamour-Schönheit aufweist.

Auch hier findet die Thematisierung des Mann-Frau-Konflikts innerhalb des übergeordneten, geschlechterübergreifenden Konflikts statt[6], der in *Oh Wildnis, oh Schutz vor ihr* in erster Linie zwischen der Landbevölkerung und den „zahlenden Gästen", d.h. den Touristen besteht, aber selbstverständlich *nicht* ausgekämpft wird (W, S. 164; W, S. 172). Die „zahlenden Gäste", die „Sommergäste", die „Touristen", die „Urlauber" machen den „kärgliche[n] Hiesige[n]" (W, S. 13), den „Zukurzgekommenen und nie richtig Ausgespeisten" (W, S. 215), das Leben zur Hölle (W, S. 15); am häufigsten werden die Touristen als Fremde bezeichnet – schließlich heißt es ja „Fremdenverkehr". Es sind Fremde besonderer Art, weil sie als solche nämlich nicht zu aggressiver Feindseligkeit oder Strategien der Ausgrenzung, sondern als Arbeitgeber der Einheimischen zur Unterwürfigkeit einladen. Sie schüren Konkurrenz unter den Dorfbewohnern und Profit-

---

6 Sie wird ebenfalls in die Kritik am Naturschützerdiskurs eingebettet, deren Argumente mit den Argumenten der Lebensschützer (des ungeborenen Lebens) konfrontiert werden (W, S. 224–225).

gier bei den Machthabern. Die Fremden bleiben fremd, die Konstellation wird als klassischer interkultureller Konflikt dargestellt. Das trifft ebenfalls auf die Reaktionen der „importierten" (aus Deutschrumänien, S. 9, aus Wien Ottakring, S. 123) alten Frau Aichholz: Obwohl es sich bei den Figuren im Text ja immer um Weiße und sogar meistens um deutschsprachige Touristen handelt, stuft Frau Aichholz Erich als etwas Grundverschiedenes, als einen Nichtweißen, einen Tiermenschen ein: „Vor ihren weißen Besuchern versteckt sie den Wechselbalg, das Menschenkalb aus dem Holz, den Ungeschlachtigen" (W, S. 102). Für Erich ist die Gegend, in der er arbeitet, nicht so herrlich wie sie „in der Sprache des weltumspannenden Terrorismus der Touristen" (W, S. 118) genannt wird: den Holzarbeitern wird sogar die Heimat fremd (W, S. 173).

Am deutlichsten ist die Dialektik zwischen Fremdem und Vertrautem an den Reaktionen der Bevölkerung gegenüber den Gästen, die zur großen Jagd gekommen sind, ersichtlich. Die „hohen Leute" beziehen ihren Status hauptsächlich durch ihr häufiges Auftreten im Fernsehen und in den Illustrierten. Das Gefühl der Fremdheit bei den Einheimischen ist so stark, daß es sich auch auf die gewohnte Umgebung, also auf die so genannte Heimat überträgt (W, S. 201). Diejenigen, die diese Angst erzeugen und sich somit distanzieren, sind nicht nur die auswärtigen Mitglieder der Jagdgesellschaft, sondern auch die Mächtigen der eigenen Landes- und Bundesregierung, die an der großen Jagd teilnehmen, um ihre schmutzigen Geschäfte mit der privaten Wirtschaft abzuwickeln (W, S. 227). Zahlreiche Passagen des dritten Kapitels sind diesem Thema gewidmet, dem schon im zweiten eine wichtige Rolle beigemessen wurde und das in einen Zusammenhang mit dem Thema der Verleugnung der Nazi-Vergangenheit Österreichs gebracht wird. „Es begann eine Weltmeisterschaft im Vergessen, die wir zuerst im Wintersport, und zwar mit der Note Eins gewonnen haben." (W, S. 153).

Die Episode der Jagd im dritten Abschnitt, deren Aufteilung von Jägern und Handlangern und deren hierarchische Struktur kann man als sinnbildliche Darstellung der Gesellschaft lesen. Ein klassischer sozialer Konflikt, der als solcher aber nicht ausbricht, genauso wie der Geschlechterkonflikt nicht ausbricht, da die Figuren unbewusst handeln und vereinzelt alle Konflikte auf kranke, neurotische, selbstzerstörerische Art verdrängen, oder an noch Hilfloseren – den eigenen Frauen – ausleben. Weder in den *Liebhaberinnen* noch in *Oh Wildnis, oh Schutz vor ihr* stellt irgendeine Figur die gegebene Gesellschaftsordnung in Frage.

In *Oh Wildnis, oh Schutz vor ihr* gibt es aber auch Opfer, die keine Menschen sind: „Die vielen armen toten Tiere auf dem Land, die immer

---

7   Zum Beispiel S. 14, 25–28, 34, 35, 36, 42, 44, 46–49, 58, 83, 182, 188, 210, 212, 219, 230, 240, 264, 276.

den und den Wert haben, aber nie recht" (W, S. 101). Das Motiv der ermordeten Tiere zieht sich durch den ganzen Text[7]. Die so genannte Natur ist nicht mehr als ein menschliches Konstrukt, das Intaktheit nur vortäuscht; die vom Titel evozierte Wildnis gibt es nur in einer Anrufung von einer Möchtegern-Poetin (Aichholz). An der Misshandlung und Vernichtung der Natur (auch der Pflanzen) sind beide „Menschensorten" beteiligt, sowohl die Besitzenden als auch die Zukurzgekommenen. Letztere aber profitieren nicht davon wie die Reichen, die angesichts des Sterbens *ihrer* Wälder[8] in Tränen ausbrechen. Auch sonst bleibt der Unterschied bestehen, die einen sind Jäger, die anderen sind bloß Wilderer: „Das Land kennt nur den Mißbrauch seiner Bewohner an der Natur und den Schrecken der Natur für ihre Bewohner" (W, S. 221). Um es mit Horkheimer und Adorno zu formulieren: die Landbevölkerung insgesamt und alle Frauen, auch die reichen und mächtigen, sind von der äußeren und inneren Natur entfremdet.

Zum Schluss möchte ich den Begriff des Konflikts mit der Sprache von Ingeborg Bachmann wieder aufnehmen und ihm in Bezug auf *Oh Wildnis, oh Schutz vor ihr* nachgehen. Die Form dieses Romans bringt eine Zerstörung jeder Identifikationsmöglichkeit mit den Figuren und der Verhinderung jeglichen Mitleids mit sich. Hier wird es viel deutlicher als im Roman *Die Liebhaberinnen*. Auch die Zerstörung der Geschichte im Sinne der Narration eines Plots prägt durchgängig den Text; Jelinek treibt andauernd und weitgehend ihren Spaß mit dem Erwartungshorizont des Lesers. Auch innerhalb desselben Satzes wird man mit einer Assoziation, einer Anspielung, einer Umkehrung oder einem Perspektivenwechsel konfrontiert, den man nicht erwartet hat. Diese textuellen Strategien bringen konstruktive Fremdheit und Differenz zum Ausdruck. Sie laden zu einem kreativen Konflikt mit dem Text ein, um die Leser vor einer „emotionellen Krüppelhaftigkeit", vor einem „oh" zu schützen.

---

8   Damit weist die Autorin auf die Besitzverhältnisse hin, die im modischen (1985!) Diskurs der Öko-Bewegung und der Umweltschützer nicht im Vordergrund standen.

CHIEH CHIEN (Taipei, Taiwan)

Problematisierung der Xenophobie bei Elfriede Jelinek

Einleitung

Xenophobie zählt bei Jelinek zu den Zentralthemen ihres Werkes. In dieser Thematik kreist ihr Anliegen vornehmlich um geschlechtliche, rassi(sti)sche und gesellschaftliche Aspekte. Dabei geht sie zumeist – so die These des vorliegenden Beitrags – von dem Standpunkt der je nach Situation als fremd angesehenen Menschen aus, die marginalisiert, unterprivilegiert bzw. geopfert werden. Vor allem Frauen und fremde Völker werden im Werk Jelineks stets als Zielscheibe der Xenophobie dargestellt.

1. Die Frau als Andere bzw. Fremde

Im Zusammenhang mit dem Begriff Xenophobie gebraucht Jelinek oft Wörter wie ‚Faschismus‘, ‚faschistisch‘ und ‚faschistoid‘, um insbesondere die frauenverachtenden faschistischen Eigenschaften des herrschenden Systems hervorzuheben. Den Sexismus vergleicht sie mit dem Antisemitismus, weil beide als Ideologien auf der vermeintlichen „Naturhaftigkeit"[1] basieren, aufgrund deren die Ansprüche der Frauen und Juden auf ihre Subjektivität, Andersheit und Rechte aberkannt werden.

In vielen Werken Jelineks geht es um geschlechtliche Ungleichheit. Nach Jelineks Aussage gilt ihre Kritik nicht einem bestimmten Geschlecht, sondern der universal geltenden „faschistische[n] Ideologie"[2]. Während der Mann die Rolle des Gesetzgebers spielt und zu seinem Vorteil eine

---

1   Vgl. Alice Schwarzers Interview mit Elfriede Jelinek. In: Alice Schwarzer: Alice Schwarzer porträtiert Vorbilder und Idole. Köln 2003, S. 163.

2   Elfriede Jelinek: „Der Krieg mit anderen Mitteln" (1984). In: Christine Koschel/Inge von Weidenbaum (Hgg.): Kein objektives Urteil. München/Zürich 1989, S. 312 (im Folgenden „DKmaM"). Hinsichtlich dieser Thematik erwähnt Jelinek andernorts, dass aus der „Ausgrenzung der Frau" aus den meisten Lebensbereichen ein Faschismus folgen werde. Vgl. Roland Gross: „Nichts ist möglich zwischen den Geschlechtern". In: Süddeutsche Zeitung Nr. 15, 20.01.1987.

„normenbildende[ ] Kaste" (DKmaM, S. 315) bildet, wird die Frau als auf ihn allein reagierende Andere abgestempelt. Als Musterbeispiel aller einschlägigen Kritiken Jelineks sei hier der folgende Passus angeführt:

> Die Frau ist das Andere, der Mann ist die Norm. Er hat seinen Standort, und er funktioniert, Ideologien produzierend. Die Frau hat keinen Ort. Mit dem Blick des sprachlosen Ausländers, des Bewohners eines fremden Planeten, des Kindes, das noch nicht eingegliedert („ge-gliedert") ist, blickt die Frau von außen in die Wirklichkeit hinein, zu der sie nicht gehört. (DKmaM, S. 316)

In einer extremen Dichotomie thematisiert Jelinek hier eine totale Ausgrenzung der Frau. Wie auch an anderen Stellen ihres Werks stellt Jelinek keine tatsächliche Vernichtungsprozedur dar, sondern einzelne Zustände bzw. Phänomene der Ausgeschlossenheit der Frau.

Der Frau wird ständig gesagt, sie sei „von niedriger Rasse", sie sei „nichts" (DKmaM, S. 312 ff.). Während der Mann sie desavouiert, wird sie noch dazu verleitet, auch sich selbst zu verneinen (DKmaM, S. 315). Mittels dieses Prozesses werden ihr nicht nur alle Rechte aberkannt, sondern sie hat dem Mann ihre völlige Fügsamkeit und Subordination zu gewährleisten, damit seine „Kaste" mitsamt seinen Normen und Werten fortdauernd von universaler Gültigkeit bleibt. Das heißt, obgleich die Frau für den Mann nichts (Besonderes) ist, muss sie außer-ordentlich sein. Sie solle sich stets außerhalb der Ordnung befinden. Überdies lässt der Mann die Frau „die Unterbrechung vertrauter Zuordnungen" bzw. „die Irritation darüber"[3] verkörpern. Für ihn markiert sie die imaginierte Grenze der Ordnung und signalisiert eine Drohung der Unordnung. Die Frau muss hypothetisch sogar als unheimlich und feindlich angesehen werden, da sich der Mann angesichts ihrer Andersheit unsicher und bedroht fühlt. Sie verkörpert häufig den *„potentiellen Feind "*[4] überhaupt. Gleichwohl darf die Frau nicht gänzlich ausgeschlossen werden, weil sie allein die Ordnung des Mannes als die ihre anerkennen soll. Er fürchtet sich davor, dass sie all seine Zuordnungen und Projektionen zurückweist, und dass sie nicht mehr für ihn existiert.

Insofern hat sich die Frau immer nach dem Mann zu bewegen. Entweder wird sie situationsgemäß nach seinen Regelungen in die bestehende Ordnungswelt integriert oder strategisch aus ihr ausgeschlossen. Da sie ständig gezwungen wird, sich nach dem Androzentrismus zu richten, kann sie sich nur in einem Zwischenzustand befinden, der sie dann zu einem Zwischenwesen macht.

---

3   Vgl. hierzu Ulrich Bielefeld: „Exklusive Gesellschaft und inklusive Demokratie". In: Rolf-Peter Janz: Faszination und Schrecken des Fremden. Frankfurt a. M. 2001, S. 25.

4   Bernhard Waldenfels: Topographie des Fremden. Frankfurt a. M. ²1999, S. 47.

Um aus diesem Zustand herauszukommen, sucht die Protagonistin des Romans *Die Klavierspielerin* sich den allein dem Mann geltenden Voyeurismus wie die Definitionsvorherrschaft des Mannes anzueignen. Einmal beobachtet sie heimlich einen Türken, während er Geschlechtsverkehr im Freien ausübt.[5] In dem Fremden, der die Sprache der „Hiesigen" nicht kennt und als fremder Liebhaber ständig entgegen den Wünschen der Frau agiert, werden die sexuelle Herrschaft und Eigensinnigkeit des Mannes verkörpert. Fremd ist hier für die Protagonistin weniger die Nationalität des Türken als dessen Geschlecht. Durch diese männliche Figur wird zugleich eine Anspielung auf die Fremdheit der sexuellen Bedürfnisse der Protagonistin gemacht, die wieder entdeckt bzw. erweckt werden. Kristeva zufolge ist das Fremde im Patriarchat immer das ‚,Uneigene' unseres nicht möglichen ‚Eigenen'".[6] Da die Protagonistin ihrer Position als Andere bzw. Fremde ausweicht und das Recht auf den Voyeurismus und die (sexuelle) Definitionsmacht zu erzwingen versucht, und der Mann dies nicht für akzeptabel hält, scheitert jene Integration des Uneigenen des nicht möglichen Eigenen ins Eigene am Ende des Romans.

Die Frau als Fremde bzw. Andere wird verschleiert, da sie nicht eine Persönlichkeit per se, sondern lediglich eine „Personifikation der Fremdheit"[7] bedeutet. Erst mit Hilfe der vom Mann erzwungenen disjunktiven Position der Frau lässt sich die binäre Polarität vom „Eigenen" und „Anderen"[8] konkretisieren. Ihr verleiht der Mann fiktive Züge, weil die/das Fremde empirisch im Außen erleb- oder erfahrbar sein muss, damit seine Imagination über sie/es letztlich nicht nur nachvollziehbar, sondern auch wahrnehmbar wird.

Nach Jelineks Ansicht geht es um die „Selbsterhaltung" des Mannes allein. Dafür zeigt er sich bereit, gegen jede mutmaßliche „Fremdbedrohung"[9] zu kämpfen. Alles andere, was dementsprechend fungieren soll, ist stets „der Dialektik von Einschluß und Ausschluß und von Differenzierung und Vereinheitlichung ausgesetzt",[10] deren Durchsetzung sich generell auf

---

5 Elfriede Jelinek: Die Klavierspielerin. Reinbek bei Hamburg 1986, S. 143 f.

6 Vgl. „Das Fremde ist in uns selbst. Und wenn wir den Fremden fliehen oder bekämpfen, kämpfen wir gegen unser Unbewußtes – dieses ‚Uneigene' unseres nicht möglichen ‚Eigenen'". In: Julia Kristeva: Fremde sind wir uns selbst. Frankfurt a. M. 1990, S. 208 f.

7 Bielefeld (Anm. 3), S. 22.

8 Ebenda.

9 Waldenfels (Anm. 4), S. 46.

10 Bielefeld (Anm. 3), S. 21; vgl auch: „Also dieser Ausschluß des anderen und dieses Beharren auf das Eigene, das einem sozusagen im Blut liegt, durchzieht alles." In: Elfriede Jelinek/Jutta Heinrich/Adolf-Ernst Meyer: Sturm und Zwang. Hamburg 1995, S. 47. In der Untersuchung wird das Buch stets mit der Abkürzung „SuZ" gekennzeichnet.

Gleichgültigkeit gegenüber der Frau und „gleiche[r] Gültigkeit"[11] für alle Geschlechter stützt.

Paradox scheint hier, dass der Mann einerseits „keines fremden Seins bedarf, um das Interesse an sich selbst zu befriedigen"[12], andererseits jedoch in einer abhängigen Weise das Entgegenkommen der Frau voraussetzt, damit sie seine Existenz bestätigt. Die Ironie besteht darin, dass der Mann gerade in einer Situation, wo Imagination und Wirklichkeit nicht voneinander getrennt werden, mit aller Gewalt sein Dasein zu definieren und den Sinn seiner Existenz zu schaffen versucht. Jenen Sachverhalt hält Jelinek nicht nur für absurd, sondern auch für krankhaft. Beispielsweise bezeichnet sie im Drama *Krankheit oder Moderne Frauen* die androzentrische Welt, die angeblich durch die Frau verseucht sei, als eine Krankheit. Urgrund der Krankheit nennt sie die „faschistische Ideologie", die sich des bestehenden Machtsystems bedient und alle menschlichen Verhältnisse bestimmt.

2. Die Ausgrenzung fremder Völker

Neben der Jelinek'schen Auffassung, dass die Frau stets vom anderen Geschlecht als Seuche, die ständig das angeblich hygienische System in den Schmutz zu ziehen droht, gebrandmarkt wurde, übt Jelinek auch Kritik daran, dass manche fremden Völker als eine verheerende „Krankheit" für den „gesunden Volkskörper"[13] befunden werden. Diesbezüglich zweifelt sie nicht daran, dass es just die ausgegrenzten Menschen bzw. fremden Völker seien, „die krank gemacht worden" seien. Diese Aussage verdeutlicht einerseits ihre Fürsprache für fremde Völker, andererseits aber auch ihre Missbilligung der gegen die Fremden sprechenden oder gar kämpfenden Einheimischen.

Die Thematik des Faschismus wird bei Jelinek häufig mit dem Topos „Heimat" in Verbindung gebracht und literarisch in *wir sind lockvögel baby*, *Die Liebhaberinnen*, *Burgtheater* und andere Texte beleuchtet. Vor allem in *Burgtheater* weist Jelinek auf das faschistische Wesen der deutschen Sprache und österreichischen Volkslieder hin. Absichtlich führt sie in *Burgtheater* hie und da Nazibegriffe wie -zitate an, um ihre Abneigung gegen die „widerwärtige österreichische Variante von Verlogenheit" (SuZ, S. 47) zu äußern. Der Hauptgrund, aus dem sie dieses Stück verfasst, besteht darin,

---

11 Bielefeld (Anm. 3), S. 22.
12 Waldenfels (Anm. 4), S. 46.
13 Elfriede Jelinek: „An uns selbst haben wir nichts". In: Pia Janke (Hg.): Die Nestbeschmutzerin – Jelinek & Österreich. Salzburg/Wien 2002, S. 72.

daß diese faschistische deutsche Provinzsprache nie entnazifiziert worden ist, sondern sich bruchlos [...] fortgepflanzt hat. Daß also die Sprache das Eigene unter Ausschluß des Fremden für sich reklamiert. [...] So wie die Nazis alles Fremde als Bedrohung oder verjudet oder beschmutzt begriffen haben, steht dieser monströse Kitsch der Eigentlichkeit, und der pflanzt sich bis heute fort. (SuZ, S. 44)

Den Österreichern vor allem wirft Jelinek die faschistischen Züge ihrer Denk- und Handlungsformen gegenüber den fremden Völkern vor. Ihrer Meinung nach ist Feindseligkeit hier längst so verwurzelt, dass sie auch ohne unmittelbare Drohung oder Anwesenheit fremder Völker in Erscheinung tritt. Rücksichtslosigkeit gegen fremde Völker und Fügsamkeit gegenüber der Macht sind für Jelinek die wesentlichsten Merkmale des österreichischen Nationalbewusstseins.

Für Jelinek ist das „Eigene, das man sich fremd macht als etwas Geheimnisvolles" (SuZ, S. 44) auch im Sinne Kristevas zu verstehen. Wenn man sich selbst fremd wird, wie Kristeva konstatiert, sind keine Fremden wirklich fremd,[14] dann gibt es keine Fremden, sondern nur das fremde Ich. Das Eigene im genuinen Sinne kann deshalb nicht existent sein. Aus dieser Sicht lassen sich die Persönlichkeits- und Gruppenidentität nur als Aberglauben bzw. Illusion verstehen. So gleicht die „nationale Identität" Jelinek zufolge einem „Nichts" bzw. einer „Nekropolis" (SuZ, S. 49).

Als sich Jelinek 1994 für den Beitritt Österreichs in die EU aussprach, übte sie Kritik an den Bedenken vieler Schriftsteller wie folgt: „Das kommt aus dieser ‚Wir-sind-wir'-Mentalität. Diese Mentalität dehnt auch das Fremdeln, die Xenophobie, auf das Zusammenleben mit anderen aus."[15] Mit dieser Aussage weist Jelinek ohne weiteres die „Wir-Mentalität" zurück, in der viele ihre Identität suchen. Sie erkennt, dass die „Wir-Mentalität" für viele lediglich zur Ausgrenzung fremder Völker dient, und glaubt, dass die „Wir-Mentalität" eine beinahe krankhafte Angst vor fremden Völkern ausdrückt oder wachzurufen vermag, falls diese „als etwas Bedrohliches", Unheimliches bzw. Feindliches verstanden werden, weil sie „uns" eine Rivalität oder Androhung der Überwältigung signalisieren.

Jelinek erkennt in einem größeren Zusammenhang fremde Völker an und widerspricht verbittert der allgemeinen Behauptung, dass der soziokulturelle Zusammenhalt durch Annäherung fremder Völker bedroht würde. Dem Philosophen Husserl folgend (SuZ, S. 44) vertritt Jelinek die Auffassung, dass fremde Völker im Gegenteil eine absolute „Bereicherung" der eigenen Kultur (SuZ, S. 44) und des Einzelnen auszulösen vermögen. Daher

---

14   Kristeva (Anm. 6), S. 209.
15   Stuttgarter Zeitung, 11.6.1994. In: Janke (Anm. 13), S. 30.

appelliert sie daran, „mit den anderen auszukommen" und ihnen „zuzu-
hören".

Wenn Jelinek für fremde Völker spricht, ist ihre Verachtung gegenüber dem kapitalistischen Wohlstand nicht zu überhören. Nach Jelinek ent-
stammen die Wut und Angst der Weißen vor fremden Völkern schlechthin
dem Irrglauben, dass erstere aufgrund ihrer sozialen Hierarchie bzw. ange-
borenen Nationalität das alleinige Recht auf den Wohlstand haben könnten. Dieser Irrglaube kann zur „Katastrophe totalitärer Herrschaft" führen,
die letztlich nicht nur die fremden Völker zugrunde richtet, sondern auch
sich selbst.

3. Schlusswort

Für Jelinek sind die Welt und die Menschen nicht nach Eigen- und Fremdheit gegliedert. In der Fremdheit anderer sieht sie eine Möglichkeit zum
Ausbruch aus der eigenen Begrenztheit und zur Anreicherung beider. Generell geht Jelinek zumeist von der Position der Unterdrückten bzw. Unter-
privilegierten aus, auch wenn sie manchmal Kritik an ihnen übt. Ihr Vorwurf gilt hauptsächlich den Urhebern und Unterstützern der herrschenden,
rassi(sti)schen Voreingenommenheiten und der geschlechtlichen Differenzen und Klassenunterschiede fördernden Machtverhältnisse. Dabei erweisen sich Jelineks Wertenormen nicht konform mit denen des Lesers:
Oft spricht und handelt sie so provokant und entstellt die Dinge so er-
schreckend „zur Kenntlichkeit" (SuZ, S. 49), dass manche Leser *ihr* gegenüber eine Art Xenophobie entwickeln.

KATHLEEN THORPE (Johannesburg, Südafrika)

Zugeschriebene Motivationen für weibliche Gewaltausübung in zeitgenössischen literarischen Texten von Frauen

Die Ausübung von physischer Gewalt durch Frauen ist eine Tatsache, die lange ignoriert wurde. Und wo sie noch ignoriert werden konnte, wurden die Täterinnen gerne entweder als geistesgestört oder als einfach moralisch schlecht, also „mad or bad" abgestempelt, und so wurde das Problem mühelos unter den Teppich gekehrt. Gewalttätige Frauen galten also als abartig und sie bekamen häufig ihre Weiblichkeit abgesprochen, wie zum Beispiel Hanna Hacker in ihrer soziologischen Studie: *Gewalt ist keine Frau. Die Akteurin oder eine Geschichte der Transgressionen*[1] darstellt. Im Bereich der forensischen Psychologie versteht Anna Motz ihr Werk *The Psychology of Female Violence. Crimes against the Body*[2] vom Jahre 2001 als Befragung der verbreiteten Verweigerung der Fähigkeit zum gewalttätigen Handeln bei Frauen. Obwohl Anna Motz keineswegs leugnet, dass Frauen viel häufiger als Männer Opfer von Gewalt sind, betont sie, dass Frauen ihre Fähigkeit zur Aggression entwickeln können. Der Sache der Gleichberechtigung der Frau in der Gesellschaft würde dadurch Abbruch getan, weil sie dadurch nicht für voll genommen werden.

Ein Blick ins Internet enthüllt eine wachsende Anzahl von Websites, die das Problem von Frauen als Täterinnen thematisieren und seit Mitte der 90er Jahre lässt sich eine deutliche Zunahme an Interesse verzeichnen. Einiges kann schon als „backlash" gegen einen Feminismus gesehen werden, der die Opferrolle für sich allein zu beanspruchen scheint, unter Ausschluss von Männern und Kindern, die durchaus Opfer weiblicher Gewalt

---

1 Hanna Hacker: Gewalt ist keine Frau oder eine Geschichte der Transgressionen. Königstein/Taunus 1998: „Wichtiges ist diesen Akteurinnen jedoch gemeinsam. Zu diesen Gemeinsamkeiten zählen die historische Erfahrung und/oder Zuschreibung, als ‚Nicht-Frauen', ‚nicht-weiblich' wahrgenommen worden zu sein", S. 10.

2 Anna Motz: The Psychology of Female Violence. Crimes Against the Body; Hove: Brunner-Routledge, 2001: „Although this book focuses on the violence committed by women, it is also essential to recognize the violence which is done to them through the denial of their capacity for aggression, and the refusal to acknowledge their moral agency", S. 3 f.

sein können. Es zeigt sich also, dass ein etwas differenzierteres und ausgewogeneres Bild bezüglich Gewalt in der Gesellschaft entworfen werden sollte. Anna Motz sieht neben der häufigen Leugnung des Vermögens von Frauen, aggressiv zu sein, die Idealisierung der Mutterschaft als Ursache des Problems und noch weiter hebt sie die Tatsache hervor, dass Frauen hauptsächlich im häuslichen Milieu, in der Privatsphäre agieren, im Gegensatz zu Männern, die ja den öffentlichen Raum traditionell beherrschen, was auch Wichtiges im Zusammenhang mit der Verteilung der Machtbereiche in der Gesellschaft aussagt[3].

Das Handeln von Frauen in der Privatsphäre hat aber zur Folge, dass Gewalttaten von Frauen gegen sich selbst oder deren Kinder als verborgene Verbrechen gelten könnten, die nicht notwendigerweise in der Kriminalstatistik erscheinen. Die Dunkelziffer ist vermutlich viel höher als bisher geglaubt. Dies gilt auch für die Statistik bezüglich der männlichen Opfer häuslicher Gewalt, was bis vor kurzem noch als Tabuthema in den Medien galt. Im Internet steht[4] in einem Auszug aus einem Artikel der Zeitung *The Observer* vom 3. Juli 1998: „When did you last beat your wife?" – Wann haben Sie zuletzt Ihre Frau geschlagen? Erin Pizzey habe mit dem Mythos der hilflosen Frau aufgeräumt: „Fast sofort wurden sich die Leute darüber bewußt, die im Zufluchtsort mit Frauen und Kindern arbeiteten, daß von den ersten einhundert Frauen, die hierhergekommen sind, zweiundsechzig genauso gewalttätig waren, wie ihre Partner, die sie verlassen hatten". Die Karikatur der Ehefrau mit dem Nudelholz scheint also nicht nur eine Witzfigur zu sein! Letzteres Beispiel von Erin Pizzey mag wohl einen Extremfall darstellen. Auf der gleichen Website steht zu lesen, dass jede dritte Frau in Deutschland z.B. geschlagen wird (*Berliner Kurier* vom 20.12.98), was abermals bestätigt, dass es sich immer noch um eine Minderheit von Frauen handelt, die gewalttätig sind. Die Frage ist nun, wie sich diese Minderheit in der Literatur von Frauen widerspiegelt. Im Rahmen dieses Beitrags kann nur eine begrenzte Auswahl der in den letzten Jahren erschienenen Texte Erwähnung finden. Es gilt dabei auch, das schon erwähnte Urteil von ‚geistesgestört‘ oder ‚moralisch schlecht‘ in den folgenden Textbeispielen auf seine Richtigkeit zu prüfen.

Das erste Textbeispiel ist der preisgekrönte Kriminalroman *Die Hirnkönigin*[5] von Thea Dorn. In diesem niveauvollen Kriminalroman, der sich im Berliner Journalistenmilieu abspielt, handelt es sich um eine der selten-

---

3　Ebenda, S. 4.
4　Siehe z.B. die Beiträge http:/www/pappa/com/emma/gewgfrau.htm am 10. August 2005.
5　Thea Dorn: Die Hirnkönigin (1999). München 2001. Zitate aus Primärwerken werden mit der Seite in Klammern angeführt.

sten Arten von weiblicher Gewalttat, nämlich den Serienmord. Die Detek-
tivin, die burschikose Journalistin Kyra Berg, wird auf eine falsche Fährte
geführt; die Verdächtige, die vom ersten Opfer der Serienmörderin, ihrem
eigenen Vater, als Kind sexuell missbraucht worden war und deshalb als
mögliche Täterin in Verdacht kommt, erweist sich als unschuldig. Es ist
die am wenigsten verdächtige Praktikantin bei der Zeitung, die im Nach-
hinein ironisch benannte Nike, die sich als Mörderin entpuppt. Bis auf eine
Ausnahme werden alle Opfer geköpft. Die Köpfe bleiben unauffindbar bis
auf vier Hirne, die Kyra Berg in Einmachgläsern in Nikes Wohnung gegen
Ende des Romans entdeckt. Die Ratlosigkeit der Polizei ist verständlich,
aber der Polizeichef kennt sich theoretisch aus: „‚Es gibt vier Motive, die
Frauen zu Serienmörderinnen werden lassen‘ dozierte er, ‚und das sind:
Habsucht, Rache, verfehltes Mitleid und dieses – wie nennen das die Psycho-
fritzen gleich wieder – Münchhausen-Syndrom‘“ (S. 191 f.). Und weiter:
„‚Und solche kranken Sex-Dinger machen Frauen nicht. Es gibt keine Trieb-
täterinnen‘“ (S. 192). Im Gang der Handlung zeigt es sich, wie verfehlt der
Polizist mit seinem Katalog ist. Erzeugt und erzogen, eher verzogen wurde
Nike von einem Vater, der seine Tochter als sein Werk bezeichnet. Als
ehemaliger Lehrer hatte er die Stabilität der Mädchen im Vergleich zu den
heranwachsenden Jungen beobachtet und hegte die Hoffnung, in seiner
Tochter „die perfekt erzogene Frau“ (S. 273) heranbilden zu können.

Angespornt durch Verse aus der *Ilias* köpft Nike intellektuell niveau-
volle Männer, um deren Hirne vor der Wärme des Herzens zu retten, weil
sonst der ganze Körper in Unordnung käme. Zuletzt köpft sie den eben
gestorbenen Vater und weint zum ersten Mal beim Anblick des geöffneten
Schädels – der „Höhle“ (S. 282), der sie entsprungen war. Nikes Vorliebe
für Köpfe wird durch ein erotisches Element begleitet– und zu kranken
„Sex-Dingern“ ist sie auch fähig. Für Nikes Verbrechen werden unterschiedliche Motivationen angeführt: Nike ist Produkt einer abartigen Erziehung
(die Nähe zum Münchhausen-Syndrom[6] zeigt sich) und Gefühle stehen ihr
nicht im Weg – man könnte sie als Psychopatin bezeichnen; denn sie glaubt,
die Männer, die sie ermordet hat, vor sich selber gerettet zu haben.

Das Münchhausen-Syndrom spielt auch in Elfriede Jelineks Roman
Die Klavierspielerin[7] eine wichtige Rolle. Erika Kohut wird von ihrer
Mutter von der Außenwelt abgeschirmt, damit diese besser Kontrolle über
sie ausüben kann. Am Ende kontrolliert Erika sich selbst. Jelineks Roman zeigt viel Gewalt auf, aber abgesehen von dem Angriff auf die Mutter am Anfang des Romans beschränkt sich Erika allerdings auf Selbst-

---

6   Motz (Anm. 2), S. 59–88.
7   Elfriede Jelinek: Die Klavierspielerin. Reinbek bei Hamburg 1983.

verletzung.[8] Sie wird selbst Opfer der Gewalt, indem sie vergewaltigt wird und damit in die Schranken ihres weiblichen Körpers zurückgeschleudert wird. Unfähig, die beabsichtigte Rache an Walter zu vollziehen, kehrt Erika das Messer um und schneidet sich ins eigene Fleisch.

Das Kind als Opfer weiblicher Gewalt lässt sich auch in den beiden nächsten Romanen finden, nämlich in den autobiographischen Romanen *Die Züchtigung*[9] von Anna Mitgutsch und *Das Unwunschkind*[10] von Dorit Lucia Jugenheimer. In beiden Romanen geht es um Gewaltausübungen gegenüber einem Kind seitens der Mutter. In dem Werk von Mitgutsch wird der Versuch gemacht, die Gründe zu verstehen, warum die Mutter die Protagonistin geschlagen hatte, um den Teufelskreis der weiblichen Gewalt an Kindern, (als gelerntes Verhalten über Generationen hinweg) zu durchbrechen. Die Ich-Erzählerin verspürt die Neigung zur Gewalt in sich und der Teppichklopfer hinter der Küchentür erinnert sie an ihr eigenes Leiden. Sie will verstehen, weil sie ihre eigene Tochter anders erziehen will. Der Grund, den die bäuerliche Mutter damals für ihr Schlagen angab, war, die Tochter tugendhaft zu halten. Das Resultat war also nicht so viel anders als bei Jelineks Erika – am Ende überwachte die Erzählerin sich selber und zwar als unerwünschtes Kind, „denn wenn sie mich nicht wollte, wie konnte ich mich selbst wollen dürfen? [...] Immer wieder habe ich mich ausgelöscht und Befehle an mir vollstreckt, ich bin ein gehorsames Opfer" (S. 179). Das Gefühl der Wertlosigkeit wird aber im Laufe des Romans erkannt als Auswirkung der Misshandlung während der Kindheit. Bei Mitgutsch geht die Gewalt von der Gesellschaftsschicht aus, in der die Protagonistin und ihre Mutter lebten. Armut und Ignoranz nähren die Gewaltausübung bei der Mutter, denn, wie Anna Motz konstatiert[11], benutzen Frauen ihre Körper in solchen Situationen als Kommunikationsmittel, einer psychosomatischen Krankheit analog. Gleichzeitig stellt die Gewaltausübung eine Verteidigungsform gegen die zugrunde liegende psychische Not dar.

In Dorit Jugenheimers Roman fallen die Gewalttaten der Mutter noch sadistischer aus als bei Mitgutsch. Die Mutter erzählt von sich, als die Protagonistin bereits erwachsen ist, was ihre Situation als „Unwunschkind" teilweise erklärt:

> Längst war sie verheiratet gewesen, auch ich bereits geboren, doch der Vater hätte nicht den Mut aufgebracht, seiner Mutter davon zu erzählen. So hatten

---

8   Motz (Anm. 2), S. 151–191.
9   Anna Mitgutsch: Die Züchtigung. München 1985.
10 Dorit Lucia Jugenheimer: Das Unwunschkind. Wien 1997.
11 Motz (Anm. 2), S. 1: „A woman uses her body as her most powerful means of communication and her greatest weapon".

wir, die Mutter und ich, immer noch bei Verwandten gewohnt, während mein Vater nach Feierabend zuerst seine Familie aufgesucht hätte, danach jedoch allein nach Hause zu seiner Mutter gefahren wäre. (S. 308)

Ein seltsames Bild aus der Kindheit taucht auf – die Mutter habe ihr das Haar gebleicht, damit sie dem Vater mehr ähnelte! Die Schleier lüften sich noch weiter, denn zusätzliche Recherchen ergeben, dass „die Mutter, die sich adelige Schwingen angeheftet hatte, um sich über das übrige Proletariat zu erheben, einst als uneheliches Kind einer Hilfsarbeiterin aufgewachsen war". (313) Am Ende findet sie zu ihren Wurzeln zurück in der Entdeckung einer älteren Schwester. In diesem Werk geht es eigentlich mehr um die negative Auswirkung der Gewalt der Mutter als um den Versuch, das Verhalten der Mutter zu erklären. Ich hoffe, einige mögliche Gründe angedeutet zu haben.

Zwei Romane von Elfriede Czurda: *Die Giftmörderinnen*[12] und *Die Schläferin*[13] liefern viel Diskussionsstoff zum Thema der weiblichen Gewalt. In der *Schläferin* ist die Protagonistin Magdalena Opfer sexuellen Missbrauchs während der Kindheit. Die Ehe mit Jakob ist enttäuschend – Magdalena fühlt sich nicht anerkannt. Sie ist bulimisch und die Versuche, sich mit Dosen Thunfisch zu trösten, enden im Erbrechen und Selbstekel. Ihr Leben scheint eine bessere Wende zu nehmen in ihrem Verhältnis zu Paul, aber wenn er andeutet, sie verlassen zu wollen, tauchen alte Ängste in ihr auf und sie bringt ihn um. Sie zerteilt den Leichnam und bewahrt den toten Paul in einer Tiefkühltruhe auf, ihm den Kopf jeden Tag liebevoll frisierend. Sie wird gefasst und am Ende ertränkt sie sich. Die Motivation für ihre Tat war vordergründig, ihr Leben unter Kontrolle zu halten, selbst zu bestimmen. Der Körper der Frau als Kommunikationsmittel, wie Anna Motz meint, scheint auch hier zutreffend. Im Text heißt es von Magdalena, schon bevor sie Paul umbringt: „Magdalenas Körper ist ein rastloser Krieger. Nah umzingelt er Magdalena, kaum denkt sie, sie hat ihn weit zurückgelassen. Die Gewalt und Entbehrung haben ihn erschöpft, er ist zu allem fähig. Zähnefletschend zeigt er ein Arsenal" (S. 111). Wenn Magdalenas Denken von Trennungsängsten beherrscht wird, dann bedarf es nur des richtigen Anstoßes, um den Körper agieren zu lassen. Sie rationalisiert ihre Tat, indem sie meint, dem kranken Paul, der mal sterben zu wollen meinte, einen Gefallen getan zu haben, weil sie ihm seinen Wunsch erfüllt habe. Es liegt aber nahe, dass sie ihm nicht einfach eines natürlichen Todes sterben zu lassen oder gar Selbstmord zu begehen erlauben kann, weil ihr lädiertes und fragiles Selbstgefühl es nicht zulassen konnte, sozusagen wieder ab-

---

12 Elfriede Czurda: Die Giftmörderinnen. Reinbek bei Hamburg 1991.
13 Elfriede Czurda: Die Schläferin. Reinbek bei Hamburg 1997.

gewiesen zu werden. An einer Textstelle heißt es sogar, wo Magdalena fürchtet, Paul könnte sich mit den Gedanken tragen, Selbstmord zu begehen: „„Ich bin ein Mensch!'", gellt sie. „„Ich bin nicht eine Sache! Ich bin nicht ein Gegenstand!'" und „„Ich dulde nicht, dass jeder aus meinem Leben fortgeht, wie er eine Lust hat! Ich dulde nicht, dass ich zurückbleiben muss wie ein preisgegebenes Ding!'" (S. 156). Notwehr – psychologisch betrachtet?

Else in den *Giftmörderinnen* gerät an den falschen Mann, Hans. Mit ihm glaubte sie als Ehefrau ein „Element in der Welt" (S. 60) zu sein. Hans hat aber ein inzestuöses Verhältnis zu seiner Mutter, trinkt, schätzt Else nicht und schlägt sie auch. Erikas Plan, die Ehemänner zu vergiften, führt Else konsequent aus. Während sie ihren Mann vergiftet, pflegt sie ihn liebevoll, bis er stirbt. Erst jetzt in einem geschwächten Zustand kann sie die „Engels Gattin" (S. 121) sein, sich also in dieser Rolle selbst verwirklichen. Durch Hans' Benehmen wurde dies aber verhindert. Sie konnte die internalisierte, stereotypische Rolle der guten Ehefrau nicht ausleben. Dies ist ja auch die Situation der Magdalena in der *Schläferin*. Diese weiblichen Figuren reagieren aggressiv und destruktiv auf die Verhinderung der Ausführung ihrer Rollen als „gute" Ehefrauen.

Zum Schluss lässt sich feststellen, dass keine der Frauenfiguren in den angeführten Texten als mutwillig schlechte Frau dargestellt wird. Ihre Taten gründen meist auf einer Vorgeschichte der Misshandlung. So betrachtet sind sie eigentlich als Opfer zu behandeln und – wenn nicht zurechnungsfähig – so doch als psychisch geschädigt zu betrachten. Es scheint also, dass die wirklich „schlechten" Frauenfiguren vielleicht eher in der Trivialliteratur zu finden sein könnten.

Marie-Claire Hoock-Demarle (Paris, Frankreich)

Weibliche Geselligkeit.
Zur Genese einer ‚privaten Öffentlichkeit' in Deutschland

Das allgemeine Interesse dieser Tagung gilt den Kulturkonflikten und insbesondere denen im Bereich der Kommunikation. Zu solchen Konflikten gehört die uralte Trennung zwischen privatem und öffentlichem Bereich, deren Spuren schon in der Antike zu suchen sind[1] und deren Nachläufer die moderne Gesellschaft bereits untermauern. Fügt man dieser Kategorie – privat/öffentlich – die noch mehr tradierte Spaltung Mann/Frau hinzu, so verfügt man über eine doppelte Konfiguration, die zu immer neueren Debatten und zu akuten Konflikten, nicht nur übrigens in der Kommunikation, führen, mögen sie *Querelles des femmes*, Krieg der Geschlechter, *Subjection of women* oder *débat sur la parité* heißen. Wie wäre es jedoch, wenn man, anstatt solche Beispiele zu registrieren und darüber zu lamentieren bzw. sich zu ärgern, solche Konflikte nicht mehr und nicht nur als destruktiv-dekonstruktiv für alle Teile annehmen würde, sondern als geradezu kreative Anlässe zur Entstehung neuer Kommunikations- und Kooperationsformen lesen würde? Genau darum geht es hier bei der in ihrer Formulierung eher paradoxen Kategorie der ‚privaten Öffentlichkeit', die nur in Bezug auf die im Hintergrund weiter bestehende doppelte Trennung Mann/Frau und öffentlich/privat ihren Sinn und ihre Schärfe behalten kann.

Wie, wann und zu welchem Zwecke kommen die Frauen zur Öffentlichkeit? Welche Öffentlichkeit kommt ihnen zu? Hier muss man sich, der kurzen Zeit halber, auf eine ‚Sattelzeit' beschränken, wo die Ziele besonders deutlich und die Strategien entsprechend wirksam sind. Ein solches Moment ist die Zeit um 1800, d. h. die Zeit unmittelbar nach der Französischen Revolution und direkt vor der Restauration. Eben in dieser eher paradoxen Zeitspanne haben manche Frauen spezifische Strategien entwickelt, manchmal sogar zu extremen Mitteln greifen müssen. Hier werden also Fragen, bzw. Weichen gestellt, die bis heute heftig debattiert werden, wie etwa:

---

1   John S. Mill: The subjection of women (1869), Oxford: Oxford University press World's classic 1963, S. 478: „But even in the best of these [the free republics of antiquity], the equals were limited to the free male citizens; slaves, women and unenfranchised residents were under the law of force."

– Ermöglichte diese relativ kurze Zeitspanne – diese *Zwischenzeit* wie sie Christa Wolf nennt[2] – die Entstehung von gesellschaftlichen Modellen, die zu den bestehenden Geschlechter-Konflikten eine offene Alternative bieten konnten?

– Soll man solchen Modellen einen besonderen Wert zuerkennen, so wie es in unserer Zeit Christa Wolf, Virginia Woolf, Ingeborg Bachmann oder Sarah Kirsch getan haben oder noch tun?

– Welche Rolle ist hier diesem und ähnlichen konfliktbeladenen Momenten zuzumessen, soweit sie für die Frauen eine Chance bedeuten, den Geschlechter-Konflikt auszutragen und ihn – auf ihre Weise wenn auch temporär – aufzuheben?

Eine paradoxe Gesellschaft

Es ist natürlich nicht so, dass Frauen mit der Öffentlichkeit seit dem Auftreten dieses Begriffes nichts zu tun hätten. Sei es als Machthaberinnen, Landes- oder Reichsfürstinnen, sei es als Favoritinnen oder Schriftstellerinnen, Künstlerinnen, gehörten viele ganz und gar der öffentlichen Sphäre an. Offensichtlich jedoch ist das Verhältnis von Frauen zur öffentlichen Sphäre von Anfang an durch Paradoxa aller Art geprägt. Warum, zum Beispiel, halten einige Länder – wie etwa England oder Schweden – für Frauen den Weg zur höchsten Macht frei, während andere – darunter Frankreich – das salische Gesetz streng anwenden und Frauen grundsätzlich von der Thronfolge ausschließen? Es gelingt zwar den Frauen ziemlich früh, meist im Umfeld einer höfischen und dann städtischen Kultur, sich den Zugang zur Öffentlichkeit zu schaffen, dabei müssen sie sich jedoch einem streng umschriebenen Kodex fügen. Dadurch soll vermieden werden, dass weder die Männer in ihrer „Freiheit" noch die soziale Ordnung in ihrer Hierarchie in Frage gestellt werden. Es ist daher nicht verwunderlich, wenn das Teilhaben der Frauen an der Öffentlichkeit zunächst vorrangig dem Adel vorbehalten wird. Die Frauen müssen – gleichwohl, ob vom Land oder vom Hofadel – ihren Rang halten und gleichsam von Beruf aus an den gesellschaftlichen Veranstaltungen teilnehmen, bzw. selbst welche veranstalten. Es ist wohlgemerkt eine Rollenverteilung, bei der Männer und Frauen *nebeneinander* den öffentlichen Raum besetzen. Wird diese Rolle nicht angenommen, aus welchen Gründen auch immer, so geht jegliche Form einer öffentlichen Geselligkeit verloren, wie dies übrigens der Fall am preußischen Hof war:

2   Christa Wolf: „Der Schatten eines Traumes. Karoline von Günderrode. Ein Entwurf". In: Lesen und Schreiben. Neue Sammlung. Darmstadt 1980, S. 225 ff.

Der Hof, welchem eine geistreiche und anregende Geselligkeit völlig abging. Das Letztere war erklärlich genug. In einem monarchistischen Staat kann nur der gesellige Kreis des Herrschers den Mittelpunkt für die Geselligkeit des Hofes bilden. Und an einem solchen fehlte es eben unter der Regierung Friedrich des Grossen sowie der seines Nachfolgers […] die Königin lebte getrennt von dem König in fast gänzlicher Zurückgezogenheit.[3]

Außer diesem *Nebeneinander* der Geschlechter im öffentlichen Raum, das vor allem dem Adel vorenthalten ist, gibt es eine weitere, überkommene Möglichkeit für Frauen, sich ganz direkt öffentlich – nacheinander – zu betätigen, ohne dabei gegen den gesellschaftlichen Kodex zu verstoßen. Der Witwenstand ist eine solche Ausnahme. Nach dem Tode des Ehemannes – und dies betrifft Frauen aus verschiedenen Schichten – dürfen die Ehefrauen das Unternehmen weiterführen und öffentlich an dem Handel oder dem Warenvertrieb teilnehmen[4]. Hier kurz ein Beispiel: manche dieser Frauen sind im Buchwesen tätig, Buchhändlerinnen und/oder Verlegerinnen wie die Berlinerin Friederike Unger, die nach dem Tode des erfolgreichen Druckereibesitzers Johann Friedrich Unger den Betrieb in der Zeit der napoleonischen Besatzung übernimmt. In ihrer Korrespondenz mit A. W. Schlegel, dessen Werke bei ihr verlegt werden, ist der Witwenstand Teil einer weiblichen Strategie, die sie zu einer öffentlichen Tätigkeit berechtigt und sie mit den Autoren des Hauses geschäftsmäßig aber gleichgestellt verhandeln lässt: „Und jetzt die Verlegerin zum Schrifsteller! […] Ich denke mir überhaupt, daß Sie es mit dem Honorar nicht so gar arg mit einer Witwe machen würden."[5]

Dieser Weg der Frauen zur öffentlichen Sphäre über eine Professionalisierung, die öfters im Schatten des werktätigen Mannes, und in diesem Sinne privat, absolviert wurde, stellt schon eine besondere Form der Zugänglichkeit dieser Sphäre für Frauen – und zwar schon sehr früh – dar, die ihren Ursprung in privaten Verhältnissen hat und ihre Legitimation nicht in irgendeinem Machtanspruch oder irgendeiner Gleichstellungsforderung seitens der Frauen sucht. In dem von Jürgen Habermas analysierten *Strukturwandel der Öffentlichkeit*, wo es primär um die Gegenüberstellung einer

3   Henriette Herz: Erinnerungen (1850), neu veröffentlicht von Rainer Schmitz. Frankfurt a. M. 1984, S. 66.
4   In einer breit angelegten Untersuchung über die europäische Kaufmannschaft (1470–1820) wurden für die Zeit 1760–1820 etwa 30 VerlegerInnen und über 40 DruckerInnen ausfindig gemacht. Jochen Hoock, Pierre Jeannin u. a. (Hgg.): Ars Mercatoria, 3 Bde. Paderborn 1991.
5   „Friedrike Unger an A. W. Schlegel, Berlin, 10 Junius 1808". In: Krisenjahre der Frühromantik. Briefe aus dem Schlegelkreis, hg. von Joseph Körner, 3 Bde. Bern 1969, Bd. 1, S. 552.

sich aus dem Privaten formierenden Öffentlichkeit und der öffentlichen Gewalt, um die Spannung zwischen Staat und Gesellschaft geht, hat diese hybride Form einer den Frauen zugänglichen Öffentlichkeit keinen Platz:

> Bürgerliche Öffentlichkeit lässt sich vorerst als die Sphäre der zum Publikum versammelten Privatleute begreifen; diese beanspruchen die obrigkeitlich reglementierte Öffentlichkeit alsbald gegen die öffentliche Gewalt selbst, um sich mit dieser über die allgemeinen Regeln des Verkehrs in der grundsätzlich privatisierten, aber öffentlich relevanten Sphäre des Warenverkehrs und der gesellschaftlichen Arbeit auseinander zu setzen.[6]

Eine moderne Debatte

Das Paradox der Zeitspanne um 1800 liegt darin, dass solche tradierten Formen einer für Frauen *neben* den Männern oder *nach* deren Verscheiden gewährten Öffentlichkeit in Frage gestellt wird, in einem Moment, wo der Begriff der Öffentlichkeit selbst stark politisiert wird. Eckstein der neuen Definition ist das Individuum als Mensch, als „Person" – nicht als Mann oder Frau – mit seinen universalgeltenden Menschenrechten, so wie Immanuel Kant sie versteht, als „Würde der Menschheit in unserer eigenen Person"[7]. Es geht, im Sog der Französischen Revolution, um die *Verbürgerlichung* des Menschen im politischen Sinne, um die Existenz der Citoyens und Citoyennes, wie sie in der 1791 anonym erschienenen Schrift Theodor von Hippels *Über die bürgerliche Verbesserung der Weiber* dargestellt wird. In dieser Debatte wird übrigens der Akzent nicht nur auf die bestehende, nun eher kritisch bewertete Gegenstellung des Privaten und des Öffentlichen gelegt. Andere Autoren, bzw. Philosophen, tragen zur Debatte bei, indem sie zwar auf die Trennung der Geschlechter in der fest verankerten Werthierarchie der Sozialstruktur kritisch aufmerksam machen, aber gleichzeitig auf neue Kombinationen hinweisen, wo sich beide Bereiche kreuzen und sich gleichsam aufheben. So z.B. die Schriften von Kant *Über das Eherecht* oder J.G. Fichtes *Naturrecht*, die die Ehe als einen freien Vertrag zwischen zwei Individuen, zwei Personen darstellen[8]. Dabei werden die

---

6   J. Habermas: Strukturwandel der Öffentlichkeit. Untersuchungen zu einer Kategorie der bürgerlichen Gesellschaft. Neuwied: Luchterhand 1962, S. 40.

7   I. Kant: „Brief an Maria von Herbert, Frühjahr 1792". In: Briefwechsel von Kant, hg. von H.E. Fischer, 3 Bde. München 1913.

8   I. Kant: „Des Rechts der häuslichen Gesellschaft 1. Titel". In: „Metaphysik der Sitten I, 2tes Hauptstück, 3. Abschnitt, 1797". In: Ders.: Werke, in zwölf Bänden, hg. von W. Weischedel. Frankfurt a.M. 1956, Bd VIII, S. 389 ff.;

Grenzen zwischen dem öffentlichen Akt der Ehe (durch den Vertrag etwa) und der privaten Bildung des Paares (durch freie Wahl) verwischt, es entsteht ein Raum, in dem Privates und Öffentliches komplementär sind, wo die Rollenverteilung der Geschlechter zugunsten von „Versammlungen der Menschheit" verschwindet, um hier eine Formulierung von F. Schlegel vorwegzunehmen.[9]

Der Einstieg F. D. Schleiermachers in die Debatte um die Wertstellung von Privatem und Öffentlichem rührt aus einer ganz anderen Perspektive. 1798 veröffentlicht er anonym einen Essay mit dem Titel: *Versuch einer Theorie des geselligen Betragens*[10], worin er zugleich die eigenen Erfahrungen in Berlin und die ihm durch Friedrich Schlegel vertrauten Erlebnisse des Jenaer Kreises zu theoretisieren versucht. Dazu prägt er den Begriff Geselligkeit, den er als freies Spiel des Individuums in Wechselwirkung mit seinesgleichen definiert. Dabei stößt Schleiermacher auf einen grundliegenden Konflikt zwischen der „Sphäre des Einen" und der „gemeinschaftlichen Sphäre Aller", was man auch als einen Widerspruch zwischen dem Privaten und dem Öffentlichen fassen kann. Wie ist es nämlich zu vereinbaren, „sich in jedem Raum zu fügen und doch überall in seiner eigensten Gestalt dazustehen und sich zu bewegen"?[11] Dazu gehört – so Schleiermacher – „eine gewisse Elastizität", die er vor allem bei den Frauen findet. Gerade als Ausgestoßene aus der bürgerlichen, d.h. aus der beruflichen Sphäre sind sie paradoxerweise dazu bestimmt „die Stifter der besseren Gesellschaft" zu werden, denn zu einer solchen „geselligen Krystallisation" sind, nach Schleiermacher, die Frauen besonders geeignet.

Von der Theorie zur Praxis

Die Wechselwirkung – ein Begriff, der hier öfters von Schleiermacher benutzt wird – passt nicht nur zur Definition der neuen Geselligkeit sondern wird gleichzeitig von den Frauen in die Praxis umgesetzt. Die Bedingun-

---

J. G. Fichte: Grundlage des Naturrechts nach Prinzipien der Wissenschaftslehre (1796). Hamburg 1960 (wobei Fichte sehr schnell zu einer weit konservativeren Auffassung zurückkehren wird).

9 „Wo die Künstler eine Familie bilden, da sind Versammlungen der Menschheit". In: Athenäum, 1800.

10 F. Schleiermacher: Versuch einer Theorie des geselligen Betragens, Berlinisches Archiv der Zeit und ihres Geschmacks, Januar bis Februar 1799, S. 111–123, gedruckt in: Rahel Varnhagen: Gesammelte Schriften, hg. von K. Feilchenfeld, U. Schweikert, Rahel E. Steiner. München 1983, Bd. X, S. 253–279.

11 Ebenda, S. 267.

gen sind übrigens äußerst günstig und dies ist nicht allein der Französischen Revolution zu verdanken. In Preußen wurde 1794 das Allgemeine Landrecht (ALR) eingeführt, das für die Frauen eine Reihe von Reformen erlässt, die sie in dem Alltag ihres Ehelebens besonders betrifft. Im ALR wird zum Beispiel die Ehe als ein „normaler Vertrag" zwischen Gleichgestellten juristisch neu definiert und der Ehebruch, der bis jetzt, wenn vom Manne begangen, nicht zur Scheidung reichte, wird nun zum gültigen Scheidungsgrund, gleich wer – ob Mann oder Frau – die Schuld trägt. Hinzu kommt, dass „wenn nötig" – so der Text – die Ehefrau Geschäfte selbst führen kann und sogar die Möglichkeit hat, über ihr eigenes, geerbtes Vermögen eigens zu bestimmen. In Preußen und in manchen deutschen protestantischen Landen, haben sich also die aufklärerischen Aspekte des ALR zugunsten der Frauen ausgewirkt. Zehn Jahre später übrigens, mit der Einführung des *Code Napoleon,* werden manche dieser Errungenschaften gänzlich verschwinden.

Unter den weiteren günstigen Voraussetzungen einer merklichen Mittätigkeit der Frauen an einer neu definierten Öffentlichkeit gehört die besondere Lage Deutschlands in diesem Jahrzehnt. Hier erweisen sich die konkreten Konflikte auch als Faktoren von Annäherungen und Änderungen jeder Art. Es ist eine Zeit der Mobilität der Männer in der Rolle von Soldaten im weiten europäischen Raum, aber auch eine Zeit der allseitigen Tätigkeit der Frauen, die in Abwesenheit der Männer, oft auch in Wahrnehmung deren Todes, Haus und Geschäft übernehmen oder Güter weiter verwalten müssen. In diesem Umfeld des Krieges, der Besatzung und des politischen Chaos fallen die sozialen Barrieren und fest verankerte Klischees verwischen sich. Es öffnen sich manche Milieus, die seit eh und je als ausgestoßen galten, darunter die jüdischen Kreise besonders in Berlin

Wer sind nun diese „Stifterinnen einer besseren Gesellschaft"? Es sind paradoxerweise Frauen, die von Geburt her keineswegs dazu bestimmt sind, öffentlich aufzutreten, da sie sozusagen ‚doppelt belastet' sind, als Frauen und als Jüdinnen. Die Ausstrahlung einer Rahel Levin, einer Henriette Herz oder einer Dorothea Veit-Schlegel geborenen Brendel Mendelssohn, erklärt sich zum Teil durch die konfliktgeladene Zeitspanne, in der Berlin, die Gesellschaft, die deutsche Nation in den Strudel der Geschichte geraten, aber es erklärt sich auch dadurch, dass sie es schaffen aus eigenem Antrieb und allen Hindernissen zum Trotz, eine Art *Vernetzung* des geselligen Raums in Berlin um 1800 aufzubauen. In dieser Zeit der Konflikte ist die Einrichtung von solchen gesellschaftlichen Strukturen nur *an der* wankenden, bestehenden Gesellschaft *vorbei* möglich, also aus dem Bereich des Privaten oder, noch radikaler, am Rande der Gesellschaft.

Wie aus einem jüdischen und als solchem gesellschaftlich verpönten Haus ein „offenes Haus" wird, kann man am Beispiel von Henriette Herz besonders gut verfolgen.[12] Am Anfang läuft alles eher traditionell: die früh verheiratete Henriette schlüpft zuerst in die Rolle der „Zuhörerin" und eignet sich dabei eine weite, kosmopolitische Bildung an. Später richtet sie ein *Teekränzchen* ein, was sicher häuslich anmutet, in der Tat jedoch eine erste selbständige Form einer weiblichen ‚privaten Öffentlichkeit' darstellt. Charakteristisch ist hier nicht nur der Raum sondern auch die Struktur der dort verkehrenden Gesellschaft. Adelige wie Bürgerliche, Christen jeder Konfession wie Agnostiker, Diplomaten und Kaufleute, Theologen und Wissenschaftler, Frauen wie Männer bilden einen geselligen Kreis, wo Rang, Stand, Geschlechterhierarchie und nationale Zugehörigkeit zugunsten von Menschen verschwinden, die keine Diskriminierung mehr kennen. Ein paar Jahre später, stellt „das offene Haus" (eine Bezeichnung von Schleiermacher) der Henriette Herz den Zentralpunkt eines geselligen Lebens, das weit über Berlin hinausreicht.

Rahels *‚Mansarde'* ist eine weitere Möglichkeit für Frauen dieser Zeit, sich auf ihre Art öffentlich durchzusetzen. Die Voraussetzungen sind im Falle von Rahel noch paradoxer und womöglich schwieriger als bei Henriette Herz. Zwar ist Rahel, genau so wie Henriette Herz, eine Berliner Jüdin, aber sie stammt aus weit bescheideneren Verhältnissen. Außerdem ist sie, eine Dreißigjährige, noch nicht verheiratet. Kein Haus, kein Teekränzchen steht ihr zu, nur eine Dachstube in der Jägerstraße. Besonders relevant ist hier in Bezug auf den Begriff Öffentlichkeit die von Rahel selbst eingeführte Benennung: *‚Mansarde',* die modernere Experimente, wie etwa Virginia Woolf's *a room of one's own*, vorwegnimmt[13]. Damit betont Rahel bewusst den Verzicht auf jegliche Repräsentation sowie die eigentliche Funktion des privaten (Hinter)raumes zu geselligen Zwecken. Der Raum stellt ein Territorium für Menschen dar, wie Hannah Arendt es treffend bemerkt:

> Gerade weil die Juden außerhalb der Gesellschaft standen, wurden sie für kurze Zeit eine Art neutralen Bodens, auf dem sich die Gebildeten trafen. Außerhalb der Gesellschaft jeder Art und jeden begrenzten Standes herrscht eine unglaubliche Freiheit von allen Konventionen.[14]

Als Ort wie als Form des geselligen Zusammenseins ist die „Mansarde" nicht leicht zu klassifizieren, sie ist weder Salon im klassischen Sinne, noch Kreis in romantischer Form, noch Zirkel in religiös-pietistischer Tra-

---

12 Siehe dazu Henriette Herz: Erinnerungen (1850) (Anm. 3), besonders Kapitel „Zur Geschichte der Gesellschaft und des Konversationstones in Berlin", S. 61 ff.
13 Virginia Woolf: A room of one's own, Hogarth Press 1929.
14 Hannah Arendt: Rahel Varnhagen. Lebensgeschichte einer deutschen Jüdin aus der Romantik. München 1959, S. 63.

dition, eher ein Ort, der sich durch die Marginalität, die Exterritorialität kennzeichnet. Was sie aber ist, steht fest: es ist ein Ort der geselligen *Kommunikation,* eine Art „Zentrale" eines weit verzweigten Brief*wechsel*s. 1806 setzt Rahel der ‚Mansarde' ein Ende. Sie wird jedoch stets diese Erfahrung als die markanteste in ihrem Leben betrachten und schreibt später an ihre inzwischen in der Schweiz lebende Freundin Pauline Wiesel:

> Wo ist unsere Zeit, wo wir alle zusammen waren? Sie ist anno 6 untergegangen. Untergegangen wie ein Schiff mit den schönsten Lebensgütern, den schönsten Lebensgenuss enthaltend […] Und so bin ich großbegabt sitzen geblieben.[15]

Immer wieder werden die Fundamente dieses eigenartigen Zusammenseins betont. Es ist zuerst die Gleichsetzung und die Gleichwertung aller Individuen, die diese Gesellschaft ausmachen, unbeachtet dessen, was sie auch in der Öffentlichkeit gelten.[16] Indem Rahel das Individuum als „Wahrheitsliebenden" der Kategorie des Menschlichen, d. h. des Universellen unterstellt, verwirft sie den auf öffentlicher Repräsentation ruhenden gesellschaftlichen Bau zugunsten anderer Formen des geselligen Betragens, die auf Freundschaft, Gleichheit und Authentizität beruhen. Diese Trilogie setzt wiederum gegenseitige Anerkennung und Wechselwirkung im Gedankenaustausch voraus und entbehrt nicht einer gewissen Kultur des Paradoxen zwischen Marginalisierungsgefühl und Gemeinschaftsidentität. Ebenso markiert Rahels Geselligkeitsform das – vorübergehende – Ende des Geschlechterantagonismus, was zu manchem Rollentausch führt, wenn etwa Friedrich Gentz an Rahel schreibt: „Sie sind ein großer Mann, ich bin das erste aller Weiber, die je gelebt haben."[17]

In der sich am Rande der Gesellschaft formierenden Geselligkeit stellt also das Experiment ‚Mansarde' ein Grad mehr in der Dekonstruktion der gängigen sozialen Architektur. Thesenhaft kann man das Eigenartige, Experimentellen dieser weiblichen privaten Öffentlichkeit, so wie sie exemplarisch gegen 1800 in Berlin realisiert wurde, zusammenfassen: Anstatt Per-

---

15 „Rahel Varnhagen an Pauline Wiesel, Frankfurt am Main, den 26. Juni 1816". In: Rahel Levin Varnhagen: Briefwechsel mit Pauline Wiesel, hg. von Barbara Hahn. München 1997, S. 156–157.

16 In der Mansarde verkehren u. a. der Prinz Louis-Ferdinand von Preußen, seine Maitresse, Pauline Wiesel, Diplomaten wie Friedrich von Gentz oder G. von Brinkmann oder Exilierte mit Ruf wie die einmalige Besucherin Madame de Staël. Nach einer Begegnung mit Rahel während ihres Aufenthalts in Berlin 1804 gesteht Mme de Staël an Brinkmann: „Je vous rends justice, vous n'avez rien exagéré, elle est étonnante."

17 „Friedrich von Gentz an Rahel". In: Rahel Varnhagen im Umgang mit ihren Freunden (Briefe 1793–1833), hg. von F. Kemp. München, S. 123.

sonen nach ihrem gesellschaftlichen Status einzustufen, wird das Individuum – aus welchem Stand auch immer – privilegiert als Mensch, für seine Fähigkeit aus sich selbst an der neuen Geselligkeit teilzuhaben. In Ermangelung jeglichen ihnen anerkannten sozialen Territoriums verleihen diese Frauen dem privaten Raum den Status eines öffentlichen Raumes. Indem Rahel das soziale Leben mitten in ihrer privaten Sphäre verortet, ist sie in der Lage dieses neu zu definieren: es findet nicht nur, um einen Ausdruck von Rahel zu übernehmen, *„ am Rande der Gesellschaft"* sondern, wie H. Arendt es betont, „*jenseits* dieser Gesellschaft" statt. Der doppelten Diskriminierung – als Frau und Jüdin – zum Trotz gestalten sie ihre eigene Marginalität in eine neue Form der Geselligkeit um. So gelingt es einer Frau in einem solchen konfliktreichen Moment aus der Peripherie, ein Zentrum zu schaffen– und dies nicht nur im Berliner Umfeld oder etwa für den deutschen Raum, sondern für eine europaweite Öffentlichkeit.

ASUMAN AĞAÇSAPAN (Eskişehir, Türkei)

Geschlechterstereotypen und deren ästhetisches Potential im Werk von Barbara Frischmuth

Bevor ich mich den Geschlechterstereotypen in Barbara Frischmuths Roman *Über die Verhältnisse* (1991) zuwende, möchte ich die Bedeutung des Begriffs „Stereotyp" kurz erörtern. Stereotypen vereinfachen komplexe Situationen und sind für den menschlichen Denkvorgang unentbehrlich. In der Literatur tauchen Stereotypen zumeist „bei der Charakterisierung von Nebenpersonen und bei der Beschreibung vieler Handlungssituationen" auf.[1] Stereotypen werden in dieser Arbeit jedoch nicht in einem aufklärerischen, sondern in einem ästhetischen Sinne behandelt. Sie sind nicht immer negative Verallgemeinerungen einer Person oder Gruppe, sondern können in literarischen Texten zielgerichtet, wertneutral und lediglich aus ästhetischen Gründen – auf die Erzählinstanz bezogen – eingesetzt werden, wodurch deren denkökonomische Funktion an Bedeutung verliert. Ein negatives Stereotyp kann in der Literatur zu einem kritischen Lesen führen. Wie Emer O'Sullivan betont, ist die Auseinandersetzung mit dem bewussten Umgang mit Stereotypen eine zentrale Frage der literarischen Stereotypenforschung:

> Dort, wo das Vorkommen von Stereotypen in der Literatur kritisiert wird, wird meist angenommen, dass diese lediglich eine Widerspiegelung der Stereotypen des Autors seien, die im Text ihren Ausdruck finden; der Autor, so wird geschlossen, ist in einem stereotypen System verhaftet, das in den Texten deutlich wird. Dass er diese auch bewusst eingesetzt haben könnte, wird häufig übersehen.[2]

Demzufolge werden in dieser Arbeit Stereotypen als wertneutral und als ästhetischer Bestandteil des Textes betrachtet. Diese Auffassung folgt der anglo-amerikanischen feministischen Forschung, die sich innerhalb der Gender-Studies auf soziokulturelle Aspekte beschränkt.

---

1   Cary D. Wintz: „Stereotypisierung in den Romanen Harold Bell Wrights". In: Zeitschrift für Literaturwissenschaft und Linguistik, Beiheft 9. Göttingen 1978, S. 53.

2   Emer O'Sullivan: Das ästhetische Potential nationaler Stereotypen in literarischen Texten. Tübingen: Stauffenburg, 1989, S. 26.

In diesem Beitrag werde ich versuchen, die den Romanfiguren zuge-
schriebenen Stereotypen in den Figurenreden auf der Ebene der Erzählinstanz im Verhältnis zu ihrem verbalen und nonverbalen Handeln sowie in
Hinblick auf die Raumverhältnisse in Barbara Frischmuths Roman *Über die
Verhältnisse* zu rekonstruieren. In Anbetracht der autobiografischen Züge
des untersuchten Werkes werde ich mich auf ein realistisch-mimetisches
Figurenkonzept stützen, wobei ich die Figuren im Werk im Wesentlichen
wie reale Personen behandeln werde. Im Vordergrund wird es um folgende
Fragen gehen: Gibt es in einem literarischen Werk Geschlechterstereotypen,
wenn die Literatur sich auf vorhandene Verarbeitungsformen von Wirklichkeit bezieht? Geht die Autorin mit den Stereotypen bewusst um, oder ist sie
denen ausgesetzt? Haben diese Stereotypen ein ästhetisches Potential?

Frischmuths Roman schildert die Verhältnisse zwischen einer Mutter
und ihrer Tochter. Die Hauptfigur Mela führt das Restaurant „Spanferkel",
hat eine Tochter von einem Politiker, der verheiratet ist, und im Werk als
„der Chef" bezeichnet wird. Der Chef weiß nicht, dass er der Vater von
Melas Tochter Fro ist. Als emanzipierte Frau führt Mela ein freies Sexualleben, was der Tochter weh tut. Sie hat eine Liebesbeziehung zu einem
„jungen Mann, der Mitglied der Partei des Chefs ist." Als Fro mit einem
Liebhaber in die Türkei flüchtet, erreicht der Roman seinen Höhepunkt.
Der Konflikt in der Mutter-Tochter-Beziehung wirkt sich auf der Ebene
der Machtverhältnisse aus. Wie Gülsüm Uçar betont, stehen im Werk die
autobiografischen Züge im Vordergrund.[3] Allerdings handelt es sich bei
diesen nicht um den klassischen Begriff der Autobiografie. Vielmehr muss
darunter laut Kadriye Öztürk eine „Selbsterfahrungsliteratur" verstanden
werden, in der ein neuer Umgang mit dem eigenen „Ich" durch die Verwendung von Antonymen (z. B. gut-böse, weiblich-männlich), die in dieser Arbeit als Stereotypen betrachtet werden, gepflegt wird.[4] Das Leben
der Romanfigur Fro weist in vielen Punkten Parallelen zum Leben der
Autorin auf. Die augenfälligste Gemeinsamkeit beider Personen besteht
darin, keinen Vater zu haben. Außerdem führen deren Mütter ein Restaurant. Die Erfahrungen mit der türkischen Kultur zeigen ebenfalls Ähnlichkeiten zwischen der Autorin und der Figur Fro auf: Die Reise der Protagonistin in die Türkei entspricht der Erfahrung der Autorin. Wenn auch das
Werk Spuren der Eigenerfahrung enthält, so bleibt die Erzählhaltung dennoch distanziert, um „das Eigene mit dem Blick des Fremden und das Frem-

---

3   Vgl. Gülsüm Uçar: Autobiographische Züge in Barbara Frischmuths „Die Frau
    im Mond" (1982) „Über die Verhältnisse" (1987) „Einander Kind" (1990),
    unveröffentliche Magisterarbeit, Hacettepe Üniversitesi Ankara 1994.
4   Vgl. Kadriye Öztürk: Das Frauenbild in den Werken der Deutschschreibenden
    türkischen Autorinnen, Eskiþehir 1999, S. 307.

de mit dem Blick fürs Eigene" betrachten zu können.[5] Um dieses Ziel zu erreichen benutzt die Autorin jene Geschlechterstereotypen, die eine reduzierte Identifikation der LeserInnen aus einer anderen Kultur ermöglichen. Durch das einmalige Erwähnen des Namens der Hauptfigur gewinnen die Geschlechterstereotypen ihren ästhetischen Wert im Werk.[6] Im folgenden sollen beispielhaft die Figuren im Roman und die ihnen zugeordneten Geschlechterstereotypen näher betrachtet werden. Nach diesem direkten Einblick in den Roman können die Geschlechterstereotypen im Zusammenhang mit mythischen Figuren näher betrachtet werden.

Allgemein wird von Frauen erwartet, dass sie schweigsam sind. Sprachlosigkeit gilt traditionell als eine weibliche Tugend. Dieses Stereotyp zeigt sich folgendermaßen in der Erzählhandlung: „Fro spricht nicht von den Veränderungen in ihrem Leben, sie gibt Zeichen. Und manchmal tut Mela sich schwer mit deren Entzifferung."[7] Männer sollen Karriere machen, sie müssen sich auf einen vorgesehenen Kampf einlassen: Diese Vorstellung wird den Männern als Folge der Machtverhältnisse zugeschrieben, während sie den Frauen vorenthalten wird. Mela und Fro hören beide mit dem Studium auf, legen keinen Wert auf Karriere. Je mehr sie auf ihrer Freiheit beharren, desto mehr brauchen sie ihre Männer, und bleiben auf sie angewiesen.

> Mela, aus einer Binnenprovinz des Bundesstaates stammend, hatte geerbt. Sie war noch nicht weit mit ihrem Studium der Biologie gekommen und hatte dasselbe abgebrochen, sobald die Idee zum *Spanferkel* ihrem Kopf entsprungen war. Der unmittelbare Umgang mit Tierischem und Pflanzlichem war ihr doch lieber als ein Studium.[8]

Diese Art der Erzählung beruht auf einem allgemeinen, verallgemeinerten Wissen über Frauen, demzufolge sie lieber mit konkreten Dingen als mit Abstraktionen umgehen. Hinter diesem Stereotyp taucht verschleiert die mythische Figur Demeter als Göttin der Früchte des Olymps auf. Warum der Hauptfigur das Pflanzliche lieber sei als ein Studium, lässt sich verschieden interpretieren. Tochter Fro, die unter der emanzipierten Mutter Mela nicht genügend Spielraum findet, vernachlässigt ihr Studium, nachdem sie Heyn kennen lernt und sich in ihn verliebt. Wegen ihrer Liebe zu ihm flieht Fro mit Heyn in ein fremdes Land, was ihre Mutter als Entführung wahrnimmt. Mela, eine emanzipierte Figur, führt ein freies, selbständiges Leben. Sie hat

5   Manfred Mittermayer: „Literarische Einblicke", in: http://www.his.se/upload/
    4744/Ausblicke%20sonder.pdf 2002. S. 16, aufgerufen am 14.08.2005.
6   Barbara Frischmuth: Über die Verhältnisse. München 1991, S. 7.
7   Ebenda, S. 20.
8   Ebenda, S. 12.

sexuelle Beziehungen zu zwei Männern: zu dem Chef und dem jungen Mann. Letzterer ist für sie ein Sexualobjekt, bei dem sie auch Wärme findet. „Sie zieht das Barchenthemd an, das sie nur trägt, wenn sie allein ist. Es ist ihr Lieblingsnachthemd und wärmt fast so gut wie ein junger Liebhaber."[9] Im Gegensatz zur emanzipierten Frau Mela vertritt die Figur Fro die Rolle der traditionellen Frau, die das Stereotyp weiblicher Unterwerfungsbereitschaft als Identitätskonzept verinnerlicht hat und sich entsprechend verhält. So küsst Fro bei einer Familienversammlung in der Türkei die Hand einer Greisin, und drückt sie gegen ihre Stirn, was Mela für übertrieben hält.[10]

Nach Vera Nünning ist die Figurenrede bei der Verwendung von Stereotypen ein Mittel, mit dem angesprochene Figuren charakterisiert und die beim Sprechenden vorhandenen Vorstellungen aufgewiesen werden können. „Grundsätzlich ist davon auszugehen, dass jede explizite Fremdcharakterisierung immer auch eine implizite (oftmals unbewusste) Selbstcharakterisierung ist, weil die Art und Weise, wie ein Sprecher andere beurteilt, zugleich Rückschlüsse über dessen eigene Einstellungen und Werte zulässt."[11] Die Vorstellung des Sprechenden – z.B. die des Chefs – lässt erkennen, dass für ihn Frauen nicht kämpferisch sind: „Na ja sagt der Chef, du warst nie eine Kämpfernatur. Du hast dich mit dem Vorhandenen zufrieden gegeben und die Partei war dir wurscht."[12] Aus der Vorstellung der sprechenden Mela ergibt sich ein Stereotyp, das die Autorin nicht bestätigt und gegen welches sie ankämpfen will. Mela denkt, dass ihre Tochter Fro in der Türkei allen möglichen Gefahren ausgesetzt sei und sagt: „wenn er [Heyn] ihrer überdrüssig ist, verkauft er sie womöglich noch an einen Ölscheich."[13] Hier ist ein Stereotyp, mit dem Frischmuth das Fremde mit einem Blick fürs Eigene ansieht. Bei der Beschreibung der Figur Fro, die zufällig Heyn, den sie einen Tag zuvor im „Spanferkel" gesehen hatte, im Kino begegnet, wird das schüchterne Verhalten als typisch weiblich dargestellt.[14] Das Stereotyp, dass Frauen sprachbegabt sind und mit der Sprache sensibel umgehen, wird bei den Gesprächsbeschreibungen inszeniert: „Wieder klebt ihr Blick an Fro, die in Hörweite steht und sich schon in der Landessprache versucht. Zum ersten Mal im Leben scheint Mela sich Gedanken über Fros Mund zu machen, so als habe sie ihn auf diese Weise noch nie gesehen."[15] Wie Fro, die sich in der fremden Sprache auszudrücken versucht, bemüht sich eine

9   Ebenda, S. 57.
10 Ebenda, S. 206.
11 Vera Nünning und Ansger Nünning: Erzähltextanalyse und Gender Studies, Stuttgart 2004, S. 135.
12 Frischmuth (Anm. 6), S. 93.
13 Ebenda, S. 47.
14 Ebenda, S. 104.
15 Ebenda, S. 208.

türkische Frau Deutsch zu reden. Die kleine türkische Frau des jüngeren Heyn fordert die Gäste zum Essen auf: „Dazu äußerte sie in jenem stadt-üblichen, zwitschernden Singsang der Frauen die Aufforderung, sich dieser oder jener Speise besonders anzunehmen, indem sie einfach darauf deutet, und erst nach geraumer Zeit merkt Borisch, dass sie eigentlich versucht, Deutsch zu sprechen, so sehr behält sie Tonfall und Klangfarbe der eigenen Sprache bei."[16] Während des Ausfluges in Istanbul versuchte Borisch die fremde Sprache nachzuahmen: „Borisch saugt sich voll mit Bildern und Gerüchen, ja selbst der fremden Sprache lauscht sie angestrengt nach, als könne sie allein durchs Hinhören all der Wörter habhaft werden, die in dieser und ihrer ungarischen Muttersprache dasselbe bedeuten."[17] Mela macht sich Sorgen um ihre Tochter und glaubt nicht daran, dass Fro in der Türkei glücklich wird, wo die Frauen das Kopftuch tragen und auf Männer ange-wiesen sind: „Eine Frau geht zwischen dem Taxi und der Häuserzeile vor-über. Sie trägt ein kleines rundes Kissen über dem Kopftuch und darauf ein großes Kupfertablett voller Sesamkriegel."[18] Die Protagonistin Mela geht, um nicht erkannt zu werden, verkleidet auf die Straße und beschreibt die von Männern gelenkten Frauen:

> Auf der Strasse draußen habe sie sich dann einen Augenblick lang wie ausge-setzt gefühlt und kaum die Füße heben können. Erst als sie sich in einer spie-gelnden Auslagescheibe nicht sofort aus den wie sie gekleideten Frauen, die vor, neben und hinter ihr hergingen, herauskennen habe können, sei sie sicherer gewor-den, und es sei ihr aufgefallen, dass all diese Frauen mit einer auffälligen Zielge-richtetheit durch die Strassen gingen, ja geradezu flatterten, so als seien ihre Wege von Bodenmarkierungen vorgezeichnet.[19]

Mela gibt Fro jeden Spielraum und versucht sie davon zu überzeugen, dass sie in ihrem Leben alles erreichen kann, wenn sie es nur genügend will. Aber Fro weiß lange nicht, was sie will.[20] Als sie es dann weiß, gerät sie mit ihrer Mutter in einen Konflikt. Nach Meinung der Mutter ist Fro von Ayhan, dem „Chef", verhext. Sie offenbart dem Kindsvater erstmals, dass Fro seine Tochter ist und erwartet vergeblich, dass er sie aus der Türkei zurückholt: „Er muss sie hypnotisiert und vollkommen eingeschüchtert haben."[21] Aber Ayhan lässt Fro mit ihrer Mutter nach Österreich zurückfahren. Er überzeugt Fro davon, bis zur Genesung der Mutter dort zu bleiben. Die Mutter hinge-

16 Ebenda, S. 207.
17 Ebenda, S. 182.
18 Ebenda, S. 166.
19 Ebenda, S. 174.
20 Ebenda, S. 34.
21 Ebenda, S. 146.

gen erklärt ihm zuvor, dass sie nur dann gesundet werde, wenn ihre Tochter bei ihr ist. Trotzdem ist Ayhan stolz auf seine Strategie. „Er wusste, dass auch er kämpfte, und nur wenn er jetzt verzichtete, war es möglich, Fro von einer anderen Liebe, die sich schon wieder um sie zu schließen drohte, zu entbinden. Alle List der Welt war hier vonnöten."[22]

Die Stereotypen im Roman können auf den Demeter-Mythos und deren Tochter Persephone zurückgeführt werden. Die Beschreibung der deutschsprechenden türkischen Frau bei einer Mahlzeit in der Türkei weist nicht nur auf die sprachbegabten Frauen, sondern auch auf das verbotene Essen im Mythos. Diesem zufolge durfte Persephone aus der Unterwelt nicht auf die Erde kommen, weil sie das verbotene Essen, den „Granatapfel", gegessen hatte. Somit gewinnt dieses Stereotyp sein ästhetisches Potential.[23] Obwohl Mela ein sexuell freies Leben führt, erlaubt sie ihrer Tochter nicht, Heyn zu heiraten. Mela weint und trauert um ihre Tochter, „weil sie es besser weiß, weil sie genau den Weg in die andere Autorität, der via Sexualität führt, voraussieht und kennt. [...] Mela [Demeter] wütet, weil sie die Tochter an die Natur, die Weiblichkeit, denen sie selbst so glücklich entronnen ist, verliert."[24] Die Verallgemeinerung, dass befreite Sexualität auch die befreite Frau bedeutet, verliert in dieser Einbettung in den Mythos ihre stereotype Bedeutung und gewinnt ein ästhetisches Potential.

Im Hinblick auf die eingangs gestellten Fragen resultiert folgendes:

– Um dem Leser zu zeigen, dass Mela und Fro Opfer einer Machtstruktur sind, geht die Autorin mit Stereotypen bewusst um.

– Die Doppelbelastung durch die erwartungsgemäßen Identitäten und die von der Herrschaft zugewiesene Rolle führt zum Konflikt zwischen den Figuren Mela, Fro, dem Chef und dem jungen Mann.

– Bei diesem Werk haben die Romanfiguren einen bestimmten Bezug zu den realen Personen, weshalb die stereotypisierten Eigenschaften und Handlungen der Figuren unentbehrlich sind.

– Mit Geschlechterstereotypen ermöglicht die Autorin den Lesern aus einem anderen Kulturkreis den Zugang zum Werk. Sie versucht ihnen eine Identifikation mit Romanfiguren zu liefern, womit die Kulturdifferenzen den Geschlechterdifferenzen unterstellt werden. Auf diese Weise erzielt die Autorin eine kritische Toleranz gegenüber den fremden Kulturen und der Geschlechterdifferenz.

22 Ebenda, S. 195.
23 Vgl. Maja Frateva-Razbojnikova: „Der Demetermythos bei Irmtraud Morgner und Barbara Frischmuth". In: Germanica. Jahrbuch für deutschlandkundliche Studien, 7. Jg., Bulgarien 2000, S. 189.
24 Ebenda, S. 206–207.

Barbara Thums (Tübingen, Deutschland)

Die gebannte Gewalt der Einbildungskraft
Die Gegenweltlichkeit des Klosters
am Ursprung der Moderne

Eine kulturwissenschaftlich orientierte Gender-Diskussion, die den Universalitätsanspruch des Emanzipationsideals der bürgerlichen Gesellschaft kritisch hinterfragt und die Formen des konfliktreichen Spannungsverhältnisses zwischen den Geschlechtern betrachtet, wird sich mit der Rede von einem Strukturmodell der bürgerlichen Gesellschaft, welches als hierarchisch organisierte, mithin über die Dichotomie Natur/Kultur bzw. Geist/Körper funktionierende Geschlechterpolarität näher bestimmt ist, nicht begnügen können. Fraglos ist diese Beschreibung zutreffend, sie bleibt aber – ausschließlich als Metastruktur gefasst – dem breiten Spektrum an historischen Bedingtheiten und Performanzen gegenüber unspezifisch. Vielversprechender scheint indes ein Zugang, der nicht nur danach fragt, wie in bestimmten Kontexten ein spezifisches Wissen von Geschlecht geformt wird, sondern auch danach, welche Wissensformen an der Konstitution dieses Wissens beteiligt sind, inwiefern diese hierarchisch organisiert sind und welche Strategien der Ein- und Ausschließung dabei wirksam sind. Wenn mithin Zuschreibungsverhältnisse von Weiblichkeit und Männlichkeit, Metaphern oder Figurationen der Geschlechtlichkeit untersucht werden, wird auch danach zu fragen sein, wie sie die unterschiedlichen Wissensformationen durchqueren, welche Gemeinsamkeiten und Differenzen dabei kenntlich werden und wie diese zu bewerten sind.

Diese methodischen Vorüberlegungen sollen im Folgenden im Hinblick auf die Umstrukturierung des kulturellen Raumes der Moderne um 1800 fruchtbar gemacht werden: Ausgangspunkt ist die Beobachtung, dass sich einerseits die kulturelle Funktion von religiösen Sinnstiftungsmodellen reduziert, Klöster aufgelöst werden, andererseits aber der Topos ‚Kloster‘ in literarischen, ästhetischen, moralphilosophischen und pädagogischen Schriften von auffallender Präsenz ist. Eine leitende Frage wird sein, inwiefern sich Geschlechtlichkeit in Bezug auf den Säkularisationsprozess der Empfindsamkeit als intra- und interkulturelle Differenzkonstruktion verstehen lässt.

Klöster sind wirkliche, lokalisierbare Orte einer bestimmbaren kulturellen Ordnung. Zugleich aber sind sie ‚andere Räume‘ innerhalb der eigenen Kultur, mit Foucault gesprochen Heterotopien,[1] und als solche sind sie auch imaginäre Gegenwelten für Ausgeschlossenes und Tabuisiertes. Für die entstehende bürgerliche Kultur wird das Kloster zur Gegenwelt schlechthin und damit auch zum Projektionsort für all das, was sie pathologisiert und insbesondere als Produkt einer hypertrophen Einbildungskraft ausschließt. Allerdings – so die These – wird die derart gebannte Gewalt der Einbildungskraft auch wieder in die Sinnstiftungsmodelle der bürgerlichen Kultur eingeschlossen. Meines Erachtens lässt sich dieses Wechselverhältnis von Aus- und Einschließung sowie die dadurch erzeugte Heterotopie Kloster damit erklären, dass es jene Individuen zu kontrollieren gilt, die durch das Raster der biopolitisch-,weltlichen' Normalisierungspraktiken von Aufklärung und Empfindsamkeit fallen, die mithin vorübergehend oder dauerhaft nicht jenem Tugend- und Mäßigkeitsideal entsprechen, das durch keinerlei Exzesse der Einbildungskraft und/oder einer leicht entflammbaren sexuellen Lust gefährdet wird. Auch wenn die Literatur sich solcher Individuen annimmt und Figuren wie Lessings *Emilia Galotti*, Diderots *Religieuse*, Rousseaus *Julie* oder Millers *Siegwart* gestaltet, bildet das Kloster als Bezugsort der jeweils verhandelten kulturellen Energien und Imaginationen einen solchen ,anderen Raum' für die gebannte Gewalt der Einbildungskraft.

Besonders anschaulich lässt sich die exzessive Bezogenheit auf den Kloster-Topos an der 1784/85 erschienenen Abhandlung *Ueber die Einsamkeit* des Mediziners Johann Georg Zimmermann zeigen, die eine Anleitung zum richtigen Leben, konkret zu einem ausgewogenen Verhältnis zwischen einem Zuviel und einem Zuwenig an Einsamkeit geben will.[2] Zimmermann spart in seinem vierbändigen Opus keine Anekdote aus, um die seines Erachtens pathologischen Auswüchse eines Lebens jenseits des mittleren Maßes zu illustrieren. Seine Rhetorik der Abschreckung findet in Geschichten über Nonnen und Mönche aus allen Jahrhunderten und allen Erdteilen einen bevorzugten Gegenstand.[3] Wenn er dabei traditionsreiche Klischees über deren verbrecherischen Charakter, Faulheit, Geilheit und Wahnsinn ausbreitet, so folgt dies klar bestimmbaren, bipolar organisierten Narratemen: der Entgegensetzung von Orient – Okzident, klerikal – säkular,

1 Michel Foucault: „Andere Räume". In: Aisthesis. Wahrnehmung heute oder Perspektiven einer anderen Ästhetik. Hg. von Karlheinz Barck u.a. Leipzig 1990, S. 34–46, hier S. 39.

2 Johann Christian Zimmermann: Ueber die Einsamkeit. 4 Bde. Frankfurt und Leipzig 1785. Zitatbelege nach dieser Ausgabe mit Band und Seitenangabe künftig im Text.

3 Vgl. auch Hans Wolf Jäger: Mönchskritik und Klostersatire in der deutschen Spätaufklärung. In: Ders.: Vergnügen und Engagement. Ein gutes Dutzend Miszellen. Hg. von Holger Böning. Bremen 2001, S. 43–67.

katholisch – protestantisch, adelig – bürgerlich, weiblich – männlich, schwärmerisch – vernünftig, ausschweifend – maßvoll oder krank – gesund.

Zimmermann argumentiert dabei vorrangig als Mediziner. Die „Klosterdiät" ist demnach eine Umgangsweise mit sich selbst, die „jede Lebensregel überspannt" (II, S. 77). Sie ist ungesund und auf einen übertriebenen Hang zur Einsamkeit zurückzuführen. Sie verweist auf „Hypochondrie" (I, S. 59), mithin jene „schreckliche[ ] Krankheit der Imagination" (I, S. 61), die im 18. Jahrhundert das Schreckbild schlechthin des bürgerlichen Selbstverständnisses darstellt. Dieses Leiden an einer „Schwäche der Vernunft" (I, S. 102) teilt der Hypochonder mit dem religiösen Schwärmer, dessen Einsamkeitssucht ebenfalls mit einer „überspannten" (I, S. 101) Einbildungskraft einhergeht. Wenn man deshalb sagen kann: „Menschenscheu und Menschenflucht sind immer im Gefolge der Melankolie" (I, S. 138), so ergibt sich letztlich ein zirkuläres Begründungsverhältnis zwischen Einsamkeit, Hypochondrie, religiöser Schwärmerei und Melancholie, wobei die jeweiligen Operatoren offensichtlich willkürlich untereinander vertauscht werden können.

In einer ausführlichen Schilderung der Entstehung und Entwicklung des Klosterwesens findet Zimmermann weitere Ankerpunkte für seine medizinische Argumentation. Diese verknüpft er mit einer Klimatheorie, die ihrerseits unverkennbar von einem Orientalismus,[4] d. h. vom Konstrukt eines ‚orientalischen Anderen‘ sowie von einem imaginären Vorstellungsschema ‚Orient‘ geprägt ist. Der offenbar mit Klöstern, Mönchen und Nonnen geradezu übersäte Orient wird dabei zur Gegenwelt des aufgeklärten Okzidents stilisiert, wobei die über diese Argumentationsstruktur vollzogene Ausschließung dessen, was zum kulturell Fremden und Anderen erklärt wird, die deutlich erkennbare Funktion hat, eine Identität des Eigenen zu stiften, die sich als säkularisiert, europäisch und bürgerlich erweist.

Zimmermanns Theorie einer Ableitung von psychischen Dispositionen, charakterlichen Eigenschaften und Nationalcharakteren aus Klima-, Luft- und Ernährungsverhältnissen ist für seine Zeit repräsentativ: Sie zeigt nicht nur, „daß Schwärme von Mönchen und Einsiedlern in den Wüsten von Egypten erzeugt worden sind, wie Schwärme von Insekten aus Nilschlamm", sondern auch, dass dies mit „dem brennenden Himmel" des Orients zu tun hat, der die Köpfe heiß macht und die Körper erschlaffen lässt (I, S. 119 f.). Wenn außerdem unbestreitbar ist, dass der Mensch „überall

---

4   Zimmermanns Text bietet reiches Anschauungsmaterial für die These Edwards Saids, dass die Konstruktion der Idee vom ‚orientalischen Anderen‘ auf der „ontologischen und epistemologischen Unterscheidung zwischen dem ‚Orient‘ und dem ‚Okzident‘ basiert. Vgl. dazu Edward Said: Orientalism. Western Concepts of the Orient. New York 1978, S. 1.

bey übermässiger Hitze" „[t]räge und unthätig wird" (I, S. 299), scheint
der Zusammenhang von Trägheit, Melancholie und Einsamkeit endgültig
wissenschaftlich fundiert.

Es sollte aufgefallen sein, dass das zirkuläre Begründungsverhältnis
zwischen Einsamkeit, Hypochondrie, religiöser Schwärmerei und Melancholie unter der gleißenden Sonne des Orients um jenes Element der Trägheit ergänzt wurde, das in der Rede über die Mönche topisch als Faulheit
wiederkehrt. Überdies werden die Mönche des Orients in der Folge von
Langeweile und Müßiggang „neidisch, zänkisch, verläumderisch, aufrühre-
risch, grausam" und „wütend" (II, S. 305). Erweitert werden diese Zuschreibungen, die den zeitgenössischen Geschlechterklischees gemäß über die
Begriffe ‚neidisch' und ‚zänkisch' weiblich codiert sind, um die ebenfalls
klimabedingten Aspekte Aberglauben, Mystik und Wahnwitz (I, S. 130
und 315). Alles zusammen führt letztlich zur Verunreinigung des Christen-
tums: „Also haben Pythagoras, und Plato, und Philo, und Egyptens bren-
nende Sonnenhitze und trockener Himmel die Mystik hervorgebracht, und
Mystik die Möncherey." (I, S. 139) Denn schließlich waren es immer und
sind es noch die Mystiker, Mönche und Anachoreten, die der „Menschen-
vernunft aus heiliger Hirnwuth" (I, S. 207) entsagen.

Dass die hier leitende Opposition von Orient und Okzident eine kulturelle Konstruktion der Aufklärung ist, die den Differenzierungsprozess des
westlichen Bewusstseins in der Auseinandersetzung mit anderen Kulturen
strukturiert, illustrieren Zimmermanns Beispielerzählungen: So stellt er etwa
einer langen Erzählung über den „Wahnwitz des heiligen Antonius", der
im „Orient allgemeinen Beyfall" fand (I, S. 188), die Erzählung vom Scheitern der auf „Ordnungsliebe" und „Mäßigung" beruhenden „Klosterregel
des Pachomius" entgegen, die „zu vernünftig, noch zu wenig gegen die
Natur, und deswegen in dem schwärmerischen Egypten" (I, S. 188) nicht
erfolgreich war. Unverkennbar konfiguriert der Imaginationsraum Kloster
einen Abgrenzungsdiskurs zu den östlichen Kulturen, der überdies durch
intrakulturelle Konflikte weiter ausdifferenziert wird. Diese werden insbesondere entlang der Oppositionen klerikal – säkular, katholisch – protestantisch, adelig – bürgerlich und weiblich – männlich narrativ organisiert.
Wenn Zimmermann „Ehrsucht, Liebe zur Bequemlichkeit, zum Müssig-
gang und zur Wollust" als die hauptsächlichen „Beweggründe zum Kloster-
leben" (I, S. 104) deklariert, so verhandelt er dabei nicht nur tradiertes
antikatholisches und antiklerikales Wissen, das er mit tradierten Elementen bürgerlicher Adelskritik überblendet, sondern gibt dieser Mixtur an
verfügbarem Wissen überdies eine deutlich politische Kontur. Er geißelt
die „Mönchstheologie" als „Ursache aller Spaltungen, Lästerungen, Rase-
reyen, Greuel und Blutvergiessungen der christlichen Kirche" (II, S. 433).
Außerdem den verkappten Ehrgeiz und das Machtstreben der arbeitsscheuen

Bettelmönche, die „ungleich mehr in weltliche Angelegenheiten verwickelt" seien als jeder unwissende Bauer, der ihnen eine „abgöttische Hochachtung" entgegenbringt (I, S. 105). Die „Abschaffung der Bettelmönche", wie sie die Vernunftreligion Josephs II. umsetze, sei deshalb der „erste Schritt zur Aufklärung des Bürgers und des gemeinen Mannes" (IV, S. 396f.). Wenn Zimmermann überdies den „fürstlichen Ueberfluß" in den Klöstern kritisiert sowie von allen möglichen Lastern spricht, die das „Wohlleben" und jede „Art von Ausschweifung" (I, S. 108) mit sich bringen, dann bemüht er bekannte Topoi einer bürgerlichen Kritik am Adel, die wiederum in ihrer Fokussierung auf die Unmäßigkeit für gewöhnlich weiblich codiert sind. Insgesamt vollziehen diese Zuschreibungen eine Überblendung von Weiblichkeit, adeliger Verschwendungssucht und Katholizismus, zumal sich laut Zimmermann nur bei „unprotestantischen Dummköpfen" ein „Begrif von Heiligkeit mit dem Bilde eines Mönchs", dessen Trieb zur Einsamkeit in Wahrheit heuchlerisch ist (I, S. 109f.), verbinden kann.

Doch nicht nur aus politischer Sicht ist der klösterliche Einsamkeitstrieb heuchlerisch. Er ist es nach Zimmermanns triebpsychologischer Mangel-Theorie v. a. in sittlicher Hinsicht: Denn die Weigerung, sich den Verführungen des weltlichen Lebens zu stellen und die widernatürliche Unterdrückung von Sexualität führen dazu, dass die Leidenschaften desto mehr „in Gährung kommen, und dann kommt der Teufel, und versuchet Mönch und Nonne" (II, S. 232). Dass Unkeuschheit, Unzucht und Wollust in Klöstern stärker verbreitet sind als überall sonst, ist für den Aufklärer Zimmermann triebpsychologisch einfach zu erklären: Das unmäßige Leben im Kloster, das einerseits durch ein ‚Zuwenig' an Arbeit (II, S. 296), Nützlichkeitsstreben und Vernunft, andererseits aber durch ein ‚Zuviel' an Askese, Leidenschaft und schwärmerischer Einbildungskraft gekennzeichnet ist, produziert gleichsam einen Triebstau, der nicht nur das harmonische Zusammenspiel von Körper und Geist sprengt, sondern auch das zeitgenössische, für das anthropologische wie politische Denken gleichermaßen zentrale Organismusmodell von der wechselseitigen Nützlichkeit aller Körperteile zu gefährden droht.

Der insgesamt dominante medizinische Diskurs steuert auch den doppelten Ausschluss des Weiblichen aus den Konstitutionsbedingungen der bürgerlichen Gesellschaft, indem er die im 18. Jahrhundert entstehende weibliche Sonderanthropologie wissenschaftlich absichert. Bei Zimmermann, der auf das medizinische Wissen über die dünneren und deshalb leichter reizbaren Nerven von Frauen rekurriert, liest sich das so:

> Weibliche Imagination ist immer reitzbarer als Männerimagination, und daher ist jene bey einem äusserst einsamen Leben und beständiger Einkehr in sich selbst für jede Thorheit empfänglich. (II, S. 66)

Empfänglich, und das heißt unter Berücksichtigung aktueller epigeneti-
scher Zeugungslehren auch passiv wie sie ist, nimmt sie schutzlos die ge-
ballte Ladung an Rückkoppelungseffekten ihrer hypertrophen Einbildungskraft auf und wird weitaus schneller wahnsinnig als jeder Mann, der dank
seiner gestählten Nerven dazu in der Lage ist, die auf ihn einwirkenden
Eindrücke nach den Gesetzen des Verstandes aktiv zu formen. Bildet bereits das tendenziell feminisierte Klosterwesen eine Gegenwelt zur bürgerlichen Kultur, so wird durch die Hierarchisierung zwischen weiblicher und
männlicher Einbildungskraft auch in bezug auf die Ordnung des Klosters
eine weitere Gegenwelt des Weiblichen konstruiert.

Zimmermanns weibliche Sonderanthropologie erklärt auch, warum insbesondere Nonnenklöster regelrechte „Pflanzschulen aller Künste der Geilheit" (II, S. 285) sind und sich die weibliche Mystik durch eine letztlich
bedrohliche Tollheit auszeichnet. Dies soll die Geschichte einer Nonne
belegen, die plötzlich „nach Katzenart zu mauen" begann und mit ihrem
„tägliche[n] Katzenconcert" alle übrigen Nonnen ansteckte (II, S. 66). Die
offensichtlich vom weiblichen Wahnsinn ausgehende Ansteckungsgefahr
wird durch die Geschichte über eine beißende deutsche Nonne suggeriert:
Ihre „Nonnenwuth" bewirkt eine regelrechte „Klosterepidemie", die sich
zunächst auf holländische und schließlich auf römische Nonnen ausbreitet
(II, S. 68). Für Zimmermann zeigen diese Geschichten, dass die „Weiber-
mystik" in „der Einsamkeit noch weit besser als die Männermystik" ge-
deiht, und deshalb konnte auch Plato die „Weiber für Urheberinnen alles
Aberglaubens und aller Schwärmerey" halten (II, S. 129). Insgesamt ga-
rantiert also diese Sonderanthropologie die Überblendung von Weiblichkeit und Orientalismus und damit die Rückführung aller Abweichungen
von einer aufgeklärt-vernünftigen christlichen Religion auf die hypertrophe
weibliche Einbildungskraft.

Wie nun lässt sich die Funktion des Kloster-Topos in Zimmermanns
Abhandlung *Ueber die Einsamkeit* bewerten? Eine der zentralen kulturellen Imaginationen, die hier über den Kloster-Topos gesteuert werden, ist
die Sexualisierung der Einbildungskraft als notwendige Konsequenz der
Abschließung eines weltabgewandten Klosterlebens. Das Bild des keuschen,
der Welt entsagenden Mönchs und das Zerrbild seiner lüsternen, unheili-
gen Einbildungskraft bilden ebenso die beiden Seiten einer Medaille wie
die Jungfräulichkeit der Christusbraut und die leicht entflammbare geschlechtliche Lust der Nonnen. Hatte bereits die Auflösung der Klöster
und die Abschaffung des Zölibats im Zuge der Reformation wesentlich zur
Belebung solcher Imaginationen beigetragen, so bekommen diese durch
die Klosteraufhebungen im Zuge der staatlichen Kirchenreformen unter
Joseph II. Ende des 18. Jahrhunderts eine erneute Konjunktur: Der unter-
stellte Mangel des Begehrens bei den freigelassenen Nonnen produziert

die Imagination einer die kulturelle Ordnung des Bürgertums gefährden-
den Ehelust. Diese wird nicht zuletzt durch das medizinisch abgesicherte
Wissen über die bedrohliche Unmäßigkeit einer spezifisch weiblichen Einbildungskraft, die nicht nur das Mäßigkeitsideal der bürgerlichen, sondern
selbst noch der klösterlichen Ordnung zu sprengen droht, zusätzlich belebt. Sie wird entschärft, indem die religiöse Vorstellung von der Jungfräulichkeit der Nonnen in das säkularisierte Tugendideal empfinsamer Weiblichkeit und die exzessive Passion in die wohltemperierte Empfindsamkeit
transformiert wird. Die Mariengleichheit dieses bürgerlichen Weiblichkeits-
bildes geht freilich nicht nur mit seiner erneuten Sakralisierung, sondern
auch mit einem Einschluss eben jener kulturellen Phantasmen über das
exzentrische Nonnenwesen einher, deren Sprengkraft zugleich durch den
Ausschluss des Klosters aus dem Selbstbeschreibungsmodell der bürgerlichen Gesellschaft gebannt werden soll.

Das auf die Mönche projizierte kulturelle Phantasma des Triebstaus
entschärft sich durch die Möglichkeit seiner Entladung im Rahmen der
geordneten Ehebahnen des kinderreichen protestantischen Pfarrhauses,
womit zugleich der intrakulturelle Konflikt zwischen Protestantismus und
Katholizismus zugunsten des ersteren entschieden scheint: Zum einen ist
der protestantische Pfarrer im Gegensatz v. a. zu den faulen Bettelmönchen
ein durch Arbeitsfleiß, Nützlichkeitsstreben und Mäßigkeit charakterisier-
ter aufgeklärter Bürger. Zum anderen repräsentiert er das Ehemodell einer
tugendhaft-vernünftigen Neigungspartnerschaft. Hierfür müssen allerdings
der sexuell begehrende Liebhaber in die gottgleiche Vaterinstanz des Gatten und die fleischliche in die geistige Liebe transformiert werden. Das
ausgeschlossene Sexuelle repräsentiert nun der aufgrund seines asketischen
Lebens für die Spiritualität umso stärker triebgesteuerte und von ausschwei-
fenden sexuellen Phantasien geplagte Mönch. Erneut zeigt sich, dass sich
die Ausschließung des Klosterlebens und die Einschließung des zölibatären Ideals in das nunmehr leitende Modell einer vernünftigen Neigungspartnerschaft wechselseitig bedingen.

Insgesamt also, und an diesem kulturellen Sinnstiftungsmodell schreibt
Zimmermanns Abhandlung mit ihrer Orientierung auf die „häusliche Glück-
seligkeit [...] unter gleichgestimmten Seelen" (IV, S. 76) mit, wird das
ursprünglich religiöse zölibatäre Ideal verweltlicht: Das Sexuelle wird aus-
und eingeschlossen zugleich, indem sich die idealen Neigungspartner der
bürgerlichen Ehe[5] als Nonne und Mönch begegnen. Indem Rousseaus 1761
erschienener Roman *Julie oder Die neue Héloise* auf die Liebesgeschichte
zwischen dem späteren Mönch Abaelard und der späteren Nonne Heloisa

---

5   Vgl. dazu auch Albrecht Koschorke: Die heilige Familie und ihre Folgen. Ein
      Versuch. Frankfurt a. M. 2000, S. 163.

rekurriert und eine Funktionsäquivalenz zwischen Kloster und Ehe erstellt, ist er der Schlüsseltext schlechthin für diese Implantierung der zölibatären und asketischen Aspekte einer obsolet gewordenen katholischen Kultur in das protestantisch codierte Tugendideal der bürgerlichen Ehe. Auch dieses poetische Wissen wird durch Zimmermanns Bestimmung des Klosters als Heterotopie gestützt. Für ihn ist die Liebe Abaelards und Heloises ein Beispiel dafür, dass klösterliche Einsamkeit kein Heilmittel für Liebende sein kann, weil sie die Vernunft zerstört und das entfacht, was aus dem bürgerlichen Liebesideal ausgeschlossen werden muss – die „heisseste Wollust" (II, S. 223) und die „Gewalt des Fleisches" (II, S. 225).

R. ILGNER (St. John's, Kanada)

Die Schmiede- und Schlangenmythologie in Goethes *Faust* als Geschlechter- und Kulturenkonflikt

Goethe bezeichnete die Helena als Gipfel des *Faust*, „da doch das ganze Werk dieses Charakters wegen geschrieben sei."[1] Er meinte auch, diese weibliche Symbolfigur sei eine seiner „ältesten Conceptionen, gleichzeitig mit Faust, immer nach Einem Sinne"[2] entstanden.

Wenn man nun bedenkt, dass Goethe die klassische Walpurgisnacht als „Antezedenzien" der Helenatragödie charakterisierte, und damit wohl auch die ersteren Antezedenzien, nämlich die nordische Walpurgisnacht mitimplizierte, dann muss man wohl dem weiblichen Personal dieser zentralen Szene von *Faust I* besondere Aufmerksamkeit schenken. Da es sich bei der ersten Walpurgisnacht ja bekannterweise um einen Hexensabbat handelt, sind also alle Frauen, die hier auftreten, Hexen. Aber das erste Merkmal, das bei diesen Hexen in die Augen sticht, ist ihre Anonymität. Mit nur drei Ausnahmen sind sie nicht namhaft zu machen, während die drei namhaften Hexen aber keine Stimme haben, und nicht zu Wort kommen dürfen.

Es handelt sich bei diesen drei stummen Repräsentanten ihres Geschlechts um Baubo, die den ganzen Hexentross anführt, um Lilith und um Medusa/Gretchen, die die Szene zum Abschluss bringen. Goethes Einstellung zu Hexen wird u.a. erhellt durch ein Paralipomenon, das von einem Blocksbergkandidaten, einer Gräfin, ausgesprochen wird:

> Der weisen Frauen giebts genung
> Für ächte Weiberkenner;
> Doch sage mir mein lieber Jung
> Wo sind die weisen Männer? (XVI, S. 304)

Dazu ist bekannt, dass das isländische Avitki (Hexe) mit aengl. Awitan (wissen) verwandt ist. Goethe impliziert hier, dass die Hexen durch Kirchenväter erniedrigte weise Frauen, d.h., in vor- oder außerchristlichen Kulturen praktizierende Schamankas/herrschende Göttinnen waren.[3] Alle

---

1 H.G. Gräf: Goethe über seine Dichtungen. Frankfurt a.M. 1914, I/2, S. 930.
2 J.W. von Goethe: Werke. Tokyo 1975, CXXXIV, S. 209.
3 Cf. Flaherty: Shamanism and the Eighteenth Century. Princeton 1992.

drei der namhaften Hexen stammen noch dazu aus Mythen, die jedes Mal in ihrem Plot Vergewaltigung (und Schwangerschaft??) als zentrales Element aufzeigen. Baubo, deren eigene Tochter gestohlen wurde, war der Demeter behilflich, nachdem deren Tochter Persephone von Hades vergewaltigt und in die Unterwelt entführt worden war. Lilith, die erst zur Kindsmörderin wurde, nachdem sie als gleichberechtigte Partnerin Adams nicht akzeptabel war und ins Exil musste, war kanaanitische Mondgöttin und Beschützerin schwangerer Mütter. Medusa wurde von Perseus enthauptet, und noch ihr Blut gebar zwei Kinder, Chrysaor und Pegasus, wobei letzterer die poetische Inspiration symbolisiert. Auch die Namenspatronin Gretchens, St. Margarete, war Schutzheilige aller Gebärenden. Weil Gretchen durch den Gewaltakt von Faust/Mephisto zur unverheirateten Mutter, und durch die repressive Gesellschaft zur Kindsmörderin wird, reiht auch sie sich in die Opfer der Männerwelt ein. Auch sie wird ihren Kopf verlieren, wie schon St. Margarete und Medusa „ihren Schatz, welcher ihr Kopf gewesen"[4] verlieren.

Was hat es mit diesen Frauenköpfen, die zur Gefahr werden, auf sich? Persephone aus dem Baubo-Mythos hat einen schlangenumkränzten Kopf, und Faust soll sich ebenfalls vor Liliths schönen Haaren in Acht nehmen. Klaus Heinrich ergänzt den Medusa-Mythos um die Einzelheit, dass Zeus Blitz und Donner von der Medusa poetischem Kind Pegasus erhält:

Wir dürfen dem entnehmen, daß Zeus Blitz und Donner vorher nicht besessen hat; wir dürfen dem entnehmen, daß sie offenbar in der Herrschaft, im Besitz der Medusa waren. Ihr Name, wie gesagt, ist ein schönes Wort: Médusa, das kann die ‚Herrscherin' heißen, ganz direkt; aber es ist zunächst einmal die, die denkt, die Geist hat, die ‚Sinnende'. Es ist also diejenige, die qua Geist herrscht und nicht qua Gewalt – wahrlich kein unbedeutendes Wort in der griechischen Sprache.[5]

In unmittelbare Nähe zu dieser schicksalsschweren Gestalt bringt Goethe nun Gretchen. Nur fünf Mephistozeilen trennen die beiden Namen am Ende der Walpurgisnacht, in der bestimmt nicht Geist, wohl aber die nackte Gewalt herrscht und die Margarete aufs Schafott führen wird. In den nicht ausgeführten Szenen der Walpurgisnacht macht Goethe „schwarze Brüderschaft", die Franziskaner- und Dominikanerinquisitoren, deren Handbuch der „Hexenhammer" ist, für die „Ströme"[6] des Bluts dieses Gynocidiums verantwortlich. Obwohl Faust also nicht bis zum Teufelsaltar des Brockengipfels vordringt, trifft er durch die ‚Begegnung' mit Medusa, zu

4   B. Hederich: Gründliches mythologisches Lexikon. Darmstadt 1967, S. 1550.
5   R. Schlesier: Faszination des Mythos. Basel 1985, S. 348.
6   A. Schöne: Götterzeichen Liebeszauber Satanskult. München 1982, S. 229–230.

der Margarete durch Mephisto umbenannt worden ist, gerade doch ins Zentrum dieser christlich-mittelalterlichen Satansmesse:

> In der christlichen Symbolik repräsentiert Medusa den furchtbaren Feind und den Tod, und wird so zur Verkörperung des Teufels. […] Auf den ersten Blick ist daher das Medusenhaupt geradezu eine Repräsentation des erschreckenden Anderen, der absoluten Negativität.[7]

Die Verteufelung der Medusa impliziert jedoch mehr als die Andersartigkeit des weiblichen Geistes: Die Andersartigkeit weiblicher Sexualität wird durch eine Verdrängung und Verschiebung nach oben zum furchtbaren Feind gerechnet. Dass es sich beim Medusenblut, dem die poetische Inspiration entspringt, um Menstrualblut handelt (bei den weiblichen Mysterien der Demeter – im Umkreis des Baubo-Mythos – stand Menstrualblut im Zentrum schöpferischer Erneuerungsrituale), bezeugt Pliny allerdings mit jener patriarchalischen Akzentsetzung, die der menstruierenden Frau außerordentliche, hexenartige geistige Fähigkeiten zuschreibt. Der Historiker Slater meint deshalb, dass Menstrualängste immer dort auftauchen, „wo Furcht vor voller weiblicher Entwicklung besteht". Er zitiert Beispiele, wo der Blick „einer menstruierenden Frau wie der Blick der Medusa einen Mann zu Stein verwandelt".[8] Auch der tödliche Blick des Basilisken ist dem giftigen Menstrualblut zuzuschreiben. Die Bedeutung von Gorgo schließlich war der Mond, wie er in seiner Schrecklichkeit nicht angesehen werden kann. Lilith, deren Exil am Roten Meer lokalisiert wird, schließlich ist die tödlichste Hexe, nämlich die menstruierende. Dazu wäre noch dieselbe Verdrängung dieses Sachverhalts im Symbol der roten Maus zu erwähnen, die dem Mund der jungen Hexe entspringt, mit der Faust tanzt, und nun zum ersten Mal aus seinem Walpurgisnachtstaumel aufgeschreckt wird.

In der zweiten Walpurgisnacht werden Geist und Körperlichkeit der Frau nicht mehr verteufelt sondern gefeiert: Goethe nimmt die gleiche Schlangenmetaphorik auf, assoziiert sie dennoch nicht mehr mit der christlichen Satansfigur, sondern mit der antiken Geniusschlange: Der Schlangenstein an der Ilm mit der Inskription, GENIO HUIUS LOCI, dessen Vorbild in Goethes Geburtsjahr in der Nähe des Vesuvs gefunden wurde, ist ein biographisch geprägter Hinweis auf das, was in dem klassischen Walpurgisfest zum Geniusfest der Helenageburt hochstilisiert wird. In diesen Antezedenzien zu Helena wimmelt es vor lauter Schlangengestalten, Meer-

---

7   P. Brunel: Companion to Literary Myths, Heroes and Archetypes. London 1992, S. 780 (Übersetzung des Verfassers).

8   P. Shuttle und P. Redgrove: The Wise Wound. London 1986, S. 75 (Übersetzung des Verfassers).

frauen und -männern mit Fisch- und Schlangenleibern. Dass hier eine voll
entwickelte weibliche Körperlichkeit und Sexualität gefeiert wird, kann
aus Goethes privatestem Sprachgebrauch deduziert werden. In seiner Korrespondenz mit der Lebensgefährtin Christiane wird die monatliche Regel
nicht etwa verschwiegen, auch nicht mit einer der üblichen pejorativen
Umschreibungen abgetan, sondern mit einer lieblicheren mythologischen
Figur in Verbindung gebracht. Christiane bekommt „einen Besuch von einem Meerweibchen[9]", oder identifiziert sich ganz mit diesem Wesen. Der
Geist der Ägäis – die Ägis war ja das Herrschaftszeichen der Medusa –
beinhaltet immer auch eine unverdrängte, nicht verteufelte weibliche Körperlichkeit und Sexualität.

Die Aufwertung der Schlangensymbolik wird nun gleichzeitig von einer Abwertung einer anderen Symbolik begleitet.[10] Goethe hat die Erstar-
rung vor dem fließenden Geist der Medusa in eine Mythologie der Schmiede
und ihrer starren technischen Produkte gekleidet. Schon in der ersten Walpurgisnacht herrscht Mephisto als Junker Voland (Wieland der Schmied)
im Bergreich des Mammon oder Vulkan/Hephäst. Die Zunft der Schmiede empfand man im Mittelalter als subversiv und zählte sie deshalb zur
Hexenzunft. Auch die gesamte Helenatragödie mit ihren Antezedenzien
wird am Anfang, in der Mitte und am Ende durch diese Schmiedesymbolik
punktiert. Das Zentralmotiv, das diese Schmiedefiguren vereint, ist die Vergewaltigung, der entweder Natur, Kunst, oder Liebe zum Opfer fallen, oft
alle drei, da sie ja aufs innigste verbunden sind. So vergewaltigt Wieland
Bathild und Hephäst formt mechanische Frauen. Mephistos/Volands Anteil an der magischen Verführung, Schwängerung und dem Tod der Marga-
rete/Medusa wird untermauert durch die Identifizierung Mephistos mit dem
Medusamörder Perseus – Mephistos Gang zu den Phorkyaden spiegelt den
Sachverhalt der Perseusmythe. Das starre, vergewaltigende Element, das
in der Schmiedesymbolik obwaltet, muss sich also in der zweiten Walpurgisnacht auflösen. So wird das Schmiedegeschlecht der Erichthoniden, das
die Antezedenzien einleitet und zu der auch Daedalus gehört, durch Erichtho
freiwillig beseitigt, damit Helena geboren werden kann. Der Tod von He-
lenas Sohn, Euphorion/Ikarus, führt aber auch den ihrigen herbei und beendet gewaltsam ihre Geistesherrschaft. Die drei Hauptfiguren öffnen sich
jedoch freiwillig dem Medusageist der Ägäis: Faust sucht die Nesteia (das

---

9 H. G. Gräf: Goethes Ehe in Briefen. Frankfurt 1921, S. 168, 256, 348.
10 Diese über das ganze Drama verzweigte Doppelmythologie war eine Neu-
    entdeckung, die zuerst in der Studie Richard Ilgner: Die Ketzermythologie in
    Goethes ‚Faust', Herbolzheim: Centaurus Verlag: 2001, ausführlich dargestellt
    wurde.

Trauern also) im Kathodos (Abstieg) zur Medusa und Persephone, bevor er den Anodos (Aufstieg) mit Helena wagen kann. Mephisto/Voland darf nicht wie Perseus das einzige Auge und den Zahn der Phorkyaden rauben, sondern überlässt sein Auge den drei Frauen, und wird später zur manchmal widerspenstigen aber dennoch gefügigen Dienerin von Helena. Und Homunkulus, starres Produkt der Schmiedegesellen Wagner und Mephisto/Voland, ergießt sich freiwillig zu Füßen der Galatee, nicht der Statue des Pygmalion, sondern der lebendigen Repräsentantin der Aphrodite. Die Telchinen, die eigentlich die ersten Schmiede überhaupt waren, und starre Statuen des Sonnengottes verfertigten, entscheiden sich dafür, die herrschende Mondgöttin zu verehren.

Es wäre anzunehmen, dass auch in Goethes Bergschluchtenhimmel die Geschlechterdifferenzen dieser Symbolik aufleuchteten. In der Tat dominiert in der Gruppierung der zehn namhaften Himmelsgestalten (fünf männliche und fünf weibliche, nicht wie im Prolog im Himmel nur fünf männliche!) diese mythologische Doppelhelix. Gretchen/Medusa ist als Una Poenitentium gegenwärtig. Auch Helena, die im ersten Faust dem Gnostiker Simon Magus, als Diana eine Gefährtin ist, ist unter Mulier Samaritana zu verstehen, da der erste Magus Samariter war. Die schwarze Maria Aegyptiaca trug genau wie Lilith nur ihr langes Haar als Bekleidung. Die Magna peccatrix, Maria Magdalena also, war gleichfalls wegen ihrer Haare berühmt. Was aber die Mater gloriosa angeht, die Goethe mit dem Titel Göttin beehrt, so meint Schöne, „diese Bezeichnung als dea ist [...] mit der christlichen Dogmatik unverträglich"[11], erinnert aber an die großen Muttergottheiten der mittelmeerisch-vorderasiatischen Religionen, vor allem an Isis, die als Ahibit, Göttin des Haares, das sich auf Schlangen bezieht, und ebenfalls Göttin der Wellen, verehrt wurde. Die rehabilitierte Medusa hält hier Einzug in den Himmel, denn bei Goethe verliert

> die mondhafte, den Wechsel von Leben und Tod vergegenwärtigende Göttin [...] ihre [...] fixierte Gestalt und transformiert sich zur kosmischen Gewalt; durch sie werden Energien freigesetzt, die denen des Ozeans gleich sind.[12]

Goethe scheut auch nicht davor zurück, das Erztabu der Menstruation noch einmal, wie schon im ägäischen Erosfest, in seinem Himmel der Gleichberechtigten aufscheinen zu lassen: Die Samariterin war bekannt als scharlachrotes Weib der Offenbarung, d. h. als menstruierende Frau. Immer wieder wird diese symbolträchtige Farbe mit Maria Magdalena, die sozusagen

---

11   J. W. Goethe: Sämtliche Werke, Briefe, Tagebücher und Gespräche. Frankfurt a. M. 1994, Bd. 72, S. 812.
12   S. Adamzik: Subversion und Substruktion. Berlin 1985, S. 265.

das Rot ihrer Sünden zur Schau trägt, in Verbindung gebracht. So wird sie
z. B. im Aachener Passionsaltar im roten Kleid und mit rotem langem Haar
dargestellt; Piero della Francescas Fresko in Arezzo zeigt sie in rotem Kleid;
so auch Botticelli; und in einem Giotto in Padua hat sie lange, rote Haare;
in Assisi ist sie nur mit langem Haar bedeckt. Sogar die Anrede für Isis
lautete „Göttin des roten Gewandes". Auch die männliche Seite nimmt
Anteilnahme an der Rehabilitierung der weiblichen Ganzheit: der Pater
Profundus, Appellation des Heiligen Aegidius, ist Patron der Schmiede(!)
und trägt die Ägis der Medusa in seinem Namen. Das war bis jetzt nur
einmal der Fall gewesen, nämlich bei den Nereiden, die auch die Medusa
mit im Schilde führten.

Die Erweiterung dieser Geschlechtersymbolik zum Kulturenkonflikt
hat Goethe nicht nur im *Faust* anvisiert. Schon in der *Pandora* ist die moderne Situation klar umrissen: „Die Schmiede haben alle Gewalt in ihrer
Hand; sie besitzen das Gewaltmonopol".[13] Sie produzieren Starres, wie
der mythologische Schmiedeprototyp eines Hephäst, Wieland, usw., und
überfluten die Lebenswelt mit ihren Simulakren, der Mimesis ans Tote,
wie Adorno meinte. Goethe selber sieht das so:

> Wie in Rom außer den Römern noch ein Volk von Statuen, so sei außer dieser
> realen Welt noch eine Welt des Wahns viel mächtiger beinahe, in der die mei-
> sten leben.[14]

Goethes Kritik an der Baconschen Hoffnung auf eine wahre ‚maskuline'
Geburt der Wissenschaft, und dessen Degradierung der Natur zur ‚gemeinen Hure', die wie bei einer Hexeninquisition „durch mechanische Inter-
ventionen zu quälen sei"[15], setzt dann mit vollem Ernst bei dem Contra
Newton der *Farbenlehre* ein:

> Newtons Charakter würden wir unter die starren rechnen, so wie auch seine
> Farbentheorie als ein starres Aperçu anzusehen ist.[16]

Der Fehler moderner Wissenschaftstheorie überhaupt ist, dass sie Sinn selber schon für ein Objekt der Sinne hält. Dieses kognitive Eidolon liegt u. a.
dem Baconschen dogmatischen Empirismus zu Grunde und entfremdet
gerade das schauende Subjekt der Natur. Der Mensch ist mehr als bereit,
über eine höhere Ordnung mechanisch zu denken, weil das bequemer ist

---

13 T. Buck: Goethe-Handbuch. Stuttgart 1996, Bd. 2, S. 337.
14 R. Steiger: Goethes Leben von Tag zu Tag. Zürich 1988, V. 302.
15 C. Merchant: The Death of Nature. London 1982, S. 168 (Übers. R. I.).
16 Cf. Adamzik (Anm. 13), S. 22.

als die Anstrengung der Goetheschen rezeptiven zarten Empirie. Wenn also Faust als letztes Projekt die Eindämmung und Trockenlegung des irdischen Wellenelements vorhat, dann bedeutet das jene konkrete Form des Kampfs, die von Theweleit als Kampf „gegen die fließende […] Produktionskraft des Unbewussten, als Kampf gegen die Frauen, als Kampf gegen die weibliche Sexualität geführt wurde (und wird)".[17]

Die Kreativität aber, dieses Fließende, ist weder exklusiv weiblich, noch männlich, als genius huius loci ist sie jedem Individuum inhärent – schon Herder hat die Frage, ob der Genius männlich, weiblich, oder sächlich sei, offengelassen.[18] Aber gleichfalls waltet die Schmiedegestalt, der Roboter, in uns allen, und seine Vergewaltigungen in und außer uns haben fürchterliche Ausmaße angenommen:

> Die Methode technischen Fortschritts ist die gewaltsame Zerstörung der natürlichen Verbindungen zwischen den lebenden Organismen, ihre Zerlegung und Analyse in kleinste Elemente, um sie, nach Plänen der männlichen Ingenieure, wieder zusammenzustellen als Maschinen.[19]

Durch dieses totalitär waltende Maschinenwesen hat sich das menschliche Geschlecht zur kosmischen Naturgewalt emporgeschwungen: Nach Leakey sind wir jetzt verantwortlich für die sechste der großen Artenausrottungen in der Erdgeschichte – 30000 Arten verschwinden jedes Jahr.[20] Dass die globalen Mächte auch das tägliche Sterben von 19000 Kindern ohne weiteres hinnehmen, lässt Goethes Lamento über das Überhandnehmen des velozifierischen Elements in der Welt zur Gewissheit gerinnen, dass wir alle an Verbrechen gegen die Schöpfung teilnehmen.

17   K. Theweleit: Männerphantasien. München 1995, Bd. 1, S. 265.
18   Cf. Flaherty (Anm. 3), S. 144.
19   J. Wajcman: Feminism Confronts Technology, University Park: PA, 1991, S. 59 (Übers. des Verfassers).
20   Cf. Leakey und R. Lewin: The Sixth Extinction. New York 1995.

LOUISE FORSSELL (Stockholm, Schweden)

„Der Schnurrbart ist in den kurzen acht Tagen doch schon hübsch gewachsen!"[1] Maskerade und differenzierte Männlichkeiten in Theodor Storms Novelle *Der Herr Etatsrat*

Dieser Beitrag ist Teil einer größeren Arbeit über Theodor Storm, in der es um den bisher nicht beachteten Aspekt der Männlichkeitskonzeptionen in seiner Novellistik geht.[2] Storm wird in der Literaturgeschichte als poetischer Realist des 19. Jahrhunderts eingeordnet. Er gilt als bürgerlicher Autor, der ausschließlich bürgerliche Themen für ein ebenfalls bürgerliches Publikum behandelt. Eine übergreifende These ist hier nun, dass Storms Texte die damals geltenden Vorstellungen von Männlichkeit und Weiblichkeit erweitern, indem eine starke Annäherung der traditionellen bipolaren Geschlechterstereotypen in seinen Texten zu erkennen ist. Er zeichnet u.a. schwache Männerfiguren, kulturell konstruierte Männlichkeiten, die nicht mehr mit der eingeforderten hegemonialen „bürgerlichen" Männlichkeit in Übereinstimmung gebracht werden können, wie sie die historische Männlichkeitsforschung für das 19. Jahrhundert als bürgerliche Stereotyp herausgearbeitet hat.[3]

Eine zweite These besagt demzufolge, dass Theodor Storms Männergestalten, viel mehr als bisher angenommen, als Vorboten der literarischen Moderne zu betrachten sind. Das Wissen über *die* Männlichkeit bei Storm – und überhaupt im 19. Jahrhundert – scheint dabei immer vorausgesetzt und die Spielräume der bürgerlichen Männlichkeit dadurch minimal zu sein.

---

1   LL III: 34. Bei Zitaten aus Storms Werken wird die Ausgabe des Deutschen Klassiker Verlages zitiert: Theodor Storm: Sämtliche Werke in 4 Bänden, hg. von K.E. Laage und D. Lohmeier. Frankfurt a.M. 1987. Hinweise auf diese Ausgabe erfolgen durch Band- und Seitenzahl in Klammern.

2   Sämtliche Punkte dieses Artikels werden eingehend in meiner 2006 erschienenen Dissertation diskutiert.

3   Siehe dazu unter anderem R.W. Connell: Der gemachte Mann: Konstruktion und Krise von Männlichkeiten. Opladen 1999; George L. Mosse: Das Bild des Mannes. Zur Konstruktion der modernen Männlichkeit. Frankfurt a.M. 1997; Wolfgang Schmale: Geschichte der Männlichkeit in Europa (1450–2000). Wien u.a. 2003; und für eine Forschungsübersicht: Jürgen Martschukat/Olaf Stieglitz: Es ist ein Junge! Einführung in die Geschichte der Männlichkeiten in der Neuzeit. Tübingen 2005.

Im Rekurs auf Robert Connells Konzept der hegemonialen Männlichkeit geht es mir um eine „Binnendifferenzierung" dieses bürgerlichen Männlichkeitsbildes bei Storm. Connells Einteilung in hegemoniale, untergeordnete, komplizenhafte und marginalisierte Männlichkeiten bildet dabei ein Instrumentarium, um eine größere Komplexität erfassen zu können als das eindimensionale Bild von Männlichkeit als generellem Primat über Weiblichkeit. Es berücksichtigt außerdem ethnische und soziale Differenzen.

Dabei hat man erst in jüngster Zeit begonnen, von männlicher Maskerade und Performanz zu sprechen. Ich möchte im folgenden dazu einladen, dieser Thematik sehr exemplarisch und schematisch anhand ein paar Textbeispielen aus der Novelle *Der Herr Etatsrat* (1881) zu folgen. Diese Novelle schildert m.E. mindestens vier Männlichkeiten, darüber hinaus noch verschiedene Männlichkeiten innerhalb einer einzelnen Person.

Im Text selbst geht es u.a. um das Schicksal der Kinder Phia und Archimedes, die ihrem machtbesessenen und trunksüchtigen Vater, dem Herrn Etatsrat, ausgeliefert sind. Der männliche Erzähler, der an der Binnenhandlung aktiv beteiligt ist, spielt dabei eine wichtige Rolle für Handlung und Aufbau der Novelle. Der Sohn Archimedes zeigt Begabung für Mathematik, aber da sein Vater sich lange weigert, sein Studium zu finanzieren, kommt er erst mit 28 Jahren an die Universität. Die einzige Frau in seinem Leben ist die Schwester Phia, die während seiner Studienzeit in die Hände des insektenähnlichen Dieners mit dem sprechenden Namen Käfer gerät, schwanger wird und stirbt. Archimedes, auf den hier fokussiert wird, führt während seines Studiums ein hektisches Leben und stirbt infolgedessen.

Immer wenn der bürgerliche Erzähler der Figur Archimedes gegenübergestellt wird, begegnet der Leser einer Männlichkeit, die ständig mit ihrem Gegenteil und ihren Abweichungen konfrontiert wird. In der Erzählung des einen Mannes über den anderen kommen allerdings nicht nur zwei unterschiedliche Männlichkeitsmuster zum Vorschein, sondern es gibt vielmehr eine Abspaltung der Figur Archimedes, die viele verschiedene Positionen der Männlichkeit inszeniert. Dazu kommen noch dominantere Männlichkeiten, die durch den patriarchalischen Vater und gewissermaßen auch durch den Diener vertreten werden. Die Auseinandersetzung mit der jeweils anderen Männlichkeit prägt so die Erzählhandlung.

1. Junggesellentum

Für die Zuschreibung von typischen Weiblichkeits- und Männlichkeitsmerkmalen im „bürgerlichen Jahrhundert" war die Familie in vielerlei Hinsicht die vielleicht wichtigste Institution der Gesellschaft. Ehelosigkeit war ein grober Verstoß gegen ihren ideologischen Grundpfeiler, denn auch der Ruf und die Verwirklichung der Männlichkeit nach außen beruhten auf ihrer Verankerung in der häuslichen Sphäre der Familie, wie es Walter Erhart für die literaturwissenschaftliche Männlichkeitsforschung nachgewiesen hat.[4] Und Archimedes, so heißt es im Text, „hatte nie eine Herzdame", sondern kümmert sich nur um seine kleine Schwester (LL III, S. 36). Gerade durch die Abwesenheit von Familie kommt es in dieser Novelle mutmaßlich zu einer Aufspaltung dieser Figur in verschiedene Männlichkeiten, die auch gewissermaßen seine Wunschbilder sind. Im Text wird versucht, verschiedene Gegenwelten zu schaffen, in denen es sich als Junggeselle akzeptabel lebt.

2. Männliche Machtspiele und militärische Männlichkeit

Wie seine Schwester nimmt auch Archimedes durch ihre gemeinsame Familiensituation eine Opferrolle ein. Aber durch seine Sehnsucht nach einem Studium nimmt man bei ihm dennoch einen aktiven Wunsch nach Veränderung wahr, obwohl er sich nicht durchsetzen kann.

Käfer dagegen ist zwar nur Diener; er steht somit in der sozialen Hierarchie weit unter dem Bürgersohn Archimedes und befindet sich wie dieser am Rande des sozialen Feldes. Aber die berechnenden Strategien des lebenstüchtigeren Dieners, der nach oben strebt und Archimedes moralisch erpreßt, erweisen sich in der Konkurrenz mit diesem um die „männliche Macht" als erfolgreich.

Ein weiteres Beispiel für derartige „männliche Machtspiele" in dieser Novelle ist die Unterlassung des Vaters, ebenfalls ein hochintelligenter Mathematiker, den Sohn rechtzeitig zur Universität zu schicken, denn der Etatsrat will nicht zugeben, dass Archimedes vielleicht begabter ist: „Aber – und die vorquellenden Augen verbaten sich jeden Widerspruch – *nach mir ist mein Sohn Archimedes der erste Mathematikus des Landes!*" (LL III, S. 26) So verhindert er effektiv die Karriere des Sohnes.

Im Widerspruch zu Archimedes' stets als untertänig geschilderter Haltung stehen seine rein äußerlichen Züge, die ihn mit militärischer Männlichkeit in Verbindung setzen. Sie erinnern daran, dass das Ideal einer aktiv-selbstsicheren „kriegerischen Männlichkeit" nach der Reichsgründung geradezu zelebriert wurde, und sich das Bürgertum, wenn auch mit Ambivalenz, weitgehend an der Mentalität und den Sozialformen der Aristokratie orientierte.

---

4 Vgl. Walter Erhart: Familienmänner: Über den literarischen Ursprung moderner Männlichkeit. München 2001.

Auch Archimedes hatte tatsächlich „etwas von dem Wesen der Offiziere" (LL III, S. 15), obwohl sich dieser Wesenszug ihm nur in seinen „kriegerischen [...] Offiziersaugen" zu spiegeln scheint, wie immer wieder betont wird (LL III, S. 15, 27, 34, 37, 44, 49). Eigenständigkeit und
Selbstüberzeugtheit demonstriert er eigentlich nur durch diese Blicke. Sie
bezwecken, Macht auszustrahlen, aber dies wirkt nur bei Menschen, die
ohnehin keinen Einfluss auf ihn haben.

3. Weibliche Attribute

Die Grenze zu den traditionell weiblich besetzten Eigenschaften ist bei
Archimedes gleichzeitig fließend. Romantische Gefühle für Frauen scheint
er nicht zu besitzen, denn „Archimedes [...] hatte nie eine Herzdame, sondern nur eine allgemeine kavaliersmäßige Verehrung für das ganze Geschlecht, worin er vor allem seine Schwester einschloß" (LL III, S. 36).

Ebenso wie einige Frauengestalten zu männlichen Identifikationen in
Storms Werk einladen, ist auch das Gegenteil der Fall. Traditionell gehören
Tätigkeiten wie Klatsch oder Konsum zum weiblichen Habitus. Es sind aber
auch Verhaltensweisen, die die Stormschen Männerfiguren sehr eifrig pflegen. Man denke z.B. daran, dass Archimedes darauf fixiert ist, Lackstiefel
zu kaufen. Er ist zudem, so erfährt der Leser, „der Einzige, der stets in
Lackstiefeln tanzte" (LL III, S. 36). Diese Stiefel haben für Archimedes'
Außenseiterposition großen Signalwert.[5] Zudem hat Storm diese männliche
Figur „mit lächerlich kleinen Händen und Füßen" ausgestattet (LL III, S. 13),
die ihn zu einem guten Tänzer gemacht haben. Diese Attribute sind sehr
auffällig, da es sonst stets Merkmale sind, die Storm so vielen der jungen,
schlanken und anmutigen Frauengestalten in seinem Werk gegeben hat.

---

5   Die Lackstiefel sind Teil eines größeren Theoriekomplexes, auf den hier nicht
    eingegangen werden kann. Zum Fußfetischismus bei Storm und in der Novel-
    le *Der Herr Etatsrat*, siehe vor allem Irmgard Roebling: „Liebe und Variatio-
    nen. Zu einer biographischen Konstante in Storms Prosawerk". In: Walter
    Schönau (Hg.): Literaturpsychologische Studien und Analysen. Amsterdamer
    Beiträge zur neueren Germanistik 17/1983. Amsterdam 1983, S. 100–130.

4. Tanz und inszenierte Männlichkeit

Gerade als eleganter Tanzkavalier inszeniert Archimedes vielleicht die auffälligste Position seiner Männlichkeiten. Sie ist ein deutlicher Versuch, den männlichen Idealtypus zu imitieren und als männlicher Mann wahrgenommen zu werden. Er entlarvt dabei jedoch weitere verweiblichte Züge, die eine ‚verborgene' Seite, das ‚Andere' im Mann darstellen. So wird demonstrativ auf seine pedantische Körperpflege vor einem Ball verwiesen, wobei dieser als Manifestation anzusehen war, wo es „galt, jungen und jüngsten Damen den Kavalier zu machen" (LL III: 17).

Generell steht der sorgfältig gepflegte Schnurrbart für Männlichkeit per se (LL III: 34), aber er entpuppt sich bei Archimedes als Maskerade zur Stärkung der eigenen Männlichkeit und zur Stabilisierung und Kompensation seiner Schwächen. Sein Interesse fürs Äußere ist darüber hinaus ein weiblicher Zug im Sinne der adeligen Kultur und für einen Mann des Bürgertums viel zu auffällig.

Trotz einer gewissen militärischen Eleganz scheint sein Aussehen keinem Schönheitsideal zu entsprechen, denn seine Beschreibung als Mann mit großem Kopf und zu kleinem Körper hat wenig mit dem vorhin erwähnten Offiziersideal zu tun, sondern deutet auf Lebensuntauglichkeit hin. Dennoch verfügt er in öffentlichen Zusammenhängen merkwürdigerweise über große Souveränität im Umgang mit der Gesellschaft, in der er einen großen Freiraum zu genießen und das Anlegen einer Maske zu beherrschen scheint. Denn sobald er in diese Kavaliersrolle schlüpft, kann man in der Tat von „männlicher Maskerade" sprechen. Er legt dabei eine „sekundäre Männlichkeit" an[6], wobei das stereotype männliche Verhalten die Maske ausmacht, hinter der der Mann seine verbotenen weiblichen Züge verbirgt. Dadurch erreicht er der Beschreibung nach jedoch lediglich eine Karikatur der Männlichkeit.[7]

6   Vgl. Claudia Benthien: „Das Maskerade-Konzept in der psychoanalytischen und kulturwissenschaftlichen Theoriebildung". In: Claudia Benthien und Inge Stephan (Hgg.): Männlichkeit als Maskerade. Kulturelle Inszenierungen vom Mittelalter bis zur Gegenwart. Köln 2003, S. 36–59, hier S. 54.

7   In diesem Sinne seien, wie Claudia Benthien darlegt, Maskeraden der Männlichkeit gleichzeitig Aufführungen von ‚Authentizität', auch wenn sie einen ‚verweiblichten Mann' performieren. Im Gegensatz zur weiblichen Maskerade, wo etwas ‚Verbotenes' angeeignet wird, wird nach Benthien die maskuline Maske angelegt, um die geschlechtliche Identität zu bestätigen, Benthien: Das Maskerade-Konzept (Anm. 6), S. 55 f.; siehe ferner Inge Kleine: „Der Mann, die Frau, ihre Maske und seine Wahrheit. Zur Maske bei Jean-Jacques Rousseau". In: Elfi Bettinger und Julia Funk (Hgg.): Maskeraden: Geschlechterdifferenz in der literarischen Inszenierung. Berlin 1995, S. 154–168 und Britta

5. Sport und Männlichkeit

Um als Tänzer nicht in „Verweiblichungsverdacht" zu geraten, wird Archimedes stets mit Sportlern in Verbindung gebracht, so mit Studenten, „von denen übrigens die sportslustigen vor allen zu seinen Freunden zählten" (LL III, S. 15). Sport war einer der Bereiche, in dem der Umgang „unter Männern" völlig legitim war und ist. Er verkehrt auch in zweifelhaften Studentenkreisen, die hier nicht wie ‚seriöse' Männervereine dazu dienen können, männliche Hegemonie aufrechtzuerhalten. Obwohl auch diese Außenseiter miteinander wetteifern, stellen ihre Tätigkeiten eine ganz andere Art männlichen Freiraumes dar. Fern allen Misslingens und aller familiären Anforderungen finden diese männlichen Figuren unter anderen Außenseitern Platz für sich, weil sie dort ihre bürgerliche Leistungsfähigkeit nicht unter Beweis stellen müssen. So wird im Text eine Gegenwelt zur gewöhnlichen Alltagswelt entworfen, die die Fragwürdigkeit und Problematik der so genannten Normalität und Bürgerlichkeit aufscheinen läßt. Die Thematisierung der Novelle *Der Herr Etatsrat* wirkt somit wie eine Parodie auf die bürgerliche Kultur, oder möglicherweise wie ein trauriges Streben Archimedes', zumindest in dieser parodisierten Gesellschaft akzeptiert zu werden.

6. Die Ära des Absinths und der Psychoanalyse

So wie Archimedes bisher beschrieben wurde, wechselte er in seinen Rollen u.a. zwischen dem unterdrückten Sohn, dem liebevollen Bruder, dem eleganten Tanzkavalier und dem etwas kindisch-rebellischen Studenten. Der Maskeradencharakter Archimedes' wird auch durch den Erzähler bestätigt: „noch heute würde ich die Möglichkeit einer so raschen Wandlung bestreiten, wenn ich sie nicht mit offenen Augen erlebt hätte" (LL III, S. 46).

Für die Figurendarstellung in einigen Stormnovellen ist ferner charakteristisch, wie das Unbewusste im Text behandelt wird, bevor es eigentlich durch die Psychoanalyse systematisiert wurde. Archimedes schützt sich zunächst bewusst vor der Selbstanalyse, indem er seine Probleme und Ängste mit Hilfe von großen Mengen von Alkohol und Drogen verdrängt. Er entwickelt sich allmählich auch zum Alkoholiker und bedient sich folglich sowohl weiblicher als auch moderner Reizmittel und Versuchungen. Ob

Herrmann/Walter Erhart: „XY ungelöst: Männlichkeit als Performance". In: Therese Steffen (Hg.): Masculinities – Maskulinitäten: Mythos – Realität – Repräsentation – Rollendruck. Stuttgart/Weimar 2002, S. 33–53.

Alkohol, Kaffee, Einkäufe, Abenteuer oder Studium; sämtliche Tätigkeiten betreibt er mit unbürgerlichem Übermaß, das bürgerlichen Tugenden wie Selbstkontrolle und Mäßigung vehement widerspricht. Im Zitat „Trink einmal [...] das vertreibt die Grillen!" (LL III, S. 16) drückt sich bereits die neue Ära der Psychoanalyse aus. Diese Grillen deuten verschiedene Konflikte im männlichen Selbstbewusstsein an, die unbewusst gehalten werden müssen, da sie zu unakzeptabel sind, um getragen zu werden.

Während der bürgerliche Erzähler in dieser Novelle eine figurale Selbstreflexion vermeidet, kommt Archimedes letztlich zu gewisser Selbsteinsicht und legt kurz vor seinem Tod seine Maske bzw. Verstellung ab. „Es hätte doch etwas aus mir werden können; nicht wahr, du bist doch auch der Meinung? Ich habe darüber nachgedacht" (LL III, S. 48). Dieses Zitat ist eine naturalistische Reflexion über väterliches Erbe und Generationswechsel. Archimedes lehnt sich zwar nicht explizit gegen den Vater auf, aber Storm lässt die Figur sich dennoch symbolisch mit dem Vater-Sohn-Konflikt auseinander setzen. Er trägt stets Vatermörder und sammelt darüber hinaus Fechtwaffen, was durchaus als Vorgriff auf den expressionistischen Vatermord zu verstehen ist. Am Ende der Novelle stehen dann die untauglliche Familiengeschichte[8] und die fehlenden Söhne.

Die Novelle bricht zwar die Verbindung von Weiblichkeit und Krankheit/Tod letztlich nicht auf, aber der Etatsrat und Archimedes werden beide durchgehend mit Tod und Lebensuntauglichkeit assoziiert. Die Schwäche der Männlichkeit wird hier ferner durch Archimedes' Krankheit in die „Körpermetaphorik der Auflösung übersetzt"[9], sonst durchwegs tabuisierte Themen in der Epoche des poetischen Realismus.

Schluss

In diesem Artikel habe ich schematisch zu exemplifizieren versucht, wie Männlichkeiten nicht nur historisch, sondern auch innerhalb einer gewissen Kultur und sogar eines einzelnen Individuums bei Theodor Storm variieren können. Insgesamt stellt die Figur Archimedes, sowohl was sein Aussehen als auch seine Aktivitäten betrifft, ein bürgerliches Gegenbild dar. Er ist im Einklang mit George Mosses und Robert Connells Terminologie ein männlicher Antitypus, der eine Anzahl von differenten und untergeordneten Männlichkeiten inszeniert. Vor allem wird in der Novelle gezeigt, wie eine „zerstörte Familie" auch den Ruf und die Verwirklichung öffent-

---

8   Vgl. Erhart: Familienmänner (Anm. 4).
9   Ebenda, S. 295.

licher Männlichkeit ruinieren kann. Mit der durchaus vielfältig dargestellten Figur Archimedes lädt Storm zu einer kritischen und ambivalenten Auseinandersetzung mit tradierten Männlichkeitsmustern und Subkulturen des Bürgertums im 19. Jahrhundert ein.

Dabei verbinden sich kulturelle Ängste mit männlicher Schwäche, was Storm sehr oft als Selbstkonflikte des Bürgertums, und damit als Dekonstruktion des hegemonialen Männlichkeitsstereotypes darstellt. Er zeigt dabei die Demaskierung hegemonialer Männlichkeit, aber auch ihren Zwang in einer Zeit, die nach einer Konstruktion ‚wahrer Männlichkeit' verlangt.

HARMAT MÁRTA (Szeged, Ungarn)

Realistische Ehebruchsromane im Spannungsfeld der europäischen Wertediskurse

Anhand der großen Ehebruchsromane des europäischen Realismus, Flauberts *Madame Bovary* (1857), Tolstojs *Anna Karenina* (1873–77) und Fontanes *Effi Briest* (1894–95) und mit einem Hinweis auf den ungarischen Roman *Herr Bovary* von Zsigmond Móricz (1911), möchte ich nicht nur den von der Frau begangenen Ehebruch und das Spannungsverhältnis zwischen Geschlechtern untersuchen, sondern in einem breiteren kulturgeschichtlichen Kontext auch die Ausbruchsversuche der Frauen aus ihren traditionellen Rollenbindungen, ihre Identifikationsstörungen und das Scheitern ihres Lebens. Ich versuche, in der Figurenkonstellation der Werke die Polaritäten ‚Männlichkeit' – ‚Weiblichkeit', ‚Gesellschaftsordnung' – ‚Naturwelt' nicht als Genderdiskurse zu interpretieren, sondern vielmehr als Wertediskurse – und zwar im Spiegel des allgemeinen Werteverlustprozesses in der europäischen Kultur des 19. Jahrhunderts. Da betonte Geschlechterpolarisierungen in Flauberts, Tolstojs und Fontanes Romanen fehlen, verstehe ich die Ehebruchsthematik als Niederschlag neuer gesellschaftlicher Tendenzen in der Privatsphäre. In den hier zu behandelnden Texten erscheinen die ‚Männer'- und ‚Frauen'-Positionen gleichwertig: sie ergänzen und erklären einander. Obwohl die Frauen über die Titelpositionen der Romane verfügen, vertreten die Männerfiguren institutionell abgestützte gesellschaftliche Positionen. Durch die Männergestalten können die Autoren den Ordnungsdiskurs ihres Zeitalters in Frage stellen: eben durch sie erscheint für uns die von ihnen repräsentierte Ordnung als Quasi-Ordnung, an deren Normen die Frauenschicksale doch scheitern müssen.

Es ist kein Zufall, dass die großen Ehebruchsromane nach ihren Frauengestalten *Madame Bovary*, *Anna Karenina* und *Effi Briest* benannt werden. In der Blütezeit des westeuropäischen Individuums drückten solche berühmten Männer-Diskurse wie die des Faust und die des Wilhelm Meister noch die aufklärerische Hoffnung auf die Realisierbarkeit der Ideale aus: auf den Sieg der Wahrheit und der inneren und äußeren Schönheit in der Welt. Mit der raschen technischen Entwicklung beginnt aber der Prozess der Relativierung des alten Wertesystems.[1] „Welche Veränderungen

---

1   Siehe ausführlicher in: Márta Harmat: „Eisenbahnen. Zivilisationskritik und Kulturskepsis in *Anna Karenina* und *Effi Briest*". In: Wulf Segebrecht (Hg.):

müssen jetzt eintreten in unsrer Anschauungsweise und in unseren Vorstellungen!" – schreibt Heine 1843 anlässlich der Eröffnung der Bahnlinien von Paris nach Rouen und Orléans – „Sogar die Elementarbegriffe von Zeit und Raum sind schwankend geworden. Durch die Eisenbahnen wird der Raum getötet, und es bleibt uns nur noch die Zeit übrig."[2] Durch die Vervollkommnung der äußeren Raum- und Zeitbedingungen neue Werte herzustellen, ist die Sendung der Kultur im „Eisenbahnzeitalter". Während früher der technische Fortschritt der Kultur diente, tritt jetzt selbst die Technik als Kultur auf, die ihrem Wesen nach die seelischen Werte in Frage stellt. Anstelle der *Aufklärungs*-Diskurse erscheinen in der Literatur des 19. Jahrhunderts die verschiedenen *Erklärungs*- und *Verklärungs*konzepte des Realismus. Die optimistischen Männer-Diskurse verwandeln sich allmählich in ihre eigenen Karikaturen, die die Enttäuschung, Skepsis oder Angst ihrer Verfasser ausdrücken – wie die Männer- und Liebhaberfiguren in den Ehebruchsgeschichten von Flaubert, Tolstoj und Fontane. Und die Karikaturen können noch weiter karikiert werden – wie z. B. in der Bovary-Geschichte von Zsigmond Móricz, die in der halb feudalen und halb bürgerlichen ungarischen Provinz des frühen 20. Jahrhunderts spielt.[3]

Im ungarischen Ehebruchsroman *Herr Bovary* kann gar kein echter Ehebruch passieren. Alle ‚Seitensprungversuche' der Schulmeisterfrau scheitern an ganz trivialen Hindernissen, und nicht die Frau stirbt nach einer verfehlten ‚Sündenfall'-Episode, sondern ihr Liebhaberkandidat. Als die Frau die Nachricht hört, springt sie aus dem Fenster – fast wie in einer echten Tragödie. Von der Dienstmagd aber, die im Gasthaus über die Geschehnisse berichtet, erfahren wir in der Schlussszene: „die gnädige Frau [...] ist ganz glücklich gefallen, als ob sie – die Herren verzeihen, [...] als ob sie wär' gefallen auf Hintern."[4] Allgemeines Lachen bricht aus, auch der Mann, Pál Veres, lächelt, aber die diskursive Position des Lachens und der Lachenden kann hier nicht als eine Art von Katharsis verstanden werden wie das Lachen am Ende der klassischen Komödien, wo es im Dienst

   Europavisionen im 19. Jahrhundert: Vorstellungen von Europa in Literatur und Kunst, Geschichte und Philosophie. Würzburg 1999 (Literatura; Bd. 10), S. 190–198.

2   Heinrich Heine: Lutezia, 2. Teil, LVII. – Zitiert nach: Wolfgang Schivelbusch: Geschichte der Eisenbahnreise. Zur Industrialisierung von Raum und Zeit im 19. Jahrhundert. München/Wien 1997, S. 38–39.

3   Der Roman von Zsigmond Móricz erschien unter dem Titel Az Isten háta mögött (Hinter Gottes Rücken) 1911 im Verlag der Zeitschrift Nyugat, und in der Auflage von 1917 unter dem Titel Bováry úr (Herr Bovary). Es gibt mehrere deutsche Übersetzungen des Romans. Aus der neusten wird zitiert: Zsigmond Móricz: Herr Bovary. Übersetzt von Ruth Futaky. Budapest: Corvina, 1999.

4   Ebenda, S. 178 f.

der Wahrheit und Gerechtigkeit steht und den Sieg des Schönen und Guten bezeichnet. Hier lachen nicht wir, das Publikum; hier wiederholt sich stets das Lachen der Romanfiguren: ein Zeichen der Ausweg- und Rettungslosigkeit. Der stets lächelnde, nichts verstehende Mann als Quasi-Held einer Quasi-Tragödie oder Quasi-Komödie vertritt für uns keinen echten Wahrheitswert:

> „Na, daß meiner Frau nur nichts passiert ist, das weitere schert mich nicht... das heißt... Schade um den jungen Mann..." und er lüftete zum Abschied den Hut. „Bei Gott, ich weiß nicht mal seinen Namen. Er hat meinen auch nicht gewußt. Immer hat er mich als Herr Bovary angeredet, obwohl ich ihm mehrmals gesagt habe, daß ich Pál Veres heiße. Was schließlich ein großer Unterschied ist!"[5]

Der Unterschied ist wirklich groß: In den wahren Ehebruchstragödien werden nicht die Männer in die Titel gebende Position gestellt. Sie sind nämlich nach der konventionellen Rollenverteilung die Repräsentanten der herrschenden gesellschaftlichen Ordnung und als solche vertreten sie die Institutionen und nicht mehr die lebendigen Werte des menschlichen Daseins. Aber auch die Frauendiskurse der Romane dürfen aus ihrem geschichtlichen Kontext nicht herausgerissen werden. Emma Bovary, Anna Karenina und Effi Briest sind nicht nur Opfer, sondern aktiv Handelnde. Infolge der Konventionen aber können sie – als Frauen – ihre eigene Position nicht selbst bestimmen, sie sind in ihren Krisensituationen der Ordnungswelt ausgeliefert, einer scheinbaren Ordnung, die ihren Zusammen*bruch* nicht verhindern kann. Deshalb können die Frauendiskurse der Ehe*bruch*sromane im Namen der alten Werte (des Wahren, Schönen und Guten) auftreten, wenn auch die Frauengestalten selbst nur potenzielle und nicht mehr echte Werteträger-Positionen vertreten.

In den drei berühmten Frauengeschichten des ‚Eisenbahnzeitalters' wird die Lebensfahrt der Heldinnen als ‚Entgleisung' geschildert, als Abschweifung vom bekannten Weg, dessen Stabilität durch ‚eisenharte' Normen der gesellschaftlichen Ordnung und ‚glänzende' Ergebnisse der technischen Zivilisation gesichert wird. Sowohl die gesellschaftlichen Ordnungsdiskurse als auch die ausweglosen Kreisbewegungen der Frauenschicksale werden durch ganze Motivreihen veranschaulicht. Wir werden uns jetzt auf einige wenige Motive des ‚Außerordentlichen' und ‚Unheimlichen' konzentrieren.

In der Mitte des 19. Jahrhunderts versuchte Flaubert, der ‚gemeinen Banalität' seiner Zeit das Ursprünglich-Schöne und das Körperlich-Sensible gegenüberzustellen. Er schreibt zur Zeit der Arbeit an *Madame Bovary*: „Ich gelange zu einer Art ästhetischem Mystizismus [...] wenn die

---

5   Ebenda, S. 179.

äußere Welt uns abstößt, uns entnervt, uns korrumpiert, uns abstumpft, sind die *ehrlichen* und *sensiblen* Menschen gezwungen, in sich selbst irgendwo einen reinlicheren Ort zu suchen, wo sie leben können."[6] Die Ehebruchsepisoden der schönen und hypersensiblen Emma Bovary können als Ausbruchsversuche aus dem Gewöhnlichen betrachtet werden. Im Roman werden die Fluchtmotive stets mit dem Motiv eines sich schließenden Kreislaufes verbunden. Flaubert hält nämlich jede Form der Revolte gegen die Banalität für sinnlos, „weil" – wie er meint – „ich nicht glauben kann, daß unser Körper aus Dreck [...] etwas Reines und Immaterielles enthält, wenn alles, was ihn umgibt, unrein und gemein ist."[7]

In Emmas ‚Lebensfahrt' werden ihren Träumereien über eine Reise in den Süden drei reale Wege gegenübergestellt, die zu ihrer Vernichtung führen, zu der glänzenden Glasbüchse mit Arsenik im „Laboratorium" des Apothekers Homais. Emmas drei Wege sind das Eheleben mit dem bornierten Charles und die Ehebruchsepisoden mit dem verklemmten Léon, der sich allein in ihren Phantasiereisen als zuverlässiger Partner erweist, bzw. mit dem gerissenen Weltmann Rodolphe, welcher der geplanten Flucht in den Süden im letzten Augenblick entflieht.

Emmas ‚Ehebruchsfluchten' beginnen mit der ironisch geschilderten Fortschrittsfeier in der Kleinstadt: „Überall stehen Handel, Wissenschaften und Künste in Blüte" – so der Redner, „überall erwachsen neue Verkehrswege und -mittel, gleichsam wie neue Adern im Leibe des Staates, und schaffen neue Beziehungen, neues Leben."[8] Während dieser Rede drückt der spätere Liebhaber Rodolphe Emmas Hand. „Sie fühlte sich ganz heiß an und zitterte wie eine gefangene Taube, die fortfliegen möchte." Von draußen „vernahm man [...] langgedehntes Rindergebrüll oder das Blöken der Schafe, die einander antworteten."[9] In Emmas Sterbeszene „antworten einander" ihr furchtbares Lachen und der Gesang des „blinden Bettlers", des ständigen „Schreckgespenstes" ihrer Ehebruchsfahrten, der vor ihrem Tod noch einmal auftaucht und auf der Straße singt. Emma brach

in ein furchtbares, wahnsinniges, verzweifeltes Lachen aus, weil sie in ihrer Phantasie das scheußliche Gesicht des Unglücklichen sah, wie ein Schreckgespenst aus der ewigen Nacht des Jenseits. [...] Ein letzter Krampf warf sie auf das Bett zurück [...] Sie war nicht mehr.[10]

6 Gustave Flaubert: *Briefe.* Herausgegeben und übersetzt von Helmut Scheffel. Zürich 1977, S. 215.
7 Ebenda, S. 19.
8 Gustave Flaubert: Madame Bovary. Revidierte Übersetzung aus dem Französischen von Arthur Schurig. Frankfurt a. M. / Leipzig 1994, S. 195.
9 Ebenda, S. 199–203.
10 Ebenda, S. 430.

Der blinde Bettler ist von kulturgeschichtlicher Bedeutung. Dem Apotheker Homais, dem dummen „Fortschrittsfanatisten"[11] gelingt es nämlich, den Bettler aus dem Weg der Zivilisation zu räumen und in ein Krankenhaus zu stecken. „Kürzlich hat er [Homais] das Kreuz der Ehrenlegion erhalten"[12] – lautet der letzte Satz des Romans. Die Ironie dieses Schlusssatzes lässt deutlich werden, dass Flaubert gegen die Trivialität seiner Zeit keine philosophische oder moralische „Wahrheit" formuliert. Für seine ästhetische Sensibilität bleibt allein die Schönheit der präzis-realistisch formulierten Sprache, wie er 1857 nach dem Skandal um seinen Roman in einem Brief bestätigt: „Die Hauptschwierigkeit bleibt für mich darum nicht minder der Stil, die Form, das undefinierbare Schöne, das […] der Glanz des Wahren ist, wie Plato sagte."[13]

In Tolstojs *Anna Karenina* dagegen vermitteln die Motive des ‚Außerordentlichen' und ‚Unheimlichen' die moralphilosophische Lehre des russischen Schriftstellers. Mentalitätsgeschichtlich betrachtet sind diese Wiederholungsstrukturen letzten Endes durch die Angst der ‚russischen Seele' vor der „Materialisierung" der Kultur zu erklären. Diese Angst vor der westlichen Zivilisation, die als Folge der Reformbestrebungen von Zar Peter dem Großen den Grundton der russischen Literatur des 19. Jahrhunderts bestimmt, wird von dem russischen Philosophen Nikolaj Berdijaev ganz eindeutig formuliert: „Furchtbare Wunden werden […] durch die Technik und die Maschine dem Seelenleben des Menschen […] zugefügt. Das seelisch-emotionale Element stirbt in unserer Zivilisation ab."[14] Auch Dostojewskij gibt z. B. in seinem Roman *Der Idiot* eine apokalyptische Vision mithilfe leidenschaftlicher Eisenbahn-Assoziationen.[15] In Tolstojs Roman ist natürlich nicht die Eisenbahntechnik schuld daran, dass Anna auf ihrer Suche nach einem erfüllten Leben scheitert. Es ist aber kein Zufall, dass ihr Scheitern von einer sehr auffallenden Eisenbahnsymbolik veranschaulicht wird. Bereits ihre erste Begegnung mit dem späteren Liebhaber Wronskij findet inmitten eines Menschengewimmels auf dem Bahnhof statt.[16] Auch Annas Fluchtreise nach St. Petersburg mit der Bahn wird von „tobendem Schneesturm" und Pfeifen der „unheimlich und kläglich heulen-

---

11 Ebenda, S. 453.

12 Ebenda, S. 460.

13 G. Flaubert: Briefe, S. 366.

14 Nikolaj Berdijaev: Mensch und Technik. Schriften zur Philosophie. Hg. von André Sikojev. Mössingen-Talheim 1989, S. 29.

15 Fjodor Dostojewski: Der Idiot. Roman in vier Teilen. Deutsch von Hartmut Herboth (Gesammelte Werke in zwanzig Bänden, Bd. 8). Berlin/Weimar 1986, S. 514–520.

16 Leo N. Tolstoj: Anna Karenina. Hg. von Gisela Drohla. Frankfurt a.M., 1966, S. 92–101.

den Lokomotive" begleitet[17]. Doch auch diese Reise bringt ihr keine Rettung: weder ruhige Heimkehr (auf einer Zwischenstation begegnet sie nämlich Wronskij wieder) noch glücklicher Neubeginn (auf der Endstation wartet auf sie ihr Mann, Karenin, mit seinen „auffallend groß gewordenen Ohrmuscheln"[18]). Zwischen diesen beiden Männern „hin- und hergeworfen" erfährt Anna – anstatt der ersehnten Harmonie – das allmähliche Loslösen von allen ihren bisherigen Gefühlsbindungen. Karenin, der Repräsentant der Gesellschaftsordnung, der mit Annas Worten „kein Mensch, sondern eine boshafte Maschine" ist, „die dem Ministerium gehört"[19], sollte in Annas Leben mit Wronskij ersetzt werden. Annas Tragödie besteht eben darin, dass Wronskij auch „ein Mensch war, der jede Unordnung haßte", der „eine Art Kodex von Grundsätzen besaß, die alles [...] genau bestimmten" – bis auf diese neue Situation mit Anna[20]. Wronskij kann Anna kein erfülltes Leben bieten. In ihrer Beziehung geht die Liebe verloren. So bleibt für sie allein ihr eigenes Ich mit den zerstörerischen Leidenschaften und endlich der Bahnsteig, wo alles begann, mit den „gußeisernen Rädern des langsam dahinrollenden ersten Wagens".[21] Sie sieht vor sich wieder die kleine Muschikfigur, den ständigen „Begleiter" ihrer Reisen, die Phantomgestalt ihrer Schreckvisionen (also die Parallelfigur von Emmas „blindem Bettler" und von Effis „Chinesen" in Fontanes Roman):

> Der Bauer klirrte mit dem Eisenzeug und murmelte vor sich hin. Und die Kerze, bei der sie das von Sorgen, Betrug, Kummer und Bösem erfüllte Buch des Lebens gelesen hatte, flammte heller auf als je zuvor, beleuchtete ihr alles, was bisher im Dunkel gewesen war, knisterte, wurde dunkel und erlosch für immer.[22]

Was für eine „Sendung" hat diese seltsame Muschikfigur in Tolstojs Text: ein russischer Bauer mit „Eisenzeug" unter den „gußeisernen Rädern"? Wer hat ihn in Annas Leben und in ihre Todesszene gesandt? „Die Rache ist mein" – heißt das Romanmotto, die biblische Gotteswahrheit. Versuchen wir das Bibelwort mithilfe von Tolstojs Gottesbegriff – anhand seines Romantextes *Krieg und Frieden* – zu interpretieren: „Das Leben ist alles. Das Leben ist Gott. [...] Das Leben lieben, heißt: Gott lieben"[23], dann gelangen wir zu dem höchsten Wert, den Tolstoj der „eisernen Zivilisa-

---

17 Ebenda, S. 150–155.
18 Ebenda, S. 156.
19 Ebenda, S. 282, 539.
20 Ebenda, S. 451–456.
21 Ebenda, S. 1130.
22 Ebenda, S. 1131.
23 Leo N. Tolstoi: Krieg und Frieden. Ins Deutsche übertragen von Michael Grusemann. München 1959, S. 699.

tion" gegenüber anbieten kann, zum Kern seiner moralphilosophischen Lehre: zu der allmächtigen Kraft der lebendigen Liebe, die letzten Endes auf
die prawoslawischen Gemeinschaftstraditionen der „allumfassenden Liebe" zurückzuführen ist.

In Theodor Fontanes *Effi Briest* erscheint die Ordnungsproblematik in
einem anderen Kontext des ‚Eisenbahnzeitalters'. Für den jungen preußi-
schen Journalisten Fontane in den 60–70er Jahren war der zeitgenössische
Bismarck-Mythos, die nationale Euphorie der Gründerzeit sehr wichtig.
Obgleich die späteren politischen Ereignisse aus dem ehemaligen Anhänger
Bismarckscher Politik einen skeptischen Kritiker gemacht haben, ist der
‚Eiserne Kanzler' für ihn ein unerschöpfliches Thema geblieben. 1894 schrieb
Fontane: „In fast allem, was ich seit 70 geschrieben, geht der ‚Schwefel-
gelbe' um [d. h. Bismarck] und wenn das Gespräch ihn auch nur flüchtig
berührt, es ist immer von ihm die Rede."[24] Ohne diese Rede kann der tragi-
sche ‚Ehefahrt'-Diskurs von Effi Briest nicht richtig verstanden werden.

Auch Effis Lebensfahrt wird von Motiven des ‚Außerordentlichen'
begleitet (mit der rätselhaften Chinesenfigur im Zentrum). Diese immer
wieder auftauchende Spukgestalt in Effis Leben, die in ihr zuerst Neugier,
später aber Angst erweckt, kann als Ausdruck von Effis Gewissensbissen
wie auch als Erziehungsmittel in der Hand ihres Mannes betrachtet werden: „Also Spuk aus Berechnung, Spuk, um dich in Ordnung zu halten"[25]
– wie es Major Crampas Effi gegenüber erklärt. Im ganzen Roman bestimmt diese unnatürliche, ‚eiserne' Ordnung die menschliche Existenz.
Effis Unglück besteht darin, dass sie sich der Ordnungswelt nicht anpassen kann, deren Normen sie im Übrigen annimmt. Aus Sehnsucht nach
Abenteuer verlässt sie das Elternhaus mit Baron von Innstetten, „einem
Mann von Grundsätzen"[26], nach dessen Meinung alles in unserem Leben
von einem „Gesellschafts-Etwas" abhängt. „Und dagegen" – wie er erklärt
– „zu verstoßen geht nicht; die Gesellschaft verachtet uns, und zuletzt tun
wir es selbst und können es nicht aushalten und jagen uns die Kugel durch
den Kopf"[27]. Effi tötet aber weder sich selbst noch die anderen, sie ist bloß
unglücklich. Ihr Ehebruch mit Major Crampas, einem Mann „ohne Zucht
und Ordnung"[28] ist auch kein leidenschaftliches Fliehen, sondern – wie

---

24 Brief an Maximilian Harden, 4. März 1894, HFA IV/4, S. 336. – Zitiert nach
    Heide Streiter-Buscher: „Randbemerkungen eines ‚harmlosen' Korresponden-
    ten. Zum Thema Fontane und Bismarck'. In: Fontane-Blätter. Hg. von Man-
    fred Horlitz / Helmuth Nürnberger, 60(1995), S. 63.
25 Theodor Fontane: Effi Briest. Stuttgart 1989, S. 150.
26 Ebenda, S. 35.
27 Ebenda, S. 267–268.
28 Ebenda, S. 144.

auf der Handlungsebene – ein „Versinken im Schloon", im „sumpfähnlichen Strandsand"[29]. Die spätere „Fluchtfahrt" Effis aus dem Ehebruch scheitert eigentlich an Innstettens „Gesellschafts-Etwas", im Namen dessen Effi nach der Entdeckung der alten Liebesbriefe aus der Ordnungswelt weggetrieben und der ehemalige Liebhaber Crampas im Duell getötet wird. Hier bestraft also nicht Gott, nicht die Natur, sondern der Mann – im Namen solcher Normen, deren Wahrheit er selbst nicht mehr glaubt: „aber jenes, [...] uns tyrannisierende Gesellschafts–Etwas, das fragt nicht nach Charme und nicht nach Liebe und nicht nach Verjährung. Ich habe keine Wahl. Ich muß."[30] Damit wird auch Effis „Kreislauf" abgeschlossen. Sie stirbt im Elternhaus, wo ihre ganze Geschichte begann. Sie stirbt wieder als Effi Briest: nach ihrem Wunsch steht ihr Mädchenname auf ihrem Grabstein im Garten des Hauses – vielleicht als Zeichen eines letzten Versuchs, ihre Identität zu finden. Das unreife Quasi–„Naturkind"[31], unvorbereitet ausgerissen aus ihrem Mädchenspiel, ist nämlich bis zum Tod ein „Fehlprodukt" der Ordnung geblieben, eine unreife Frau und auch eine unreife Mutter, die nach ihrer Identität sucht. Die gesellschaftlich tradierten Rollenspiele können die echten, erlebten Werte des Lebens nicht ersetzen.

Wer ist schuld an Effis Tragödie? Das geheimnisvolle Kopfschütteln des treuen Hundes Rollo am Grabstein Effis verweist eben darauf, dass Fontane die unauflösbaren Widersprüche seiner Zeit nicht lösen kann und will: „nichts steht fest" – schreibt er 1893 – „auch nicht einmal in Moral- und Gesinnungsfragen und am wenigstens in sogenannten Thatsachen."[32] Der Effi-Diskurs kann also weitergeführt werden.

Zum Schluss zitiere ich Gadamers Meinung, „daß Werke, die zur Weltliteratur gehören, sprechend bleiben, obwohl die Welt, zu der sie sprechen, eine ganz andere ist".[33] Für unser Thema bedeutet diese Auffassung, dass literarische Texte durch ihre „Polyvalenz" unter verschiedenen historischen Bedingungen mehrfach gelesen werden können. Sie funktionieren als „offene Systeme", in denen sich der Austausch verschiedener Diskurse vollzieht.[34]

29 Ebenda, S. 178–179.
30 Ebenda, S. 266–268.
31 Ebenda, S. 38.
32 Brief an Georg Friedlaender, 7. November 1893. – Zitiert nach Bettina Plett: „Frauenbilder, Männerperspektiven und die fragwürdige Moral. Applikation und Demontage von Rollenbildern und Wertzuschreibungen in Fontanes Romanen." In: Fontane Blätter, 68(1999), S. 126.
33 Hans-Georg Gadamer: Wahrheit und Methode. Grundzüge einer philosophischen Hermeneutik. Tübingen [2]1965, S. 154. – Zitiert nach: Angelika Corbineau-Hoffmann: Einführung in die Komparatistik. Berlin 2000, S. 24.
34 Corbineau-Hoffmann: Ebenda, S. 32–33.

In meinem Beitrag beschäftigte ich mich mit einigen Text-„Systemen" des 19. Jahrhunderts, die das damals so aktuelle Ehebruchsthema behandeln, wie auch mit Fragestellungen der europäischen Kultur, die bis heute ihre Aktualität nicht verloren haben. In Flauberts, Tolstojs und Fontanes künstlerischen Antworten können die Frauen- und Männerdiskurse der Ehebruchsthematik als solche Werte-Diskurse gelesen werden, die nicht nur die Wertevorstellungen ihrer Verfasser widerspiegeln, sondern auch die mentalitätsgeschichtlichen Traditionen ihrer Nationalkulturen. Das Gemeinsame der drei Repräsentanten des europäischen Romans ist: sie empfehlen uns nicht die Wege der institutionalisierten Moral und Ästhetik, sondern die Wahrheit des natürlichen und lebendigen Schönen und Guten. Es ist aber wieder von Zeit und Raum bedingt, wie die späteren Epochen auf Flauberts ästhetisierenden Sensualismus, Tolstojs Moralphilosophie und Fontanes Skepsis reagieren. Die ungarische Bovary-Geschichte von Zsigmond Móricz erscheint als eine solche Reaktion: eine mit Ironie gewürzte Dokumentation vollständigen Werteverlusts, eine schonungslose Karikatur menschlichen Daseins.

Xiaoqiao Wu (Beijing, China)

Zur Analogie zwischen den militärischen Konflikten und den Geschlechterdifferenzen in Theodor Fontanes Berliner Roman *Stine*

Als „das richtige Pendant"[1] zu *Irrungen, Wirrungen* erscheint Fontanes Berliner Roman *Stine* im Jahre 1890. Es wird die verhinderte Mesalliance,[2] der „Ausnahmefall" (S. 69)[3] in der adligen Gattenwahl, thematisiert. Es geht um eine verhinderte Mesalliance in der radikalisierten Version, nämlich um die zwischen einem jungen aber kranken adligen „Invaliden" und einer jungen aber mehr in der „Stubenluft"[4] lebenden Heimstickerin aus der Unterschicht. Als Schauplatz der gescheiterten unstandesgemäßen Liebesgeschichte ist die neu gegründete Reichshauptstadt Berlin gewählt. Die erzählte Zeit fällt in den Sommer 1877 bzw. 1878. Das neue Stilprinzip in *Stine* kündigt Fontane bereits 1883 in einem Brief an: „Von Handlung, Ueberraschungen etc. keine Spur; nichts von Intrige, Sensation, Tendenz. Etwas ganz Alltägliches. Das Neue liegt nur darin, wie speziell *mein* Auge dies Alltägliche sieht."[5]

Wie *Irrungen, Wirrungen* erweist sich der kurze Roman *Stine* als ein finessenreicher und moderner Text. Im vorliegenden Referat möchte ich mich besonders mit der in der bisherigen Forschung übersehenen Analogie zwischen dem militärischen und dem privaten Lebensraum auseinander setzen. Meine These ist, dass Fontane neben der impliziten Metapher der Frauen aus der Unterschicht als Jagdbeute der Männer aus der Ober-

---

1 „Fontane an Emil Dominik, 3. Januar 1888". In: Theodor Fontane: Werke, Schriften und Briefe. Abteilung IV. Briefe. Bd. 3. Hg. von Walter Keitel u. Helmuth Nürnberger. Darmstadt 1980, S. 578.

2 Zum Sujet Mesalliance bei Fontane vgl. Xiaoqiao Wu: Mesalliancen bei Theodor Fontane und Arthur Schnitzler. Eine Untersuchung zu Fontanes „Irrungen, Wirrungen" und „Stine" sowie Schnitzlers „Liebelei" und „Der Weg ins Freie". Trier 2006.

3 Zitiert nach Theodor Fontane: Stine. Hg. von Christine Hehle. Berlin 2000 (Große Brandenburger Ausgabe). Zitate und Seitenangaben zu *Stine* folgen dieser Ausgabe.

4 „Fontane an Paul Schlenther, 13. Juni 1888". In: Fontane: Werke, Schriften und Briefe. Abteilung IV. Briefe. Bd. 3, S. 611.

5 „Fontane an Joseph Kürschner, 6. Juni 18832. Zitiert nach Fontane: Stine, S. 127.

schicht die Geschlechter- und Standeskonflikte in Form militärischer Aktionen ausagiert, womit er dem preußischen Militarismus einen Seitenhieb versetzt. Fontane zieht im Subtext anhand der Geschichte der verhinderten Mesalliance de facto eine markante Parallele zwischen den militärischen Grenzüberschreitungen und den geschlechtlichen und ständischen Grenzüberschreitungen, wobei er hinter dem Alltäglichen der preußischen Ständegesellschaft in geschickter Weise „das versteckt und gefährlich Politische"[6] aufzeigt.

Im Gegensatz zu der gescheiterten Eroberungsaktion des Invaliden Waldemar steht das triumphale illegitime Verhältnis zwischen seinem Oheim, dem alten Grafen von Haldern, der im Text in Anlehnung an Mozarts *Zauberflöte* auch als „Sarastro" apostrophiert wird, und der jungen Witwe Pauline Pittelkow, also der Schwester Stines. Das Verhältnis zwischen der Pittelkow und dem alten Grafen erweist sich als eine potenzielle Mesalliance nicht nur hinsichtlich des Standes- und Bildungsunterschieds, sondern auch in Hinsicht auf den Altersunterschied. Die Pittelkow ist kaum dreißig Jahre alt, während der alte Graf „ein Junggeselle, der über fünfzig hinaus ist" (S. 79). Als „ein[ ] alte[r] Militär[ ]" (S. 83) führt Graf Sarastro eigentlich ein Doppelleben. Die Pittelkow behandelt ihn als Mitglied der Familie, indem sie ihn einfach „Olle[n]" (S. 7, 110) nennt oder als „[a]lte[n] Ekel" (S. 6) beschimpft. Er apostrophiert die schwarze Pittelkow im Gegenzug als „meine Mohrenkönigin, meine Königin der Nacht" (S. 28). Pittelkows Wohnung in der Invalidenstraße, „das ihm wohlbekannte Haus" (S. 83), avanciert zu „seinem eigensten Territorium" (S. 84). Die Atmosphäre der „Mesalliance" herrscht überall in der Wohnung der Pittelkow, die sich als eine kolonienartige Dependance interpretieren lässt. So passen die von der Pittelkow „gerade gerückten" S. (20) drei Bilder eigentlich nicht zusammen:

> Zwei davon: „Entenjagd" und „Tellskapelle" waren nichts als schlecht kolorierte Lithographieen allerneuesten Datums, während das dazwischen hängende dritte Bild, ein riesiges, stark nachgedunkeltes Ölporträt, wenigstens hundert Jahre alt war und einen polnischen oder litauischen Bischof verewigte, hinsichtlich dessen Sarastro schwor, daß die schwarze Pittelkow in direkter Linie von ihm abstamme. Gegensätze wie diese zeigten sich in der gesamten Zimmereinrichtung, ja schienen mehr gesucht als vermieden zu sein. (S. 20 f.)

Die beiden Bilder „Entenjagd" und „Tellskapelle" sind meines Erachtens sowohl im Hinblick auf die Geschlechterdifferenzen wie auch im Hinblick auf die soziale Grenzziehung voller Anspielungen. Es wird hier das Ver-

6   „Fontane an Friedrich Stephany, 2. Juli 1894". In: Fontane: Werke, Schriften und Briefe. Abteilung IV. Briefe. Bd. 4, S. 370.

hältnis zwischen einer Frau aus der untersten Schicht und einem adligen Mann als ein Verhältnis zwischen einer Jagdbeute und einem Jäger präsentiert. Verbunden mit der Entenmetapher wird das Haus der Pittelkow wiederholt hinter dem „Damm" (S. 7, 16, 50, 83), der sich eigentlich auf die ebenfalls doppelbödige „Pferdebahn[ ]" (S. 5, 6, 50) bezieht, also in einem Wasser-Bereich, positioniert. Die Wohnung der Pittelkow wird im Subtext zur Kapelle für den berühmten Jäger Wilhelm Tell bzw. den alten Grafen, der sich darauf versteht, eine Frau aus der Unterschicht zu erbeuten. Offensichtlich hat sich Waldemars Onkel zum Zweck der Auffrischung des Bluts nicht des Mittels der Mesalliance, sondern des der „Illegitimität" bedient, indem er mit der Pittelkow ein uneheliches Kind, nämlich Olgas „Brüderchen" (S. 22), gezeugt hat.

Während die Bilder *Entenjagd* und *Tellskapelle* auf die sexuelle Eroberungsaktion des alten Grafen anspielen, stiftet das dritte Bild, das den vermeintlichen Urahn der Pittelkow darstellt, die Verbindungen zwischen Nationen und verweist auf die verdeckte polnische bzw. slawische Herkunft der Schwestern Rehbein. Die Richtung geht aber mehr in die polnische, wenn man sich die „zwei jämmerliche Gipsfiguren, eine Polin und ein Pole, beide kokett und in Nationaltracht zum Tanz ansetzend" (S. 21) vor Augen führt. Die allem Anscheine nach „polnische" Herkunft der Schwestern Rehbein fällt im Blick auf die Analogie zwischen der geschlechtlichen und ständischen Grenzüberschreitung im Rahmen einer Mesalliance und der militärischen Grenzüberschreitung im Rahmen des Kriegs ins Auge. Wenn man die Tatsache der dritten Teilung Polens und die Konstellation zwischen drei Frauen slawischer Herkunft (Pittelkow, ihre Freundin Wanda, Stine) und drei Grafen (Sarastro, Papageno und Waldemar) zur Kenntnis nimmt, liegt die beschädigte und eroberte Stellung der Frauen aus der Unterschicht im Falle einer verhinderten Mesalliance auf der Hand. Auch tatsächlich erklärt der alte Graf die Wohnung der Pittelkow am anderen Ufer der Spree zu „seinem eigensten Territorium" (S. 84), was dem Verhältnis einen deutlich kolonialen Charakter verleiht. Wie ein richtiger „Kolonialer" verhält sich der alte Militär in der Wohnung seiner „Freundin": Hier raucht er die „sorgfältig gewählte Havanna" (S. 29) und vertieft sich in erotische Phantasien: „Zugestanden", erwiderte der Graf:

> Und zudem eine Cigarre *hier*, im Hause meiner Freundin, ist mir immer wie Opiumrauchen, das glücklich macht, und bei jedem neuen Zuge seh' ich die Gefilde der Seligen oder, was dasselbe sagen will, die Houris im Paradiese. (S. 30)

Das Bild „Gefilde der Seligen" bezieht sich auf das heute verschollene, 1878 ausgestellte Gemälde Arnold Böcklins, „auf dem Nymphen und Kentauren in idyllischer Landschaft dargestellt waren".[7] Es war ein Bild, das einen Skandal ausgelöst hatte: „Die Frauengestalten im Bildvordergrund provozierten durch ihre leuchtende Nacktheit, die Schwanenhälse im selben hellen Farbton erregten das Publikum durch ihre unnatürliche Steilheit."[8] Die Figur des Kentauren mit Pferdeleib und menschlichem Oberkörper, der auf dem Bild eine nackte Frau im Arm hat, ist meines Erachtens deshalb ausgesprochen doppelbödig, weil es im Hinblick auf die Analogie zwischen dem militärischen und dem privaten Lebensraum zur Entzifferung einer versteckten Finesse führt. Es geht nämlich um das wiederholt auftauchende Textelement „Pferd" bzw. „Pferdebahn". Während der Kentaur mit Pferdeleib auf dem Bild als Fraueneroberer hervortritt, ist die Wohnung der Pittelkow der „Pferdebahn" ähnlich, die bezeichnenderweise, wie wir schon vorher erwähnt haben, als „Damm" umgeschrieben wird. Die Erwähnung der „Pferdebahnwagen" (S. 5) in den ersten zwei Zeilen des Romananfangs erweist sich aus dieser Perspektive als vom Erzähler sehr genau kalkuliert.[9] Die Funktion des Textelements „Pferd" manifestiert sich auch in der Namengebung der Protagonistin „Rehbein", das sich in der tiermedizinischen Fachsprache auf das „Überbein an der äußeren Seite des Sprunggelenks beim Pferd"[10] bezieht. Es wird im Text erzählt, dass Waldemar im Krieg gegen Frankreich als „Fähnrich bei den Dragonern" (S. 86) *„aus dem Sattel geschossen"* (S. 53) wurde. „Und weil er einer war, war er der erste von der Schwadron, der an den Feind kam, und *vor dem Karree, das sie sprengen sollten, ist er zusammengesunken*, zwei Kugeln und ein Bajonettstich und *das Pferd* über ihn." (S. 86, Herv. X.W.) Mit dem Textelement „Pferd" schlägt Fontane Brücken zwischen der Niederlage Waldemars im Krieg gegen Frankreich „an der Grenze" und der Niederlage im Kampf um eine „Mesalliance" an einer anderen Grenze, nämlich der ständischen und geschlechtlichen Grenze. „Und während seine Kameraden von Sieg zu Sieg gezogen seien, hätt' er sich in einem Nest

---

7 Fontane: Stine (Anm. 3), S. 163. Vgl. auch Regina Dieterle: „Fontane und Böcklin. Eine Recherche". In: Theodor Fontane. Am Ende des Jahrhunderts. Bd. I, S. 269–283, hier S. 276f.

8 Dieterle: Fontane und Böcklin (Anm. 7), S. 276. Vgl. auch Ursula Schmalbruch: „Zum Melusine-Motiv in Fontanes ‚Cécile'". In: Text & Kontext 8 (1980), S. 127–144, hier S. 132f.

9 Bemerkenswert ist, dass Stine im letzten Kapitel des Romans auf dem Rückweg nach Berlin vom Begräbnis Waldemars die Mitfahrtgelegenheit, die der alte Graf von Haldern vom Pferdewagen mit einer „nie versagende[n] Ritterlichkeit" (108) anbot, entschieden abgelehnt hat.

10 Duden. Das Große Wörterbuch der deutschen Sprache. In zehn Bänden. Bd. 7. 3., völlig neu bearbeitete und erweiterte Aufl., Mannheim u.a. 1999, S. 3146. Vgl. Fontane: Stine (Anm. 3), S. 157.

an der Grenze hingequält und nicht gewußt, ob er leben oder sterben solle." (S. 53) Während Waldemar auf dem militärischen Feld an der „Grenze" vom „Pferd" zusammengesunken ist, scheitert er ebenfalls im Bereich der Sexualität und des privaten Liebesglücks an einem Rehbein (als Bezeichnung von einer Art Pferdkrankheit) bzw. einer Rehbein (als Familienname Stines).

In der „Invalidenstraße" (S. 5), die uns bereits am Eingang des Romans ins Auge fällt, lernt Waldemar Stine kennen, und zwar an einem Unterhaltungsabend bei der Pittelkow, zu dem ihn der alte Graf von Haldern, Träger „des schwedischen Seraphinen-Ordens" (S. 108), mitgenommen hat. Wenn man sich den tragischen Ausgang der verhinderten Mesalliance vor Augen führt, dann gewinnt die Verortung eine doppelte Bedeutung: es ist nämlich eine Straße, wo ein junger Träger „d[es] eiserne[n] Kreuz[es] (S. 86), der schon einmal in dem Krieg Preußens gegen Frankreich 1870/ 1871 „an der Grenze" (S. 53) „vor dem Karree" (S. 86) verwundet wurde, auf einem anderen Feld und an einer anderen Grenze noch einmal Invalide wird und eine tödliche Wunde erhält. Auf dem militärischen Feld galt der adlige Fähnrich schon vor der Verwundung als „Nichtsnutz", wie es „sein[ ] fromme[r] und eisenfresserische[r] Kommandeur ein- für allemal" festgelegt hat. Auf dem anderen Feld, dem der Liebe und der Heirat, erntet Waldemar eine noch schlimmere Niederlage. Während der Kommandeur auf dem einen Feld von seiner Fähigkeit zum militärischen Sturm über die Grenze nicht viel hält, warnt ihn der alte Graf, ein recht erfolgreicher „Kamerad", auf dem Feld der erotischen Eroberungen, im Hinblick auf die „Grenze": „Du bist für immer ins Schuldbuch der Tugend eingeschrieben, […] Du mußt leben wie eine eingemauerte Nonne […]." (S. 73) Oder: „Ein Mann wie Du heiratet nicht." (S. 75)

Bemerkenswert ist, dass Waldemar auch auf diesem Feld nicht selbstständig an die „Grenze" kommt, sondern von dem Onkel, einem anderen, aber viel „lebensstärkeren" Grenzgänger, mitgebracht wird. Wie Schach von Wuthenow und Botho von Rienäcker, nur eben in anderer Dosierung, erweist sich Waldemar ebenfalls als ein halber Held. Nach dem Selbstmord Waldemars findet das Begräbnis in Groß-Haldern statt: es ist ein Begräbnis, an dem auch das Militär teilnimmt. Es fällt ins Auge, dass nach dem Begräbnis der Sedans-Tag vor der Tür steht. Während Waldemar als Halbtoter dem Krieg gegen Frankreich entkommt, im Kampf um eine erfolgreiche Mesalliance aber ums Leben kommt, kehrt Stine nach seinem Begräbnis gebrochen von Groß-Haldern nach Berlin zurück. Was sie erwartet, ist der Sedan-Tag, eine Erinnerung an den 2. September 1870, also der Tag der Gefangennahme Napoleons III. bei Sedan im Preußisch-Französischen Krieg. Um Stine zu trösten, schließt ihre Schwester, die Pittelkow, mit folgenden Worten ihre letzte Plauderei: „Un nächsten Sonntag is Se-

dan, da machen wir auf nach'n Finkenkrug un fahren Karussell un wür-
feln. Un dann würfelst Du wieder alle zwölfe." (S. 110) Für das Liebespaar
Waldemar und Stine aber ist es ein eigentlicher Sedan-Tag im Leben, das
tragische Ende ihrer Liebe. Denn Stine, wie die Polzin sagt, *„Die* wird nich
wieder." (S. 111)

Die Analogie zwischen der erotischen Grenzüberschreitung im Falle
der Mesalliance und der militärischen Grenzüberschreitung im Falle des
Invasionskriegs manifestiert sich nicht zuletzt in dem bezeichnenderweise
von einem jungen „Studenten" (S. 35) gedichteten „Trauerspiel[ ] in zwei
Akten": „Judith und Holofernes" (S. 32), das Wanda und die Pittelkow bei
dem Unterhaltungsabend im Rahmen einer *„Kartoffelkomödie"* (S. 31)
„ohne Musik" darbieten. Der Stoff von der Hebräerin Judith, die nach einer Nacht Beischlaf den Feldherrn der Assyrier Holofernes enthauptet, ist
durch die von Friedrich Hebbel 1840 verfasste Tragödie *Judith* und Johann Nestroys 1849 erschienene Travestie *Judith und Holofernes* bekannt.
Angesichts der Tatsache, dass Stine und ihre Schwester „in direkter Linie"
von dem „polnischen oder litauischen Bischof" (S. 20), – wenn man die
„zwei jämmerlichen Gipsfiguren, eine Polin und ein Pole" (S. 21) auf dem
Bücherschrank der Pittelkow mit berücksichtigen will, dann mehr auf die
Richtung der polnischen zeigend – abstammen können, kommt der Tragödie von Judith und Holofernes eine doppelte Bedeutung zu. Das Trauerspiel beginnt „mit der Zeltgasse des Holofernes" (S. 32). Wir müssen uns
vor Augen halten, dass der Protagonist Waldemar von Haldern eben in der
sogenannten „Zeltenstraße" (S. 100) in Berlin wohnt! Nach der Enthauptung des Holofernes kommt der weitsichtige Baron Papageno zu „schwer-
mütigen Betrachtungen", wenn er den Kartoffel-Kopf in der Hand hat und
sagt: „[…] früher oder später, ist eine derartige Dekapitation unser aller
Los. Irgendeine Judith, die wir ‚zubegehren', […] entscheidet über uns
und tötet uns so oder so." (S. 34) Trotz der von Waldemar „gern" hervorge-
hobenen Nachbarschaft mit dem preußischen „Generalstabs-Gebäude" und
mit dessen Chef, dem Generalfeldmarschall Helmuth Graf von Moltke,
und nicht zuletzt trotz der Versicherung „in Ernst und Scherz" (S. 97) mit
den Worten: „Man kann nicht besser aufgehoben sein, als gerade da. Wer
für die große Sicherheit so zu sorgen weiß, der sorgt auch für die kleine"
(S. 97f.), wird Waldemar, der Bewohner in der „Zeltenstraße" (S. 100),
dem Schicksal der „Enthauptung", wie Holofernes in der „Zeltgasse", nicht
entkommen. Als Korrespondenz mit der Fabel kommt auch die „Kartoffel-
prinzessin" (S. 32) Stine am Ende nach der Enthauptung des Kartoffelkop-
fes von dem feindlichen „Lager" (Großhaldern) nach Hause zurück. Was
für ein Fontane'scher Seitenhieb auf den preußischen Militarismus!

Zusammenfassend lässt sich sagen: Fontanes Berliner Roman *Stine*
erzählt von der verhinderten Mesalliance zwischen einer Berliner Heim-

stickerin und einem adligen Invaliden, der an der „Grenze" im Krieg Preußens gegen Frankreich 1870–1871 verwundet wurde. Es wird im Subtext eine markante Parallele zwischen der militärischen Grenzüberschreitung, wo der Protagonist als Halbtoter zurückgekehrt ist, und der geschlechtlichen und ständischen Grenzüberschreitung, wo der preußische Grenzgänger nach dem gescheiterten Gesuch um eine Mesalliance Selbstmord begeht, gezogen. Von den Kulturräumen betrachtet stehen die von der Mesalliance markierten Geschlechter- und Standesdifferenzen in den vom Erzähler geschickt kalkulierten Oppositionen: Frankreich vs. Preußen, Polen vs. Preußen, Judith vs. Holofernes, Ente vs. Jäger und nicht zuletzt Wasser vs. Land. Fontane hat in *Stine* neben dessen richtigem Pedant *Irrungen, Wirrungen*, wo er „tausend Finessen" hineingelegt hat, einen weiteren modernen und finessenreichen Text geliefert.

HÉLÈNE LAFFONT (Amiens, Frankreich)

Weibliches Prinzip und Überwindung der Dekadenz in der Philosophie Nietzsches

Der Dekadenz der okzidentalen Kultur seiner Zeit setzt Nietzsche die Figur des „Übermenschen" entgegen.[1] Zur Überwindung jener unproduktiven Periode spielt die Geschlechterdifferenz in seiner Philosophie eine wesentliche Rolle: Durch ihre spezifischen Eigenschaften tritt die Frau, da sie naturgemäß „von der Dekadenz unberührt" bleibt,[2] als potentielles Heilmittel gegen den kulturellen Zerfall auf. Ihr fällt damit eine erzieherische Aufgabe gegenüber der Menschheit zu. Dagegen sind die Eigenschaften des Übermenschen, – ob Mann oder Frau – wie ihn Nietzsche im *Zarathustra* darstellt, „männliche" Werte: Mut, Wille, Selbstüberwindung, und die „Männlichkeit des Charakters" ist Bedingung zur Erzeugung des Genies.[3] In diesem Zusammenhang befasst sich der vorliegende Beitrag hauptsächlich damit, die Lehre des „Übermenschen" nach der ihr immanenten Stellung als weiblichem Prinzip zu untersuchen. Wesentlich ist hier, dass Nietzsche in der Nachfolge Bachofens auf die chthonische Religion der Urzeit zurückgreift, in der die gebärende Erde als Symbol des Lebens galt.[4]

---

1 Bei Zitaten aus Nietzsches Werk wird auf die Kritische Studienausgabe, hg. von G. Colli u. M. Montinari. München: DTV, 1999, verwiesen (Nachgelassene Fragmente: NF abgekürzt).

2 S. a. „das Sichgleichbleiben des weiblichen Geschlechts, das nicht berührt wird vom Kulturfortschritte." (NF 1871, 7, S. 272). Wenn Verfallserscheinungen bei der Frau auftreten, dann weil sie der Mann angesteckt hat (s. JGB 7. Hptst., 5, S. 177).

3 Dieser Geschlechtergegensatz liegt auch der Theorie Bachofens zugrunde, dessen Geschichtsphilosophie Nietzsche aber nicht übernimmt: der Übermensch bedeutet an sich kein Endziel und steht im vollen Widerspruch zum Christentum.

4 Der Einfluss Bachofens auf Nietzsche ist unbezweifelbar, kann aber hier nur kurz gestreift werden.

1. Zur Bedeutung der Erde in der Übermenschenphilosophie

1.1 Der religiöse Ausgangspunkt

Nietzsches Philosophie der Stärke kehrt der christlichen Lehre, die er als höchsten Ausdruck der Dekadenz bewertet, entschieden den Rücken und bietet somit eine radikale Umwertung der moralischen Werte. Zahlreiche Stellen aus seinem Werk beweisen, dass er an die vorchristliche Weltanschauung wieder anknüpft und damit Begriffe, deren Sinn mit einer kosmischen Lebensauffassung verbunden ist, zum Kern seiner neuen Philosophie macht. Wie lautet etwa die Botschaft des Zarathustra? „Der Übermensch ist der Sinn der Erde. [...]/Ich beschwöre euch, meine Brüder, bleibt der *Erde treu*"[5]. Die Fortsetzung des Zitats entschlüsselt das Rätselhafte dieses Ausspruchs, indem sie uns Töne vernehmen lässt, die mit der Naturreligion der vorhellenischen Zeit – in der die „Mutter Erde" als Göttin verehrt wurde – verwandt erscheinen: „An der Erde zu freveln ist jetzt das Furchtbarste". Im Nachlass heißt es weiter: „Man muß ein Ende machen mit dem Christentum – es ist die größte Lästerung auf Erde und Erdenleben, die es bisher gegeben hat."[6]

Termini wie Frevel und Lästerung, die auf eine Schuld gegenüber der Erde hinweisen, erinnern an Passagen aus Bachofens *Mutterrecht*, in dem auf die chthonische Religion der vorhellenischen Zeit Bezug genommen wird, nach der jede sterbliche Frau als Verkörperung der „tellurischen Urmutter"[7] (Magna Mater) galt. Mit Bezugnahme auf die *Orestie* des Aischylos, die auch zu den Lieblingslektüren Nietzsches zählte, hatte J.J. Bachofen darauf verwiesen, dass in jenen uralten Zeiten das Verbrechen gegen die Erde – der Muttermord also – unsühnbar gewesen sei. Die eben angeführten Zitate von Nietzsche beziehen sich deutlich auf diese religiöse Bedeutung der Erde.[8] Weitere Stellen unterstreichen auch noch den Wert, den er der vorchristlichen Periode beilegt und spielen deutlich auf jenes gynaikokratische Zeitalter an: „Solange der Staat noch im embryonischen Zustande ist, überwiegt das Weib als *Mutter* und bestimmt den Grad und die Erscheinungen der Kultur"[9] So heißt es auch im Nachlass in Bezug auf die Frau, die durch ihre Heirat die Rechte der Erde (als Symbol des Hetärismus) verletzt: „Die Ehe mit schlechtem Gewissen: das Weib muß, bevor es

---

5   ZA. I. 4, S. 14–15.
6   NF 1884, 11, S. 112.
7   J.J. Bachofen: Das Mutterrecht. Frankfurt a.M.: Suhrkamp, 1997, Vorrede.
8   Sie zeugen von seiner Kenntnis der vorzeitlichen Mythen. Übrigens hatte er eine Zeitlang im Hause Bachofen verkehrt.
9   NF 1870–71, 7, S. 173.

heirathet, eine Zeit des Hetärism durchmachen, es muß entjungfert sein. Es muß sich den Stammesgenossen preisgeben, bevor es Einem Manne gehört".[10] Der Einfluss von Bachofens *Mutterrecht* fällt hier deutlich auf: „Durch eine Periode des Hetärismus muß die in der Ehe liegende Abweichung von dem natürlichen Gesetze des Stoffes gesühnt, das Wohlwollen der Gottheit [der Mutter Erde] von neuem gewonnen werden".[11]

Von dieser Perspektive aus knüpft in Nietzsches Auffassung der „Sinn der Erde", als der den „Vornehmen" innewohnender Wille zur Fortpflanzung, wohl an den aphroditischen Charakter der Mutter Erde an. Es ist somit nicht verwunderlich, wenn Nietzsche sich im Hinblick auf die Erzeugung des Genies folgendes wünscht: „Einzelne ausgezeichnete Männer sollten bei mehreren Frauen Gelegenheit haben, sich fortzupflanzen; und einzelne Frauen, mit besonders günstigen Bedingungen, sollten auch nicht an den Zufall Eines Mannes gebunden sein."[12]

In dieser Verherrlichung der Erde als des Symbols des weiblichen Prinzips geht Nietzsche aber noch weiter. Der Arzt der Kultur erwartet von ihr die Kraft zur Regenerierung des Lebens: „eine Stätte der Genesung soll noch die Erde werden!"[13] In demselben Sinne verkörpert sie, die sich wohl als Symbol für den „Geist der Schwere" der letzten Menschen zu eignen schien[14], die Verwandlungsfähigkeit der sich selbst Überwindenden[15], die Nietzsche gern als „die Leichten" bezeichnet: „Wer die Menschen einst fliegen lehrt [...] die Erde wird er neu taufen – als ‚die Leichte‘".[16]

Der enge Zusammenhang zwischen „Erde, Mutter und Übermensch" in Nietzsches Werk geht zuletzt auch noch aus einer weiteren Stelle des *Zarathustra* hervor, in der Bedingungen für das Herannahen des Übermenschen metaphorisch gefasst werden: „Wie solch ein Schiff sich dem Lande anlegt, anschmiegt [...] so ruhe auch ich nun der Erde nahe, treu, zutrauend". [Da fordert Zarathustra seine Seele zum Singen auf.] „Aber das ist die heimliche feierliche Stunde [...] Heisser Mittag schläft auf den Fluren. Singe nicht! Still! Die Welt ist vollkommen." So geht die Rückkehr zur mütterlichen Erde dem heiligen Augenblick des „heißen Mittags" unmittelbar voraus, wo das Einswerden mit dem Weltall verwirklicht wird.

---

10 NF 1883, 10, S. 327.
11 J.J. Bachofen (Anm. 7), S. 31.
12 NF 1881, 9, S. 508–509.
13 ZA, 4, S. 97.
14 „Sie haben schwere Füße und schwüle Herzen: – sie wissen nicht zu tanzen. Wie möchte Solchen wohl die Erde leicht sein!" (4, S. 356)
15 S. a. Nietzsche: Die Geburt der Tragödie: „ein Volk von Verwandelten" (in Bezug auf die Zuschauer der griechischen Tragödie).
16 ZA, 4, S. 241.

1.2 Demeter und Dionysos

Schon in der *Geburt der Tragödie* hatte Nietzsche auf die mythologische Gestalt der Demeter rekurriert, die bei Bachofen nach der aphroditischen Zeit für die „eheliche Gynaikokratie" als zweite Stufe jener Periode des harmonischen Zusammenlebens der Menschen mit dem Kosmos steht. Demeters[17] Hoffnung war es ja, so heißt es in der „Geburt",[18] Dionysos noch einmal zu gebären, um mit der Überwindung des Dionysos Zagreus der Individuation ein Ende zu bereiten. Nach einer langen Zeit der Trauer freut sie sich tatsächlich wieder und dieses Lächeln auf ihrem Gesicht als auf dem „Antlitze der zerrissenen, in Individuen zerspaltenen Welt"[19] verrät „die Ahnung einer wiederhergestellten Einheit." In einem gewissen Sinne weist diese im mythologischen Bereich geäußerte Freude, „als die Verkünderin der Geburt des Genius",[20] schon auf das Herankommen des Übermenschen hin und nimmt somit Zarathustra vorweg[21]. So scheint Zarathustra Demeters philosophisches Gegenstück zu sein.[22] Mit ihm steht nun ihre Hoffnung, Dionysos noch einmal zu gebären, kurz davor, in Erfüllung zu gehen. Für den geistig Schwangeren, der im Begriffe ist, die zukünftige Welt zu gebären, gilt es ja, das Einssein mit dem Kosmos wieder herzustellen, d.h. den Schleier der Maya[23] zu lüften und das apollinische „Principium individuationis" zu überwinden, um für Dionysos als das männliche Prinzip, das stets an die physische Erde, an ihr Lebensprinzip, gebunden bleibt und Männliches und Weibliches zugleich verkörpert, endgültig und entschlossen einzutreten: „Alles wird dann Dionysus sein."[24] Dionysos ist nun nicht mehr auf Apollo angewiesen.[25] Dafür tritt seine Beziehung zur Erde in den Vordergrund. Die Bedeutung Demeters kommt voll zum Ausdruck, da sie nun in ihrer Verbindung mit ihm dessen Maßlosigkeit reguliert. So schreibt Nietzsche im Nachlaß: „In seinem [des Weibes] Wesen liegt […] die wohltätige Ruhe, in der sich alles Maßlose

17 Als Göttin der Ernte.
18 G.T.1, S. 72.
19 NF 1870–71, 7, S. 178.
20 Ibid. 7, S. 151.
21 Trotz der Brüche ist hier eine gewisse Kontinuität im Werk Nietzsches zu beobachten.
22 Vgl. u.a. die „Seligkeit" Zarathustras („selig ist der also Schwangere") mit dem Lächeln Demeters.
23 Er symbolisiert in der „Geburt der Tragödie" die Funktion des Apollinischen, das den Menschen vor der dionysischen Wahrheit schützt.
24 NF 1870–71, 7, S. 152.
25 „Das Nebeneinander von Apollo und Dionysos nur kurze Zeit" (7, S. 154).

begrenzt, das ewig Gleiche, an dem sich das Ausschreitende, Überschüssige reguliert."[26]

Aus diesem Verweis auf eine neue Geburt des Dionysos ist schon ersichtlich, wie Nietzsche nun auch dem Begriff des *Gebärens* einen zentralen Platz in seiner Philosophie der Zukunft verleihen wird. Dabei knüpft er weiterhin an die Religion der Erde, welche die Ewigkeit als das diesseitige Wechselspiel von Werden und Vergehen, Geburt und Tod auffasst.

2. Der Wert des „Gebärens" in der Übermenschenphilosophie

2.1 Unlust zum Gebären und Gebärenverbot

Die Dekadenz kommt in den Augen Nietzsches u. a. dadurch zum Ausdruck, dass Männer und Frauen Sinn und Zweck des Gebärens nicht mehr einsehen: „,Gebären ist mühsam, – sagen die Andern – wozu noch gebären? Man gebiert nur Unglückliche!' Und auch sie sind Prediger des Todes."[27] Ihre Unfähigkeit zum Gebären ist sogar ein Fluch der Natur[28]. Infolge ihres vollkommenen Nihilismus sind die *décadents* unfähig, an der ewigen Wiederkehr des Lebens teilzunehmen. Für diese Mutlosigkeit im Fortpflanzungsbereich macht Nietzsche die christliche Lehre verantwortlich, die ihren Geist „zur Verachtung des Irdischen überredet" hat.

In diesem Kontext lässt sich Nietzsche verführen, ein Fortpflanzungsverbot vorzuschlagen, das von seiten der Gesellschaft gegenüber den schwächesten unter den *décadents*, den „Mißrathenen", verkündet werden müsse:

> In allen Fällen, wo ein Kind ein Verbrechen sein würde: bei chronisch Kranken und Neurasthenikern dritten Grades, […] ist die Forderung zu stellen, daß die Zeugung verhindert wird. […] Ein Kind in die Welt setzen, in der man selbst kein Recht zu sein hat, ist schlimmer als ein Leben nehmen.[29]

Und weiter: „Das Bibel-Verbot ‚du sollst nicht tödten!' ist eine Naivetät im Vergleich zu meinem Verbot an die décadents: ‚ihr sollt nicht zeugen!'"[30]

---

26 NF. 7, S. 171.
27 ZA. I. („Von den Predigern des Todes"), 4, S. 56.
28 „Aber das soll euer Fluch sein, ihr Unbefleckten, ihr Rein-Erkennenden, daß ihr nie gebären werdet" (ZA II. 4, S. 157–158).
29 NF 1888, 13, S. 401–402.
30 Idem 13, S. 599–600.

Wie im Falle der *ehelichen Gynaikokratie*, beziehen sich diese Worte, in denen der Einfluß der zeitgenössischen Debatte im Bereich der Biologie und Eugenik deutlich zu spüren ist, und die auch die zukünftige NS-Ideologie und Praxis vorausahnen lassen, wiederum auf den Bereich der Rechtsverletzung gegenüber dem Lebensprinzip.

2.2 „Gebären" als Grundlage der Selbstüberwindungslehre

Nun taucht aber in der Perspektive des Zarathustra-Evangeliums der Wert des *Gebärens* als Kern der Lebensphilosophie Nietzsches auf: „Gebären" als Symbol der Fort- und Aufwärtsentwicklung der Menschheit, als schöpferischer Akt schlechthin, auch des Philosophen. So lautet Zarathustras Ermahnung an die Frauen – als von der Dekadenz verschonte Wesen: „Der Strahl eines Sternes glänze in eurer Liebe! Eure Hoffnung heiße: ‚möge ich den Übermenschen gebären.'"[31] Damit fällt der Frau die Aufgabe zu, der Menschheit zur Überwindung der Dekadenz zu verhelfen, die „Brücke zwischen Mensch und Übermensch" zu sein. „Sich gleich bleibend"[32], ahnt sie doch die Zukunft. In der Gestalt etwa des *alten Weibleins* oder des als Frau auftretenden *Lebens* trägt sie zur Überwindung der Barbarei bei und eignet sich als Hüterin der neuen Werte, während Zarathustra Schwächeanfällen unterliegt, bzw. der Frauenfeindlichkeit nachgibt.[33] So geht die Frau, „bestrahlt von den Tugenden einer Welt, welche noch nicht da ist"[34] der Menschheit voran.

Der Übergang vom Menschen zum Übermenschen vollzieht sich stufenweise durch das Kind, das als das lebendige Zeugnis der menschlichen Selbstüberwindung gilt. Erst am Ende des Kapitels *Von Kind und Ehe* taucht der Zweck der Ehe auf: während sie unter „Viel-zu-Vielen" einer „langen Dummheit" gleicht, dient sie dagegen unter *Notwendigen* – auf der Freundschaft und nicht auf der Liebe beruhend – der Erfüllung der ihnen geltenden Aufgabe, den Übermenschen zu gebären. Im „Garten der Ehe" tragen Weibliches und Männliches zusammen zur Erziehung des „Einen, des Dritten", also des Wesens bei, das „mehr ist, als die, die es schufen".[35]

---

31 ZA.I. („Von alten und jungen Weiblein"), 4, S. 85.
32 D.h. von der Dekadenz nicht berührt. S. a. Bachofen: dem „Mutterrecht" nach ist die Frau „das Gegebene", während der Mann „wird".
33 S. meinen Aufsatz: „La femme est l'avenir de l'homme européen", hg. von P. D'Iorio und G. Merlio, Paris: Philia, 2006.
34 Reclam, 1994, S. 67.
35 Ebenda, S. 21.

2.3. Geistig gebären: der Schöpfer als Mutter

„Gebären", d. h. „der Erde treu" bleiben, bedeutet aber auch geistig schöpferisch sein. Der Schöpfer, bzw. der Philosoph, wird von Nietzsche mit einer Mutter verglichen, die, der Bachofenschen Auffassung entsprechend, an den physischen, unreinen Bereich gebunden[36] bleibt. Die Verwandtschaft zwischen Müttern und Schöpfern ergibt sich aus dem Wesen der Schwangerschaft, die „die Weiber milder, abwartender, furchtsamer, unterwerfungslustiger gemacht" hat; „und ebenso erzeugt die geistige Schwangerschaft den Charakter der Contemplativen, welcher dem weiblichen Charakter nahe steht: – es sind die männlichen Mütter"[37]. So ist in der Tat von Zarathustras eigener Schwangerschaft die Rede: „schwanger von Blitzen, die Ja! sagen, Ja! lachen, [...] – selig aber ist der also Schwangere"[38]. Mit Geduld, einer werdenden Mutter gleich, wartet der vom Licht des „großen Mittags" schwangere Priester und Philosoph auf den Augenblick, da er die lebensbejahende Zukunft, die der Individuation entzogene Welt, gebären wird.

Die gesellschaftliche Rolle der Frau

Aus der Bezugnahme auf eine Zeit, in der die Frau als Stellvertreterin der *Magna mater* Mittelpunkt von Religion und Kultur war, erschließt sich für Nietzsche die erwünschte Stellung der Frau in der Gesellschaft. In krisenhaften Zeiten, etwa bei Entstehung oder Verfall des Staates, tritt sie innerhalb der griechischen Polis als eine den Staat ergänzende Kraft auf: „Das Weib bedeutet [...] für den Staat, was der Schlaf für den Menschen. In seinem Wesen liegt die heilende Kraft, die das Verbrauchte wieder ersetzt [...] oder: Sie haben auch wirklich die Kraft, die Lücken des Staates einigermaßen zu compensieren"[39]. Diese ausgesprochen weibliche Bestimmung führt Nietzsche darauf zurück, dass die Frau von Natur aus „schwer zu verderben"[40] sei: gerade als Hüterin der wahren Werte ist sie berufen, den Staat zu ersetzen. Zur Erfüllung dieser Aufgabe eignet sie sich aber auch auf

---

36 ZA IV: „Ihr Schaffenden, an euch ist viel Unreines. Das macht, ihr mußtet Mütter sein." (4, S. 362 [12]).
37 FW 2. Buch, 3, S. 430 (72).
38 ZA. III. „Die sieben Siegel", 4, S. 287.
39 NF 1870–71: 7, S. 171–172.
40 7, S. 145, 146.

Grund ihres Ahnungsvermögens.[41] Hier bezieht sich Nietzsche exemplarisch auf die Pythia, die durch die Verkündung der apollinischen Botschaft die Einigung des griechischen Staates vorantrieb: „Daß ein so in kleine Stämme und Stadtgemeinden zerspaltenes Volk doch im tiefsten Grunde ganz war […], dafür bürgt jene wunderbare Erscheinung der Pythia und des delphischen Orakels"[42]. Mit dieser gemeinschaftlichen Aufgabe wird die Qualifizierung der Frau zum Übermenschentum quasi bestätigt, schreibt Nietzsche doch: „Dort, wo der Staat aufhört, da beginnt erst der Mensch, der nicht überflüssig ist: da beginnt das Lied des Nothwendigen"[43].

So wird das Bild der Frau in der Philosophie Nietzsches weitgehend durch die Funktion geprägt, die sie in der Gesellschaft erfüllt, nämlich als eine die Dekadenz überwindende Kraft.

41 „Damit das Weib den Staat ergänzt, muß sie das Ahnungsvermögen haben." Ebenda, 7, S. 147.
42 NF 7, S. 173. S. a.: „in ihr [der Pythia], dem wahrsagenden Weibe, reguliert sich der politische Trieb" (S. 175).
43 ZA. I. „Vom neuen Götzen", 4, S. 63.

Thomas Pekar (Tokyo, Japan)

Frauenemanzipation in deutschsprachigen Reise-Romanen über Japan um 1900

Nach der erzwungenen Öffnung Japans, die im Jahre 1853 durch den amerikanischen Admiral Perry und seine so genannten ‚schwarzen Schiffe‘ erfolgte, erschien in den westlichen Sprachen eine Vielzahl von Texten, die die Aufgabe hatten, dem Westen Japan aus den verschiedensten Perspektiven vorzustellen, zu erklären und überhaupt näher zu bringen.[1] Gleichzeitig wurden aber auch allerlei imaginäre Vorstellungen über den vermeintlich so exotisch-fremdartigen und geheimnisvollen ‚Fernen Osten‘ verbreitet. Man kann in Hinsicht auf diese Texte von einem westlichen Japan-Diskurs sprechen[2], der mittlerweile bibliographisch recht gut erfasst ist.[3] Die deutschsprachigen Schriften zu Japan aus diesem Zeitraum erscheinen gegenwärtig auch in einer Mikrofiche-Edition.[4]

---

1 Wenn ich von dem ‚Westen‘ und ‚Japan‘ spreche, so allein aus sprachökonomischen Gründen: Ich bin mir bewusst, dass es sich bei diesen Ausdrücken um Projektionen und vielleicht unzulässige Vereinheitlichungen handelt.

2 Dieser Diskurs ist von demjenigen abzugrenzen, den Japaner und Japanerinnen auch sehr gerne selbst über ihre eigene Kultur führen. Vgl. zu diesem *nihonron* u. a. Tamotsu Aoki: Der Japandiskurs im historischen Wandel. Zur Kultur und Identität einer Nation. München 1996 und Harumi Befu: „Civilization and Culture: Japan in Search of Identity". In: Tadao Umesao/H. B./Josef Kreiner (Hgg.): Japanese Civilization in the Modern World. Osaka 1984, S. 59–75.

3 Vgl. Wolfgang Hadamitzky/Marianne Rudat-Kocks: Japan-Bibliografie. Verzeichnis deutschsprachiger japanbezogener Veröffentlichungen. 8 Bde. München u. a. 1990 ff. und Irmela Hijiya-Kirschnereit (Hg.): Kulturbeziehungen zwischen Japan und dem Westen seit 1853. Eine annotierte Bibliographie. München 1999 (Bibliographische Arbeiten aus dem Deutschen Institut für Japanstudien Bd. 6). Zum Japan-Diskurs *vor* der neuzeitlichen Öffnung Japans vgl. Peter Kapitza: Japan in Europa. Texte und Bilddokumente zur europäischen Japankenntnis von Marco Polo bis Wilhelm von Humboldt. 2 Bde. München 1990.

4 Hartmut Walravens (Hg.): German Books on Japan 1477 to 1945 [Microfiche-Edition]. München 2002 ff. Vgl. zu diesem Diskurs aus primär literaturwissenschaftlicher Perspektive die beiden Arbeiten von Ingrid Schuster: China und Japan in der deutschen Literatur 1890–1925. Bern u. a. 1977 und *Vorbilder und Zerrbilder. China und Japan im Spiegel der deutschen Literatur 1773–1890.* Bern u. a. 1988 und aus kulturwissenschaftlicher Sicht vgl. Tho-

Ein ganz wesentliches Motiv in dem literarisch-kulturellen Diskurs über Japan, sofern er sich nicht auf ästhetische Fragen (z. B. den *japonisme* betreffend) bezog, war, neben dem japanischen Krieger, dem *samurai*, die japanische Frau, verkörpert in den westlichen Phantasien über die Geisha. Der amerikanische Komparatist Earl Miner spricht in dieser Hinsicht von Geisha und Samurai von dem ‚dual image‘ Japans im Westen.[5]

Was die ‚Geisha‘ im westlichen ‚kollektiven Imaginären‘[6] betrifft, so fungiert sie als eine Art ‚umbrella term‘ für diffuse erotisch-exotische Sehnsüchte westlicher Männer, denen Figuren wie Pierre Lotis *Madame Chrysanthème* (1887) oder John Luther Longs und Giacomo Puccinis *Madama Butterfly* Gestalt gaben;[7] noch in dem Erfolgsmusical *Miss Saigon* von Andrew Lloyd Weber (1989 uraufgeführt) darf man eine aktuelle Version dieses gewissermaßen topisch immer wiederkehrenden Geisha-Schemas sehen. Auch deutschsprachige Autoren um 1900, heute größtenteils vergessen, nahmen dieses Geisha-Schema auf.[8]

Demgegenüber soll hier ein anderer, ‚marginaler‘ Blick auf Japan thematisiert werden, der von den wenigen Frauen stammt, die in der damaligen Zeit über Japan schrieben bzw. auch Japan bereisten.[9]

---

mas Pekar: Der Japan-Diskurs im westlichen Kulturkontext (1860–1920). Reiseberichte – Literatur – Kunst. München 2003.

5 Earl Miner: The Japanese Tradition in British and American Literature. Princeton 1958, S. 42.

6 Zu diesem Begriff vgl. Cornelius Castoriadis: Gesellschaft als imaginäre Institution. Entwurf einer politischen Philosophie. Frankfurt a. M., [2]1997.

7 1898 erschien die Kurzgeschichte Madame Butterfly des Amerikaners John Luther Long, die von David Belasco 1900 dramatisiert wurde. Der italienische Komponist Giacomo Puccini sah eine Aufführung dieses Stückes und komponierte daran anschließend seine weltberühmte Oper Madama Butterfly, die 1904 an der Mailänder Scala uraufgeführt wurde.

8 Zu nennen wären hier z. B. der schriftstellernde Offizier und Japan-Reisende Moritz von Kaisenberg (1837–1910): Vom Gesandtschaftsattaché. Briefe über Japan und seine erste Gesellschaft. Hannover 1899; der Dramatiker und Theaterhistoriker Wolfgang von Gersdorff (1876–1936): Kimiko. Die Tragödie einer Geisha aus dem Japan dieser Tage. Berlin u. a. 1908; der Schriftsteller Karl Friedrich Kurz (1878–1962): Kohana. Japanisches Liebesidyll. Frauenfeld 1910; der weltreisende Schriftsteller (und spätere DDR-Nationalpreisträger) Bernhard Kellermann (1879–1951): Ein Spaziergang in Japan. Berlin 1920 oder auch der Kabarettist, expressionistische Schriftsteller und ‚Nachdichter‘ östlicher Lyrik Klabund (1890–1928): Die Geisha O-sen. Geisha-Lieder. Nach japanischen Motiven. München 1918.

9 Obwohl schon einige Arbeiten zu ‚Frauen-Reisen‘, z. B. auch in den ‚Orient‘ (vgl. z. B. Annette Deeken/Monika Bösel: An den süßen Wassern Asiens. Frauenreisen in den Orient. Frankfurt a. M./New York 1996 und Kerstin Schlie-

Im Gegensatz zu diesem von der Vorstellung der ‚Geisha' beherrschten westlich-männlichen Blick auf die japanische Frau interessierten sich westliche Frauen für Fragen der japanischen Frauenemanzipation.[10] Ich möchte drei literarische Beispiele aus dieser Zeit um 1900 thematisieren, in denen aus weiblich-deutschsprachiger Sicht Fragen dieser japanischen Frauenemanzipation aufgegriffen werden.

ker: Frauenreisen in den Orient zu Beginn des 20. Jahrhunderts. Weibliche Strategien der Erfahrung und textuellen Vermittlung kultureller Fremde. Berlin 2003), erschienen sind (zu ‚Frauen-Reisen' allgemein vgl. u. a. Lydia Potts (Hg.): Aufbruch und Abenteuer. Frauen-Reisen um die Welt ab 1875. Berlin 1988; Mary Russell: Frauen reisen. Vom Segen eines guten festen Rocks. Die Lebensgeschichte weiblicher Abenteurer und Entdecker. München 1991; Annegret Pelz: Reisen durch die eigene Fremde. Reiseliteratur von Frauen als autogeographische Schriften. Köln u. a. 1993; Doris Jedamski / Hitgund Jehl / Ulla Siebert (Hgg.): „Und tät das Reisen wählen!". Frauenreisen – Reisefrauen. Dokumentation des Interdisziplinären Symposiums zur Frauenreiseforschung. Bremen 21.–24. Juni 1993. Zürich u. a. 1994; Wolfgang Griep / Annegret Pelz: Frauen reisen. Ein bibliographisches Verzeichnis deutschsprachiger Frauenreisen 1700 bis 1810. Bremen 1995; Ulla Siebert: Grenzlinien. Selbstrepräsentationen von Frauen in Reisetexten 1871 bis 1914. Münster u. a. 1998 und Kristi Siegel (Hg.): Gender, Genre & Identity in Women's Travel Writing. New York u. a. 2004), hat das faszinierende Thema ‚Frauenreisen nach Japan' bislang leider noch keinen Bearbeiter / keine Bearbeiterin gefunden! Auszugehen wäre hierbei ganz sicherlich von der englischen Schriftstellerin Isabella Bird (1831–1904), deren Buch „Unbeaten Tracks in Japan", London 1881 (dt. Übersetzung „Unbetretende Reisepfade in Japan", Jena 1881/1882; dieses Buch wurde 1990 in Wien neu aufgelegt) zu den ‚Klassikern' der Japan-Reiseliteratur überhaupt zählt. Für den deutschsprachigen Bereich wären u. a. zu nennen: Die Schweizerin Ida Barell (1856–1927), die sich insbesondere mit japanischen Bräuchen beschäftigte (vgl. ihr zweibändiges Buch „Japanische Tempelfeiern und Volksfeste. Sitten und Gebräuche aus alter Zeit". Basel 1923); Marie Buchner (1872–1931): Japanische Impressionen. München 1908; Charlot Strasser (1884–1950): Reisenovellen aus Russland und Japan. Zürich u. a. 1911. Weibliche Weltreisende, die dann auch über Japan schrieben, waren u. a. Elizabeth Bisland (1861–1929): Eine Blitzfahrt um die Welt. Berlin 1892, Lina Boegli (1858–1941): Vorwärts. Briefe von einer Reise um die Welt. Frauenfeld 1906 und „Immer vorwärts", Frauenfeld 1915, Sophie Döhner (1844–1933): Weltreise einer Hamburgerin, Hamburg 1895 u. dies.: Aus allen Weltteilen. Reiseschilderungen, Hamburg 1910; Cäcilie Roth: Reise einer Schweizerin um die Welt. Neuenburg 1904.

10 Unter den frühen europäischen Sozialistinnen und Feministinnen unternahmen viele Reisen nach Asien (vgl. Lydia Pott: „Einleitung". In: Lydia Pott (Hg.) [Anm. 9], S. 8–19, hier S. 14).

Als eine nahezu unbekannte Pionierin des deutschsprachigen Japan-
Diskurses ist Caroline Wilhelmine Emma Brauns (1836–1905) anzusehen,
die sich, eigenen Aussagen nach, wahrscheinlich in den 80er Jahren des
19. Jahrhunderts mehrere Jahre in Japan aufhielt. Neben einer Sammlung
japanischer Märchen veröffentlichte sie den zweibändigen Japan-Roman
Die Nadel der Benten (1884). In diesem Roman nahm sie zu dem fundamentalen Konflikt der japanischen Gesellschaft in der Meiji-Zeit zwischen
den Traditionalisten und Reformkräften Stellung.

Im Mittelpunkt des Romans steht ein junger, gerade aus Europa zu-
rückgekehrter reformfreudiger japanischer Minister namens Magutschi, der
– als Zeichen seiner ‚Verwestlichung' – das europäische Liebes-Ideal der
Einzigartigkeit der Partnerin übernommen hat: Er wünscht „keine einzige
Nebenfrau [...]; er liebt ganz allein seine schöne Gemahlin".[11] Doch eben
diese, seine Frau Riyu, ist nun überraschenderweise mit dieser europäischen Eheauffassung ihres Mannes gar nicht einverstanden: Sie will Ne-
benfrauen haben, mit denen sie sich unterhalten kann – und sie will z.B.
auch nicht zusammen mit ihrem Mann essen, weil dieses gegen die Tradition verstoße.[12]

Es gibt dann im Roman verschiedene Intrigen konservativer Kreise
gegen Magutschi, durch die er gesellschaftlich desavouiert wird. Er muss
Tokio verlassen und wird zunächst Gouverneur auf dem entlegenen Yesso
(Hokkaido). Er findet dann eine andere japanische Frau, Uta, die mit ihm
schon immer heimlich sympathisiert hatte, da er „seiner Frau eine ganz
andere Stellung, als bei uns üblich, zu geben bemüht war".[13] Mit dieser
zweiten Frau kann Magutschi dann wieder in den Westen gehen: Er wird
japanischer Gesandter in Rom; beide reisen glücklich am Ende des Romans dorthin. Im Schlusssatz ihres Romans nimmt Brauns noch einmal
eindeutig Stellung gegen die konservativen Einstellungen und fügt hinzu:
„Zu hoffen ist [...], daß es einer neuen Generation denkender Patrioten
gleich Herrn Magutschi, gelingen wird, in ihrem Vaterlande wahre Civilisa-
tion zu verbreiten".[14]

Brauns Roman ist aus dreierlei Gründen ein wichtiges Dokument des
deutschsprachigen Japan-Diskurses: Zum einen äußerte sie sich sachkun-
dig, detailfreudig und relativ vorurteilslos, aber auch kritisch über Japan.
Zum zweiten war ihr Blick auf die japanische Frau kein erotisierend-exoti-
sierender, sondern sie sah in ihr eine mögliche Mitstreiterin in einer uni-

---

11 Caroline Wilhelmine Emma Brauns: Die Nadel der Benten. Japanischer Ro-
    man aus der Jetztzeit. 2. Bde. Berlin 1884; hier: Bd. 1, S. 97.
12 Ebenda, S. 195.
13 Ebenda, Bd. 2, S. 131 f.
14 Ebenda, S. 231.

versellen emanzipatorischen Bewegung.[15] Im Roman selbst erscheint allerdings diese Problematik um die Stellung der Frau als eine zivilisatorische Frage, als eine Frage des Einflusses westlicher Vorstellungen auf Japan. Hierin kann man einerseits eine Art missionarischen Eifer und die Überbewertung der eigenen westlichen Kultur erkennen, andererseits aber auch ein engagiertes Propagieren gesellschaftlicher Veränderungen und Neuerungen. Damit wäre dieser Roman, drittens, eines der wenigen Zeugnisse, in dem nicht ein antiquiertes, vormodernes Japan idealisiert wurde, sondern vielmehr Reformen – wenn vielleicht auch als bloße Durchsetzung westlicher Konzepte – empfohlen wurden.

Der Roman endet *nicht* mit einem Sieg des Reformers, muss doch Magutschi, um dann wahrscheinlich glücklich leben zu können, nach Europa zurückkehren.[16]

Dieser doch zumindest etwas ausdifferenzierten Sichtweise gegenüber ist eine vollkommene Überschätzung der eigenen Verhältnisse und die ebenso vollkommene Verdammung der japanischen Einrichtungen in dem Roman *Ein Adoptivkind. Die Geschichte eines Japaners* (1916) der Globetrotterin Katharina Zitelmann (1844–1926) zu finden, die Japan ebenfalls aus eigener Anschauung kannte. Ihr Protagonist Saburo verlobt sich während eines Studienaufenthaltes in Deutschland mit einer deutschen Pfarrerstochter, obwohl er in Japan schon verheiratet ist. Er muss dann in den russisch-japanischen Krieg ziehen, in dem er fällt, eine trauernde Witwe *und* eine ebensosehr trauernde Verlobte hinterlassend. Saburos dilemmatische und nur durch den Tod zu lösende Situation hat sich aus seiner Bewunderung für die Stellung der westlichen bzw. deutschen Frau ergeben, welche die Autorin recht glorifizierend darstellt. Als Kind nämlich schon hat Saburo zufällig die Bekanntschaft mit einer deutschen Missionarsfamilie in Japan geschlossen und ist dort insbesondere von der gleichberechtigten Stellung der Ehefrau beeindruckt gewesen: „Hier durfte die Frau neben dem Manne sitzen; sie aß nicht *nach* ihm, was er übrig ließ. Auch verkehrte sie mit dem Gatten als sei sie seinesgleichen".[17] Dieses ‚Emanzipationsthema' – bei dem die Autorin freilich behauptete, dass die Gleichberechtigung der Frauen Anfang des 20. Jahrhunderts in Deutschland bereits erreicht

---

15 Uta ist die Verkörperung einer solchen ‚emanzipierten' Frau: Sie ist lebhaft, folgt ihrem eigenen Willen, lehnt sich gegen ihren Vater auf und bricht mit der frauenfeindlichen Einrichtung der ‚Nebenfrau'. Allerdings geht ihre Emanzipation ‚nur' so weit, daß sie den ‚richtigen' – d.h. ihr einen Freiraum gewährenden – Mann heiratet.

16 Er sei, wie es im Roman heißt, „zu stürmisch in seinem Streben nach europäischen Neuerungen" (Brauns [Anm. 11], Bd. 2, S. 212) gewesen.

17 Katharina Zitelmann: Ein Adoptivkind. Die Geschichte eines Japaners. Stuttgart 1916, S. 52.

sei – durchzieht den gesamten Roman. Kontrastiv dazu wimmelt es in ihm
nur so von frustrierten japanischen Frauen: Erst die Begegnung mit dem
deutschen (Frauen-)Wesen erwecke in Japanerinnen, so heißt es im Roman, so „etwas wie eine eigene Persönlichkeit".[18]

Als dritten Text möchte ich noch auf Helene von Mühlaus (1874–1923)
Roman *Die Abenteuer der Japanerin Kolilee* (1918) eingehen. Helene von
Mühlau wurde später mit einem in feministischen Kreisen sehr geschätz-
ten Roman, *Das Liebeserlebnis der Ellinor Fandorr* (1921, 1994 neu aufgelegt), bekannt, in dem es um eine lesbische Liebe geht.

Ihr Japan-Roman stand in einem dreifachen Zeitkontext: Zum einen
griff er die bekannte Problematik um die japanische Frauenemanzipation
auf, zum anderen thematisierte er als Hintergrund die kriegerischen Verwicklungen zwischen Deutschland und Japan im Ersten Weltkrieg in Hinsicht auf die deutschen Südsee-Kolonien und zum dritten warb er, da er mit
Ende des Weltkriegs erschien, um Sympathien für den ehemaligen Kriegsgegner Japan.

Die Hauptfigur dieses Romans, Kolilee, die Tochter eines hohen Beamten in Tokio, fällt zunächst durch ihre die Grenzen der üblichen japanischen Frauenerziehung überschreitende Bildung auf: Sie liest nämlich so
viele westliche bzw. deutsche Bücher, dass sie schließlich „eine deutsche
Frau sein"[19] möchte; sie sehnt sich „nach Arbeit, nach einem Beruf, nach
einer Tätigkeit, wie sie die Frauen drüben in den europäischen Ländern
ausüben".[20] So ‚gebildet', ist es Kolilee unmöglich, den ihr von der Familie vorgesehenen Mann zu heiraten; durch die Verbindungen ihres Vaters
zur japanischen Regierung erhält sie dann den zwar etwas ungewöhnlichen,
aber ganz und gar emanzipatorischen ‚Beruf' einer Spionin:[21] Getarnt als
einfache Haushaltsgehilfin wird sie in die deutschen Südsee-Kolonien geschickt, um dort die Deutschen auszukundschaften; Japan hatte ja ein Auge
auf diese Gebiete geworfen.[22]

Kolilee gelangt nach einer abenteuerlichen Reise in die Stadt Rabaul auf
Neu-Pommern (heute Neubritannien und zu Papua-Neuguinea gehörend),

---

18 Ebd., S. 66.
19 Helene von Mühlau: Die Abenteuer der Japanerin Kolilee. Berlin 1918, S. 13.
20 Ebd., S. 29.
21 Dieser Zusammenhang von Emanzipation und Spionagetätigkeit wird im Ro-
    man von einem japanischen Admiral ausdrücklich hergestellt, wenn er es be-
    dauert, daß es in Japan ‚keine Frauen' gäbe, „die man zu wirklich ernsten
    Missionen verwenden könnte. Ein einziges kluges, vorsichtiges und gewand-
    tes Frauenzimmer könnte fertigbringen, was ein ganzes Heer von ewig be-
    wachten männlichen Spionen nicht zustande brächte" (ebenda, S. 40f.).
22 So aberwitzig dieser *plot* erscheint, so sehr ist er durch die historischen Tatsa-
    chen legitimiert: Um die Jahrhundertwende gingen viele Japanerinnen ins Aus-

wo sie bei einem deutschen Pflanzer Arbeit findet, der sich gleich in sie verliebt. Sie erwidert seine Liebe, aber spioniert ihn gleichzeitig heimlich aus,[23] indem sie verschiedene Aufzeichnungen, die er sich über die deutsche Südsee-Kolonie macht, kopiert oder Gespräche zwischen führenden Kolonialoffizieren in seinem Haus belauscht. Dieser Pflanzer entdeckt schließlich Kolilees Spionage-Tätigkeit – und erschießt sich aus lauter Verzweiflung darüber, dass sie ihn derartig hintergangen hat. Aber auch Kolilee rudert am Ende des Romans aufs Meer hinaus, um Selbstmord zu begehen.

Helene von Mühlau plädiert in ihrem vielschichtigen Roman für einen nicht rassistischen und nicht diskriminierenden Umgang mit Japan, was kurz nach dem Ersten Weltkrieg, als sich zudem noch deutsche Kriegsgefangene in Japan befanden, keineswegs selbstverständlich war. Trotzdem bleibt sie chauvinistischen Denkmustern verhaftet, denn Frauenemanzipation bedeutet bei ihr im Grunde ,deutsch' zu werden, d.h. alle Tragik des Romans resultiert aus der *un*vollkommenen Verwandlung Kolilees zur ,deutschen Frau'; als Deutsche hätte sie sicherlich nicht geliebt *und* spioniert, sondern nur geliebt![24]

Wenn der ,weibliche Blick' – so kann man zusammenfassend zu diesen Japan-Romanen sagen – auch in anderer Hinsicht als der ,männliche' auf Japan gerichtet ist, insofern er – wie gezeigt – die Frauenemanzipation und darüber hinaus die damit verbundene interkulturelle Problematik der Übertragung westlicher Konzepte auf die traditionell japanischen Einrichtungen aufnimmt, von denen das Ehe- und Familiensystem die sicherlich ,konservativsten' waren, so ist dieser Blick doch darum nicht weniger ,euro-, bzw. ,germanozentrisch', chauvinistisch und ,orientalistisch' als der männliche.

Zu naiv wäre es ja sicherlich auch zu erwarten, dass reisende Frauen nicht das Bewußtsein ihrer Zeit teilen würden; diese Aussage machen übrigens auch Wissenschaftlerinnen, die über Frauenreisen gearbeitet haben. So schreibt etwa Lydia Potts in ihrem Buch über Frauen-Reise um die Welt: „Der gewöhnliche Eurozentrismus oder Rassismus ihrer jeweiligen Zeit findet sich nur allzuoft in den Schriften reisender Frauen".[25] Oder Kristi Siegel schreibt in dem unlängst erschienen Buch *Gender, Genre, & Iden-*

---

land, von denen „zum erheblichen Teil angenommen werden [kann], daß sie der Prostitution zu dienen bestimmt sind" (Ernst Schultze: Die Prostitution bei den gelben Völkern. Bonn 1918, S. 36). Viele dieser im Ausland arbeitenden japanischen Prostituierten waren gleichzeitig Spioninnen.

23 Es heißt im Roman, dass sie die „doppelte Qual einer verzweifelten Liebe und der aufgezwungenen Heuchelei" (Mühlau [Anm. 19], S. 324) tragen müsse.

24 Wie sich die Autorin ausdrückt, wäre sie dann „einzig dem Naturtriebe [gefolgt] […], der das liebende Weib in die Arme des Mannes treibt!" (Mühlau [Anm. 19], S. 307f.).

25 Pott [Anm. 10], S. 18.

tity in Women's Travel Writing: „It would be pleasant to think that western women, often dominated themselves, would bond in sisterhood with women of other cultures, but that was not always the case."[26]

In den von mir untersuchten Texten ist dies nicht anders: Betrachtet man die Lösungen der Konflikte, die diese Romane anbieten, so wird deutlich: Das tragische Ende jeweils bei Katharina Zitelmann und Helene von Mühlau[27] resultiert letztlich aus einer ungenügenden Integration ihrer Hauptfiguren in die westliche, genauer gesagt in die deutsche Kultur: Hätte Saburo seinem kindlich erworbenen Idealbild der deutschen Pfarrfrau so folgen können, dass er auf seine – im Roman ja als ganz unnötig erscheinende – Ehe mit einer Japanerin verzichtet hätte, bevor er nach Deutschland geht, hätte er dort seine deutsche Pfarrerstochter heiraten und froh und glücklich mit ihr leben können; hätte Kolilee nur ihre ‚japanische' Eigenschaft der Gleichzeitigkeit von Spionage *und* Liebe abgelegt, hätte sie einfach und ‚treudeutsch' nur geliebt, wäre auch ihrer Geschichte ein glückliches Ende beschieden gewesen.

Diese ungenügende Integration in die deutsche Kultur, so legen es die beiden Autorinnen ja nahe, erzeugt die Katastrophen. Caroline Wilhelmine Emma Brauns hingegen gibt ein durchaus differenziertes Bild Japans, insoweit als sie die dort widerstreitenden Kräfte der altjapanischen Tradition und westlichen Modernisierung in ihren Roman integriert.

Was, bei aller Unterschiedlichkeit, diese drei Romane jedoch verbindet, ist eine merkwürdig ungebrochene Sicht auf die Stellung der deutschen Frau, die ja um 1900 keineswegs so gefestigt war: Als „einzige gleichberechtigte Genossin des Lebens",[28] als „Seinesgleichen des Gatten",[29] als „gebildet und im Leben und Beruf stehend"[30] wird sie von den Autorinnen begeistert gefeiert: Am deutschen (Frauen-)Wesen soll die (japanische) Welt genesen – damit findet der fatale, gleichzeitig auf Weltbeglückung und Weltbeherrschung abzielende imperialistische Anspruch des Wilhelminischen Deutschlands seine Fortsetzung – leider auch hier!

---

26 Kristi Siegel: „Intersections. Women's Travel and Theory". In: Kristi Siegel (Anm. 9), S. 1–11; hier: S. 3; es gibt zu dieser Meinung allerdings auch die Gegenposition: „Some critics have posited that women's travel writing demonstrates unique characteristics: Compared to travel writing by men, it is less directed, less goal-oriented, less imperialistic, and more concerned with people than place." (Siegel, ebenda, S. 5).

27 Also der Tod Saburos im russisch-japanischen Krieg nach seiner Verlobung mit einer Deutschen, wobei er schon mit einer Japanerin verheiratet gewesen ist, und Kolilees Selbstmord im Meer, nachdem sich ihr deutscher Geliebter erschossen hat.

28 Brauns (Anm. 11), Bd. 2, S. 47.

29 Zitelmann (Anm. 17), S. 52.

30 Mühlau (Anm. 19), S. 29.

Regiekunst und *Development-Theatre*

Betreut
von
Bernard Banoun, Simone Seym
und Marielle Silhouette

EMMANUEL BÉHAGUE (Straßburg, Frankreich)

Der Dramatiker Rainald Goetz
Gesellschaft und Form im Spiel der Kritik

Rainald Goetz' Schriften für das Theater umfassen die Trilogien *Krieg* (1987) und *Festung* (1993) sowie das Stück *Jeff Koons* (1998), für die der Autor jeweils mit dem Mülheimer Dramatikerpreis ausgezeichnet wurde. Neben den Inszenierungen der Stücke selbst zeugt auch dies von der Bedeutung und Verankerung dieser Dramatik in der deutschen Theaterlandschaft. Im Folgenden soll – in diesem Rahmen stark gekürzt – eine vergleichende Analyse dieser drei Momente im dramatischen Schaffen des Autors vorgenommen werden. Es gilt dabei, den wiederkehrenden Fragestellungen ebenso wie den Funktionsprinzipien nachzugehen, die dieser auffällig sperrigen Dramatik eigen sind. Der Goetzsche Text speist sich aus sehr konkreten künstlerischen und sozio-politischen Bezugspunkten seiner Zeit. Diese starke thematische Anbindung an die Aktualität trägt dazu bei, dass man sein Theater insofern als ein kritisches bezeichnen kann, als es sich als ein Ort der Befragung der Welt in ihrer je aktuellen Verfasstheit versteht. Dabei setzt Goetz das Theater keineswegs als Medium der Aufklärung ein, sondern versucht, mit ihm die Undurchsichtigkeit der Welt zu restituieren. Der Goetzschen Dramatik liegt die Suche nach einer adäquaten Form zugrunde, mit der die Gegenwart in ihrer Heterogenität und Widersprüchlichkeit zum Ausdruck gebracht werden soll.

1998 stellt der Autor in *Abfall für alle* – einer Art Tagebuch – eine Überlegung zur Diskussion, die als Ausgangspunkt für sein gesamtes literarisches Projekt gelten kann: „Man würde sich einfach mehr GLEICHZEI-TIGKEIT der ganzen Widersprüche wünschen, einen viel offeneren Krieg der Positionen, eine schnellere Wucht der Kollisionen der gegensätzlichen Sichten, Haltungen, Ideen, Perspektiven"[1]. Nicht von ungefähr taucht hier der Begriff des Krieges auf, der für seine erste Theater-Trilogie titelgebend ist. Im Motiv des offenen, andauernden und vieldeutigen Konflikts scheint sich eine Art literarischer Utopie beschreiben zu lassen, der Rainald Goetz in seinen dramatischen Texten konsequent nachgeht. Im Vergleich allerdings kristallisiert sich eine spezifische Entwicklung in Goetzens Dramatik heraus, in der das Stück *Jeff Koons* innerhalb seines übergreifenden

---

1   Rainald Goetz: Abfall für alle, Frankfurt a. M.: Suhrkamp, 1999, S. 55.

Versuchs einer kritischen Auseinandersetzung mit der Welt offensichtlich einen Einschnitt darstellt.

In *Abfall für alle* definiert Goetz das gesamte literarische Projekt *Heute Morgen* als Versuch, eine „Geschichte der Gegenwart" zu schreiben. Das Erfassen von Gegenwart stellt sich dabei von Anbeginn an als eine Suche nach Ab- und Umwegen, nach Rückblicken und Vorausgriffen dar, die seine dramatischen Texte strukturieren[2]. Diese „Gegenwart" muss bei Goetz verstanden werden als die Gesamtheit der realen Gegebenheiten in ihrer Heterogenität und Aktualität. Deren szenische Umsetzung wiederum beruht auf einem spezifischen Umgang mit der theatralen Mimesis. Rainald Goetz geht es darum, die Konstruktion einer dramatischen Fiktion infrage zu stellen und dabei jener in der Fabel enthaltenen „Lüge" zu entkommen, welche die Festschreibung und Formgebung von Realität, bzw. deren Wahrnehmung mit sich bringt. Gerade in dem Paradox einer literarischen Konstruktion, die der Form zu entkommen versucht, liegt das kritische Moment einer solchen Dramaturgie.

Goetzens Ansatz nimmt also die Gestalt einer eklektischen Dramaturgie an, in der meistens keine Szenen aufeinander folgen, sondern ein und derselbe Gegenstand der Überlegung von verschiedenen Blickwinkeln aus angegangen wird. Den jeweiligen Stücken sind einige Charakteristika gemeinsam. So ist der Versuch meist vergeblich, bei Goetz eine erkennbar definierte Fabel auszumachen. Die Figuren stellen keine konstanten, im Textverlauf wieder zu erkennenden Einheiten dar. Das führt dazu, dass man sie vor allem als Textträger wahrnimmt, denen fiktionale Identitäten abgehen. So verlässt der Goetzsche Text die ausgewiesenen Wege einer Dramaturgie, die sich auf die Entwicklung eines fiktionalen dramatischen Inhalts stützt. Die Frage nach der Stichhaltigkeit eines „einheitlichen" Ansatzes, an dem sich *eine,* für den Autor *typische* Dramaturgie jenseits der großen, eben genannten Linien erkennen ließe, muss also zweifach gestellt werden: Einmal vor dem Hintergrund einer thematischen Analyse der verschiedenen Stücke oder Stück-Komplexe, darüber hinaus aber auch mittels einer Interpretation der formalen Setzungen.

Die Trilogie *Krieg* geht der Gewalt-Frage nach. Die Thematik wird von drei Seiten aus beleuchtet, durch das Stück *Heiliger Krieg*, durch das Familienstück *Schlachten* und durch den Monolog *Kolik*. In einem politischen und kulturellen Klima, in dem ideologische Schemata, die zwei Jahrzehnte lang kritisches Gedankengut untermauert hatten, an Glaubwürdig-

2   Eckhard Schumacher: „Zeittotschläger. Rainald Goetz' Festung". In: Jürgen Drews: Vergangene Gegenwart. Gegenwärtige Vergangenheit. Studien, Polemiken und Laudationes zur deutschsprachigen Literatur 1960–1994, Bielefeld: Aisthesis Verlag, 1994, S. 277 f.

keit verloren, lässt der Autor in *Heiliger Krieg* im Rahmen einer permanent unterbrochenen dramatischen Fiktion die von ihm ironisch genannten „Mündigen Bürger" auftreten. Die Frage einer revolutionären Radikalisierung zieht sich anhand zahlreicher Verweise auf die Rote Armee Fraktion durch den Text als ein Rückgriff auf eine vergangene Zeit, die längst durch eine Gesellschaft der diskursiven Gewalt abgelöst wurde und in der jede Revolte von vornherein zunichte gemacht wird[3].

Auffällig ist, dass die darauffolgende Trilogie die Kriegs-Metapher in ihrem Titel fortsetzt: *Festung* vertieft die Überlegung, inwiefern Realität mittels des Diskurses – sei er literarischer, politischer oder historischer Natur – überhaupt zu erfassen ist. In dem *Stück Festung,* dem zweiten Teil der gleichnamigen Trilogie, macht Goetz die Problematisierung der diskursiven Haltung des Individuums am Beispiel des Redens über den Holocaust fest. Der Autor inszeniert das Verschwinden des Diskurs-Gegenstands in den Endlosschlaufen des Diskurses selbst. In der hier dargestellten Mediengesellschaft heben sich politische Antagonismen in bloßen Kommunikationsstrategien auf.

Jeff Koons greift noch einmal das Verhältnis von künstlerischem Diskurs und Realität auf. Ausgangspunkt ist die Biographie des amerikanischen Künstlers Jeff Koons, insbesondere seine Beziehung zum ehemaligen Porno-Star Cicciolina. Koons Arbeiten, die man gewöhnlich mit dem Merkmal des Kitsches belegt, greifen auf die Phänomene der Werbung und Massenkultur zurück. Die Auseinandersetzung mit Realität erscheint hier bewusst affirmativ und unkritisch. Gerade die vorsätzliche Naivität, die in der Proklamation der individuellen Idylle bei Koons vorherrscht, findet in Goetzens Reflexion über Kunst und deren Wirklichkeitsbezug ihren Niederschlag. Goetz stellt dem Stück diesbezüglich einige fragmentarische, aber wertvolle Hinweise voran: „Es geht, so blöd es klingt, um Harmonie. Stimmt gar nicht, halt, Stopp, Lüge, falsch, im Gegenteil, es geht ums Nie der Harmonie". Weit entfernt von einer simplen Dramatisierung der Künstlerbiographie inszeniert der Text den fundamentalen Schnitt, der die Welt zerteilt: Konkretisiert wird er unter anderem anhand einer Figurengruppe namens ‚Die Gebückten vom Görlitzer Bahnhof' einerseits und der Sphäre des Kunstmarkts andererseits.

Bei aller Kontinuität findet also eine dialektische Verschiebung in der Vorgehensweise des Autors statt: Der Tatsache, dass „kein Denkvermögen mit dem problematischen Schritt hält"[4], verleiht die Trilogie *Krieg* mit der

---

3   Carla Spies, Thomas Doktor: „Rainald Goetz". In: Alo Allkemper/Norbert Otto Eke (Hgg.): Deutsche Dramatiker des 20. Jahrhunderts, Berlin: Erich Schmidt Verlag, 2000, S. 869 f.

4   Peter Sloterdijk: Kritik der zynischen Vernunft, Frankfurt a.M.: Suhrkamp, 1983, S. 17.

Frage nach einer revoltierenden Haltung des Individuums gegenüber der heutigen Unübersichtlichkeit Gestalt. Indem Goetz die Möglichkeit überprüft, wie ein Realitäts-Diskurs vor dem Hintergrund der maßlosen Mediatisierung von Kommunikation und Wahrnehmung Gültigkeit beweisen kann, knüpft *Festung* an diese Überlegung an, indem sie sie zugleich problematisiert. *Jeff Koons* wiederum greift auf die Vermittlung durch eine Künstlerfigur und deren Selbstinszenierung zurück, um einen bewusst unkritischen Realitätsbezug zu hinterfragen. Die Einführung des biographischen Materials setzt in dieser Entwicklungslinie eine klare Zäsur: Eine Untersuchung der formalen Charakteristika der Goetzschen Dramatik lässt dies umso deutlicher zutage treten.

Die Ablehnung dramatischer Kategorien ist fester Bestandteil der Goetzschen Produktion – allerdings sind je nach Stück dramaturgische Relikte auszumachen. So lässt sich eine Art Embryo dramatischer Handlung in den Stücken *Heiliger Krieg* und *Schlachten* aufzeigen. Obwohl der Dialog nicht als Motor der Handlung fungiert, bleibt er in den beiden ersten Stücken der Trilogie fragmentarisch erhalten. Außerdem sind Figuren zu erkennen, auch wenn diese nicht wirklich Träger einer psychologischen Identität sind. In der Trilogie *Festung* spielen diese Kategorien dann keine Rolle mehr. Die Pseudo-Figuren aus *Heiliger Krieg* werden in *Festung Frankfurter Fassung* von einfachen Textträgern ersetzt. In deren Rede lassen sich keine dialogischen Momente festmachen, es sei denn in der Weise, wie die Moderatoren einer Konferenzschaltung, die den Stückrahmen abgibt, sich gegenseitig das Wort erteilen. So wird auf formaler Ebene der Problematisierung des diskursiven individuellen Weltbezugs entsprochen.

Der Kontrast zu *Jeff Koons* tritt darin umso deutlicher zutage. Auch hier ist offensichtlich kein Dialog vorhanden, während sich im Gegensatz zu den anderen Stücken eine Handlung wahrnehmen lässt, die eine echte Linearität aufweist. So vollzieht das Stück die Begebenheiten und Selbstinszenierungen des Künstlerlebens nach: Das Motiv des Künstlers verhilft dem Stück zu einer rahmengebenden Fiktion, in der einzelne Tagesmomente chronologisch aufeinander folgen. Während sich in Entsprechung zum kritischen Ansatz die früheren Stücke dadurch charakterisieren, dass sie mit den Funktionsregeln des dramatischen Textes brechen oder sie infrage stellen, hebt sich *Jeff Koons* davon durch eine gewisse „Regelmäßigkeit" in seiner Konstruktion ab.

In unterschiedlichem Maße werden also bestimmte Funktionsregeln der Dramatik aufgehoben, was weniger die Frage nach den möglichen Inszenierungen der Texte stellt, als vielmehr diejenige nach der Beziehung, die eine solche Dramaturgie mit dem Theater als Ort der szenischen Umsetzung eingeht. Eine Frage, die im Hinblick auf das Konzept des sogenannten „postdramatischen Theaters" gestellt werden muss.

In seinem Essay *Postdramatisches Theater* führt Hans-Thies Lehmann Rainald Goetz unter jenen Autoren an, „deren Werke mindestens teilweise dem postdramatischen Paradigma verwandt sind"[5], einem Paradigma, das – so Lehmann – sich unter anderem durch das Abrücken von einer text-zentrierten Perspektive kennzeichnet, in der der Text sowohl Ausgangs-punkt als auch Vektor der Sinnerzeugung innerhalb der Inszenierung ist.

In eben diesem Verhältnis des Textes zur Inszenierung findet das für die Goetzsche Dramaturgie typische Paradox Ausdruck. Zwar versteht sich der dramatische Text in seinem Fall nicht als eine Art Vor-Schrift für die szenische Umsetzung. Dennoch scheint der von ihm formulierte Anspruch in Bezug auf sein Theaterschreiben schwerlich mit der Idee vereinbar zu sein, dass dem Text im Rahmen der szenischen Umsetzung ein privilegier-ter Status in der Sinnerzeugung abgesprochen wird. Der Goetzsche Text dagegen integriert sein Verhältnis zur Bühne bis hin zu seiner stückinhä-renten Problematisierung und geht weit über das bloße Angebot einer Fa-bel hinaus, die für Eingriffe aller Art durch die Regie offen wäre. Es han-delt sich dabei nicht um den Versuch einer Sinn-Kontrolle durch den Text, sondern um ein stetes Überschreiten seiner eigenen Grenzen. Goetzens Dramatik ist insofern also postdramatisch, als sie die überlieferten genre-spezifischen Kategorien und Grenzen aufbricht. Indem sie dies tut, ver-sucht sie allerdings nachdrücklich, die Rolle des Textes in der szenischen Sinnerzeugung zu behaupten. Der Goetzsche Text strebt eine Form von Totalität an, die nur in aller Heterogenität erreicht werden kann, und cha-rakterisiert sich durch das regelmäßige Aussetzen seiner Funktionsprinzi-pien. Vor diesem Hintergrund wirkt die Dramaturgie von *Jeff Koons* wie ein Schritt zurück zu einer – freilich relativen – formalen Einheit und Strin-genz. Obwohl der Autor schon bei seinen vorangegangenen Stücken auf zusätzliche *Materialien* jenseits der Stücktexte verwies, scheint *Jeff Koons* sehr viel stärker in jenem globalen literarischen Projekt verankert zu sein[6], das Goetz in *Heute Morgen* artikuliert. Das Streben nach Totalität wird in diesem Stück in besonderem Maße außerhalb des dramatischen Textes selbst verlagert und auf verschiedene – literarische, dokumentarische – Träger umverteilt. So bliebe also zu überprüfen, inwiefern diese unterschiedlichen Elemente sich ergänzen oder vielmehr – gemäß dem Goetzschen Credo der Gleichzeitigkeit der Widersprüche – einander in der Intention wider-sprechen, das „Ganze der Gegenwart" zu erfassen.

5   Hans-Thies Lehmann: Postdramatisches Theater, Frankfurt a.M.: Verlag der Autoren, 1999, S. 25.
6   Siehe z. B. Rainald Goetz: Abfall für alle (Anm. 1), S. 114.

GÜNTER KRAUSE (Nantes, Frankreich)

Pop und Punk oder die Sprache auf dem Theater (Werner Schwab)

Als 1991 Werner Schwabs Theater des „metaphysischen Bodenturnens"[1] die deutschsprachigen Bühnen stürmt, sehen die meisten Kritiker den Grund für dessen Erfolg in dem Punk-Show-Charakter der Stücke. Der Autor tut seinerseits alles, um das Image des rebellischen Underdogs und Outsiders zu bedienen: Er geriert sich intellektualitätsfeindlich, präsentiert als Vorbild seiner Theaterarbeit insbesondere Iggy Pop, einen der Ur-Väter des Punk, und dessen Konzerte, arbeitet mit den avantgardistischen Experimental-Elektronik-Rockern der „Einstürzenden Neubauten" zusammen, beginnt ein ausschweifendes Sexualleben und stirbt schliesslich gemäss dem „My generation"-Motto „I hope I die before I get old"[2] sehr plötzlich nach durchzechter Silvesternacht 1993/94 im Alter von 35 Jahren. Für einige hat die Pop-Kultur damit einen neuen Helden, der von der „Kultur-Industrie" zerstört wurde, andere sehen hier eher das vorausschaubare Ende eines Dilettanten, dem der Versuch, altehrwürdiges Theater aus Karrieresucht punkig aufzumotzen, schlecht bekommen ist. Auch für die wissenschaftliche Auseinandersetzung, die fast ausnahmslos erst nach dem Tode Schwabs einsetzt[3], sind mit dieser Autor-zentrierten Polarisierung die Horizonte zunächst klar abgesteckt; erst ganz allmählich zeichnet sich eine vorsichtige Öffnung ab.

Zu nachhaltig wirkt das Schwabsche Theater durch eine ausgeklügelte, progressive schriftliche Inszenierung des deutschen Sprach-Schatzes, deren poetische Originalität kaum bestreitbar ist. Die Konsequenzen eines solchen Schrifttheaters für die Bühne sind ebenso verblüffend wie radikal: Dieses Verfahren eröffnet einen direkten Zugang zur grausam-perversen Banalität von alltäglicher Realität. Anscheinend hat sich so Antonin Artauds Konzept eines „Theaters der Grausamkeit" genau auf die Art und Weise realisiert, die letzterer für ausgeschlossen hielt, nämlich in einer Sprache, die durch die Schrift determiniert ist[4]. Die Nähe des Schwab-

---

1 Werner Schwab: Fäkaliendramen, Graz/Wien: Droschl, 1991, S. 10.
2 The Who: My generation, LP/GB (LAT 8616), Braunschweig 1965.
3 Harald Miesbacher: Werner Schwab (Dossier Extra), Graz/Wien: Droschl, 2003, S. 53–85.
4 Günter Krause: Das Theater gegen die Schrift. In: Cahiers d'Études Germaniques 20 (1991).

schen Theaters zum Konzept Artauds ist immer wieder betont worden, allerdings ohne Einbeziehung dieser paradoxen Komponente, die es erst erlaubt, die theaterkritische Dimension des „metaphysischen Bodenturnens" ins Bewusstsein zu rücken. Werner Schwab ist nämlich einerseits sicherlich alles andere als ein Verfechter bestimmter Theater-Konzeptionen, trifft sich aber mit Artaud (und – warum nicht – Brecht, usw.) genau in diesem Punkt, d. h. der konkreten In-Frage-Stellung bisheriger Theater-Praxis durch das Theater.

Diese theaterkritische Dimension des Schwabschen Theaters streift merkwürdigerweise die sprachkritische (Oswald Wiener, Peter Handke) nur peripher, näher ist ihr da schon die konkrete Poesie eines Ernst Jandl, dessen Sprache aus einer konjunktivischen Fremde kommt, in der die Schwabsche bereits indikativisch ver-rückt daheim ist. Beiden gemein ist das Verständnis von Sprache als zu modulierendem konkreten Material. Die Konkretheit liegt dabei nicht primär im Sinn oder der Bedeutung; Konkretheit geht darüber hinaus und bezieht Un- und Wider-Sinn, das Falsche und Redundante mit ein. Insbesondere Letzteres, das Überflüssige, Unnötige, der Sinn- und Bedeutungs-Abfall ist von Werner Schwab als konkretes Theater-Material entdeckt worden; was im übrigen auch erlaubt, das Theater von Werner Schwab von dessen Skulpturen aus animalischen und anderen Überresten her zu verstehen, die den Beginn seines künstlerischen Schaffens markieren[5]. Diese Überreste verweisen nicht auf eine Realität, die das Kunstwerk konkret werden liesse, sondern sie sind – umgekehrt – konkretes Material, das durch gezielte Modulation die Realität des Kunstwerks schafft. Ganz ähnlich verhält es sich mit dem Wort, dem Satz oder dem Text, die in der gezielten Modulation ihre konkrete Materialität zurückerstattet bekommen und so ihre eigene Realität behaupten.

Spätestens seit der Romantik[6] wird dem Wort als künstlerischem Material eine größere Realitätsferne als dem Bild, der Musik oder der Plastik zugeschrieben. In einer solchen Perspektive muss der Übergang von der Plastik zum Theater im Werk von Werner Schwab als Bruch und Distanzierungsbewegung erscheinen. Dagegen aber spricht ganz eindeutig das Schwabsche Theater, das eben diese angenommene Idealitätsnähe und Realitätsferne des Sprachmaterials konkret widerlegt. Auch dies ist nicht neu:

---

5   Diesen Hinweis verdanke ich Ingeborg Orthofer.
6   Friedrich Wilhelm Schelling: Philosophie der Kunst (1802). In: Sämmtliche Werke, hg. von K. F. A. Schelling, Band 5, Stuttgart / Augsburg 1859.
    – Vgl. hierzu auch: Günter Krause: „Wir sind in die Welt gevögelt und können nicht fliegen" – Sprache als theatralischer Körper bei Werner Schwab". In: Günter Krause (Hg.): Literalität und Körperlichkeit, Tübingen: Stauffenburg, 1997.

Bereits Friedrich Hölderlin erkennt in seinen *Anmerkungen zur Antigonä* den Unterschied zwischen der griechischen und der modernen Tragödie in der Verschiebung von einer „tödlichfaktischen" zu einer „tötendfaktischen" Qualität der Sprache[7]. Unsere moderne, tötendfaktische Sprache hat sich des Umwegs über den Körper entledigt; sie überredet, überzeugt oder verführt den Körper nicht mehr, um ihn zu einem Schlag gegen die Realität zu bewegen, die Sprache selbst ist dieser Schlag, den man im Englischen einen „Hit" nennt. Der englische Ausdruck passt besser als man zunächst vielleicht meinen könnte, da er in der Sprache der Pop-Kultur deutlich das Vereinende betont, ohne den Gewaltaspekt gänzlich zu verleugnen. Tatsächlich ist das eigentlich Erstaunliche an der von Hölderlin festgestellten Verschiebung in der Sprachqualität, dass sie dem modernen Menschen eine Macht verleiht, über die zuvor nur die Götter und, partiell, die Helden verfügten, nämlich unmittelbar wirksame Blitze des Verderbens oder Pfeile der Liebe in der gut getarnten Form des Wortes zu schleudern. In der modernen, profanen Welt sind Götter, Helden und mit ihnen das Heilige konkret das geworden, was sie schon immer waren, nämlich Funktionen der Sprache. Die Konstruktion der Heiligen-Viten (hier speziell nach dem Vorbild des Lebens Jesu) funktioniert prinzipiell nicht anders als es die Biographien der Helden der Pop-Kultur tun – und überdies hat Werner Schwab das Jesus-Alter ja auch nur knapp verfehlt. Das Wort vermag alles mit allem und alle mit allen real zu verbinden, diese Verbindungen umzuleiten, zu kappen oder total zu zerstören; hierin liegt sein Gesetz und seine Freiheit. Diese paradoxe Einheit von Gesetz und Freiheit, die Gemeinden und eines Tages sogar Gemeinschaft schaffen soll, macht das aus, was früher das „Heilige" genannt wurde. Der Poet, der Hölderlinsche Sänger, ist ein weltlicher Hohepriester, der durch das Wort den gleichen und freien Menschen die Möglichkeit eröffnet, eines Tages auch noch zu Brüdern zu werden. Die Eröffnung dieser Möglichkeit, das, was die Dichter bleibend stiften, ist nichts, was ausserhalb der allen zugänglichen Sprache zu finden wäre; es ist, im Gegenteil, gerade das allen Zugängliche in ihr, d.h. ihre Schönheit. „Schönheit" ist keine ästhetische Kategorie im engeren Sinne, d.h. sie strebt von sich aus weder automatisch nach ungebrochener Harmonie noch nach bruchloser Versöhnung, sie zwingt nur auf.

Das Buch der vom Koran Getöteten des 1035 verstorbenen schafi'itischen Theologen Abu Ishaq Muhammad at-Ta'labi präsentiert Schönheit als eine überwältigende, daseinsbestimmende Erfahrung der ästhetischen Qualität der Verse des Koran. Diese ungeheure Macht der Schrift, die vielen muslimischen Theologen als einziges Wunder gilt, wird von dem 1937

7   Friedrich Beissner/Jochen Schmidt (Hgg.): Hölderlin. Werke und Briefe, Band 2, Frankfurt a.M., Insel, 1969, S. 788.

verstorbenen Ägypter Mustafa Sadiq ar-Rafi'i wie folgt beschrieben: „Alle Einzelteile seines Geistes wurden angerührt vom reinen Laut der Sprachmusik [...] Es war weniger, als ob ihm etwas rezitiert würde, sondern eher, als ob sich etwas in ihn eingebrannt hätte"[8]. Diese Erfahrung parallelisiert Navid Kermani in seinem *Buch der von Neil Young Getöteten*[9] mit dem Effekt, der sich beim Anhören der Musik des Genannten einstellt und konstruiert so eine Erfahrungsspur von Schönheit und Sound, die Religion und Pop-Kultur, die Einzigartigkeit des Wunders der Schrift und die im Sound immer allen zugängliche und damit populäre Sprache zusammenführt. Dies erlaubt, Werner Schwab, jenseits gängiger Clichés, durchaus als einen „von Iggy Pop Getöteten" zu verstehen.

Die Schönheit der Schwabschen Sprache drückt sich nicht allein im Sound der Sprache der Theaterfiguren aus, auch die Regie-Anweisungen, der Essay *Der Dreck und das Gute. Das Gute und der Dreck*[10] sowie das Vorwort zu den *Fäkaliendramen* verweigern das, was man die „Normal-Sprache" nennen könnte, und behaupten trotz alledem den Status einer „Hoch-Sprache" (das „Hoch-Schwab"). Von ganz besonderem Interesse ist in diesem Kontext das Vorwort zu den *Fäkaliendramen*, weil es sehr konkret Schönheit mit Programmatik verbindet und so das ausgedehnte Hoch-Plateau eines theatralen Kontinents in allen seinen Aspekten vorführt. In der Formel vom Theater als „metaphysischem Bodenturnen" etwa konstituiert sich dieser Kontinent als ein gewisses Paradoxon von gleichzeitiger Nähe und Ferne zur Physis, d. h. zur Natur, zur Erde und zum Körper. Diese paradoxe Grundstruktur ergibt sich konkret aus dem „menschenfeindlichen Material"[11], aus dem dieser Kontinent besteht. Nämlich einmal aus der Schrift, die seit Plato verdächtigt wird, ein Agent des Vergessens zu sein, der unaufhörlich daran arbeitet, das Gedächtnis zu unterminieren. Und zum anderen aus der Sprache, in der insbesondere die Romantiker, der bei Schwab explizit immer wieder auftauchende Friedrich Nietzsche und Antonin Artaud einen Willen zur Unwahrheit am Werke sahen. Die Modulation eben dieser menschenfeindlich-negativen Elemente produziert merkwürdigerweise als positives Resultat einen Text, der alle Bereiche des Gedächtnisses mit verblüffender Leichtigkeit aktiviert, und andererseits eine Sprache, die ihren Willen zur Unwahrheit als Willen zur Macht offenlegt,

---

8 Zitiert nach Navid Kermani: Gott ist schön – Das ästhetische Erleben des Koran, München: C. H. Beck, 1999, S. 16.

9 Navid Kermani: Das Buch der von Neil Young Getöteten, Zürich: Ammann, 2002.

10 Werner Schwab: Der Dreck und das Gute. Das Gute und der Dreck, Graz/ Wien: Droschl, 1992.

11 Werner Schwab (Anm. 1), S. 10.

indem sie die dramatischen Figuren nicht einfach nur determiniert, sondern konstituiert.

Das, was sich im Hoch-Schwab dem Gedächtnis aufdrängt und einbrennt, vermittelt sich durch den Sound. Es liegt also nah, Werner Schwab „als eine Art Sprach-DJ [zu verstehen], der sich [...] auf seinem Sprach-Composer austobt und [...] sprachliche Versatzstücke sampelt"[12]. Hierdurch entgeht der Schwabsche Text nicht zuletzt der Privatsprache und Hermetik, weil er alle zugänglichen Bezugs-Codes benötigt und diese in Beziehung zueinander bringt. „Das kulturelle Sampling [...] erschliesst in seiner Totalität Möglichkeiten für universelle, diasporische Dialoge, [es ist] keineswegs ein Sammelsurium beliebiger, koloristischer Elemente"[13].

Der konsequente Selbst-Bezug gängiger kultureller Codes beim Schwabschen Sampling – im übrigen etwas, was man bereits bei Nietzsches *Ecce Homo* beobachten kann – installiert keine neue Autor-Autorität, sondern lässt gerade diese Grundlage klassisch-rationalistischen Kunstverständnisses als Relikt einer mythologischen Epoche erscheinen. Mytho-logisch deshalb, weil es den Autor-zentrierten Codes nicht um Herstellung von letztlich immer arbiträren Bezügen, Verkoppelungen und Vernetzungen geht, die Sinn als temporären, historischen Effekt produzieren, sondern um den einen, absoluten Sinn. Unsere rationalistischen kulturellen Codes unterscheiden sich von unseren Mythologien nur durch ein Überlegenheits-Postulat, dessen Legitimation in der systematischen Abstraktion von einer im Mythos noch fassbaren Physis gründet, die als Hort von Chaos und Willkür denunziert wird. Dieser Abstraktionsvorgang tangiert auch die Sprache, in der sich Physis allein im Sound zu Wort meldet und körper- und zeichenhafte Komplexität von Sinn jenseits von Bedeutung vorführt.

In allen Theaterstücken Werner Schwabs geht es um das zentrale Motiv aller Mythen, nämlich die Reproduktion in all ihren Ausformungen und um das, was sie bedroht. Dieses Motiv wird nun hemmungslos mit historischen und Mythen des Alltags sprachlich so verkoppelt, dass als Sinn des Theaters immer wieder die Herstellung von Gemeinschaft tragisch erfahrbar wird. Die tragische Dimension dieser Erfahrung ergibt sich nicht zuvorderst aus dem Scheitern der Figuren auf der Bühne, sondern insbesondere aus der Tatsache, dass Theatersprache zum Zeichen der Revolte gegen ein Schicksal geworden ist, das immer noch nicht vom Menschen bestimmt wird.

12 Harald Miesbacher: Werner Schwab (Anm. 3), S. 252.
13 Heinz Geuen / Michael Rappe: „Annäherung an eine pragmatische Ästhetik der Popmusik". In: Heinz Geuen / Michael Rappe (Hgg.): Pop & Mythos, Schliengen: Argus, 2001, S. 18.

Erweitert wird dieser Horizont des Schwabschen Theaters noch durch ein anderes, späteres Verfahren, nämlich dem Covering. Gecovert hat Werner Schwab auf dem Theater zunächst Kunstwerke von Michelangelo, Spitzweg und van Gogh[14], dann aber ganz direkt Shakespeare, Goethe und Schnitzler. Insbesondere Goethes *Faust* lädt offen zu einem solchen Verfahren ein, weil er selbst schon als Cover-Version bezeichnet werden kann, die dann selbst wieder die Vorlage für andere abgegeben hat. Allein dieses Faktum deutet darauf hin, dass sich im Covering ein polysemiotisches Kompositionsprinzip beobachten lässt, das ausschliesslich einer systemischen Position des Textes die Treue hält, ohne die die Trans-Position undenkbar wäre. Deutlich wird dies schon in der 1. Szene des Schwabschen Cover-Faust, die in dessen Studierzimmer spielt. Hier wird die Faustische Problematik vorgestellt, der dann die Offenlegung des Verfahrens auf dem Fuße folgt: „Dann ist ein jedes Stück ganz Stück für Stück verbröselt"[15].

Franz Wille schreibt anlässlich der Premiere von Schwabs Stück am 1.11.1994 in der FAZ: „Werner Schwab hat sich Goethes *Faust* angenommen und Regisseur Thomas Thieme der postumen Uraufführung […] Beiden gelingt Vergleichbares: imponierende Vernichtungen"[16.] Letzteres ist die wohl treffendste Übersetzung des Fremd-Wortes „Dekonstruktion"; das Schwabsche Theater zeigt, wie diese auf der Bühne als Schrift-Spiel mit dem Sprach-Schatz funktionieren kann.

14 Werner Schwab: Der Himmel Mein Lieb Meine sterbende Beute. In: Werner
    Schwab: Königskomödien, Graz/Wien: Droschl, 1992.
15 Werner Schwab: Faust: Mein Brustkorb:Mein Helm. In: Werner Schwab: Dramen III, Graz/Wien: Droschl, 1994, S. 81.
16 G. Fuchs/P. Pechmann (Hgg.): Werner Schwab (Dossier 16), Graz/Wien:
    Droschl, 2000, S. 227.

SPELA VIRANT (Ljubljana, Slowenien)

Durch den Fleischwolf der Massenmedien zur Bühne

Ein wesentliches Merkmal des zeitgenössischen deutschsprachigen Theaters ist die Auseinandersetzung mit modernen Medien. Dabei geht es nicht nur um die Nutzung neuer Medien als theatralischer Ausdrucksmittel, sondern immer mehr um die Thematisierung und Reflexion (massen)medialer Diskurse und Praktiken, und zwar sowohl auf der Ebene der Theatertexte wie auch auf der Ebene der Inszenierung. Dies soll im Folgenden kurz skizziert werden, und zwar am Beispiel des Stücks *Prater-Saga 4, Diabolo, Schade, dass er der Teufel ist* von René Pollesch, in der Inszenierung von Stefan Pucher. Die Premiere fand am 9. 2. 2005 im Prater der Berliner Volksbühne statt.

Der Punkt, an dem diese Theatervorstellung die Problematik der Massenmedien berührt, ist die unsichere Trennlinie zwischen Wirklichkeit und Inszenierung. Die Frage, was wirklich und was inszeniert ist, wird mit unterschiedlichen Mitteln auf unterschiedlichen Ebenen herausgefordert. Ein Mittel ist die Anordnung des Publikums um den Spielort, die keine Rampe und dadurch keine klare Trennung zwischen Zuschauer und Akteur zulässt. Auf der Ebene der visuellen und der klanglichen Gestaltung der Vorstellung wird mit dem Einsatz von Video und Lautsprechern gespielt, wobei sowohl Originalaufnahmen als auch vorgefertigte gespielte Aufnahmen und Live-Übertragungen des Vorgehens auf der Bühne direkt auf der Leinwand beziehungsweise über Lautsprecher wiedergegeben werden. Ähnlich wird die Textebene gestaltet, wobei mit historischem Zitat, Fiktion und fast privatisierender Improvisation gespielt wird, was durch unterschiedliche schauspielerische Ansätze unterstrichen wird.

Der Eindruck der Authentizität, der von einem echten Zitat ausgehen sollte, wird durch die fiktiven Zitate, die ihn flankieren und sich jeweils des gleichen Mediums bedienen, aufgehoben. Aber auch auf der Ebene des Theatermediums selbst wird mit der Gier des Zuschauers nach Authentizität gespielt. Für das Theaterpublikum ist es ein besonderer Genuss, einen Schauspieler zu sehen, dem ein Fehler unterläuft, und zu beobachten, wie er wieder zurück in seine Rolle findet. Die Fehler bringen Realität in die theatralische Fiktion ein, erhöhen die Spannung zwischen Realität und Fiktion, sichern aber gleichzeitig auch die Grenzen zwischen ihnen ab. Bei Pollesch und Pucher werden jedoch auch die Fehler inszeniert, was man spätestens bei deren Wiederholung erkennen muss.

Die perfekte Inszenierung der Authentizität als Imperfektion wird zum
Beispiel auch von Falk Richter in seinem Stück *Gott ist ein DJ* thematisiert. Die zwei Protagonisten in diesem Stück sind Künstler, die das „echte" Leben für ein Live-Publikum und ein Kamerateam spielen. In den An-
weisungen steht:

> Gerade die Momente, in denen sie abstürzen, nicht perfekt sind, werden vom
> InternetKunshallenkamerateam sehr gerne gesehen, und dessen sind sie sich
> bewußt[1].

Für die Schauspieler stellt das eine besondere, zur Zeit moderne Herausforderung dar: das Spielen zu spielen; das heißt, die Geheimnisse des Hand-
werks, echt zu wirken, preisgeben, ohne dass das Handwerk darunter leidet.

In dem Programmheft zur *Prater-Saga 4* wird programmatisch auch
Andy Warhol zitiert, und zwar seine Erzählung darüber, wie sein Gefühlsleben mit dem Erwerb eines Fernsehers und eines Tonbandgeräts endete:

> Ein interessantes Problem war ein interessantes Tonband. Jeder wusste das
> und schauspielerte für das Tonband. Man wusste nicht, welche Probleme echt
> waren und welche für das Tonband übertrieben wurden. Und das allerbeste
> war, dass die Leute, die über ihre Probleme sprachen, selbst auch nicht mehr
> wussten, ob sie wirklich diese Probleme hatten oder ob sie eben doch nur
> gespielt waren.
> Ich glaube, in den sechziger Jahren vergaßen die Leute, was Gefühle sind.
> Und ich glaube nicht, dass es ihnen wieder eingefallen ist. Ich glaube, wenn
> man Gefühle einmal von einer anderen Warte gesehen hat, kann man sie nie
> wieder als echt empfinden. Genau das ist mir passiert[2].

Doch wäre es vereinfachend und demnach auch falsch, die Inszenierung
von Pollesch und Pucher wie auch die Dramatik manch anderer junger
Autoren einfach als Anklage der Medien und Klage über den Verlust von
echten Gefühlen in einer von Medien beherrschten Welt zu betrachten.
Erstens: es wird gar nicht geklagt! Glaubt man Andy Warhol, so können
die Theaterautoren, die in den sechziger Jahren geboren sind, die „echten"
Gefühle gar nicht kennen. Die Unterscheidung von „echt" und „unecht" ist
gar nicht mehr relevant. Was diese Generation junger Theaterautoren von
Warhol übernimmt, ist die Feststellung, dass Medien unseren Alltag und
unser Gefühlsleben prägen. Sie entfernen sich jedoch von ihm mit der Feststellung, dass erstens nicht die Medien allein, nicht der Fernseher oder das
Tonband an sich, sondern der Umgang mit ihnen über die Effekte entschei-

---

1   Falk Richter: Gott ist ein DJ, in Theater heute, 5, 1999, S. 62–73, hier S. 62.
2   Andy Warhol. In: Pollesch / Prater-Saga 4, Volksbühne im Prater, Berlin 2005.

det, die sie hervorrufen, und zweitens, dass diese Effekte, auch wenn es um „unechte" Gefühle geht, echte gesellschaftliche Relevanz besitzen, die Beachtung verdient.

Oder, um eine Aussage von Stefan Pucher zu zitieren, die von der Volksbühne in der Ankündigung der Inszenierung verwendet wird:

> Die Frage ist doch, wie man mit diesen kulturellen Bildern umgeht, zum Beispiel mit den wortlosen Titten in der Zeitung und dem bilderlosen Sex-Gelabere in den Talkshows.[3]

Diese Aussage von Stefan Pucher macht noch einmal deutlich darauf aufmerksam, dass eine Bezeichnung wie „Theater von Blut und Sperma" für die junge deutschsprachige Theaterproduktion nicht zutreffen kann, auch wenn Konflikte, Sex und Gewalt manchmal scheinbar im Vordergrund stehen. Aber nicht Sex und Gewalt sind die Themen des Theaters, sondern der Umgang der Medien mit diesen Themen und der Umgang der Medienkonsumenten mit den Medienprodukten, also das, was der Fleischwolf der Massenmedien daraus macht und wie die „faschierte" Masse medialer Produkte verarbeitet werden kann. Das ist oft auch dort der Fall, wo die Theatermacher weniger mit dem Einsatz moderner technischer Hilfsmittel arbeiten und die Texte scheinbar zum Geschichten-Erzählen und zur konventionellen dramatischen Form zurückkehren. Der Begriff „neuer Realismus", der für diese Stücke manchmal verwendet wird, ist auch dann nur bedingt akzeptabel, wenn unter der Realität, der durch das Theater ein Spiegel vorgehalten wird, die Realität der Medien oder die medial produzierte Realität verstanden wird.

Der Begriff „Fleischwolf der Massenmedien" ist Boris Groys' Werk entliehen, und zwar seinem 1997 erschienenen Buch *Logik der Sammlung*. Darin geht Groys der kultur-ökonomischen Logik der Innovation nach und verwendet die Begriffe des „profanen Raums" und „des Raums der valorisierten Kultur", die die Möglichkeit geben, die Begriffe Realität, Realitätsnachahmung und Realismus zu umgehen und damit die Gefahr lindern, den jungen Autoren eine naive, vorstrukturalistische Sprachauffassung zu unterstellen. Das Profane umfasst dabei alles, was bisher nicht als kulturell wertvoll wahrgenommen und deshalb nicht in die Räume der valorisierten Kultur – z.B. Museen, Bibliotheken und Theater – aufgenommen wurde.

Für Groys ist der Zwang zum Neuen, dem sowohl Künstler als auch Wissenschaftler unterliegen, ein grundlegendes Prinzip, das das Funktionieren unserer Kultur steuert. Neu ist, was bisher im Kulturgedächtnis noch

---

3   www.volksbuehne-berlin.de/volksbuehne-berlin-cgi/vbbNav.pl?fID=B12&pID =551.

nicht gespeichert wurde, aber als erhaltenswert angesehen wird. Das Verfahren, in dem das Neue hergestellt wird, erklärt Groys am Beispiel des
Ready-made: Ein Ding aus dem „profanen Raum", d.h. aus der kulturell
nicht valorisierten und archivierten Welt, wird durch positive und negative
Anpassung der kulturellen Tradition angenähert und somit aufgewertet.
Der Austausch zwischen profanem Raum und dem Raum valorisierter
Kultur verläuft auch in entgegengesetzter Richtung. So werden Erschei-
nungen der Hochkultur nachgeahmt, vervielfältigt, kommerzialisiert, tri-
vialisiert und dadurch profaniert und entwertet. Derart wieder zu profanen
Dingen geworden, können sie neu aufgewertet werden[4]. Ähnliches pas-
siert, so Groys, in der postmodernen Kunst, wobei als profaner Raum die
Welt der Massenmedien dient:

> Der postmoderne Künstler fragt nach den Veränderungen, die die Kunststile
> der Vergangenheit in der profanen Realität der modernen Massengesellschaf-
> ten und der Medien erfahren haben – und ästhetisiert diese Veränderungen.
> Dieser Vorgang wird oft missverstanden, indem man meint, dass die post-
> moderne Kunst die Vergangenheit bloß zitiert. Dieser Vorwurf ist aber nicht
> berechtigt, denn zitiert wird nicht die Kunst der Vergangenheit selbst, sondern
> vielmehr die profanen Massenerscheinungen dieser Kunst in der Gegenwart,
> d.h. die Kunstklassik, die durch den Fleischwolf der Massenmedien und der
> Massenrezeption gegangen ist. Hier wird die Aufmerksamkeit von der Neuar-
> tigkeit der künstlerischen Form auf die Neuartigkeit des gesellschaftlichen,
> medialen, sprachlichen Umgangs mit der künstlerischen Form verlagert – und
> diese Verlagerung ist völlig legitim[5].

Auch Groys stellt, ähnlich wie Stefan Pucher, den Umgang mit bestimmten kulturellen Erscheinungen in den Mittelpunkt des Interesses postmo-
derner Kunst. Während Pucher nur über den Umgang mit massenmedialen
Produkten spricht, macht Groys darauf aufmerksam, dass diese Produkte
selbst aus dem Raum valorisierter Kultur entnommen und durch die Medi-
en trivialisiert worden sind.

Als postmodernes Zitat im Groysschen Sinne könnten demnach nicht
nur die wortgetreue Übernahme von Textpassagen oder Satzteilen aus der
Sprache der Massenmedien, das vorgefertigte Videomaterial und die Verwendung bestimmter Formen gelten, sondern auch die zu medialen Bildern geronnenen Motive des Mordes und Inzests, der Verstümmelung und
Vergewaltigung gelten. Diese Motive sind aus der Geschichte des Dramas
wohlbekannt und erfreuten sich gerade in ihrer Glanzzeit, im antiken und
im elisabethanischen Drama, großer Beliebtheit, werden jedoch heute in

---

4   Boris Groys: Über das Neue, München, Wien: Hanser Verlag, 1992.
5   Boris Groys: Logik der Sammlung, München, Wien: Hanser Verlag, 1997, S. 36.

den Massenmedien bis zum Überdruss variiert, trivialisiert und damit profaniert. In diesem Sinne kann die Medienwelt als der profane Raum angesehen werden, aus dem diese Theaterstücke die „faschierten", vorgefertigten Bilder der Gewalt und der Obszönität entnehmen, um sie im Rahmen der traditionellen Theatergenres wieder aufzuwerten.

Dabei müssten sie, um der Definition von Groys gerecht zu werden, das Profane, das sie aufwerten, interpretieren und diese Interpretation im Werk selbst integrieren. Sie müssten die Aufmerksamkeit „auf die Neuartigkeit des gesellschaftlichen, medialen, sprachlichen Umgangs" mit den Erscheinungen der Gewalt und Obszönität lenken. Es genügt nicht, in eine Inszenierung nur vorgefertigtes Videomaterial als Zitat einzubauen, deshalb setzt Pucher auch fiktive Zitate ein und führt auf diese Weise vor, wie in den Massenmedien Authentizität hergestellt wird.

Als ein weiteres Beispiel, bei dem andere Mittel verwendet werden, um ein anderes Problem der Massenmedien zu thematisieren, können die Stücke *Tätowierung* von Dea Loher und *Täter* von Thomas Jonigk dienen. In beiden Stücken geht es zwar um Kindesmissbrauch und Inzest, die Inzest-Geschichten werden jedoch nicht einfach neu erzählt. Erzählt wird vielmehr, wie die Medien in den 90er Jahren des 20. Jahrhunderts dieses Thema für sich entdeckt haben und heute den gesellschaftlichen Diskurs darüber prägen. Durch die Aneignung einer quasi wissenschaftlichen Sprache wird der Missbrauch als erklärbar und auf Grund der Triebtheorie auch noch als naturhaft dargestellt. Dadurch erscheint er als ein Naturprodukt und nicht als Produkt gesellschaftlicher Machtverhältnisse, womit sich die Gesellschaft der Verantwortung dafür entledigen kann.

Betrachtet man die junge deutschsprachige Theaterproduktion, so kann man feststellen, dass moderne Massenmedien einen wichtigen Schwerpunkt darstellen, wobei vor allem der Umgang mit ihnen direkt oder indirekt thematisiert wird. Wichtig und innovativ sind dabei die verwendeten Verfahren. Sprachliche und visuelle Zeichen werden nicht eingesetzt, um eine Realität, sei es auch die Realität der Medien, zu beschreiben. Sie werden vielmehr in ihrer realitätsstiftenden Funktion vorgeführt. Signifikanten können zwar keine Signifikate bezeichnen, und auch nicht die Welt abbilden, aber sie können Effekte auf der Ebene der Signifikate und der Referenten hervorrufen. Die junge Theaterproduktion führt vor, wie Massenmedien mit Zeichen umgehen, und integriert in diese Vorführung auch die Reflexion der medialen Praktiken.

Auch die Vorführung von Signifikationsprozessen kann im Bezug zur Realität und also als Nachahmung rezipiert werden, wahrscheinlich ist dies für einen gelungenen Theaterabend sogar notwendig, da das Theater von der Spannung zwischen der als konstruiert konstruierten Welt und der als objektiv wirklich konstruierten Welt lebt, wobei die Grundfrage jedoch ist, wie diese Spannung hergestellt und aufgelöst wird. Die besondere Qualität von Inszenierungen wie der erwähnten *Prater-Saga 4* ist, dass diese Spannung eben nie vollständig aufgelöst wird, auch nachdem man als Zuschauer das Theater bereits verlassen hat.

Martin Vöhler (Berlin, Deutschland)

Heilung durch Grausamkeit – Artaud und Johann Kresnik

Artauds theoretische Schriften zum Theater bestehen aus kleineren Gebrauchstexten, Proklamationen, Essays, Vorträgen und Briefen, die er 1938 in der Sammlung *Das Theater und sein Double (Le Théâtre et son double)* zusammengestellt hat. Die Texte zeichnen sich durch provokante Thesen und prägnante Beispiele aus. Als besonders erklärungsbedürftig erweisen sich einige nur vage bestimmte Begriffe und Oppositionen. Zu ihnen zählt das Begriffspaar „Grausamkeit" und „Heilung". Artaud unterlegt es seinem Theaterkonzept, verzichtet aber darauf, seine Valenz und Herkunft genauer zu bestimmen. Dies soll im folgenden geschehen. Denn es ergibt sich der paradoxe Befund, daß Artaud, wenngleich er das ‚abendländische' Theater entschieden verwirft, dennoch dessen zentrale Wirkungsbestimmung, die Katharsis, in spezifischer Weise aufgreift und zu fundamentaler Bedeutung erhebt. Die folgenden Bemerkungen gelten Artauds Theaterkonzept und seinem Verhältnis zur aristotelischen Katharsis. Am Beispiel von Kresniks Artaud-Stück werden einige Konsequenzen dieser Konzeption verdeutlicht.

Der Traditionsbruch Artauds

Artaud lehnt das traditionelle europäische Theater rigoros ab. Er moniert, daß es sich allein auf den Text und die Charaktere stütze und dabei nur geringe Wirkung entfalte: Es erscheint ihm angesichts der angsterfüllten und katastrophischen Gegenwart der 30er Jahre als naiv und harmlos. Das Theater dürfe sich nicht von der Wirklichkeit überrunden lassen, sondern solle diese vielmehr überbieten. In seiner gegenwärtigen Form eröffne es lediglich den „Zugang zum Innenleben von ein paar Hampelmännern", so daß die große Mehrheit der Gesellschaft „im Kino, in der Music-hall oder im Zirkus" nach heftigeren Befriedigungen suche[1].

---

1 Antonin Artaud: Das Theater und sein Double, aus dem Französischen übers. von Gerd Henniger, erg. u. mit einem Nachwort versehen von Bernd Mattheus, München: Matthes und Seitz, 1996, S. 89.

Mit seinem „Theater der Grausamkeit" entwickelt Artaud ein Gegen-
konzept. Ihm ist daran gelegen, die Grenzen von Kunst und Leben aufzuheben, und im Theaterraum möglichst intensive Erfahrungen zu ermöglichen, die dem Schrecken der Wirklichkeitserfahrung nicht nachstehen.
Das Grausamkeitspostulat zielt dabei nicht auf die Darstellung roher Gewalt, vielmehr ist der Begriff mit Nietzsche und Bergson im Sinne von
„Lebensgier" zu verstehen[2]. Das Theater solle ein Maximum an Grausamkeit und Schrecken erzeugen, um die Zuschauer mit ‚allen' ihren Möglichkeiten zu konfrontieren[3]. Das Ausmaß des Schreckens wird durch den Vergleich mit der Pest verdeutlicht: Das Theater solle wie eine „ansteckende
Raserei" wirken. So wie die Pest auf drastische Weise den vollständigen
Zusammenbruch einer Gesellschaft herbeizuführen vermag, indem sie deren Ordnungen auflöse und dabei insbesondere auch im moralischen Bereich ein Chaos hervorbringe, ebenso solle auch das Theater als Naturgewalt wirken[4]. Prägnante Beispiele hierfür erkennt Artaud im *Ödipus* des
Sophokles, in dem sich die Pest- und Inzestthematik miteinander verbinden, oder in John Fords *Annabella ('Tis Pity She's a Whore)* mit der breiten
Ausgestaltung der inzestuösen Verbindung[5]. Das von Artaud beschworene
Theater versucht mit seinen Provokationen das „komprimierte Unbewußte"
zu erreichen. Es zielt auf das „Hervorbrechen einer latenten Tiefenschicht
an Grausamkeit" und versteht deren Freilegung als „Offenbarung"[6].

Der so begründeten „Grausamkeit" *(cruauté)* kommt in der Wirkung
eine kathartische Funktion zu. Im Theatererlebnis wird die Grausamkeit
durchlebt und ein Reinigungsprozeß angeregt, der auf die Befreiung der
unterdrückten Kräfte zielt. Was durch diesen Prozeß zum Vorschein gebracht werde, biete nur wenig Anlaß zur Überschwenglichkeit. Es habe
vielmehr den Anschein, als sei das Theater, wie die Pest, „zur kollektiven
Entleerung von Abszessen da"[7]. Doch je stärker die „Grausamkeit" sich
entfalte, desto nachhaltiger sei ihre letztlich heilsame Wirkung. Der Übergang selbst wird als Krise bestimmt: Wie die Pest bewirke das Theater ein
Leiden, das den Geist anrege und zu höchster Steigerung seiner Energien
stimuliere; es ende daher entweder tödlich oder wohltuend. Denn es bringe
die Menschen dazu, sich so zu sehen, wie sie seien. Es lasse die Maske fallen

---

2   Doris Kolesch: Der magische Atem des Theaters. Ritual und Revolte bei An-
    tonin Artaud, in Drama und Theater der europäischen Avantgarde, hg. von
    Franz N. Mennemeier und Erika Fischer-Lichte, Tübingen: Francke, 1994,
    S. 231–253.
3   Artaud (Anm. 1), S. 91.
4   Ebenda, S. 17–34.
5   Ebenda, S. 29 f. und 91.
6   Ebenda, S. 32 f.
7   Ebenda, S. 34.

und decke Lüge, Niedrigkeit oder Heuchelei auf; es führe zu Erschütterungen, indem es den Kollektiven ihre verborgene Macht und Stärke offenbare und sie dazu auffordere, eine überlegene heroische Haltung einzunehmen, zu der sie ohne die Theatererfahrung niemals gefunden hätten[8].

Dieser positive Effekt der Katharsis wird allerdings in den Ausführungen Artauds nur selten hervorgehoben. Sie betonen vielmehr die destruktive Seite der Verstörung, des Schocks und des Entsetzens. Das „Theater der Grausamkeit" steht somit im Zeichen von radikaler Negativität und exzessivem Pathos. Auch wenn es das Zentrum von Artauds dramatischen Schriften bildet, so verdeckt es in seiner Negativität die Tradition, aus der es hervorgegangen ist.

Der Rekurs auf die aristotelische Katharsis

In der Katharsiskonzeption rekurriert Artaud auf Aristoteles, insofern er die reinigende Wirkung des Theatererlebnisses hervorhebt[9]. Die Reinigung geht auch bei Artaud aus dem Leiden *(páthos)* hervor und vollzieht sich im Durchgang durch die möglichst starke Erregung der Emotionen. Artaud versteht die Katharsis mit Bernays und Freud als Entleerung und Abfuhr[10]. Besonders deutlich tritt dieses Verständnis in dem Vergleich von Pest und Theater hervor.

Andererseits aber rückt Artaud auch deutlich von Aristoteles ab, insofern er in fremden Kulturen nach alternativen Darstellungsmitteln sucht. Er beabsichtigt, die abendländische „Poesie der Sprache" durch eine neue „Poesie im Raum" zu ersetzen[11] und wendet sich den spezifischen Ausdrucksmitteln wie Musik, Tanz, Pantomime, Mimik, Gebärdenspiel, Intonation, Architektur, Beleuchtung und Ausstattung zu. Sein Interesse gilt nicht mehr dem tragischen Dialog oder dem tragischen Helden. Ihr Einsatz sei mittlerweile obsolet[12]. Artaud verschreibt sich selbst dem orientalischen, „körperlichen" Theater[13]. Es komme vor allem darauf an, betont er, die

---

8   Ebenda, S. 34.
9   Die Tragödiendefinition im 6. Kapitel der *Poetik*.
10 Bettina Conrad: Gelehrtentheater. Bühnenmetaphern in der Wissenschaftsgeschichte zwischen 1870 und 1914, Tübingen: Niemeyer, 2004; Karl A. Blüher: „La théorie de la ‚catharsis' dans le théâtre d'Antonin Artaud". In: Romanistische Zeitschrift für Literaturgeschichte 2/3 (1980), S. 275–283.
11 Artaud (Anm. 1), S. 40.
12 Ebenda, S. 79–88.
13 Ebenda, S. 74 f.

vorherrschende „Unterwerfung des Theaters unter den Text zu durchbrechen"[14]. Das „Theater der Grausamkeit" solle die gewohnte Ordnung der Dinge, das „verkalkte Leben" der Gegenwart, durchbrechen und sich dem Dienst des „befreiten Lebens" verschreiben. Es wird einem gesteigerten, auf Nietzsche verweisenden Lebensbegriff zugeordnet: „Das Theater hat sich dem Leben an die Seite zu stellen, nicht dem individuellen Leben, bei dem die CHARAKTERE triumphieren, sondern einer Art von befreitem Leben, das die menschliche Individualität beiseite fegt und in dem der Mensch nur noch ein Widerschein ist"[15].

Mit seinem Interesse für die „Poesie im Raum" und ihre theatralischen Zeichen distanziert sich Artaud von den aristotelischen Vorgaben. Er löst die in der *Poetik* vorgegebene Bindung der Reinigung (Katharsis) an den mittleren Charakter, insofern nur dieser die tragischen Affekte der Furcht und des Mitleids auf sich zu ziehen vermag. Die konsequente Einschränkung auf die beiden Affekte wird aufgehoben. Artaud entgrenzt die aristotelischen Vorgaben und proklamiert ein „Theater der Grausamkeit", das die Grenzen der Individuation lustvoll zerbricht und sich in den Dienst eines höheren, ‚befreiten' Lebens stellt. Dieses von der Vorherrschaft des Textes befreite Theater wird als „reine Schöpfung" bzw. als „reines Theater" gefeiert und dem „psychologischen Theater" als zeitgemäße Alternative gegenübergestellt[16].

Theaterpraktische Konsequenzen in Kresniks Antonin Nalpas

Kresnik entwirft mit dem Tanzstück *Antonin Nalpas* eine Hommage an Artaud[17]. Der Titel verweist auf das Pseudonym, das sich Artaud ab 1943 in den Briefen aus der psychiatrischen Klinik[18] zugelegt hatte. Artaud leidet an Schizophrenie. Kresnik macht dieses Leiden zum Gegenstand seines Stücks. Er greift hierbei auf die klassische Form des Monodramas zu-

---

14 Ebenda, S. 96.
15 Ebenda, S. 125.
16 Ebenda, S. 57, 66.
17 Ansätze zu dem Stück gehen auf ein Treffen (1989) mit Heiner Müller, Gottfried Helnwein und Ismael Ivo zurück, siehe. http://www.helnwein.com/texte/ local_texts/artikel_703.html. Es hatte am 16. Mai 1997 im Prater der Volksbühne (Berlin) Premiere. Für die freundliche Bereitstellung des Archivmaterials sei Elke Becker besonders gedankt.
18 In Rodez war Artaud zwischen 1943 und 1946 interniert und wurde mit Elektroschocks behandelt.

rück und verfremdet diese im Sinne Artauds. In seiner traditionellen Form konzentriert sich das Monodrama auf die Darstellung eines Protagonisten. Dessen Empfindungen und Reflexionen werden in einem großen Monolog vorgestellt. Als Vorlage der kleinen Gattung, die im 18. Jahrhundert, zur Zeit der Empfindsamkeit aufkam, dienten zumeist literarisch vorgeprägte Gestalten, besonders die großen tragischen Frauengestalten der Antike wie Ariadne, Dido oder Medea. Das Ziel der Darstellung lag in der Freisetzung der Affekte: Der Zuschauer sollte sich mit dem Protagonisten identifizieren und über die Identifikation an der Fülle der Emotionen teilhaben. Der rasche Wechsel von Leidenschaft und Analyse, Retrospektive und Vision, Isolation und Hinwendung zur Natur ermöglichte eine kontrastreiche Gestaltung heroischer und elegischer Affekte.

Wenn sich Kresnik dieser konventionellen Form annimmt, dann nicht ohne sie zu brechen. Er macht das schmerzhafte Auseinandertreten des Bewußtseins zum Thema des Stücks: Hierfür verdoppelt er die Figur des Protagonisten. Sie wird von einem Schauspieler und einem Tänzer besetzt, die sich in einem andauernden Zweikampf miteinander befinden. Kresnik gibt der Form des Monodramas somit eine überraschende Wendung: An die Stelle des Seelenmonologs tritt der Kampf des Ich gegen sich selbst. Dieser Kampf wird in unaufhörlichen Angriffen vorgestellt. Er verläuft zumeist sprachlos, ist aber von starker Bewegung und Aggression erfüllt: Kresnik verwandelt die Form des Monodramas in einen dramatischen *Pas de deux*.

Mit seiner Choreographie entspricht er den Vorgaben Artauds: Das Stück ist von der Körpersprache der beiden Darsteller mit ihren willkürlichen und unwillkürlichen Bewegungen, Gesten und Aktionen, ihrem Springen, Stampfen und Ringen erfüllt. Die Bewegungen werden von einer Klangcollage mit penetranten Geräuschen, artikulierten und unartikulierten Lauten untermalt und zugleich von der Blitzapparatur, die die Elektroschocks produziert, durchbrochen. In immer neuen Konstellationen begegnen sich der Tänzer und der Schauspieler. Zur dominanten Körpersprache kommen vereinzelt gesprochene Partien hinzu, die fragmentarisch aus Briefen und theoretischen Äußerungen entnommen sind. Bühne und Zuschauerraum sind fusioniert, sie bilden eine Spielfläche. Wenn das Publikum den Raum betritt, muß es zunächst seine willkürlich numerierten Plätze suchen, auf denen weiße Zwangsjacken deponiert sind. Die optischen und akustischen Zumutungen nehmen gegen Ende des Stücks zu, wenn ein toter Fisch aus einer Badewanne gezogen und an einem Drahtseil befestigt wird, wo er in der Scheinwerferhitze zu stinken beginnt.

Das Leben und Leiden Artauds bildet ein Glied in einer langen Kette biographisch angelegter Inszenierungen. Kresnik begründet sein biographisches Interesse folgendermaßen:

Besonders haben mich immer wieder die Biographien von Außenseitern interessiert, von Leuten, die quer zur Gesellschaft standen; seien es Sylvia Plath, Pasolini, Fritz Zorn, Frida Kahlo oder Ulrike Meinhof und Rosa Luxemburg. Jeder meiner Abende ist ja zugleich auch eine Uraufführung. Die Biographie eines Menschen hilft mir als dramaturgischer Leitfaden, um ein neues Stück zu entwerfen. Jede dieser Biographien bildet dann zugleich eine politische Struktur ab, in der diese Menschen gelebt und gelitten haben und an dieser Gesellschaft gestorben sind. Mich interessiert es, die Kraft, die diese Menschen hatten, auf der Bühne für den Zuschauer umzusetzen[19].

Die Umsetzung der Artaud in der psychiatrischen Klinik bedrängenden Kräfte ist Kresnik eindrucksvoll gelungen. Andererseits wird in der praktischen Umsetzung der Artaudschen Konzeption deren aporetische Seite sehr deutlich: Mit dem gewaltsamen Angriff auf den Zuschauer ist zweifelsohne eine kathartische Wirkungsabsicht verbunden. Doch bleibt diese abstrakt und rein postulativ: Die entgrenzte Katharsis hat ihre Stoßrichtung verloren. War die Begrenzung der Katharsis bei Aristoteles auf die Emotionen von Furcht und Mitleid bezogen, so führt die Entgrenzung zu einem Totalangriff auf das Publikum, dessen Wirkungen schwer abzuschätzen sind.

19 Johann Kresnik im Gespräch mit Wilfried Schulz. In: Magazin des Deutschen Schauspielhauses in Hamburg, Nr. 4/1994.

Jürgen Doll (Paris, Frankreich)

Dramaturgie subkultureller Theaterformen in der Zwischenkriegszeit am Beispiel Jura Soyfers

1.

Der Bruch mit der überlieferten dramatischen Form und der konventionell-illusionistischen Dramaturgie gegen Ende des 19. Jahrhunderts machte den Weg frei für das Regietheater, das nicht nur die viel kritisierte Willkür in der Interpretation der dramatischen Texte, sondern auch größtmögliche Freiheit im Dramaturgischen bedeutete. Ähnlich radikal brach das Laienspiel der Jugendbewegung mit der traditionellen Form des Dramas: Typisierung statt psychologischer Charakterzeichnung, erzählende Struktur statt tektonischem Dramenaufbau, offene Dramaturgie. Diese jugendbewegte Theaterreform mit ihrer gemeinschaftsstiftenden Ideologie hat auch im sozialdemokratischen und kommunistischen Arbeitertheater der Zwischenkriegszeit deutliche Spuren hinterlassen.

Für die Linke stellte sich zusätzlich zur zentralen Frage der Zeitgenossenschaft, d. h. nach dem gemeinsamen Interesse von Theatermachern und Theaterbesuchern, jene nach der Volkstümlichkeit dieses Theaters, das sich ja radikal vom bürgerlichen unterscheiden und sich direkt ans Volk richten sollte. Anders als das im Bereich der Heimatkunst angesiedelte, den Volksbegriff mit der Agrargesellschaft identifizierende Volkstheater, das ästhetisch, dramaturgisch, ideologisch und politisch diskreditiert war, richtete sich linkes Theater, zumindest theoretisch, an das Proletariat, war also städtisches Volkstheater und fand – dramaturgisch gesprochen – Zeitgenossenschaft und Volkstümlichkeit in den populären großstädtischen subkulturellen Theaterformen: Zirkus, Music-Hall, Variété, Kabarett, Revue, wovon Gattungsbezeichnungen wie „rotes Variété", „sozialistische Revue" oder „politisches Kabarett" Zeugnis ablegen.

Diese Gattungsbezeichnungen beziehen sich auf linke Spieltruppen, die jedoch – entgegen mancher Selbstdeutungen – nicht spontan aus „proletarischem Kunstwillen" entstanden waren, sondern sich an die Experimente linker Regisseure wie Meyerhold oder Piscator anlehnten, also letztlich Ausflüsse des (linken) Regietheaters waren. Begonnen hatte es in Russland mit Meyerhold, dessen Inszenierungen von Majakowskis *Mysterium Buffo*, dem ersten durch und durch politischen Stück des sowjetischen Theaters, dem russischen und internationalen Agitationstheater den Weg wies. Im Thesenpapier der Truppe *Die Blaue Bluse* heißt es dementsprechend: „Die Blaue Bluse, das ist sowjetisches Variété [...] Die Blaue Bluse stützt sich auf die Mittel der Enthüllung, der Kontrastierung, des Spiels mit dem Objekt, der pausenlosen Darbietung. All dies kommt von den ‚kleinen Formen' her, vom ‚Music-hall' und den linken Meistern: Meyerhold, Foregger, Eisenstein"[1]. Die Gastspielreise der Blauen Bluse 1927 in Deutschland wiederum sollte das deutsche Arbeitertheater nachhaltig beeinflussen.

In Deutschland fiel die Rolle Meyerholds, ungeachtet der Unterschiede in der Regiekonzeption, Erwin Piscator zu. Seine im Rahmen des KP-Wahlkampfs 1924 aufgeführte *Revue Roter Rummel* diente den deutschen Agitproptruppen als Vorbild. Die vielfältigen Möglichkeiten der Revue-Struktur, die er in seinen späteren Regiearbeiten immer wieder ausbeuten sollte, führt Piscator einem direkt politischen Zweck zu:

> Die Revue kennt keine Einheitlichkeit der Handlung, holt ihre Wirkung aus allen Gebieten, die überhaupt mit Theater in Verbindung gebracht werden können, ist entfesselt in ihrer Struktur und besitzt zugleich etwas ungeheuer Naives in der Direktheit ihrer Darbietungen [...] Ich wollte mit einer politischen Revue propagandistische Wirkungen erzielen, stärker als mit Stücken, deren schwerfälliger Bau und deren Probleme zu einem Abgleiten ins Psychologisierende verführend, immer wieder eine Mauer zwischen Bühne und Zuschauerraum aufrichten. Die Revue gab die Möglichkeit zu einer ‚direkten Aktion' auf dem Theater[2].

2.

In Wien bestand zwischen 1926 und 1933 das sozialdemokratische Politische Kabarett, an dem ab 1928 Jura Soyfer als Hauptautor wirkte. Die Mitarbeiter waren allerdings keine Arbeiter, sondern künstlerisch ambitionierte Gymnasiasten und Studenten, spätere Schriftsteller, Musiker, Bühnenbildner, Architekten. Man könnte sie am ehesten mit den Künstlern des französischen *Groupe Octobre* um Jacques Prévert vergleichen. Das Politische Kabarett orientierte sich anfänglich am sowjetischen Agitprop, ab 1928 übernahm es Piscators Revue-Struktur. In beiden Fällen kamen die publikumsdramaturgischen Verfahrensweisen des Kabaretts voll zu ihrem

---

1 „Qu'est-ce que la blouse bleue?". In: Denis Bablet (Hg.): Le théâtre d'agit-prop de 1917 à 1932, Lausanne: L'Âge d'homme, 1977, Bd. 2, S. 44–46.
2 Erwin Piscator: Das politische Theater (1929), Reinbek: Rowohlt, 1962, S. 65.

Recht. Insgesamt fand das Wiener Kabarett zu einer rudimentären Form des episch-didaktischen Theaters, in dessen Dienst das reichhaltige Arsenal an parodistischen, allegorisierenden, szenentechnischen Verfremdungsmitteln gestellt wurde.

Anders als das deutsche Agitationstheater hat das Politische Kabarett die enge Wesensverwandtschaft zwischen Komik und Verfremdung als erkenntnisfördernde Strategien erkannt. Nun weiß man, dass das politisch-epische Theater vorab nicht an die Emotionen, sondern an den Verstand appelliert. Insofern wurde von den beiden Dimensionen des Lachens, der kognitiven und affektiven, die erste betont. „Nur nebenbei sei angemerkt", sagte Benjamin 1934 in seinem Pariser Tretjakow-Vortrag, „dass es fürs Denken gar keinen besseren Start gibt als das Lachen"[3]. Die Wiener Kabarettisten vertrauten auf die subversive Kraft des Lachens in einer Zeit, die nichts zu lachen hatte.

Bemerkenswert ist auch der Rückbezug auf lokale Traditionen. Das Politische Kabarett hatte die dramaturgische Verwandtschaft zwischen dem Altwiener Volksstück und dem episch-didaktischen Theater zu einer Zeit erkannt, als jenes als defiziente Form des Dramas angesehen wurde. Sie erneuerten die Allegorie, die im internationalen Agitproptheater sehr verbreitet war, aber vielleicht nur in Wien direkt aus dem Barock über das (städtische) Volkstheater lebendig geblieben war. Hatte in der Volkstheater-Allegorie die moralische Botschaft die theologische des Barocktheaters abgelöst, so geriet sie nun unter das Primat der Politik. So bewegte sich das Politische Kabarett entschieden auf dem „Pasch- und Schleichpfad, auf welchem quer durch das erhabene aber unfruchtbare Massiv der Klassik das Vermächtnis des mittelalterlichen und barocken Dramas auf uns gekommen ist", von dem Benjamin in bezug auf Brecht spricht[4].

3.

Jura Soyfer, der mit 26 Jahren in Buchenwald umkam, hinterließ nur ein schmales Werk. Neben den 1932–1933 publizierten spöttisch-aggressiven Zeitgedichten, die den Vergleich mit jenen der zeitgenössischen deutschen Satiriker nicht zu scheuen brauchen, und dem politischen Roman *So starb eine Partei* brachte er 1936/1937 fünf Theaterstücke auf die Bühne. Diese Stücke, die nach des Autors Absicht „urwüchsig, aktuell, angriffslustig" sein sollten, entstanden unter den Zensurbedingungen des austrofaschisti-

---

3   Walter Benjamin: Versuche über Brecht, Frankfurt a. M.: Suhrkamp, 1978, S. 113.
4   Ebenda, S. 12.

schen Regimes und konnten nur in Kellertheatern gespielt werden. So blieb
es Soyfer versagt, seine auf ein volkstümliches Publikum ausgerichtete
Dramaturgie in der Praxis zu erproben.

Die Struktur von Soyfers Stücken knüpft direkt an die der politischen
Revue an, die Dramaturgie jedoch will nun nicht mehr nur den Zuschauer
denken, sondern – wie bei Brecht – dialektisch denken lehren. Soyfers
dramaturgischer Kunstgriff besteht darin, Helden auf die Bühne zu stellen
(Guck in *Weltuntergang*, Edi in *Der Lechner-Edi schaut ins Paradies*, Hupka
in *Astoria*, Jonny in *Vineta*), die Fehler über Fehler begehen, wobei sie
selber und mit ihnen die Zuschauer aus diesen Fehlern lernen sollen. Für
Benjamin ist das epische Theater das Theater des geprügelten Helden, denn,
so schreibt er, „der nicht geprügelte Held wird kein Denker"[5], eine Einsicht, die am Renegaten Hupka in *Astoria* szenisch demonstriert wird:

> PISTOLETTI: Es handelt sich um einen Herrn, dem das Schicksal so lange Wat-
> schen verabreicht, bis er draufkommt, daß man seine alten Wandergenos-
> sen nicht im Stich lassen darf.
>
> ANASTASIA: Watschen? Aber er ist doch so ein hübscher Bursch.
>
> PISTOLETTI: Da kann man nichts machen. Eine heile Visage oder eine heilsame
> Erkenntnis – alles auf einmal kann der Mensch nicht haben[6].

In ähnlicher Weise funktioniert Soyfer das Modell des Altwiener Zauber-
und Besserungsstücks um, das zusehends das Kabarett-Modell ergänzt bzw.
integriert. Der Theaterzauber soll nicht mehr den Helden von der Vermes-
senheit seiner Wünsche überzeugen, sondern ihn zum dialektischen Denken bringen, das Wege und Mittel eröffnet, handelnd in die Geschichte
einzugreifen. Der Held im Arbeitslosenstück *Der Lechner-Edi schaut ins
Paradies*, der den Fortschritt für seine Arbeitslosigkeit verantwortlich macht,
lernt, dass sein Denken in den logischen Kategorien von Ja *oder* Nein einem Denken, das Ja *und* Nein umgreift, Platz machen muss. Erst dann ist
er imstande zu erkennen: „Auf uns kommt's an". Auf amüsante Weise wird
Edis intellektuelle Konversion durch seine Liebe zu seiner ihm konstant
widersprechenden Freundin Fritzi ermöglicht. Auch *Astoria*, eine Travestie der deutschen Geschichte von Hindenburg bis Hitler und zugleich ein
Stück über enttäuschte Hoffnungen (mit einer der schönsten Utopie-Sze-
nen der linken Literatur) klingt im Aufruf zur verändernden Tat aus. In den
letzten Versen des Schlusslieds klingt im Spiel der Pronomina die dialektische Beziehung zwischen Mensch und Geschichte an:

---

5   Ebenda, S. 41.
6   Jura Soyfer: Szenen und Stücke, hg. von H. Jarka, Wien: Europaverlag, [2]1993,
     S. 172.

Willst du, zerlumpter Geselle,
Ewig auf Wanderschaft sein?
Ist zwischen Himmel und Hölle
Nicht ein Stück Erde dein?
[...]
Die Heimat, mein Wandergeselle,
Wird einem nie geschenkt,
Drum nimm dir Pflug und Spaten
Und halte dich bereit
Und hol herbei die Kameraden,
Und wo ihr grade seid:
Dort ist das Land, das dir gehört
Auf diesem Erdenrund.
Such nicht Astoria,
Mein Bruder Vagabund.
Die Zeit, die ihre Straße zieht,
Sie ist mit dir im Bund –
Marschier mit ihr und sing dein Lied,
Mein Bruder Vagabund[7].

Soyfers konsequent dialektischer Ansatz erlaubte ihm – über die direkte Kritik am Faschismus hinaus – die Mitverantwortung der Linken an dessen Aufstieg mitzudenken, immer in der Überzeugung, dass es nicht zu spät ist, aus früheren Fehlern zu lernen. Hitler wird in *Weltuntergang* durch seine Feindschaft gegen das dialektische Denken charakterisiert (GUCK: Nein, ich muß wirklich – HITLER: Kein Nein! Nein ist ein Fremdwort! GUCK: Aber – HITLER: Kein Aber! Aber ist ein marxistischer Ausdruck!), doch dominiert ein verengter Rationalismus auch das Denken der vorgeblich marxistischen Linken. So scheitert Guck in *Weltuntergang*, weil er, von Technik- und Wissenschaftsgläubigkeit verblendet, die menschlich-sozialen Aspekte des Lebens nicht in sein Denken zu integrieren imstande ist. In *Lechner-Edi* wird durch den dramaturgischen Kniff der Zeitreise in die Vergangenheit die austromarxistische Fortschrittsgläubigkeit auf den Kopf gestellt und so ad absurdum geführt, in *Astoria* schließlich indirekt die verbohrt rationalistische Auffassung von Politik und Geschichte für die Abwanderung breiter Teile des Volkes zu den Faschisten verantwortlich gemacht.

Durchwegs ernste Themen – und dennoch sind Soyfers Stücke Komödien, vertraute er darauf, im Sinne Benjamins, das Denken durch Lachen zu befördern. Soyfers szenische Komik speist sich aus dem dramaturgischen Fundus des Kabaretts, der Agitprop und des Volkstheaters, ist darüber hinaus aber in erster Linie Sprachkomik, Sprachwitz, Sprachkritik,

---

7   Ebenda, S. 176.

wobei sein sensibler und skeptischer Umgang mit Sprache wohl Karl Kraus am meisten verdankt. Zum Abschluss nur ein Beispiel: Es geht um die Schwierigkeit, die Wahrheit zu sagen. Hupka, der seine proletarischen Freunde verraten hat und im faschistischen Ausbeuterstaat Astoria zu hohen Ämtern aufgestiegen ist, besinnt sich gegen Ende des Stücks eines Besseren und will dem betrogenen Volk die Wahrheit über Astoria sagen. Hupka zeichnete sich während des Stückes durch besondere Sprachvirtuosität aus, die ihm erlaubte, die kniffligsten Situationen zu meistern und das Volk zu hintergehen. Im entscheidenden Augenblick aber rächt sich sein Spiel mit der Sprache. Während das Volk begeistert an den Lippen von James-Hitler hängt, stolpert Hupka ausgerechnet über ein Fremdwort, er entpuppt sich als das, was er war, als Hanswurst der Mächtigen. Seine, *die* Wahrheit wird der Lächerlichkeit preisgegeben, die faschistische Lüge triumphiert:

> HUPKA: Glaubt mir, Astoria existiert nicht. *(Schweigen. Hupka ist verwirrt.)* Ihr versteht mich nicht. Aber es ist doch so einfach... Was ihr erträumt habt, wie euch der Magen geknurrt hat... das ist eine Heimat, die uns gehört, verstehts ihr? ... unser Stückel Welt... So redets doch was! Warum habts denn geklatscht, wie der geredet hat... dieser Upursator... Uparsutor... Usarpeter... oder wie sagt man geschwind? *(Hier beginnen die Gäste der Ehrentribüne plötzlich zu lachen, das Lachen hallt im Volk wider und schwillt dröhnend an. Lachend packt James Hupka beim Kragen und befördert ihn mit einem Fußtritt hinaus)*[8].

Solche Szenen wie Soyfers Theater insgesamt bleiben durchaus aktuell und es bleibt zu hoffen, dass man ihn weiter bzw. wieder liest und seine Stücke aufführt.

---

8   Ebenda, S. 174.

GÉRARD THIÉRIOT (Clermont-Ferrand, Frankreich)

Ist das Volk noch konfliktfähig?
Das Volksstück im Dritten Reich am Beispiel von H.C. Kaergels *Hockewanzel*[1]

Auch für die Nazis sollte das Theater eine eminent wichtige Rolle spielen, ein unverzichtbares Bindeglied mit dem Volk sollte es werden. Reichsdramaturg R. Schlösser schrieb: „Die dramatische Kunst ist eine politische Großmacht"[2].

Ich möchte mich hier mit der Gattung ‚Volksstück', das als aufschlussreiches Beispiel anzusehen ist, beschäftigen. Der Volkskomödie gab eine schon jahrhundertealte Tradition ihr Rückgrat. Neu belebt und erneuert wurde sie mit dem so genannten kritischen Volksstück der zwanziger Jahre. Für die Nazis hieß es nun, solches Experimentieren abzubrechen und die ungeheure Wirkungskraft des Volkstheaters auszunutzen.

Der Rahmen ist dabei der Kampf um die Selbstbehauptung, die Beseitigung aller Widerstände, die Ausrottung sämtlicher Gegner. Wie ist dies aber abzubilden?

*

Verfälscht wurden bei den Nazis schon die Grundbegriffe. Das ‚Volk' wurde feierlich angebetet, als ein Ganzes, das – wie eine Gottheit – nicht hinterfragt werden sollte, als das Fleisch gewordene Geheimnis der ‚deutschen Seele'.

So war das Volk kaum eine Realität, vielmehr ein Ideal, das Gelobte Land der aufwachenden Massen. Hier, auf diesem besonderen Feld der Ehre, das das Volksstück bedeutete, konnten Gott und Teufel sich messen: „Wie vieles gibt sich als Volksstück aus, wie vieles will im einzelnen volkstümlich harmlos sein, was seinen *Pferdefuß* im *Grundsätzlichen* hat"[3].

---

1   Hans Christoph Kaergel: Hockewanzel. Ein Volksstück in drei Aufzügen, Leipzig: Dietzmann Verlag, 1934.
2   Ebenda.
3   Ebenda.

Zu erreichen war das Ziel zum ersten dadurch, dass die traditionellen Schauplätze des politischen Lebens theatralisiert wurden, nämlich Parteitage, jegliche Art von Massenkundgebungen und Versammlungen an Gedenkstätten: Hier sollte sich das (Führer)Wort der zum Volk (neu)geborenen Masse offenbaren. Chefideologe Schlösser stellte sogar in einer seiner theoretischen Schriften die Schlachtfelder des 1. Weltkrieges als Schauplätze der um ihr Schicksal kämpfenden deutschen Helden dar: „Der Ewige Deutsche [zog] ins Feld"[4].

Auch wurden die gewöhnlichen Plätze des Theaterlebens ihrerseits politisch gleichgeschaltet. Politik durfte nicht der Schauplatz bleiben, wo politische, also parteiliche Auseinandersetzungen ausgetragen wurden, sondern sie war als Totalität aufzufassen: Die Bühne war die ‚rassische' Anstalt, auf welcher das ganze Volk als undifferenzierte Masse, als einheitliche Versammlung aller ‚Artgenossen' den Dienst an sich selbst feierte – eine kultische Zelebration: „Die Aufgabe ist: Auf dem Theater als der erhabensten Kultstätte eines Volkes alle Regungen des volklichen Lebens zum Ausdruck kommen zu lassen, ohne daß sie den Rahmen des staatlichen Lebens sprengen und ohne daß wieder eine Inflation der Subjektivität eintritt"[5].

Schon droht das nationalsozialistische Drama, in eine begriffliche Sackgasse zu geraten. In der dramentheoretisch konservativen Auffassung des Theaterstücks, die die Nazis im Prinzip ja auch teilen, muss ein Konflikt der Kern des Dramas sein: Der Held schwankt zwischen zwei möglichen Lösungen, oder ein Protagonist ringt mit einem ebenbürtigen Antagonisten. Was wird aber aus solchen Schemata, wenn das Volk – der Held – als nicht zu differenzierendes Ganzes auftritt, als die zu besingende harmonische Ganzheit, die nicht bloß heroisiert werden soll, sondern regelrecht zum Mythos erhoben? Und wenn es nur im Fremden/in der Fremde, außerhalb des sich als Totalität empfindenden Kollektivs den sowieso minderwertigen, eigentlich von vornherein unterlegenen Widerpart findet? Dies hat Wilhelm von Schramm stichwortartig festzulegen versucht, indem er als typisch für das ‚individualistische' Drama „Konflikte" anführt, für die ‚rassische' Bühne dagegen „Kämpfe"[6]: Der Deutsche als unhinterfragtes harmonisches Ganzes bekämpft den Fremden. Konflikte, die die Seele bewegen, sind kaum mehr denkbar. Darin liegt die grundlegende Aporie des nationalsozialistischen Dramas. Dies – und wie heikel die Frage nach der Aufführbarkeit solcher Stücke dann auch sein muss – möchte ich am Beispiel von Kaergels Drama *Hockewanzel* belegen.

---

4   Ebenda.
5   Ebenda.
6   Zitiert nach Thierry Féral: Anatomie d'un crépuscule. Essai sur l'histoire culturelle du Troisième Reich, Mazet-Saint-Voy: Tarmeye, 1990.

„Das kommt alles von der verdammten neuen Zeit" (*Hockewanzel*, 1. Aufzug): So oder ähnlich fangen unzählige Volkskomödien an. Eine Gemeinschaft gerät in eine Krise, weil Unerwartetes die vermeintliche Harmonie stört und bedroht. Dagegen muss etwas unternommen werden, und die Handlung hebt an.

Friedensstörer ist hier Napoleon. Das Heilige Römische Reich deutscher Nation ist eben zugrunde gegangen, und zentrifugale Kräfte beginnen, dieses (tausendjährige!) Reich vollends zu zersetzen. Ein neuer Kaiser herrscht zwar, ein österreichischer jedoch, der über mehrere – nicht nur ‚deutschstämmige' – Völker herrscht, die er als gleichwertig ansieht. Währenddessen bereitet der Kaiser der Franzosen den Eroberungskrieg vor:

> HOCKEWANZEL Der Kaiser legt die Krone nieder, die deutschen Fürsten am Rhein huldigen Napoleon, und wir hier – wir haben jetzt einen neuen Kaiser erhalten, derselbe Kaiser der Deutschen hat sich jetzt zum Kaiser von Slowaken, Kroaten und Panduren gemacht. Das ganze Kroppzeug, das euch da bei uns herumkriecht, das ist jetzt ebenso unser Volk wie das deutsche dahier.
>
> (*Hockewanzel*, 1. Aufzug)

Nun spielt sich die Handlung in Politz ab, einer „deutsch-böhmischen Gemeinde des schlesischen Sprachgebietes", die an einem schönen Herbsttag erfährt, sie soll wider alles Erwarten „nur noch österreichisch" sein. Dies hätte im neuen multikulturellen Reich zur Folge, dass die benachbarten Seichauer das Recht erhalten würden, sich in der Politzer Wallfahrtskirche den Gottesdienst auf böhmisch anzuhören, wo bislang doch ausschließlich auf deutsch gebetet wurde, und das kann Wanzel Hocke, Hockewanzel genannt, Erzdechant zu Politz, unmöglich annehmen:

> LÖFFLER […] wenn wir nimmer deutsch sein dürfen und jedes zu unserer deutschen Mutter Maria zu Politz neinkommen kann – […]
>
> LÖFFLER Wir sein nun nischt mehr!

In der für nationalsozialistisches Gedankengut typischen Ansicht wird der deutsche Leib von fremdartigen Parasiten bedroht, die darauf aus sind, ihn zu schwächen („die da, die sich in unser Volk drängen", 3. Aufzug). Im Klartext: Es werden nicht nur Gewohnheiten gefährdet, eine Kultur droht zusammenzustürzen, ja eine gottgewollte (‚deutsche') Weltordnung:

> HILLE […] unsere heilige Mutter zu Politz versteht bloß deutsch!
>
> (*Hockewanzel*, 1. Aufzug)

Seinerseits meint der Held:

> HOCKEWANZEL [...] Ich soll unsere heilige Mutter hier verlassen? Und bloß
> an mich denken? Und nicht an meine Gemeinde? Bloß damit die Seichauer
> hier böhmisch beten können in der ewigen deutschen Kirche [...]. Unsere hei-
> lige Mutter legt keene Krone ab, die bleibt deutsch in alle Ewigkeit – amen!
>
> *(Hockewanzel*, 1. Aufzug)

Derselbe Hockewanzel, Heros dieser gewissermaßen urdeutschen Gemeinde, erklärt denn auch, weshalb im Anfang das (deutsche) Wort war:

> HOCKEWANZEL Unsere Kirche, bischöfliche Gnaden, ist deutsch! Sie steht seit
> sechshundert Jahren auf deutschem Boden! Die heilige Mutter hat nur deut-
> sche Gebete vernommen und deutsch zu uns gesprochen. Wer will denn die
> heilige Mutter zwingen, daß sie mit einemmale auf böhmisch hören soll?
>
> *(Hockewanzel*, 2. Aufzug)

Ein Held, der im Namen einer Oberinstanz, die ihn legitimiert – ihn und
die Gemeinschaft, die er vertritt –, und der um einer gerechten Sache willen einen Erzfeind bekämpft, folgt hier dem erwarteten Schema – dem
Augenschein nach. Ist dem aber tatsächlich so? Hier müssen wir auf die
überkommenen Merkmale der Dramenhandlung näher eingehen.

Der Held hat erwartungsgemäß einen gleichwertigen Antagonisten. Dieser fehlt eigentlich hier, denn es wird ihm dieser Status verweigert. Anstatt
dass beide sich auf dem Feld der Ehre messen, wird dieser Antagonist, hier
der Seichauer, als der ‚Undeutsche‘, der Anderssprechende, überhaupt der
Andersartige von dem noblen Zweikampf ausgeschlossen. Die Seichauer
erdreisten sich nämlich, ihr neues Recht auf eine bürokratische Weise zu
erwirken: indem sie sich nicht auf das höhere, offenbarte göttliche Wort
berufen, sondern auf das gedruckte leblose Menschengesetz. Und da sollte
sich die gottbeglückte deutsche Volksseele sich vor papierner Willkür rechtfertigen? Undenkbar!

Der nationalsozialistische Held bleibt aber – wenn auch eine eigenwillige Persönlichkeit, wie der kernige, sture aber freundliche, fress- und sauf-
lustige, dabei gottesfürchtige Hockewanzel – eine abstrakte Figur, das cha-
rakteristische Haupt einer nicht zu entzweienden Gemeinde, einer von
vornherein heilen Welt: eines chorischen Kollektivs. Der Chor der Helden
– zugleich Chor der Schauspieler – und der Chor der Zuschauer teilen
dasselbe Los, sind Mitsänger, Mitleidende, Mithandelnde. Es gilt, das Fremde zurückzuwerfen, zu negieren, zu ignorieren. Deutsche Helden und deutsche Zuschauer machen so gemeinsam Front gegen den Widersacher von
außen, von außerhalb der Bühne eigentlich, da ihm die Ehre der gleichberechtigten Anwesenheit nicht gegönnt wird.

Wer sind denn solche Urdeutschen, die sich die Sterne vom Himmel holen, und wenn der Kaiser es ihnen auch verweigern wollte? Die meisten sind Raufbolde. Dabei hat der Begriff ‚Rauferei' mit dem Begriff ‚Konflikt' kaum etwas gemeinsam: Ein Konflikt will ja ausgetragen sein, nachdem Pro und Kontra erwogen worden sind, und stellt eine neue Ordnung auch wieder her, wohingegen Rauferei selbstgefällige und selbstgenügsame Gewalt bedeutet.

Hier tritt nun eine Gemeinde auf, die nur eine Oberinstanz kennt, der sie unbedingt gehorcht, weil diese sie auch unbedingt behütet: „unsere deutsche [!] Mutter Maria zu Politz". So wird ‚Deutschheit' zum religiösen Begriff, zur gottgeschützten unantastbaren ewigen Wahrheit, bar jeder Vernünftelei, jeder rationalen Rechtfertigung. Mariä Vertreter auf Erden – der Dechant – braucht nicht zu argumentieren, hat überhaupt vor sich keinen Antagonisten, der sich argumentierend mit ihm messen könnte.

Es gilt jedoch nicht so sehr, eine begrenzte Gruppe von Menschen auf einem begrenzten Fleck zu ehren, sondern dass herausgearbeitet wird, wie sehr dieser Fleck repräsentativ ist für die deutsche ‚Volksgemeinschaft' überhaupt. Daher lassen sich die Reden sämtlicher Personen um Hockewanzel als Äußerungen ein- und derselben Stimme vernehmen: Einer chorischen Stimme als Ausdruck einer vereinheitlichten Stimmen- und Körperplauralität, die das ‚deutsche' Wunder besingen soll. Menge und Masse werden somit *Kraft*, die sich verwirklicht, indem sie Tat wird. Und diese Kraft kennt keine Gegenkraft – dieser Chor kennt keine Gegenstimme –, da sie alles um sich schluckt im selben Augenblick, wo sie sich – auch sich selbst – kundgibt. Hockewanzels ‚deutsche' Mitmenschen wollten keine Österreicher werden; ihre böhmischen Kontrahenten werden aber automatisch wieder Deutsche, sobald Napoleons Invasion beginnt, ohne dass ein Wort darüber verloren würde, weil es eben selbstverständlich ist. Die Invasion wird aber nur angekündigt, und das Wunder braucht auch nicht verbalisiert zu werden: Die Kraft erwirkt es, und der Chor stellt es fest.

Eines der Stichwörter, die das nationalsozialistische Drama im Vergleich zum althergebrachten definieren sollen, schreibt Schramm, sei eben „Chöre" (statt: „Gespräche")[7].

Schnell gerät da das NS-Drama in eine fatale Aporie.

Zwar trat schon immer ‚Volk' auf der Bühne auf als identifikatorisches Wunschbild für das Volk im *Theatron*, im Zuschauerraum. Immer schon bot es die Gelegenheit, die Kluft zwischen Schauspielern und Publikum zu überbrücken, ‚das' Volk zu zelebrieren, den absoluten Mythos der Volkskomödie ins Leben zu rufen. Dabei sollte es aber nicht bleiben. Die Komödie – etwa die von Nestroy bis Zuckmayer – schickte sich nämlich an, dem

---

7   Zitiert nach Th. Féral (Anm. 6).

(bäuerlichen, bzw. kleinbürgerlichen) Volk das Rückgrat zu geben, das ihm erlauben sollte, den Wirrnissen des Kultur- und Zivilisationswechsels standzuhalten im Wechselspiel der Wortschlachten. So sollte und konnte es sich auch zurechtfinden in den entstehenden, unerhörten Konflikten der modernen Zeiten. Wohingegen das nationalsozialistische Stück nach dem Ersten Weltkrieg jeden Konflikt innerhalb des ‚gesunden' – d. h. genesenen – Volksleibs als prinzipielle Unmöglichkeit negiert. Daher wird im Drama des III. Reiches eher gefeiert als gehandelt. Es werden eher Kriege geführt (Krieg als mythische Feier der Elemente) als Konflikte gelöst (Konflikt als Möglichkeit einer demokratischen Auseinandersetzung).

*

So wird Drama faktisch negiert, wird ‚völkisches' *happening*, ‚völkischer' Dienst an der Gottheit praktiziert:

> Das kultische Theater soll wieder ein Theater sein, das nicht mehr ein bloßes Amüsement ist, sondern vielmehr ein Gottesdienst. In diesem Sinne haben wir alle unsere Stellung im Theaterleben aufzufassen: Wir sind alle Diener am Theater, das ist: Diener am Volk, das ist: Diener des Gottes, der uns geschaffen hat, damit wir der deutschen Idee zu Gestalt und Ansehen verhelfen[8].

Als unhinterfragte (Selbst)feier verliert Theater jede Möglichkeit der Läuterung, die ja Anerkennung ist des eigenen Irrens, der eigenen Fehlerhaftigkeit, der Bereitschaft, für seine Fehler zu büßen.

Auf der NS-Bühne wird nicht Drama, es wird Theater inszeniert.

8　Ebenda.

CHETANA NAGAVAJARA (Nakorn Pathom, Thailand)

Deutsche Regiekunst und thailändisches Theater –
Eine fruchtbare Begegnung

Die nachfolgenden Überlegungen zu vergleichsweise recht unterschiedlichen Theaterformen werden anhand von zwei exemplarischen Inszenierungen in Thailand abgehandelt, die von zwei deutschen Regisseuren betreut wurden. Die erste ist Brechts Stück *Die Ausnahme und die Regel* (1976) (Regie: Norbert Mayer) und die zweite, *Phra Sang – Iphigenie* (1984), eine Symbiose zwischen einem deutschen und einem thailändischen Drama, unter der Regie von Gert Pfafferodt. Ich darf aber nicht behaupten, daß ich in der Lage wäre, diesen komparatistischen Vorgang aus zwei *gleichwertigen* Perspektiven, nämlich der thailändischen und der deutschen, mit absoluter Sicherheit und Objektivität zu betrachten. Mein Vergleich kommt unvermeidlich und vorwiegend aus thailändischer Sicht. Wenn ich zum Beispiel von „Regietheater" spreche, so tue ich es als ein Beobachter, der gelegentlich Erfahrung mit dem zeitgenössischen deutschsprachigen Theater gemacht hat. Ich bin weder Anhänger noch Widersacher.

Zunächst die Fakten: Das Goethe-Institut in Bangkok betreibt eine sehr liberale Bildungs- und Kulturpolitik und sieht seine Aufgabe nicht nur in der Verbreitung der deutschen Kultur, sondern auch in der Förderung der internationalen Kultur überhaupt. Die Einladung an deutsche Regisseure war daher nicht als ein Gastspiel in einem Haus mit deutschem Repertoire konzipiert, sondern als eine Aufforderung zur Zusammenarbeit mit thailändischen Theaterleuten, deren Ergebnis eine gemeinsame Inszenierung sein sollte.

Ich habe die Aufgeschlossenheit der deutschen Kultureinrichtung betont, da eine echte interkulturelle Erfolgsstory, nach unserer Erfahrung, selten auf eine von außen importierte, kulturelle „milde Gabe" zurückzuführen ist, sondern eher auf einen wechselseitigen Lernprozeß. Und im Falle von Brechts Stück *Die Ausnahme und die Regel* war es unbestreitbar eine Erfolgsstory, von der man fast 30 Jahre danach noch redet. Ich beginne daher mit einer Beschreibung der sozialpolitischen Lage Thailands in den 70er Jahren des vergangenen Jahrhunderts. Zum ersten Mal in der thailändischen Geschichte gelang es einer Protestbewegung, die größtenteils von Studenten und Intellektuellen getragen war, ein diktatorisches Militärregime zu stürzen. Die Periode zwischen Oktober 1973 und Oktober 1976 galt als *die* demokratische Blütezeit (samt ihren Ausschreitungen!), und die jungen Thailänder hielten es für ihre wichtigste Aufgabe, eine soziale Reform von ganz unten, sozusagen von den „grassroots" herbeizuführen, indem sie bei den Bauern und den Industriearbeitern ein gesellschaftliches Bewußtsein für soziale Gerechtigkeit zu wecken suchten. Das Theater war ein wichtiges Instrument dieser Bewegung. Der Amateur-Dramen-Club der Chiangmai-Universität in Nord-Thailand, zum Beispiel, veranstaltete die Aufführung von kurzen Stücken unter dem schlichten Titel *Ländliche Szenen*, die zum Zweck hatten, den Bauern den Spiegel ihres jämmerlichen Zustandes vorzuhalten und Auswege zu suchen. Die Studenten aus Chiangmai gastierten sogar mit ihren *Ländlichen Szenen* in Bangkok und hatten großen Erfolg beim Publikum. Die Bangkoker Kommilitonen waren ebenfalls mit dem sozialkritischen Geist des Theaters durchdrungen und begleiteten die Sänger und die Musikanten in die Fabriken der Metropole, um dort „Aktionen" darzubieten. Die Schauspieler waren zwar allesamt Amateure, aber dennoch bereit, sich einer gewissen Grundausbildung im darstellenden Bereich zu unterziehen.

Im Oktober 1974 beauftragte das Goethe-Institut den Regisseur und Psychologen Dr. Norbert Mayer aus München, einen Theater-Workshop in Chiangmai zu leiten. Er kam nicht vom sogenannten „Regietheater", und war selbst äußerst lernbegierig. Mayer begleitete die Studenten auf ihren „Gastspielen" bei den thailändischen Bauern und Arbeitern, und fügte sich, soweit wie möglich, der Aspiration seiner „Schüler". Die wechselseitige Sympathie, die bei der Arbeit zustande kam, bewirkte, dass sein zweiter Besuch von den thailändischen Kollegen mehr als erwünscht wurde. Ferner wurde der Wunsch der Studenten nach einem dramatischen Text erfüllt, und zwar mit Brechts Stück *Die Ausnahme und die Regel.*

Die Zusammenarbeit zwischen Norbert Mayer und der Chiangmai Theatergruppe führte zu einem wahrhaft interkulturellen Verständnis. Mayer, der mit der westlichen Tradition von dramatischen Texten bestens vertraut ist, verstand es von Anfang an, der thailändischen Theaterpraxis aufgeschlossen zu begegnen, die seit jeher großen Wert auf die mündliche Überlieferung und die Improvisation legt. In seiner Arbeit mit den jungen Thailändern ließ er sie für jede Brechtsche Szene eine thematisch relevante „thailändische Szene" improvisieren, die auf ihren wirklichen Erfahrungen und ihrer Feldforschung basierte. Der Dialog zwischen der thailändischen Aktualität und dem Brechtschen Original (innerhalb einer thailändischen Übersetzung) war reich an sozialpolitischen Implikationen und gab Anlaß zu weiterer Reflexion und Debatte. Ein einmaliges Phänomen war entstanden. Das Wechselspiel zwischen Textferne und Textnähe gab dieser Inszenierung ihren besonderen Reiz.

Eine Brecht-Rezeption kann nie auf der Stufe einer nur textbezogenen literarischen Angelegenheit bleiben, da Dramaturgie *und* Ideologie dem

Brechtschen Werk innewohnen. Im Zusammenhang mit dem Ideal des „Lehrstückes" träumte Brecht von der „Großen Pädagogik", die „das System Spieler und Zuschauer [aufhebt] [...] Sie kennt nur mehr Spieler, die zugleich Studierende sind [...]"[1] Eigentlich kannte die traditionelle thailändische Gesellschaft Brechts Konzept in der Praxis aber sehr gut, und Mayer und seine thailändischen Mitarbeiter kamen dem Brechtschen Ideal nahe. Was die „Kleine Pädagogik" anbelangt, so konnten sie Brechts programmatischer Äußerung nachkommen, indem sie „eine Demokratisierung des Theaters (durchführten)", wobei „die Spieler möglichst aus Laien bestehen [...]"[2]

Die Ausnahme und die Regel ging auf Tournee, und an jedem Spielort reagierte die Kerngruppe auf die Besonderheiten des sozialen Umfeldes, nahm zusätzliche Spieler auf, und engagierte ein lokales Orchester zur Mitarbeit. Ich habe die Aufführung an meiner eigenen Universität in Nakorn Pathom erlebt: Die Spieler kamen mit dem normalen Linienbus, diskutierten nach der Vorstellung allerlei Probleme, einschließlich sozialer und politischer Fragen mit ihren Kommilitonen bis tief in die Nacht hinein, während die Darsteller aus Bangkok den Uni-Campus sehr früh verlassen mußten, um die nächsten Vorlesungen an ihren jeweiligen Universitäten nicht zu versäumen. Das Theater als Ereignis wurde in diesem Fall zum theatralischen Alltag, also ein gemeinschaftliches Theater, das von den Brüdern Schlegel mit dem englischen Begriff „conviviality" charakterisiert wurde, der ihrer Ansicht nach für die hohe Qualität des elisabethanischen Theaters Gewähr leistete.

Die zweite Inszenierung, nämlich *Phra Sang – Iphigenie*, wurde ganz anders konzipiert. Ein junger deutscher Regisseur, Gert Pfafferodt von den Münchner Kammerspielen und Lehrbeauftragter an der renommierten Otto-Falckenberg-Schule, kam 1982 nach Thailand und machte die Bekanntschaft dreier Künstler, nämlich des Dichters Naowarat Phongphaibun, des langjährig in Thailand ansässigen amerikanischen Musikers Bruce Gaston, der bereits als Musiker am Brechtschen Stück teilgenommen hatte, und des hochverehrten Maestro der klassischen thailändischen Musik, Bunyong Ketkhong. Ein locker geführtes Gespräch erstreckte sich auf allerlei künstlerisch-intellektuelle Gebiete und mündete in einen wahrhaft supranationalen Erfahrungsaustausch. Als man „komparatistisch" von der griechischen Mythologie und der thailändischen Folklore redete und Pfafferodt beschrieb, wie Goethe in seinem Drama *Iphigenie auf Tauris* den antiken Mythos umgedeutet hat, sah Maestro Bunyong sofort Parallelen zu einem thailändischen Stück, nämlich zu *Sang Thong* des thailändischen Königs Rama II.

---

1   Brechts Modell der Lehrstücke, hg. von Reiner Steinweg, Frankfurt a. M.: Suhrkamp, 1976, S. 51.
2   Ebenda, S. 51.

Die Fabel handelt vom Schicksal des Muschelprinzen Phra Sang, der als
Kind seine Heimat verlassen muß und von einer Riesin erzogen wird, die
ihren barbarischen Kannibalismus nur durch den Freitod aufgibt, ein dem
volkstümlichen Ursprung angemessenes Ende, das sich vom versöhnenden
Schluß im Drama Goethes unterscheidet. Die Gegenüberstellung zwischen
Barbarei und Zivilisation und die Überwindung der letzteren durch eine
„schöne Seele" bilden die Schnittstelle der beiden Dramen.

Im Unterschied zur Bereicherung des Brechtschen Textes durch das
aus der Feldforschung der Darstellenden selbst herausgelesen explosive
Material, war das höchst innovative Stück *Phra Sang – Iphigenie* sozusagen die Frucht eines sich über zwei Jahre hin vollziehenden, interkulturellen Dialogs, der sich mit moralischen Prinzipien, menschlichen Werten
und mit höchst abstrakten Kategorien befaßte. Es war nicht von ungefähr,
daß die thai-deutsche Zusammenarbeit sich in diesem Zusammenhang auf
zwei Klassiker stützte, zudem ein Fall von Intertextualität, der interpreta-
torischen Tief- und Scharfsinn verlangte. Zwischen 1982 und 1984 reiste
Pfafferodt mehrmals nach Thailand, um sich mit seinen Kollegen zu bera-
ten. Um abstrakte Gedanken anschaulich zu machen und als solche in Büh-
nenform darzustellen, bedarf es der Kunst der Regie. Und diese war eine
deutsche Spezialität, die nicht nur aus praktischen Erfahrungen schöpfen,
sondern sich auch auf eine lange Tradition der Dramaturgie (wieder eine
deutsche Spezialität) berufen konnte. Das Stück wurde an zwei verschiedenen Orten im Freien aufgeführt, nämlich vor dem architektonisch hinrei-
ßenden Mittelbau der Philosophischen Fakultät der Chulalongkorn Universität in Bangkok einerseits, und vor der königlichen Residenz im Stil
der traditionellen Architektur an der Silpakorn-Universität in Nakorn Pathom andererseits, 60 Kilometer voneinander entfernt. Jahrzehnte danach
reden diejenigen, die die Aufführung gesehen haben, immer noch von dem
tiefen visuellen Eindruck, der sich in ihre Erinnerung eingeschrieben hat,
während ihnen die philosophische Botschaft unklar geblieben ist.

Der nächste Schritt war, die Grundideen der beiden Klassiker zu veran-
schaulichen. Der Regisseur sah sich gezwungen, mit Symbolen zu arbeiten:
Ein goldener Kahn, also das Fahrzeug, das die Hauptfigur, Phra Sang, durch
die Luft zum Reich der Riesen tragen solle, sei der Inbegriff der Weisheit
(eine buddhistische Metapher). Bei der Generalprobe in Bangkok stand ein
Kran bereit, den Kahn (samt Phra Sang) über das Dach der Philosophischen
Fakultät zu transportieren. Es wäre ein verblüffendes Spektakel gewesen.
Aber der thailändische Maestro Bunyong brachte sofort Einwände vor: Im
Hauptgebäude der Fakultät stehe ein großes Bildnis des hochverehrten Königs
Chulalongkorn, und niemand dürfe sich über das Haupt Seiner Majestät
erheben. Kein Kompromiss war an dieser Stelle zulässig. Einheimischer
(Aber)glaube setzte sich gegen aufgeklärtes, deutsches (Regie)theater durch.

Pfafferodt, der Regisseur, offensichtlich nicht beleidigt von der Einschränkung seiner künstlerischen Freiheit, bekannte einige Jahre später,
daß die Thailand-Erfahrungen für seine ganze professionelle Laufbahn entscheidend gewesen wären: Er kam nach Thailand als ein arroganter junger
Regisseur, der bereits in seinem Heimatland Erfolge gehabt hatte, und er
verließ das Gastland als ein bescheidener Mann. Auch von einer anderen
Entdeckung erzählte er gern und mit Ehrfurcht. Er erzählte mit großer Bewunderung davon, daß Maestro Bunyong die musikalische Begleitung für
jede Vorstellung neu variierte, da er über ein Repertoire von über 20 000
Musikstücken verfügte. Können wir daraus schließen, daß die Anerkennung einer kategorialen, quantitativen künstlerischen Überlegenheit, einen Übergang von Arroganz zu Bescheidenheit erzeugen kann?

Insgesamt wurde die deutsche „Regiekunst" nicht reibungslos von den
thailändischen Kollegen akzeptiert. Natürlich war *Phra Sang – Iphigenie*
problematischer. Pradit Prasatthong, Schauspieler, Regisseur, Theater- und
Festspieldirektor, der neulich den Kulturpreis des Thailändischen Kultur-
ministeriums erhielt, erzählte mir von seiner Teilnahme an der Inszenierung von 1984 und von einigen Mißverständnissen, die in einer interkulturellen Begegnung unvermeidlich waren. Der deutsche Regisseur erlaubte
sich gelegentlich typische „Bühnen-Gags", die von den thailändischen
Spielern ausgeführt werden mußten, ohne daß er erklärte, wozu diese Kunst-
griffe eigentlich dienen sollten. Nach zwei Vorstellungen verließ Pradit die
Theatertruppe, da er sich beleidigt fühlte. Eine kurze Erklärung hätte genügt, seine Teilnahme zu sichern. Ist das charakteristisch für das Regietheater? Pradit behauptete, das thailändische Volkstheater sei, seiner Erfahrung nach, demokratischer, da der Leiter der Truppe regelmäßig vor
jeder Vorstellung den Ablauf der Vorstellung mit seinen Kollegen disku-
tiere, und zwar ohne den Text heranzuziehen.

Zwanzig Jahre sind seither vergangen, und Pradit hat in der Zwischenzeit auch den Wert der (westlichen) Regiekunst zu schätzen gelernt, obwohl
er weiter darauf besteht, daß eine „demokratische" Regie gefördert werden
sollte. Was wir von Gert Pfafferodt gelernt haben, ist, daß gutes Theater
einer soliden konzeptionellen Grundlage bedarf, die gemeinsam von einer
künstlerischen Kerngruppe erarbeitet und vom Regisseur verantwortet wird.
Die Methode mag etwas elitär erscheinen, aber sie muß es nicht zwangsläu-
fig. Von Norbert Mayer haben wir die Zuversicht zurückgewonnen, daß ein
Stück nicht unbedingt als Vorlage geschrieben werden muß, sondern daß ein
Stück entsteht, aufkeimt oder einfach reift, solange die Beteiligten den Geist
der oben genannten „conviviality" aufrechterhalten.

Was das zeitgenössische Theater Thailands betrifft, so müssen wir den
beiden Regisseuren unseren Dank zollen. Es wäre übertrieben zu behaupten, daß aus dieser Zusammenarbeit ein neuer Stil entstanden ist. Es läßt sich

aber auch nicht leugnen, daß einige unter den thailändischen Mitarbeitern sich zu den führenden Dramatikern, Regisseuren und Schauspielern in Thailand entwickelt haben. Die Einführung von Brechts Werk hat sich als ein neues und fruchtbares Kapitel in der Theatergeschichte Thailands erwiesen, und zwar mit tief durchdachten Brecht-Inszenierungen sowie herrlichen Mißinterpretationen, wie ich in meinen früheren Arbeiten nachgewiesen habe [3]. Aber wichtiger ist die Tatsache, daß die thai-deutsche Zusammenarbeit und die Entdeckung Bertolt Brechts ein Nährboden für neue kreative Arbeiten gewesen sind. Ein letztes, spezifisches Beispiel sei hier noch erwähnt: Kamron Kunadilok, einer der Schauspieler in Brechts Stück *Die Ausnahme und die Regel*, verfaßte ein neues Stück, *Der Revolutionär*, das er 1987 auf die Bühne brachte. Nach Meinung einheimischer Kritiker stellt es einen Wendepunkt des zeitgenössischen Theaters dar, eine glückliche Allianz zwischen thailändischer und westlicher Dramatik [4]. Abgesehen von solchen Einzelfällen könnte man im allgemeinen sagen, daß die frühe Arbeit mit den deutschen Regisseuren das Bewußtsein einer „theatralischen Sendung" in den jungen Thailändern erweckt hat, das heute noch spürbar ist.

Gegen das „fette Theater" (darunter verstehen wir kostspielige Musicals *à la Broadway*) behauptet sich ein „schlankes Theater", ein vorwiegend sozialkritisches Theater, das mit einem minimalen Etat operiert. Es ist wohltuend, sich mit diesen jungen Idealisten zu unterhalten. Einige von ihnen haben Management oder Buchhaltung studiert, und hätten lukrative Stellen in der Industrie finden können; aber das Theater hat sie bekehrt. Das „schlanke Theater" betätigt sich auch als „Erziehungstheater", indem es sich in den gesellschaftlichen Erziehungsprozeß integriert und, zum Beispiel in den Schulen, auftritt. Jedes Jahr kommen diese kleinen Truppen beim „Bangkok Theater Festival" zusammen, und verwandeln den Bezirk von Banglampoo in ein lebendiges Theater, wobei Vorstellungen in Restaurants, in alten Häusern, auf der Straße und im Freien stattfinden. Während der zwei Wochen des Festivals gibt es über einhundert Aufführungen. Das sogenannte „schlanke, minimalistische Theater" hat bereits internationale Kontakte und wird auch international anerkannt. Ihm gehört die Zukunft. Die thai-deutschen Theater-Begegnungen, die noch auf den Geist der siebziger und achtziger Jahre des 20. Jahrhunderts zurückgehen, waren dafür ein viel versprechender Anfang.

3   Chetana Nagavajara: „Brecht's Reception in Thailand: The Case of Die Ausnahme und die Regel" und: „Brecht's Relevance: a Thai Perspective". In: C.N.: Comparative Literature from a Thai Perspective, Bangkok: Chulalongkorn University Press, 1996, S. 95–121.

4   Chetana Nagavajara: „The Brechtian Connection: Innovations on Contemporary Thai Stage". In: C.N.: Fervently Mediating: Criticism from a Thai Perspective, Bangkok: Chommanad Press, 2004, S. 240–245.

SIMONE SEYM (Washington D.C., USA)

Theater, Politik und Ästhetik in Schillers Fragment *Die Polizey*

Schiller begann seine Karriere als junger Dramatiker mit den romantisch-rebellischen *Räubern*. Die Thematik lässt ihn sein Leben lang nicht los, bis er schließlich, am Ende seines Lebens zu den Verbrechern und Agenten der modernen Großstadt vorstößt. Damit erschließt er neue Spielräume. Sie führen uns von den böhmischen Wäldern in die dunklen Quartiere von Paris. Aus dem Ruf nach Freiheit und Gleichheit wird eine Debatte über öffentliche Sicherheit und staatliche Kontrollmechanismen. Wir befinden uns in Paris, in der Mitte des 18. Jahrhunderts. Schillers dramatisches Fragment *Die Polizey*[1], das in diesem Schiller-Jubiläumsjahr 2005 mehrfach in deutschsprachigen Inszenierungen gefeiert wird, skizziert die Arbeit der Polizei im Paris von Ludwig XIV.:

> Wenn andre Menschen sich der Freude und Freiheit überlassen, an großen Volksfesten usw., dann fängt das Geschäft der Polizei an.
> Der Mensch wird von dem Polizeichef immer als eine wilde Tiergattung angesehen und ebenso behandelt.
> Szene Argenson mit einem Philosophen und Schriftsteller, sie enthält eine Gegeneinanderstellung des Idealen mit dem Realen. Überlegenheit des Realisten über den Theoretiker. Diskussion der Frage, ob man die Wahrheit laut sagen dürfe[2].

Im Schillerjahr 2005 erlebt die „Neudeutung des Schillerschen Kulturauftrags an das Theater"[3] eine Renaissance. Neue Spielräume werden erprobt und erfolgreich bespielt.

Schiller plant, von der Großstadt Paris mit ihren komplexen Interdependenzen theatral zu erzählen. Das Paradigma Großstadt erobert die Bühne. Schiller hatte schon mit Goethe parliert über Tragödie und Komödie mit

---

1   Friedrich Schiller: Fragmente, Übersetzungen, Bearbeitungen in: Sämtliche Werke (Band III), hg. von Jörg Robert (Fragmente und Bearbeitungen) und Albert Meier (Übersetzungen und Turandot), München: Carl Hanser Verlag, 2005, S. 190–201. Die Originalhandschrift von Schiller zum Stück Die Polizey liegt im Goethe-Schiller-Archiv in Weimar vor.
2   Ebenda, S. 191.
3   Erwin Piscator: Zeittheater, hg. von Manfred Brauneck/Peter Stertz. Reinbek: Rowohlt, 1986, S. 11.

einem Polizeisujet. Nur in Paris, dem Spielort seines kriminalistisch angelegten Städte-Dramas, ist Schiller, der Ehrenbürger der Revolution, nie
gewesen[4]. Wie zuvor schon für *Wilhelm Tell* über die Schweiz, so greift
Schiller auch für *Die Polizey* auf verlässliche und ergiebige Quellen zurück. Er stützt sich vor allem auf Louis-Sébastien Merciers *Tableau de
Paris*, der mit seinem Reportagen-Band in ganz Europa Furore gemacht
hatte[5]. Mercier beschreibt in seinem zwölfbändigen Opus ausführlich das
vorrevolutionäre Paris, seine Bewohner und den Polizeiapparat.[6]

Außerdem nutzt Schiller die Möglichkeiten einer „Oral History", indem er sich von Freunden, die mehrere Monate in Paris gelebt haben, „briefen" lässt, allen voran Friedrich Schulz, der in seiner Abhandlung *Über
Paris und die Pariser* auch den Polizeiapparat ausführlich untersucht[7].
Schiller verlegt die Handlung seines *Polizey*-Dramas bewusst in die Zeit
von Ludwig XIV. Zum Protagonisten macht er eine historische Person aus
der Zeit des Sonnenkönigs, Marc-René d'Argenson, der 21 Jahre, von 1697
bis 1715, oberster Polizeilieutenant von Paris gewesen ist und den sowohl
Mercier als auch Schulz namentlich erwähnen. Das „Doku-Drama" *Die
Polizey* liest sich wie eine Materialsammlung für ein Pariser Städte-Dra-
ma, nicht wie ein ausgearbeitetes Dramenfragment. Der Entwurf dazu wurde
von Schiller unmittelbar nach Abschluss des *Wallensteins* zum wiederholten Mal aufgenommen. Schiller hat während seiner Weimarer Zeit, von
Dezember 1799 bis wenige Monate vor seinem Tod, im Mai 1805, immer
wieder daran gearbeitet.

---

4   Laut Damm ging der viel gereiste Bonvivant Goethe von seinen (Reise-)Er-
     fahrungen aus, im Gegensatz zu Schiller, der von der Idee ausgegangen sei.
     Susanne Beyer und Mathias Schreiber: Am liebsten mit zwei Frauen leben,
     Interview mit Sigrid Damm. In: Der Spiegel 37/2004 (6. September 2004).
     Cf. Sigrid Damm: Eine Wanderung. Das Leben des Friedrich Schiller. Frank-
     furt a. M.: Insel, 2004.
5   Louis-Sébastian Merciers Pariser Nahaufnahmen Tableau de Paris. Ausgewählt,
     übersetzt und mit einem Nachwort von Wolfgang Tschöke, mit Fotografien
     von Eugène Atget und Hippolyte Bayard, Frankfurt a. M.: Eichborn Verlag,
     2000. Interessanterweise ist Schillers Fragment schon hierin abgedruckt, blieb
     aber weitestgehend unbeachtet. Cf. Dieter Borchmeyer, Rezension in der Zeit
     vom 23. 03. 2000.
6   Zur Rolle einer repräsentativen Öffentlichkeit bei Norbert Elias: Die höfische
     Gesellschaft: Untersuchungen zur Soziologie des Königtums und der höfi-
     schen Aristokratie, Frankfurt a. M.: Suhrkamp, 1983. (= stw 423). Siehe auch
     Birte Schramm: Quellen Schillers, Fakultät Medien, Bauhaus-Universität. Wei-
     mar: Webarchiv, polizey.de, 2005.
7   Friedrich Schulz: Über Paris und über die Pariser, [Mikrofiche-Ausgabe].
     Berlin 1971.

Obwohl der Spielraum das komplexe nächtliche Paris ausfüllt, finden alle Spielszenen im engeren Sinne auf der Polizei statt. Schiller zeichnet sein Städteportrait mit einem diversen Stückpersonal, von der frommen Tochter über den Mörder zum Höfling und Mönch. Schiller entwirft darin ein komplexes Gesellschaftspanorama. Die Pariser Polizeibehörde des Ancien Régime wird zum Kristallisationspunkt zwischen Ordnung und Chaos, Intimität und Öffentlichkeit, Individuum und Masse:

> Die Handlung wird im Audienzsaal des Polizeilieutenants eröffnet, welcher seine Kommis abhört und sich über alle Zweige des Polizeigeschäfts und durch alle Quartiere der großen Hauptstadt weitumfassend verbreitet. Der Zuschauer wird sonach schnell mitten ins Getriebe der ungeheuren Stadt versetzt und sieht zugleich die Räder der großen Maschine in Bewegung. Delatoren und Kundschafter aus allen Ständen[8].

Die Pariser Polizei hat drei Hauptaufgaben zu erfüllen: Das Volk ruhig zu stellen, zu überwachen, und zu disziplinieren. Es entstehen ein Netzwerk zur Kontrolle der Großstadt Paris sowie die Bildung eines Polizeiapparates zum Zwecke des Machterhalts des Königs mittels der Ernennung eines Pariser Polizeilieutenants. Verantwortlich für die Herstellung von Ruhe, Sicherheit und Sauberkeit ist Marc-René d'Argenson. In dieser Zeit baut er einen allumfassenden und gut funktionierenden Polizeiapparat auf. In dieser Funktion dient er dem Sonnenkönig auch als geheimer Ratgeber und Vermittler[9]. Seine Machtfülle war umfassend. Er soll über einen Geheimdienst von 40 000 Polizeispionen, die so genannten *Mouchards*, verfügt haben. Dreh- und Angelpunkt des Geschehens war die Pont Neuf. Die Aura dieses Ortes, diese spezifische Mischung aus Bouquinisten, Banditen, Coupletsängern und Rekrutenwerbern verleitet zur Poetisierung des Elends. In dem Fragment *Die Polizey* sind die Räume und Rhythmen der Großstadt im Entstehen.

Unweit von Pont Neuf wird 1740 der spätere Schriftsteller, Dramatiker und Publizist Louis Sébastien Mercier geboren. Als ein Sohn von Paris ist er besonders empfänglich für die unablässig einströmenden Reize der Großstadt. Seine klassische humanistische Bildung empfindet er bald als Hindernis, um sich gänzlich auf diese Stadt einzulassen, deren Form sich, wie Baudelaire ausrufen wird, schneller ändert als das Herz eines Sterblichen.

Schillers Biograf Rüdiger Safranski weist darauf hin, dass zu Schillers Lebzeiten schärfer als heute wahrgenommen wurde, dass Schiller ein phi-

---

8   Schiller (Anm. 1), S. 190.
9   Friedrich Schulz: Über Paris und die Pariser, [Mikrofiche-Ausgabe]. Berlin 1791, S. 129.

losophischer Autor war. Er erklärt ihn zum „Sartre der Goethezeit", worin er Käthe Hamburgers Votum aufnimmt[10].

Schillers Materialsammlung *Die Polizey*, mit Figurenskizzen, Szenenentwürfen, Beschreibungen und Notizen, inspirierte im Schillerjahr 2005 gleich drei Regieteams in Jena, Weimar und Meiningen. Am 19. Mai 2005 fand im Meininger Theater die „Lange Nacht der Polizey" statt, an der alle Projekte an einem Abend gezeigt wurden.

In einer Inszenierung von Norton.Commander.Production, präsentiert das Theaterhaus Jena das Schiller-Fragment *Die Polizey*. Harriet und Peter Meining fokussieren in ihrer Performance auf die Bezüge zur Gegenwart und zeichnen damit ein differenziertes Polizeigemälde zwischen dokumentarischem Realismus und surrealer Filmwelt. Norton.Commander.Production arbeiten seit 1995 an der Schnittstelle Theater, Film und Bildender Kunst. Sie mischen authentisches Material mit filmischem, zitieren, kommentieren und entwickeln dabei ein pulsierendes Geflecht von Opfer und Täter, Schuld und Unschuld, Moral und Gesetz:

> Ein ungeheures, höchst verwickeltes, durch viele Familien verschlungenes Verbrechen, welches bei fortgehender Nachforschung immer zusammengesetzter wird, immer andre Entdeckungen mit sich bringt, ist der Hauptgegenstand. Es gleicht einem ungeheuren Baum, der seine Äste weit herum mit andren verschlungen hat, und welchen auszugraben man eine ganze Gegend durchwühlen muss. So wird ganz Paris durchwühlt, und alle Arten von Existenz, von Verderbnis etc. werden bei dieser Gelegenheit nach u. nach an das Licht gezogen[11].

Die Zürcher Gruppe FarADayCage entwickelt im Straßenbahndepot Weimar ein Projekt über Voyeurismus und Gier nach Einblick in fremde Privatleben. Diese Performance führt, vor dem Hintergrund aktueller Sicherheitsdebatten, einen zusätzlichen politischen Diskurs.

Dieser Diskurs wird auch von der Textfassung von Till Müller-Klug geführt. Das Regieduo KranzNordalm betont in seiner Inszenierung die gegenwärtigen und zukünftigen Diskurse der Inneren Sicherheit, der sozialen Entsicherung und des unbewussten Gehorsams.

Auch auf den Mannheimer Schillertagen 2005 ist eine Performance des *Polizey*-Fragments vertreten gewesen. Die Berliner Theatergruppe „luna-

---

10 Käthe Hamburger: Philosophie der Dichter. Stuttgart: Kohlhammer, 1966. Cf. auch Klaus Lüderssen: „Daß nicht der Nutzen des Staats Euch als Gerechtigkeit erscheine". In: Schiller und das Recht. Frankfurt a. M.: Insel, 2005, S. 215, Fußnote 10. Cf. auch Jochen Hörisch: Die Kunst des Lebens und das Leben der Kunst. Vortrag bei der Berliner Akademie der Künste, 12.5.2005, S. 1–15, hier S. 3.

11 Schiller (Anm. 1), S. 194.

tiks produktion" schickten ihre Zuschauer zu szenischen Installationen per Streifenwagen durch die Innenstadt bei Nacht[12].

In Martin Weinharts spannend angelegtem Fernsehfilm *Schiller* (2005) steht wiederum Mannheim im Mittelpunkt. Der Stürmer-und-Dränger soll Jugendliche und jung Gebliebene wieder für Schiller begeistern. Es scheint zu funktionieren.

Wenn Theater Strukturen des Wissens aufbaut, dann können wir uns nur wünschen, dass wir uns immer wieder überraschen lassen, dass wir den Schriftsteller und den Philosophen in Schiller wahrnehmen[13]. Im Laufe des 19. und 20. Jahrhunderts tritt an die Stelle des Erkennungsdienstes sprachlich übermittelter Botschaften der Befund von Kontaktflächen, die Spuren aufnehmen. Das Modell des polizeilichen Erkennens ist nicht mehr Newton oder Kant, sondern Faraday oder Bonnard verpflichtet[14].

12 Cf. Anna Pataczek: Schillers Dramenentwurf ‚Die Polizey' erfährt endlich seine gebührende Aufmerksamkeit hinter den Kulissen von Paris. In: Vorsicht Freiheit! 13. Internationale Schillertage am Nationaltheater Mannheim, 2005.

13 Jochen Hörisch (Anm. 10), S. 9.

14 Cf. auch die Projektarbeit einer Gruppe von Studierenden der Fakultät Medien an der Bauhaus-Universität Weimar, deren Recherchen auf www.polizey.de abrufbar sind.

MARIELLE SILHOUETTE (Paris, Frankreich)

Klassikerbearbeitungen in den 20er Jahren

Ich bin von der paradoxen Feststellung ausgegangen, daß mit Max Reinhardt und anderen namhaften Regisseuren der 20er Jahre die Klassiker, wenn immer noch in weiten Kreisen der Bevölkerung mit Ehrfurcht und Langeweile verbunden, zur Politisierung, sogar Revolutionierung der Bühne beitrugen. Max Reinhardt, Leopold Jessner, Erwin Piscator, Erich Engel, Jürgen Fehling, Karl-Heinz Martin u. a. schöpften in der Tat aus dem klassischen Repertoire, um technische Bühnenmittel zu erproben, oder aber sie versuchten, wie Leopold Jessner, die dem Werk zugrundliegende Idee und deren Relevanz für die damalige Zeit aufzudecken. Zwischen Historisierung und Aktualisierung[1] wird die Klassikerdebatte nicht nur zum ideologischen Kampf um Sinn und Zweck des Theaters in der Gesellschaft, sie steht weitgehend auch für einen Legitimationsversuch von Seiten neuer Sozialträger, der Regisseure nämlich, die u. a. mit den Germanisten, bzw. den Schulen und Universitäten um Kanonbildung wetteifern. Diese Debatte wird wiederum durch die expandierende Zeitungskritik und neue Wortführer, die Theaterkritiker – auch Konkurrenten der Germanisten – in der Öffentlichkeit verbreitet, so daß sie nicht nur mehr Theaterfrage bleibt, sondern geradezu zur Nationalfrage überhaupt wird, nachdem die sogenannte Weimarer Republik im Schoße der deutschen Klassik schmerzhaft entstanden war.

In seinen Memoiren[2] erzählt der Schauspieler Eduard von Winterstein, der später zum festen Ensemble Max Reinhardts im Deutschen Theater gehören sollte, von frühen Erfahrungen an Provinztheatern am Ende des 19. Jahrhunderts. Die Klassiker machten den weitaus größten Teil des Repertoires aus, da sie Subventionen von Seiten der Stadt, sowie hohe Besucherzahlen versprachen. Doch räumt von Winterstein ein, daß sie mehr die Schulklassen als das übliche Theaterpublikum anzogen, da dieses damals

---

1   Siehe Erika Fischer-Lichte: Kurze Geschichte des deutschen Theaters. Tübingen und Basel: Francke Verlag, 1993 (UTB für Wissenschaft: Uni-Taschenbücher, 1667), S. 373–409 („Zwischen Historizität und Aktualität: Klassiker-Inszenierungen im 20. Jahrhundert").

2   Eduard von Winterstein: Mein Leben und meine Zeit. Ein halbes Jahrhundert deutscher Theatergeschichte (1891). Berlin: Oswald Arnold Verlag, 1942.

mit dem Wort Klassiker ohne weiteres den Begriff „langweilig" verband. Dem Fazit von Alain Viala[3] zufolge hatte sich die Verbindung zwischen Klassikern und Klassen, bzw. Schulklassen in den Gedanken festgesetzt, so daß sich nun unter diesen Begriff die antiken Autoren, später auch die sogenannten Nationalautoren subsumieren ließen. Diese fatale Assoziation hatte schwerwiegende Folgen für die Bühne. Denn, wie ein älterer Schauspieler von Winterstein nahelegte, „war immer Klassiker, wenn unnatürlich gesprochen wurde"[4], was u. a. zur Folge hatte, daß das Spiel und die Rollenbesetzung „in einer eisernen Konvention" erstarrt"[5] waren und der Text einfach heruntergeleiert wurde mit gänzlichem Verzicht auf einheitlichen Darstellungsstil.

Klassikeraufführungen gingen aber nicht nur an Provinztheatern, sondern sogar am Königlichen Schauspielhaus in Berlin mit leerer und langweiliger Deklamation einher, wie der Theaterkritiker Theodor Fontane nach einer *Räuber*-Aufführung in der Regie von Otto Devrient am 23. November 1889 leider feststellen mußte. Die falsche Pietät und folglich die Besitzgier vereitelten jeden Erneuerungsversuch, da sich jeder Zuschauer als Wächter des klassischen Erbes wähnte. Vierzig Jahre später griff ein anderer Theaterkritiker, Herbert Jhering nämlich, besagte falsche Pietät mit noch bissigeren Worten in einem bei Rowohlt erschienenen Essay an[6]. Jhering bemängelte wiederum jegliche Neugier und Offenheit von Seiten des Publikums *in puncto* Klassiker, er empörte sich über das überall wütende Besitzgefühl, womit jeder „von Barbarei sprach, wenn die Klassiker nicht so aufgeführt wurden, wie er sich gedacht hatte"[7]. Neu in Jherings Essay war die unerbittliche Attacke gegen die Germanisten und Literaturwissenschaftler im allgemeinen, die seiner Ansicht nach für diese desolate Lage verantwortlich waren: Georg Gottfried Gervinus und Wilhelm Scherer hätten die Klassiker privatisiert, trügen weitgehend die Schuld an diesem Besitzgefühl, kurz, sie hätten die Klassiker den meisten Deutschen entfremdet. Dahingegen seien die im Titel erwähnten führenden Regisseure der Zeit, Reinhardt, Jessner, Piscator um eine neue Einstellung und einen neuen Umgang mit den Klassikern bemüht. Durch ihre epochemachenden Inszenierungen hätten sie die deutschen Klassiker, zu denen sie wie selbstverständlich auch Shakespeare rechneten, neu entdeckt. Aber diese Mo-

3   Alain Viala (Hg.): Qu'est-ce que qu'un classique? Paris: Klincksieck, 1993, S. 30.
4   Ebenda, S. 208.
5   Ebenda, S. 225.
6   Herbert Jhering: Reinhardt, Jessner, Piscator oder Klassikertod? Berlin: Rowohlt, 1929.
7   Ebenda, S. 7–8.

dernisierung könne, so Jhering, gleichzeitig deren Tod herbeiführen, da sie durch Historisierung oder Aktualisierung fast nicht mehr zu erkennen seien, deren Gebrauchswert fast gänzlich erschöpft sei.

Daß sich ein Theaterkritiker für die Regisseure als neue Kulturträger einsetzte, die mehr als die Germanisten noch zur Kanonbildung berechtigt seien, zeugt von einer sozialen und kulturellen Umschichtung, die mit der Revolution der Regie nun den Regisseur in den Mittelpunkt stellte und mit der rasenden Entwicklung der Presse dem Theaterkritiker wiederum eine bedeutende Rolle zuwies. Vor dem Bildungsbürgertum und dem Adel im wilhelminischen Reich beanspruchte der junge Schauspieler Max Reinhardt in seinen Inszenierungen das Recht auf eine völlig neue Interpretation der als Heiligtümer geltenden Klassikerwerke und gleichzeitig den gänzlichen Verzicht auf Konventionen, wobei er neue technische Bühnenmittel zur Geltung kommen ließ.

Gegen die theoretische und, seiner Meinung nach, starre Kenntnis der Klassiker plädierte Reinhardt dafür, die Klassiker, die er als den „heiligsten Besitz des Theaters" betrachtete[8] neu „zu spielen, so, wie wenn es Dichter von heute, ihre Werke Leben von heute wären"[9]. Daß Reinhardt gerade mit Shakespeare das realisierte, was ihm mit den Klassikern vorschwebte, darf nicht verwundern: Der englische Dichter wurde im Laufe des 19. Jahrhunderts (Schlegel, Tieck u. s. w.), dann vollends 1911 mit Gundolfs *Shakespeare und der deutsche Geist,* zum deutschen Klassiker schlechthin.

Von 1905 bis 1933 waren Shakespeares Stücke ein fester Bestandteil des Deutschen Theaters unter der Leitung Max Reinhardts. Letzterer widmete 1913–1914 sogar dem englischen Dichter einen Zyklus, der dann 1916 von einem deutschen Zyklus abgelöst wurde, der sich aus Klingers *Leidendem Weib*, Lessings *Minna von Barnhelm*, Schillers *Kabale und Liebe* und schließlich Büchners *Dantons Tod* zusammensetzte. Was Reinhardt mit den Klassikern vorschwebte, läßt sich aber am besten an der Wahl der von ihm inszenierten Stücke ablesen. Den politischen Stücken zog er diejenigen mit intimem Charakter vor: So führte er z. B. zwischen 1904 und 1930 *Kabale und Liebe* regelmäßig auf, *Don Carlos* interpretierte er stark als Generationskonflikt, wobei die politische Dimension in seiner Inszenierung in den Hintergrund rückte. Ihm ging es vor allem um eine Verlebendigung und Erneuerung der Bühne durch die Klassiker. Sie verhalfen dem Theater dazu, nach dem Prinzip von Appia, Craig und Fuchs, wieder ein Ort des Festes und der Weihe zu werden.

---

8   Arthur Kahane: Max Reinhardt. In: Tagebuch eines Dramaturgen. Berlin: Cassirer Verlag, 1928, S. 118.
9   Ebenda, S. 118–119.

1919 wurde Leopold Jessner zum Intendanten des Staatlichen Schauspielhauses in Berlin ernannt. Auch er griff auf die Klassiker zurück, die
selbstverständlich zum Repertoire eines Staatstheaters gehören sollten, aber
er lehnte es von Anfang an ab, das Staatliche Schauspielhaus zum „Tradi-
tionstheater im Sinne der Comédie française"[10] zu machen; es mußte vielmehr „inaugurierend wirken", d. h. „schöpferisch", und „in die Zukunft
weisen"[11]. Wie Reinhardt sieht Jessner die Klassiker als Dichter der Gegenwart, die nach gleichen Darstellungsprinzipien gegeben werden müssen. Hatte Reinhardt das Theater mit den Klassikern durch schillernde Fülle und Zauber des Bühnenbilds versöhnt, so reihte sich Jessner nach eigener
Aussage in die entgegengesetzte Tradition ein, die er als spartanisch bezeichnete. Ihm ging es hauptsächlich darum, die dem Werk zugrundelie-
gende Idee und deren Relevanz für die heutige Zeit herauszukehren. So
sorgte seine erste Inszenierung am Staatstheater, Schillers *Wilhelm Tell* am
12. Dezember 1919, für anhaltende Empörung in den konservativen Kreisen. Jessner baute systematisch die Schweizer Idylle ab. Das geometri-
sche, schlichte Bühnenbild Emil Pirchans und der völlige Verzicht auf
Requisiten stellten den Schauspieler und die von ihm getragene Idee der
Freiheit um so stärker in den Vordergrund. Jessner begnügte sich nicht nur
damit, die Bühne von der Pracht und dem Schwulst zu befreien, die ihr für
die Klassikeraufführungen zukamen; er ging sogar soweit, ganze Textstellen zu streichen, um die Aufmerksamkeit auf andere zu lenken. So hallte
der Freiheitsschrei um so heftiger im Deutschland der unmittelbaren Nachkriegszeit nach, so daß die Aufführung 1919 in Bayern und 1923 in Ko-
blenz verboten wurde, als die Besetzung des Ruhrgebiets auf den starken
Widerstand der Nationalisten stieß. Somit erreichte das SPD-Mitglied Leopold Jessner das Ziel, das ihm schon 1913 vorschwebte, nämlich ein „deutsches Volkstheater im Sinne der Schillerschen Schaubühne [zu schaffen],
führend nach innen wie nach außen"[12]. Von 1919 bis zu seinem endgültigen Rücktritt als Direktor und Intendant des Staatlichen Schauspielhauses
1932 mußte Jessner die immer heftigeren Attacken der nationalistischen
und antisemitischen Kreise über sich ergehen lassen, die ihn als den „jüdischen Sozialdemokraten und Zertrümmerer der deutschen Kultur" geißel-
ten. Doch gab Jessner nicht nach, er führte bis 1932 trotz heftiger Kampagnen den Kampf um die Klassiker weiter, ließ sogar 1926 Erwin Piscator,
der seinerseits 1925 durch seine Trotzki-Revue *Trotz alledem* im Großen
Schauspielhaus Reinhardts für einen riesigen Skandal gesorgt hatte, Schil-

---

10 Leopold Jessner: Staatliches Schauspielhaus (1930). In: Schriften, Theater der
    20er Jahre, hg. von Hugo Fetting. Berlin: Henschelverlag, 1979, S. 31.
11 Ebenda, S. 37–39.
12 Ebenda, S. 14.

lers *Räuber* im Staatstheater inszenieren. Piscators Bemühen um eine Verlebendigung, um ein Näherrücken der klassischen Dichtung, war im Vergleich zu Jessner noch radikaler: In den ersten zwei Auftritten ließ er an
Stelle von Karl Moor, dem negativen Revolutionär, Spiegelberg, den über-
zeugten Revolutionär, das Wort führen, den er als Doppelgänger Trotzkis
im modernen Kostüm, mit Bart und Nickelbrille auftreten ließ. Der böhmi-
sche Wald erinnerte stark an ein Schlachtfeld des Ersten Weltkriegs, das
Schloß fungierte als Symbol der Monarchie, und am Ende trat Karl barfuß
vor Amalie auf, erstach sie, bevor er sich eine Kugel in den Kopf jagte. Die
Figur erschien somit als Symbol einer Generation, die ihre Ideale im großen Konflikt verloren hatte, während allein Spiegelberg als Träger der sozialen Revolution als zukunftsweisend wirkte. Trotz heftigen Skandals bot
Jessner drei Monate später, am 3. Dezember 1926, eine Inszenierung von
Shakespeares *Hamlet*, in der er, wie Piscator, das Stück stark modernisierte und Fritz Kortner als Hamlet im langen schwarzen Havelock von reak-
tionären Kräften umgeben auftreten ließ. In der Theaterszene waren die
Logen des barocken Theaters von Repräsentanten der Monarchie besetzt,
Wilhelm II. thronte in Uniform in der Mitte. Jessner verzichtete gänzlich
auf die Psychologie und konzentrierte sich auf die politisch desolate Lage
des Staates Dänemark, die in mancher Hinsicht an die Wirren im Deutschland der späten 20er Jahre erinnern sollte. Somit trugen die klassischen
Werke wie das Zeitstück zur starken Politisierung der Bühne bei.

Sprach Brecht zur gleichen Zeit von einer Einschüchterung durch die
Klassizität, von der man sich befreien sollte, so nahm er doch Abstand von
solchen extremen Aktualisierungsversuchen, die seiner Ansicht nach dem
Theater auf die Dauer stark schaden würden. Durch seine Bearbeitungen
von Marlowes *Leben Eduards II.* oder Shakespeares *Coriolan* versuchte er
die große Form aufrechtzuerhalten, die er aber in den Dienst moderner
Themen stellte. Wie Reinhardt, Jessner und Piscator wollte er die Klassiker vom Pathos und Schwulst befreien. Ihm schwebte aber nicht nur, wie
seinen Zeitgenossen, eine Verlebendigung durch Farb- und Klangfülle
(Reinhardt), ein Näherrücken der Problematik oder deren starke Aktualisierung (Jessner, Piscator) vor, er suchte darüber hinaus im klassischen
Repertoire nach Formen und Mitteln für das Theater von heute und morgen. An Grabbes Stück *Hannibal*, das er 1924 bearbeitete, oder an *Coriolan* interessierte ihn die Darstellung des großen Einzelnen im politischen
Kampf, in einer Form, die den Anforderungen der Zeit entsprechen sollte.
Er ließ sich von den Klassikern nicht einschüchtern, lehnte aber auch gleichzeitig die Idee einer durchschlagenden Wirkungslosigkeit der Klassiker
ab, von der Max Frisch dreißig Jahre später, nun in bezug auf ihn, sprechen
sollte. Mit der Zeit wurde Brecht selbst Opfer desselben falschen Aneig-
nungsprozesses der Klassiker, obwohl er mit anderen Regisseuren und

Dramatikern der 20er Jahre nach Mitteln und Wegen für einen neuen Umgang mit ihnen gesucht hatte, die im heutigen Theater immer noch gelten
und als maßgebend wirken.

Sektion 24

Streiten im Lichte der linguistischen und literaturwissenschaftlichen Dialogforschung

Betreut
von
Priscilla Hayden-Roy, Francine Maier-Schaeffer,
Günter Sasse und Johannes Schwitalla

GÜNTER SASSE (Freiburg i. Br., Deutschland)

„Mit Worten läßt sich trefflich streiten."

Zum Streit in der Literatur und im Leben – ein paar Vorbemerkungen

In einer Rede, die Goethe am 9. September 1791 zur Eröffnung der *Freitagsgesellschaft* gehalten hat, in der an jedem ersten Freitag im Monat ein Mitglied aus seinem Fachgebiet vortrug, finden sich die Worte:

> Glücklich, daß die Wissenschaften wie alles, was ein rechtes Fundament hat, ebensoviel durch Streit als durch Einigkeit, ja oft mehr gewinnen! Aber auch der Streit ist Gemeinschaft, nicht Einsamkeit, und so werden wir selbst durch den Gegensatz hier auf den rechten Weg geführt.[1]

Das, was Goethe über den Streit sagt, mag für den wissenschaftlichen Streit zutreffen, zumal wenn man sich auf die Metaebene begibt, auf der man sich aus literaturwissenschaftlicher und linguistischer Sicht über das Streiten streitet, was eine zusätzliche Disziplinierung bewirkt. Das aber ist sicherlich die Ausnahme auf dem weiten Feld der Streitereien. Gestritten wird bekanntlich über alles allezeit und überall – zwischen Einzelpersonen, unterschiedlichen Gruppen, zwischen Institutionen und Nationen. Der Streit kann in Kampf übergehen, kann bis zum Krieg führen. Man will im Streit seine Absichten und Ansprüche durchsetzen, man streitet um ein bestimmtes Gut, um die eigene Überzeugung, um die Ehre usw. Ziel des Streits ist, als Sieger die Arena der Auseinandersetzung zu verlassen.

Doch es gibt auch andere Formen des Streitens; sie sind nicht vom Ziel, sondern von den Affekten her bestimmt. Man streitet in diesem Fall nicht, um über die andere Person zu triumphieren, ihr etwas zu entreißen, sondern weil im Verhältnis zu ihr etwas nicht stimmt, weil man in seinen Erwartungen enttäuscht wurde, weil das Selbstbild durch den anderen in Frage gestellt wurde, weil die eigenen Interessen verletzt wurden. Diese Form des Streits ist als *Beziehungsstreit* zu klassifizieren, offensichtlich die Hauptform des Streitens. Von diesem Typ des Streits, der die Bezie-

---

1   Johann Wolfgang Goethe: [Rede bei Eröffnung der Freitagsgesellschaft]. In: Ders.: Gedenkausgabe der Werke, Briefe und Gespräche, hg. von Ernst Beutler, Bd. 14: Schriften zur Literatur, hg. von Fritz Strich. Zürich 1950, S. 173–175, hier S. 174.

hungsdefinition tangiert, ist der *Sachstreit* abzugrenzen. Ihn hatte Goethe in seiner Rede vor der Freitagsgesellschaft im Blick. Für Menschen, die allein an der Erkenntnis der Wahrheit interessiert sind, ist dies die einzig akzeptable Streitform. Sine ira et studio bemüht man sich um die rechte Einsicht, allein der Rationalität und Kohärenz des Vorgebrachten verpflichtet, keiner anderen Autorität als der Qualität der Argumente unterworfen. Jürgen Habermas hat in seiner Theorie des herrschaftsfreien Dialogs[2] solch ein Ideal aufgestellt, um die davon abweichende Redewirklichkeit zu brandmarken. Für diese – wie er selbst sagt – kontrafaktische Annahme hat er wiederholt Schelte bezogen, über sie ist so mancher Streit entbrannt.[3]

Was schon für den akademischen Diskurs gilt, das gilt erst recht für die Alltagsauseinandersetzung: Der Streit um die richtige Beurteilung von Sachverhalten, die argumentative Auseinandersetzung um Wertorientierungen kann schnell in den Streit um die Beziehung umschlagen, etwa wenn einer der Dialogpartner in seiner Auffassungsgabe in Frage gestellt wird. Dann geht es plötzlich um Selbstbehauptung und Unterwerfung, um Profilierung und Entwertung; an die Stelle des Bemühens um die Wahrheit tritt das Bestreben nach Wirkung. Und selbst wenn der Streit sachlich bleibt, spielen doch Statusmerkmale, Geschlechterzugehörigkeit, Kultur- und Subkultureigentümlichkeiten, Interessen, Emotionen, Erinnerungen, Überzeugungen, Prägungen immer mit hinein. Sie lassen sich in wissenschaftlichen Kontroversen zwar tendenziell zurückdrängen, doch für das, was gemeinhin die herrschende Streitpraxis ausmacht, sind diese Aspekte wesentliche Konstituenten.

Der Streit ist eine faktische Form ‚sozialen Zusammenlebens' wenn auch keineswegs eine ersehnte; er gewinnt seine Brisanz, je enger die gefühlsmäßige Bindung ist. Dann geht es nicht mehr um die Sache, sondern zur Sache, nämlich zu der der Beziehung, dann will man den anderen verletzen, frustrieren, Macht über ihn ausüben, sich ins Recht setzen, das beim Gegenüber beschädigen, was Goffman *Image* nennt.[4]

In nicht-institutionalisierten Streitgesprächen überragt der Beziehungsstreit den Sachstreit nicht nur quantitativ, sondern auch qualitativ, insofern

2 Jürgen Habermas: Vorbereitende Bemerkungen zu einer Theorie der kommunikativen Kompetenz. In: Ders.: Niklas Luhmann: Theorie der Gesellschaft oder Sozialtechnologie – Was leistet die Systemforschung? Frankfurt a. M. 1971, S. 101–141.

3 Siehe z. B. Harald Weinrich: System, Diskurs, Didaktik und die Diktatur des Sitzfleisches. In: Theorie der Gesellschaft oder Sozialtechnologie. Beiträge zur Habermas-Luhmann-Diskussion, hg. von Franz Maciejewski. Frankfurt a. M. 1973, S. 145–161.

4 Erving Goffmann: Interaktionsrituale. Über Verhalten in direkter Kommunikation. Frankfurt a. M. 1986, S. 10.

für ihn die sprachlichen, parasprachlichen und körpersprachlichen Mittel – erworben im langen Lebenskampf um Anerkennung, Zuwendung und Macht – am subtilsten ausgebildet sind. Gerade das im persönlichen Streit bedrohte *Image* mobilisiert dabei ein ganzes Arsenal von Abwehrreaktionen und Gegenangriffen: Beschimpfungen und Beteuerungen, Anschuldigungen und Rechtfertigungen, Eingeständnisse und Entschuldigungen, Themenverschiebungen und Retourkutschen – allesamt Sprechhandlungen, geprägt von spezifischer Prosodie und ergänzt durch nonverbale Attacken, die sich wechselseitig aufeinander beziehen. Dabei entwickeln vehemente Streitgespräche eine eigentümliche Dynamik: ein Wort gibt das andere, auf einen groben Klotz folgt ein gröberer Keil usw. Es entsteht eine eigentümliche Psycho-Logik, bei der die außersprachliche Realität zum ‚Waffenarsenal' reduziert wird, aus dem man die ‚Keulen' holt, um auf den zum Gegner avancierten Dialogpartner ‚einzuschlagen' – und vice versa. Neben diesen ‚gelungenen' Streitgesprächen, die ja immer noch Gespräche sind, insofern sich die Repliken aufeinander beziehen, gibt es auch ‚mißlungene' Streitgespräche, in denen es zu gar keinem Gespräch kommt, alle Konflikte unter der Decke konventioneller Worthülsen verbleiben, die Kontrahenten aneinander vorbeireden, die Rede sich in einen innerlichen und äußerlichen Teil spaltet, dieser sich womöglich zum *beredten Schweigen* zuspitzt oder als verbalisierte Kommunikationsverweigerung äußert.

Vor dem Hintergrund des bislang Erörterten drängt das Thema der Sektion 24 die Frage auf, was den Unterschied zwischen realen und fiktionalen Streitgesprächen ausmacht? Daran knüpft sich die weitere Frage an, ob es spezifische literaturwissenschaftliche und linguistische Verfahren der Streitanalyse gibt? Sicherlich wird in der Literatur subtiler und differenzierter gestritten als im Alltag, insofern der Autor intentionale Objekte kreiert, bei denen noch die dargestellte Bedeutungslosigkeit bedeutsam ist. Daher nötigen uns literarische Texte zu einer höheren Aufmerksamkeit als normalsprachliche Äußerungen, sie verlangen dem Interpreten in aller Regel größere hermeneutische Anstrengungen ab. Das allerdings ist kein prinzipieller, sondern lediglich ein gradueller Unterschied gegenüber der Analyse alltagssprachlicher Streitgespräche. Prinzipiell ist der Unterschied jedoch, wenn man bedenkt, daß sich das Streiten in der Literatur häufig als ein literarisiertes Streiten erweist. So können Gattungszwänge die Art bestimmen, wie in der Literatur gestritten wird. In der bis ins 18. Jahrhundert hinein normativ geprägten Tragödie wird in der hohen Stillage des *Genus sublime* gestritten, in der Komödie hingegen in dem der Alltagssprache angenäherten *Genus humile*. Man streitet nach Regeln, etwa nach denen der Stichomythie des antiken Dramas, nach denen jedem der Streitenden in Rede und Gegenrede genau ein metrisch gleichgebauter Vers zusteht; bisweilen haben die Kontrahenten nach einem bestimmten Versmaß zu strei-

ten, wobei nicht nur in literarischen Gattungen, sondern auch in literarischen
Epochen jeweils anders gestritten wird: während des Barock im Alexandriner mit seiner um die Mittelzäsur gruppierten metrischen Ordnung, während Aufklärung und Klassik im Blankvers, der den Kontrahenten Anzahl
und Folge der Hebungen und Senkungen ihrer Rede vorschreibt; im Sän-
gerwettstreit streitet man sogar mit Noten und in der Oper nach Noten.
Auch sind sich die Figuren im Drama des Klassizismus in ihren Affekten,
Motiven und Plänen transparent, sie sprechen über ihre Gefühle wie über
ferne Verwandte – dies jedoch nicht, weil sie etwa psychologisch geschult
wären, sondern weil sie „transpsychologisch" konzipiert sind, geprägt von
vorgegebenen Diskursordnungen. Spätestens mit der epochalen Zäsur des
Sturm und Drang entsteht dann eine Konzeption, nach der sich die Figuren
selbst undurchsichtig sind; sie benennen nicht mehr ihre Affekte, sondern
drücken sie aus, und zwar in einer von Aposiopesen, Anakoluthen und
Ellipsen geprägten, häufig dialektal eingefärbten Sprache, die, obwohl
hochartifiziell, suggeriert, daß die Figuren so reden, wie ihnen ‚der Schna-
bel gewachsen ist'. Die Liste der vorgängigen Bedingungen und Bedingtheiten für das literarische Streiten wäre sicherlich noch um einige Punkte
zu erweitern. Woran diese Hinweise nur erinnern sollen: Was bei der Analyse von literarischen Texten grundsätzlich zu beachten ist, gilt auch für
die Analyse von *literarischen Streitgesprächen*: Sowohl die Gattungskon-
ventionen als auch die Epochenaspekte sind wesentliche Parameter. Ferner ist zu bedenken, daß die Literatur verschiedenen soziokulturellen Kontexten angehört und daß sie diesen soziokulturellen Kontexten auf je
verschiedene Weise angehört.

    Neben den externen Bedingungsfaktoren literarischen Streitens gilt es
aber auch zu beachten, daß das Streiten in der Literatur selbst komplexer
ist als das Alltagsstreiten – nicht weil die literarischen Figuren von einem
sprachmächtigen Autor geschaffen wurden und folglich auch sprachmäch-
tig sind – das ist keineswegs immer der Fall, ein sprachmächtiger Autor
kann ja auch sprachohnmächtige Figuren schaffen – sondern weil alles,
was die Figuren in der Literatur sagen oder auch nicht sagen, relevant ist
und der Analyse bedarf; selbst die Unsinnigkeiten ihrer Reden sind als
sinnvoll im Deutungshorizont des Werkes anzusehen. Von daher sind literarische Figuren gegenüber realen Menschen schwieriger zu deuten, zugleich aber sind sie auch leichter zu fassen. Denn die Informationen, die
man über eine literarische Figur erlangen kann, sind begrenzt. Sie besitzt
keine Vorgeschichte und Nachgeschichte über den Textrahmen hinaus – es
sei denn, man verfolgt einen intertextuellen Ansatz. Sie hat auch keine
Tiefendimension, die nicht von ihrer Präsenz im literarischen Werk her zu
erschließen wäre, anders als bei realen Personen, bei denen der aktuelle
Streit in aller Regel auf verborgene Hintergründe verweist, die in Vorge-

schichte und Verdrängtem gründen und sich häufig selbst in aufwendiger, tiefenanalytischer Erschließungsarbeit nicht erfassen lassen.

> Diese Begrenztheit der Informationen über eine Figur hat zur Folge, daß jeder einzelnen Information von vornherein ein höherer Wert zukommt, daß auch der beiläufigsten bei der Analyse der Figur prinzipiell Bedeutsamkeit unterstellt wird, während man bei der Beurteilung einer realen Person davon ausgeht, daß manche Daten relevant, andere dagegen zufällig und irrelevant sind. [...] Damit soll nicht behauptet werden, daß alle Informationen zu einer Figur in einem [...] [literarischen] Text bedeutsam sind, daß es hier keinerlei zufällige Details gibt, sondern vielmehr, daß der ideale Rezipient zunächst einmal davon ausgeht, daß jedes Detail bezeichnend und bedeutsam ist, und daß er sich erst, wenn sich keinerlei Korrelationsmöglichkeit eröffnet, dazu entschließt, es als nicht charakterisierend, sondern die Kontingenz der realen Welt imitierend aufzufassen.[5]

Zusammenfassend kann man sagen, daß offensichtlich die Analyse von literarischen Streitgesprächen – in mancher Hinsicht zumindest – komplizierter ist als die von tatsächlichen Streitgesprächen. Denn vieles muß beachtet werden, was für ‚normale' Streitgespräche nicht gilt. Umgekehrt ergibt sich bei ‚normalen' Streitgesprächen die Schwierigkeit, deren Normalität zu erfassen. Bei Literaturwissenschaftlern liegt alles schön säuberlich zwischen zwei Buchdeckeln parat, Linguisten hingegen haben es schwer, ihr Corpus zu erlangen. Wer streitet schon, besonders wenn es um Beziehungen geht, gerne und authentisch vor Dritten? So mag man im Beisein anderer nett mit dem Partner umgegangen sein; aber kaum ist der letzte Gast verabschiedet, geht es los – und kein Linguist hat sein Tonband eingeschaltet. Und wenn man sich tatsächlich vor Dritten streitet, streitet man sich anders – gleichsam über Bande in mehrfach adressierten Äußerungen, die den einen meinen, indem sie den anderen ansprechen. Schwer hat es die linguistische Analyse von Streitgesprächen auch, weil es diffizil ist, zwischen Grund und Anlaß des Streits zu unterscheiden: Alles hat eine Vorgeschichte, kleinste spitze Bemerkungen können große Wirkungen hervorrufen, da im Beziehungsstreit langjährig Vertrauter jeder die Achillesferse des anderen genau kennt, gegen die er schon wiederholt getreten hat, so daß für die so erzeugte Verletzlichkeit manchmal nur noch eine leichte verbale Berührung genügt, um eine Abfolge emotionaler Kaskaden auszulösen.

Bei allen Differenzen, die bedacht werden müssen, wenn man reale oder fiktionale Streitgespräche analysiert – in der konkreten sprachlichen Analyse gibt es Übereinstimmungen sowohl im Instrumentarium als auch

---

5   Manfred Pfister: Das Drama. Theorie und Analyse. München 1977, S. 221 f.

in der Vorgehensweise. Ich will nun keine Taxonomie einer Streitsystematik vorlegen, doch könnte man, indem man die bekannte Jakobsonsche Erweiterung der Bühlerschen Triade zugrundelegt,[6] nach Hinsichten des Streites unterscheiden und dabei von unterschiedlichen Dominanzen ausgehen. Man kann um die Sache streiten – dann steht der Referenzaspekt im Vordergrund; man kann die Sprachverwendung oder den Ton, der bekanntlich die Musik macht, kritisieren – der Kode gerät in den Blick; man kann sich als Betroffener des Streits darstellen – es geht um die expressive Funktion; man kann aber auch den anderen als den Urheber des Streites anprangern – die appellative Funktion wird akzentuiert. Man kann sich ebenfalls im Hinblick auf die Beziehung selbst streiten – der phatische Aspekt rückt ins Zentrum der Aufmerksamkeit. Die poetische Funktion, die Jakobson bekanntlich auch noch anführt, kommt im Alltagsstreit selbst wohl nicht vor – wer streitet schon in Versen? In der Literatur kann dies anders sein. Wir bewegen uns allerdings, wenn wir einen literarischen Streit in seiner Machart erfassen wollen, auf einer anderen Analyseebene, nämlich auf der einer den Figuren vorgängigen, überindividuellen Formkonzeption. Auf dieser Ebene kann man beispielsweise registrieren, dass und wie die beiden Königinnen in Schillers *Maria Stuart* zwar auf der Ebene des Dargestellten ihr *Image* gegenseitig destruieren, auf der Ebene der Darstellung jedoch vermerkt man Eintracht: die eine fährt nach einer metrischen Senkung der anderen immer mit einer Hebung fort – und umgekehrt.

Ob und wie diese nach Jakobson sortierten Streithinsichten nun mit spezifischen Sprechhandlungen zusammenhängen, ist schwer zu beantworten; nur ein paar beiläufige Bemerkungen zu sprachlichen Merkmalen des Streits: Unterbrechungen, veränderte Stimmführung, Behauptungen ohne Begründungen, Wiederholungen, Übergeneralisierungen, Ausweichen auf Nebenkriegsschauplätze, Themenwechsel, simultanes Sprechen, dazu das Arsenal nonverbaler Ausdrucksmittel – dies sind nur wenige Pfeile aus dem gut gefüllten Köcher von Streitenden. Sicherlich hat die Forschung komplexe und erfahrungsgesättigte Sortierkästchen ‚gezimmert‘, in die sich die verschiedenen Streitformen ablegen lassen. Aber ob sie da auch bleiben werden, ob sich der Streit über die Taxonomie des Streits beruhigen wird, ist zu bezweifeln. Denn das Leben und die Literatur, die das Leben zur Sprache bringt, haben eine große Anzahl kontextvariabler Streitmechanismen entwickelt und entwickeln sie immer weiter. Aber auch wenn

---

6   Roman Jakobson: „Linguistics and Poetics". In: Style in Language, hg. von Th. A. Sebeok. Cambridge, Mass. 1960, S. 350–377; dt.: „Linguistik und Poetik". In: Literaturwissenschaft und Linguistik. Eine Auswahl. Texte zur Theorie der Literaturwissenschaft, 2 Bde., hg. von Jens Ihwe. Frankfurt a. M. 1972 und 1973, Bd. 1, S. 99–135.

wir diese im Fluß befindlichen Streittechniken wohl niemals vollständig begrifflich erfassen können – dass wir sie beherrschen oder von ihnen beherrscht werden, ist evident. Nur weil dies der Fall ist, gibt es ja den Streit. Ein Streit, bei dem der eine streitet, der andere es aber gar nicht merkt, daß gestritten wird, ist ja kein Streit – oder ein besonders fieser, wenn man die Streitabsicht zwar erkennt, sie aber ignoriert. Watzlawick würde in diesem Fall von „Entwertung" sprechen.[7] Zum Streit gehören mindestens zwei, die die Spielregeln kennen, nicht weil sie sie benennen können, sondern weil sie sie praktizieren. Für die Wissenschaftler hingegen, die sich in der Sektion *Streiten im Lichte der linguistischen und literaturwissenschaftlichen Dialogforschung* auf der Metaebene des Streits bewegen, geht es nur darum, einige dieser Spielregeln des Streitens in Worte zu fassen. Darüber, ob dies dann gelungen ist, läßt sich wiederum streiten, gemäß dem süffisanten Hinweis, den Mephisto einem angehenden Studenten gibt:

> Mit Worten läßt sich trefflich streiten,
> Mit Worten ein System bereiten,
> An Worte läßt sich trefflich glauben,
> Von einem Wort läßt sich kein Jota rauben.

> (V. 1997–2000)

Mephisto soll mit dieser subversiven Ansicht, die geradezu geeignet ist, den Glauben an die Wissenschaft zu erschüttern, allerdings nicht das letzte Wort behalten, sondern die Prinzessin Leonore von Este aus Goethes Künstlerdrama *Torquato Tasso:*

> Ich höre gern dem Streit der Klugen zu,
> Wenn um die Kräfte, die des Menschen Brust
> So freundlich und so fürchterlich bewegen,
> Mit Grazie die Rednerlippe spielt.

> (V. 125–128)

---

7   Paul Watzlawick, Janet H. Beavin, Don D. Jackson: Menschliche Kommunikation. Formen, Störungen, Paradoxien. Bern [4]1974, S. 85–88.

CARMEN SPIEGEL (Dortmund, Deutschland)

Ist der Streit ein Dialog?

1. Dialogisch – was heißt das?

Meist wird ‚Dialog‘ synonym zu ‚Gespräch‘ verstanden. Eine Unterscheidung der beiden Begriffe leistet Hess-Lüttich[1]: ‚Dialog‘ umfasst bei ihm ‚Gespräch‘, ‚Konversation‘ und ‚Diskurs‘ und meint eine „wechselseitige Verständigungshandlung vermittels eines oder mehrerer Verständigungsmedien zwischen (realen oder fiktiven) Teilnehmern" (1997, S. 350). Es bezieht auch das Schriftliche und Literarische ein. ‚Gespräch‘ wird enger gefasst als „sprachliche, vorzugsweise mündliche Gemeinschaftshandlung zweier oder mehrerer Kommunikatoren" (ebd.). Rekurrierend auf die Komponenten ‚Gemeinschaftshandlung‘ und ‚Verständigungshandlung‘ plädiere ich für eine andere Bestimmung von ‚Dialog‘ und ‚Gespräch‘.

Das linguistische Wörterbuch von Lewandowski[2] setzt Dialog synonym zu „Unterredung, Gespräch. Zwiegespräch, partnerbezogenes oder interpersonales Gespräch, interaktive Kommunikation oder intentional zentrierte Interaktion" (ebd., S. 223). Konstitutiv für den Dialog sind mindestens zwei Teilnehmende mit Sprecherwechsel, Zentrierung auf ein Thema oder mehrere sowie Gewissheitsannahmen der Teilnehmenden in Bezug auf die geregelte Ordnung von Dialog (ebd., S. 223 f.). Das impliziert Kooperativität und Vertrauen auf die Gültigkeitsannahmen von Gesprächsregeln. Der engere Dialog-Begriff rekurriert auf die europäische Tradition im Sinne der erörternden Versenkung in einen Gegenstand, wohingegen Gespräch eher die alltägliche Unterredung bzw. Unterhaltung (ebd., S. 224 f.) meint. Auch bedarf es nach Fritz[3] der Dialogfähigkeit, um „grundlegende Organisationsprinzipien von Dialogen anzuwenden, z.B. nach Sequenzmustern zu handeln, thematische Zusammenhänge zu sehen und herzustellen und kommunikative Prinzipien zu befolgen."

1 E.W.B. Hess-Lüttich/H. Fricke: Dialog. In: K. Weimar et al. (Hgg.): Reallexikon der deutschen Literaturwissenschaft. Berlin, New York 1997, Bd. 1, S. 350–353.
2 Th. Lewandowski/Kl. Grubmüller: Linguistisches Wörterbuch Bd. 1, Wiesbaden 1990.
3 G. Fritz: Grundlagen der Dialogorganisation. In: G. Fritz/F. Hundsnurscher/J.-D. Müller (Hgg.): Handbuch der Dialoganalyse. Tübingen 1994, S. 177–202.

Im Folgenden möchte ich Dialog und Streit als alltagsweltliche Interaktion mit Hilfe des Ebenen-Modells von Gespräch[4] genauer beschreiben.
Es unterscheidet zwischen der Ebene der

1. Sachverhaltsdarstellung: Welche Inhalte werden wie verbalisiert?
2. Handlungskonstitution: Was tun die Teilnehmenden?
3. Gesprächsorganisation: Wie werden Sprecherwechsel und Verlauf des
   Gesprächs organisiert?
4. Gesprächsmodalität: Welche Gesprächsatmosphäre herrscht?
5. Beziehungskonstitution: Wie behandeln wir uns wechselseitig?

Für ein Gespräch oder einen Dialog, in dem im Sinne Hess-Lüttichs Verständigung zentral ist, nach Lewandowski den kooperativen und nach Fritz den
kommunikativen Prinzipien folgt, ergibt sich die folgende Beschreibung:

1. Sachverhalte: Es finden sich verschiedene Formen der Sachverhaltsdarstellung, die Gespräche zeichnet eine gemeinsame Themenbearbeitung aus.
2. Handlungsebene: Die für die Durchführung des Gesprächs notwendigen
   Gesprächshandlungen werden gemeinsam ausgehandelt und realisiert.
3. Gesprächsorganisation: Das Gespräch wird gemeinsam begonnen,
   durchgeführt und beendet; die Sprecherwechsel überlappen sich selten
   und verlaufen reibungslos.
4. Gesprächsmodalität: Je nach Gesprächstyp überwiegen ernsthafte oder
   scherzhafte Phasen, sie sind höflich im Sinne der Beteiligten.
5. Beziehungskonstitution: Die Gesprächsbeteiligten agieren partner-
   bezogen und gehen mit dem Face, der Würde des Gegenübers, Image
   schonend um.

Es gilt das Prinzip der Kooperativität: Die kommunikativen Prinzipien wie
Perspektivenübernahme und Reziprozität, das heißt, die wechselseitige
Annahme, dass die Gesprächsbeteiligten die Welt in vergleichbarer Weise
interpretieren (vgl. Kallmeyer 1985, 1988[5]), werden durchgehalten.

---

4   Nach: W. Kallmeyer: Handlungskonstitution im Gespräch. In: E. Gülich/T.
    Kotschi (Hgg.): Grammatik, Konversation, Interaktion. Tübingen 1985, S. 81–123.
5   W. Kallmeyer: Konversationsanalytische Beschreibung. In: U. Ammon/N. Ditt-mar/
    K.-J. Mattheier (Hgg.): Soziolinguistik, 2. Halbband. Berlin 1988, S. 1095–1108.

2. Die Beschreibung des Streits

In Spiegel[6] wird ‚Streit' definiert als „verbale, kontroverse und unkooperative Austragungsform von Konflikt, die u. a. durch Missachtung des Partnerimages gekennzeichnet ist" (1995, S. 17). An einem Transkriptausschnitt aus Spiegel (1995) werde ich die Merkmale von Streit darstellen: Martin (MA) und Gudrun (GU) streiten über die Alimente, die Martin Gudrun für die gemeinsame Tochter schuldet.

```
 1  GU: ich wär DOCH dafür da dass des per auer dauerauftrag machst
 2  MA: ach gudrun also ich hab bis jetzt praktisch- (-) ich↑
 3      kann dir=s auch gleich holen ach. gott↑
 4      [ich hab bis jetzt]
 5  GU: [nee des geht mir ]darum daß des jeden monat=n gezeter is
 6      ich kann dich drei mal [dran er        ]
 7  MA:          [ach des is↑ doch]
 8  MA: kein gezeter. gudrun- (.) [dramatisier↑] doch nicht dinge↑
 9  GU:            [also       ]
10  MA: wo gar keine probleme sind
11      [ich hab des jetzt]
12  GU: [FÜR DICH↑ nich  ] aber für mich schon.
13  MA: JA ABER (-) ich hab vielleicht (--) also ich glaub so spät↑
14      wie jetzt in dem april↑ hab ich glaub ich noch nie bezahlt.
15  Gu: doch↑ du hast auch schon mitte des monats
16      [bezahlt.        ]
17  MA: [ach mitte des monats] hab ich NIE bezahlt
18  GU: doch hast du
19  MA: WENN DES mir nachweist↑ zahl ich freiwillig
20      des doppelte (rein). <LACHEN> (--)
21      <GEREIZT> [ach gudrun   ]
22  GU:       [wie soll ich des] nachweisen du bist lustig
23      meinste ich führ da buch drü↑ber.
24  MA: haja[7]
```

6   C. Spiegel: Streit. Eine linguistische Analyse verbaler Interaktionen in alltäglichen Zusammenhängen. Tübingen 1995.
7   Transkriptionskonventionen:

[ ]	Überlappungen und Simultansprechen
[ ]	
<LACHEN>	sprachbegleitende Handlungen, Ereignisse, Kommentare
(.), (-), (--),	Mikropause, kurze Pause (0,25 Sek.), mittlere Pause (-0.75 Sek.)
hab=ne	Verschleifungen (habe eine)
↑	Tonsprünge nach oben
-	Stimme gleichbleibend
.	Stimme tief fallend

1. *Ebene der Sachverhalte:* Gudrun macht einen Vorschlag (H 1, Handlung) zur langfristigen Lösung eines Problems und initiiert das Thema Dauerauftrag (T 1). Darauf geht Martin (Zeile 2 f.) nicht ein, er macht einen Gegenvorschlag zur kurzfristigen Problemlösung (H 2) mit dem Thema Geld holen (T 2), auf den Gudrun nicht eingeht (Z. 5). Stattdessen begründet sie ihren Vorschlag (H 1) und etabliert wieder T 1 Dauerauftrag. Martin (Z. 7) bestreitet die Voraussetzung der Begründung (Gezeter), macht Gudruns lokales Handeln zum Thema (T 3a) und relativiert ihre Problemsicht (T 3b). Diese lässt sich (Z. 12) teilweise auf Martins Initiative ein, indem sie T 3b, die Relativierung der Problemsicht, aufhebt. Daraufhin ändert Martin (Z. 13) den thematischen Fokus, er geht auf den aktuellen Vorfall ein (T 4) und markiert ihn als Präzedenzfall (T 4a) usw. Die Gesprächsbeteiligten reagieren aufeinander, indem sie den thematischen Fokus des Gegenübers wiederholt verschieben, aber nicht bearbeiten. Ein gemeinsam thematisierter Sachverhalt kommt nicht zustande, bereits die Aushandlung des Gesprächsthemas scheitert. Vergleichbares findet auch in konfrontativen Diskussionen statt.[8]

2. Mit der thematischen Bearbeitung und der Gesprächshandlung hängt die Responsivität bzw. Nonresponsivität[9] zusammen: Es werden weder die initiierten Themen aufgenommen, noch die etablierten Gesprächshandlungen *(Handlungskonstitution)* berücksichtigt und gemeinsam bearbeitet. Stattdessen werden eigene Handlungsinitiativen gestartet und so konkurrierende Zugzwänge etabliert, das habe ich in der Beschreibung des Streits mit H (Handlung) bezeichnet: Gudrun macht einen Problemlösevorschlag (H 1), den Martin nicht bearbeitet, er bietet einen Gegenvorschlag (H 2) an. Darauf geht Gudrun nicht ein, sie fängt an zu argumentieren (H 3), Martin lässt sich kurz darauf ein, er beginnt mit der Darstellung als Präzedenzfall einen neuen Handlungsstrang (H 4), Relativieren des aktuellen Vorfalls usw. Der übergeordnete Handlungsrahmen konstituiert sich nicht, da die Beteiligten unterschiedliche Handlungen etablieren wollen: Gudrun möchte die Problembearbeitung Alimente, Martin weicht aus, indem er die Problemakzeptanz verweigert.

DOCH   besonders betont
(rein)   vermuteter Wortlaut

8   Vgl. C. Spiegel: Diskussion im Klassenzimmer – wie im Fernsehen? In: N. Gutenberg (Hg.): Sprechwissenschaft und Schule. München 2004, S. 62–76.
9   Vgl. J. Schwitalla: Nonresponsive Antworten. In: Deutsche Sprache 3, 1979, S. 193–211.

3. Auf der *Ebene der Gesprächsorganisation* fallen die vielen Unterbrechungen und Überlappungen, das Ins-Wort-Fallen auf. Das Rederecht wird wechselseitig nicht respektiert, sondern beansprucht, obwohl es gerade der andere innehat.

4. Auf der *Ebene der Gesprächsmodalität* lassen sich verschiedene Phänomene beschreiben: Die Beteiligten reagieren gereizt, erregt, zynisch, empört, kurz: recht emotional. Sie formulieren bewertungshaltige Lexeme (Z. 5: gezeter/Z. 8: dramatisieren), Generalisierungen (Z. 5: jeden Monat). Ein Umschlag in eine scherzhafte Modalität, so die Wette von Martin (Z. 19 ff.), findet auf Kosten des anderen statt.

5. Alle beschriebenen Phänomene haben Folgen für die *Beziehungskonstitution:* Das Verweigern der thematischen Bearbeitung, die Gegeninitiativen auf der Handlungsebene, die Missachtungen des Rederechts sowie die bewertungshaltigen Lexeme und Generalisierungen – alle diese Phänomene sind typisch für einen Streit. Sie stellen Imageangriffe auf das Gegenüber dar und zeigen, dass die Übernahme der Perspektive des Gegenübers verweigert wird, aber zugleich auf der Übernahme der eigenen Perspektive bestanden wird, allerdings erfolglos.

Diesen Phänomenen liegt die mangelnde Kooperativität der Gesprächsbeteiligten zugrunde: Typisch für Streit ist, dass die Teilnehmenden die Kooperativität im Streit zunächst einschränken und im weiteren Verlauf verweigern (vgl. Spiegel 1995). Das äußert sich auf allen Ebenen: Es wird nicht thematisch auf die Initiative des Gegenübers eingegangen, sondern ein eigenes Thema zu etablieren versucht – es entsteht ein Kampf um die thematische Bearbeitung. Die von einem Sprecher initiierte Handlung wird vom anderen nicht mitgetragen, stattdessen wird eine andere relevant zu setzen versucht – ein Kampf um die gültige Gesprächshandlung. Die Gesprächsmodalität kann im Zusammenhang mit der Beziehungsebene betrachtet werden: Das Gegenüber wird nicht honoriert und bestätigt, sondern angegriffen; dies geschieht verbal und mit parasprachlichen Mitteln wie Lautstärke oder Intonationen, die als zynisch, aggressiv, spitz oder hämisch interpretiert werden können.

3. Ist Streiten dialogisch?

Ein Vergleich von Dialog und Streit macht den Unterschied deutlich:

Ebenen	Dialog	Streit
Sachverhaltsdarstellung	Gemeinsame Themen und Foki	Konkurrierende Themen und Foki
Handlungskonstitution	Gemeinsame Aushandlung und Durchführung	Konkurrierende Handlungen, Blockaden
Gesprächsorganisation	Gemeinsam durchgeführter Ablauf, geregelte Sprecherwechsel	Ablauf & Sprecherwechsel problematisch
Gesprächsmodalität	Scherzhaft (gemeinsames Lachen), ernsthaft, höflich im Sinne der Beteiligten,	(stark) emotional, aggressiv, scherzhaft, auf Kosten des Gegenübers
Beziehungskonstitution	Partnerbezogenes Agieren, Face-schonend	Angriffe, Vorwürfe, Face-bedrohend

Das heißt, die für einen Dialog relevanten Aktivitäten – Verständigungshandlung, Themenzentriertheit, gemeinsame Bearbeitung der anstehenden Aufgaben, Kooperativität, Berücksichtigung des Rederechts – werden beim Streit nicht erbracht. Die Wechselrede findet zwar statt, allerdings geprägt von Unterbrechungen und Überlappungen der Redebeiträge.

Geht man von einem engen Dialogbegriff aus im Sinne von Austausch und kooperativer Klärung, so läuft der Streit in mancher Hinsicht konträr zum Dialog ab. Während Kooperativität, das Beachten von Gesprächsregeln und die thematische Zentriertheit für den Dialog konstitutiv sind, besonders für den Dialog im engeren Sinn als Verständigungs- und Klärungsform, gilt für den Streit das genaue Gegenteil: Konstitutiv für ihn ist die Aufhebung der Regeln und Organisationsprinzipien des kooperativen Gesprächs und damit des Dialogs. Insofern ist der Streit keine Verständigungshandlung; notwendig hierfür ist die Bereitschaft zur Perspektivenübernahme und zur gemeinsam geteilten Sicht von Welt, die im Streit nicht gegeben ist. Auch ist der alltagsweltliche Streit keine Form der Konfliktbearbeitung und damit keine Klärungshandlung: Im Streit werden Konflikte aufgedeckt, sichtbar gemacht, manifest, er dient der Konfliktdarlegung und -austragung. Im Rahmen der Konfliktbearbeitung sorgt er dafür, dass für die Zeit des Streits die Konfliktbearbeitung und -klärung ausgesetzt wird, da die Gesprächsbeteiligten die hierzu notwendigen Aktivitäten wie die Problembearbeitung und die gemeinsame Themenbehandlung verweigern. Die Konfliktbearbeitung wird erst nach der Konfliktreduzierung, wie sie Schwitalla[10] beschrieben hat, möglich.

10 J. Schwitalla: Sprachliche Mittel der Konfliktreduzierung in Streitgesprächen. In: G. Schank / J. Schwitalla (Hgg.): Konflikte in Gesprächen. Tübingen 1987, S. 99–175.

Wie beim Monolog fehlt beim Streit die responsive Komponente: Während im Monolog kein Antwortender vorgesehen ist, finden sich im Streit kaum Bezug nehmende Antworten. Ist der innere Monolog die Rede, die für niemand bestimmt ist, aber von vielen (dem Publikum) gehört wird, so ist der Streit eine Gesprächsform, die zwar für das Gegenüber bestimmt ist, aber von diesem inhaltlich nicht unbedingt wahrgenommen und bearbeitet wird und im Sinne des Zwecks von Kommunikation als dem gemeinsamen Reden über Inhalte und dem gemeinsamen Handeln im Dialog letztendlich nicht stattfindet. Daher kann Streit nicht als Form des Dialogs gelten.

Allerdings ist selbst beim Streit ein Minimum an Kooperativität nötig; insofern ist er eine Gemeinschaftshandlung nach der Definition von Gespräch: In der gemeinsam getragenen Verweigerung der Kooperativität, dem beiderseitigen Dulden der Unterbrechungen sowie der Zurückhaltung einer Partei während des eskalierenden Ausbruchs des Gegenübers und den beiderseitig erlittenen Imageangriffen konstituiert sich die gemeinsam getragene streithafte Modalität: Mindestens zwei streiten miteinander und gehen bis zu den Grenzen des Zumutbaren, meist ohne Kommunikationsabbruch. Dass sich dieser Gesprächstyp am äußersten Rand einer unter Kooperativitätsaspekten skalierten Gesprächstypologie befindet, zeigt sich daran, dass die Kooperativität auch ganz aufgegeben wird und dann eine Kommunikationsblockade oder einen Kommunikationsabbruch zur Folge hat.

Die Beschreibung des ‚Streits‘ macht die Grenzen der Zuschreibung des Dialog-Begriffs deutlich und rechtfertigt eine Differenzierung der Termini ‚Dialog‘ und ‚Gespräch‘. Ich plädiere dafür, im Gegensatz zu Hess-Lüttich ‚Gespräch‘ als weiten Begriff und damit als Hyperonym zu ‚Dialog‘ anzusehen. Gespräch kann im Gegensatz zu Dialog sowohl das Selbstgespräch als auch den Streit beinhalten und somit sprachliche Formen, die nur einen Sprecher, keine themenzentrierte Bearbeitung, eine eingeschränkte Beachtung der Gesprächsregeln und unkooperatives Gesprächsverhalten beinhalten. Den weiten Dialog-Begriff möchte ich auf literarische Formen der Wechselrede beziehen, den engen Dialog-Begriff für eine bestimmte, sowohl literarische als auch alltagsweltliche Gesprächssorte, der erörternden Versenkung im Sinne eines Verständigungsgesprächs. Beiden Dialog-Begriffen gemeinsam ist eine für eine Verständigung hinreichende Kooperativität.

Da sich die gesprächstypologische Beschreibung auf einen alltagsweltlichen Streit bezieht, gilt die Zuschreibung zur Kategorie ‚Gespräch‘ und die Verweigerung des Etiketts ‚Dialog‘ auch nur für den Streit im alltagsweltlichen Kontext, denn im Literarischen mag sich ein Streit ganz anders darstellen.

JÖRG KILIAN (Braunschweig/Heidelberg, Deutschland)

Wer schweigt, schlägt zu?
Dialoglinguistische und gesprächsdidaktische Ansätze zur Erforschung von Schweigezügen in Streitgesprächen von Kindern und Jugendlichen

1. Zur Einführung

Die folgenden Ausführungen bilden einen Ausschnitt aus Vorstudien zu einer empirischen Untersuchung von Streit- und Kampfgesprächen unter Kindern und Jugendlichen. Es geht dabei idealtypisch

- um das Schweigen in kompetitiven Gesprächen mit symmetrischer Konstellation der Gesprächspartner;
- innerhalb dieses Rahmens um das Schweigen nicht als Symptom im Sinne des Axioms der Unmöglichkeit der Nichtkommunikation, sondern um das Schweigen als Symbol;
- und innerhalb dieses Rahmens wiederum um die Frage, ob dieses Schweigen konventionelle, mithin ritualisierte Illokutionen erfüllen soll, die dialogsortenspezifisch erwartbar und dialoggrammatisch deduzierbar sind, woraus Ansätze für eine Gesprächsdidaktik des Konfliktaustrags und praktische Hilfen für Schüler-Mediatoren im Rahmen der Streitschlichtung abgeleitet werden können.

Ritualisierte Kampfgespräche sind aus der alt- und mittelhochdeutschen Literatur bekannt, und zwar als regelgeleitete Folgen von kommunikativen Akten. Es gibt im Mittelhochdeutschen sogar ein Wort, das sich gerade auf dieses Verbalduell vor einem physischen Kampf bezieht und deshalb als Dialogsortenbenennung gelten darf, nämlich die Bezeichnung *gelp*, gel(p)f, die soviel wie ‚Prahlrede', ‚Prahlerei' bedeutet.[1] Mit der höfischen Sache scheint auch das höfische Wort verloren gegangen zu sein, doch gibt es vergleichbare ritualisierte Streithandlungen weiterhin. So können etwa die Verbalduelle von Berufsboxern unmittelbar vor dem Kampf und eben auch dialogische Züge in Streitgesprächen von Kindern und Jugendlichen als

---

1   Vgl. Jörg Kilian: Historische Dialogforschung. Eine Einführung. Tübingen 2005, S. 93 ff.; Jörg Kilian: Streitgespräch. In: Enzyklopädie des Märchens [demnächst].

ritualisierte verbale Kämpfe beschrieben werden; am Beispiel türkischer männlicher Jugendlicher[2] oder am Beispiel von „ritual insults" im Black English amerikanischer Jugendlicher[3] ist dies bereits erfolgt. Im Neuhochdeutschen scheint es in der Jugendsprache, zumindest in einigen ihrer gruppensprachlichen Varianten, mittlerweile mit dem aus dem amerikanischen Englisch entlehnten Verb *dissen* i. S. v. ‚jmdn. verächtlich machen, verbal mit FTA's bekämpfen' sogar wieder eine Dialogsortenbenennung zu geben.

Das besondere Forschungsinteresse im Rahmen des Projekts richtet sich auf die Beschreibung und Erklärung solcher ritueller Muster innerhalb kompetitiver Dialoge von Kindern und Jugendlichen, z. B. Muster des Pöbelns, Prahlens, Beleidigens – und sodann auch auf Interpretationsmuster für das Schweigen als „Turn", wobei es die Frage ist, ob das Schweigen als „Turn" Teil des Rituals sein kann oder aber gerade dessen Abbruch markiert.

Weil ein Schweigen im kompetitiven Gespräch kaum evozierbar ist, ist es allerdings zunächst notwendig, mehr über die dialogsequenziellen Funktionen des Schweigens zu wissen, das entgegen vieler Annahmen keineswegs automatisch ein Mittel der Streitvermeidung oder des Einlenkens ist, also Signal für den Wunsch nach einem Wechsel des Gesprächstyps von einem kompetitiven Gespräch zu einem komplementären oder zu einem koordinativen.[4]

2. Dialoglinguistische Ansätze zur Erforschung von Schweigezügen im Streitgespräch

2.1. Streiten und Schweigen

Im Anschluss an die Dialogtypologie von Wilhelm Franke gehört ein *Streitgespräch* zum kompetitiven Dialogtyp. Der kompetitive Dialogtyp ist dadurch gekennzeichnet, dass in ihm „die Gesprächspartner darauf bedacht sind, ihre Ansprüche einseitig durchzusetzen".[5] Diese erste Grobdefini-

2   Vgl. Alan Dundes / Jerry W. Leach / Bora Özkök: The Strategy of Turkish Boys' verbal Dueling Rhymes. In: John Gumpertz / Dell Hymes (Hgg.): Directions in Sociolinguistics. New York [usw.] 1972, S. 130–160.

3   Vgl. William Labov: Rules for ritual insults. In: William Labov: Language in the Inner City. Studies in the Black English Vernacular. Oxford 1972, S. 297–353.

4   Zu diesen Typen vgl. Wilhelm Franke: Taxonomie der Dialogtypen. Eine Skizze. In: Franz Hundsnurscher / Edda Weigand (Hgg.): Dialoganalyse [...]. Tübingen 1986, S. 85–101.

5   Vgl. Franke 1986 (Anm. 4), S. 89.

tion trifft freilich auf zahlreiche verschiedene Sorten des kompetitiven Dialogtyps zu, etwa auf die *Disputatio*, auf die *gerichtliche Verhandlung*, mitunter auch auf die *Debatte*. Ein *Streitgespräch* im engeren Sinn soll sich von diesen anderen Sorten des kompetitiven Dialogtyps nun allerdings dadurch unterscheiden, „daß die Beteiligten ihre unterschiedlichen Standpunkte, Interessen, Sichtweisen etc. in einer ‚unkooperativen‘, das Gesicht (face) des Streitgegners verletzenden Weise artikulieren",[6] wobei zu ergänzen ist, dass dies in ritualisierten *Streitgesprächen* durchaus „kooperativ" erfolgt. Ein prototypisches *Streitgespräch* jedenfalls hat nicht eine gemeinsame Meinungsbildung und Entscheidungsfindung zum Ergebnis, sondern Gewinner und Verlierer.

Folgt man den Ausführungen Schwitallas weiter, dann konstituiert sich ein Streit aus dem prototypischen Adjacency-pair „Angriff" und „Reaktion". Als typische *Angriffs*aktivitäten nennt er „Vorwurf" und „Beschuldigung", später noch „Beleidigung", „Beschimpfung", „Spott" und „Drohung". Typische sprachliche Mittel dafür seien u.a. „drastische Lexik", „Übertreibungen", „die Prosodie der Erregtheit". Typische *Reaktions*möglichkeiten hingegen seien „Eingeständnis", „Sich-Entschuldigen" – wodurch der Streit allerdings gar nicht erst zustande kommt –, ferner „Bestreiten/Zurückweisen" (z.B. durch „Beleg-Fordern"), „Erklären" und „Sich-Rechtfertigen".[7] Natürlich ist auch die Wiederholung des „Angriffs" eine „Reaktion" (etwa in einer Sequenz Sp$_1$: Beleidigung – Sp$_2$: Beleidigung, also die so genannte Retourkutsche). Damit ist die Grundstruktur eines *Streitgespräch*s beschrieben, indem konventionelle illokutionäre Zugmöglichkeiten der Streitenden und Beispiele für sprachliche Mittel zu ihrer Füllung angeführt werden.

Bemerkenswert ist, dass dem *Schweigen* innerhalb der *Streit*-Forschung kaum Aufmerksamkeit zuteil wird; das *Schweigen* gar als Streithandlung kommt nicht vor. Schwitalla etwa führt in seinem Forschungsüberblick unter dem Stichwort „interaktive Verweigerungen" zwar das „Nichteingehen", die „Themaverschiebung" und das „Insistieren" an, später noch die „Verweigerungen durch lange Pausen"[8] – nicht aber die Möglichkeit, dass ei-

---

6   Johannes Schwitalla: Konflikte und Verfahren ihrer Bearbeitung. In: Klaus Brinker/Gerd Antos/Wolfgang Heinemann/Sven F. Sager (Hgg.): Text- und Gesprächslinguistik. Ein internationales Handbuch zeitgenössischer Forschung, 2. Halbbd. Berlin, New York 2001, S. 1374–1382, hier S. 1374; vgl. auch Johannes Schwitalla: Sprachliche Mittel der Konfliktreduzierung in Streitgesprächen. In: Gerd Schank/Johannes Schwitalla (Hgg.): Konflikte in Gesprächen. Tübingen 1987, S. 99–175.

7   Schwitalla 2001 (Anm. 6), S. 1377f.

8   Schwitalla 2001 (Anm. 6), S. 1379.

ner der beiden Streitenden (strategisch) schweigt und damit keineswegs eine „interaktive Verweigerung" vollzieht.

2.2. Schweigen als Sprechakt

Aufgrund dessen, dass das Verb *schweigen* keinen *Sprech*akt im engeren Sinne benennt, sondern einen dialogischen Gesprächsakt, gilt es als nicht möglich, eine prototypische, konventionelle illokutionäre Rolle für *schweigen* zu formulieren, wie es Searle im Rahmen seiner Sprechakttypologie für sprechaktbezeichnende Verben vorgeführt hat. Ein Schweigen im Gespräch – so der Forschungskonsens – kann grundsätzlich verschiedene illokutionäre Rollen übernehmen.[9] Wie die Kulturgeschichte des Schweigens zeigt, gelten im deutschen Sprachraum ZUSTIMMEN und VERWEIGERN/ ABLEHNEN als prototypische Illokutionen. Dabei wird das ZUSTIMMENDE Schweigen eher asymmetrischen, das ABLEHNENDE Schweigen eher symmetrischen Redekonstellationen zugewiesen.[10]

Wer also in einem *Streitgespräch* (oder anderswo) schweigt, wo er einen für Paarsequenzen festgelegten „Turn" zu vollziehen hätte,[11] vollzieht damit zwar keine Sprechhandlung im engeren Sinne, doch überlässt er dadurch, dass er schweigt, die Interpretation der illokutionären Rolle mehr als bei anderen Sprachhandlungen dem anderen Sprecher (als Hörer), erwartet zugleich aber, dass der Andere die illokutionäre Rolle des Schweigens zutreffend deutet. Der Hörer ist zur Interpretation des Schweigens mehr als sonst auf die ko- und kontextuelle Einbettung des Schweige-Aktes angewiesen, insbesondere auf die dem Schweigen vorausgegangenen Gesprächshandlungen. Daraus wiederum folgt, dass strategisches Schweigen im *Streitgespräch* nur reaktiv erscheinen kann, nicht aber initiativ:

Sp_1, 1. Zug Sp_2, 1. Zug Sp_1, 2. Zug Sp_2, 2. Zug   [usw.]

ANGREIFEN → $_{Det}$
                   $_{Resp}$ ← SCHWEIGEN

---

9 Vgl. Fleur Ulsamer: Schweigen – mehr als ein funktionelles Gegenstück zum Sprechen. Überlegungen zu Funktionen des kommunikativen Schweigens. In: Wirkendes Wort 53 (2003), S. 125–140, hier S. 136; Ulrich Schmitz: Beredtes Schweigen – Zur sprachlichen Fülle der Leere. Über Grenzen der Sprachwissenschaft. In: OBST 42 (1990), S. 5–58, hier S. 16.
10 Vgl. Kilian 2005 (Anm. 1), S. 135; Klaus R. Wagner: Pragmatik der deutschen Sprache. Frankfurt am Main [usw.] 2001, S. 267.
11 Vgl. Ulsamer 2003 (Anm. 9), S. 138.

Schweigen kann grundsätzlich nicht der initiale „Angriff" sein; zumindest kann kein *Streitgespräch* aus dem heiteren Himmel heraus mit einem Schweigen begonnen werden. Schweigen erscheint frühestens als erste „Reaktion" (und damit als 2. Zug) in einem *Streitgespräch* – und das beschränkt die Interpretationsmöglichkeiten durchaus. Denn es können zwar alle Sprechakttypen, die initial gebraucht werden können, auch reaktiv gebraucht werden; prototypisch reaktive Sprechakttypen können jedoch nicht auch initial gebraucht werden (vgl. ANTWORTEN, AKZEPTIEREN, BESTREITEN, ERWIDERN, RECHTFERTIGEN usw.).

Initialer und reaktiver Sprechakt sind durch Determination und Responsivität miteinander verknüpft, und ihr Zusammenspiel wird dialoggrammatisch als regelgeleitete Zugsequenz beschrieben, wobei der erste Zug den zweiten durch seine illokutionäre Rolle im Rahmen des Dialogs an sich bindet. Gerd Fritz und Franz Hundsnurscher haben dies am Beispiel des VORWURF-RECHTFERTIGEN-Musters einmal durchgespielt:[12]

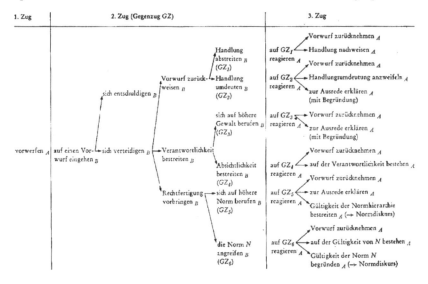

Nach diesem Modell scheint es allerdings auch nicht möglich zu sein, sprecherseitig auf einen VORWURF mit *Schweigen* zu reagieren. Enthalten ist lediglich die Möglichkeit, dass Sp$_2$ verbal auf den Vorwurf eingeht – indem er SICH ENTSCHULDIGT oder indem er SICH VERTEIDIGT. Beide

---

12 Gerd Fritz / Franz Hundsnurscher: Sprechaktsequenzen. Überlegungen zur Vorwurf / Rechtfertigungs-Interaktion. In: Der Deutschunterricht 27 (1975), H. 2, S. 81–103.

Gesprächshandlungen sind allerdings wohl kaum schweigend zu vollziehen. Auch für den Fall, dass Sp$_2$ nicht (explizit) auf den VORWURF eingeht, ist in diesem Modell kein Schweigen vorgesehen, sondern nur das „Nichteingehen auf den ‚Vorwurf'" und das „Übergehen des ‚Vorwurfs'".[13]

Nun lädt die Sprechakttheorie in gewisser Weise dazu ein, das Schweigen, und zwar auch das kommunikative, dialogsteuernde Schweigen, zumal es stets reaktiv ist, ausschließlich als Höreraktivität aufzufassen. Dies jedoch greift, zumal im Rahmen kompetitiver Gespräche, zu kurz insofern, als mit dem Vollzug des „Angriffs" in der Regel eine Gesprächsschrittübergabe erfolgt, der „Turn" sodann Sp$_2$ zufällt und die meisten Folgehandlungen – sei es die schon sprichwörtliche ZUSTIMMUNG, sei es die ABLEHNUNG, sei es der Dialogabbruch – die Rolle des Hörers doch zu sehr strapazierte. Möglicherweise erfolgt das kommunikative Schweigen sogar nur dann aus der Hörerrolle, wenn daraufhin im 3. Zug solche reaktiven Sprachhandlungen folgen, die auf den 3. Zug festgelegt sind und illokutionär den initiativen Sprechakt wiederholen bzw. verstärken, wie z. B. INSISTIEREN oder NACHFRAGEN:

Sp$_1$, 1. Zug	Sp$_2$, 1. Zug	Sp$_1$, 2. Zug	Sp$_2$, 2. Zug	[usw.]

ANGREIFEN →$_{Det}$
        $_{Resp}$←SCHWEIGEN
                INSISTIEREN →$_{Det}$

3. Wer schweigt, stimmt zu – Wer schweigt, schlägt zu?

Wenn, wie eingangs erwähnt, für den kompetitiven Dialogtyp gilt, dass in ihm „die Gesprächspartner darauf bedacht sind, ihre Ansprüche einseitig durchzusetzen",[14] und „daß die Beteiligten ihre unterschiedlichen Standpunkte, Interessen, Sichtweisen etc. in einer ‚unkooperativen', das Gesicht (face) des Streitgegners verletzenden Weise artikulieren",[15] dann ist das strategische Schweigen im *Streitgespräch* kein Anzeichen für einen Wunsch nach Wechsel des Gesprächstyps vom kompetitiven zum koordinierenden, sondern ist – bei Aufrechterhaltung des Kooperationsprinzips – strategischer Gesprächsschritt zur Durchsetzung des eigenen Standpunktes. In diesem Fall kann es nicht allein in das Belieben des Hörers gestellt sein, die illokutionäre Rolle dieses Schweigens zu bestimmen, denn immerhin kann

13 Fritz/Hundsnurscher 1975 (Anm. 12), S. 86.
14 Franke 1986 (Anm. 4), S. 89.
15 Schwitalla 2001 (Anm. 6), S. 1374.

es – zumindest in ritualisierten Streit- und Kampfgesprächen – den Übergang zur physischen Gewalt markieren.

Die Menge der konventionellen Illokutionen des Schweigens in kompetitiven Gesprächen ist damit begrenzt. Nimmt man etwa Jensens Ansatz, dem Schweigen zehn systematische Illokutionen – fünf Paare jeweils einer positiven und negativen Illokution – zuzuweisen, als Grundlage,[16] so sind es im symmetrischen kompetitiven Gespräch die negativen Seiten von vier der fünf Kategorien, nämlich ISOLIEREN, VERLETZEN, VERDECKEN und ABLEHNEN. Das ist die ganze Polysemie bzw. Polyfunktionalität des strategischen Schweigens in kompetitiven Gesprächen. Die Beleidigungssequenzen und das wechselseitige „Toppen" der Verletzungen des gegnerischen „Face" müssen mit dem Schweigen also keineswegs an ein Ende gekommen sein.

Die empirischen Untersuchungen wollen genau hier ansetzen. Eine Durchsicht der bisherigen Forschungen zu *Streitgesprächen* unter Kindern und Jugendlichen legt nahe, dass das strategische *Schweigen* auch hier noch nicht als regelgeleitete Zugmöglichkeit wahrgenommen wird. Dabei wäre zunächst zu prüfen, ob Kinder überhaupt ein Bewusstsein vom Schweigen als strategischer Zugmöglichkeit besitzen – und ab welchem Stadium der Entwicklung der Gesprächskompetenz dies der Fall ist: „Sehr häufig läßt sich gerade bei Kindern beobachten, daß sie die Kooperation sofort aufkündigen, wenn sie ihre Interessen nicht durchsetzen können. Sie wenden körperliche Gewalt an, um ihr Ziel zu erreichen, oder holen einen Erwachsenen zu Hilfe."[17] Zu ähnlichen Einschätzungen kommen Barbara Kraft und Christina Lanzen in ihrer Untersuchung zur Entwicklung der Formen des Widersprechens bei Vorschulkindern. Dabei finden sich unter den „nichtsprachlichen" Oppositionstechniken zwar non- oder paraverbale Reaktionen, aber keine Hinweise auf strategisches Schweigen. Die nonverbalen Reaktionen selbst hingegen scheinen gleich zum physischen Kampf zu führen, hier, bei Dreijährigen zu körperlichen Aktionen wie „den Partner wegschubsen, ihm den Mund zuhalten, ihn festhalten".[18] Interessant ist

---

16 Astrid Stedje: „Brechen Sie dies rätselhafte Schweigen" – Über kulturbedingtes, kommunikatives und strategisches Schweigen. In: Inger Rosengren (Hg.): Sprache und Pragmatik. Lunder Symposium 1982. Lund 1983, S. 7–35, hier S. 28.

17 Wolfgang Klein: Wie Kinder miteinander streiten. Zum sprachlichen Verhalten von Grundschulkindern in Konfliktsituationen. In: Dietrich Boueke/Wolfgang Klein (Hgg.): Untersuchungen zur Dialogfähigkeit von Kindern. Tübingen 1983, S. 139–161, hier S. 144.

18 Barbara Kraft/Christina Lanzen: Zur Entwicklung des Widersprechens bei Vorschulkindern. Formen der Etablierung von Opposition. In: Der Deutschunterricht, 47(1995), H. 1, S. 94–99, hier S. 95.

nun das Ergebnis von Kraft/Lanzen für die Vergleichsgruppe der Sechs-
jährigen. Bei ihnen sind derlei physische „Oppositionstechniken" nicht mehr
in so großem Ausmaß zu beobachten wie bei den Dreijährigen; der Anteil
sank von 28,3% auf 1,7%.[19] Diese Ergebnisse sind auf verschiedene, hier
nicht zu vertiefende Gründe rückführbar (u. a. Sprachentwicklung des Kindes, Entwicklung der Gesprächskompetenz). Es wird indes deutlich, dass
das bewusst als Kommunikationsmittel eingesetzte Schweigen den Erwerb
von Sprache, den Erwerb von Gesprächskonventionen und auch den Erwerb konventioneller sprachlicher „Oppositionstechniken", mithin den
Erwerb ritualisierter Verlaufspläne voraussetzt.

Die empirischen Untersuchungen sollen hierüber näheren Aufschluss
geben.

---

19 Kraft/Lanzen 1995 (Anm. 18), S. 97.

WALTHER KINDT (Bielefeld, Deutschland)

Argumentationstheoretische Analyse literarischer Dialoge

1. Plädoyer für eine linguistische Fundierung literaturwissenschaftlicher Interpretationen

So mancher hat schon den Mangel an Stringenz und Intersubjektivität vieler literaturwissenschaftlicher Interpretationen beklagt. Eine logisch und methodisch fundierte Vorgehensweise war allerdings wegen fehlender textlinguistischer Methoden bislang nicht leicht zu erreichen. Nach drei Jahrzehnten intensiver Diskursforschung bietet die Linguistik jetzt neue Möglichkeiten für eine konzise Untersuchung literarischer Kommunikation an. In literarischen Gattungen werden nämlich Sprechhandlungen und Diskursmuster realisiert, die mittlerweile linguistisch gut erforscht sind. Somit ergibt sich auch ein vertieftes Verständnis literarischer Produktions- und Rezeptionsprozesse. Dabei spielt die Analyse von Argumentation eine wichtige Rolle, wie am Beispiel der Dramen *Elektra* von Sophokles und *Maria Stuart* von Schiller[1] demonstriert werden soll. Tatsächlich kommen in literarischen Texten gattungsübergreifend überraschend häufig Argumentationen vor. Argumentative Sprechhandlungen wie Begründen, Erklären, Folgern bilden generell einen wichtigen Bestandteil von Kommunikation und werden auch durch nichtargumentative Sprechhandlungen evoziert (z.B. durch Vorwurf, Aufforderung, Rat). In literarischen Texten sind Argumentationen darüber hinaus von besonderer Relevanz, weil die Rechtfertigung von Handlungen der Akteure häufig ein zentrales Thema darstellt. Dies ist für *Maria Stuart* und *Elektra* sofort ersichtlich. Bei beiden Dramen liegt überdies die für Tragödien typische Dilemmasituation vor, d.h. dass aufgrund widerstreitender Handlungsprinzipien gute Gründe sowohl für als auch gegen die Durchführung bestimmter Handlungen sprechen. Desweiteren spielen auch in literarischen Texten indirekte Sprechakte, deren Bedeutungen erst mit Hilfe alltagslogischer Inferenzketten zu rekonstruieren sind, eine wichtige Rolle. Dabei kann es von einer besonderen Kunstfertigkeit des Autors zeugen, wenn bestimmte Aussagen mit Hilfe

---

1 Sophokles: Dramen. Griechisch u. deutsch, hg. u. übers. von W. Willige, überarb. von K. Bayer. 2. Aufl. München 1985. – Schillers Werke. Nationalausgabe hg. von B. v. Wiese u. L. Blumenthal. 9. Band. Weimar 1948.

von Inferenzstrategien nur angedeutet sind. Belege für diese Andeutungstechnik liefern in *Maria Stuart* die indirekten Aufforderungen des Baron von Burleigh an den Ritter Paulet und Elisabeths an Mortimer, Maria zu ermorden (8. Szene im 1. Akt bzw. 5. Szene im 2. Akt). Schließlich besteht eine gängige Technik literarischer Texte darin, bei Akteuren oder Rezipienten Spannung oder Überraschung zu erzeugen. Z.B. werden Situationen konstruiert, in denen emotional aufgeladene Nachfolgekonstellationen inferierbar sind, zugleich aber Ungewissheit über den tatsächlichen Ausgang herrscht. Oder es werden bestimmte Sachverhaltsinferenzen nahegelegt, die sich später aufgrund neuer Informationen als falsch erweisen. Schiller bedient sich in *Maria Stuart* beider Inferenzstrategien, indem er Rezipienten und Akteure an verschiedenen Stellen im Unklaren über die Einstellung von Mortimer und dem Grafen von Leicester zu Maria Stuart lässt; speziell werden die Rezipienten, die nach der 6. Szene im 1. Akt von einer Parteinahme Mortimers für Maria Stuart ausgehen, in der 4. und 5. Szene des 2. Akts hinsichtlich seiner Einstellung in die Irre geführt und evtl. zu der falschen, in der 6. Szene wieder zu revidierenden Schlussfolgerung verleitet, er sei in Wirklichkeit ein Anhänger von Königin Elisabeth.

Es soll hier nicht behauptet werden, für Interpretationen literarischer Texte sei es erforderlich, jede dort vorkommende Argumentation oder Inferenz linguistisch zu analysieren. Aber man muss konstatieren: In literaturwissenschaftlichen Interpretationen werden Argumentationen bisher überhaupt nicht systematisch diskutiert. Demzufolge bieten Argumentationsanalysen die Möglichkeit, vorliegende Textinterpretationen zu präzisieren und ggf. zu korrigieren, durch neue Erkenntnisse zu ergänzen und insgesamt zu einer größeren Professionalisierung von Interpretationstätigkeit beizutragen. Über die interpretationsbezogene Perspektive hinaus sind aber auch die Möglichkeiten einer Förderung von kommunikativer Kompetenz hervorzuheben. Nach wie vor spielt die Behandlung literarischer Texte in der Schule eine zentrale Rolle. Somit ergibt sich aus der Relevanz von Argumentationen in literarischen Texten, dass eine Reflexion über dort verwendete Argumentationsstrategien zu einer Vermittlung rhetorischer Kompetenzen beiträgt.

2. Exemplarische Analyse literarischer Dialoge

Will man den Stellenwert von Argumentationsanalysen für die Interpretation literarischer Dialoge verdeutlichen, dann bietet es sich an, einige prominente Dramen genauer zu untersuchen. Nachfolgend kann nur kurz auf eine Analyse von *Elektra* und *Maria Stuart* eingegangen werden. Zuvor müsste eigentlich eine Einführung in die neuere Argumentationstheorie gegeben werden. Aus Platzgründen mögen drei Anmerkungen genügen. Unter einem Streitgespräch soll hier eine Pro-Contra-Diskussion verstanden werden, in der über einen strittigen Sachverhalt kontrovers argumentiert wird und ggf. zusätzlich konfliktaustragende Sprechhandlungen wie Vorwürfe vorkommen. Für die Durchführung einer Argumentationsanalyse muss man desweiteren wissen, welche Argumentationshandlungen voneinander zu unterscheiden sind, an welchen sprachlichen Indikatoren man sie erkennen kann und welchen logischen Status sie haben. Schließlich sind spezifische Kenntnisse über Standardargumente und Schlussmuster von Alltagsargumentationen erforderlich. Diesbezüglich greifen wir auf die Topostheorie von Aristoteles[2] zurück.

2.1 Analyseergebnisse für Elektra

Der Beginn der *Elektra* (Zeile 1–633) enthält bereits drei wichtige Streitgespräche. Im ersten kritisiert der Chor Elektras Verhalten und sie reagiert darauf jeweils mit Handlungsrechtfertigungen. Im zweiten streiten Elektra und ihre Schwester Chrysothemis über die Zweckmäßigkeit ihrer unterschiedlichen Handlungsweisen. Schließlich formuliert im dritten Gespräch zunächst Klytaimnestra ihre Rechtfertigung dafür, dass sie Agamemnon getötet hat; daraufhin versucht Elektra die Argumentation ihrer Mutter zu widerlegen und legitimiert anschließend ihr eigenes Verhalten Klytaimnestra gegenüber.

Mit welchen argumentativen Mitteln wird über die Berechtigung von Handlungen gestritten? Dominant sind die Anwendung des Konsequenztopos (also die Entscheidung über die Angemessenheit einer Handlung durch Gegenüberstellung ihrer positiven und negativen Konsequenzen) und der Verweis auf bestimmte moralische Prinzipien. Darüber hinaus wird ein reichhaltiges Argumentationsrepertoire sichtbar, das jetzt nicht im einzelnen aufgelistet werden kann. Neben einer genauen argumentationstheoretischen Beschreibung und Kategorisierung besteht ein wichtiges Analyseziel darin, für vorliegende Argumentationen zu überprüfen, ob sie relativ zu den vorausgesetzten Prämissen als korrekt gelten können. Diesbezüglich liefern die vorliegenden Argumentationen verschiedene interessante Diskussionspunkte. Beispielsweise muss man das mehrfach von Elektra vorgetragene Argument hinterfragen, ihr eigenes schlechtes Handeln sei durch schlechte Handlungen anderer erzwungen (Z. 221, 256, 309, 620).

---

2   Aristoteles: Rhetorik. übers. von F.G. Sieveke. München 1980, S. 144–165.

Genauer zu thematisieren ist auch die Abwägungsargumentation Elektras in Zeile 352–356: Ihre Klagen zu unterlassen sei nicht vorteilhaft; zwar lebe sie nicht schlecht, doch das genüge ihr und zudem erreiche sie durch Ehrerweisung für Agamemnon eine Kränkung von Klytaimnestra und Aigisthos. Eindeutig inkorrekt ist das kontrafaktische Argument von Klytaimnestra, auch die gestorbene Iphigenie würde Klytaimnestras Auffassung zustimmen, dass sich Agamemnon als schlechter Vater erwiesen habe, weil er Iphigenie statt eines der Kinder seines Bruders Menelaos opferte (Z. 548). Schwieriger zu beurteilen ist demgegenüber der Abduktionsschluss von Elektra (Z. 561–562), Klytaimnestra habe Agamemnon nicht aus Rechtsempfinden getötet, sondern weil sie verführt worden sei. Grundsätzlich sind abduktiv inferierte Motivzuschreibungen als Rückschluss von einem beobachteten Sachverhalt auf seine mögliche Ursache logisch problematisch; allerdings zählt Elektra später andere Handlungen ihrer Mutter auf (Z. 583), die nicht ohne weiteres erklärbar wären, wenn Klytaimnestra Agamemnon tatsächlich nur deshalb getötet hätte, weil sie die Opferung Iphigenies als ungerechtfertigt ansah. Schließlich ist eine besonders wichtige Anwendung des Konsequenztopos in Elektras Argumentation zu thematisieren (Z. 245–250): Stellt die Tötung von Klytaimnestra (und von Aigisthos) wirklich das einzige Mittel dar, um zu vermeiden, dass bei den Menschen „die Ehrfurcht und alle fromme Scheu" ausstirbt? Das zwangsläufige Auftreten dieser negativen Konsequenz wäre etwa nach den Vorstellungen der christlichen Ethik, aber auch nach empirischen Erfahrungen zu bestreiten. Dies kann allerdings keinen absoluten Einwand bedeuten gegen die möglicherweise von Sophokles und bestimmten seiner Zeitgenossen vertretene subjektive Einschätzung, die betreffende Anwendung des Konsequenztopos sei logisch korrekt; vielmehr zeigt sich hieran die historische Relativität von Überzeugungen.

Wie sind vorliegende literaturwissenschaftliche Ansätze im Hinblick auf ihre Behandlung von Argumentationen in „Elektra" einzuschätzen? Besonders interessant ist in diesem Zusammenhang die Arbeit von Altmeyer[3], der sogar relativ detailliert auf bestimmte Argumentationen eingeht. Dies geschieht allerdings ohne Bezug auf eine argumentationstheoretische Grundlage. Der Gewinn der Interpretation von Altmeyer besteht zweifellos in der Nennung verschiedener moralischer Prinzipien, auf die sich die Argumentierenden berufen. Demgegenüber fehlt eine genauere Kategorisierung der jeweiligen Argumente. Überdies hat Altmeyers Vorgehensweise schwerwiegende Nachteile wie zum Beispiel den bekannten negativen Effekt der Fehlinterpretation von Äußerungen aufgrund einer kontextisolierten Betrachtung. Angesichts solcher Defizite ist es nicht ver-

---

3   M. Altmeyer: Unzeitgemäßes Denken bei Sophokles. Stuttgart 2001.

wunderlich, dass Altmeyer an zentralen Dialogstellen keine kritische Prüfung der vorgebrachten Argumente vornimmt oder nur zu unzureichenden Einschätzungen gelangt. So bleibt letztlich die Frage unbeantwortet, ob es in der von Sophokles konstruierten Situation für Elektra ein Verhalten gibt, das als angemessen gelten könnte.

Welche Erkenntnisse kann man aus einer argumentationstheoretischen Analyse der drei Dialoge außerdem gewinnen? Offensichtlich haben Streitgespräche bei Sophokles auch die Funktion, ein tieferes Verständnis der Rezipienten für die verschiedenen Handlungsweisen und -perspektiven zu entwickeln, das Erfordernis wechselseitiger Lernprozesse der Beteiligten aufzuzeigen und insgesamt eine quasi kollektiv erarbeitete Situationsbeurteilung zu präsentieren. Argumentationstheoretisch basiert diese Zielsetzung auf dem Umstand, dass für eine angemessene Beurteilung von Handlungen und Sachverhalten möglichst sämtliche aus ihnen folgende Konsequenzen für alle jeweils Betroffenen zu berücksichtigen sind; eine solche umfassende Einschätzung kann eine einzelne Person i.a. nicht leisten und deshalb ist es zweckmäßig, die Erfahrungen und Perspektiven verschiedener Menschen einzubeziehen, um nach einer korrekten Abwägung der relevanten Einzelinformationen zu einem angemessenen Gesamturteil zu gelangen.

2.2 Analyseergebnisse für Maria Stuart

Auch in Schillers *Maria Stuart* finden sich verschiedene interessante Streitgespräche. Dies betrifft im 1. Akt die 1., 4., 7. und einen Teil der 8. Szene; weiterhin sind insbesondere im 2. Akt die 3., im 3. Akt die 4. und im 4. Akt die 9. Szene zu berücksichtigen. Dabei bildet die Frage nach der Angemessenheit von Handlungen ebenfalls ein zentrales Thema. Insofern ist zu fragen, wie literaturwissenschaftliche Interpretationsansätze mit diesem Thema umgehen und inwieweit sie zugehörige Argumentationen behandeln. Zur Beantwortung dieser Frage wurden die Arbeiten von Sautermeister, Barone und Neymeyr[4] herangezogen. Keine dieser drei Interpretationen geht im Detail auf die genannten Streitgespräche ein, und genereller ist festzustellen, dass im Text vorkommende Argumentationen nicht genau

4   G. Sautermeister: Maria Stuart. Ästhetik, Seelenkunde, historisch-gesellschaftlicher Ort. In W. Hinderer (Hg.): Schillers Dramen. Neue Interpretationen. 2. Aufl. Stuttgart 1979, S. 174–216. – P. Barone: Schiller und die Tradition des Erhabenen. Berlin 2004. – B. Neymeyr: Konfliktdramaturgie und Absolutismuskritik in Schillers Trauerspiel *Maria Stuart*. In: G. Saße (Hg.): Schiller, Werkinterpretationen. Heidelberg 2005, S. 105–136.

analysiert werden. Gleichwohl findet man punktuell bestimmte Hinweise auf relevante Argumentationskonstellationen. So machen die drei Interpreten beispielsweise Aussagen über emotionale Handlungsmotive wie Rache, Hass, Stolz, Neid und Kränkung (vgl. etwa Sautermeister 1979, S. 183, Barone 2004, S. 303 und Neymeyr 2005, S. 118–119). Das von Elisabeth für ihr Handeln vorgebrachte Zwangsargument wird bei Barone (S. 297–298) und Neymeyr (S. 116, S. 127–128) erwähnt. Neymeyr konstatiert auf S. 116 die Konstellation eines Handlungsdilemmas für Elisabeth. Schließlich werden Probleme der Angemessenheit von Handlungen der Akteure thematisiert. Beispielsweise geht Neymeyr (S. 110) kurz auf den Rechtfertigungsdiskurs zwischen Maria und ihrer Amme in der 4. Szene des 1. Akts ein; Sautermeister (S. 193) zitiert den Ratschlag des Grafen von Shrewsbury in der dritten Szene des dritten Akts an Maria, bei der Begegnung mit Elisabeth ihre Gefühle zu kontrollieren; wiederum Neymeyr setzt sich unter Verweis auf unterschiedliche Textpassagen auf S. 122/123 mit der juristisch unrechtmäßigen Behandlung von Maria auseinander.

Was kann der Nutzen einer genaueren Analyse argumentativer Textpassagen in *Maria Stuart* sein? Außer Erkenntnissen analog zu 2.1 wird zunächst deutlich, dass dieses Drama in seiner argumentationstheoretischen Struktur komplexer als *Elektra* angelegt ist. Über die Frage nach der Angemessenheit von Handlungen hinaus rückt nämlich das Problem in den Vordergrund, inwieweit man es rechtfertigen kann, mit für sich genommen unangemessenen Mitteln auf illegitime Handlungen anderer zu reagieren. Dies zeigt sich z.B. im 1. Akt: Während Paulet in der 1. Szene seine rigiden Methoden als Aufseher als gerechtfertigt einstuft, weil er Maria als „ränkevoll" einschätzt, lehnt er in der 8. Szene das Ansinnen von Burleigh, Maria heimlich zu ermorden, strikt ab. Darüber hinaus sind die Argumentationen der Akteure bei Schiller oft so angelegt, dass man als Rezipient relevante Rückschlüsse über die Personen, ihre Einstellungen und zugrunde liegende gesellschaftliche Verhältnisse ziehen kann. M.a.W.: Schiller bedient sich in starkem Maße der genannten Inferenzstrategien, deren Rekonstruktion eine für Interpretationen wichtige Aufgabe darstellt. Manifest wird der Einsatz solcher Strategien an Textstellen, bei denen beteiligte Personen entsprechende Rückschlüsse aus den Äußerungen anderer selbst verbalisieren; dies gilt in prototypischer Weise für Reaktionen von Elisabeth auf Äußerungen von Shrewsbury (Z. 1348–1349 und 1398–1401) in der 3. Szene des 2. Akts. Schließlich liefern beispielsweise die Äußerungen im Streitgespräch zwischen Paulet und der Amme (1. Akt, 1. Szene) prototypische Realisierungen von indirekten Sprechhandlungen. Deren Bedeutung lässt sich präzise semantisch ableiten, wenn man die zugrunde liegenden Inferenzen kleinschrittig rekonstruiert.

JOHANNES SCHWITALLA (Würzburg, Deutschland)

Gescheiterte Gespräche
Kommunikationsversuche zwischen Eltern und Kind in Hans Ulrich Treichels Novelle *Der Verlorene*

1. Einführung

Eins der wichtigen Themen in Hans Ulrich Teichels narrativen Texten ist zu zeigen, wie Gespräche mit Schwierigkeiten belastet sind. In seiner Novelle *Der Verlorene* (1998)[1] scheitert die Kommunikation zwischen Vater, Mutter und ungefähr 10-jährigem Sohn an den Problemen, in die alle drei auf ihre Weise verstrickt sind: an fehlender Empathie, an Missverständnissen, am Nicht-zuhören-wollen oder -können, am Aneinander-vorbei-reden, speziell beim Vater an seinem tyrannischen Wesen, bei der Mutter an der Fixierung auf ihren Sohn, den sie während der Flucht aus Ostpreußen verloren hat. Der Sohn erfährt, dass die Eltern seine Fragen nicht beantworten (S. 11)[2] und auf seine Klagen nicht eingehen (S. 117); ihm werden wesentliche Informationen vorenthalten (S. 11, 167 f.);[3] er darf nichts erzählen (der Vater: „genug jetzt!", S. 118) und auf nichts Ungewöhnliches hinweisen (auch nicht nach zweifachem Versuch, S. 120). Der Vater spricht mit dem Sohn eigentlich nur dann, wenn dieser fernsehen will, um ihn daran zu hindern („Kasten aus") und ihm einen Arbeitsauftrag zu erteilen (S. 26 f.).[4]

---

1   Zitiert wird nach der Suhrkamp-Ausgabe, Frankfurt a.M. 1999, so auch die folgenden Werke: Von Leib und Seele (1992 = Leib), Heimatkunde (1996), Der Felsen, an dem ich hänge (2005 = Felsen), Menschenflug (2005).

2   Im Folgenden nur die Seitenzahlen von Der Verlorene. Frankfurt a.M. 1999. Argumente für die Gattung Novelle bringt Jürgen Krätzer im Kommentar zur Ausgabe von 2005.

3   Vgl. auch: „Wenn ich sie nach der Heimat fragte, dann sagten sie, daß ich dazu noch zu jung sei. Wenn ich sie fragte, wo sie geboren worden und aufgewachsen seien, dann sagten sie, ich solle nicht so vorlaut sein." (Felsen, S. 53; vgl. auch Leib, S. 13).

4   Treichel hat in Felsen (S. 29–52) die Unfähigkeit der Eltern zur Kommunikation dadurch erklärt, dass sie die übermäßige Gewalt des Leids (Verlust der Heimat und des Kindes, möglicherweise Vergewaltigung der Mutter, einjährige Zwangsarbeit) sprachlich nicht bewältigen konnten. Es gab in der Familie keine Erzählungen der Eltern und ihrer Verwandten von der Heimat, keine Familiengeschichten und keine Familiengenealogie.

Der Sohn wagt nicht, nach etwas zu fragen (S. 47) und auch nicht zu widersprechen (S. 171 f.). In Heimatkunde (S. 21) wird geschildert, was passiert, wenn er es doch tut (es geht um das Symbol der langen Haare):

> Wenn er aber mich anschaue, schrie der Vater mit dunkelrotem Kopf, dann verliere er den Respekt vor sich selbst. Als ich dem Vater antwortete, daß ich, wenn ich schon wieder zum Friseur gehen müßte, ebenfalls den Respekt vor mir verlöre, denn ich wollte weder wie ein russischer Häftling noch wie ein deutscher Lagerkommandant herumlaufen, griff sich der Vater erst an die Brust […] und dann an die Wand, wo die Hundeleine hing. (Heimatkunde, S. 21)

Charakteristisch für den ganzen Roman ist es, dass der Sohn in Gesprächen Antworten und Reflexionen in Gedanken formuliert. So entstehen halb ober-, halb unterirdische Gesprächsbeiträge, entsprechend der Romantechnik, das Geschehen einzig aus der reflektierenden Perspektive des heranwachsenden Sohnes zu erzählen, dem ein neuer Bruder höchst zuwider ist.

2. Das Gespräch mit der Mutter

Im Folgenden sollen aus *Der Verlorene* nur die beiden längeren, für das Eltern-Kind-Verhältnis zentralen Gespräche mit der Mutter (S. 12–17) und Vater (S. 48–56) analysiert werden. Beide Gespräche lassen sich gut an, enden aber in einer Verstörung bzw. einer Verstimmung. Beim Gespräch mit der Mutter, kurz nach dem Beginn der Novelle, geht es um die Eröffnung, dass der „verlorene" Bruder in Wirklichkeit lebe:[5]

```
01 MU:  daß ich nun alt genug sei, um die Wahrheit zu erfahren
02 SO:  „Was für eine Wahrheit"
        [denn ich befürchtete, daß es hierbei vielleicht um
        mich gehen könnte]
03 MU:  „Es geht um deinen Bruder Arnold"
        [in gewisser Weise war ich erleichtert, daß es wieder einmal um Ar-
        nold ging, andererseits ärgerte es mich auch]
```

---

5   Zur Wiedergabe dieses von der Mutter als „Aussprache" bezeichneten Gesprächs: Indirekte Rede wird ohne, direkte Rede mit Anführungszeichen geschrieben, innere Rede, Reflexionen und Gefühle in eckigen Klammern. Auch für den Autor Treichel ist das Verschweigen des Todes des Bruders das verwirrendste Ereignis seiner Kindheit, der Grund, weshalb er Den Verlorenen geschrieben habe (Menschenflug, S. 16).

04 SO: „Was ist mit Arnold?"
[die Mutter schien schon wieder den Tränen nahe, woraufhin ich die spontane, aber nicht sehr überlegte Frage stellte]
05 SO: ob Arnold etwas zugestoßen sei
[was die Mutter mit einem irritierten Blick quittierte]
06 MU: „Arnold ist nicht tot.
07   Er ist auch nicht verhungert."
[Ich war nun ebenfalls irritiert und auch ein wenig enttäuscht. Doch statt zu schweigen, fragte ich die Mutter, wiederum ohne lange nachzudenken]
08 SO: woran Arnold denn gestorben sei.
09 MU: „Er ist gar nicht gestorben"
[sagte die Mutter noch einmal ohne jegliche Regung]
10 MU: „er ist verlorengegangen"

Danach berichtet die Mutter, wie sie in vermeintlicher Todesgefahr ihren Sohn Arnold in die Arme einer fremden Frau gedrückt habe, um sein Leben zu retten.

Zum besonderen Anlass der angekündigten „Aussprache" passt der offizielle Ton der Mutter. „Du bist nun alt genug" ist sonst eine Formel für Zurechtweisungen und Mahnungen; „die Wahrheit zu erfahren" deutet geheimnishaft auf etwas ganz Besonderes hin. Die Mutter fährt aber nicht fort, also muss der Sohn nachfragen: „Was für eine Wahrheit" (02). Die Mutter nennt aber nur ihr Dauerthema: „Es geht um deinen Bruder Arnold" (03). Das ist für den Sohn nichts Neues. Er reagiert einerseits mit Erleichterung (er wird nicht zur Rechenschaft gezogen!), andererseits mit Ärger (schon wieder Arnold!).

Da die Mutter abermals nicht fortfährt, ergibt sich eine zirkuläre Wiederholung: Der Sohn muss wieder nachfragen: „Was ist mit Arnold?" (04). Die Mutter stockt und scheint den Tränen nahe. Dann stellt der Sohn die „spontane, nicht sehr überlegte Frage" (umformuliert in direkte Rede): „ist Arnold etwas zugestoßen?" (05). Diese Frage passt weder zum Alter (ein Kind würde eher sagen: „ist ihm was passiert?") noch zum Wissensstand des Sohnes, nach welchem Arnold nämlich tot ist. Ihm kann also gar nichts zustoßen. Die Frage setzt einen lebenden Arnold voraus. Meldet sich hier eine Frage eines anderen Ichs, eine Ahnung, dass der Bruder vielleicht doch nicht tot ist? Die Mutter ist zurecht irritiert.

In 06 erfolgt nun die Lösung der Spannung. Ohne weitere Ankündigung teilt die Mutter die entscheidende Botschaft mit: „Arnold ist nicht tot"; und sie korrigiert auch gleich ein weiteres Detail der Familienfiktion: „Er ist auch nicht verhungert".

Die nächste Äußerung des Sohnes geschieht wieder „ohne lange nachzudenken" (umformuliert): „woran ist er/Arnold denn gestorben?" (08).

Das Wörtchen „denn" kann sowohl als unbetonte Modalpartikel wie auch als betontes Konjunktionaladverb gelesen werden (im Sinne: ‚woran denn dánn?'). In beiden Lesarten setzt „denn" einen Bezugspunkt des vorhergehenden Wissens voraus. Aber: Die Frage passt wieder nicht zum Wissensstand des Sohnes in 06, dass Arnold nicht tot sei. Sie passt aber, wenn der Sohn nur den zweiten Satz gehört hätte: „er ist auch nicht verhungert" (07).

Ich sehe nun zwei Interpretationsmöglichkeiten: a) es ist die Frage eines unaufmerksamen, in Gedanken verlorenen Hörers, der nur den Rest der Rede des/der Anderen gehört hat; b) wie in 04 ist es eine Frage, die sich aus einem zweiten Ich, dem unbewussten, unaufmerksamen, „spontane[n], nicht sehr überlegte[n]" Zustand des Sohnes erklärt. Das Unbewusste will einen lebenden Arnold nicht wahrhaben. Das ist auch die Botschaft der ganzen Novelle. Die Mutter muss nun ihre Eröffnung abermals vorbringen, sodass noch einmal eine Zirkelstruktur entsteht.

Das Fazit dieses Gesprächs: Die Verwirrung entsteht für den Sohn, weil durch die Nachricht vom lebenden Bruder seine Position in der Familie in Frage gestellt wird; für die Mutter, weil ihr Sohn Fragen stellt, die zu den Voraussetzungen des augenblicklichen Wissens nicht passen. Als mögliche Erklärungen bieten sich unterschiedliche Schichten oder Quellen des Sprecher-Ichs des Sohnes an – ein interpretatorisches Verfahren, das für literarische Gespräche erlaubt, für Alltagsgespräche höchst problematisch ist. Hier sehe ich einen großen Unterschied zwischen Analysemethoden der Literaturwissenschaft und der Linguistik: Der Literaturwissenschaftler interpretiert ein Werk, das zu alternativen Deutungen einlädt; der Linguist hat es bei Alltagsgesprächen mit kommunikativen Gegebenheiten zu tun und ist bestrebt, deren Bedeutung nach intersubjektiven Regeln der entsprechenden sozialen Welt zu rekonstruieren. Gedanken (innere Rede) gehören nicht dazu.

3. Das Gespräch mit dem Vater

Als die Mutter wegen eines psychischen Zusammenbruchs in einer Kurklinik ist, versucht der Vater dem Sohn die ganze Familiensituation zu erklären. Das Gespräch erstreckt sich in der Novelle über acht Seiten (S. 48–56). Hier werden nur die wichtigsten Teile besprochen:

```
01 VA:   daß ich hingegen sehr wohl über den Verlust meines
02       Bruders hinweggekommen sei
03 SO:   daß mir die Mutter schon längst die Wahrheit gesagt
         habe [als der Vater nicht reagierte, sagte ich]
```

04   „Arnold ist gar nicht verhungert.
05   Arnold ist verlorengegangen."
        [Der Vater reagierte noch immer nicht und schien irgendwelchen Ge-
        danken nachzusinnen. Vielleicht hätte ich ihm noch sagen sollen […]
        Doch wie sollte ich das dem Vater erklären.]
06 VA: „Wir suchen ihn"
07 SO: „Wen?"
08 VA: „Arnold" [ohne zu bemerken, wie unsinnig meine Frage war]
09 VA: „Seit Jahren schon […]
        [Bericht vom Verlust Arnolds und von der Suchaktion; man habe einen
        jungen Mann gefunden, bei dem es sich um Arnold handeln könnte]
10 SO: „Ihr habt ihn gefunden?"
        [spürte ich, daß sich die alte Übelkeit wieder einstellte]
11 VA: „Vielleicht. Es ist nicht sicher.
12   Um ganz sicher zu sein, brauchen wir deine Hilfe."
        [So hatte ich den Vater noch nie sprechen hören. Er sprach zu mir wie
        zu einem Freund. Oder zumindest wie zu einem Kunden] […]
16   „Der Junge ist dir wie aus dem Gesicht geschnitten"
        […] Fast schien es, als würde ich Schnitte spüren, mit denen mir Ar-
        nold aus dem Gesicht geschnitten wurde, […] Schmerzblitze, die mir
        ein krampfartiges Grinsen aufnötigten]
17   „Was gibt es hier zu grinsen?"
        [sagte der Vater, der nichts von meinen Schmerzen ahnte und nur den
        ungezogenen Jungen in mir erblickte]

Das Gespräch beginnt mit einem indirekten Vorwurf des Vaters. Der Sohn
geht jedoch nicht darauf ein, sondern er rückt eine Voraussetzung des Vorwurfs zurecht, indem er ihn darüber aufklärt, dass die Mutter ihm schon
eröffnet habe, dass Arnold lebe. Er muss es zweimal sagen. Der Vater scheint
„irgendwelchen Gedanken nachzusinnen", vermutlich, weil er sich darüber wundert, dass seine Frau ihn nicht über ihren Schritt informiert hat.
Es folgt ein typisches inneres Räsonnement des Sohnes in einer Mischung
von Kinderperspektive und Erwachsenensprache, die dem Leser die Denkfähigkeit und gleichzeitig die Gebundenheit an eigene Sorgen und Befürch-
tungen demonstriert.
    Die Klärungsfrage „wen?" (07) zeugt von Unaufmerksamkeit des Soh-
nes. Die Kohärenz war gesichert; es ging nur um Arnold. Der Sohn muss
aus seinen Gedanken wieder in das Gespräch kommen.[6] Aber auch der
Vater bemerkt nicht, dass diese Frage deplatziert war (08). Er bittet sogar
um die Hilfe des Sohnes, was einen ganz neuen Status der Vater-Sohn-
Beziehung eröffnet.

6   Ingeborg Reinmüller meinte in der Diskussion zum Vortrag, die Frage „wen?"
    könne auch als provokative Verletzung einer Grice-Maxime interpretiert werden.

Die Frage des Sohnes „Ihr habt ihn gefunden?" (10) hat die Form einer Echofrage. Sie passt aber wieder nicht zum Wissensstand: Es war noch nicht davon die Rede, dass Arnold gefunden wurde. Wieder kann man sich fragen: Entstand diese Frage vielleicht aus der unbewussten Befürchtung, dass der Bruder gefunden wurde?

Nach 10 setzen die Symptome ein: zuerst Übelkeit, dann ein Magenkrampf, dann ein Schmerz im Gesicht, „als würde ich die Schnitte spüren", der zu einem „krampfartigen Grinsen" führt. Es ist die unmittelbare körperliche Umsetzung der Metapher „aus dem Gesicht geschnitten". Der Vater kann die Gesichtszüge des Sohnes nur als spöttisches Grinsen verstehen. Das führt zur Peripetie und zur Wiederherstellung des gewohnten Machtdiskurses vom Vater zum Sohn.[7]

Dieses Gespräch scheitert daran, dass beide Seiten in Gedanken versinken, dass sie grundsätzlich unterschiedliche Interessen und Perspektiven haben. Das Ende des guten Einvernehmens markiert beim Sohn die körperliche Reaktion auf eine wörtlich verstandene Metapher; beim Vater seine mangelnde Empathie. Über die ganze Novelle hinweg anerkennen Vater und Mutter ihren Sohn nicht als eigenständige Person. Der Vater sieht in ihm einen Befehlsempfänger; die Mutter will ihn als Ersatz für den Erstgeborenen, was zu einem grotesken Umarmungsversuch führt (S. 74f.). Aber auch die anderen Figuren in der Novelle verhalten sich merkwürdig: Sie monologisieren, ohne darauf Rücksicht zu nehmen, ob die Adressaten das Thema überhaupt interessiert (der Leichenwagenfahrer, S. 97ff.; Prof. v. Liebstedt, S. 109ff.; Herr Rudoph, S. 172) oder ob sie verstehen, was sie sagen (Liebstedt, S. 123ff.).

Natürlich sind diese Gespräche im Vergleich zu Alltagsgesprächen konstruiert. Sie sollen das Unvermögen der Kommunikation demonstrieren. Das lange Versinken in Gedanken, das nonresponsive Reagieren auf Gesprächsinitiativen, Tabus (alles, was mit Sexualität zusammenhängt), die Unfähigkeit, sich ein nettes Wort zu sagen, lassen die Menschen vereinsamen und schließlich verstummen (der Sohn am Todesbett des Vaters, S. 131; die Mutter die ganze Novelle hindurch und schließlich beim Anblick des gefundenen Sohns, S. 174).

---

7   Dazu gibt es eine Parallelstelle in der Interaktion mit Herrn Rudolph, dem anfänglich zugänglichen Ersatzvater (S. 170). Zum Unvermögen, metaphorisch zu kommunizieren, schreibt Treichel: „Heute weiß ich, daß eine Folge von Traumatisierung der Verlust der Fähigkeit sein kann, metaphorisch zu sprechen und zu handeln" (Felsen, S. 42).

PRISCILLA HAYDEN-ROY (Lincoln, Nebraska, USA)

Der gelenkte Streit als didaktisches Mittel
in der deutschen Kinderliteratur

Im Vorwort zu Wolfram Mausers und Günter Saßes Aufsatzsammelband über Streitkultur im Werk Lessings heißt es, der Streit im Lessingschen Sinne sei mit einer bestimmten Auffassung des Aufklärens verbunden, der „Öffnung eines kommunikativen Raumes, der sich als Offerte zur Teilnahme am gemeinsamen Räsonnement versteht". Dies stehe im Gegensatz zu einer dogmatischen Art des Aufklärens, die „mit einem herrschaftlichen Gestus verbunden" sei, wo „[d]er Wissende [...] den Schleier [lüftet]" und „für den Unwissenden Licht ins Dunkel [bringt]".[1] Die Lessingsche Auffassung des Streites setzt eine im Hinblick auf das Wissbare gleichrangige Beziehung zwischen den Streitpartnern voraus, wo jeder auf die konstruktive Kritik des anderen angewiesen ist. Läßt sich diese Auffassung des Streits auf den Umgang des Erwachsenen mit dem Kind in der Kinder- und Jugendliteratur (KJL) übertragen? Oder muss aufgrund der gegebenen ungleichen Rangstellung zwischen beiden eine dogmatische Art des Argumentierens immer behaupten? Auf diese Fragen wird im Folgenden anhand von vier Kinder- und Jugendbüchern aus zwei Jahrhunderten eingegangen. Dabei werden stets zwei Ebenen des Argumentierens, bzw. Streitens berücksichtigt: das übergreifende pädagogische Argument des Autors mit dem kindlichen Leser einerseits, andererseits das dialogische Argumentieren auf der Erzählebene, wo Erwachsene und Kinder in der Geschichte miteinander streiten.

Die in der deutschen KJL des 19. Jahrhunderts dominierende pädagogische Absicht, den kindlichen Leser zum Artigsein und Gehorsam zu führen, wird in dem kleinen Bilderbuch, *Otto und Anna* von Ranudo Fränkel (1859), exemplarisch ausgeführt.[2] In kurzen Geschichten werden dem Geschwisterpaar Otto und Anna christlich-bürgerliche Tugenden wie auch geschlechtsspezifische Fertigkeiten von ihren Eltern beigebracht. Als idea-

---

1 Wolfram Mauser/Günter Saße (Hgg.): Streitkultur. Strategien des Überzeugens im Werk Lessings. Tübingen 1993, S. XI.

2 Ranudo Fränkel: Otto und Anna. Ganz kleine Geschichten für die kleinsten Kinder. Stuttgart 1859. In der Sammlung digitalisierter Kinderbücher der Univ. Oldenburg: <http://www.bis.uni-oldenburg.de/retrodig/buch.php?id='0407'>

le Kommunikationsform zwischen Eltern und Kind gilt der den propositionalen Inhalt elterlicher Direktiven widerholende Kommissiv des Kindes. Das Kind führt aus, was die Eltern von ihm wünschen; so kann kommunikativer Einklang in der hierarchisch strukturierten Familie herrschen, und der Streit aus dem kommunikativen Raum der Familie ausgeschlossen bleiben.

Sollte es doch zu Unstimmigkeiten zwischen Kind und Eltern kommen, darf der Streit nicht dialogisch-argumentativ ausgetragen werden. Wenn der kleine Otto seine Mutter um einen zweiten Apfel bittet und sie ihm die Bitte abschlägt, fängt er an zu schreien, „und hat ein so häßliches Gesicht gemacht, daß er gar nicht mehr wie Otto aussah, sondern wie ein unartiger fremder Bube". Daraufhin schließt ihn die Mutter in eine dunkle Kammer, bis er „wieder still und freundlich geworden". (S. 11) Dem ungehorsamen Kind wird seine Identität abgesprochen: es existiert für die Familie nicht mehr, und wird aus dem Familienkreis ausgeschlossen, bis es wieder zu sich kommt.

Dieses Modell wird im Backfischroman des ausgehenden 19. Jahrhunderts leicht geändert: das trotzige, bubenhafte Benehmen der jungen Heldin am Anfang der Geschichte wird als eine „entwicklungspsychologisch bedingte Phase der weiblichen Erziehung" verstanden; bis der Erziehungsprozess vollzogen wird, durch den die Heldin sich an die weibliche Rolle anzupassen lernt, wird ihr „ein gewisser Schonraum zugestanden".[3] Am Anfang von *Der Trotzkopf* (1883)[4] ist Emmy von Rhoden bemüht, in ihren jungen Leserinnen Zuneigung für ihre Heldin zu erwecken, bei gleichzeitiger Zensur ihres trotzigen, nicht damenhaften Benehmens. Gleich auf der ersten Seite gerät die 15-jährige Ilse Macket mit ihrer neuen Schwiegermutter in einen Streit. Bei Mackets ist Besuch. Schmutzig und unkleidsam angezogen stürzt Ilse ins Zimmer, wo ihre Eltern sich mit den Gästen aufhalten. Frau Macket will, dass die Tochter sich für die Gäste umzieht. Der Streit entfaltet sich nicht nach dem Muster der älteren KJL: die Mutter versucht zunächst, den Streit mit dem Kind argumentativ auszutragen; das Kind weigert sich, der Mutter zu gehorchen und handelt nach dem eigenen Willen; es wird schließlich bestraft, aber nur milde. Auf der pädagogischen Ebene stellt die Autorin den Streit so dar, dass vor allem die Geduld der Mutter und das trotzige Benehmen der Tochter ins Auge fallen. Das Kind

---

3 Dagmar Grenz: Mädchenliteratur. In: Taschenbuch der Kinder- und Jugendliteratur. Hg. von Günger Lange. Baltmannsweiler 2002, S. 322–358, hier S. 337.

4 Nicht modernisierte Ausgabe des Romans sind im Internet zugänglich: bei Projekt Gutenberg der Text der Erstausgabe (1883): <http://gutenberg.spiegel. de/rhoden/trotzkpf/trotzkpf.htm>
In der elektronischen Bibliothek der ALEKI ein Abdruck der Ausgabe von 1893: <http://www.aleki.uni-koeln.de/ebib/text/rhoden-trotzkopf.shtml>

setzt sich durch auf der Erzähleben; aber auf der pädagogischen Ebene bildet der Streit einen Teil des Arguments der Autorin mit der Leserin; er dient als erster Beweis für Ilses Erziehungsbedürftigkeit, und für die Richtigkeit des mütterlichen Urteils.

Der weitere Verlauf des Romans ist bekannt: Ilse wird wider ihren Willen ins Pensionat geliefert, wo sie lernt, ihren Trotz zu beherrschen, sich an weibliche Verhaltensmuster anzupassen und anderen nachzugeben. Sie fügt sich schließlich freiwillig in die patriarchalische Hierarchie, und wird am Ende mit einem liebenswürdigen Verlobten belohnt. An die junge Leserin wird eine eindeutige Botschaft vermittelt: wer nicht nachgeben kann, ist nicht heiratsfähig; fügst du dich jedoch in die weibliche Rolle, so wird auch dir die Liebesheirat versprochen. Auf der pädagogischen Ebene haben wir es also noch einmal mit einem dogmatischen Streit mit der kindlichen Leserin zu tun, auch wenn kindlicher Ungehorsam vorübergehend geduldet wird.

Die im Zuge der antiautoritären Pädagogik der 70er Jahre geschriebene KJL forderte ihre kindlichen Leser nicht mehr auf, „fromm und brav" sondern „froh und frei" zu sein, denn nur wer sich von der Untertanenmentalität ihrer Eltern befreie, sei imstande, die Fehler der älteren Generation zu vermeiden.[5] In Christine Nöstlingers Fantasieroman, *Wir pfeifen auf den Gurkenkönig* (1972)[6], werden hierarchische Machtstrukturen in der patriarchalischen Familie mit denen in einem absolutistischen Königtum gleichgesetzt. Das Machtmonopol des Vaters führt in der Familie Hogelmann zu krankhaften Beziehungen und einem Kommunikationszusammenbruch unter den Familienmitgliedern, wo die Kinder und die Mutter den Vater anlügen oder ihm ihre Probleme aus Angst verschweigen. Durch das Erscheinen eines Fabelwesens, des Königs Kumi Ori des Zweiten, des sogenannten ‚Gurkenkönigs', wird aber eine Krise in der Familie ausgelöst. Der Gurkenkönig ist durch den Aufstand seiner kartoffelähnlichen Untertanen, die in Hogelmanns unterem Keller leben, vertrieben worden, und sucht nun bei Hogelmanns Asyl. Der Vater, der für alles, was nach Monarchie riecht, anfällig ist, wird Protektor des Gurkenkönigs, während die an-

---

5   So heißt es bei F. K. Waechter in seinem Anti-Struwwelpeter (1970), einem Standardwerk der antiautoritären Kinderliteratur: „70 Jahre und noch länger/ sind sie bange und noch bänger/ vor Polente, Nachbarsfrau,/ Gottes Thron und Kohlenklau./ Von den hochgestellten Leuten/ lassen sie sich willig beuten./ Darum sei nicht fromm und brav/ wie ein angepflocktes Schaf,/ sondern wie die klugen Kinder/ froh und frei. Das ist gesünder." Der Anti-Struwwelpeter oder listige Geschichten und knallige Bilder. Zürich 1982, S. 6.

6   Christine Nöstlinger: Wir pfeifen auf den Gurkenkönig. Wolfgang Hogelmann erzählt die Wahrheit, ohne auf die Deutschlehrergliederung zu verzichten. Ein Kinderroman. Weinheim/Basel 1975.

deren Familienmitglieder sich zum ersten Mal weigern, sich dem Willen des Vaters zu fügen und dem Gurkenkönig zu helfen.

Auf der Erzählebene wird im Gegensatz zur älteren KJL dem Kind das Recht gegeben, mit den Eltern zu streiten und auch gegen ihren Willen zu handeln. Die Konfliktsituation wird so gestaltet, dass der Leser den Streit mit den Eltern *nur* gutheißen kann – denn sonst wird das unschuldige Kumi-Ori Volk von einem schurkischen König ausgerottet, und ein tyrannischer Vater wird seine Familie weiter unterdrücken. Der Streit auf der Erzählebene unterstützt eine eindeutige Botschaft auf der pädagogischen Ebene: hierarchische oder patriarchalische Machtverhältnisse seien für Familie und Gesellschaft destruktiv; denen *müsse* sich das Kind widersetzen. Bei aller möglicherweise berechtigten Bejahung dieses pädagogischen Inhalts bleibt die Frage, ob es sich hier nicht nochmals um eine gewisse Bevormundung des Lesers handele: denn von der pädagogischen Ebene her gesehen, wird der Streit zwischen Eltern und Kind so eindeutig gelenkt und gestaltet, dass der Leser nur diesen einen Schluss ziehen kann.

Ein Modell für den aufgeklärten Streit im Lessingschen Sinne lässt sich eventuell in Erich Kästners *Emil und die Detektive* (1929) aufspüren. Das letzte Kapitel des Romans trägt den Titel: „Lässt sich daraus was lernen?"[7] Die Autoren der bisher besprochenen Bücher gaben sich große Mühe, ihre Geschichten so zu gestalten, dass es gar keine Zweifel geben konnte, was man aus der Geschichte zu lernen hat – und darin bestand auch die Bevormundung ihres kindlichen Lesers. Dass Kästner gerade zu diesem grundsätzlichen Punkt eine Frage stellt, scheint, um wieder mit Mauser und Saße zu reden, eine „Öffnung eines kommunikativen Raumes" zu bieten.

In der letzten Szene des Romans überlegen Emil und seine Familie in Heimbolds Stube, was für eine Lehre man aus Emils Abenteuer ziehen könnte. Ihre teils banalen, teils einseitigen Vorschläge – man solle keinem Menschen trauen; man solle Kindern niemals allein verreisen lassen; man solle Geld nur per Postanzuweisung schicken – können dem Leser nicht als Lehren genügen; sie müssen vielmehr als Kästners Verzicht darauf gedeutet werden, dem Leser eine klare Lehre in die Hand zu geben. Dahinter steckt keine postmoderne Skepsis, sondern ein recht aufklärerisches Vertrauen in die Urteilskraft seines jungen Lesers, den Kästner nach Klaus Doderer immer als einen „einsichtigen, kritikfähigen und zum großen Teil auch gleichberechtigten Partner" betrachtet hat.[8] Auf der Erzählebene zeigt

---

7   Erich Kästner: Emil und die Detektive. In: Werke. Romane für Kinder I. München 1998, S. 300.

8   Klaus Doderer: Erich Kästners Utopie – Die Kinder sind die besseren Menschen. In: Reisen in erdachtes Land. Literarische Spurensuche vor Ort. Essays. München 1998, S. 220.

Kästner nicht weniger Vertrauen in Emil und die Berliner Jungen: er konstruiert einen Handlungsrahmen, in dem die Kinder ihre Probleme durch eigene Klugheit und Solidarität miteinander, ohne Hilfe der Erwachsenen, lösen müssen und können.

Bei der Ausführung der der KJL eigentümlichen pädagogischen Funktion macht sich beinahe unvermeidlich die Ungleichheit zwischen Autor und Leser bemerkbar: durch den gelenkten Streit auf der Erzählebene wird das pädagogische Argument so eindeutig, dass der junge Leser nur eine Lehre daraus ziehen kann. Diese kann autoritären oder antiautoritären Inhalts sein – es handelt sich in beiden Fällen um eine gewisse Bevormundung des kindlichen Lesers. Der Schluss von Kästners Roman bietet uns eine Alternative: der kindliche Leser wird auf der pädagogischen Ebene als Gleichrangiger angesprochen, ihm wird durch den Verzicht auf eine klare Formulierung der Lehre ein kommunikativer Raum geöffnet, in dem über die Bedeutung der Geschichte gestritten werden kann und soll. Ob dieses Modell der pädagogischen Aufgabe der KJL in allen Fällen gerecht werden kann, bleibt allerdings dahingestellt.

INGEBORG REINMÜLLER (Mezöbereny, Ungarn)

Schillers *Don Karlos* – Misstrauen und Wahrheit im Sprachspiel

In *Don Karlos* zeigt sich die Macht des absoluten Systems, an der letztlich alle Figuren scheitern, nicht zuletzt in der Kontrolle des Dialogs, und zwar nicht nur in einer inhaltlichen Kontrolle, sondern dem vorgelagert schon in einer Kontrolle des Zugangs zum Gespräch. In der Interpretation des Dramas kreuzen sich deshalb literaturwissenschaftliche Fragestellungen und Methoden mit eher sprachwissenschaftlich orientierten Analyseverfahren der Dialog- oder Gesprächsforschung.

Im Zentrum der absoluten Macht steht zunächst der König, Philipp von Spanien, auf den hin die Figuren am Hof zugeordnet sind: Je näher sie ihm stehen, desto bedeutender ist ihre eigene Position. Nähe und Ferne zum König aber werden präzise durch die genau geregelte Möglichkeit ausgedrückt, mit ihm sprechen zu dürfen. Personen, die in Ungnade gefallen sind, werden nicht mehr zum König vorgelassen; ihre Stimme wird nicht mehr gehört. Umgekehrt aber werden das höchste Vertrauen und die Freundschaft des Königs durch den Befehl ausgedrückt, Posa jederzeit „ungemeldet"[1] Zutritt zum König zu gewähren.

Im absoluten System sind sich die Figuren bewusst, ständig überwacht zu werden, sie wissen, dass schon die Tatsache, dass sie in einem Gespräch miteinander beobachtet werden könnten, in bestimmten Konstellationen gefährlich sein kann, wahr oder fälschlich als Intrige oder Verschwörung gedeutet. Der Dialog bekommt daher oft etwas Gehetztes, immer wieder müssen Gespräche abgebrochen werden, insbesondere wenn der König selbst sich nähert, so wie zum Beispiel im 1. Akt das Gespräch zwischen der Königin und Karlos.

Alle Gespräche mit dem König zeigen auch die Besonderheiten, wie sie Norman Fairclough für asymmetrische Gespräche auch in der Alltagskommunikation beobachtet hat.[2]

Der Mächtigere, also in diesem Fall der König, entscheidet über Anfang und Ende des Gesprächs, er bestimmt schon vor Beginn des Gesprächs, was eigentlich der Inhalt des Gesprächs ist und welche Äußerungen inhalt-

---

1   Friedrich Schiller: Don Karlos. Infant von Spanien. Ein dramatisches Gedicht. Stuttgart 2004, S. 131 (wird im folgenden im fortlaufenden Text mit einfacher Seitenangabe zitiert).

2   Vgl. Norman Fairclough: Language and power. New York 1989, S. 37 ff.

lich zulässig sind; dem König steht selbstverständlich die Redeinitiative zu, er kann die Redebeiträge seines Gesprächspartners unterbrechen. In der Regel macht der König auch die Illokution der eigenen Redebeiträge möglichst eindeutig, während der an Macht unterlegene Gesprächspartner eher eine indirekte Redestrategie wählt.

Aber auch die Dialoge der übrigen Dramenfiguren, in denen die Machtverteilung nicht so ausgeprägt ist, sind von Anfang an von einer Atmosphäre des Misstrauens, der Angst und der Gefahr gekennzeichnet.[3] Dem Verschweigen der eigenen Gedanken, Gefühle und Handlungsabsichten korrelieren die Überwachung und der Versuch, das Verschwiegene aufzuspüren. So sind auch die scheinbar „schönen Tage von Aranjuez" schon korrumpiert: Am Anfang steht das Geheimnis des offensichtlich melancholischen Prinzen Don Karlos, das die absolut geregelte Ordnung des Hofes zu Madrid stört.[4] Domingo, der Beichtvater des Königs, will ihm um dieser Ordnung willen sein Geheimnis in der scheinbar ungezwungenen Atmosphäre von Aranjuez entlocken, seine Wortwahl dabei ist aber verräterisch: „Brechen Sie / Das rätselhafte Schweigen. Öffnen Sie / Ihr Herz" (S. 5).

Die Gewalt, die sich dahinter verbirgt, zeigt, dass nicht nur das Sprechen gefährlich sein kann, sondern auch das Schweigen – so wie der absolute Machthaber das Gespräch verweigern kann, kann er es auch einfordern.

Das allgegenwärtige Misstrauen deformiert aber nicht nur die Gespräche zwischen Karlos und seinen Gegnern bei Hof oder zwischen Figuren, die entgegengesetzte Positionen vertreten, sondern lässt sich selbst in den sogenannten Freundschaftsgesprächen zwischen Karlos und Posa feststellen:[5] Die Gesprächspartner beobachten einander genau, sie berechnen die Wirkung der eigenen Gesprächsbeiträge und die Absichten ihres Gesprächspartners, sie geben ihre Informationen nur Schritt für Schritt preis und korrigieren ihre Gesprächsführung nach dem Verhalten des Anderen.[6]

Das beherrschende Sprachspiel in *Don Karlos* ist die Intrige. Tatsächlich ausgeführt oder auch nur vermutet, fordert die Intrige eine besondere Aufmerksamkeit im Gespräch, ein genaues Berechnen der tatsächlichen Bedeutung der einzelnen Redebeiträge: Ständig hinterfragen die Figuren

---

3 Vgl. Hartmut Reinhardt: Don Karlos. In: Schiller-Handbuch. Hg. von Helmut Koopmann. Stuttgart 1998, S. 384 f.

4 Vgl. Monika Ritzer: Schillers dramatischer Stil. In: Schiller-Handbuch (Anm. 3), S. 250.

5 Vgl. Norbert Oellers: Schiller: Elend der Geschichte, Glanz der Kunst. Stuttgart 2005, S. 184 f.

6 Vgl. Paul Böckmann: Schillers „Don Karlos". Die politische Idee unter dem Vorzeichen des Inzestmotivs. In: Friedrich Schiller: Kunst, Humanität und Politik in der späten Aufklärung. Ein Symposium, hg. von Wolfgang Wittkowski, S. 36.

die Illokutionen des Gehörten, welche Handlungsabsichten die Gesprächspartner verfolgen.

Bekanntlich hat Grice in „Logik und Konversation" bei der Formulierung des Kooperationsprinzips 4 grundlegende Konversationsprinzipien
für das Gelingen der Kommunikation formuliert: Qualität, Quantität, Relevanz und Modalität. Aus den unterschiedlichsten Gründen (so zum Beispiel vor allem aus Gründen der Höflichkeit, wie sie von Brown / Levinson
definiert wurde) verstossen Gesprächspartner in der alltagssprachlichen
Kommunikation genauso wie in literarischen Dialogen andauernd gegen
diese Maximen. Die offensichtlichen Verstösse gegen diese Prinzipien
werden in der Kommunikation als Implikaturen fruchtbar gemacht, die
zwischen dem Gesagten und dem Kontext vermitteln.[7]

In der Konfrontation mit Mächtigeren greifen die unterlegenen Gesprächspartner wie schon festgestellt oft zu einer indirekten Redestrategie,
d. h. sie operieren mit Implikaturen, um ihre Ziele zu erreichen. Das gilt
insbesondere auch für Domingo und den Herzog Alba, die Karlos als ihren
Rivalen um die Gunst des Königs mit einer Intrige ausschalten wollen: Sie
können aber Karlos nicht direkt einer Liebesbeziehung mit der Königin
beschuldigen, weil sie dadurch den Zorn des Königs auf sich selbst lenken
würden. Deshalb locken sie den König mit einer Serie von auffälligen Ver-
stössen gegen die Gesprächsprinzipien – vor allem von Modalität und Quantität – auf die Spur ihrer Verdächtigungen. Um ihre Redeabsicht zu verstehen, muss der König wiederholt die fehlenden Informationen erfragen, um
schließlich selbst die Folgerung zu ziehen: Sein Sohn betrügt ihn mit seiner Frau, seine Tochter ist ein „Bastard" (S. 108). Hier zeigt sich der Vorteil der indirekten Redestrategie: Implikaturen können im Gegensatz zu
direkten Aussagen zurückgenommen werden; Domingo und Alba könnten
bei Scheitern ihrer Intrige behaupten, sie selbst hätten ja nicht von Betrug
gesprochen.

Während wie schon festgestellt in der alltäglichen Kommunikation natürlich mehr oder weniger oft gegen eine oder mehrere der Maximen verstossen wird, fällt am Dialog in *Don Karlos* auf, dass gegen eine der vier
Maximen ständig, und zwar sowohl offensichtlich als auch vom Gesprächspartner unbemerkt verstossen wird: nämlich gegen die Maxime der Qualität, des Wahrheitsgehalts einer Äußerung.

Die Figuren verschweigen nicht nur die Wahrheit und lügen mehr oder
weniger offen, sondern erwarten auch vom Gesprächspartner, dass er *nicht*
die Wahrheit spricht. Ob sich der König – zu Recht – nur von trügerischen
Schmeichlern umgeben wähnt oder ob die Höflinge im anderen nur einen

---

7　Vgl. H. Paul Grice: Logik und Konversation. In: Handlung, Kommunikation,
　　Bedeutung, hg. von Georg Meggle. Frankfurt a. M. 1979, S. 254.

intriganten Rivalen um die Gunst des Königs sehen, die Figuren gehen
davon aus, dass ihre Gesprächspartner ihre wahren sprachlichen Handlungsabsichten verschweigen. Ja selbst noch in der wiederholten Versicherung
der Freundschaft zwischen Posa und Karlos schwingt ein Misstrauen an
der Wahrheit der Äußerungen mit.

Die stillschweigende und wechselseitig vorausgesetzte Suspendierung
der Wahrheitsmaxime führt die inhaltliche Auseinandersetzung an den Rand
des Zusammenbruchs.

Die Figuren sprechen miteinander, aber ihre Gesprächsbeiträge sind
zu einem großen Teil Kampfhandlungen, eine Auseinandersetzung mit dem
Ziel einer inhaltlichen Verständigung oder auch nur eines Vergleichs der
unterschiedlichen Handlungsinteressen oder der verschiedenen Interpretationen der Welt findet nicht mehr statt.

Die Suspendierung der Wahrheitsmaxime hat eine Verminderung der
Relevanz der sprachlichen Handlung an sich zur Folge: Ein Vergleich des
Gesprächs zwischen dem König und Posa in der Mitte des Dramas mit
einem anderen Gespräch aus Lessings Schauspiel *Nathan der Weise*, das
ebenfalls die Mitte des Dramas bildet, nämlich dem Gespräch Nathan –
Saladin, in dem die Ringparabel eingebettet ist, kann das deutlich machen.

In der Forschungsliteratur ist öfters auf die Ähnlichkeit der beiden Dialoge hingewiesen worden: In beiden findet sich dieselbe extrem ungleiche
Machtverteilung und daraus resultierende extreme Gefährdung des unterlegenen Gesprächspartners – Nathan oder Posa – und in beiden werden
zentrale Fragestellungen der Aufklärung formuliert und diskutiert. Durchführung und Resultat der beiden Dialoge aber zeigen eine entgegengesetzte Auffassung von den Möglichkeiten sprachlichen Handelns: Nathan gelingt es bekanntlich, durch Ersetzung des Sprachspiels „philosophischer
Disput" durch das Sprachspiel „Märchen" Saladin zur Einsicht in die Un-
beantwortbarkeit der Frage nach der wahren Religion und in die Notwendigkeit einer in der Praxis zu lebenden religiösen Toleranz zu bewegen. Im
Vollzug des Dialogs zwischen ihm und Saladin wird so „Realität" verändert und neu hergestellt, werden die unterschiedlichen Interpretationen der
Welt sozial vermittelt und/oder bestätigt. Das Gespräch in Lessings Drama
eröffnet so die Möglichkeit, Alternativen zu eingefahrenen, krisenhaften
Denk- und Handlungsschemata zu finden und eine neue Verständigung
über die Welt herzustellen.

Posa aber im Gespräch mit König Philipp glaubt von vornherein nicht
an die Macht der Sprache zur Veränderung: So nützt er wohl die vielleicht
einmalige, befristete Gelegenheit, dem König mutig seine Menschheitsideale
vorzutragen, rechnet selbst aber nicht wirklich mit dem Erfolg seines Ap-
pells: Was den Dialog motiviert, ist gerade nicht die begeistert vorgetragene
Freiheit des Gedankens, sondern eine Lüge. Was sich als schwärmerischer

mutiger Appell eines Idealisten ausgibt, verbirgt ein sorgfältig geplantes Komplott eines politisch gefährlichen Verschwörers, der bereits ein Bündnis ausländischer Mächte gegen Spanien zustande gebracht hat. Umgekehrt kann sich auch der König nur auf dieses Gespräch einlassen, weil er es nicht ernst nimmt, weil er Posa nicht als gleichrangigen Partner und politischen Gegner wahrnimmt, sondern eben nur als schwärmerischen jungen Mann, dessen Freundschaft er im vermeintlich idealen, politikfernen Raum gewinnen will.

Der Dialog Posa – König führt nicht zu einer wahrhaften Verständigung, weil er Verständigung – im Sinne eines Ausgleichs der unterschiedlichen Interpretationen der Welt – gar nicht zum Ziel hat.

Die Suspendierung der Wahrheitsmaxime und die daraus resultierende Unsicherheit in der Berechnung von Illokutionen und Implikaturen führt zu einer grundsätzlichen Verunsicherung der Figuren und ihrer Handlungen. Planvolles Handeln wird dadurch prinzipiell in Frage gestellt und der Zufall durchkreuzt immer wieder die sorgfältig konstruierten Pläne der Figuren.

Da die sprachliche Verständigung keine Sicherheit bietet, suchen die Figuren an kritischen Stellen die „Wahrheit" in den Augen ihres Gegenübers zu lesen: Karlos „sucht die Augen des Marquis" (S. 188), um seine Absichten zu erkennen. An entscheidenden Stellen der Auseinandersetzung ist das Befragen der Augen mit lange dauerndem Schweigen verbunden und betont so das Misstrauen gegenüber der sprachlichen Äußerung.

Doch zeigt die Dreiecksbeziehung Eboli – Königin – Karlos, dass auch den Augen nicht immer zu trauen ist: Gerade aufgrund der Blicke von Karlos glaubt die Eboli sich von diesem geliebt, während die Augen von Karlos in Wirklichkeit auf der neben ihr stehenden Königin ruhten.

Ins Extreme gesteigert ist das Unvermögen, den anderen zu sehen, wahrzunehmen, in der Figur des Großinquisitors: Er, der die anderen Figuren wie Marionetten lenkt, ist selbst blind – unfähig zum sprachlichen oder außersprachlichen Austausch.

FRANCINE MAIER-SCHAEFFER (Rennes, Frankreich)

Streit(un)möglichkeiten im „Theater der Sprachlosigkeit" am Beispiel von Marius von Mayenburgs *Parasiten*

Seitdem Franz Xaver Kroetz' frühem Werk das Etikett der „Sprachlosigkeit" aufgeklebt wurde, eröffneten sowohl die Semiotik als auch die Linguistik der Dialogforschung neue Perspektiven. Anne Übersfelds auf den dramatischen Text bezogener Befund der „doppelt adressierten Stimme" („double destination") wird nun in seiner erweiterten Form gleichzeitig von Sprach- und Literaturwissenschaftlern produktiv gemacht[1]. Bei der Untersuchung der Streitmöglichkeiten im so-genannten Theater der Sprachlosigkeit, gehe ich davon aus, dass der (konstruktive) Streit wie im alltäglichen Leben so auch auf der „innerszenischen Achse der Kommunikation" schwer bzw. überhaupt nicht zustande kommt, was bei Kroetz durchaus sprachpragmatisch demonstriert werden kann. Dafür verlagert sich der Dialog immer mehr auf die „Theatron-Achse" (Hans-Thies Lehmann), als Kommunikation zwischen dem Autor und dem Publikum. Drei Jahrzehnte nach Kroetz' *Heimarbeit* (1969) verabsolutiert Lothar Trolles *Die Heimarbeiterin* (1996)[2] die Unmöglichkeit des Streits – der Kommunikation schlechthin – auf der innerszenischen Achse, und bestätigt: Es kann Theater als „äußeres Kommunikationssystem" auch ganz ohne den „Aufbau eines fiktiven inneren Kommunikationssystems" geben[3]. Jüngere Dramatiker, Claudius Lünstedt, Dea Loher, Marius von Mayenburg, gehen wiederum dem dramatischen Dialog auf den Grund. Auch in ihren Stücken tritt die innerszenische zugunsten der Theatron-Achse zurück, sie schöpfen jedoch die Möglichkeiten des Streites aus. So wird die geläufige These widerlegt, der zufolge der Monolog eine gestiegene Unfähigkeit zur Kommunikation bzw. „gestörte Kommunikation" zum Audruck bringe. Dass das Gegenteil der Fall ist, hat Hans-Thies Lehmann im Streit mit Manfred

---

1   Jürgen Siess/Gisèle Valency: La double adresse. Paris: L'Harmattan, 2002.
2   Lothar Trolle: Die Heimarbeiterin, Theater der Zeit 3 (1997), S. 85. Der epische Text führt Kroetz' Experiment der abendfüllenden Frauenmonologe bis zur äußersten Konsequenz weiter.
3   Hans-Thies Lehmann: Postdramatisches Theater. Frankfurt a.M.: Verlag der Autoren, 1999, S. 231; Manfred Pfister behauptete noch das Gegenteil, ders.: Das Drama. München: Wilhelm Fink, 1988, S. 330.

Pfister theorisiert: „[N]ur im dialogischen System kann das Versagen des Sprechens als Kommunikation zwischen Menschen erkennbar werden"[4]. Innerhalb des dialogischen Systems eignet sich der Streit ganz besonders für die praktische Demonstration. Das soll anhand von Marius von Mayenburgs *Parasiten*[5], einer Reihe von losen, jeweils auf eine Pointe hin konstruierten Streiten, gezeigt werden. Kroetz' Œuvre dient dabei lediglich als Folie.

Heimarbeit weist bei aller Offenheit noch eine tragische Struktur auf. Zur Wiederherstellung der (vermeintlichen) Harmonie sind sich die kroetzschen Figuren insgeheim einig. „Jetzt hat alles wieder seine Ordnung"[6], bestätigt die heimgekehrte Martha, nachdem der Ehemann das (vordergründige) Problem – das als Krüppel geborene uneheliche Kind – sprachlos beseitigt hat. Die Vermeidung des Streits ist weniger „Sprachlosigkeit" als – ob bewusst oder instinktiv – Strategie zur Restauration der nicht als Unordnung erkannten „Normalität". Da die Erkenntnis und folglich die Auflösung des eigentlichen Konflikts – für den auch Trinksucht und Ehebruch nur Symptome sind – innerszenisch ausbleiben, kann alles von neuem beginnen, was schon dadurch angedeutet wird, dass Martha nicht zum erstenmal fremdgegangen ist[7]. Die Unfähigkeit zum Streit als Wille, der Auseinandersetzung aus dem Weg zu gehen, ist ein Charakeristikum der Kroetzschen Figuren, das bereits in *Michis Blut* (1970) von den so genannten „Sprachlosen" thematisiert wird:

MARIE   Ich hätt viel zum sagn. Du täts aber schaun.
KARL   Was aus is, is aus.
MARIE   Da gibts nix mehr zum sagn. Genau. – Wissen müßt man halt,
         wie man dran ist, dann tät man es schon ändern. Das glaubst.
KARL   Weil das was nutzt.
MARIE   Einen Streit vom Zaun brechn, das hättst jetzt nicht braucht.
KARL   Streit eh nicht. (S. 109)[8]

Anscheinend unterliegt Marie der Tautologie, die sie mit einer gleichbedeutenden Floskel bestätigt. Dass sie innerlich nicht zustimmt, beweist das Bedürfnis, ihre Antwort duch „Genau" zu bekräftigen. Dass anstelle der Streiterei (des „vom Zaun gebrochenen" Streits) ein produktiver Streit die

4   Anm. 3, Lehmann, S. 232; Pfister, S. 182.
5   Marius von Mayenburg: Feuergesicht, Parasiten. Frankfurt a.M.: Verlag der
     Autoren, 2002, S. 71–131. Nach dieser Ausgabe wird zitiert.
6   F.X. Kroetz: Stücke 2. Hamburg: Rotbuch Verlag, 1999, S. 33. Nach dieser
     Ausgabe wird zitiert, so auch das folgende Stück, *Michis Blut.*
7   „Wie die Mutti das letzte Mal weg war, is lang nicht mehr kommen", S. 28.
8   „KARL: Wennst ein Streit vom Zaun brechen willst, brauchst es bloß sagen/
     MARIE: Will aber nicht.", S. 118.

wirklichen Probleme ans Licht fördern und somit „was ändern" könnte, daran glaubt nicht einmal diejenige, die ohnmächtig dafür plädiert.

In Mayenburgs *Hassreigen*[9] ist der Streit strukturell. Wie in den meisten Kroetz-Stücken verweigert im ersten Dialog die schwangere Ehefrau den Beischlaf. Ist in der sozialen Demonstration die vordergründige Begründung die Müdigkeit, ein strategischer Hinweis auf die Arbeit, die der außer Haus tätigen Frau die Überlegenheit – auch in der Streitführung – sichert, so muss hier das Kind herhalten: „Ich kann nicht mit dem Ding im Bauch. Das schaut zu mit seinen Fischaugen" (S. 73). Ein Dialog zwischen der werdenden Mutter und deren Schwester gewährt Einblick in ihre Einstellung:

> BETSI   Rauchst du?
> FRIDERIQUE Nein. Ich mach die Zigarette an, weil ich sie aufessen will.
> [...]
> FRIDERIQUE Warum redest du wie ein Idiot, warum sagst du nicht, mach die
>   Zigarette aus, du tötest dein Kind.
>   [...]
> BETSI   Mach die Zigarette aus.
> FRIDERIQUE Nein. Mach ich nicht. *Sie raucht.* (S. 94–95)

Die Pointe ist offensichtlich als unausgesprochenes Geständnis eines zumindest symbolischen Kindesmords zu verstehen. Die Schwangerschaft ist das Problem, sie wird jedoch nicht als solches behandelt. Von Abtreibung, in *Heimarbeit* immerhin ein gemeinsamer Versuch, ist nur einmal die Rede, und zwar lediglich als Beleidigung: „Wenn das Kind so wird wie du, ist es besser, ich machs weg." (S. 84).

Den Figuren fehlt jegliche psycho-soziologische Dichte. Unter die Lupe genommen wird der Dialog als Modus zwischenmenschlicher Kommunikation und die Sprache als deren Instrument. Jemanden, der eine Zigarette anzündet, zu fragen, ob er rauche, ist auf den ersten Blick absurd. So antwortet Friderique zunächst nach dem Motto: Wer dumm fragt, bekommt eine dumme Antwort. Bei genauerem Hinsehen ist jedoch die Antwort nicht ebenso *dumm*, sondern ebenso *klug* wie die Frage, denn auch sie ist Strategie. Indem die Befragte den unausgesprochenen Vorwurf ignoriert, weicht sie der unbequemen Auseinandersetzung aus, und versucht zugleich, die Fragerei im Keim zu ersticken. Da der Dialog darauf hinzielt, die Mechanismen der alltäglichen Kommunikation aufzudecken, ist eine Figur notwendig, die die gewöhnlichen – allzu gewohnten – sprachlichen Strategien durchschaut und demontiert. Deshalb entlarvt sich Friderique, und zwingt

---

9   In Anlehnung an Arthur Schnitzlers in der ersten Fassung Liebesreigen betitelten Reigen. Dasselbe gilt auch für Klaras Verhältnisse von Doa Loher.

ihre Partnerin dazu, ihr Anliegen unverschleiert auszudrücken. Die Schwangerschaft ist kein Thema, sondern ein für Demonstrationszwecke geeigneter Umstand.

Ein Dialog zwischen Betsi und ihrem gelähmten Partner ist ein Paradebeispiel für die Strategie des oben erwähnten „vom Zaun gebrochenen Streit[s]". Als sie dem Durstigen eine Flasche Bier hinstellt, stürzt er sich darauf wie auf ein willkommenes Streitobjekt, genauer auf das *Wort* „Bier" als ein willkommenes Streit*instrument*:

BETSI   Bier.
RINGO   Das ist kein Bier.
BETSI   Das ist Bier.
RINGO   Das?
BETSI   Ja, Bier, eben.
RINGO   Das ist eine Scheiße, ein Scheißbier ist das.
BETSI   Das ist ein Bier wie jedes andere.
RINGO   Es gibt kein Bier wie jedes andere. Scheißbier, das ist Scheißbier, das
         kannst du ins Klo kipppen, das ist Pisse, dieses Scheißbier, so ein
         Bier, das –
BETSI   Das ist gutes Bier, das trinken andre Menschen auch.
RINGO   Ich kenne keine andren Menschen.
         Betsi nimmt die Flasche und schmeißt sie. (S. 76–77)

Der grotesken Wortflut setzt Betsi mit einer alltäglichen Floskel ein Ende (Auch bei Kroetz müssen als letztes Argument immer wieder die „andren Menschen" herhalten). Die Antwort ist zunächst die trotzige Reaktion des brutal Ernüchterten. In ihrer Vielschichtigkeit spricht sie dennoch – aber deshalb überhört – das wahre Problem aus: den Frust des seit seinem Unfall an den Rollstuhl Gefesselten, seine durch die Behinderung bedingte oder zumindest gesteigerte Ichbezogenheit, darüber hinaus die grundsätzliche Unfähigkeit des Menschen, auf „andre Menschen" einzugehen. Die darauffolgende bis zum abschließenden Kuss inszenierte Versöhnung wird durch unterschwellige Komik – Absurd-Groteskes – diskreditiert. Die Floskel: „Ich will nichts zwischen uns" wird durch Betsis situationsbedingten, konkreten Zusatz: „Auch kein Bier" ins Lächerliche gezogen. Nimmt der Zuschauer Ringos Bestätigung „Gar nichts" wortwörtlich, so versteht er das Gegenteil dessen, was *gemeint* ist, aber genau das, was in Wirklichkeit *ist*. Als Wiederherstellung der (vermeintlichen) Harmonie ist dieses „Gar nichts" ebenso verdächtig wie das mehr verschweigende als aussagende Kroetzsche „Genau"[10]. Die gespielte Versöhnung ermöglicht dennoch das

10   „Das Wort ‚Genau' hat im *Stallerhof* mindestens zehn Bedeutungen", Ulrich
     Heising: Der radikale Realismus von Kroetz. In: Otto Riewoldt (Hg): Franz
     Xaver Kroetz. Frankfurt a. M.: Suhrkamp, 1985, S. 204.

Aussprechen des wirklichen Vorwurfs als kindlicher Klage: „Du hast mich hocken lassen, hier in dem Stuhl". Der Bierstreit war nichts anderes als ein den Streit verzögernder bzw. verhindernder Themawechsel, eine das wirkliche Problem verschleiernde Streiterei, in seiner Funktion mit der psychoanalytischen „Deckerinnerung" vergleichbar. Auf die mütterliche Beruhigung: „Ich bin bei dir. Wir sind in Sicherheit" folgt die Pointe: „Ich hab Durst". Der Streit kann von vorn beginnen.

Nach ihrem Selbstmordversuch ist auch Friderique ihrer gehassten Schwester ausgeliefert. Ein weiterer Streit dient dazu, die Grausamkeit des gewöhnlichen zwischenmenschlichen Verkehrs zu entlarven:

> BETSI   *Genau.* Und jetzt werden *wir* wieder ruhig und legen *uns* hin, und
>   dann bring ich was zu trinken.
> FRIDERIQUE *Wir* hassen das, wie du „genau" zu *uns* sagst.
> BETSI   *Sie* meint das alles nicht so, Ringo. *Ihr* gehts nicht gut im Mo-
>   ment.
> FRIDERIQUE Genau, *ihr* gehts gar nicht gut im Moment, deshalb meint *sie* alles
>   anders oder überhaupt nicht […], *genau.* (S. 90–91)[11]

Friderique äfft die sprachlichen Mittel nach, mit denen die „Normalen" – die wie Betsi es immer gut meinen – die Anderen zum Schweigen bringen. Dabei prangert sie die gängige Gewohnheit an, von Kranken, Behinderten, Alten, etc. in deren Gegenwart wie von Abwesenden bzw Minderjährigen (sprich: Minderwertigen) zu reden.

„Zu sagen haben sich die Figuren nichts mehr. Mit dem Unterschied, dass Jan Fosse es sich zum Ziel setzt, gerade ihre Sprachlosigkeit auszustellen, während Mayenburg sie partout zueinanderreden lässt"[12]. Nicht sprachlos sind jedoch Mayenburgs Figuren, sind sie doch Experten im Umgang mit den Worten als Vernichtungswaffen. Sprachgewandt sind sie erst recht, wenn die *double destination* berücksichtigt wird, wenn unter dem „Zueinanderreden" das „Zum Publikum reden" herausgehört wird. Eine Kette (dramatisch) gelungener Streite zur Entlarvung absoluter (realen) Kommunikationslosigkeit, das sind Mayenburgs wie auch Lohers Stücke. So trifft die negativ gemeinte Kritik ungewollt den Nagel auf den Kopf: „So bemüht realistisch, und doch nur kunstvoll arrangiert"[13]. „Eine

---

11 Ich unterstreiche.
12 Peter Hans Göpfert: Weil wir so schön scheußlich sind. Einmal mehr Kunst-stoff-Theater: Thomas Ostermeier inszeniert Parasiten des Hausautors Marius von Mayenburg an der Schaubühne, Das Kulturradio, Radio Berlin-Brandenburg, 25.10.2000.
13 Dieter Dietschreit: ‚Parasiten' an der Schaubühne, Märkische Allgemeine, 17.10.2000.

einfache ‚Wiedergabe der Realität'" sage nichts über die Realität aus[14], lehrte Brecht. Realistisch sind Mayenburgs Dialoge gerade deshalb, weil sie nach Modellen aufgebaut sind, die in der Realität unreflektiert hingenommen und tradiert werden. Hegels berühmter Befund, „Das Bekannte überhaupt ist darum, weil es *bekannt* ist, nicht erkannt"[15], ist auch für Dramatiker nach Brecht relevant. Die künstlichen Mittel, die das Erkennen des allzu Bekannten ermöglichen, sind Übertreibung und Zuspitzung, Konzentration und Verdichtung, Verknappung und Reduzierung. Extreme Situationen dienen als Laboratorium: Krüppel, Depressive, Senile, Psychopathen, all die „postmodernen Monstren" fungieren wie die Randexistenzen der frühen Kroetz-Stücke, „[d]ie Aggressiven, die Debilen, die Lieblosen und die Ungeliebten, die Triebtäter, die Abtreibenden, die Zuschlagenden und die Armseligen und die Stotternden", in denen Ernst Wendt „die wahren Jedermänner unserer Gesellschaf" erkannt hat[16]. Bei gleichem Prozess liegt der gravierende Unterschied in der veränderten Perspektive: „Da ging es darum, durch Theater die konkreten politischen Verhältnisse zu verändern und von der Bühne die Schuldigen zu benennen", setzt sich von Mayenburg vom sozialen Drama der 60er und 70er Jahre ab. Er suche „Extreme, wie sie nur das Theater bieten kann: ‚Kompromisse sind der Normalzustand. Auf der Bühne kann man unausgetragene Konflikte zu Ende denken und erkennen, worauf sie beruhen'"[17].

14 „Eine Photographie der Kruppwerke oder der AEG ergibt beinahe nichts über diese Institute", B. Brecht: Große kommentierte Berliner und Frankfurter Ausgabe. Berlin, Frankfurt a.M., Bd. 21, S. 469.

15 Georg Wilhelm Friedrich Hegel: Phänomenologie des Geistes. Mit einem Nachwort von Georg Lukács. Frankfurt a.M./Berlin/Wien 1970. S. 28.

16 Ernst Wendt: Bürgerseelen und Randexistenzen. Über die Dramatiker Harold Pinter und Franz Xaver Kroetz. Ders.: Moderne Dramaturgie. Frankfurt a.M.: Suhrkamp, 1974, S. 99.

17 Christina Tilmann: Nicht ohne meinen Regisseur. Im Dauerdialog: Der Dramatiker Marius von Mayenburg und sein Uraufführungspartner Jan Bosse, Tagesspiegel, 27.1.1999.

ERNEST W. B. HESS-LÜTTICH (Bern, Schweiz)

Ein Streit in Büchners *Dantons Tod* aus argumentationstheoretischer Sicht

Im gegebenen Rahmen behandle ich nur die Frage, inwiefern der politische oder ideologische Streit in der Literatur zur Gewinnung eines besseren Verständnisses kommunikativer Konflikte als argumentativer Rechtfertigungsstrategien beitragen kann.[1] Ausgangspunkt ist die Kommunikationstheorie der Ungeheuer-Nachfolge mit dem Interesse an den interaktionslogischen Bedingungen und Mechanismen konfliktärer Kommunikation in argumentativen Diskursen.[2] Diesen Ansatz will ich hier zugrundelegen im Blick auf die Rechtfertigungsszene im Streitgespräch zwischen Danton und Robespierre im I. Akt (6. Szene) von Büchners Revolutionsdrama *Dantons Tod*. Der methodische Reiz dieses Versuchs einer textnahen Phasenstrukturanalyse liegt in der Möglichkeit einer plausiblen Verbindung der literaturwissenschaftlichen Diskussion dieses Dialogs[3] mit seiner argumentationstheoretischen Explikation.

Der politische oder ideologische Streit ist ein klassisches Paradigma zum Verständnis kommunikativer Konflikte als argumentativer Rechtferti-

---

1   In der Aufsatzfassung gehe ich in sechs weiteren Abschnitten auf den literarhistorischen Kontext, auf die dramaturgische Konstellation, auf die sprach- und literaturwissenschaftliche Diskussion sowie auf neuere Ansätze rhetorischer und politolinguistischer Analyse des Dramas ein, wozu hier leider kein Raum ist.

2   Gerold Ungeheuer: „Kommunikationssemantik: Skizze eines Problemfeldes". In: Zeitschrift für Germanistische Linguistik 2.1 (1974), S. 1–24 [= id. 1987: S. 70–100]; id. „Gesprächsanalyse und ihre kommunikationstheoretischen Voraussetzungen". In: Dirk Wegner (Hg.): Gesprächsanalysen. Hamburg: Buske, 1977, S. 27–65 [= id. 1987: S. 144–175]; id.: „Gesprächsanalyse an literarischen Texten" [zu Lessings *Freigeist*]. In: Ernest W. B. Hess-Lüttich (Hg.): Literatur und Konversation. Wiesbaden: Athenaion, 1980, S. 43–71 [= id. 1987: S. 184–222]; id.: Kommunikationstheoretische Schriften I: Sprechen, Mitteilen, Verstehen, hg. von Johann G. Juchem. Aachen: Rader, 1987.

3   Zitiert wird nach der hist.-krit. Marburger Ausgabe (Georg Büchner: Sämtliche Werke und Schriften, hg. von Burghard Dedner & Thomas M. Mayer, Bd. 3.1–3.3. Darmstadt: Wiss. Buchges., 2000) unter Angabe von Akt und Szene, Seitenzahl und Zeile (z.B. „I.2, S. 12, 7–9" = 1. Akt 2. Szene, im 2. Teilband des 3. Bandes Seite 12, Zeilen 7–9).

gungsstrategien, die den unterschiedlichen theoretischen Status zwischen Regeln kommunikativen Handelns als Problemlösungshandeln und Basisregeln der Interaktion als deren Voraussetzung plastisch hervortreten lassen. Indem er den Zusammenhang zwischen Rechtfertigung und Handlung als Konstituens eines jeden Dialogs postuliert, kann Gerold Ungeheuer den Begriff der Argumentation auf alle sprachlichen Kommunikationshandlungen ausweiten. Unter Argumentation versteht er dabei die „funktionalisierung von redestücken nach kategorien von ‚exposition', ‚schlußfolgerung' und ‚rechtfertigung der schlußfolgerung aus der exposition'".[4] Der Rechtfertigungszusammenhang (R) läßt sich nach Toulmins Argumentationsschema[5] formalisieren als *conclusio* C aus der *expositio* E in der Modalität M, oder:

$$\frac{E \rightarrow M \rightarrow C}{R}$$

Unabhängig von der faktischen Realisierung im Dialog sieht Ungeheuer in diesem Schema eine grundlegende Voraussetzung zur gemeinsamen Identifikation von Handlungszielen und Wissenselementen. Diese gemeinsame Identifikation aber sei Resultat eines argumentativen Aushandlungsprozesses, der je nach kognitivem Prämissensystem der Interaktanten potentiell konträre Interpretationen und Bewertungen der Rechtfertigungsstruktur einschließe. Diese Rechtfertigungsstruktur kann sich aus der Argumentationsbegründung R => (E, M, C) herleiten oder aus der Konklusionsbegründung (E, R) => (M, C), die ihrerseits in eine expositionsbedingte E => (M, C) und eine rechtfertigungsbedingte R => (M, C) zerfällt. Der potentielle Konflikt resultiert nun im Dialog aus der funktional unterschiedlichen Zuordnung der Rechtfertigungsstruktur zu einem Text oder Textsegment (T)

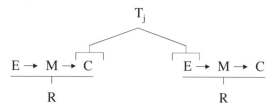

4   Ungeheuer: „Kommunikationsssemantik", (Anm. 2), S. 21.
5   Stephen Edelston Toulmin: The Uses of Argument. Cambridge: Cambridge University Press, 1958.

Die expositionsbedingte Konklusionsbegründung des einen Dialogpartners, als *über* T präsupponierte Rechtfertigung, und die expositionsbedingte Konklusionsbegründung des anderen Dialogpartners, als *aus* T konkludierte Rechtfertigung, können dabei differieren. Ungeheuer hat selbst dieses abstrakte Schema auf literarisierte Dialoge anzuwenden versucht und dabei bezeichnenderweise Schulbeispiele ideologischer Auseinandersetzungen in argumentativen Dialogen ausgewählt (Anm. 2). Anhand einer detaillierten Phasenanalyse des Eingangsdialogs zwischen Adrast und Theophan in Lessings Lustspiel *Der Freigeist* zum Beispiel gelingt ihm eine überzeugende Verbindung der argumentationstheoretischen und handlungstheoretischen Explikation der zugrundeliegenden Problemstruktur eines ideologischen Konflikts. Für die Anwendung auf das Streitgespräch zwischen Danton und Robespierre in I.6 wird der Dialog (24, 9 bis 26, 4 = S. 173–184) in sechs Replikenpaare bzw. vier Gesprächsphasen segmentiert (die Siglen stehen für die numerierten *turns* oder ‚Redebeiträge‘ der beiden Sprecher).

Robespierre initiiert das Gespräch in R 1 mit einer *Warnung*, die folgende Argumentationsstruktur hat: Exposition („Wer mir in den Arm fällt, wenn ich das Schwert ziehe") und Schlußfolgerung („ist mein Feind"), Modalität der Schlußfolgerung („seine Absicht tut nichts zur Sache") und Rechtfertigung des Arguments („wer mich verhindert, mich zu verteidigen, tötet mich so gut, als wenn er mich angriffe"). Die Formulierung des Themas in der l. Person Singular identifiziert Robespierre mit der Revolution, Mensch und Maxime, Problem und Rechtfertigung. Die Hypothese, daß aus Handlungshinderung Feindschaft folge, wird verknüpft mit der Motivation, daß aus Handlungshinderung Tötung folge. Das „Ich" repräsentiert jedoch weder Person noch Doktrin, sondern ist Funktion der Doktrin, die Person Funktionär; das Subjekt steht nicht für den Sprecher, sondern für ein Paradigma; die Semantik der Pronomen bezeichnet nicht Personen, sondern Definitionen; die Definition als Sentenz ist nicht dialogisch (konversationell symmetrisch), sondern juristisch verfügend (konversationell asymmetrisch), also monologisch.

Gleichwohl wird Robespierre zum Initianten eines Dialogs, weil Danton das Thema akzeptiert, jedoch nicht die Argumentation, nicht *conclusio* und Rechtfertigung, sondern dieser bezieht sich ausschließlich auf die Exposition und greift das Moment des Schwertziehens auf, das Robespierre mit ‚Verteidigung‘ assoziiert hatte (R 1), die nun, semantisch geringfügig variiert, als ‚Notwehr‘ bezeichnet wird (D 1), als Notwehr nämlich gegen die selbstverständliche Identifikation von ‚Schwert‘ und ‚Verteidigung‘. Robespierres Argument wird so von innen ausgehöhlt. Maxime steht gegen Maxime, doch Dantons Kritik wird im *Kommentar* konkret, Robespierres Warnung bleibt überindividuell abstrakt: während dieser die thematisierten Handlungen metaphorisiert ('Schwert') und metonymisiert ('Verteidigung'), nennt jener sie beim Namen: Tötung und Mord (D 1); während dieser bezeichnendes Subjekt und bezeichnete Sache sententiell vermischt und damit ideologisch argumentiert, scheidet jener Subjekt vom Thema und vereinnahmt nicht die Objektivität der Sentenz für die Subjektivität seines Kommentars.

Nun baut Robespierre in R 2 den Rechtfertigungsteil seines Arguments aus. Er leitet zurück zu der gemeinsamen übergeordneten Problemstellung: die Vollendung der Revolution ist für beide Handlungs*ziel*. Die Handlungs*pläne* indessen sind konträr. Diese Komplementarität treibt den Dialog voran. Man hat Dantons Diagnose aus der vorangehenden Szene noch im Ohr: „die Revolution ist noch nicht fertig" (I.5, S. 23, 25). Robespierres Prämisse „Die sociale Revolution ist noch nicht fertig" klingt wie ein beifälliges Zitat, meint aber das genaue Gegenteil dessen, was Danton damit implizierte. Robespierre setzt auf die „Schreckensherrschaft der Tugend" (R 2), rechtfertigt das Handeln als Teil des angeblich gemeinsamen Plans; indem er Revolution und Tugend identifiziert, wird *von ihm definierte* Un-Tugend konterrevolutionär. Das Argument ist Element täglich praktizierter Persuasionslehre. Deshalb kann Danton Robespierres Terrorismus der Tugend nicht auf der Basis revolutionstheoretischer oder sozialpolitischer Argumente entschärfen, denn diese sind ja Teil von dessen Handlungshypothese.

Danton ändert also seine Beweisführung in D 2. Das ambivalente „Ich verstehe das Wort Strafe nicht" enthält mindestens zwei kommunikative Funktionen, die unterschiedliche Handlungen implizieren, nämlich einen gesprächsreflexiven Akt zur Herstellung des Verständnisses der Rechtfertigung des unterstellten Bezugs von Strafe und Laster und einen argumentativen Akt der Zurückweisung eben dieser präsupponierten Rechtfertigung. Seine Negation der Robespierreschen Handlungshypothese rechtfertigt Danton dann seinerseits auf dem Boden von dessen eigener semantischer Identifikation seiner Person mit ‚Tugend' einerseits und ‚Revolution' andererseits. Aber er gebraucht den Begriff genau in jenem moralischen Sinne, der bei Robespierre nur als Deckname seiner eigentlichen politischen Intention figuriert („gesunde Volkskraft" vs. „Laster"). Damit initiiert er eine neue Gesprächsphase, deren Thema nun Art und Quelle der persönlichen Rechtschaffenheit Robespierres ist. Dessen Motivation wird in Dantons Argument zur Prätention, sein Verhalten zur Maske, seine Tugend zur Lüge. Im Oxymoron „empörend rechtschaffen" (D 2) wird die asyndetische Reihung persönlicher Tugenden, anaphorisch akzentuiert durch das pronominale „Du", das zur Klimax des nominalen „Robespierre" hinaufführt, wird also Robespierres moralischer und politischer Anspruch als Theorie des Terrorismus entlarvt.

Tatsächlich akzeptiert Robespierre in R 3 diese Wendung der Beweisführung Dantons mit der stereotypen Formel „Mein Gewissen ist rein". Eben dies Gewissen, von Robespierre als im ‚Tugendhaften' wirkende überindividuelle Instanz verwandt, holt Danton durch ironische Metaphern herunter auf die Ebene individueller Selbstgefälligkeit. Diese Art von Gewissen, impliziert Danton, verleihe kein Recht zu richten; der Richtspruch sei dann nicht mehr Konsequenz allgemeinen, auch nicht revolutionären Rechts, sondern individueller Anmaßung, persönlichsten Dünkels. Nicht die allgemeinen „Prinzipien der Moral" (die Lukács herausgestellt hat) sondern Robespierres haftende *Person* werden hier thematisiert; nicht Danton weicht aus, wie Jancke (im Anschluß an Lukács) behauptet[6], sondern Robespierre, wenn er alle diese Unterstellungen stehen läßt, und, wieder von seiner Person ablenkend, ein allgemeines theoretisches *Problem* exponiert: „Du leugnest die Tugend?" (R 4).

Damit ist die dritte Gesprächsphase dieses Dialogs initiiert. Die scheinbar allgemeine Frage ist jedoch zugleich gezielter Angriff und konkrete *Drohung.* Bejahung hieße Verrat, denn ein Leugnen der Tugend wäre gegen die Revolution gewandt, Verneinung hieße Bestätigung ihres tugendtotalitären Prinzips und nähme damit ihre tödlichen Folgen in Kauf. Danton akzeptiert dennoch das Thema sofort, aber ohne in die darin gestellte Falle zu geraten: er wählt nicht etwa zwischen den Alternativen, sondern weist den Gegensatz selbst zurück und kann damit seine Argumentation aufrechterhalten. Ihre Rechtfertigung ist in drei kurzen und präzisen Sätzen seine Theorie des epikureischen Materialismus. Sein Argument von der Naturhaftigkeit *jedes* Menschen bezieht Robespierre notwendig mit ein und stößt ihn damit vom Sockel seines Anspruchs.

Wieder verzichtet Robespierre auch nur auf den Versuch einer Widerlegung, wieder weicht er aus, indem er das Thema abbricht. Er initiiert vielmehr eine neue (vierte) Phase und lenkt zum Thema der ersten Phase zurück, das er nun durch die nominale Anrede drohend verstärkt und die moralische Kategorie ‚Laster' mit der politischen Kategorie ‚Hochverrat' identifiziert. Danton akzeptiert zwar die krasse Wendung, folgt aber eben nur bis zur zweiten Phase. Wie zu Beginn stehen sich die Programme epikureischer Liberalität und prätendierter Egalität, ethisch personbezogener und politisch ideebezogener Tugendkonzeption unversöhnlich gegenüber. Der menschenverachtende Zynismus eines Funktionärs des Terrors in R 6 läßt Danton dann endgültig erkennen, daß seine Argumentation ergebnislos bleiben *muß.* Mit resignierter Ironie bricht er das Gespräch ab. –

6　Gerhard Jancke: Georg Büchner. Genese und Aktualität seines Werkes, 3. Aufl. Kronberg / Ts.: Scriptor, 1979 (¹1975).

Für unser Beispiel bedeutet dies den Nachweis, daß Büchner nicht ein Plädoyer für die eine oder die andere Seite liefert, sondern das Scheitern argumentativer Rechtfertigung revolutionären Rechts darstellt. Die immer wieder erwogene Frage, ob er die Position Dantons oder Robespierres teile, ist müßig oder allenfalls von biographischem, nicht aber von ästhetischem und auch nicht von kommunikationstheoretischem Interesse. Die Argumentationsstränge verlaufen auf unterschiedlichen Ebenen – auf ethischer und politischer Ebene – aneinander vorbei, und Büchners Dilemma ist genau dieser Widerspruch, den übrigens Lukács in seinem Essay *Der faschistisch verfälschte und der wirkliche Georg Büchner* von 1937 bereits herausgearbeitet und dann aber zeitbezogen zugunsten der politischen Seite verengt hat. Die Spannungsbalance zwischen Idealismus und Materialismus, Rousseauismus und Spinozismus, Ethos und Atheismus muß ausgehalten werden, heißt der Subtext des Dialogs, wenn der Weg aus den Aporien des ideologischen Wahns revolutionären Handelns oder der nihilistischen Sinnlosigkeit menschlicher Existenz gefunden werden soll.

Gunther Martens (Gent, Belgien)

Auktorialität und die Rhetorik der Polemik.
Neue Kontexte für einen alten Begriff

Einführung

Die folgenden Ausführungen situieren sich im Rahmen eines Forschungs-projektes, das sich die historische Ausdifferenzierung von Formen starker Erzählvermittlung und Selbstthematisierung im Rahmen ausgeprägter Meta-Diskurse zum Ziel gesetzt hat. Der Ansatz verschreibt sich dazu einer Kombination von rhetorischer und narratologischer Terminologie, die Sprache vor allem auf ihre pragmatische Valenz, z. B. ihre Ausrichtung auf den Adressaten hin fokussiert. In diesem Zusammenhang soll auf die These von der „immer stärkeren Entfaltung einer strukturellen Vielstimmigkeit des erzählerischen Diskurses als wesentliches Kriterium der modernen Literatur schlechthin" eingegangen werden. Abgesehen von vielen anderen Texten und Autoren aus der Tradition der „overt narration", die an dieser Stelle zu berücksichtigen wären (z. B. Wieland, Jean Paul, Robert Walser, Robert Musil, Elfriede Jelinek), illustrieren ausgewählte *Fackel*-Texte des Berufsstreiters Karl Kraus, die wir dieser kurzen Problemskizze als Beispiel zugrunde legen[1], dass man mit der einfachen Dichotomie von (verpöntem) Monolog und (verklärtem) Dialog der argumentativen und rhetorischen Dynamik von Texten nur unzulänglich beikommen kann. Partiell bildet Kraus' Praxis, die komplexe Vielfalt multimedialer Äußerungen in den Diskurs des Kommentators hineinzuziehen, ein Verfahren mit Hang zum *Monolog* – auch und gerade dort, wo es sich – wie in den analysierten Beispieltexten – der dialogischen Inszenierung bedient. Der metasprach-liche Zuschnitt dieser Deutungspraxis kann aber nicht einseitig mit Mono-logisierung gleichgesetzt werden, da sie auf anderen Ebenen eine subkuta-ne Interaktion mit der deutenden Kreativität des Adressaten anregt.

Zum Zweck einer angemessenen Analyse sind zunächst einige begriff-liche Präzisierungen erforderlich. In der narratologischen Terminologie steht für den Bereich der Metadiskursivität der Begriff Auktorialität bereit. Die

---

[1] Zitiert nach: Karl Kraus: Untergang der Welt durch schwarze Magie. Frankfurt a. M.: Suhrkamp, 1989. S. 53–73. Im Folgenden mit einfacher Seitenzahl im Text zitiert.

neuere Narratologie kritisiert jedoch den Begriff der Auktorialität, weil er ein Bündel von Merkmalen voraussetzt (Distanzierung, Pronomina, gnomischen Zuschnitt), die auch andere Funktionen erfüllen können, vor allem aber, weil er eine problematische Auffassung von „wie der Autor selbst es sagen würde" im Namen trägt. Es besteht aber weitgehend Konsens darüber, dass es die vom Terminus Auktorialität bezeichneten Phänomene gibt, und als ein solches hebe ich die Rolle der Inquit-Formeln („Redekennzeichnungen") als – pace Stanzel: „hartnäckiges" – Indiz hervor. Um jedoch die historisch geprägte Konzentration auf den „thematisierten Verfasser" als Verkörperung dieser Benennungsmacht zu vermeiden, könnte man sich etwa nach dem neutraleren Begriff ‚overt narration" umsehen, der die „starke Vermittlung" von Sprache und Rede an sich in den Vordergrund rückt. *Overt narration* ließe sich eventuell als ‚offenkundiges Erzählen' übersetzen, wobei das Wort eine etymologische Nähe zu *ouvert* (offen) und zu Operation aufweist. Im Wörterbuch wird als Synonym von „overt" auch „manifest" genannt, was angemessen die Explizitheit, die Redundanz, die zum Teil gewiss auch plakative Informationsvermittlung, aber auch die komplexe Performativität (als „Gründung" und „Etablierung" von Ereignissen und Präzedenzfällen) dieser Redeform auf den Plan ruft.

Narratologen neigen aus unterschiedlichsten Gründen weiterhin dazu, die Formen des iterativ-summarischen Erzählens als nicht-fiktional oder nicht-narrativ einzustufen; sie vernachlässigen dabei die pragmatische Funktion, die der Akt der Abkopplung von Perspektive und Bewusstsein als markiertes Phänomen erfüllt.[2] Die Narratologie hat aber ein Instrumentarium entwickelt, Texte nicht einfach nach dem (wie auch immer variierten) Modell einer face-to-face-Kommunikation zu beschreiben, sondern als komplexe Verschachtelung von Ebenen und als Inszenierung von Sprecherpositionen zu beschreiben. In ihrer strukturalistischen Form konzentriert sie sich aber sehr stark auf logische und ontologische Parameter, die den Vorgang der Ausrichtung auf einen Adressaten und Rezipienten als Prozess nicht immer angemessen berücksichtigen. Postklassische Narratologien stellen dazu zwar *scripts, frames* und *principles* bereit; sie lassen aber den Prozess der sprachlichen Benennung als kognitives System und weniger als dynamische, von argumentativen und taktischen Verfahren durchzogene Interaktion erscheinen. Die Rhetorik nimmt sich dieser Präfiguration von Erwartungen und Wirkungsabsichten an.

---

2   Vgl. dazu auch ausführlich meine Monographie: Gunther Martens: Beobachtungen der Moderne in Hermann Brochs *Die Schlafwandler* und Robert Musils *Der Mann ohne Eigenschaften*. Rhetorische und narratologische Aspekte von Interdiskursivität. München: Wilhelm Fink Verlag, 2006.

In diesem Zusammenhang lassen sich Grade der Explizitheit von Benennung – auch jenseits der Wissensverwaltung innerhalb fiktionaler Welten – als Textstrategie beschreiben. Im Bereich der ‚offenkundigen' Kommunikation verfügt man, abgesehen von sehr komplexen Theorien, die den Meta-Bereich des Erzählens auf dasjenige abklopfen, was er an (Meta-) Fiktionalität enthält, nur über den Begriff der Diskursgeschichten, der den Erzählerbereich gerade auf dasjenige fokussiert, was er im Verhältnis zum Erzählten nicht leistet, nämlich eine Inszenierung, eine verstärkte Mimesis des Erzählmoments. Es leuchtet kaum ein, weshalb man die Metadiskursivität als inhärent *beruhigend* (Fludernik) und als ein Glätten und Einebnen von Widerspruch, Konflikt und Dialogizität betrachtet, als „the working of an implied master-voice whose accents have already unified the world in a single interpretive center"[3]. Solchermaßen hegt man eine outriert kämpferische Auffassung von Auktorialität: als Einmischung, als Autorität, als eine unterschwellige deutende Präsenz, die sich an vereinzelten Stellen als Anomalie und als Stilfehler verrät. Der Versuch einer Kombination von rhetorischer und narratologischer Terminologie[4] könnte dazu beitragen, das Phänomen der starken Erzähl- und Redevermittlung an mehr aussagekräftigen Kriterien festzumachen, die sich mehr neutral auf die allgemeine Repräsentation von Rede und Redeakten beziehen und solchermaßen auch auf nicht-fiktionale oder hybrid-fiktionale Texte eine Anwendung finden könnten. Im Folgenden betrachte ich Streit und Polemik als Formen der Kommunikation mit einer ausgeprägten Tendenz zu Metasprachlichkeit.

Kraus und Metasprachlichkeit als Instrument der Polemik

Man kann Kraus' Strategie in den Texten, die sich auf die Praxis des „Grubenhundes", der aktiven Nachrichtenfälschung beziehen, als zweifach umschreiben: Einerseits ordnet er den jeweiligen Artikeln oder Zitatcollagen eine extrem distanzierende und emphatische Expositio der *dramatis personae* zu, die die Funktion erfüllt, die Sprecher in der Binnenerzählung

---

3   Dorrit Cohn: „Optics and power in the Novel". In: The Distinction of Fiction. Baltimore/London: The Johns Hopkins University Press, S. 163–180, hier S. 171.

4   Vgl. dazu auch die Fallstudie: Benjamin Biebuyck/Gunther Martens: „Metonymia in memoriam. Die Figürlichkeit inszenierter Vergessens- und Erinnerungsdiskurse bei Grass und Jelinek." In: Literatur im Krebsgang. Totenbeschwörung als memoria in der deutschsprachigen Literatur nach 1989. Hg. von Bart Philipsen und Anke Gilleir. München: Wilhelm Fink Verlag, 2007.

und den Einzelfall auf ein allgemeineres Problem (bis zum apokalyptisch-kosmischen Weltuntergang) hin zu deuten. Es folgt danach mit minimaler Dialogregie das (nur scheinbar unveränderte) Originalzitat, das meist verdichtet und neu kompiliert wird. Die Dialogpartner sprechen einen zitathaften Originalton, werden aber unterschwellig von der „graphischen Anordnung" (S. 416) und dem rhetorischen Arrangement zur Selbstentlarvung getrieben: Der übermäßige Gebrauch von Jargon und Metaphorik wird kritisiert, indem er anhand von Syllepsen, Katachresen und Zeugmata Missverständnisse verursacht oder Konnotationen erzeugt, die den inhärent dekontextualisierenden Jargoncharakter und den Automatismus der heroischen Kriegsberichterstattung hervorheben: „Und ich hab eine zerrissene Fahne mitgebracht." „Wie viel Zeilen hat sie?" „Aber nein, eine türkische!" (S. 398); „[…] ihrem Gatten, der in jenem Blatte wirkte, wo der Nachdruck keine Quelle kennt und die Sensation keine Rücksicht" (S. 290).[5]

Der Text „Verbrecherische Irreführung der Neuen Freien Presse oder Störung ernster Männer in der Erfüllung schwerer Berufspflicht" (S. 278–299) glossiert einen Zeitungsbericht, mit dem die Redakteure einen neuen Grubenhund berichtigen und zugleich ankündigen, diesen Fall und weitere Fälle von Nachrichtenfälschung zum Rechtsfall gedeihen zu lassen. Kraus lehnt die Verantwortung für die gefälschte Nachricht – über eine Explosionskatastrophe in einem (nicht-existenten) Gaswerk in Schönbrunn (Schlesien) – ab, bekennt sich aber prinzipiell zu der zugrunde liegenden Strategie von „ingeniösen Köpfen wie Winkler und Berdach", die Sensationsgier und den Impressionismus des Zeitungsdiskurses zu entlarven. Kraus' Entgegnung auf die Verdächtigung zielt vor allem auf eine metasprachliche „Sättigung" der Auseinandersetzung (man erinnere sich an Barthes' Beschreibung von de Sades „Diskursmaschinen"). Das Blatt hat das Verb „bringen" – als Menetekel für ihre Sensationsgier – zum objektlosen Intransitivum gemacht.[6] Folglich geht die Entgegnung den Weg der Metasprachlichkeit: Die Bezugnahme auf die Argumente des Gegners hebt vor allem auf eine quantitative Bezeichnung oder eine qualitative Meta-Umschreibung von Redeinhalten ab: „vorgeschriebene Ration von Phrasen" (S. 70), „den alten Gassenhauer mit ihrem Bollwerk aufspielen" (S. 70).

---

5   Vgl. dazu meine Detailanalyse des Textes „Zur Rhetorik und Pragmatik des polemischen Gedächtnisses. Am Beispiel von Karl Kraus' Fackel-Text *Der Blitz hat sie getroffen, zerschmettert sind sie, nicht gedacht sollen sie werden. Eine Orgie*" (Ms., in Vorbereitung).

6   Vgl. auch rhythmisch hervorgehoben in der „magischen Operette" *Literatur oder Man wird doch da sehn* (1921): „Im Anfang war die Presse/ und dann erschien die Welt. [...] Auch was sich nicht ereignet,/ zu unserer Kenntnis dringt;/ wenns nur fürs Blatt geeignet – man bringt." (Karl Kraus: Dramen. Frankfurt a.M.: Suhrkamp, 1989. S. 57).

Die Utensilien und Materialien, die dem Aussageakt als Ursache ihre Wirkung erst ermöglichen, drängen sich metonymisch in den Vordergrund und verselbständigen sich: „Druckerschwärze schafft eine Atmosphäre der Unverantwortlichkeit" (S. 290).

Zur Diskussion stehen narratologisch relevante Stilmerkmale der Berichterstattung und der Präsentation von Ereignissen. Kraus wirft der medialen Berichterstattung vor, dass sie nur scheinbar die Perspektive oder Position eines „embedded journalism" einnimmt, um so hinter dem Eindruck eines Vor-Ort-Dabeiseins – „dabeigestanden und den heißen Atem des Krieges gespürt" (S. 394) – ihre ideologische und moralische „Voreingenommenheit" als passive Verkörperung eines sozialen Konsenses und als Impressionismus mit einem schmeichelnden Adressatenbezug – „Familiennachrichten über ein Erdbeben" (S. 295) – zu tarnen. Der Bericht, wie ihn der Zeitungsartikel schreibt, enthält ungeachtet des Jetzt-Bezugs viel verfänglichere Formen der Sympathielenkung und der Überzeugung, denen nicht mit dem einfachen Gegensatz von Tatsache und Fiktion beizukommen ist, und die zum Beispiel aus der Tendenz zu Nominalisierung hervorgeht: Die Schlagzeilen „Verbrecherische Irreführung" und „Störung ernster Männer in der Erfüllung schwerer Berufspflicht" kodifizieren bereits eine bestimmte Sichtweise auf den strittigen Fall. Kraus stellt einerseits die Frage, wie und woher diesen Substantivierungen die Attribute „verbrecherisch", „ernst", „schwer" zuwachsen, und thematisiert andererseits die Tatsache, dass die Substantivierung an sich bereits den Handlungszusammenhang verunklart: Dass sich Formulierungen wie „die Fortdauer der Merkmale der Symptome der Anzeichen der beginnenden Entspannung lässt sich nicht mehr in Abrede stellen" (S. 410) leicht in ihr Gegenteil verkehren können, ist auch in *Die letzten Tage der Menschheit* ein Topos.

Der Kritiker gibt sich an mehreren Stellen äußerst kooperativ: Sein Ziel sei es, durch satirische Verstärkung seiner Auswüchse „das journalistische Gewerbe im Rahmen seiner Pflicht als einen sozialen Beruf zur Anerkennung zu bringen". Der gesamte Wortschatz, der sich auf „melden", „berichten", „mitteilen" bezieht, wird metonymisch unterminiert: Die Zeitung führt aus und druckt ab, was der Satiriker ihr im Zerrspiegel vorhält und was er ihr „verspricht": „Als ich mein Versprechen hielt, als sie „brachte", brachte sie doch nichts anderes, als was sie schon vorher gebracht hatte." (S. 295) Werden die Meinungen und Argumente des Gegenübers möglichst metasprachlich überfremdet und auch optisch in ihrer Abhängigkeit von Sprechakten des Satirikers dargestellt, so erlangen die eigenen Argumente und Nachrichten größtmögliche Autonomie: Auch und vor allem dort, wo es sich um fingierte Personen und Nachrichten handelt, treten sie als eigenständige Aktanten auf, die in einen autonomen Handlungszusammenhang hineingestellt werden:

Der Zivilingenieur Berdach, den ich aus der Glockengasse geholt habe

ein treuer Grubenhund würde bei solchem Wandel der Zeiten und wenn sein
Herr so tief herabkäme, den Schweif hängen lassen, und in der Glockengasse
wüßte man, wie viel's geschlagen hat. Was haben ingeniöse Köpfe wie Winkler und Berdach vollends mit Nachrichten zu schaffen, die auch wahr sein
könnten? Sie erfinden; sie lügen nicht. (S. 287)

Kraus ist dem symbolischen Kapital, das von Sprache (aus)getragen wird,
ihrem vorreflektierten Wirkungspotential auf der Spur: Er stellt fest, dass
man fingierten Ereignissen, die sich in Schönbrunn zutragen, dass man
Fachmännern, die in der „Fichtegasse" (S. 137) oder der „Glockengasse"
wohnen, auch inhaltlich leichter über den Weg traut. Er warnt vor der Gleichsetzung von Worten und Taten, und macht aber gleichzeitig sichtbar, dass
jede Formel und jedes Schlag-Wort unweigerlich auch eine Performativität, ein Handlungspotential zur Disposition stellen. „Offenkundig" wird in
dieser Art der Kommunikation nicht nur der Urheber der Äußerung – wenngleich dessen Position als „nicht angestellt, nur berufen" (S. 298) mehrfach und prominent thematisiert wird –, sondern vielmehr auch die Performativität von Sprechakten des Berichtens und Besprechens selbst.

Schlussfolgerung

Inhaltlich mutet Kraus' Argumentation aus der Sicht einer medialisierten
Gesellschaft seltsam überholt und altmodisch an, vor allem in Bezug auf
die Angst vor der Verwischung von Mitteilung und Anzeige, von Information und Werbung: „Das Machtbewusstsein des Journalismus […] beweist
sich in den Tagen, wo wirklich der Bericht das Ereignis zur Folge hat"
(S. 389). Es lässt sich der Eindruck wohl nicht abstreiten, dass bei Karl Kraus
avancierte literarästhetische Techniken, die man mit sehr viel propädeuti-
schem Gewinn zu einem rhetorischen Katalog von Verfahren, Topoi und
Taktiken zusammenfassen könnte, insgesamt zu einer weniger avancierten
Ideologiekritik aufgefahren werden. Gerade die Tatsache aber, dass die
Inhalte und Anlässe dieser Polemiken kaum noch relevant oder historisch
nennenswert sind – und man kann keinen Hehl daraus machen, dass manche Einstreuung von „weibisch" und „mauscheln" nicht einleuchten will –,
ermöglicht es, die Aufmerksamkeit auf die *Form* dieser Argumentation zu
lenken. Es wird die Aufgabe weiterer Forschungen sein, den Stellenwert
der ‚starken Vermittlung' von Stimmen und Argumenten im System anderer Parameter genauer zu bestimmen sowie in Beispielanalysen aus unterschiedlichen Gattungen die Vielfalt der starken Vermittlung in fiktionalen
und nicht-fiktionalen Texten zu systematisieren.

JUDIT SZABÓ (Szeged, Ungarn)

Über die Streitgespräche des Empedokles

Im Hinblick auf die jüngsten theoretischen Forschungen, welche die Tragödie nach ihren aktuellen Bezügen und möglichen Bedeutungen befragen, wird es leicht ersichtlich, dass die diesbezüglichen Fragestellungen von gegenwärtigen und schwer zugänglichen negativen Erfahrungen angeregt werden. Das aktuelle Interesse an der Tragödie lässt sich teilweise mit den widersprüchlichen praktischen Erfahrungen der Gegenwart erklären, die in dem Sinne als „tragisch" bezeichnet werden können, dass sie solchen häufigen Situationen entspringen, wo man auf unvorhersehbare Weise mit Konflikten konfrontiert wird, die sich als unnachgiebig und unverhandelbar erweisen.[1] Aber indem die Tragödie auf einzigartige und dichte Weise die unaufhebbare Kollision von Überzeugungen und Ansichten darstellt bzw. die Unausweichlichkeit der Konflikte proklamiert, kann sie uns zugleich auch über mögliche ethische Lösungen orientieren, z. B. uns darauf lenken, dass wir uns in diesen aporetischen Situationen ohne schwere Verluste zurechtfinden.[2] Ohne jedoch auf die ethische Leistung der Tragödie näher einzugehen, ist es leicht nachzuweisen, dass der Erfahrungsgehalt der Tragödie auch heute eine wichtige Bedeutung hat, indem wir Handlungen, Entscheidungen und diskursive Praxen – die auf uns unwillkürlich zurückschlagen und uns mit ihren verheerenden Folgen heimsuchen – mittels tragischer Handlungsstrukturen verstehen bzw. vermitteln können.

Ohne sich auf die vage Vermutung überstürzt einzulassen, dass die „tragische Erfahrung" als solche eine beständige Qualität oder zeitlose Referenz bezeichnet,[3] kann man daran festhalten, dass der theoretische Anspruch auf die Klärung aporetischer Erfahrungen von Zeit zu Zeit erneut erhoben wird. Der Umstand, dass es „die tragische Erfahrung" an sich nicht gibt, leuchtet uns ein, wenn wir bedenken, dass der Schwerpunkt der

---

1   Martha C. Nussbaum: Tragische Konflikte und wohlgeordnete Gesellschaft. Ein Interview. In: Deutsche Zeitschrift für Philosophie 44 (1996), S. 135–147, hier S. 138.

2   Paul Ricœur: Das Selbst als ein Anderer. Übers. von Jean Greisch. München: Wilhelm Fink, 1996, S. 300.

3   Ludwig K. Pfeiffer: The tragic: On the relation between literary experience and philosophical concepts. In: Zeitschrift für Literaturwissenschaft und Linguistik 77 (1990), S. 24–35, hier S. 32.

theoretischen Versuche über das Tragische jeweils auf andere Aspekte gelegt wird: so weichen die einschlägigen Abhandlungen des 18.–19. Jahrhunderts von den gegenwärtigen Überlegungen wesentlich ab, indem sie das „Tragische" als einen gut erfassbaren Wert- oder Normenkonflikt darstellen, der dem widersprüchlichen Verhältnis von inkommensurablen Werten oder Individuen entspringt. Entgegen dieser moralisch orientierten Auffassung heben die gegenwärtigen Theorien die phänomenale bzw. temporale Bestimmung der aporetischen Erfahrungen hervor, indem sie besagen, dass diese Erfahrungen in der schwer greifbaren Zeitlichkeit der Wahrnehmungsprozesse verwurzelt sind, und in Form von diskursiven Diskrepanzen und performativen Widersprüchen zum Vorschein kommen. Diese Differenz, die sich in der diskursiven Praxis auf unerwartete Weise auftut, wird häufig auf die Wahrnehmung der Fremdheit zurückgeführt,[4] die allerlei manifesten Sprechaktivitäten vorangehen soll. Damit im Zusammenhang wird auch die Vermutung angedeutet, dass diese Schwelle zwischen dem Eigenen und dem Fremden, welche sich im Gesagten auftut und der Nährboden für Auseinandersetzungen sei, zugleich das Vorhandensein einer verborgenen sprachlichen Dimension voraussetzt, welche zur gewaltfreien Lösung der Konflikte beitragen kann.

In Anbetracht dessen kommt der Tragödie eine besondere Bedeutung zu, indem sie die unaufhebbare Fremdheit bzw. unhinterfragbare Differenz mittels unverhandelbarer Konflikte dramatisiert. Die Übereinkunft der Gegner wird nicht nur von der unversöhnlichen Pluralität der verschiedenen politischen, religiösen und moralischen Ansichten, sondern auch vom tiefen Gegensatz der differenten Kommunikationsmuster und abweichenden Redemodalitäten durchkreuzt. In dieser Hinsicht entfalten die dramatischen Dialoge keine richtigen ideologischen Streite, sondern eher Interpretationskonflikte, welche die Eigenheiten der verschiedenen Sprachspiele und die dadurch geprägten Denkweisen und Handlungen erhellen. Diese, die dramatische Handlungsstruktur betreffende sprachliche Erwartung erfüllt als einer der ersten neuzeitlichen Versuche Hölderlins *Empedokles*-Drama, in dem die Kommunikations- und Handlungsmuster weitgehend kongruent sind.[5] Die dramatischen Konflikte dieser Tragödie, die auf konsequente Weise ausschließlich dialogisch ausgetragen werden, ergeben sich in erster Reihe nicht aus ideologischen Auseinandersetzungen, sondern aus dem dauernden Zusammenstoß von verschiedenen Sprachspielen. Diese

---

4   Bernhard Waldenfels: Antwort auf das Fremde. In: Der Anspruch des Anderen. Perspektiven phänomenologischer Ethik. Hg. von Bernhard Waldenfels, Iris Därmann. München: Fink, 1998, S. 35–49, hier S. 38–39.
5   Brigitte Haberer: Sprechen, Schweigen, Schauen. Rede und Blick in Hölderlins „Der Tod des Empedokles" und „Hyperion". Bonn, Berlin: Bouvier, 1991, S. 32.

neuartige „Sprachdramaturgie" kann vor allem damit erklärt werden, dass Hölderlin nicht die Auflösung der praktischen Konflikte und dadurch keine moralische Bildung anvisiert, sondern die beständige Erhaltung der Gegensätze und damit die Ausweitung der sprachlichen Ausdrucksmöglichkeiten vor Augen hat. Seiner Auffassung nach heißt es: um den Boden für die Performanz des Höchsten vorzubereiten, soll der unaufhaltsame Dialog – als der spezielle Darstellungsmodus des Höchsten – den gegenrhythmischen Wechsel der rivalisierenden Kommunikationsmuster aufrechterhalten, und damit den Agon, den Wettstreit und den Kampf ausfechten.

Diese Sprachdramaturgie lässt sich auch mit Hölderlins philosophischen Ambitionen in Einklang bringen, die sich in dem Versuch, den höchsten Grund – das Sein, die absolute Einheit – zu ergründen, mit der schmerzlichen Erfahrung abfinden, dass die „fugenlose Einerleiheit"[6] des Seins vor dem Bewusstsein notwendigerweise verborgen bleibt und nur als von sich selbst Differierendes: als Entzweiung des Gleichen erfasst werden kann. Das ist der Grund, warum Hölderlin die Konditionen des unaufhaltsamen griechischen Dialogs bzw. das dialogische Textgewebe der widerstreitenden Stimmen erforscht und eine eigentümliche fragmentarische Theorie über die tragische Verfahrensweise aufstellt. Dazu wird er vorzüglich von der unausweichlichen Fatalität und vom unheimlichen Streitvermögen der griechischen Dialoge bewogen, welche den Widerstreit bis zum Äußersten, sogar bis zum Tod der am Dialog Beteiligten austragen. Die Stimmen dieses Dialogs müssen, meint Hölderlin, an den verheerenden Gegensätzen zerschellen und die Vorstellung eines mit dem Tod ringenden und in seine Organe zerfallenden Körpers antizipieren:

> So beruhet griechischer oder hesperischer die tragische Darstellung auf gewaltsamerem oder unaufhaltsamerem Dialog und Chören, haltend oder deutend für den Dialog, die dem unendlichen Streite die Richtung oder Kraft geben, als *leidende Organe* des göttlichringenden Körpers, die nicht wohl fehlen können, weil auch in tragisch-unendlicher Gestalt der Gott dem Körper sich nicht absolut unmittelbar mitteilen kann, sondern verständlich gefaßt oder lebendig zugeeignet werden muß;[7]

---

6   Manfred Frank: Unendliche Annäherung. Anfänge der philosophischen Frühromantik. Frankfurt a.M.: Suhrkamp, 1994, S. 751. Hölderlin erörtert seine Auffassung über das Sein in seinem Fragment *Urteil und Sein*: „Was Subjekt und Objekt schlechthin, nicht nur zum Teil vereiniget ist, mithin so vereiniget, daß gar keine Teilung vorgenommen werden kann, ohne das Wesen desjenigen, was getrennt werden soll, zu verletzen, [...]" Friedrich Hölderlin: Sämtliche Werke und Briefe in 3 Bänden. Hg. von Jochen Schmidt. Bd. 2. Frankfurt a.M.: Deutscher Klassiker Verlag, 1994, S. 502.

7   (Anmerkungen zur Antigonae 3.), Hölderlin (Anm. 6), S. 919.

Die Dialoge des *Empedokles* zeugen auch davon, dass der Konflikt und
der Widerstreit den griechischen Tragödien ähnlich allerlei Verhältnisse
der Figuren dominiert: Empedokles streitet nicht nur mit seinem Gegner
Hermokrates und dem Volk, sondern auch mit dem treuen Schüler und
Freund Pausanias. Ihr Streit jedoch darf das liebevolle Verhältnis der beiden nicht beeinträchtigen, und er läuft keinesfalls auf eine Zuspitzung ihrer Auseinandersetzung hinaus: der Streit hat vielmehr eine retardierende
und hyperbolische Funktion, indem er die Größe von Empedokles' Leiden
andeutet, das so schmerzlich und furchterregend sein muss, wie eine tiefe
Wunde, deren Anblick Empedokles nicht zu ertragen wagt. Der eigentliche Grund ihres Streits besteht in Empedokles' Schweigen, was Pausanias
seinerseits als Unvertrauen, Beleidigung und Unmut hinnimmt und provo-
kativ entgegnet. Empedokles gelingt es nicht, dieser Polemik auszuwei-
chen, und der Streit bewegt ihn schließlich zur Besinnung auf sein Leiden
und zur Überwindung seines affektiven Widerstands:

Empedokles	Genug! du weißt es nicht, wie jedes Wort,
	So du gesprochen, mir ein Stachel ist.
Pausanias	So mußt du denn im Unmut alles hassen?
Empedokles	O ehre, was du nicht verstehst!
Pausanias	Warum
	Verbirgst du mirs und machst dein Leiden mir
	Zum Rätsel? glaube! schmerzlicher ist nichts.
Empedokles	Und nichts ist schmerzlicher – Pausanias!
	Denn Leiden zu enträtseln. Siehest du denn nicht?[8]

Im Hinblick auf diesen Streit kann der heftige Wechsel der Argumente
ohne weiteres als eine Allegorie gedeutet werden, die Empedokles' inneren, antagonistischen Kampf zu versinnbildlichen hat: den Prozess, wie er
vom Schweigen zur Offenbarung, vom Sprachverlust zur Erwerbung neuer Ausdrucksmöglichkeiten gelangt. Demzufolge setzen die Streitgespräche der ersten Fassung die widersprüchlichen Regungen und den inneren
Zwiespalt von Empedokles' Bewusstsein in Szene, dessen Widerstreit erst
dann aufgelöst werden kann, wenn Empedokles imstande ist, die Widersprüche seines Gemüts zu Wort kommen zu lassen.[9]

8 Hölderlin, ebenda, S. 296.
9 Theresia Birkenhauer: ‚Natur' in Hölderlins Trauerspiel „Der Tod des Empedokles". In: Hölderlin. Neue Wege der Forschung. Hg. von Thomas Roberg. Darmstadt: Wissenschaftliche Buchgesellschaft, 2003, S. 253–273. Dieses Paradox,
   dass sich die äußere Heterogenität bzw. der größte Grad des Unterscheidens der
   höchsten Innigkeit annähert und dadurch die Transzendenz fühlen lässt, taucht
   auch in Hölderlins theoretischen Schriften, wie im ‚Grund zum Empedokles'
   auf: „[…] ein solcher Mensch kann nur aus der höchsten Entgegensetzung von

Die Streitgespräche des Dramas weisen jedoch nicht nur auf Empedokles' inneren antagonistischen Kampf hin, sondern zugleich auf die ambivalente Praxis der Darstellung und des Sprechens überhaupt, dass sie die wahrgenommenen Phänomene und Erfahrungen zerspaltet und in verstellter Form erscheinen lässt. Dieser Widerspruch wird auch von den Brüchen des dialogischen Vorgangs gesteigert, die an manchen Stellen sogar noch die thematische Logik des Diskurses in Frage stellen. Die elliptische Struktur der Dialoge prägt sich vielleicht am klarsten in der dritten Fassung, im Gespräch von Manes und Empedokles aus, wo Manes' Repliken dem Diskurs immer wieder Schwung geben, und zwar so, dass diese unerwarteten Initiativen aus Empedokles zynischen Entgegnungen gar nicht vorwegzunehmen sind:

Manes	Dir hat der Schmerz den Geist entzündet, Armer.
Empedokles	Was heilst du denn, Unmächtiger, ihn nicht?
Manes	Wie ists mit uns? siehst du es so gewiß?
Empedokles	Das sage du mir, der du alles siehst!
Manes	Laß still uns sein, o Sohn! und immer lernen.
Empedokles	Du lehrtest mich, heut lerne du von mir.
Manes	Hast du nicht alles mir gesagt?
Empedokles	O, nein!
Manes	So gehst du nun?
Empedokles	Noch geh ich nicht, o Alter!
	Von dieser grünen, guten Erde soll
	Mein Auge mir nicht ohne Freude gehen.[10]

Die Nicht-Vorhersehbarkeit des dialogischen Vorgangs löst den Effekt aus, als würde die Distanz zwischen den Sprachspielen über das übliche sinnvolle Maß weit hinausgehen, als hätten die Sprecher über den Verlauf des Gesprächs keine Verfügung. Auf der anderen Seite mag die Nicht-Entscheidbarkeit des dialogischen Sinns eben die Kontinuität des Diskurses bedrohen, die mangels der kausalen Zusammenhänge an manchen Textstellen nur von der gegenrhythmischen Pendelbewegung der dialogischen Konstruktion erhalten wird. Eben deshalb muss der poetischen Konstruktion des dramatischen Dialogs, wie es auch aus Hölderlins theoretischen Fragmenten offenbar hervorgeht, das Prinzip der Kontradiktion unterliegen, welches eine dynamische Wechselwirkung zwischen den gegensätzlichen Stimmen herbeiführt. Die Struktur der griechischen Dialoge müsse einem

---

Natur und Kunst erwachsen, und so wie (ideal) das Übermaß der Innigkeit aus Innigkeit hervorgeht, so geht *dieses reale Übermaß der Innigkeit* aus Feindseligkeit und höchstem Zwist hervor, [...]" Hölderlin (Anm. 6), S. 431.
10 Hölderlin, ebenda, S. 415–416.

kalkulierbaren Mechanismus ähnlich sein, meint Hölderlin, welcher das
Verhältnis der konträren Stimmen nach gewissen Gesetzen strukturiert,[11]
indem er die miteinander kollidierenden Diskurse ausbalanciert und ein
empfindliches, flexibles und bewegliches Gleichgewicht zwischen ihnen
aufrechterhält. Hölderlin verdeutlicht die erwähnte dialogische Verfahrensweise an griechischen Beispielen, und hebt hervor, dass die tragischen Dialoge die Äußerungen mechanisch aneinander fügen, aber nicht den Effekt
eines sukzessiven Vorgangs, sondern eher den eines fragilen Gleichgewichts
hervorrufen.[12] Diesem Prinzip folgen auch seine Dialoge, die den griechischen Vorbildern ähnlich im ewigen Antagonismus gefangen bleiben, indem die rivalisierenden Äußerungen abwechselnd aufeinanderfolgen, einander nicht befördern, sondern unentwegt unterhöhlen und in Frage stellen.
In dieser Hinsicht erweist sich die geregelte Alternanz der Äußerungen der
Motorik eines Fahrzeugs ähnlich, das von der Dynamik von zwei, in entgegengesetzte Richtungen verlaufenden Kräften in Gleichgewicht gehalten
und nach vorne getrieben wird.[13]

Die auffälligen Auslassungen in der logischen Struktur betreffen jedoch nicht nur die „technische Gestaltung" des Dialogs; sie deuten zugleich ein dynamisches Wechselspiel zwischen den verschiedenen semantischen Dimensionen des Diskurses an und beschwören verborgene und
rätselhafte Ereignisse, die vermutlich zwischen den manifesten Äußerungen der Sprecher erfolgen müssen.[14] In dieser Hinsicht lassen die Dialoge
neben der Sphäre der konstativen Äußerungen auch eine Dimension von
implizierten, vorläufigen und unergründlichen Sinnentwürfen entdecken,
die sich weder mit Reflexion einholen, noch in bestimmte, objektivierbare

---

11 „Darum der immer widerstreitende Dialog, darum der Chor als Gegensatz ge-
    gen diesen. Darum das allzukeusche, allzumechanische und faktisch endigen-
    de Ineinandergreifen zwischen den verschiedenen Teilen, im Dialog und zwi-
    schen dem Chor und Dialog und den großen Partien oder Dramaten, welche
    aus Chor und Dialog bestehen. Alles ist Rede gegen Rede, die sich gegenseitig
    aufhebt." (Anmerkungen zum Ödipus 3.), Hölderlin, ebenda, S. 856.
12 Elisabeth B. Sikes: The enigmatic burden of metaphor in Hölderlin's poetics
    of tragedy. In: „Es bleibet aber eine Spur. Zur späten Hymnen- und Tragödien-
    theorie Friedrich Hölderlins. Hg. von Christoph Jamme, Anja Lemke. Mün-
    chen: Wilhelm Fink, 2004, S. 379–399, hier S. 394.
13 Sikes, ebenda, S. 396.
14 „Was immer gesagt wird, schließt Impliziertes ein und wird folglich von ei-
    nem Ungesagten begleitet. Daher erweist sich der Zusammenhang von Zeigen
    und Verschweigen als Grundregel des Gesprächs; was gegenwärtig ist, lebt
    von dem, was es ausschließt." Wolfgang Iser: Zur Phänomenologie der Dia-
    logregel. In: Das Gespräch. Hg. von Karlheinz Stierle und Rainer Warning.
    München: Wilhelm Fink, 1984, S. 183–189, hier S. 183–184.

Bedeutungen transformieren lassen. Trotz der elliptischen Struktur der Dialoge deuten diese Sinnentwürfe, die infolge der häufigen Zäsuren form- und konturlos im Trubel der flüchtigen Eindrücke untergehen und in keine definitiven Sprachgestalten übergehen, auf die potentielle Vollständigkeit der Wahrnehmungspraxen bzw. die Möglichkeit der ganzheitlichen Erfahrungen hin. In dieser Hinsicht macht das kalkulierbare Gesetz der Dialoge eine verschleierte Dimension der Sinnstiftung erfahrbar und weist damit im Zusammenhang auch darauf hin, dass sich die unbestimmten Sinnkeime zu den Erfahrungen trotz ihrer Unmerklichkeit ihr anstoßendes Potential beisteuern. Der Wirksamkeit dieser verborgenen Dimension ist es zu verdanken, dass der Dialog nicht in eine unsinnige Wortfechterei übergeht, sondern sich in ein fruchtbares Diskursfeld verwandelt, das auf die jeweiligen Äußerungen der Sprecher übergreift und dem tragischen Diskurs seinen eigenen Sinnzusammenhang versichert.[15] Die Untersuchung der Dialoge des *Empedokles*, wie Hölderlins theoretischer Fragmente über die Tragödie machen klar, dass er im Dialog die Kapazität einer eigenartigen Sinnkonstitution bzw. die Möglichkeit eines die normativen, allgemeinen Bedeutungen aufrührenden Mediums erkennt, welches nicht die Handlung vermittelt, sondern selbst zum Handlungsträger wird.

---

15 Karlheinz Stierle: Gespräch und Diskurs. Ein Versuch im Blick von Montaigne, Descartes und Pascal. In: Das Gespräch. Hg. von Karlheinz Stierle und Rainer Warning. München: Wilhelm Fink, 1984, S. 297–334, hier S. 302.

GUNTER KARL PRESSLER (Pará/Belém, Brasilien)

Die Rezeption fiktionaler und nichtfiktionaler Texte unter sprachhandlungstheoretischen Voraussetzungen

> Literarische Figuren sind Modelle menschlichen Handelns, aber keine Menschen. Ihr Fühlen und Denken verdichtet sich nicht zu einer ‚Psyche', sondern wird von einer Vielzahl narrativer Instanzen […] modelliert.
>
> Katharina Philipowski: *Deutsche Philologie* Nr. 1 (2004)

Ausgangspunkt der folgenden Reflexion ist die Studie über die Rezeption Walter Benjamins in Brasilien (1960–2005). Ein einjähriger Forschungsaufenthalt an den Universitäten von Konstanz und Osnabrück ermöglichte die theoretische Vertiefung der Studie, die den Versuch darstellt, empirische Rezeptionsforschung auf kritische Texte anzuwenden. Die theoretische Orientierung ergab sich durch die Rezeptionsästhetik der Konstanzer Schule und die Arbeiten Klaus Garbers zur Rezeptionstheorie Benjamins (1987, 1992[1]). Es war der handlungstheoretische Ansatz Karlheinz Stierles (*Text als Handlung*, 1975), aber vor allem der Aufsatz: „Was heißt Rezeption bei fiktionalen Texten?" (1975[2]) der geeignet schien, die Geschichte der Rezeption eines Werkes und eines Autors eines anderen Landes oder Kontinents auf einem höheren Abstraktionsniveau als die „Geschichte eines Rezeptionspotentials" (Stierle 1975, 1997) zu zeigen. Die offene Potentialität von fiktionalen, aber auch nichtfiktionalen, in diesem Fall philosophisch-kritischen Texten, insbesondere Benjaminschen, erlaubt Verstehen und Erkennen. Insofern schien die Sektion 24 „Streiten im Lichte der linguistischen und literaturwissenschaftlichen Dialogforschung" geeignet, die Dimensionen einer systematischen Literaturwissenschaft zwischen historischer Literaturwissenschaft und Textlinguistik und zwischen Rezeptions- und Produktionsästhetik zu diskutieren.

---

1 K. Garber: Rezeption und Rettung. Drei Studien zu Walter Benjamin. Tübingen: Niemeyer, 1987 (Studien zur Sozialgeschichte der Literatur, Bd. 22); Id.: Zum Bilde Walter Benjamins Studien, Porträts, Kritiken. München: Fink, 1992.

2 Karlheinz Stierle: Text als Handlung. Perspektiven einer systematischen Literaturwissenschaft. München: Fink, 1975 (UTB 423); Id.: „Was heißt Rezeption bei fiktionalen Texten?" Zuerst erschienen in *Poetica* 7, dann als Kapitel III.1. aufgenommen in: Ästhetische Rationalität. Kunstwerk und Werkbegriff. München: Fink, 1997 (Bild und Text).

Die Medialität des Textes fragt nach dem Verhältnis von Fiktionalität und mimetischer Repräsentation, auch bei pragmatischen Texten, angesichts empirischen Geschehens und exakter Daten, wenn auch als philosophischer, bzw. erkenntnistheoretischer Diskurs („Sprachhandlung", „Sachlage" und „Perspektivierung"; Stierle, 1997, S. 289–326) nicht nur im zeitgeschichtlich konkreten Zusammenhang. Garber spricht davon, dass sich Werkgehalte sukzessiv entfalten (2003, S. 158[3]). Wie verhält sich dieser Gedanke angesichts eines „pragmatischen" Werkes und seiner Nachgeschichte? Wie können Werkgehalte unter dem Aspekt der Sprachhandlung angeschaut werden? „Moralisches Handeln wird umstandslos als innerer Umgang des Menschen mit sich vor dem Angesicht Gottes definiert" (2003, S. 151), d. h. als reflexiver Vorgang einer ausgeübten oder noch auszuübenden Tat, die auch sprachlich formuliert wird (werden kann). Tat wird sprachlich Gesetz. In übertragener Weise kann zwischen „zeitlich-extensiven-geschichtlichen" (Sprach)handlungen und „zeitlos-intensiven", aber geschichtlichen Text(Sprach)handlungen unterschieden werden. Lässt sich Benjamins rezeptionstheoretische Geschichtsphilosophie unter dem Aspekt der Sprachhandlung interpretieren? Erfahrungen von (geschichtlichen) Handlungen und Sprachhandlungen erkennen? Die Beantwortung dieser Frage stellt sich als theoretisch-methodologische Herausforderung zwischen Literaturwissenschaft und Textlinguistik in der der Handlungsbegriff eben nicht nur als Argumentationsrelation verstanden werden darf.

Diese theoretische Reflexion war aber in der Sektion etwas deplatziert, da fast alle Beiträge konkrete Analysen untersprach(sprech)handlungstheoretischen Voraussetzungen vorstellten. Erinnern möchte ich an den einleitenden Vortrag Günter Saßes und die Beiträge von E. W. B. Hess-Lüttich und J. Schwitalla, die dies an literarischen Texten exemplifizierten. Ausgehend von meinen Überlegungen konnte ich zumindest die unbedingte Unterscheidung betonen, die zwischen fiktionalen und nichtfiktionalen Texten vorgenommen werden muss, wenn Sprachhandlungen in Texten analysiert werden[4].

---

3   K. Garber: „Das vollendungsbedürftige Werk. Rezeptionstheorie und Rezeption Walter Benjamins". In: Wolfgang Adam / Holger Dainat / Gunter Schandera: Wissenschaft und Systemveränderung. Rezeptionsforschung in Ost und West – eine konvergente Entwicklung. Heidelberg: Winter, 2003, S. 147–163.

4   Diese etwas „unschuldige" Beobachtung erklärt sich, wie immer, durch 1) von spezifischen Gesichtspunkten ausgehende Fragestellungen (Rezeptionsforschung in Brasilien, in meinem Fall, und 2), durch generationsbedingte Kontinuitätsbrüche, bzw. -schübe. Auf das notwendige interdisziplinäre Gespräch hat Hess-Lüttich schon auf dem Höhepunkt der Diskussion Anfang der 80er Jahre hingewiesen und entsprechende Veröffentlichungen vorgelegt; cf. Ernest Hess-Lüttich (Hg.): Literatur und Konversation. Sprachsoziologie und Pragmatik in der Literaturwissenschaft. Wiesbaden: Akademische Verlagsgesell-

Aus diesem Grund möchte ich im Folgenden an zwei Beispielen im Begründungszusammenhang der Überlegungen Stierles die Wichtigkeit der methodisch-theoretischen Voraussetzung von Sprachhandlungssituationen in Texten erläutern.

„Der Sachverhalt des fiktionalen Textes ist ein Produkt der Sprache, nicht ihr Ausgangspunkt" (1975, S. 102). Das „als ob" ist entscheidend, denn „der ‚Sender' spielt die Rolle eines ‚Senders' (der Autor eines Romans ‚spielt' den Erzähler des Romans als eine romankonstitutive Rolle), der ‚Empfänger' spielt die Rolle des ‚Empfängers' (der konkrete Leser eines Romans ‚spielt' die Rolle des Lesers, dessen Interessenstruktur in die Aspekthaftigkeit des literarischen Gegenstandes einkomponiert ist)" (1975, S. 102). Im Folgenden führt Stierle aus, in welchen Situationen die Kommunikation gebrochen wird: bei der Lüge und der ästhetischen Rezeption eines pragmatischen Textes. Die „Exponierung einer Sequenz von Sachlagen" in einem nicht-literarischen, d. h. pragmatischen Text, oder in einer pragmatischen Situation, setzt laut Stierle „ein zweifach gerichtetes Interesse voraus: ein ‚vertikal' gerichtetes Interesse an der Adäquation der Sachlage an ihren Sachverhalt und ein ‚horizontal' gerichtetes Interesse an der immanenten Konsistenz der entfalteten Sachlagen" (1975, S. 100s). Anders die Sachlage eines fiktionalen Textes, die keinem Sachverhalt zugeordnet ist, insofern keine „wahre Aussage" formuliert. „Missverständnisse" entstehen, wenn im Rahmen einer realen Handlungssituation, der eine („Sender") etwas berichtet, was nicht den Tatsachen entspricht, der andere („Empfänger") dies aber nicht durchschaut und es glaubt. Im zweiten Fall handelt es sich um die Rezeption eines pragmatischen Textes, in dem der Leser („Empfänger") der „Struktur der Verdopplung" folgt und diesen ästhetisch liest, d. h. versteht[5]. Das umgekehrte Verhältnis betrifft häufig genug das Verhältnis zwischen fiktionalem Werk und Kritik. Nicht selten wird die Verdopplung auch beim professionellen Leser (dem Kritiker) nicht realisiert, der fiktive Text wird nach Tatsachen abgesucht und beurteilt[6].

---

schaft Athenaion, 1980 (besonders der Beitrag, „Literaturwissenschaft und Konversation. Der literarische Dialog als Gegenstand empirischer Textwissenschaft", S. 5–23). So heißt es dort: „Es wäre nun interessant zu untersuchen, inwieweit solche in der empirischen Analyse direkter alltäglicher Kommunikation aufgewiesenen Charakteristika in fiktiven Dialogen simuliert, repräsentiert, eliminiert werden" (S. 13).

5   Stierle nennt hier die Rezeption der Briefe der Mme de Sévigné (Anm. 2), 1975, S. 103.

6   Hess-Lüttich (Anm. 4), 1980, S. 13, verweist auf die Realismus-Diskussion, in der sich explizit solcherart Missverständnisse ausdrücken. Cf. Stierle im Poetica-Aufsatz von 1975: „Der Trivialroman ist das Paradigma par excellence einer mit quasipragmatischer Rezeption rechnenden Form der Fiktion" und:

Obwohl der fiktionale Text meistens Gattungsangaben erhält, die ihn als Literatur ausweisen, wird dies im Prozess der Identifikation des Lesers „vergessen", bzw. als nichtig oder zweitrangig erachtet, da der Leser eine „Antwort" für sein real-empirisches oder real-psychologisches Leben sucht und erwartet. Der Literaturkritiker hingegen darf das Gattungsmerkmal nicht unbeachtet lassen, da er als derjenige ausgewiesen ist, der die „als ob" – Situation durchschauen kann und sollte, aber sein Interpretationsverhalten oft an bestimmten Realismusvorstellungen gebunden ist.

　　Auf die Dynamik der Konstanzer Diskussion macht Jürgen E.Müller in einer Analyse rezeptionstheoretischer Folgeüberlegungen aufmerksam. Der traditionelle ontologische Fokus der Literaturtheorie (Was i s t Literatur?) wird bei Wolfgang Iser auf die Mitteilungsfunktion von Fiktion ausgerichtet. Iser, so Müller, interessiert sich für das, was Literatur bewirkt, „d. h. die *pragmatische* Dimension des Textes"[7]. Fiktionale Rede unterscheidet sich von alltäglicher Rede dadurch, dass die „bei ihr *nicht gegebene Situationsbezogenheit*" (1997, S. 186) entscheidend ist. Stierle entwickelt, so Müller weiter, diesen Ansatz weiter, in dem er die Sprechakttheorie Austins und Searles mit der allgemeinen Handlungstheorie verbindet, wobei der phänomenologische Handlungsbegriff von Alfred Schütz Ausgangspunkt und Differenzierungsmoment wird. „Verstehen" und „Erkennen" werden als „Weisen der Rezeption unterscheidbar" (S. 187). Insofern hat das theoretische Postulat von 1975 *(Text als Handlung)* „weitreichende Konsequenzen sowohl für die ‚innerwissenschaftliche Frage und Prozeduren' als auch für den systematischen Ort der Literaturwissenschaft" (S. 188). Der Appell nach Interdisziplinarität ausgehend von der komplexen Vernetzung des verorteten „Gegenstandes" – sei es Literatur oder Sprache, Gattungs- oder Systemzuweisungen – wie es hier oder bei Hess-Lüttich, Saße oder Lenk[8]

　　„Die quasipragmatische Rezeption fiktionaler Texte hat in der Gestalt des Don Quijote in der Literatur selbst ihre denkwürdige Darstellung gefunden" (S. 361). Bis heute wird die Unterscheidung zwischen „idealistischem Weltverständnis" (Don Quijote) und „realistischem" (Sancho Pansa) als geradezu klassische Interpretationsleistung hervorgehoben. Dies provoziert in verschiedener Hinsicht die Frage nach der Lesekultur.

7　Jürgen E. Müller: „Literaturwissenschaftliche Rezeptions- und Handlungstheorie". In: Klaus-Michael Bogdal (Hg.): Neue Literaturtheorien. Eine Einführung. Opladen: Westdeutscher Verlag, 2. neubearb. Aufl. 1997 (Erstaufl. 1990) (WV-Studium 156), S. 186.

8　Günter Sasse / Horst Turk (Hgg.): Handeln, Sprechen und Erkennen. Göttingen: Vanderhoeck & Rupprecht, 1978 (Kleine V.-Reihe, 1447; Studienbibliothek Germanistik, 3); Hans Lenk (Hg.): Handlungstheorie interdisziplinär Bd. 1, München: Fink, 1980.

zu finden ist, verliert sich offensichtlich in den folgenden Jahrzehnten in einer erneut anhebenden Detailforschung, die aber in dieser Weise ohne die sprach- und literaturwissenschaftlichen Impulse der 70er und 80er Jahre nicht denkbar geworden wäre. Wie lassen sich diese rezeptionstheoretischen Fragestellungen im sprachhandlungstheoretischen Kontext verstehen?

Stierle weist in seinem Begründungszusammenhang („Wie sinnvoll ist es, Handlungen als Texte oder Texte als Handlungen zu erklären?", 1981, S. 537) auf die Entwicklung der philologischen Hermeneutik hin, die im neuen sprachtheoretischen und semiotischen Zusammenhang jeden singulären Text als Ausdruck und Rückführung auf Sprache zu verstehen beginnt. Mit August Boeckh (1886) wird der Zusammenhang zwischen der alltäglichen Praxis des Handelns und dem symbolischen Handeln in Gestalt der Rede herausgestellt (1981, S. 538[9]), der sich aber bei der späteren Sprachwissenschaft und der literarischen Hermeneutik verlor. Hier setzt Stierle an und gleichzeitig setzt er sich ab von einem kommunikationswissenschaftlichen Verständnis von Handeln.

> Es ist eine wesentliche Voraussetzung für den Versuch, den Text als Handlung zu beschreiben, daß das Moment des Kommunikativen, das die sprachliche Handlung bestimmt, nicht allein als Information, sondern als Konstitution eines gemeinsamen Handlungshorizonts aufgefasst wird, innerhalb dessen die Rollenzuordnung von Sprechenden und Angesprochenem und darüber hinaus ihre personale Zuordnung erst möglich wird. Sprechen als Handeln heißt wesentlich nicht informieren, sondern Zuordnungen innerhalb gesetzter Horizonte schaffen. (1981, S. 538).

Die Ausdifferenzierung der symbolischen Sprachformen als Handlung erfordert, die sprachliche Konstitution von Rede (Wort, Satz) zu erkennen, aber um die soziale Komponente (Institution und institutionalisierte Sprachformen) zu erweitern. Es handelt sich um die Beziehung von Potentialität und konstitutiver Struktur. Ein qualitativ anderer Schritt ist der Übergang „von der Rede zu ihrer schriftlichen Aufbewahrung, das heißt der Übergang zum Text im prägnanten Sinne" (S. 541), den Stierle als „Schwelle" bezeichnet. „Unter der Bedingung der Schriftlichkeit aber werden jene strukturellen Formen der klanglichen, rhythmischen, syntaktischen und semantischen Prägnanz, die das Memorieren erleichtern sollten und die die Ordnung des Diskurses sinnfällig machten, überflüssig" (S. 541). Und hier sieht er einen entscheidenden Einschnitt, denn die „pragmatische Funktion

---

9   K. Stierle: „Text als Handlung und Text als Werk". In: Poetik und Hermeneutik, Bd. IX: Text und Applikation. Theologie, Jurisprudenz und Literaturwissenschaft im hermeneutischen Gespräch. Kolloquium Bad Homburg 1978. M. Fuhrmann / H. G. Jauss / W. Pannenberg (Hgg.). München: Fink, 1981, S. 537–545.

[kann] gewinnen" (S. 541). Aber diese zwei Funktionen und Strukturen sind in ständiger Bewegung.

> Die pragmatischen Formen sprachlichen Handelns sind zwar selbst immer schon mehr oder weniger ästhetisch gesättigt, doch können sie auch spielerisch überschritten oder reflexiv transformiert werden. Der pragmatischen Ausbildung der Diskurse korrespondiert an einem bestimmten Punkt der Entwicklung die ästhetische Freisetzung (S. 541).

Stierle denkt in dieser Konstruktionsphase auch an die Rekonstruktionsphase, an die Rezeption. „Sie muß aus der Fixierung der Schrift den Vollzug der Rede in seiner Dynamik erst wiedergewinnen. Dabei bleibt es dem Akt des Lesens selbst anheimgestellt, den Vollzug der Rede einem eigenen Rhythmus zu unterwerfen. Der Text als Vollzug ist zwar im Text als objektivem Korrelat der Rede fundiert, muß aber im Leseakt immer neu konkret entworfen werden" (S. 542).

Dieses Neuentwerfen ist aber selbst ein äußerst dynamischer Prozeß, denn im „Fortgang der Rezeption" wird zurückgegriffen „auf früher schon Rezipiertes" (S. 543). Stierle spricht hierbei von der „Dialektik von Struktur des Textes und Prozeß der Rede". Die Handlungsdimension der Rede gewinnt durch die verschiedenen Kontexte (nach links und nach rechts auf der Zeitachse gesehen) an Komplexität. Die Gewinnung von Komplexität können wir als Einbettung in „Situationen" verstehen: „Der in der Schrift festgehaltene Text ist ein Text ohne Situation". Er wird zurückgestellt „in eine Situation des symbolischen Handelns", die aber sozusagen nur vorgestellt wird. Wird im konkreten Vollzug der Rede diese als eine Symbolsituation gedeutet, die „in die konkrete, beobachtbare Realsituation eingebunden ist" (S. 543), dann bedeutet dies, dass der Leser in der Lage sein soll, sich in diese zu versetzen, um dergestalt die eingangs angeführten „Missverständnisse" zu vermeiden, bzw. sie als solche zu erkennen und methodisch fruchtbar zu machen.

MARIA BABEKOVA-BECKER / KATARÍNA MIKOVÁ
(Banská Bystrica, Slowakei)

Bürgerservice interkulturell – Analyse der Kommunikation in der öffentlichen Verwaltung in Deutschland und in der Slowakei

1. Einleitung

In der vorliegenden Arbeit versuchen wir anhand der Analyse von Konflikt-gesprächen auf Bürgerämtern in der Slowakei einige grundlegende Elemente dieser Art von Kommunikation zu beschreiben. Dabei konzentrieren wir uns nicht nur auf verbale, sondern ebenfalls auf para- und non-verbale Besonderheiten von Gesprächen destruktiven Charakters. Der vorliegende Beitrag ist im Zuge einer empirischen Untersuchung zur Verwaltungskom-munikation auf slowakischen Bürgerservice-Stellen entstanden. Ziel die-ses Vorhabens war und ist, die sprachlichen Codierungen für Verhaltens-parameter zu entschlüsseln, die Konfliktsituationen im institutionellen Bereich beeinflussen. Da diese Untersuchung noch nicht abgeschlossen ist, können im Folgenden lediglich vorläufige Ergebnisse vorgestellt wer-den. Im Kontext einer Sektion[1], die das Streiten bzw. den Streit aus ver-schiedenen Perspektiven zu beleuchten versucht, erscheint uns sinnvoll im Folgenden exemplarisch ein Gespräch vorzustellen, das durch sein beson-deres Streit-Potenzial auffällt: es handelt sich um ein Problembearbeitungs-gespräch zwischen einer Angehörigen der Roma-Minderheit und einer slo-wakischen Sachbearbeiterin auf dem Bürgeramt in Tisovec – am Ende dieses Beitrags ist die Transkriptionspartitur zur Videoaufnahme des Gesprächs zu finden.

2. Theoretischer Bezugsrahmen und Methodik

Für die vorliegende Analyse wurde eine theoretische Grundlage aufgegrif-fen, bei der die Gesprächsteilnehmer nicht nur einen formalen Bezugspunkt darstellen, sondern als tragende Akteure angesehen werden: Es handelt

---

1   Wir bedanken uns bei Carmen Spiegel, Johannes Schwitalla und Jörg Kilian für ihre konstruktive Kritik und Verbesserungsvorschläge während und nach der Sektionsarbeit in Paris.

sich um das Konzept der Interaktionsprofile von Spranz-Fogasy[2] (1997), das von Gesprächen als von Ereignissen ausgeht, die gemeinsam durch die Teilnehmer konstituiert werden. Im Rahmen dieses Konzepts kann man interaktive Eigenschaften von Gesprächen beschreiben und erfassen, ohne sprachliche Handlungsmuster automatisch an ihre gesellschaftliche Funktion zu binden. Dieser Ansatz hat seinen theoretischen Ausgangspunkt vor allem in Arbeiten aus dem deutschen Wissenschaftsraum, die eine Art Forschungsprogramm darstellen (angefangen mit Kallmeyer und Schütze[3] 1976 bis Deppermann[4] 1999). Das hier aufgegriffene Konzept geht davon aus, dass die Gesprächsteilnehmer simultan Konstitutionsaufgaben auf verschiedenen Ebenen der Interaktion (Gesprächsorganisation, Sachverhaltsdarstellung, Beziehung usw.) bewältigen müssen. Wir haben versucht, das Handeln der Gesprächsteilnehmer in seinem Zustandekommen zu rekonstruieren und haben die Produktorientierung zugunsten der prozessualen Perspektive aufgegeben.

Die für die Untersuchung von Konfliktkommunikation im institutionellen Bereich relevanten Fragestellungen waren empirisch motiviert bzw. wurden anhand authentischer Videoaufnahmen bearbeitet, die im Zeitraum Mai 2004–Juli 2005 im Bürgerservice in Wettemberg bei Gießen, Deutschland und in analogen Ämtern in der Slowakei entstanden sind. In Anlehnung an die Theorie der Interaktionsprofile von Spranz-Fogasy (1997) war uns wichtig, auf Vorannahmen über z.B. sozial typisierte Bedeutungszusammenhänge zu verzichten und zu vermeiden, dass die Bestimmtheit sozialer Typik zu stillschweigender Voraussetzung und erklärtem Ziel der Analyse wird – Gefahren, auf die Spranz-Fogasy (1997) hinweist. Schließlich sei darauf hingewiesen, dass Ausgangspunkt der Analyse konkrete Interaktionen und nicht a priori festgelegte Analysekriterien waren.

Bei der Analyse der audiovisuellen Daten, die in eigener Regie aufgenommen wurden, haben wir auf den multimodalen Analyse-Ansatz zurückgegriffen, der sich seit geraumer Zeit in Teilen der deutschen Konversationsanalyse herausgebildet hat: Zum Untersuchungsbereich gehören sprachliche und parasprachliche Phänomene auf allen linguistischen Ebenen, von der Phonologie bis zur Pragmatik. Non-verbale Erscheinungen wurden in die Analyse ebenfalls einbezogen. Die Gesprächsteilnehmer bearbeiten Aufgaben, die verschiedene Aspekte der Realität betreffen – diese Aspekte

2   Thomas Spranz-Fogasy: Interaktionsprofile. Die Herausbildung individueller Handlungstypik in Gesprächen. Opladen 1997.

3   Werner Kallmeyer/Fritz Schütze: Konversationsanalyse. In: Studium Linguistik 1 (1976), S. 1–28.

4   Deppermann, Arnulf: Gespräche analysieren. Eine Einführung in konversationsanalytische Methoden. Opladen 1999.

werden bei Kallmeyer und Schütze[5] (1977) als „Ebenen der Interaktionskonstitution" bezeichnet. Diese Ebenen stellen unser Untersuchungsraster
dar. Es handelt sich um folgende Dimensionen des Gesprächs: Gesprächsorganisation (Regelung des Austausches von Sprechbeiträgen), Handlungskonstitution (Typisierung von Aktivitäten und Aktivitätskomplexen),
Sachverhaltsdarstellung (komplexe Darstellungsformate wie Erzählen, Argumentieren usw.), Ebene der sozialen Identitäten und Beziehungen (Definition sozialer und interaktiver Rollen), Ebene der Interaktionsmodalitäten
(typisierende Markierungen von Ernsthaftigkeit, Spiel, Formalität, Infor-
malität), Ebene der Reziprozitätsherstellung (Verständnissicherung durch
gegenseitige Umstellung und Demonstration von Verstehensleistungen, Verfahren der Renormalisierung in kritischen Situationen) [s. auch Patráš[6]
1996]. Die o.g. Aspekte sind lediglich als Stränge in einem höchst komplexen Geflecht zu verstehen, die in realen Handlungsvollzügen simultan
verlaufen, ineinander greifen, synergetische Effekte schaffen. Im Zuge der
Gesprächsrekonstruktion konnten Phänomene lokalisiert werden, die vom
Wechselspiel der einzelnen Interaktionsebenen zeugen: wir konnten während der Analyse mehrmals beobachten, dass eine Akzentuierung auf einer
Ebene der Interaktionskonstitution unumgänglich zu Veränderungen auf
einer anderen Ebene führt.

3. Untersuchungsergebnisse

Die Analyse fokussiert auf das Verhalten eines und desselben Verwaltungsangestellten in gleicher Handlungsrolle in Gesprächen mit unterschiedlichen
Gesprächspartnern. Zu den Untersuchungskonstanten gehören das Darstel-
lungswissen und das Darstellungsvermögen des Fokusteilnehmers, dessen
Wissen über Interaktionsziele und -maximen. Ebenfalls konstant ist die
Subjektidentität als situationsunabhängiger und dennoch ausgesprochen
einflussreicher Faktor. Als wichtigste Variable dagegen hat sich die Bezie-
hungskonstellation zwischen dem Verwaltungsangestellten und dem jeweiligen Klienten erwiesen. Der Vergleich mehrerer Gespräche mit demselben

5   Werner Kallmeyer / Fritz Schütze: Zur Konstitution von Kommunikations-
    schemata der Sachverhaltsdarstellung. In: D. Wegner (Hg.): Gesprächsanaly-
    sen. Hamburg 1977, S. 159–274.
6   Patráš, Vladimír: „Switching of code" v komunikácii obyvateľov súčasných
    miest. [„Switching of code" in der Kommunikation der städtischen Bürgerkom-
    munikation] In: Wokół społecznego zróżnicowania języka. Red. S. Kania. Szcze-
    cin: Wydawnictwo Naukowe Uniwersytetu Szczecińskiego, 1996, S. 151–159.

Fokusteilnehmer gibt Aufschluss über die situationsgebundene Dynamik der Interaktion, über die Interaktionsverhältnisse, über die entscheidende Bedeutung der Art und Weise, wie die Gesprächsteilnehmer ihre Aufgaben angehen, für den Gesprächsverlauf. Im Folgenden gehen wir auf einige interessante Beobachtungen auf den einzelnen Analyseebenen ein.

Wie Spranz-Fogasy (1997) hervorhebt, ermöglicht es die vorgreifende Analyse der Gesprächstypik, die Normalvollzüge bzw. die Abweichungen zu bestimmen. Da es sich bei unserem Datenmaterial um den Interaktionstyp „Problembearbeitung" handelt, ist a priori von einem erhöhten Konfliktpotential auszugehen. Im Kontext der Bürgeramt-Kommunikation wäre zu erwarten, dass das Thematisieren von Problemen von Lösungsvorschlägen begleitet wird, bzw. dass die Möglichkeit zu ausführlicheren Darstellungen (des Problems, des Lösungsvorschlags usw.) oder die Möglichkeit zu systematischen Klärungen (z.B. durch Nachfragen lösungsrelevanter Details) eingeräumt wird. Im hier vorgestellten Gespräch führt das Verhalten beider Gesprächsteilnehmerinnen dazu, dass das herkömmliche Handlungsschema „Problembearbeitungsgespräch" mit seinen entsprechenden Beteiligungsrollen, die etabliert werden, sehr schnell in das Handlungsschema „Streitgespräch"[7] umgewandelt wird: die Verwaltungsangestellte versucht keineswegs zum Kern des Problems zu durchdringen. Frei nach dem Motto „ich kann da für Sie nichts tun" blockt sie sich ab, verweist auf „höhere Instanzen" ohne genügende Diskussion der Probleme und ohne Ausarbeitung von Problemlösungen. Die Besucherin verzichtet wiederum auf eine systematische Problemdarstellung, die das Finden einer Lösung begünstigt hätte, sie übernimmt bereits mit dem ersten Sprechbeitrag eine antagonistische Rolle und greift die Sachbearbeiterin an. Bei beiden Gesprächsteilnehmerinnen vermisst man eine deutliche Aufgabenorientiertheit und Gliederungssignale, die für das Handlungsschema Problembearbeitung typisch wären.

Auf der Ebene der Gesprächsorganisation, d.h. aus der Sicht der Verteilung des Rederechts, ist für den vorliegenden Untersuchungskontext von besonderem Interesse, wie die Gesprächsteilnehmerinnen mit kritischen Ereignissen umgehen – auffällig sind die Überlappungen und Unterbrechungen, die nur in Bezug auf die weiteren Aspekte des Interaktionsverhaltens eindeutig interpretierbar sind. Das interaktionale Geschehen als Ganzes legt nahe, diese Erscheinungen als Ausdruck von Dominanzansprüchen auf beiden Seiten auszulegen.

---

7   In der Begrifflichkeit von Carmen Spiegel (1995) wird der Streit als ein destruktives Gespräch aufgefasst: Carmen Spiegel: Streit. Eine linguistische Untersuchung verbaler Interaktionen in alltäglichen Zusammenhängen. Tübingen 1995, 289 S. (Forschungsberichte des Instituts für deutsche Sprache Bd. 75)

Die im untersuchten Gespräch beobachteten Konflikte betreffen nicht nur die Dimension der Sachverhalte, sondern vorrangig die der Interaktionsbeziehungen. Beziehungen und Identitäten sind ein Produkt der Aktivitäten der Teilnehmer auf allen Ebenen der Interaktionskonstitution. Sie werden im analysierten Gespräch nicht explizit behandelt. Sie sind Muster des Aufeinander-Reagierens, die oft unbeabsichtigt zustande kommen. Diese Beobachtung kann hauptsächlich aus der Perspektive des nonverbalen und paraverbalen Verhaltens der Gesprächteilnehmerinnen untermauert werden. Einige relativ eindeutig interpretierbare Beispiele sind das Meiden des Blickkontakts durch die Verwaltungsangestellte und deren auffälliges Gestikulieren (Bewegungen des Zeigefingers, die normalerweise eingesetzt werden, wenn man sich beispielsweise Ausländern gegenüber „mit Händen und Füßen" artikulieren will), sowie die auffallend hohe Lautstärke des Sprechens bei der Roma bzw. das intendiert verlangsamte Sprechtempo der Beamtin. Aus pragmatischer Sicht fallen insbesondere das Fehlen einer thematischen Fokussierung sowie die verzögerte Reaktion, das Nicht-Handeln, bzw. die Unterlassung zu erwarter Anschlusshandlungen der Sachbearbeiterin auf.

Was die Ebene der Reziprozitätsherstellung angeht, wären normalerweise die Verständnissicherung durch gegenseitige Umstellung und Demonstration von Verstehensleistungen und Verfahren der Renormalisierung in kritischen Situationen zu erwarten. Das untersuchte Beispiel belegt eine Erscheinung, die in kompetitiven Gesprächen zum Bestandteil der Interaktion wird: es handelt sich um Reziprozitätsverletzungen, beispielsweise in bezug auf die Proxemik (die Sachbearbeiterin sitzt, die Roma steht und wird erst gar nicht eingeladen, Platz zu nehmen), auf die Lautstärke (die Roma spricht sehr laut und schnell, die Sachbearbeiterin – viel zu leise und sichtlich verlangsamt). Auch die Blickkontakt-Unwilligkeit der Verwaltungsangestellten zeugt vom Mangel an Kooperationsanstrengungen.

4. Der Vergleich zwischen kontroverser Kommunikation in slowakischen und deutschen Behörden

Im Verlauf der vergleichenden Analyse des Verhaltens deutscher und slowakischer Beamten in Konfliktgesprächen konnten einige Unterschiede festgestellt werden, die jedoch einer tiefer gehenden Untersuchung bedürfen. Hier seien nur einige Beobachtungen angeführt, die im Zuge unserer Untersuchung als vorläufige Schlussfolgerungen formuliert werden konnten: Die deutschen Verwaltungsangestellten arbeiten während eines Problembearbeitungsgesprächs die einzelnen Punkte systematisch ab (benutzen dabei Gliederungssignale), während die slowakischen Sachbearbeiter den Eindruck des Improvisierens erwecken. In einigen heiklen Situationen vermisst man bei den slowakischen Beamten die Aufgabenorientiertheit und die klare Argumentation, im Streit war eine gewisse Sprunghaftigkeit, d. h. häufiger Themenwechsel zu beobachten. Im slowakischen Datenmaterial konnten mehr sprachliche Indizien für ein beziehungsorientiertes, auf Selbstimage bedachtes interaktives Verhalten gefunden werden. Auffallend war zudem, dass die deutschen Beamten viel mehr in der Lage waren, den Denkstil und die Verhaltensweise des Gegenübers zu adaptieren. Letztere wiesen eine größere Bereitschaft auf, nach verschiedenen Problemlösungen zu suchen und diese ausführlich zu begründen.

Nach einer Erklärung für die oben genannten Differenzen könnte aus verschiedenen Perspektiven gesucht werden. Zum einen ist die Tatsache nicht zu unterschätzen, dass kommunikatives Training an slowakischen Behörden nach wie vor eine Seltenheit ist – die interviewten Personen haben angegeben, noch nie an einem Verhaltenstraining teilgenommen zu haben. Zum anderen haben die Bürgerämter in Deutschland eine lange Tradition, und zwischen Bürgeramt-Angestellten und Bürgern kann ein relativ unbelastetes soziales Verhältnis vorausgesetzt werden. In der Slowakei dagegen ist die Beziehung zwischen Beamten und ihrer Klientel im Problembearbeitungsbereich relativ angespannt, insbesondere, wenn es sich um Vertreter der Roma-Minderheit (diese entspricht 10 Prozent der slowakischen Bevölkerung) handelt.

5. Zusammenfassung und Desideratum

Dass in der Kommunikation zwischen slowakischen Roma-Bürgern und Verwaltungsangestellten das Konfliktpotential besonders stark ausgeprägt ist, liegt auf der Hand, dies ist dennoch eine triviale Beobachtung, die anhand authentischen audiovisuellen Datenmaterials diskursanalytisch überprüft werden soll. Die vorliegende Analyse ist ein erster Versuch in dieser Richtung – sie entstand im Rahmen des oben kurz vorgestellten Pilotprojekts der Universität Matej Bel in Banska Bystrica (Mittelslowakei). Der gewählte Untersuchungsansatz zeichnet sich durch einen strikten Situationsbezug und eine prozessual-rekonstruktive Vorgehensweise aus. Als besonders förderlich bei der Interpretation des Datenmaterials hat sich der Rückgriff auf ethnographisches, biographisches und interaktionsgeschichtliches Wissen über die jeweiligen Gesprächsteilnehmer erwiesen.

Das empirische Material und seine Analyse erlauben einen ergiebigen didaktischen Transfer – die Untersuchungsergebnisse sollen in naher Zukunft in Trainingsmaterial für Angestellte der öffentlichen Verwaltung in der Slowakei einfließen, gleichzeitig ebenfalls im DaF-Unterricht mit starker Betonung auf die interkulturelle Kommunikationskomponente verwendet werden.

Transcript

Abfallgebühr

Project Name: Verwaltungskommunikation in der Slowakei

Speakertable

B

> **Sex:** f
> **Comment:** Bürgerin, erbost darüber, dass die Gemeinde von ihr Abfallgebühren für 2 Personen verlangt, obwohl sie von ihrem Ehemann getrennt lebt. Nach ihrer Aussage hat sie die Gemeinde bereits vor längerer Zeit darüber informiert, dass sie in Scheidung lebt. Nun besteht sie darauf, Abfallgebühren nur für eine Person zu bezahlen.

A

> **Sex:** f
> **Comment:** Verwaltungsangestellte, Sachbearbeiterin, ist anscheinend über den Fall informiert, kann jedoch selbst keine rechtskräftige Entscheidung treffen.

[1]

	0	1		2345	67	8	
B [v]	Ist also	nicht angekom•angekommen?				Na mein Schreiben!	
B [akz]	--					--	
B [k]		((steht, sichtlich aufgeregt))					
A [v]					Wie jetzt?		
A [k]		((sitzt, schaut zu den Unterlagen))		((schaut kurz hoch))			

[2]

	9		10 11		12	
B [v]					Also, mein Mann lebt	
B [akz]						
B [k]			((Handy klingelt mehrmals))		((gestikuliert intensiv mit der	
A [v]	Sie müssen hiochgiehen und dort • • •		und dort• nachfragen		Wir	
A [akz]			---			
A [k]	((neutral, sachlich, sucht nach Unterlagen))				((schaut abwechseln zu B und	

[3]

		13	
B [v]	wirklich nicht mehr zu Hause		Weil ich nicht da
B [akz]			
B [k]	rechten Hand))		
A [v]	haben sie doch angeschrieben, sie haben nicht reagiert	- das war ja das Problem!
A [akz]	--	---
A [k]	zum Schreibtisch))		

[4]

	.. 14	15
B [v]	war• also • •er war nicht zu hause, ich auch nicht..	Das habe ich ihnen schon im Juni
	•	
B [akz]		--
B [k]		((Handy klingelt erneut mehrmals))
A [v]		Oben müssen Sie das
A [akz]		--
A [k]	((schaut zu ihren Unterlagen))	

[5]

	..	16 17
B [v]	geschrieben! Also ich bezahle nur die Hälfte!
B [akz]	--
B [k]	
A [v]	klären. Sie müssen hochgehen zu Frau • Frau• • Gehen Sie zu Frau Masarikova
A [akz]	
A [k]	((zeigt mit Zeigefinder nach oben)) ((zeigt erneut nach oben, kein

[6]

	.. 18	19	20
B [v]	Oben, und dann?		
B [k]	((dreht sich zur Tür, dann wieder zu B))		((B ver- dreht
A [v]		Dann kommen Sie wieder hierher.	
A [akz]		---	
A [k]	Blickkon- takt))	((zeigt mit dem Zeigefinger nach unten))	

[7]

	..
B [k]	die Augen, schüttelt den Kopf, geht hinaus))

Sektion 27

Deutsche Sprache und Literatur nach der Wende

Betreut
von
Klaus Michael Bogdal, Anna Chiarloni, Ulla Fix,
Marie-Hélène Quéval und Patrick Stevenson

Einleitung

Die Wende von 1989 und die Wiedervereinigung von 1990 hatten einen rasanten Prozess der politischen, wirtschaftlichen, sozialen, kulturellen und damit auch sprachlich-kommunikativen Anpassung zur Folge, der im Wesentlichen die neuen Bundesländer betraf. Diesen Prozess zu beschreiben, die rigorosen Veränderungen, die im öffentlichen Sprachgebrauch vor sich gegangen sind, zu erfassen, die metasprachlichen Reflexionen, die den Prozess auf beiden Seiten begleitet haben, festzuhalten und die Attitüden, die beide – alte und neue Bundesländer – angesichts der kulturellen Fremdheit der jeweils anderen Seite entwickelt haben, darzustellen – dies alles könnten Gegenstände der Sektionsarbeit sein. Dabei werden gerade die Perspektive „von außen", die Sicht anderer Länder auf das Phänomen, sowie Schlussfolgerungen für andere geteilte Gemeinschaften (wie z. B. Korea) von großem Interesse sein.

Die Literatur der DDR hatte sich Mitte der sechziger Jahre in zwei Räumen bewegt: in der kontrollierten Öffentlichkeit einer nivellierten „sozialistischen Menschengemeinschaft" und in einem ‚zweiten' Raum, in dem Bedürfnisse nach sozialer und kultureller Distinktion artikuliert und befriedigt wurden. Dieser Zwischenraum zwischen Privatheit und Öffentlichkeit war weder ein autonomer Sektor noch eine dissidente Gegenöffentlichkeit, sondern ein integrierter Teil der DDR-Realität. Die Literatur war zu einem Teil bestrebt, durch ein hohes Maß an Sprachreflexion für diesen Zwischenraum abweichende oder gegenläufige ‚Lesarten' der Werke und der sozialen Wirklichkeit zur Verfügung zu stellen. Auf diese Weise bildete sich ein der westdeutschen Gesellschaft fremder, höchst komplexer Umgang mit literarischen Werken heraus.

Was ist aus dieser Besonderheit nach 1989 geworden? Besteht eine ‚virtuelle DDR-Literatur' mit den vertrauten Traditionen des Schreibens und Lesens fort? Welche Rolle spielt der Erinnerungsdiskurs? Oder kann man inzwischen von einer neuen gesamtdeutschen Literatur sprechen?

HEINZ KREUTZ (Monash, Australien)

Wendeforschung – Sprachforschung – Mehr als nur ein Binnenthema!

Wenn auch ein wichtiges gesellschaftliches Thema von außerordentlicher Relevanz, so war doch die sprachlich-kommunikative Entwicklung in Deutschland während der Wendezeit und Wiedervereinigung als Folge von tiefgreifenden sozialen Veränderungsprozessen nie ein exklusives Phänomen der deutschen Sprache und Forschung. In vielen Ländern und Kommunikationsgemeinschaften gehören Erscheinungen des kommunikativen Zusammenwachsens, der Divergenz oder der Distanzierung und der sich ständig verschiebenden Dynamik von Sprache und Identiät zum alltäglichen Geschehen. Die Wendeforschung hat entscheidende Beiträge geleistet in den Bereichen metasprachlicher Reflexionen und der Entwicklung von linguistischen Forschungsmethoden und Instrumentarien, von denen die germanistische Sprachwissenschaft noch heute profitiert. Beispielhaft zu nennende Bereiche wären Textsortenforschung, Corpuslinguistik (s. z.B. das umfangreiche und detailliert bearbeitete Wende-Korpus, die GKI), Fragen des Sprach- und Sprachgebrauchwandels in historisch-gesellschaftlichen Kontexten, Gesprächs- und Interaktionsforschung, diskursorientierte Typologisierung von gesellschaftlichen Kommunikationsmustern und Sprachwandel, oder auch semantisch-kognitiv ausgerichtete Arbeiten mit Blick auf semantische Verschiebungen, Bedeutungsnetzwerke und Bedeutungswandel. Manche im Rahmen der Wendeforschung entwickelten Konzepte sollten für linguistische Analysen auch außerhalb der deutschen Sprachwissenschaft fruchtbar gemacht werden.

Die Feststellung und Beobachtung, dass sehr gute linguistische Forschung aus dem deutschen Sprachbereich nur sehr selten und wenn dann nur in reduzierter Form international rezipiert wird, lädt zur Nachdenklichkeit ein. Der hier vorgelegte Text ist somit als Beitrag zur Überbrückung der Distanz zwischen der eher nach ‚innen' gekehrten Germanistischen Sprachwissenschaft und der internationalen Linguistik zu verstehen.

Achtnich (2000) bezeichnet die Wendeforschung als einen Bereich, der für WissenschaftlerInnen vieler Fachbereiche ein völlig neues Betätigungsfeld geschaffen hat. Aus diesem Betätigungsfeld heraus hat es besonders in der Linguistik verschiedene neue Ansätze gegeben, die die Sprachwissenschaft allgemein bereichert haben. Sprache Ost-West war ja

schon immer ein sehr vielbeachtetes Thema gewesen, wenn auch über Jahrzehnte hinweg ein Thema, dass mit einem gewissen Mythos behaftet war.
Selbst in jüngerer Vergangenheit ist festzustellen, dass, wie Achtnich (2000)
es formuliert hat, „in den Kommunikationsstrukturen und im sprachlichen
Verhalten immer noch häufig Differenzen wahrgenommen werden."
    Im Folgenden sollen drei Breiche genannt werden, in denen die Er-
folge der linguistischen Wendeforschung auch internationl einen Beitrag
leisten kann.

Beispiel 1: Identiät und Alterität

Die Frage der Identität und Alterität im Kontext der DDR/BRD-Wieder-
vereinigung ist seit anderthalb Jahrzehnten Gegenstand detaillierter sozi-
alpsychologischer und sprachwissenschaftlicher Untersuchungen. Die im
Sektionstext (27) der IVG Tagung erwähnte „sprachlich-kommunikative
Anpassung und Folge" im Ost-West-Gefälle gestaltet sich als ein nahezu
ausschließlich unidirektionaler Prozess. Nicht nur lassen sich derartige
Abläufe wegen der emotionalen Distanz oft besser – weil sachlicher – aus
der Außenperspektive beschreiben, ähnliche Prozesse sind auch in Verbindung mit anderen Kommunikationsgemeinschaften zu beobachten. In der
immer rapider ablaufenden Anglifizierung und Amerikanisierung unserer
(angeblich unvermeidbaren) globalen Welt, wird zum Beispiel die Frage
des Zusammenhangs zwischen Identität, Sprache und Kommunikation immer bedeutender. In diesem Zusammenhang könnte z.B. bei Überlegungen zum Thema ‚Sprache in gesellschaftlichen Umbruchsituationen' gefragt werden, ob wir uns nicht wieder in einer großen Umbruchsituation
befinden. Was sind zum Beispiel die kommunikativen Auswirkungen dieser stark globalisierten Welt? Hiermit sind nicht nur sprachliche Erscheinungen der Anglifizierung/Amerikanisierung von Sprachen und des Deutschen ganz besonders gemeint. Globale Veränderungen schlagen sich ganz
allgemein nieder in übergeordneten Kommunikationsmustern und -verhalten
(z.B. Hedging/Kommunikative Unsicherheit im Deutschen; metasprach-
liche Perspekivierungen). Sozialpsychologisch besteht hier auch ein Bezug zum neuerdings immer häufiger offentlich diskutierten mangelnden
Selbstbewusstsein der Deutschen schlechthin.
    Das Vorhandensein und das Entstehen von Informationen und Wissen
(man denke an die vielen Arbeiten zum Wissenstransfer) und sozialem
Wandel in unserem Informationszeitalter, und unsere Wissensgesellschaft
(oft wird der englische Begriff der ‚*knowledge-based society*' vorgezogen)
hängen letztendlich ab von dem Verhältnis von Diskurs(en) und sozialen

Unterschieden, von der Vermarktung (Englisch: *commodification*) von Diskurs, der Dialektik von Diskurs und Demokratie:

> Reality is a matter of discourse (not just language) „knowledges are increasingly constituted in multisemiotic ways in contemporary society" (Kress and van Leeuwen 1996, S. 13).

Folgen des hegemonialen Sprachkontakts – wer wüsste diese besser zu beschreiben als die Menschen in den neuen Bundesländern – kommen auf unterschiedlichen Ebenen zum Tragen: im Wortschatzbereich können Lexeme einen ‚sozialen Mehrwert' erhalten, indem sie die BenutzerInnen ‚entlarven'.

Ich sehe hier Parallelen zur sprachlichen Globalisierung. Ich meine damit nicht nur den Einfluss des Amerikanischen, der sich sehr stark auf lexikosemantische Erscheinungen beschränkt. Es geht vielmehr um die Frage der angemessenen Partizipation an übergeordneten Diskursen.

Beispiel 2: cultural cringe

Die Reichhaltigkeit der im Rahmen der Wendeforschung erarbeiteten Projekte und methodologischen Instrumentarien können auch für andere ‚Kontaksituationen' genutzt werden. Beispielsweise ist das ‚kommunikative' (und wirtschaftliche) Gefälle zwischen ‚Amerikanismus' und Australien stärker als jenes zwischen englisch- und nicht-englischsprachigen Ländern, auch wenn in letzteren das Phänomen als salienter und somit problematischer empfunden wird. Seit den fünfziger Jahren kursiert in Australien der Begriff von *cultural (oder auch colonial) cringe*, normalerweise beschrieben und definiert als ein Gefühl der kulturellen Minderwertigkeit, eine Art Verlegenheit aus einem Gefühl heraus, dass die eigene Kultur und Sprache anderen nicht gleichberechtigt ist. Das nationale Gefühl des *cultural cringe* ist a.o. beschrieben worden und kann hier aus Platzgründen nicht eingehender erörtert werden (Definition: *feeling of cultural inferiority: a sense of embarrassment caused by a feeling that your national culture is inferior to others*). Parallellen zur kommunikativen Unsicherheit in den neuen Bundesländern bieten sich an; es kann aber auch sein, dass man die Vorstellung der ‚kommunikativen Unsicherheit' z. T. erst mal erfinden musste, damit man sich überhaupt damit auseinander setzen konnte.

Cultural cringe beeinflusst das politische und gesellschaftliche Handeln der relativ jungen australischen Gesellschaft, die in den letzten Jahrzehnten drastische Veränderungen durchlaufen hat, einer von Assimilation geprägten *White Australia Policy*, über eine Öffnung zu einer der multikulturellsten und multilingualsten Gesellschaften überhaupt (die Arbeiten von Clyne und Lo Bianco sind bestens bekannt) bis hin zur neuen Rechten des australischen Premiers John Howards. Die Forschungserfahrung der gespaltenen deutschen Gesellschaft wäre sicherlich eine Bereicherung für Australien. Begriffe wie *identity-marker, boundary marker* und *shadow discourse* (wieso z. b. erfreut sich das Derivat ‚*un-Australian*' einer höheren Gebrauchsfrequenz als ‚*Australian'*?) sind deshalb interessant, weil die Konzeptualisierung und Verwendung von Begleit- oder ‚Gegenbegriffen' oft aussagekräftiger sind als das Eigentliche. Williams drückte dies bereits 1976 (S. 64) so aus:

> tracing the meanings of very specific concepts could provide an important tool for investigating culture and offer a fruitful way to unpack broader structures of meaning.

Beispiel 3: Kommunikatives Gedächtnis

Fraas (1994, 1996, 2000) spricht vom ‚kommunikativen Gedächtnis' einer Sprachgemeinschaft und konstatiert, „dass das Wissen über Vertextung manifest wird" und es so möglich sein muss „Aspekte des Wissens aus Texten zu erschließen. Äußerungsbedeutungen konstituieren sich, indem Konzepte kontextualisiert werden, […]" (2000, S. 9). Fraas' Forschungsdesign gewährleistet die Überprüfung der relativ kurzfristigen Veränderungen von Vorstellungen über zentrale kommunikative Konzepte (z. B. ‚deutsch', ‚individuell'). Für in Australien tätige Sprach- und Kommunikationswissenschaftler ergeben sich über diesen Ansatz Möglichkeiten zur Erforschung und Beantwortung hochinteressanter aktueller Fragen zur öffentlichen Kommunikation und zum politisch-ideologischen Diskurs, zur Entstehung und Verschiebung von Bedeutungsnetzwerken und Begriffen. Im Zeitalter der politischen Rechtslastigkeit Australiens, der Globalisierung, und der starken Anlehnung an die USA im Zeitalter der Terrorismusbekämpfung und Neuidentitätsgewinnung hat sich in wenigen Jahren der öffentliche Diskurs und die ‚Besetzung' wichtiger Begriffe rapide entwickelt.

Fraas' Methode, anhand derer untersucht werden kann, „wie sich Vorstellungen von Sprechergruppen einer Sprachgemeinschaft über kommunikativ zentrale Konzepte verändern, wie Konzepte in der öffentlichen Kommunikation brisant werden, wie Sprecher Konzepte problematisieren und Bedeutungen aushandeln und wie Gebrauchswandel zu Bedeutungsverschiebungen lexikalischer Einheiten führen kann" (Fraas 1996, S. 3) scheint auch im internationalen Kontext ein vielversprechender Ansatz.

Innerhalb eines Diskurses sind Texte vielfältig verflochten, und zwar über Inhalt und sprachlich.

Fazit

Diskurse, internationale Diskurse und auch der Diskurs um die Ost-West Kommunikation, werden in der Regel nicht im Sinne absoluter Wahrheiten beurteilt und bewertet, sondern nach ihrem epistemischen Gewinn ('*epistemic gain*' in der englischsprachigen Forschungsliteratur), also ob sie Wissen in sich bergen und erzeugen welches es den Menschen ermöglicht, die Dinge besser in den Griff zu bekommen. Die ,Dinge in den Griff bekommen' ist nicht nur eine Herausforderung für die deutsche Gesellschaft, sondern auch für die ,*international community*'. Das Wissen und die Erfahrungen der deutschen Sprachwissenschaft sind Bestandteil dieser Aufgabe.

Bibliografische Angaben

U. Achtnich: Kommunikation und Sprache in Deutschland nach 1989, dargestellt an ausgewählten Forschungsprojekten, (http://web.uni-frankfurt.de/fb10/schlosser/magisterarbeit.htm), 2000.

Ulla Fix: Sprachbiographien. Der deutsch-deutsche Sprachgebrauchswandel im Erinnern und Erleben von Zeitzeugen. In: Gamer-Wallert, Ingrid (Hg.): Nähe und Ferne: erlebte Geschichte im geteilten und vereinigten Deutschland. Tübingen, 1997, S. 78–95.

C. Fraas: Kommunikationskonflikte vor dem Hintergrund unterschiedlicher Erfahrungswelten. In: Zeitschrift für germanistische Linguistik, 22/1994, S. 87–90.

C. Fraas: Gebrauchswandel und Bedeutungsvarianz in Textnetzen – Die Konzepte IDENTITÄT und DEUTSCHE im Diskurs zur deutschen Einheit. Tübingen: Narr, 1996.

C. Fraas: Begriffe – Konzepte – kulturelles Gedächtnis. Ansätze zur Beschreibung kollektiver Wissenssysteme. In: Schlosser, H.D. (Hg.): Sprache und Kultur. Frankfurt 2000, S. 31–45.

G. Kress / T. Van Leeuwen: Reading Images – The Grammar of Visual Design. London: Routledge, 1996.

Raymond Williams: Keywords. London: Croom Helm, 1976.

CLAUDIA FRAAS (Chemnitz, Deutschland)

Diskursanalytische Zugänge zum kollektiven Gedächtnis
Identität im Diskurs zur deutschen Einheit

Im Folgenden soll ein methodisch-theoretischer Zugang zu kollektiven, gesellschaftlich vermittelten Wissenssystemen vorgestellt werden, der systematische Analysen von Wissensmanifestationen ermöglicht. Der Ansatz geht von folgender Grundannahme aus: Texte fungieren als Medien der Konstitution und Weitergabe von Wissen, also als Medien sozialer Kognition und bieten einen Zugang zum kulturellen Gedächtnis sozialer Gruppen bzw. Gesellschaften.[1] Entsprechend wird davon ausgegangen, dass kollektives Wissen über Kontextualisierungen explizierbar ist, dass also die Kommunikation und Ratifizierung von Wissen über Produktion und Rezeption von Texten im weitesten Sinne funktioniert. Über Kontextualisierung wird Wissen auf Anschlussfähigkeit überprüft und gegebenenfalls modifiziert. Sprecher und Sprechergruppen explizieren Vorstellungen, die sie mit diskursiv zentralen Konzepten verbinden, in Texten der öffentlichen Kommunikation und setzen sie somit den Regularien diskursiver Formationen aus. So sind Bedeutung bzw. Interpretation von Konzepten über Kontexte erschließbar und analysierbar (insbesondere die Interpretation abstrakter Ausdrücke, die auf gesellschaftlich relevante Phänomenbereiche referieren und im gesellschaftlichen Diskurs eine zentrale Rolle spielen). Analytisch wird dieser Ansatz über korpusbasierte Frameanalysen handhabbar, die eine systematische Auswertung von Kontextfaktoren ermöglichen.

Diese Herangehensweise erfordert einen doppelt perspektivierten Wissensbegriff, der Wissen sowohl als biologisches als auch als soziokulturelles Phänomen begreift. Der kognitionswissenschaftliche Wissensbegriff, der in der Linguistik intensiv rezipiert worden ist, reicht nicht aus und muss durch einen sozialwissenschaftlich bestimmten Wissensbegriff ergänzt werden. Ich plädiere für eine Integration von kognitionswissenschaftlichen Erkenntnissen über Wissensstrukturen und Wissensverarbeitung einerseits und dem soziologischen Konzept des kollektiven Gedächtnisses anderer-

---

1   Es muss darauf hingewiesen werden, dass hier Texte nicht im streng linguistischen Sinne gesehen werden können, sondern dass Wissens-Manifestationen, die über semiotische Codes funktionieren (etwa Bauwerke oder bewegte und statische Bilder usw.), eingeschlossen sind.

seits, also für eine ganzheitliche Sicht auf mentale Aspekte einerseits und Aspekte von Kollektivität und Gesellschaftlichkeit andererseits.

Warum ist es sinnvoll, das Konzept des Kollektiven Gedächtnisses einzuführen? Es ergänzt die kognitionswissenschaftliche Fragestellung, was in den Köpfen passiert, durch die soziologische Fragestellung, wie Wissen in Gemeinschaften weitergegeben wird. Die ideengeschichtlichen Wurzeln der Vorstellung von kollektivem Wissen gehen auf den französischen Soziologen Maurice Halbwachs zurück. Auf der Basis des Durkheim'schen Begriffs des Kollektivbewusstseins entwickelte Halbwachs in den 20er/ 30er Jahren des 20. Jahrhunderts den Begriff der „mémoire collective". Gedächtnis wird als soziales Phänomen gesehen, als etwas, das der Mensch erst im Prozess seiner Sozialisation erwirbt. Ich beziehe mich im Weiteren auf Jan Assmann,[2] der die Konzepte von Halbwachs und Durkheim kritisch aufnimmt und zwischen kommunikativem und kulturellem Gedächtnis unterscheidet, wobei er kollektives Gedächtnis als Oberbegriff für beide setzt. Kommunikatives und kulturelles Gedächtnis sind nicht als Gegensatzpaar zu verstehen, sondern eher als Polaritäten auf einer Skala mit graduellen Übergängen. Sie können historisch gesehen gleichzeitig existieren und ineinander übergehen. Unter kommunikativem Gedächtnis versteht Assmann die gelebte und durch Zeitzeugen verkörperte Erinnerung. Sie „wächst der Gruppe historisch zu; […] entsteht in der Zeit und vergeht mit ihr"[3]. Sie konstituiert sich „durch persönlich verbürgte und kommunizierte Erfahrung"[4] und stirbt mit ihren Trägern aus. Über Medien vermitteltes Wissen wird bei Assmann deutlich aus dem Konzept des kommunikativen Gedächtnisses herausgehalten. Wenn Erinnerung nicht mehr über autorisierte Zeitgenossen funktioniert, sondern Vermittlungsmedien braucht, geht kommunikatives in kulturelles Gedächtnis über. Kulturelles Gedächtnis ist institutionell geformte und gestützte Erinnerung. Diese Sichtweise muss aus der Sicht neuer Medien relativiert werden, denn hier heißt „medial vermittelt" nicht mehr notwendigerweise „institutionell überformt". Der Zugang zu neuen Medien wie dem Internet ist nicht mehr institutionell, sondern ökonomisch über den Zugriff auf technische Voraussetzungen und soziokulturell über Medienkompetenz geregelt, was natürlich andere Zugangsbeschränkungen schafft.[5] Assmann hat den Aspekt neuer

---

2   Jan Assmann: Das kulturelle Gedächtnis. Schrift, Erinnerung und politische Identität in frühen Hochkulturen. München 1997.
3   Ebenda, S. 50.
4   Ebenda.
5   Vgl. auch Claudia Fraas: Vom kollektiven Wissen zum vernetzten Vergessen? Neue Medien zwischen kultureller Reproduktion und kultureller Dynamik. In: Franc Wagner / Ulla Kleinberger-Günther (Hgg.): Neue Medien – Neue Kompetenzen. Frankfurt / Berlin / Bern / New York / Paris / Wien 2004, S. 6–32.

Medien kaum im Blick, sondern leitet seine Vorstellungen aus den Bedingungen der Schriftkultur her, wo sich das kulturelle Gedächtnis im Wesentlichen als Umgang mit Texten, also über Intertextualität (zitierend, interpretierend und kritisierend) organisiert.

Der vorliegende Ansatz bezieht sich auf den Foucault'schen Diskurs-Begriff, der Diskurse als Formationssysteme von Wissen ansieht, die Ausschließungs- und Produktionsbedingungen für Äußerungen steuern.[6] Sie sind auf der Ebene der gesellschaftlichen Interaktion angesiedelt und manifestieren sich als Aussagenensembles, in denen auf gesellschaftlicher Ebene ein Thema verhandelt wird. Für das aktuelle Erkenntnisinteresse schlage ich folgende Spezifizierung vor, die analytisch handhabbar ist und dennoch auf Foucaults Grundidee basiert: Ein Diskurs ist ein Netzwerk von Texten und Textsequenzen, in dem auf gesellschaftlicher Ebene über einen längeren Zeitraum hinweg ein Thema verhandelt wird. Die Bindung der Texte und Textsequenzen untereinander ist durch ein gemeinsames Thema gegeben und realisiert sich über formale, semantische und semiotische Bezüge. Die Berücksichtigung semiotischer Bezüge wird notwendig, wenn man online-Anteile von Diskursen einbezieht,[7] denn diskursive Verknüpfungen stellen sich nicht nur über Verbalisierungen, sondern auch über visuelle Codes her. Systematische Forschungen hierzu stehen erst am Anfang.[8]

Diskursanalysen operieren auf unterschiedlichen Ebenen, auf denen jeweils das konkrete Datenmaterial systematisiert und ausgewertet werden kann. Hier soll in erster Linie die lexikalisch-semantische Ebene interessieren, auf der Schlüsselausdrücke und deren Interpretationsrahmen untersucht werden. Schlüsselausdrücke[9] schließen den Diskurs semantisch auf, denn sie sind kognitiv mit diskursiv zentralen Konzepten verbunden und Ausdruck bestimmter Denkweisen, Einstellungen und Ziele der Akteure.

6   Vgl. Michel Foucault: Die Ordnung des Diskurses. Frankfurt am Main 1977.
7   Vgl. Claudia Fraas / Stefan Meier-Schuegraf: Diskursive Konstruktion kollektiven Wissens on- und offline. In: Michael Beißwenger / Ludger Hoffmann / Angelika Storrer (Hgg.): Internetbasierte Kommunikation. OBST – Osnabrücker Beiträge zur Sprachtheorie. Heft 68, 2004, S. 77–102.
8   Vgl. Stefan Meier-Schuegraf: Zeichenlesen im Netzdiskurs – Überlegungen zu einer semiotischen Diskursanalyse multimedialer Kommunikation. In: Claudia Fraas / Michael Klemm (Hg.): Mediendiskurse. Bestandsaufnahme und Perspektiven. Frankfurt / Berlin / Bern / New York / Paris / Wien 2005, S. 123–141.
9   Schlüsselausdrücke können neben Einzelwörtern auch Wortgruppen oder Phrasen sein, die für den Diskurs eine zentrale Rolle spielen. Für den Diskurs zur deutschen Einheit wären das z.B. *Identität, Deutsche, Gerechtigkeit, Westniveau, Solidaritätszuschlag, Rückgabe vor Enteignung, blühende Landschaften, Es wächst zusammen, was zusammen gehört.*

Sie sind im Rahmen des Diskurses brisant, werden variantenreich kontextualisiert, häufig kontrovers diskutiert und ihre Interpretation wird diskursiv ausgehandelt. Sie werden stark betont oder von bestimmten Sprechergruppen ausdrücklich vermieden. In der Regel stehen sie in Konkurrenz zu anderen Ausdrücken des semantischen Feldes, wobei ihre Relevanz jeweils von bestimmten Akteuren unterstrichen, von anderen angezweifelt wird. Dass sie sich oft durch hohe Frequenz auszeichnen, sei hier erwähnt, jedoch nicht überbetont, da die Frequenz bei qualitativen Inhaltsanalysen nur eine untergeordnete Rolle spielt.

Um Kontextualisierungen von Konzepten auf der Ausdrucksebene systematisch auswerten und analysieren zu können, ist das Frame-Konzept hilfreich, eine Modellvorstellung aus der Künstlichen-Intelligenz-Forschung, die sowohl in den Kognitions- als auch in den Sozialwissenschaften intensiv rezipiert worden ist. Frames können als Darstellungsrahmen für konzeptgebundenes Wissen aufgefasst werden. Sie werden als komplexe Strukturen aus Slots und Fillers gedacht, wobei Slots für Variablen stehen, die mit Erfahrungswerten verbunden sind und in Vertextungs- bzw. Verstehensprozessen mit konkreten Werten (Fillers) ausgefüllt werden oder auch frei bleiben. Die Framestruktur für Verben und von Verben abgeleitete Substantive ist eine Argumentstruktur, die sich an der Valenz der Verben orientiert. Für Substantive können Frames als Listen von Fragen konzipiert werden.[10] Fragen eröffnen Framedimensionen und werden durch Prädikationen ausgefüllt, die aus den konkreten Texten als Antworten auf die Fragen gewonnen werden. Ich beziehe mich hier auf Konerding,[11] der auf der Grundlage von Frames ein Instrumentarium zur Erschließung und sprachlichen Darstellung von Wissen entwickelt hat. Aus dem Substantivbestand des Deutschen leitet er so genannte Matrixframes her, die die Basis für die Konstituierung der Frames jedes beliebigen nominalen Lexikoneintrages bilden. Für das hier interessierende Beispiel *Identität* würde der Matrixframe *Zustand/Eigenschaft* die Grundlage für die Konstitution des Frames für *Identität* bilden.[12] Die jeweiligen Fillers für die unterschiedlichen Frame-Dimensionen können aus Korpustexten gewonnen, systematisch erfasst und verglichen werden. Auf diese Weise wird es möglich, große Datenmengen mit Hilfe eines systematischen Instrumentariums auszuwerten und auf der

10 Vgl. Klaus-Peter Konerding: Frames und lexikalisches Bedeutungswissen. Untersuchungen zur linguistischen Grundlegung einer Frametheorie und zu ihrer Anwendung in der Lexikographie. Tübingen 1993.
11 Ebenda.
12 Vgl. auch Claudia Fraas: Gebrauchswandel und Bedeutungsvarianz in Textnetzen – Die Konzepte *Identität* und *Deutsche* im Diskurs zur deutschen Einheit. Tübingen 1996.

Grundlage umfangreicher Korpusanalysen zu beschreiben, wie ein Konzept über größere Zeiträume hinweg in bestimmten Bereichen der Kommunikation von Sprechern in konkreten Texten behandelt wird und ob sich Konzeptverschiebungen andeuten. Dies soll im Folgenden kurz am Beispiel *Identität* (in der Lesart *Selbstverständnis einer Person*) gezeigt werden.

Kontextanalysen ergeben, dass das Konzept *Identität* vor der deutschen Vereinigung, also vor 1989–1990, im bundesdeutschen Diskurs vor allem psychologisierend verwendet worden ist, also bezogen auf das Selbstverständnis von Individuen. Erst in den 80er Jahren wird im Rahmen des so genannten Historikerstreits eine neue Lesart etabliert, die das Selbstverständnis einer Gemeinschaft (der Deutschen) fokussiert. Diese Lesart bleibt jedoch zu dieser Zeit weitgehend auf Fachkreise und das Feuilleton beschränkt und dringt erst im Rahmen des Diskurses zur deutschen Einheit in massenhafte Verwendungsweisen vor. Im öffentlichen Diskurs der DDR wurde das *Identitäts*-Konzept vor 1989 nicht thematisiert, denn es gab weder eine dem Westen vergleichbare Psychologisierung öffentlicher Debatten noch eine öffentliche Auseinandersetzung um nationale Identität. Die Menschen sollten sich in erster Linie als Bürger des Staates DDR, und weniger als Deutsche sehen. Die Reflexion von Individualität und Identität, die im Formationssystem des DDR-Diskurses nicht vorgesehen war, wurde – was typisch ist für die Diskursbedingungen unter DDR-Verhältnissen – in die Nische von Kunst und Literatur abgedrängt und dort seit den 70er Jahren auch intensiv betrieben.[13] Interessant ist, dass es in der DDR ein starkes Bewusstsein für das Phänomen Gruppenidentität gegeben hat, das aber eher als *Kollektivgeist* oder *Kollektivbewusstsein* benannt wurde und nicht mit dem psychologisch tradierten Ausdruck *Identität*. So wurde verbal manifestiert, dass Gruppen- und Klassenzugehörigkeit im öffentlichen Diskurs der DDR nicht unter dem Gesichtspunkt des Selbstverständnisses, der Selbstwahrnehmung und Befindlichkeit der Individuen und Gruppen verstanden worden ist, sondern eher die Loyalität des Individuums zur Gruppe und die Rolle der Gruppe in der Gesellschaft im Fokus stand.

Nach 1989, also im Diskurs zur deutschen Einheit, wird das Konzept *Identität* brisant, d.h. es wird überaus variantenreich thematisiert, problematisiert und ausgehandelt. Viele Textsequenzen enthalten Aussagen darüber, was Sprecher unter *Identität* verstehen und wie Rezipienten *Identität* interpretieren sollen. Die intertextuellen Bezüge realisieren sich häufig durch explizite Bezugnahmen: Aussagen anderer Sprecher werden unterstützt, angezweifelt oder revidiert. Darüber hinaus kommt es im gesamtdeutschen

---

13 Vgl. u.a. die Texte von Christa Wolf und Brigitte Reimann oder Filme wie „Der Dritte", „Paul und Paula", „Für die Liebe noch zu mager" oder „Das Fahrrad" sowie zahlreiche Beispiele aus bildender und darstellender Kunst.

Diskurs zu einer weiteren Verschiebung der Interpretation des Konzepts von *individuelle Identität* zu *gemeinschaftliche Identität* (*Identität der Ostdeutschen, Identität der Westdeutschen, nationale Identität*), der Aspekt der Identität einer nationalen Gemeinschaft rückt also ins Zentrum des Interesses der Sprecher.

Werner Holly / Ilona Scherm (Chemnitz, Deutschland)

„Das riecht wie Panzer"
Der Einmarsch in die ČSSR 1968
im Erleben sächsischer Grenzbewohner

1. Das europäische Projekt „Border Identities"

Die folgende Zusammenfassung gibt einen Überblick über einen Aspekt unserer Untersuchungen an der sächsisch-tschechischen Grenze, die wir im Rahmen des EU-Projekts „EU Border Identities" gemacht haben. Es wurden in sechs von der EU unterstützten Projekten in exemplarisch ausgewählten mittel-osteuropäischen Grenzorten biographische narrative Interviews erhoben, und zwar in Drei-Generationen-Familien (jeweils in sechs Familien auf jeder Seite), die zeigen sollen, welche Bilder von der Grenze und den Menschen diesseits und jenseits in den Köpfen zu finden sind (Weiteres und Literatur s. www.borderidentities.com).

Eine methodische Besonderheit in diesen (an jeder Grenze mindestens 36) Interviews besteht darin, dass in den Fragen bzw. elizitierenden Schritten der Interviewer die Themen zum allergrößten Teil nicht versprachlicht wurden; statt dessen wurden den Interviewten als „Auslöser" Fotos von interessanten, z.T. historisch brisanten Situationen vorgelegt. Damit wurde vermieden, dass den Interviewten bereits sprachliche Perspektivierungen vorgegeben wurden, die eine eigenständige Reaktion erschwert hätten. Zudem wurde mit dem gemeinsamen Betrachten von Fotos an eine alltagsweltlich vertraute Weise des Erinnerns und Mitteilens angeknüpft: wie wenn man beim Betrachten von Fotoalben erklärt, was zu sehen ist, und dann auch Geschichten dazu erzählt.

2. Die deutsch-tschechische Grenze bei Bärenstein – Vejprty

Die Ortschaften Bärenstein und Vejprty/Weipert liegen eng benachbart im mittleren Abschnitt und auf dem Kamm des Erzgebirges, und zwar mit Blick nach Sachsen. Bis zum 1. Weltkrieg waren sie an der Grenze von Deutschem Kaiserreich und Österreichisch-ungarischer Doppelmonarchie gelegen, später von Weimarer Republik und Tschechoslowakischer Republik.

In dieser Phase kamen zu der fast ausschließlich deutschsprachigen Bevölkerung einige tschechische Beamte mit ihren Familien nach Weipert; es war in dieser Zeit mit bis zu 15000 Einwohnern ein bescheiden florierendes Städtchen mit typischer Nach-Bergbau-Struktur, mit immerhin ca. 80 Fabriken der Strumpf- und Posamenten-Textilbranche, Büchsenmacherei und Papierindustrie. Bärenstein auf der sächsischen Seite war mit ca. 3000 Einwohnern eher ein kleiner Vorort, aus dem Leute zur Arbeit über die Grenze kamen und mit dem es Familienbeziehungen durch Heiraten gab. Im Zuge der Hitlerschen Expansionspolitik marschierten nach dem Münchner Abkommen 1938 deutsche Truppen – wie an vielen Grenz-Stellen – auch in Weipert ein. Tschechische Familien mussten das Grenzgebiet ganz verlassen, viele wurden zu Zwangsarbeit verschleppt und hatten unter Naziverbrechen zu leiden. Nach dem 2. Weltkrieg wurden dann die allermeisten Sudetendeutschen – so auch fast alle Weiperter – zum Verlassen ihres Heimatorts gezwungen.

Während der Zeit des Sozialismus auf beiden Seiten gab es kaum direkte Kontakte zwischen den Orten, der Grenzübergang war geschlossen. Erst im August 1968 gab es eine gewaltsame „Grenzöffnung", als russische Panzer, seit Wochen in den Wäldern um Bärenstein stationiert, das eiserne Tor nach Vejprty durchbrachen. Eine echte Grenzöffnung (als Fußgängerübergang) kam erst 1991, zwei Jahre nach der „samtenen Revolution" und der „Wende". Viele Betriebe in Bärenstein mussten nach der deutschen Vereinigung schließen oder Leute entlassen; die Arbeitslosigkeit beträgt immer noch ca. 20%. Seit 1991 war eine (inzwischen wieder geschlossene) „Landesaufnahmestelle für deutschstämmige Aussiedler des Landes Sachsen" in Bärenstein untergebracht, wo bis zu 700 so genannte Spätaussiedler aus Kasachstan, Kirgisien und der Ukraine zeitweilig den kleinen Ort belasteten. Ärger bereitet auch der Einkaufstourismus zu den billigen „Vietnamesenmärkten" hinter der Grenze, weil die Besucher (in Spitzenzeiten bis zu 8000 pro Tag) Kaufkraft abziehen und zudem Parkplatzprobleme in den engen Straßen verursachen. In Vejprty ist die Arbeitslosigkeit sogar noch höher (bis zu 30%). Auf dieser Seite ist die Marginalisierung des Grenzortes noch deutlicher spürbar. Die Bevölkerungsstruktur ist nach wie vor von der Politik aus sozialistischer Zeit geprägt, „politisch Unzuverlässige" und soziale Minderheiten dort anzusiedeln, dazu noch sechs Asyle für geistig Behinderte. Die ethnisch differenzierende Volkszählung 2001 ermittelte (gemäß Selbstzuschreibung) neben 76,3% Tschechen 11,2% Deutsche, 4,8% Slowaken und 1,7% Roma. Heute leben in beiden Orten jeweils ca. 3000 Einwohner.

3. 1968: Diskursrahmen und Stilphänomene

Dass in der Nacht vom 20. zum 21. August 1968 sowjetische Panzer über die Grenzbrücke nach Vejprty fuhren und dabei die auf der Grenzbrücke befindlichen Sperranlagen platt walzten, ist im offiziellen kulturellen Gedächtnis der Orte kaum verankert; so findet dieses Ereignis in der Ortschronik von Bärenstein keinerlei Erwähnung. Auch die Beschaffung der für unsere Interviews benötigten Fotos von diesem Ereignis bereitete Schwierigkeiten, denn es war den Bürgern natürlich verboten, die durch Bärenstein fahrenden Panzer und Militärfahrzeuge zu fotografieren. Erst später bekamen wir von einem der Interviewten einige Bilder. Deshalb mussten wir ein Foto mit russischen Panzern aus einem anderen tschechischen Ort benutzen (was nicht alle bemerkten). Auf dieses Foto bezieht sich im folgenden Ausschnitt zu Anfang der Interviewte, der im Übrigen eine prototypische Version des Erlebens aus der deutschen Perspektive erzählt:

ja. is woandersch. ja. aber- SU wars genau. nä? war ja mein - äh - wie der EINmarsch war war mein sohn- kam an demselben tag auf urlaub. der war damals bei der - v - volksar- na ja also hier bei der – armee - der war bei de - der war bei der marine. war en erschten tag da un-d -- war kaum da kam e telegramm - sofort - wieder bei- zur einheit zurück. - an der Ostsee ja. sofort wieder zurück. weil- nu ja es war - scheinbar großer alarmzu-stand durch den EINmarsch. und da - der war nu en tag da en annern tag is er wieder zurückgefahrn und da hat er mir dann auch erzählt - sagt - was denkst denn du? ich hab nu - er hat nu - au-ch da bei- sein kameraden da — die ham gesagt na was war denn los? wies so is- und da hat er gesagt nu ja- da kamen de p/der panzer und der p/der panzer - ja wo warn denn die - damals hatten ja de Tschechen a tor rangemacht nä? und da is ja der erschte panzer der is ja einfach - nan gefahrn nä? des ding beiseite ge-schobm nä? wie se ein- eingezogen sind […] de Russen. - des war au- des war schon en en en en en au-s so- - so eisen-stäben nä? ja. eisenstäben. war- nä? aber des war überhaupt kein problem. da hatten sich allerhand - äh - äh- also schaulustige auch eingefunden und da is de- da kam der panzer und dann gar nich viel groß des ding gemacht - un-d durch des ding weggeschobm und rüber auf der seite. nä?- und dann sind de annern weiter. und des hat er nu ooch ze - dort- den sein - äh kameraden erzählt (lacht) und dann ham sen sogar - irgendwie is- schwierigkeiten gemacht. das hätt er dürfen nicht sagen damals. - der mußt zu seim politoffizier und da hat er gesagt na ja ich- müßte sie s - drei vier tage - äh bau gebm weil se -- das da/dürfen se nich sagn. no ja.

Dieser Ausschnitt – ebenso wie andere Belege, die man heranziehen könnte, – zeigt, wie mit dem Ereignis des Panzereinmarsches zugleich die gesamte ‚Diskurssituation der DDR' mitthematisiert wird. Er spiegelt, dass in der DDR nicht so sehr eine „andere" Sprache gesprochen wurde, aber dass man ein „anderes Verhältnis zur Sprache" (Wolfgang Thierse) hatte. Im Einzelnen wird in unserem Material zum Thema 1968 der damalige diskursive Rahmen mit folgenden Elementen verdeutlicht (hier ohne Belege):

- Alltagsperspektive als Spiegel von offizieller Nicht-Information: politische Ereignisse werden „erahnt" *(des riecht wie panzer)*, selbst „erschlossen", „erkundet" und „verbreitet"
- ein Klima von Unterdrückung politischer Themen und Diskurse in vielen Szenen; Tabuthemen
- die Differenzierung von unterschiedlichen Diskursebenen (öffentlich, halböffentlich und privat) spielt eine große Rolle

Stilistisch auffällig in den Versprachlichungen sind die folgenden Phänomene, hier nur pauschal genannt:

- Vermeidung/Abschwächung brisanter Lexik
- Verdecken/Ausblenden der Täter
- Kollektive Alltagsformeln
- „unpolitische" Gefühlsbeschreibungen
- „zweierlei Russen" (brutale Militärs und „arme Schweine")

Typisch für den „Nachwende-Stil" des Sprechens über die 1968er Ereignisse sind Versprachlichungen, die zwar einen gewissen Abstand zur „alten" Redeweise erkennen lassen, aber auch die Fortsetzung habitualisierter, eher privat-alltagssprachlicher Prägungen mit folgenden Elementen (hier ohne Belege):

- Selbstkorrekturen von DDR-Spezifika
- Markierung DDR-spezifischer Redeweisen
- Kontinuität von Hemmungen, halb-öffentlich über alte Tabuthemen zu sprechen
- Unsicherheiten/Wechsel in der Wahl der Stilebenen (code shifts)

4. Fazit

Zusammenfassend lässt sich festhalten: Der diskursive Rahmen in der DDR war geprägt von der Unterdrückung politisch abweichender Meinungen und tabuisierter Themen; in der Folge war von den einzelnen Sprechern und Sprechergruppen die strikte Beachtung der Differenzierung von Diskursebenen internalisiert. Aber auch 10 Jahre nach der Vereinigung kann man beobachten, wie die Tabuisierung politischer Themen nachwirkt: Es gibt – anders als etwa bei dem ebenfalls brisanten Thema ‚Vertreibung' –

keine neu erworbenen politischen Formeln; es bleibt beim privatistischen Sprechen über die Ereignisse.

Stilistische Auswirkungen dieser fortwirkenden DDR-typischen Sprachhaltung sind Euphemismen und andere Formen der Vermeidung eindeutiger politischer Zuschreibungen. Unsicherheiten, Selbstkorrekturen und „Über-setzungen" von DDR-Spezifika verdeutlichen aber, dass eine gewisse Distanz zu den alten Mustern besteht, die eben nicht ‚ungebrochen' verwendet werden.

Eine „sprachliche Unbefangenheit" als Ausdruck politischer Freiheit, ungehemmt über die Ereignisse zu sprechen, hat sich noch nicht eingestellt, zumindest in der älteren Generation nicht. Daraus lässt sich schließen, dass ein gesellschaftlicher Diskurs zu DDR-spezifischen Themen nicht stattgefunden hat. Gründe hierfür kann man nur vermuten: die Dominanz von „West-Themen" in den Medien, mangelnde Aktivität der früheren politischen Opposition, historische Themen von DDR-spezifischem Interesse öffentlich aufzuarbeiten.

HEIDI ARMBRUSTER und ULRIKE H. MEINHOF
(Southampton, Grossbritannien)

„Die Lederfabrik hätten se uns scho lassen könne'
Identität und der Verlust einer Lebenswelt
an der ehemaligen deutsch-deutschen Grenze

1. Projektvorstellung

Unser Beitrag berichtet über Ergebnisse, die zwischen 2000 und 2003 aus einem EU 5. Rahmenprogramm entstanden sind, mit dem Titel: „Border Discourse: Changing Identities, Changing Nations, Changing Stories in European Border Communities" (www.borderidentities.com; final report: EUR 21528). Aufgebaut auf ein vorausgehendes, vom britischen ESRC gefördertes Projekt an der ehemaligen deutsch-deutschen und deutsch-polnischen Grenze (1999–2000; Meinhof and Galasinski 2005) beforschte ein aus 6 Universitäten zusammengesetztes Forschungsteam gegenüberliegende Grenzorte an der damaligen östlichen Außengrenze der EU, von der deutsch-polnischen bis zur italienisch-slowenischen. Einbezogen in das Projekt war auch die seit 1990 aufgelöste ehemalige Staatsgrenze zwischen der damaligen DDR und der Bundesrepublik Deutschland. In jedem dieser Orte wurden Einzelinterviews mit Mitgliedern von Familien geführt, die seit drei Generationen in diesen Orten oder ihrer nächsten Umgebung wohnten, und die somit von einer Generation zur anderen erhebliche Veränderungen ihrer soziopolitischen Umwelt in Kauf nehmen mussten. Schlüsselthema der gesamten Arbeit war die Frage nach dem Zusammenwirken zwischen gesellschaftspolitischen Umwälzungen und der persönlichen und sozialen Identitätsformierung.

Unser Beitrag stützt sich auf die Erhebungen der Autorinnen an dieser ehemaligen Landesgrenze, und insbesondere hier auf die Stadt Hirschberg an der thüringisch-bayrischen Ländergrenze und deren jahrzehntelangen Hauptarbeitsgeber, die Lederfabrik Hirschberg, die in jedem der Gespräche mit Menschen auf beiden Seiten eine identitätsstiftende Rolle aufzeigte, sowohl während ihres Bestandes, wie auch nach ihrem Verfall und Abriss.

2. Kontext Hirschberg und Lederfabrik

Die Hirschberger Lederfabrik wurde als Gerbereibetrieb im 18. Jahrhundert gegründet, erlebte einen Aufschwung zum Industrieunternehmen im späten 19. Jahrhundert und etablierte sich zu einem der größten regionalen Arbeitgeber bis in die Ära der DDR. Der kolossale Gebäudekomplex lag direkt an der Saale, die in diesem Bereich Demarkationslinie zwischen der DDR und der BRD wurde. Nach der Enteignung 1946 wurde der Familienbetrieb der Knochs in einen sozialistischen Großbetrieb, die *VEB Lederfabrik Hirschberg* umgewandelt, die bis über 1000 Arbeitsplätze zur Verfügung stellte. Nach der politischen Wende 1990 wurde das Unternehmen zunächst von der Treuhand zu einer GmbH umgewandelt (noch 558 Beschäftigte), dann 1992 durch Übergabe an einen österreichischen Investor privatisiert, der die Firma allerdings in den Konkurs führte. 1993–1996 wurde die Fabrik abgerissen (Chronik Hirschberg).

Die Fabrikanlage war bereits verschwunden, als wir unsere Forschung durchführten. An ihrer Stelle befand sich ein großes leeres Stück Land. Initiativen der Stadtverwaltung, das Gelände gewinnbringend zu nutzen, waren bislang gescheitert. Mit Hilfe von Photographien holten wir die Fabrik und ihren Wandel wieder in die Erinnerung der Erzählenden. Alle erinnerten im Grunde an eine Leerstelle, an etwas, was aus der Alltagsanschauung verschwunden war.

3. Photographie als Erzählauslöser

Die methodologische Besonderheit unserer Arbeit bestand darin, dass wir gezielte Fragen oder gar Fragebögen vermieden und durch das Zeigen örtlicher Photographien aus den verschiedenen Lebensphasen unserer Familien ersetzten. Damit überwanden wir weitgehend ein grundsätzliches Dilemma, das jeder ethnographisch ausgerichteten Diskursanalyse zugrunde liegt, nämlich dass die Feldforscher in den Interviews mit ihren Befragten diese sprachlich so stark beeinflussen, dass eine anschließende diskursanalytische Interpretation der gemeinsam konstruierten Gesprächstexte unmöglich gemacht wird. Die Bilder ermöglichten stattdessen ein gemeinsames Anschauen von historisch und geographisch leicht einzuordnenden Gebäuden, Orten, Begebenheiten, wobei sprachlich ausformulierte Fragen durch Fingerzeigen und den gemeinsamen Blick, oder deiktische Formulierungen (das da, hier und da jetzt und dann usw.) ersetzt werden konnten. Aus diesem gemeinsamen Hinschauen auf die verschiedenen Bilder entwickelten sich dann die Erzählungen unserer Informanten von ganz alleine. Gerade in der terminologisch so belasteten Vergangenheit Deutschlands konnte man durch Photographien der Versuchung ausweichen, Begriffe wie Deutschland, DDR, Ostzone, Ost-/Westdeutschland, Grenze usw. selber einzuführen und dann anschließend als Identitätsmarkierer auszuwerten. (Zu einer ausführlichen Beschreibung der Methode sowie einer Auswahl von Abbildungen der verwendeten Bilder siehe vor allem Meinhof and Galasinski 2000, 2005, chapter 5, Meinhof 2004).

4. *Schlüsselgeschichten zu den drei Phasen der Lederfabrik*

Unsere Analyse fokussiert auf Schlüsselgeschichten, die in den Interviewnarrationen zum Ausdruck kommen. Wir betrachten Schlüsselgeschichten als Erzählmodi, die sich bestimmter stilistischer und/oder thematischer Repertoires bedienen und in denen Selbstvergewisserung und Selbstverständnis zum Ausdruck kommen. Schlüsselgeschichten wiederholten und überschnitten sich auffallend vor allem innerhalb einer bestimmten Generation, aber auch öfters innerhalb ein und derselben Familie. In manchen Fällen waren sie auch grenzübergreifend: besonders auffallend etwa in der älteren Generation, die auf beiden Seiten der ehemaligen Grenze oft schillernde Beschreibungen der Vorkriegs- und Kriegsära lieferte (siehe einzelne Kapitel in Meinhof ed. 2002 and die Sonderausgabe der Zeitschrift JEMS, Meinhof ed. 2003).

Schlüsselgeschichten waren oft Ausdruck

– für umfassendere historische, nationale, oder lokale Diskurse eingebettet in persönliche Geschichten;
– von bestimmten Selbst- und Fremdbildern;
– von Konflikten und Spannungen.

Wir stellten beispielsweise fest, dass sich Angehörige aller Generationen in West und Ost auf Schlüsselthemen wie Arbeit und Arbeitsethik bezogen, um Grenzen zwischen sich abzustecken, und erzählerisch eine Post-Wende Identität herzustellen. Die Erzählhaltung war hier oft emotional, beschuldigend und/oder defensiv (siehe Armbruster & Meinhof 2002). Bemerkenswert dabei war, daß sich InterviewpartnerInnen auf beiden Seiten zur Zeit wachsenden ökonomischen Krisenbewusstseins des Modells einer moralistisch gewerteten Arbeitsethik bedienten.

Die Lederfabrik hatte eine besondere Schlüsselfunktion in den Erzählungen vieler HirschbergerInnen, nicht nur als zentrale Institution vergangener Arbeitserfahrung, sondern auch als prägendes Element der Stadtgeographie und des gelebten alltäglichen Raumempfindens. Darüber hinaus gewann das Verschwinden der Fabrik eine starke symbolische Funktion für Wende und Post-Wende Erfahrung schlechthin, da ihr Verschwinden für viele den Verlust des Arbeitsplatzes bedeutete, und die große leere Stelle in Hirschberg eine Art visuelle Vergegenwärtigung der ‚Abwicklung der DDR' und der unsicheren Zukunft darstellte. In unseren Photographien setzten wir das Areal der Lederfabrik auch als stadtgeographische symbolische Metapher der drei Phasen ein (3 Photos der LF zeigen sie vor 1945/ nach 1945/nach Abriss; für Abbildungen siehe Meinhof and Galasinski 2005: S. 119, 123, 127, 128).

5. Der Abbruch der Lederfabrk

Was folgt sind Gesprächsausschnitte, die die Reaktionen auf den Abbruch der Lederfabrik exemplarisch belegen, zusammengefasst unter thematisch bedeutenden Schlüsselbegriffen.

– Identitätsverlust
   Interessant ist hier die körpernahe Identifizierung der Lederfabrik mit der *Lebensader* der Stadt und dem eigenen Haus.

   BH (w/älteste Generation): Also wie die Lebensader, wenn die abgeschnitten worden ist. … Also es, also mir persönlich, es fehlt was, es ist die Lebensader von Hirschberg ist ab. Naja, die Lederfabrik war doch, also alles ging von der Lederfabrik aus. Und alles hat in der Lederfabrik gearbeitet. Und wer was gebraucht hat ist in die Lederfabrik und jetzt ist die eben mit einmal weg. Ja. Nu. [*Lässt Hände resigniert in den Schoss fallen*]. Des ist doch wie wie wenn mei Haus zusammenstürzt und ich steh davor und ich kann kann nichts machen.

– Verlust des Kollektivs, des Aufeinanderangewiesenseins unter harten Arbeitsbedingungen

   HF (m/mittlere Generation)…und im Allgemeinen, das Kollektiv war schon ausschlaggebend… war eben einer auf den anderen angewiesen, damit dann wirklich das Ding perfekt gelaufen ist, ne. Da gab's kein Bummeln und Getrödel, das war dann … absolut nichts. Und es hat auch echt Spaß gemacht wirklich, da waren Fässer, was denn schon enthaart worden ist, von de Fässer raus, und da ging's schon drum um wirklich zu sagen, wer kommt da früh, und da sind wir früh um viere schon nein und ham de ersten Fässer raus damit de nächsten weiterarbeiten konnten. Und dann ging dann die richtige Arbeit los, bis denn die Schicht runter war, ne.

– Verlust der Existenzgrundlage für eigene oder frühere Generationen:
Arbeitslosigkeit, gesellschaftlicher Abstieg

> EL: (w. älteste G) Wissen Sie, ich hab hier vorm Krieg und dann auch bis ich
> dann meinen Sohn gekriegt hab, war ich in der Lederfabrik. Und ich hab die
> Lederfabrik von innen und von außen gekannt, man hat auch die Leute alle so
> gekannt, und dann……war die….auf einmal…weg, ne. … Na, vor allen Din-
> gen gibts keine Arbeit mehr, das war ja vorauszusehen…

– Verlust des wohlorganisierten, geregelten Zeitablaufs (Symbol: die von
allen Seiten sichtbare Fabrikuhr).

> EL: (w. älteste G) Die Uhr!……[schnieft] Ja, ist alles weg, ist alles weg. Ich
> weiß nicht, also, ob sie die, so so abreißen gebraucht, die [Fabrik] war doch
> fest, die war gut, die war fest, auch innen, das waren große schöne Räume, die
> Fabriksräume, die Etagen und Fahrstühle drin, war doch alles…und und mein
> Sohn sagt auch, die haben ja auch zu DDR-Zeiten viel viel hineingesteckt, das
> war gar nicht veraltet, gar nicht, das wär gar nicht veraltet gewesen.

Dass dieser Verlust der Fabrik nicht nur von der ältesten und mittleren
Generation empfunden wird, für die damit der Lebensunterhalt zusammen-
brach, sondern auch für die jüngsten Familienmitglieder, zeigt folgender
Ausschnitt:

> AW (w/ jüngste Generation)… da stand dieses Riesengebäude, und das hatte
> so einen Turm gehabt. Das war die Uhr, das war unser Zeichen. Also die Uhr,
> wir hatten das Küchenfenster, da konnte man so schön auf die Uhr schauen.
> Also wir hatten keine- im Wohnzimmer da hatten wir eine Uhr- es war unser
> Richtpunkt. Für die ganze Familie war eben die Uhr das Ausschlaggebende,
> und da war alles geregelt durch die Fabrik. Da war der Busverkehr und so war
> alles ausgerichtet und das Kulturhaus hat eben zur Lederfabrik gehört und
> wenn irgendwo eine Feierlichkeit war, wurde es immer irgendwie von der Fa-
> brik unterstützt. Und dann gab's zu DDR Zeiten die Weihnachtsfeier oder den
> Fasching. Und das war für uns Kinder was. Also, da erinnere ich mich auch
> noch sehr gern daran. Das war eindrucksvoll.

Die tiefgreifenden Verlusterfahrungen, ausgelöst durch das Erinnern an
den Abbruch der Lederfabrik werden von unseren Hirschberger Informant-
Innen mit Schmerz empfunden, der aber mit unterschiedlichen emotionalen Reaktionen verknüpft bzw. verarbeitet wird.

– Schmerz, Trauer, ‚Grausen‘, Desillusionierung

> BH (w. älteste G) das hat richtig weh getan

> FF (w. älteste G): Also das ham wir ja hautnah alles miterlebt, also da dreht's
> einen schon im Magen denn, ne. Das muss ich ehrlich sagen. …

Da läuft's einem wirklich kalt über den Rücken. Das muss ich ja schon sagen.

HF (m/mittlere G): Ah ja, jaja. ...ich muss Ihnen ganz ehrlich sagen, nicht bloß wenn ich mal die Bilder angucke, nicht wenn man den ganzen leeren Fleck anschaut da unten, da kommt einem eiskaltes Grausen.

– Schmerz und resigniertes Akzeptieren des Unvermeidlichen. Es gibt keine Konkurrenzfähigkeit in der globalen Wirtschaft; die Fabrik ist ökonomisch nicht mehr vertretbar.

EL: (w. älteste G): und dann......war die....auf einmal...weg, ne. Und jetzt, wenn man da vorbeifährt und der leere Fleck ich könnt heulen...... Na, vor allen Dingen gibts keine Arbeit mehr, das war ja vorauszusehen, mein Sohn hat schon immer gesagt: Die italienischen Häute sind billiger als unser fertiges Leder. Gell, das wär nichts mehr geworden, das wär eingegangen sowieso, aber wenn man das.......aber ist schade eben, gell.

– Resignation und Akzeptanz: Angst vor der Alternative

GH (m/älteste G): Aber wenn die nicht abgerissen worden wär, das wär heut ein Trümmerfeld. Alles würde sich dort hinein verziehen, die Jugendlichen und Leute, die was kei Arbeit ham, die würden da ein Asylantenheim drinnen machen. Aber das war das einzigste Richtige, dass das nicht in den Griff genommen worden ist

– Schmerz und Ärger. Anklage gegen den Westen, der keine Konkurrenz will und nichts gegen den ‚betrügerischen Konkurs' unternimmt.

LF (m/älteste G): Ahm, das tut schon sehr weh, sag ich ganz ehrlich, das tut schon weh...Noch dazu, wenn man weiß, dass das hier betrügerischer Konkurs war.. Das hat niemand verfolgt, aber der Kerl, ...der Österreicher, der hat den Kaufpreis nie bezahlt, der hat die Fördermittel, die Millionen eingesteckt, der hat von den Beständen aus DDR-Zeiten noch gelebt, hat Materialien bezogen, hat sie nicht bezahlt...ganz offensichtlich hat sie nicht bezahlt, und als es dann zu sp- na für ihn war's ja nicht zu spät, als es dann soweit war... dann konnten wir keine Kontinuität reinbringen und dann, als wir aus dem Urlaub wiederkamen, dann war da alles, wa da war eingepackt, hatte vorher schon wertvolle Möbel aus Knochs Zeiten [Knoch = die Begründer und vormaligen Besitzer der Lederfabrik] noch weggeschafft, wertvolle Bilder weggeschafft, und die Chronik des Betriebes weggeschafft.

Mit diesen wenigen Ausschnitten lässt sich exemplarisch ablesen, welche Bedeutung die Lederfabrik in Hirschberg nicht nur für die persönliche Lebenswelt und Identitätsformierung vieler verschiedener einzelner Menschen hatte – Männer wie Frauen, jung wie alt – sondern auch wie sie symbolisch für den Verlust einer sozialen und kollektiven Lebenswelt und Identität steht und stand. Mehr als 10 Jahre nach dem Zusammenbruch der DDR liefert die Lederfabrik und ihr Abbruch die Möglichkeit, einerseits Aspekte der verlorenen Dur-Welt wieder zu erzählen und aufzuarbeiten, ohne sich dem Vorwurf der ‚Ostalgie' aussetzen zu müssen. Gleichzeitig knüpft die Lederfabrik an eine viel ältere, Thüringen ud Oberfranken miteinander verbindende Geschichte an, die nun das einzige noch übriggebliebene Gebäude auf dem großen Gelände der ehemaligen Fabrik ‚bewohnt', das Hirschberger Museum für Gerbereigeschichte.

Bibliographische Hinweise

Die Kürze dieses Beitrages zwingt uns, auf ausführliche bibliographischen Hinweise zu verzichten und stattdessen nur auf einige ausgewählte, von uns selbst verfasste Texte zu verweisen.

Heidi Armbruster / Ulrike H. Meinhof: „Working identities: Key narratives in a former border region in Germany." In U. Meinhof (ebenda), 2002, S. 15–32.

Meinhof, Ulrike H. (Hg.): Living (with) Borders: Identity Discourses on East-West Borders in Europe, Border Regions Studies 1, Aldershot: Ashgate 2002.

Meinhof, Ulrike H. (Hg.): Bordering European Identities. Special Issue. Journal of Ethnic and Migration Studies. 29 (5).

Meinhof, Ulrike H.: „Europe viewed from below: Agents, victims, and the threat of the other." In: Transnational Identities. Becoming European in the EU, R. Herrmann, T. Risse and M. Brewer (Hgg.), Rowman & Littlefield Publishers, 2004, S. 214–244.

Meinhof, Ulrike H. / Dariusz Galasinski: „Photography, memory and the construction of identities on the former east-west German border." Discourse Studies, 2 (3)2000, S. 323–353.

Meinhof, Ulrike H. / Dariusz Galasinski: The Language of Belonging. Palgrave 2005.

GRIT LIEBSCHER (Waterloo, Kanada)
JENNIFER DAILEY-O'CAIN (Alberta, Kanada)

Sprachattitüde und Wissensdarstellung in Nachwende-Interaktionen und die verbale Konstitution von Gruppenzugehörigkeit

Eines der zentralen Themen der Wende- und Nachwendeforschung ist Gruppenzugehörigkeit, insbesondere die sprachliche Kodierung von „Ost" und „West", „Ossi" und „Wessi" (Hausendorf 2000; Auer und Hausendorf 2000). Während der Schwerpunkt dabei auf der Sprache der Ostdeutschen lag, fanden Westdeutsche allgemein wenig Beachtung. Unser Beitrag konzentriert sich auf das Sprachverhalten von Westdeutschen, die sich nach der Wende im Freistaat bzw. Sprachraum Sachsen in der ehemaligen DDR aus beruflichen und persönlichen Gründen angesiedelt haben. Wir nennen diese Umsiedler *Migranten*, da zum einen der Ortswechsel von West- nach Ostdeutschland aufgrund der Unterschiedlichkeit beider Staaten einer Migrantensituation gleicht, und sich zum anderen die Sprecher selbst durch ihr Sprachverhalten als Migranten darstellen. Methodisch beruht unser Beitrag auf der diskursiven Konversationsanalyse von Gesprächen aus einem Datenkorpus von ca. 150 Stunden, der von beiden Autorinnen in den Jahren 2000, 2001 und 2003 angelegt wurde.

Im Mittelpunkt unserer Untersuchung steht die Frage, inwiefern durch die Aushandlung von Sprachattitüden bzw. Spracheinstellungen und lokalem Wissen interaktiv Gruppenzugehörigkeit konstituiert wird. In Sachsen treffen die westdeutschen Migranten zum einen auf einen lokal gruppensignalisierenden, stigmatisierten Dialekt (Dailey-O'Cain 2000) der für die Migranten zu lokalem Wissen wird. Zum anderen steht DDR-spezifische Lexik als interaktives Kapital zur Identitätsaushandlung zur Verfügung. Diese Lexik trägt DDR-Konnotationen bzw. bezeichnet etwas, das es so in der Bundesrepublik nicht gab und gibt. Uns interessiert, wie Interaktionsteilnehmer sich und andere bezüglich der Kategorien „Ost" und „West" positionieren, indem sie interaktive Ressourcen wie den lokalen Dialekt und DDR-spezifische Lexik verwenden. Das Konzept der Positionierung lehnt sich an das von Harre und van Langenhove (1991) an. Mit Positionierung bezeichnen Harre und van Langenhove die verschiedenen Möglichkeiten, mit denen Sprecher Beziehungen zu Rollen und sozialen Kategorien durch Verwendung interaktiver Ressourcen anzeigen. Harre und van Langenhove weisen darauf hin, dass Positionierung im Gegensatz zum starren Konzept der Rolle dynamisch ist. Positionierung ist außerdem vom interaktiven Kontext abhängig und mit diesem veränderlich.

Mit Di Luzio und Auer (1986) gehen wir davon aus, dass „[Identitäts-konstruktion] interaktiv verankert ist und daher auch in der ‚face-to-face'-Situation, vor allem im (sprachlichen) Dialog, zu beobachten und zu ana-lysieren" (S. 327) ist. Identität ist zwar auch eine „individuelle biographische Leistung" (Ricker 2000, S. 9), aber erst durch das Zusammentreffen von Individuen in der Interaktion wird Identität relevant gesetzt, kommen Un-terschiede und Gemeinsamkeiten in der Biographie zum Tragen. Und das vor allem deshalb, weil „soziale Identität [...] ein [...] Repertoire von Kate-gorien [ist], die ein Individuum in verschiedenen Situationen aktiviert bzw. relevant macht, unter die es sich subsumiert bzw. von denen es sich ‚distan-ziert'" (Di Luzio und Auer 1986, S. 328).

Aus unserem Datenmaterial haben wir die Segmente herausgegriffen und näher analysiert, in denen sich die westdeutschen Migranten in Bezug auf die Kategorien ‚Ostdeutsch' bzw. ‚Ostdeutschland' positionieren, wo-bei diese Kategorien Vor- sowie Nachwendesituationen einschließen. Mit-tels dieser Positionierungen vermitteln die Migranten einen Teil ihrer „neu-en" Identität, wobei zu untersuchen ist, wie diese neue Identität zum Ausdruck kommt und sprachlich umgesetzt wird. Im folgenden diskutie-ren wir einige wenige Beispiele für solche Positionierungen. Wir beschrän-ken uns auf die Wissensdarstellung innerhalb der Konstitution von Grup-penzugehörigkeit. Aus Platzgründen verzichten wir auf das Präsentieren der Gesprächstranskripte, sondern fassen beschreibend zusammen. Wir beginnen mit einem Beispiel, bei dem die Migrantin sich unter Einbezie-hung DDR-spezifischer Lexik, speziell dem Begriff „Westbesuch", posi-tioniert. Dieser Begriff wurde in der DDR zur Bezeichnung von westdeut-schen Verwandten oder Freunden, die Verwandte oder Freunde in der DDR besuchen, verwendet. Dieser Begriff war mit negativen Konnotationen (von Seiten der DDR-Behörden) sowie positiven Konnotationen (von Seiten derer, die besucht wurden) besetzt. Die Verwendung des Begriffs wurde mit einer Person aus der DDR assoziiert. In den vorliegenden Daten wird dieser Begriff von einer westdeutschen Migrantin für ihren Besuch aus Westdeutschland in Sachsen verwendet. Die Sprecherin erzielt dadurch mehrere Effekte. Zum einen markiert sie als Westdeutsche in Ostdeutsch-land ihr Wissen über den Begriff, nämlich zur Bezeichnung von ihrem Westbesuch im Osten, d.h. die territorialen Gegebenheiten, wenn auch nicht mehr die politischen, stimmen also. Durch die Verwendung spricht sie aus der Perspektive einer Person aus der DDR, obwohl sie sich zum Zeitpunkt der Gültigkeit dieses Begriffs in Westdeutschland befand und zu Vorwen-dezeiten eher den Besuch als die Besuchte darstellte. Mit der Verwendung des Begriffs positioniert sie sich gewissermaßen als DDR-Person.

Allerdings bringt sie diesen Begriff als Reformulierung („also so West-besuch") und damit als zusätzliche Information, als eine Art Pointe oder einen Vergleich ihres Besuchs mit dem, was man früher Westbesuch nannte. Durch diese Reformulierung ist die Verwendung des Begriffs weniger di-rekt, d. h. kann hier auch als Zitat einer DDR-Person verstanden werden, womit die Migrantin nach Goffman (1979) nicht die Autorin des Begriffs wäre, sondern die Animatorin. Die Sprecherin erhebt somit nicht den An-spruch auf eine Positionierung als DDR-Person, die diese Erfahrungen gemacht hat, sondern positioniert sich eher als Person, die über dieses Wis-sen aus zweiter Hand verfügt. Im Anschluss an die Verwendung des Begriffs lachen alle Beteiligten und werten damit die Verwendung des Wortes als originell und witzig. Im Gegensatz zu einer Person aus der DDR kann man der Sprecherin keine Ostalgie bei der Verwendung des Begriffs zuschreiben.

In einem anderen Gespräch zwischen einer Migrantin und einer der Autorinnen geht es um DDR-Produkte, die auch in der Gegenwart noch bzw. wieder verkauft werden. Die Positionierung der Migrantin wechselt zwischen ,ostdeutsch' und ,nicht ostdeutsch'. Sie positioniert sich als nicht ostdeutsch, indem sie ostdeutsche Erfahrungen als Zitat formuliert („sagen die Einheimischen") bzw. aus der Perspektive einer anderen Person durch die Verwendung des deiktischen *die* („und die hatten selbst in DDR-Zei-ten…"). Sie positioniert sich somit als jemand, der die Erfahrung in der DDR selbst nicht gemacht hat. In ähnlicher Weise verwendet die Spreche-rin die Abtönungspartikel „wohl", wodurch DDR-Wissen als indirekt (Ka-mio 1997) weitergegeben wird, d. h. als nicht selbst erfahren. Dadurch posi-tioniert sich die Sprecherin als nicht aus der DDR kommend. Im Kontrast dazu spricht sie von ihren gegenwärtigen Erfahrungen in direkten Aus-sagen (ebenda) und positioniert sich als in der ehemaligen DDR lebend. Mitunter gibt es jedoch Überschneidungen zwischen diesen beiden Posi-tionierungen und damit zwischen diesen beiden Identitäten, da gegenwär-tiges, auf Ostdeutschland bezogenes Wissen auch an DDR-Erfahrungen geknüpft ist. Wenn die Sprecherin beispielsweise die Formulierung „Ori-ginalverpackungen" verwendet, impliziert dieser Begriff, dass die Spre-cherin das Original aus DDR-Zeiten kennt bzw. selbst erfahren hat, was im Gegensatz zur oben beschriebenen Distanzierung von DDR-Wissen durch Zitatformulierungen und deiktischen Mitteln steht.

Interessant ist in diesem Zusammenhang auch, dass die Sprecherin im gleichen Datensegment „früher" in Bezug auf die ehemalige DDR verwen-det. Bei der Analyse von Nachwendegesprächen haben Liebscher (1997) und Auer und Kern (2001) festgestellt, dass „früher" sehr häufig von Ostdeut-schen zur Bezeichnung der DDR verwendet wurde und über die temporale Deixis hinaus in Gesprächen über die DDR eine soziale Dimension einzuneh-men begann. „Früher" wurde also mit dem Leben in der DDR und damit einer

ostdeutschen Person assoziiert. In dem Gespräch über Zustände in der ehemaligen DDR verwendet die westdeutsche Migrantin diesen Begriff in Bezug
auf die DDR. Dadurch positioniert sie sich als Person, die in der DDR gelebt
hat, obwohl in ihrer eigenen Biographie „früher" Westdeutschland war.

Durch die Analyse wird auch deutlich, wie das komplexe soziale Bezie-
hungsgefüge zwischen Ost- und Westdeutschland in die Formulierung von
persönlichen Erfahrungen bzw. von Wissen über die DDR eingreift, so dass
bewusst oder unbewusst Positionierung hinsichtlich der Kategorien ‚Ost'
und ‚West' stattfindet. Es zeigt sich außerdem, dass Identität, als interaktives
Konstrukt betrachtet, nichts Starres ist, sondern sich im Laufe des Gesprächs
ändern kann. Dadurch ergeben sich für unsere Sprecher Möglichkeiten der
Aushandlung von Identitäten und der wechselseitigen Zuordnung im Spannungsfeld Ost-West, von denen wir einige hier in Ansätzen beschrieben
haben.

Bibliographie

P. Auer / H. Hausendorf: Kommunikation in gesellschaftlichen Umbruchssitatio-
nen. Mikroanalytische Aspekte des sprachlichen und gesellschaftlichen Wandels in den Neuen Bundesländern. Tübingen: Niemeyer, 2000.

P. Auer / F. Kern: Three ways of analysing communication between East and West
Germans as Intercultural Communication. In: Culture in communication. Analy-
ses of intercultural situations. Amsterdam: John Benjamins, 2001, S. 89–116.

J. Dailey-O'Cain: Competing language ideologies in post-unification Germany:
when east meets west. In: Relocating Germanness: discursive disunity in unified Germany, P. Stevenson and J. Theobald (Hgg.). Basingstoke: Macmillan /
St. Martin, 2000, S. 248–266.

A. Di Luzio / P. Auer: Identitätskonstruktion in der Migration: konversationsanalytische und linguistische Aspekte ethnischer Stereotypisierungen. Linguistische
Berichte. (1986/104), S. 327–351.

E. Goffman: Footing. Semiotica 25–1/2, 1979, S. 1–29.

R. Harré / L. van Langenhove: Varieties of positioning. Journal for the Theory of
Social Behaviour, 21, 1991, S. 393–407.

H. Hausendorf: Zugehörigkeit durch Sprache. Eine linguistische Studie am Beispiel der deutschen Wiedervereinigung. Tübingen: Niemeyer, 2000.

A. Kamio: Territory of Information. Sage 1997.

G. Liebscher: Arriving at identities: positioning of speakers in German TV talk-
shows. In: Relocating Germanness. Discursive Disunity in Unified Germany. Patrick Stevenson and John Theobald (Hgg.). Basingstoke: Macmillan /
St. Martin, 2000, S. 189–205.

K. Ricker: Migration, Sprache, und Identität: Eine biographieanalytische Studie zu
Migrationsprozessen von Französinnen in Deutschland. Bremen: Donat Verlag, 2000.

STALINA KATAJEWA (Lipetsk/Russland)

Politische Sprachen im Wandel
Ein Deutsch / Russischer Vergleich

Der tiefgreifende politische Wandel in Europa der letzten Jahre und Jahrzehnte, bietet dem Sprachforscher die einzigartige Möglichkeit, die Wechselwirkung zwischen Sprache und Gesellschaft, Sprache und Zeitgeschichte gleichsam in mehreren Ländern zu beobachten. Diese radikalen gesellschaftlich-politischen Veränderungen, die gegen Ende des vergangenen Jahrhunderts in den Ländern Osteuropas eingetreten sind, haben tiefgreifende Bewußtsein- und Sprachveränderungen nach sich gezogen. Die „samtenen Revolutionen" ohne Gewalt, die in vielen osteuropäischen Ländern stattgefunden hatten, wiederholten sich in einer Weise, als seien sie ledeglich von einer Sprache in die andere synchronisiert worden.[1] Dieser gesellschaftliche und sprachliche Transfer, der in allen Revolutionsländern Osteuropas stattgefunden hatte, betraf in gewissem Maße auch Russland. Bei aller Spezifika, durch die sich die Perestroika in Russland von den „samtenen Revolutionen" seiner Partner im ehemaligen „sozialistischen Lager" unterschied, hat sie zweifellos auch viele gemeinsame Züge. Die Auflösung der Sowjetunion wie auch der Fall der Berliner Mauer, des Symbols der ideologischen Spaltung in Ost und West, hatten im gesamten östlichen Teil Europas einschneidende gesellschaftliche Folgen. Die vergleichende Analyse der politischen Sprachkulturen der Umbruchsszeit, der Perestoika in Russland und der Wiedervereinigung in Deutschland und der danach folgenden Zeit gehört zum interkulturellen Zweig der Politolinguistik,

> weil sich vom Fremden stets Neues lernen lässt und das Andere das Eigene relativiert, muss auch die Einstellung kontrastiver Studien zur politischen Sprache (bzw. Politiksprache) als lohnendes Forschungsziel betrachtet werden. Durch vergleichende Analyse der politischen Sprachkultur unterschiedlicher Staaten und Systeme könnte ein interkultureller Zweig der Politolinguistik – nicht zuletzt im Rahmen des europäischen Einigungsprozesses – zur Ausbildung wechselseitigen Verständnisses und zur Verständigung beitragen[2] (Burkhardt 1996, S. 95).

1 Vgl. W. Oschlies: Wir sind das Volk. Zur Rolle der Sprache bei den Revolutionen in der DDR, Tschechoslowakei, Rumänien und Bulgarien. Köln/Wien 1990, S. 1–3.

2 A. Burkhardt: „Politolinguistik. Versuch einer Ortsbestimmung." In: J. Klein/ H. Diekmannshenke (Hgg.): Sprachstrategien und Dialogblockaden. Linguisti-

Dieser interkulturelle Ansatz zur Erforschung der politischen Sprache, die vergleichende Analyse des Deutschen im Kontrast zu anderen Sprachen, trägt unter anderem dazu bei, gemeinsame Veränderungstendenzen im öffentlichen Sprachgebrauch dieser Länder festzustellen, typologische Zusammenhänge zu erkennen und Besonderheiten jeder Sprache bewusstzumachen. Besonders in der Zeit nach dem Zusammenbruch der totalitären Systeme ist die Analyse und Interpretation des sprachgeschichtlichen Materials im Kontext ähnlicher historischer Konstellationen, der Vergleich zu anderen Zeitabschnitten, Gesellschaften und Sprachen höchst aktuell. Dieser Vergleich ermöglicht eine intensivere Auseinandersetzung mit Fragen der politischen Kultur, ihre differenzierte Wahrnehmung und die kritische Reflexion über die Wirklichkeit in eigenem und fremdem Land, die Relativierung bisheriger Sichtweisen und den Abbau von eigenkulturellen Klischeevorstellungen.

Dies ist für alle Länder Osteuropas höchst relevant, die im Prozess der postsozialistischen Transformation sind und nach Jahrzehnten ihrer totalitären Vergangenheit die reibungslose Integration in die europäische Gemeinschaft versuchen. Die Beschreibung der Transformationsprozesse der osteuropäischen Länder in Politik und Sprache aus interkultureller Pespektive ist vonnöten, denn kulturbedingte Divergenzen können bei bestehenden Stereotypisierungen, Wissensdefiziten, mangelnder kultureller Sensibilität und Ambiquitätstoleranz zum Störpotential werden und den interkulturellen Dialog blockieren. Angesichts einer Orientierungslosigkeit in der Situation extremer gesellschaftlicher Umorientierung und bestimmter Unterschiede im Transformationsgeschehen ist es nach Illuk notwendig, die Transformationsmodelle für jedes Land zu konkretisieren, zu modifizieren und wissenschaftlich zu evaluieren.[3]

Die Folgen extremer politischer Umorientierung hat auch Russland auszutragen. Unter den Bedingungen des fundamentalen gesellschaftlichen Umbruchs, der in Russland durch einen schmerzhaften Übergang zu Demokratie und Marktwirtschaft und durch generelle mentale Umorientierung des Einzelnen auf neue Denk- und Kommunikationsmuster, und Werthaltungen bestimmt ist, ist die interkulturelle Zusammenarbeit in diesem Bereich vonnöten. Wie russische Sprachforscher feststellen, verursacht die radikale ideologische Umorientierung der Gesellschaft extrem schnelle Sprachveränderungen, die „fast so rapid erfolgen, wie politische Ereignisse selbst. Vieles hat sich vermischt, umgruppiert, verwischt, aber noch nicht

---

sche und politikwissenschaftliche Studien zur politischen Kommunikation. Berlin/New York 1996, S. 75–100.

3   Vgl. Iluk: „Erzieherische Ziele aus der Sicht neuerer internationaler Fremdsprachencurricula". In: DaF, Heft 1, S. 41–47.

vollkommen geklärt."[4] Und obwohl Prozesse dieses Sprachwandels noch nicht vollendet sind[5], kann man schon jetzt einige Tendenzen der semantischen, pragmatischen und stukturellen Wandlungen feststellen, die für die russische und die deutsche politische Sprache eigen sind. Das sind vor allem fast identische Forschungsrichtungen in beiden Ländern, die sich im Laufe der letzten Zeit herauskristallisiert haben. Das sind:

1. Forschungen, die sich mit Sprachveränderungen befassen, die unmittelbar mit den Prozessen der „Perestroika" in der Sowjetunion und der „Wende" in der DDR verbunden sind;
2. Forschungen, die auf kritische Rückbesinnung auf 70 Jahre sowjetischer und auf 40 Jahre der DDR-Zeitgeschichte gerichtet sind;
3. Forschungen, die Sprachveränderungen im postsowjetischen Russland und im vereinten Deutschland zum Thema haben.

Die vierte Forschungsrichtung, das im wiedervereinigten Deutschland aktuell gewordene Thema der „Kommunikationskonflikte", der „Sprachmauer" zwischen Ost- und Westdeutschen, ist für Russland und die russische Sprache nicht relevant, obwohl man auch in Russland nach dem Zusammenbruch des sozialistischen Systems oft das Gefühl hatte, dass die Menschen, die die gleiche Muttersprache sprechen, oft aneinander vorbeiredeten.

Als Ausgangspunkt der vergleichenden Analyse der Sprachveränderungen dieser Zeit in den beiden Ländern war der Stand der russischen Sprache in der Sowjetunion und der deutschen Sprache in der DDR. Ihre Forschung zeigt einige Gesetzmäßigkeiten des Funktionierens der Sprache unter den Bedingungen des totalitären Regimes, die das „ideologische Eigentum"[6] des politischen Systems war, und entsprechende Bezeichnungen hatte: *новояз* (politisierte Sowjetsprache), *Parteijargon, DDRsch* (offizielle Parteisprache der DDR) Im Zuge der demokratischen Erneuerungsprozesse in der Sowjetunion und in der DDR, in der Zeit radikaler politischer, ökonomischer, sozialer und psychologischer Umwälzungen sind besonders im ideologierelevanten Wortschatz dieser Länder tiefgreifende Veränderungen eingetreten. Sie drücken sich in dynamischen Prozessen einerseits der Deaktualisierung und Stigmatisierung von politischen Realia des sozialistischen Systems und der damit verbundenen Archaisierung von ganzen Lexikschichten der vergangenen Epoche aus, andererseits in

---

4   Jermakowa: Ермакова О. П.: „Семантические процессы в лексике". В: Русский язык конца XX столетия (1985–1995). Москва 1996, S. 32–66.
5   Vgl. Semskaja: Земская Е. А.: Введение. В: Русский язык конца XX столетия (1985–1995). Москва 1996, S. 9–31.
6   Karaulow: Караулов Ю. Н.: О состоянии русского языка современности. Москва 1991.

der gleichzeitigen (Re-)Aktualisierung und Melioration von Ideologemen des kapitalistischen Systems und Neologisierung des Wortschatzes im Prozess der Herausbildung eines neuen politischen Lexikons.

Dabei haben die unterschiedliche Sozialismusgeschichte und die Vorgeschichte der Sowjetunion und der DDR die Besonderheiten der Sprachveränderungen in beiden Ländern wesentlich ausgeprägt: In Russland verlaufen sie oft durch die Reaktualisierung bestimmter Begriffe aus dem bis 1917 existierenden politischen Lexikon im vorsozialistischen Russland *дума*, *держава*, während dies im Osten Deutschlands in der Folge des Beitritts der DDR zur BRD durch Übernahme der Begriffe (Bundesrepublikanismen) aus dem politischen Lexikon der Bundesrepublik *Bundestag, Bundesrat*.

Die Unterschiede im postsozialistischen Sprachwandel beider Länder sind auch durch Ergebnisse der Transformationsvorgänge bedingt: Die Perestroika in der Sowjetunion hat zum Zusammenbruch der UdSSR geführt, während die Wende in der DDR zur Wiedervereinigung der deutschen Nation. Von der Bedeutung dieses Ereignisses für die aktuelle deutsche Zeit- und Sprachgeschichte zeugt auch der mit neuer Kraft entfachte Diskurs über die „Nationale Identität" der Deutschen. In einem neuen öffentlichen Diskurs über nationale Identität versucht man, Begriffe wie „deutsch", „Deutschland", „deutsche Nation" u. a. aufs Neue zu entdecken, zu erschließen und zu interpretieren.[7] In Russland dagegen verläuft dieser Diskurs in Form einer permanenten Suche nach einer „Nationalen Idee".

Diese Veränderungsprozesse umfassen alle Formen der ideologischen Relevanz, die ihren Ausdruck in *Lexem-, Bedeutungs-, Wertungs-* und *Bezeichnungsspezifika* findet. Diese semasiologisch und onomasiologisch orientierte Typisierung der lexikalischen Ost-West-Unterschiede, die Hellmann für die Beschreibung der innerdeutschen Opposition DDR/BRD zu Grunde gelegt hat[8], fällt in diesem Kontext mit der übernationalen Gegenüberstellung unterschiedlicher ideologischer Systeme (sozialistisch/kapitalistisch) zusammen und kann auch in Bezug auf die russische Sprache in

---

7   Vgl.: Busse: „Deutschland, die ‚schwierige Nation' – Mythos oder Wirklichkeit?" In: R. Reiher/R. Läzer (Hgg.): Wer spricht das wahre Deutsch? Erkundungen zur Sprache im vereinigten Deutschland, 1993, S. 8–27; F. Hermanns: Ein Wort im Wandel: Deutsch – was ist das? Semiotisch-semantische Anmerkungen zu einem Wahl-Plakat der CDU (1990). In: A. Burkhardt/K.P. Fritsche (Hgg.): Sprache im Umbruch. Politischer Sprachwandel im Zeichen von ‚Wende' und ‚Vereinigung'. Sprache Politik und Öffentlichkeit Bd. 1. Berlin/New York 1992, S. 253–266.

8   Vgl. M.W. Hellmann: „Deutsche Sprache in der BRD und der DDR". In: H.P. Althaus/H. Henne/H.E. Wiegand (Hgg.): Lexikon der Germanistischen Linguistik. Tübingen ²1980, S. 519–527.

der Sowjetunion und im postsowjetischen Russland angewandt werden[9] (vgl. Katajewa 2001, 2001a).

Die *lexemspezifischen* Veränderungen betreffen das ideologierelevante sowjetische und DDR-typische Vokabular (die so genannten „Sowjetismen" *Верховный Совет, политбюро, ЦК КПСС* und „DDRismen": *Staatsrat, Politbüro, SED, Blockparteien).* Diese Nominationen verschwinden zusammen mit ihren Denotaten in der postsozialistischen Zeit in den beiden Sprachen im Zuge der Deakualisierung und der sie begleitenden Stigmatisierung spezifischer politischer Realia der vergangenen Epoche. An ihre Stelle kommen reaktualisierte, oder neu geschaffene lexikalische Einheiten, entlehnte Bundesrepublikanismen oder Anglo-Amerikanismen. Prozesse der Reaktualisierung (Dearchaisierung) sind vor allem für die russische Sprache typisch, in die während und nach der „Perestroika" lawinenartig viele Nominationen aus der Vergangenheit zurückkehren: *дума, губернатор, держава, община, соборность* u. a. Diese „Wiederaufnahme" bestimmter Lexeme aus der Zeit vor 1917 zählt Rathmayer neben „Umkonnotieren" und „Schaffung von Neologismen" einer der „Verbalstrategien" der „Perestroika"-Epoche zu.[10]

Die *bedeutungsspezifischen* Veränderungen betreffen die meisten ideologierelevanten politischen Begriffe wie *социализм, демократия, свобода солидарность/Sozialismus, Demokratie, Freiheit, Solidarität,* die in verschiedenen ideologischen Systemen bei gleicher Bezeichnung unterschiedlich definiert und gebraucht werden. Diese „ideologische Polysemie", die eine „einseitige, polarisierende Definition" politischer Begriffe von der gegnerischen Seite darstellt,[11] wird im Zuge der „semantischen Deideologisierung der Wörter"[12] aufgehoben. Die neuen Begriffsdefinitionen fallen aber in beiden Sprachen nicht völlig zusammen und weisen bestimmte Differenzen auf.

Die *wertungsspezifischen* Sprachveränderungen kann man als Folge „Umwertung aller Werte" im Zuge der Perestroika und Wiedervereinigung

---

9   S. Katajewa: „Sprache im Umbruch. Deutsch-russische Parallelen". In: S. Katajewa/V. Sarytscheva/S. Hoffmann (Hgg.): Es wächst immer noch zusammen, was zusammen gehört. 10 Jahre nach der Wiedervereinigung Deutschlands. Gesellschaft, Sprache, Literatur im Wandel. Lipetsk: LPGU, 2001, S. 16–17; S. Katajewa: „Politolinguistik interkulturell". In: Sprache, interkulturelle Kommunikation, neue Didaktikansätze. Beiträge des 18. Germanistentreffens (DAAD), Ulan-Ude: BGU 2001a, S. 82–84.

10 Rathmayer R.: „Von Коммерсант bis джаст-ин-тайм: Wiederbelebungen, Umwertbildungen im Wortschatz der Perestrojka". In: Slawistische Beiträge, Band 274, Slawistische Linguistik 1990. München 1991, S. 232.

11 Vgl. Hellmann (1980, 524). Ebenda.

12 Ермакова О.П. (1996, 36). Ebenda.

betrachten. Diese Umwertung betrifft das ganze ideologierelevante Vokabular vor allem aber sie begleitet den Bedeutungswandel der systemge-
bundenen Schlüsselbegriffe und drückt sich in ihrem meliorativen oder
pejorativen Umkonnotieren aus. Es gibt eine Reihe von ideologierelevanten Begriffen, die früher in der Sowjetunion und in der DDR eine eindeutige negative Wertung hatten z. B. *Kapitalismus, Marktwirtschaft/капита-
лизм, рыночная экономика*, und die in der postsozialistischen Zeit schon
als *neutral* oder *positiv* angesehen werden. Umgekehrt bekommen führende
Begriffe des ehemaligen politischen Systems *Sozialismus, Planwirtschaft/
социализм, плановая экономика*, die früher eindeutig *positiv* bewertet
wurden, *pejorative* Konnotationen. Die Umwertung wie auch Umdeutung
der politischen Begriffe nach dem Scheitern von „Realem Sozialismus"
führten zur eindeutigen Ablehnung der bestehenden und zur „Rehabilitierung" der politischen Terminologie, die früher der gegnerischen Seite gehörte.

Sprachveränderungen *onomasiologischer* Art betreffen die Wörter, die
bei ähnlichem bzw. gleichem Begriffs- und Bedeutungsumfang in verschiedenen ideologischen Systemen unterschiedliche Bezeichnungen haben, man
kann sie als ideologisch bedingte Synonyme betrachten, die nach dem
Merkmal soz./kap. gebildet worden sind: *капиталист/работодатель,
трудящийся/наемный рабочий Kapitalist/Arbeitgeber, Werktätiger/Ar-
beitnehmer, antifaschistischer Schutzwall/Berliner Mauer)*. Solche parallelen Bezeichnungen in beiden Sprachen signalisierten ideologische Unterschiede. Ihr Schicksal in der postsozialistischen Zeit ist eindeutig
entschieden: sie werden als manipulativ abgelehnt *(antifaschistischer
Schutzwall)* und verschwinden mit dem Schwund ihrer Denotate (UdSSR/
Sowjets, *RGW/COMECON*). Von da ab wird alles im Deutschen nur im
gesellschaftlichen Kontext der alten Bundesrepublik definiert. Dabei werden die Bundesrepublikanismen im Wortschatz der Ostdeutschen oft als
„Scheinneologismen" erfasst und empfunden, weil es sich nicht um neue
Wörter handelt, sondern um die Übernahme BRD-spezifischer Neuwörter,
Neubildungen und Neuprägungen nach 1945. Bestimmte Bezeichnungen
aus dem DDR-Deutschen sind aber fest im Bewusstsein der Menschen
verankert, was zur „Mischung von Alt-BRD-spezifischer Lexik mit Rudi-
menten DDR-spezifischer Lexik"[13] führt. An ihre Stelle kommen in den
Wortschatz der Ostdeutschen auch Wörter, die einen anderen, von der offiziellen Politik unterscheidenden Standpukt ausdrücken und z.B.die Eini-
gungsprozesse in Deutschland und die darauf folgenden Nach-Wende-

---

13 Vgl. D. Blei: Ein Deutschland – Eine deutsche Sprache? Ein Beitrag zu den
    sprachlichen Anpassungsleistungen der Ostdeutschen. In: Germanistische Mit-
    teilungen 37(1993), S. 105–112.

Erscheinungen anders erfassen und bewerten: So wird die *Wiedervereinigung* als *Ausverkauf, Anschluß, Besetzung, BRDigung, Absturz Ost* u. a. bezeichnet. Hinzu kommen auch Wörter des deutschen Grundwortschatzes, die im Kontext des problemreichen gesellschaftlichen Umbruchs in Ostdeutschland mit konnotativen Bedeutungselementen, zumeist pejorativen, angereichert werden, solche wie *Umstrukturierung, Abwicklung, Warteschleife, Treuhand* u. a. Gleiche Prozesse erfolgen auch im Russischen. Mit dem Schwund der Nominationen mit ausgeprägt ideologischen Konnotationen ist keinesfalls das Phänomen „Bezeichnungspezifika" bei der Nennung neuer politischer Sachverhalte verschwunden. Sie mehren sich im postsowjetischen Russland, in der Zeit, da in gleichem Maße die alte sozialistische, wie auch die neue postsozialistische Ordnung angesichts der zerplatzten Hoffnungen und Erwartungen von Millionen Menschen wegidealisiert wurde. So entspricht dem offiziellen Begriff *приватизация (Privatisierung)* eine sehr weit verbreitete paranomastische Bezeichnung *прихватизация (Prichvatisierung)*, was eine „auf unlautere betrügerische Art und Weise Anschaffung vom ehemals staatlichen Eigentum" bedeutet.

Zu den spezifischen Veränderungsprozessen, die nur für die russische Sprache eigen sind, gehört die Vulgarisierung der russischen literarischen und politischen Sprache, die als Folge der allgemeinen Jargonisierung der Sprache in der Zeit nach der Perestroika betrachtet wird.[14] Besonders die Gaunersprache beeinflusst am stärksten die russische Gegenwartssprache. Solche Wörter wie *беспредел, разборка, тусовка, крыша, баксы* kann man nicht nur in der Sprache der Massenmedien, sondern auch in der Rede der Politiker treffen. Kakorina erklärt dieses Phänomen – die Expansion der Argotismen in den russischen öffentlichen Sprachgebrauch – durch die Aufhebung gesellschaftlicher Tabus und des Verbotes auf die Obszönität, wie auch durch die zugenommene Rolle dieser sozialen Gruppe im gesellschaftlichen Leben Russlands.[15]

Die vergleichende Analyse des Sprachwandels im Zuge der Perestroika in Russland und der Wende in der DDR hat auf dem Gebiet ideologierelevanter Lexik bestimmte gemeinsame Veränderungstendenzen semasiologischer und onomasiologischer Art gezeigt. Sie sind auf gemeinsame Gesellschaftserfahrung im Sozialismus zurückzuführen. Da aber unmittel-

---

14   Vgl. Какорина Е. В.: Трансформация лексической семантики и сочетаемости (на материале языка газет). В: Русский язык конца XX столетия Москва (1985–1995), S. 67–89; (2003): Сфера массовой коммуникации: отражение социальной дифференцированности языка в текстах СМИ. В: Современный русский язык. Социальная и функциональная дифференциация. Москва 1996, S. 241–276.

15   Vgl. Какорина Е. В. (1996, S. 83–84). Ebenda.

bare Sozialismusgeschichte in beiden Gesellschaften wie ihre Vorgeschichte anderartig waren und neue Transformationsprozesse in den ehemals sozialistischen Staaten nazionalspezifische Ausprägungen, reale Differenzen aufweisen, wird das „Erbe des Sozialismus" auch sprachlich unterschiedlich weiter wirken und die Herausbildung eines neuen politischen Lexikons beeinflussen.

MARK HILLEBRAND (Bremen, Deutschland)

Der Transkulturalitätsansatz
und die deutsche Sprache nach der Wende

In meinem Beitrag möchte ich eine mögliche Perspektive auf den außersprachlichen Kontext darstellen, der die sprachlich-kommunikativen Anpassungen seit der Wende und die metasprachlichen Reflexionen dieser Anpassungen geprägt hat.[1] Dem Arbeitsziel dieser Sektion, aus der Betrachtung der deutschen Vereinigung Schlussfolgerungen für andere geteilte Gemeinschaften ziehen zu können, will ich mich auf dem umgekehrten Weg nähern, indem ich zunächst Anleihen in Untersuchungen differenter Gemeinschaften mache. Ich will überprüfen, wieweit dort übliche Kategorien mit den linguistischen Analysen des Vereinigungsprozesses verknüpfbar sind.

Der Kontext, in dem sich das Kulturgut der deutschen Sprache seit dem 3. Oktober 1990 befindet, ist kein Konflikt der Kulturen, wie es im Titel des 11. IVG-Kongresses hieß, aber er ist, neutraler, ein kultureller Austausch, der hin und wieder sicher auch konflikthafte Züge trägt. Um was für eine Art des Austausches handelt es sich dabei nun genau? Ein nicht nur in der sprachwissenschaftlichen Literatur verbreitetes Modell zur Beschreibung der deutschen Vereinigung ist das der Interkulturalität. Hieran werden aber, ebenfalls von linguistischer Seite, einige Kritikpunkte angeknüpft.[2] Ich will zwei dieser Punkte, die sich auf die sprachlichen Anpassungen innerhalb des kulturellen Austausches beziehen, hervorheben:

1. Interkulturalität ist nur eine von mehreren relevanten sozialen Kategorien. Sprachdaten können ebenfalls durch die Situation geprägt sein und von der Rolle und dem Status o.a. der Sprecher abhängen.[3] Ein zu starkes Interkulturalitätspostulat läuft Gefahr, kulturunspezifische Strukturphänomene von Kommunikation zu übersehen oder falsch zuzuordnen.
2. Das Interkulturalitätspostulat birgt das Risiko, besonders die ostdeutsch sozialisierte Sprechergemeinschaft zu homogenisieren und Kultur als

---

1   Hierfür lehne ich mich an einen Text von Wolfgang Emmerich 2005 an, in dem er ähnliche Überlegungen für die Literaturwissenschaft und für die Deutschlandforschung anstellt.
2   Vgl. überblicksartig Hartung, Shethar 1998.
3   Vgl. Pätzold, Pätzold 1995 sowie Schmitt, Keim 1995.

eine Menge fester Merkmale zu begreifen.[4] Dies geschieht vor allem unter dem Dach einer DDR-spezifischen offiziellen Sprache.[5]

Auf diese beiden Kritikpunkte möchte ich im Folgenden zurückkommen und einen alternativen kulturtheoretischen Ansatz für die Beschreibung der Wiedervereinigungssituation vorstellen: das Modell der Transkulturalität. Dafür beziehe ich mich im Wesentlichen auf Wolfgang Welsch,[6] der seinen Ansatz ebenfalls auf der Basis einer Kritik des Interkulturalitätsmodelles entwickelt. Welsch argumentiert, dass Interkulturalität zwar nach der Überwindung kultureller Konflikte durch interkulturellen Dialog strebt, dafür aber noch mit einem traditionellen Begriff separatistischer, homogener Kulturen im Sinne Herders operiert, womit es zu keinem wirklichen Austausch kommen kann. Vielmehr schafft die implizite Annahme des separatistischen Charakters der Kulturen erst die schwierige Koexistenz und die strukturelle Kommunikationsunfähigkeit der Kulturen. Transkulturalität als nicht-homogenes Kulturmodell dagegen ist nach Welsch zunächst auf zwei Ebenen zu beobachten: Auf der Makroebene liegt die Struktur der Kulturen und der Austausch kultureller Muster. Auf der Mikroebene liegt die transkulturelle Prägung der Individuen, die sich aus den Anforderungen des Kulturaustausches und dem steten Aushandeln kultureller Grenzen ergibt. Für eine transkulturelle Kultur heißt das, dass sie auf der Makroebene grenzüberschreitende Konturen aufweist und auf der Mikroebene hinsichtlich einer Pluralität von Identitäten binnendifferenziert ist. Auf der Mikroebene müssen die Individuen bezüglich ihrer kulturellen und lebensweltlichen Zugehörigkeit zwischen verschiedenen Angeboten und Bezugssystemen vermitteln und dabei mit Diskontinuität umgehen. Regionale kulturelle Identität ist dann oft nur noch simulatorisch. In Welschs Ansatz führt Transkulturalität zu hybriden Identitäten, die Elemente aus verschiedenen Kulturen integrieren, worauf ein Spannungsabbau in der kulturellen Differenz folgt. In dieser Hinsicht scheint mir Welschs integratives Modell zu harmonisch, denn im Austausch der Kulturen sind ebenso Situationen denkbar, bei denen es zu keinem Spannungsabbau kommt. Für die Kontaktlinguistik hat Harald Haarmann drei Formen der kulturellen Fusion unterschieden: Amalgamierung, Inkorporation und Konglomeration.[7] Wenn man diese Gliederung noch etwas ausfaltet,[8] kann man für kulturellen Austausch, der nicht nur als Fusion denkbar ist, folgende Möglichkeiten annehmen:

4　Vgl. Reiher 1995 sowie Streeck 1995.
5　Vgl. Reiher 1995.
6　Für die folgenden Darstellungen vgl. Welsch 1997.
7　Haarmann 1996, S. 230 f.
8　Zu den verschiedenen Arten kultureller Mischung vgl.: Voigt 2002, Kap. I,4 und IV,2.

a) Vollständige Übernahme (Inkorporation),
b) Gleichmäßige Mischung (Amalgamierung, Hybridität),
c) Partielle Übernahme (Konglomeration),
d) Umwandlung (Bedeutungswandel, Nachahmung, Mimikry),
e) Neuschöpfung, die in keiner der Ausgangskulturen möglich wäre,
f) Ablehnung oder Abwehr der Übernahme, die oft mit der
  – Formulierung von Gegenbildern, mit dem
  – Rückbezug auf alte kulturelle Entitäten oder mit der
  – Identifikation mit vom kulturellen Austausch ähnlich Betroffenen
   einhergeht,
g) Verschränkung der Prozesse.[9]

Meines Erachtens ist mit der Wiedervereinigung also kein interkultureller, sondern ein transkultureller Kontext im oben skizzierten Sinn gegeben. Durch die Ausdehnung des Geltungsbereiches des bundesdeutschen Grundgesetzes und durch die damit einhergehende Ablösung des gesamten institutionellen Gefüges und der Sozialstruktur der DDR fanden sich in kürzester Zeit 16 Mio. Menschen formal in einem anderen Land wieder, ohne sich dafür fortbewegt zu haben. Zugleich wurden zwei Staaten vereint, die schon zur Zeit ihrer Teilung einerseits eine enge, fast familiäre und andererseits eine auf Abgrenzung bedachte Nachbarschaft gepflegt haben. In dieser Situation müssen die Akteure ihre Identität zwischen alt und neu, zwischen vertraut und unvertraut entwickeln. Ein traditionelles, homogenes Verständnis von Kultur als Insel wird dem nicht gerecht.[10] Vor dem Hintergrund der Diskontinuität der DDR-Lebenswelt ist es notwendig, das Verständnis von Eigenem und Fremdem neu auszuhandeln, um zu vermeiden, dass das Eigene mit der verschwundenen DDR historisiert wird und ohne Gegenwartsbezug bleibt. Die Binnendifferenziertheitsthese des Transkulturalitätsansatzes verweist darauf, dass sich dieses Aushandeln in verschiedenen sozialen Konstellationen immer wieder aufs Neue vollzieht, und verschränkt so einerseits kulturelle und situative Aspekte und sensibilisiert andererseits für Prozesse der Übersetzung und Neuschöpfung dessen, was als eigen gilt oder galt.

Dass es sich in der transkulturellen Situation der Wiedervereinigung aus Sicht der ostdeutschen Sprecher um eine vielgestaltige Zirkulation kultureller Ressourcen handelt und nicht um einen interkulturellen Prozess mit dem Ziel einer vollständigen Assimilation, zeigt auch eine Betrachtung der Lexik der Wende unter dem Blickwinkel der sechs oben skizzierten Kategorien für kulturellen Austausch, von denen sich für fünf ausgewählte Belege finden lassen: Im Bereich der ideologisch konnotierten

---

9 Vgl. Burke 2000, S. 26.
10 Vgl. Streeck 1995, S. 431.

Lexeme finden wir eine Desynonymisierung,[11] die von einer a) vollständigen Übernahme derjenigen Lexeme begleitet wird, die auf Entitäten der
westdeutsch geprägten politischen und wirtschaftlichen Ordnung referieren. Zugleich findet sich eine b) gleichmäßige Mischung in der synony-
men Verwendung ideologisch neutraler Lexeme der Alltagssprache wie
Kaufhalle und *Supermarkt*.[12] Ebenfalls hat beispielsweise mit der Bedeu-
tungserweiterung von *sich orientieren* (nach jemandem richten > seine Lage
bestimmen, sich zurechtfinden)[13] eine d) Umwandlung stattgefunden. Das
bekannteste Beispiel für eine e) Neuschöpfung, die in keiner der Ausgangskulturen möglich wäre, ist wohl der *Ossi* und das pejorativ, evaluative Stereotyp *Jammerossi* und *Besserwessi*. Außerdem finden wir Belege für
f) Ablehnung oder Abwehr wenn die innerdeutsche Grenze übergreifende
Regionalismen nachträglich als Spezifika des ost- bzw. westdeutschen
Raumes uminterpretiert werden, wie das bei den Zeitangaben *viertel vor,*
dreiviertel/viertel nach, viertel vor der Fall ist.[14] Ähnliches gilt für die
beobachtete Frequenzzunahme DDR-geprägter Lexeme und die gleichzei-
tige Frequenzabnahme BRD-geprägter Lexeme.[15]

Literatur

Peter Burke: Kultureller Austausch. Frankfurt a.M. 2000.

Norbert Dittmar: Deutsch-deutsche Sprach- und Kommunikationserfahrungen nach
    der „Wende" aus westdeutscher Sicht. In: Gerd Antos, Ulla Fix, Ingrid Kühn
    (Hgg.): Deutsche Sprach- und Kommunikationserfahrungen zehn Jahre nach
    der „Wende", 2001, S. 101–140.

Wolfgang Emmerich: „Dritte Räume" als Gegenstand der Deutschlandforschung.
    In: DAAD (Hg.): Germanistentreffen. Deutschland – Großbritannien, Irland.
    30.9.–3.10.2004 in Dresden. Dokumentation der Tagungsbeiträge. Bonn 2005,
    S. 63–82.

Harald Haarmann: Identität. In: Hans Goebl, Peter H. Nelde, Zdeněk Starý, Wolf-
    gang Wölck (Hgg.): Kontaktlinguistik. Ein internationales Handbuch zeitgenössi-
    scher Forschung. 1. Halbband. Berlin, New York (HSK 21.1), 1996, S. 218–233.

Wolfdietrich Hartung/Shethar, Alissa: Was ist „Ostjammer" wirklich? Diskurs-
    Ideologie und Konstruktion deutsch-deutscher Interkulturalität. In: Kramer,
    Undine; Reiher, Ruth (Hg.): Sprache als Mittel von Identifikation und Distan-
    zierung. Frankfurt a.M. 1998, S. 39–66.

11 Vgl. Reiher 1995, S. 239.
12 Vgl. Dittmar 2001, S. 114.
13 Vgl. Reiher 1995, S. 236.
14 Vgl. Jakob 2001, S. 258.
15 Vgl. Reiher 2000, S. 37f.

Karlheinz Jakob: Zusamenfassung des Beitrages zur Podiumsdiskussion. In: Gerd Antos; Ulla Fix; Ingrid Kühn (Hgg.): Deutsche Sprach- und Kommunikationserfahrungen zehn Jahre nach der „Wende", 2001, S. 257–259.

Jörg Pätzold/Margita Pätzold: Gemeinsame Sprache, geteiltes Verstehen. Anmerkungen zur Systematik von Verständigungsschwierigkeiten zwischen Deutschen Ost und Deutschen West. In: Ruth Reiher (Hg.): Sprache im Konflikt. Zur Rolle der Sprache in sozialen, politischen und militärischen Auseinandersetzungen. Berlin, New York 1995, S. 244–262.

Ruth Reiher: Deutsch-deutscher Sprachwandel. In: Dies. (Hg.): Sprache im Konflikt. Zur Rolle der Sprache in sozialen, politischen und militärischen Auseinandersetzungen. Berlin, New York 1995, S. 232–243.

Ruth Reiher: Das „Kollektiv" hat sich ins „Team" verabschiedet. Regionale Differenzierung im ostdeutschen Sprachgebrauch. In: Dies.; Antje Baumann (Hg.): Mit gespaltener Zunge? Die deutsche Sprache nach dem Fall der Mauer. Berlin 2000, S. 30–54.

Reinhold Schmitt/Inken Keim: Das Problem der subsumtionslogischen Konstruktion von Interkulturalität. In: Marek Czyżewski; Elisabeth Gülich, Heiko Hausendorf, Maria Kastner (Hg.): Nationale Selbst- und Fremdbilder im Gespräch. Kommunikative Prozesse nach der Wiedervereinigung Deutschlands und dem Systemwandel in Ostmitteleuropa. Opladen 1995, S. 413–429.

Jürgen Steeck: Ethnomehtodologische Indifferenz im Ost-West-Verhältnis. In: Marek Czyżewski, Elisabeth Gülich, Heiko Hausendorf, Maria Kastner (Hgg.): Nationale Selbst- und Fremdbilder im Gespräch. Kommunikative Prozesse nach der Wiedervereinigung Deutschlands und dem Systemwandel in Ostmitteleuropa. Opladen 1995, S. 430–436.

Gabi Voigt: Selbstbilder im „Dazwischen". Wie afghanische Migranten ihre Identität konstruieren. Frankfurt a.M., London 2002.

Wolfgang Welsch: Transkulturalität. Die veränderte Verfassung heutiger Kulturen. In: Irmela Schneider; Christian W. Thomsen (Hgg.): Hybridkultur. Medien, Netze, Künste. Köln 1997, S. 67–88.

KERSTEN SVEN ROTH (Greifswald, Deutschland)

Ostdeutschland als Diskursgegenstand – ein Beispiel

1. Sprache zwischen Ost und West
fünfzehn Jahre nach der Deutschen Einheit. Die Notwendigkeit
eines Perspektiven- und Methodenwechsels

In den Zeiten der deutschen Teilung war die Forschungsperspektive der Germanistischen Linguistik auf die sprachlichen Verhältnisse in Ost- und Westdeutschland im wesentlichen eine varietätenlinguistische. Die Frage, der man nachging, war die, ob sich in den beiden deutschen Staaten nun auch zwei verschiedene Varianten des Deutschen herausbilden würden, die über kurz oder lang eine Verständigung zwischen den Menschen aus der DDR und denen aus der Bundesrepublik unmöglich machen oder sie zumindest erschweren würden. Vor dem Hintergrund der westdeutschen Staatsideologie, die, jenseits aller realpolitischen Zugeständnisse, am Verfassungsziel der ‚Wiedervereinigung' immer festhielt, war damit die Sorge verbunden, die Zweistaatlichkeit könnte durch wachsende sprachliche Barrieren weiter zementiert werden.

Inzwischen darf es wohl als Konsens in der Germanistik gelten, dass diese Sorge unberechtigt war. Lexikalische und semantische Differenzen beschränkten sich nahezu ausschließlich auf den Bereich der institutionellen (*Volkskammer* vs. *Bundestag, Eingabe* vs. *Petition* usw.) und der Ideologie-Sprache (*Antifaschistischer Schutzwall* vs. *Mauer* usw.) und verloren entsprechend schnell mit dem staatlichen Ende der DDR an Bedeutung. Während sich die Sprache der nun „gesamtdeutsch" gewordenen Bundesrepublik unter den verschiedensten Einflüssen und Bedingungen kontinuierlich weiter entwickelte, wurde jene letztlich doch überschaubare Zahl DDR-spezifischer Spracheigenheiten zu einem Gegenstand der Sprachgeschichte, als welcher sie inzwischen sehr gut aufbereitet sind (vgl. zusammenfassend Reiher/Baumann [Hgg.] 2004). Manfred Hellmann kommt von daher fünfzehn Jahre nach der ‚Wende' in der DDR zu dem Schluss:

> Das Thema, das uns so lange und so intensiv beschäftigt hat – Sprache und Kommunikation in (oder zwischen) Ost und West – hat also, so meine ich, heute nur noch eine sehr geringe aktuelle kommunikative Relevanz […]. (Hellmann 2004, S. 18)

Diese Diagnose nun erweist sich, so wahr sie in Anwendung jener varietä-
tenlinguistischen Perspektive sein mag, bei näherer Betrachtung der gegenwärtigen innerdeutschen Realität als offenkundig nicht ganz zutreffend.
Wer etwa den völlig unterschiedlichen ost- und westdeutschen Medienge-
brauch berücksichtigt, die offenbar ausgesprochen unterschiedliche An-
sprechbarkeit der Menschen in Ost und West durch die kommunikativen
Annäherungsversuche der verschiedenen politischen Parteien, wie sie sich
schließlich auch in den Wahlergebnissen niederschlagen oder aber eine
Erklärung dafür sucht, warum etwa das Etikett *Hartz IV* im Jahre 2005 in
Ostdeutschland in ganz anderer Weise zum Schlagwort für die Artikulation ansonsten eher latenter Systemzweifel geworden ist als im Westen, der
wird nicht umhin kommen, dahinter linguistisch relevante Aspekte zu vermuten, die in den Beschreibungsbereich „Sprache und Kommunikation in
(oder zwischen) Ost und West" fallen. Um diese angemessen zu erfassen,
ist nun aber in der Tat ein Perspektiven- und damit einhergehend ein Me-
thodenwechsel erforderlich, für den sich die germanistische Sprachwissenschaft vor allen Dingen im letzten Jahrzehnt die notwendigen Beschrei-
bungsinstrumente im Anschluss an internationale Entwicklungen (v. a. im
angelsächsischen Raum) erarbeitet hat: Die sprachstrukturelle Ebene der
lexikalischen und semantischen Beschreibung ist zu verlassen und die der
Diskursanalyse zu betreten. Die dazu vorliegenden Ansätze erlauben es,
sichtbar zu machen, wie deutlich sich bestimmte Bestände an Alltagswis-
sen der Menschen in Ost und West in jeweils konkret beschreibbaren sprachlichen Formaten niedergeschlagen haben, die wiederum, als ‚Diskurswissen' stets in ost-, west- und gesamtdeutschen Diskursen wiederholt und
verfestigt, die Wahrnehmung der Realitäten in Deutschland und durch die
Deutschen bestimmen (vgl. Roth im Erscheinen). Kern all dieser diskursiven
Phänomene ist die Konzeptualisierung einer vielfältigen Differenz zwischen Ost und West, wobei es zumindest in den westdeutsch dominierten
gesamtdeutschen Diskursen der Massenmedien und der (Bundes-)Politik
naturgemäß der Osten ist, der exponiert und zum eigenen Diskursgegen-
stand gemacht wird.

2. Exemplarische Analyse: Ein Mikrodiskurs
über ‚Ostdeutschland' im Wahlkampf 2005

Der Bundestagwahlkampf 2005 stellte insofern ein Novum in der Geschichte
der Bundesrepublik Deutschland dar, als erstmals eine der Volksparteien,
die CDU, mit Angela Merkel nicht nur eine Frau, sondern zudem eine
Ostdeutsche als Kanzlerkandidatin ins Rennen schickte. Es war aber nicht

einmal diese ‚objektive‘ Tatsache, die in diesem Wahlkampfsommer für einen besonders starken Diskurs über den Osten führte – die politischen Strategen der CDU hielten es nach einer kurzen verunglückten Diskussion um einen ‚Sonderwahlkampf Ost‘ für geschickter, die Kandidatin ihre ostdeutsche Herkunft mehr verleugnen als argumentativ einsetzen zu lassen –, vielmehr gaben einige Äußerungen aus Westdeutschland stammender Politiker hierfür regelmäßig Anlass. Einer dieser ‚Diskursinitiatoren‘ war der damalige bayerische Ministerpräsident und Unions-Spitzenkandidat der vorhergehenden Wahl, Edmund Stoiber, der unter anderem im Rahmen einer Wahlkampf-Kundgebung in Baden-Württemberg vor laufenden Kameras gesagt hatte:

> Ich akzeptiere es nicht, dass letzten Endes erneut der Osten bestimmt, wer in Deutschland Kanzler wird. Es darf nicht sein – und das ist der Appell auch an alle Vernünftigen – es darf nicht sein, dass letztlich die Frustrierten über das Schicksal Deutschlands bestimmen. (dpa, 11.8.2005)

Auf diese (und einige ähnliche) Äußerungen des westdeutschen Spitzenpolitikers reagierten nicht nur erwartungsgemäß die Strategen der gegnerischen Parteien, sondern auch führende Medien mit einem intensiven, skandalisierenden Diskurs über die Berechtigung einer solchen Wahlkampfrhetorik. Anders als in anderen Fällen, wo man durchaus heftige Angriffe und den weitgehenden Verzicht auf eine vernünftigende und kooperative Argumentation angesichts der besonderen Erfordernisse der Wahlkampfkommunikation für selbstverständlich hinnimmt, hielten viele Teilnehmer am öffentlichen Diskurs in diesem Fall für unberechtigt und forderten prominente Stimmen eine Entschuldigung Stoibers. Stellvertretend hierfür seien nur zwei Zitate angeführt:

> Das, was Stoiber macht, ist ungehörig gegenüber den Menschen in den neuen Ländern, und es wäre gut, wenn er das schnell korrigieren würde. (SPD-Vorsitzender Franz Müntefering, zitiert nach dpa, 11.8.2005)

> Stoibers Äußerung […] beleidigt Menschen, die ein Leben unter schwierigeren Bedingungen vorzuweisen haben, als wir es im Westen haben. (Bundeskanzler Gerhard Schröder (SPD), zitiert nach dpa, 11.8.2005)

Anhand des inkriminierten Zitats Stoibers, sowie der exemplarisch angeführten Belege aus dem Diskurs um dieses Zitat lassen sich nun einige, in erster Linie topische Eigenarten des Diskurses über ‚den Osten‘ deutlich machen, die sich bereits in ersten systematischen Untersuchungen als typisch nachweisen ließen, und die hier summarisch in zwei Punkten zusammengefasst werden sollen:

1. In Stoibers Äußerung selbst erscheint der Osten zunächst einmal – hier bezogen auf das Wahlverhalten – als ein Phänomen der ‚Andersartigkeit‘, des ‚Besonderen‘ und ‚Abweichenden‘, das jedoch noch spezifischer als etwas ‚Defizitäres‘ gefasst wird und schließlich zur Belastung Gesamtdeutschlands stilisiert ist. Diese topische Treppe „*Andersartigkeit – Schwäche/Defizit – Belastung*“ zieht sich bereits seit den Tagen der Wende durch westdeutsch dominierte Diskurse über den Osten (vgl. Roth 2004).

2. Aufschlussreich ist nun, dass die Kritiker der Stoiber-Äußerung dieses Diskursschema in keiner Weise verlassen, sondern ihrerseits konsequent fortführen, indem sie in besonders prägnanter Form den ‚Schwäche‘-Topos verwenden: Die Aufforderung eines Dritten (Müntefering), Stoiber habe sich bei den Ostdeutschen zu entschuldigen, präsupponiert diese Schwäche, indem letztlich unterstellt zu sein scheint, ‚die‘ Ostdeutschen verfügten selbst über keine Mittel, sich kommunikativ zu wehren. Die Charakterisierung der Äußerung als ‚Beleidigung‘ (Schröder) wiederum unterstellt, dass sich ‚die‘ Ostdeutschen, offenbar in Unkenntnis der Eigengesetzlichkeit von Wahlkampfkommunikation durch den betreffenden Satz überhaupt betreffen lassen. Das exklusive *Wir* im Statement Schröders schließlich macht deutlich, dass Ostdeutsche als Diskursakteure hier tatsächlich nicht konzeptualisiert sind. Es handelt sich offenbar um einen Teildiskurs unter Westdeutschen, der in väterlicher Geste um Verständnis für – im Sinne des Topos von der Andersartigkeit – ‚Sonderregeln Ost‘ wirbt.

Fazit

Die noch immer bestehende ‚Mauer in den Köpfen‘ ist in vielerlei Hinsicht eine mit sprachlichen Mitteln errichtete und sie ist kein singuläres Phänomen, sondern eines der kollektiven Kommunikationsrealität. Von daher ist es die Ebene der Diskurse, auf der die germanistische Linguistik auch in Zukunft die Erforschung des innerdeutschen Verhältnisses fortführen sollte. Gerade die Art und Weise, wie man – in den verschiedensten Teildiskursen der gesellschaftlichen Subsysteme – über ‚Ostdeutschland‘ spricht, ist dafür ein vielversprechender Untersuchungsgegenstand.

Literatur

Manfred Hellmann: Thema erledigt – oder doch noch nicht? Was bleibt zu tun bei der Erforschung des DDR-Sprachgebrauchs? In: Reiher/Baumann (Hgg.) 2004, S. 17–26.

Ruth Reiher/Antje Baumann (Hgg.): Vorwärts und nichts vergessen. Sprache in der DDR: Was war, was ist, was bleibt. Berlin 2004.

Kersten Sven Roth: Wie man über den Osten spricht – die ‚Neuen Länder‘ im bundesdeutschen Diskurs. In: German as a foreign language, 2/2004, S. 15–39.

Kersten Sven Roth: Diskurswissen – Aspekte seiner Typologie am Beispiel des Diskurses über Ostdeutschland. Erscheint in: Gerd Antos, Thilo Weber (Hgg.): Typen von Wissen – ihre begriffliche Unterscheidung und Ausprägungen in der Praxis des Wissenstransfers. Frankfurt a.M. [Transferwissenschaft. 6] in Produktion.

BIRGER SOLHEIM (Bergen, Norwegen)

Zum Geschichtsdenken Christoph Heins nach 1989

In Essays und Romanen reflektiert Christoph Hein in den 80er Jahren über den problematischen Status der Geschichte als Wissenschaft. Zentrale Texte in dieser Hinsicht sind vor allem die Romane *Horns Ende*[1] und *Der Tangospieler*[2] sowie die Essays „Das Dilemma des Chronisten"[3] und „Die fünfte Grundrechenart".[4] Behält Hein dieses Interesse für geschichtstheoretische Problemstellungen auch nach der Wende? Lässt sich eventuell eine Veränderung in seiner Geschichtsbetrachtung feststellen?

Heins Geschichtskritik vor der Wende ist aus ersichtlichen Gründen vor allem vor dem Kontext des im sozialistischen Staat dominanten *geschichtlichen Materialismus* zu sehen. Der Autor ist aber offenbar auch über die Diskussionen im Westen, vor allem über den sogenannten Historikerstreit, gut orientiert, was in den Essays deutlich zum Ausdruck kommt. Heins Geschichtsbetrachtung löst sich von ihrer Verwurzelung im konkreten gesellschaftlichen Kontext (DDR/BRD) und bekommt allgemeingültige Züge. Worin besteht diese verallgemeinerte Geschichtskritik Heins?

Mit vielen anderen DDR-Autoren teilt Hein eine Skepsis der Forderung gegenüber, mit fertigen Geschichtstheorien an die Wirklichkeit heranzugehen.[5] Auch distanziert sich Hein von jeglichem deduktiven Verfahren, demzufolge man mit einer Hypothese oder einer Botschaft anfängt, um anschließend nach Belegen zu suchen. Dies mag vielleicht in naturwissenschaftlichen Disziplinen eine nützliche Verfahrensweise sein; auf Geschichte angewandt ist aber das Ergebnis häufig ein intellektueller Kurz-

---

1 Christoph Hein: Horns Ende. Frankfurt a. M.: Suhrkamp, 2003.
2 Christoph Hein: Der Tangospieler. Berlin: Aufbau Taschenbuch Verlag, 1999.
3 Christoph Hein: „Die Zeit, die nicht vergehen kann oder Das Dilemma des Chronisten". In: Als Kind habe ich Stalin gesehen. Essays und Reden. Frankfurt a. M.: Suhrkamp, 2004.
4 Christoph Hein: „Die fünfte Grundrechenart". In: Als Kind habe ich Stalin gesehen. Essays und Reden. Frankfurt a. M.: Suhrkamp, 2004.
5 Die Figuren Kruschkatz und Spoedek aus *Horns Ende* beziehen sich beispielsweise bewusst auf klare geschichtstheoretische Positionen, der eine auf den Marxismus, der andere auf den Nihilismus, und beide spielen sich als historisch geschulte Intellektuelle auf. Am Ende entpuppen sich aber diese Geschichtsreflexionen als Tarnoperationen, die vor allem dem Zweck dienen, die feige Anpassung der beiden an das System zu legitimieren.

schluss, welchen Hein abschätzend als eine „fünfte" und also ungültige „Grundrechenart" bezeichnet. Dieses Denkverfahren besteht darin,

> [...] dass zuerst der Schlussstrich gezogen und das erforderliche und gewünschte Ergebnis darunter geschrieben wird. Das gibt dann einen festen Halt für die waghalsigen Operationen, die anschließend und über dem Schlussstrich erfolgen.[6]

Eine Geschichtswissenschaft, die – bewusst oder unbewusst – die „fünfte" Grundrechenart" benutzt, fällt gleichsam auf eine mittelalterliche Erkenntnisstufe zurück, wo man mittels „Auslassungen" und „scholastischen Rösselsprüngen"[7] eine Art Wissenschaftsmagie ausübte. Die Postulierung von Wendepunkten, Nullpunkten oder Brüchen in der Geschichte fällt für Hein ebenfalls mit einer solchen Form der Wissenschaftsmagie zusammen, die unter dem Schein der wissenschaftlichen Objektivität eine vielschichtige Wirklichkeit in ein vereinfachendes Schema zu drängen sucht. Die Geschichtsschreibung der DDR war für Hein eine solche Quasiwissenschaft, die auf dieser „fünften Grundrechenart", dem systematischen Verdrängen von störenden Fakten, beruhte.[8]

Heins Poetik vor der Wende kann in mancher Hinsicht als eine Alternative zu diesem quasiwissenschaftlichen Geschichtsdiskurs betrachtet werden. Die Poetik des Romans *Horns Ende* ist beispielsweise bewusst subjektiv: Fünf Stimmen treten hervor, die alle einen jeweils anderen Horn erinnern. Auf diese Weise wird die Befangenheit derjenigen, die über die Vergangenheit nachdenken, deutlich gemacht und von dieser Bloßstellung der eigenen Befangenheit kann die Geschichtswissenschaft etwas lernen.[9] Hein lässt es aber nicht bei der reinen Subjektivität bleiben, denn er stellt

6   Hein, Christoph: „Die fünfte Grundrechenart" (Anm. 4), S. 137.
7   Ebenda, S. 138.
8   Hein macht uns aber früh darauf aufmerksam, dass auch einige westliche Historiker dieser Form der Geschichtsmanipulation verfallen sind. Wenn man beispielsweise wie Ernst Nolte Geschichte in den Dienst der Herausbildung einer deutschen Nationalidentität ziehen will, benutzt man die Geschichtswissenschaft als „Sinnstiftung" und „Religionsersatz", wohingegen die eigentliche Aufgabe des Chronisten aus „ein[em] Prüfen und Bezweifeln des Sinns" (ebenda, S. 111) bestehe.
9   Im Gespräch mit Solheim sagt Hein: „Geschichtsschreibung ist immer abhängig, zumindest vom Zeitgeist, und die Geschichtsschreibung wäre schon einen großen Schritt weiter, wenn sie dies als Axiom akzeptieren würde". Solheim, Birger: „Es ist schwierig eine Wahrheit gegen eine unstrittige Realität zu behaupten. Gespräch mit Christoph Hein", erscheint demnächst in: Literatur im Unterricht – Texte der Moderne und Postmoderne in der Schule, 6. Jahrgang, Heft 4, hg. von Reinhard Wilczeck, Trier 2005.

diese fünf Stimmen gleichberechtigt nebeneinander. Die Konsequenz ist, dass uns diese Erinnerungscollage eine Art *intersubjektive* Grundlage vermittelt, von der aus wir qualifizierte Spekulationen über Horn anstellen können. Auf diese Weise stellt Hein die Geschichtsbetrachtung in eine Zwischenposition zwischen der reinen Objektivität einerseits und der reinen Subjektivität andererseits. Durch eine solche intersubjektive Poetik will Hein das Aufklärungspotential der Geschichtsschreibung retten, ein Potential, das zu DDR-Zeiten äußerst bedroht war.[10]

Spielen nun solche Geschichtsreflexionen eine Rolle für Heins Poetik auch nach der Wende – einer Zeit, in der der Druck, eine offiziell proklamierte sozialistische Geschichtsinterpretation anzunehmen, nicht mehr da ist? Es scheint mir, als ob die allgemeinen Gefahren hinsichtlich des geschichtlichen Denkens, auf die uns Hein aufmerksam gemacht hat, für den Autor im neuen gesellschaftlichen Kontext der Nachwendezeit weiterleben. Nun sind es aber nicht länger ein repressives Regime und die Theorien des historischen Materialismus, die einem intellektuell freien Zugang zur Vergangenheit im Wege stehen. An deren Stelle tritt nun die Abhängigkeit von Geld und die unausgesprochene Forderung, dass man irgendwie zum Establishment, zu den „Siegern der Geschichte" gehören muss, um die Freiheit des Wortes benutzen zu können.[11] Die Begrenzungen, die dies auf die Entfaltungsmöglichkeiten der geschichtlichen Betrachtung legt, sind für Hein nicht so unterschiedlich von den Begrenzungen, die im sozialistischen Staat vorherrschten. Im 2004 erschienenen Roman *Landnahme*[12] kommt dies beispielhaft zum Ausdruck.

Die Handlung des Romans setzt in der ostdeutschen Stadt Guldenberg der 50er Jahre ein und endet über vierzig Jahre später in der Nachwendezeit. Wir hören von den Anpassungsproblemen der Ostflüchtlingsfamilie Haber in der Kleinstadt, wo die Ortsansässigen, um mit dem Leben weiterzukommen, die schwierigen Jahre des Krieges so schnell und so gründlich wie möglich vergessen wollen. Nach dem Muster der „fünften Grund-

10 Eine Aussage aus dem Essay „Die Zeit, die nicht vergehen kann oder Das Dilemma des Chronisten" deutet in dieser Richtung: „Geschichtsschreibung ist auch Aufklärung, aber sie ist *nicht nur* Aufklärung", S. 112.

11 „Ich bekomme keinen Lehrstuhl, keine Professur, wenn ich nicht irgendwie zu den Siegern gehöre, sei es in größter Entfernung. Aber es ist nicht der Dissident, der den Lehrstuhl bekommt. Es ist immer ein Mensch, der irgendwie – und er kann sehr ehrenwert sein – zu den Siegern, zum Establishment gehört. Und insofern ist Geschichtsschreibung – die offizielle, die verbreitete – immer eine der Sieger. Die Verlierer können allenfalls Samisdat machen." (Hein im Gespräch mit Solheim)

12 Christoph Hein: Landnahme. Frankfurt a. M.: Suhrkamp 2004.

rechenart" postulieren sie deswegen das Gründungsjahr des sozialistischen Staates als einen absoluten Neuanfang. Die Ostflüchtlinge, welche regelmäßig in die Stadt kommen, sind aber in dieser Hinsicht ein Störfaktor. Im Krieg hat „der alte Haber" den einen Arm verloren, und durch diesen fehlenden Arm wird er – als der einzige Kriegskrüppel Guldenbergs – zur konstanten Mahnung an „die Niederlage und die Demütigung." Der fehlende Arm, so heißt es, „war der Obelisk, den Guldenberg für den verlorenen Krieg und die sieben Toten der Stadt nicht errichtet hatte."[13] Der eigentliche Protagonist des Romans, Habers Sohn Bernhard, verstößt schon als Schüler häufig gegen das Verdrängungsgebot der Stadt, was in einer Konfrontation mit dem Lehrer Voigt deutlich zum Ausdruck kommt. Als Bernhard den alten deutschen Namen „Breslau" für seine Heimatstadt benutzt, verlangt Voigt, dass der Schüler diesen Namen, der an eine in politischer Hinsicht störende Vergangenheit hinweist, sofort aus seinem Gedächtnis löscht. „Oder meinst du", argumentiert Voigt,

> [...] in Italien leben heute die Römer? Nein, die Italiener. Merk dir das. Und Istanbul, das nennt ihr in Hinterpommern wohl noch immer Konstantinopel oder Byzanz, wie? Und du kommst aus Wrocław. Hast du verstanden?[14]

Um in dieser Gesellschaft Akzeptanz zu finden, muss Bernhard lernen, seine Erinnerung und die Wahrheit, so wie er sie sieht, verborgen zu halten. Überraschend – und vielleicht für einige provozierend – ist es, dass ganz normale Kleinbürger (ihren Brüdern im Westen zur Verwechslung ähnlich) und *nicht* die Mitarbeiter des sozialistischen Regimes, Bernhard das Schweigegebot auferlegen. Zugespitzt tritt dieses Dilemma für Bernhard in seiner Diskussion mit seinem Freund und Geschäftspartner Sigurd Kitzerow zutage. Es geht darum, ob Bernhard die Namen von den Bürgern erfahren soll, die für den vor fünfzehn Jahren begangenen Mord an seinem Vater verantwortlich sind. Vor diese Wahl gestellt, räsoniert der allmählich wohl angesehene Bürger Bernhard Haber wie folgt:

> Ich will es wissen und ich will es nicht wissen. Ich will es wissen, weil ich jahrelang dieser Wahrheit hinterher war. Und ich will es nicht wissen, denn ich fürchte, es hilft mir nichts. Ich fürchte, dass ich dann wieder am Anfang stehe, dass alles wieder von vorn beginnt.[15]

Bernhard wählt das Nichtwissenwollen und konsolidiert auf diese Weise seine Machtposition in der ostdeutschen Kleinstadt. Diese Position behält

---

13   Ebenda, S. 23.
14   Ebenda, S. 19.
15   Ebenda, S. 341.

er nun – und darin liegt vielleicht die Brisanz der Erzählung – auch *nach* der Wende. 1996 gehört Bernhard, als Stadtratmitglied und Leiter des Karnevalvereins, zu den Mächtigen der Stadt.

Auf welche Weise kann dies als eine Provokation aufgefasst werden? 1989 wurde von den Historikern als ein ersehnter Anlass zur Neuschreibung der Geschichte willkommen geheißen. Vieles sollte mit dieser Wende zu Ende gehen: das sozialistische Gesellschaftsexperiment, der Kalte Krieg, der Zweite Weltkrieg, ja sogar das ganze 20. Jahrhundert.[16] In der Geschichte von Bernhard Haber gibt es aber eigentlich keine Wende und 1989 wird in keiner Weise als besonders wichtiger Neuanfang wahrgenommen. Im Herbst des Jahres 1989 führen in Guldenberg „einige Mitglieder des Gemeindekirchenrates und ein paar jugendliche Schreihälse das Wort"[17], während die Mächtigen der Stadt, die Mitglieder des Kegelklubs, sich weislich zurückhalten. Nach 1989 haben sich für die Kegelklubmitglieder zwar ein paar Bedingungen verändert, sie finden sich aber bald unter den neuen Verhältnissen zurecht – so wie sie es bei Umbrüchen (1949, 1953, 1961) immer getan haben. Von einer Wende oder Revolution kann man also nicht sprechen; viel eher erscheint die Geschichte als ein Kontinuum.

Heins Roman wird auf diese Weise zu einem wichtigen Beitrag im deutschen Geschichtsschreibungsdiskurs nach der Wende. *Erstens* polemisiert er gegen diejenigen, die den Wiedervereinigungsprozess als Gelegenheit betrachtet, die deutsche Nationalgeschichte endlich von störenden Faktoren wie Nationalsozialismus und realem Sozialismus zu befreien. Hein demonstriert in *Landnahme* mit aller Deutlichkeit, dass 1989 keinen „Nullpunkt" oder „Neuanfang" in der deutschen Geschichte markiert: Diejenigen, die dies behaupten, bedienen sich der „fünften Grundrechenart".

Zweitens schlägt Hein mit diesem Roman gegen eine westdeutsche Öffentlichkeit zurück, die sich gleichsam eine Interpretationshoheit über die DDR-Vergangenheit verschafft hat. Hein wehrt sich gegen ein stereotypes Bild vom Alltag in der DDR als ein in jeder Hinsicht vom sozialistischen Regime überwachtes, unfreies Leben. Wenn man die Beschreibung der Realität in *Landnahme* akzeptiert, gab es in der DDR offenbar mehr als genug Raum für skrupellose Aufsteiger vom Typus Bernhard Haber, ja man kann sogar den Eindruck bekommen, dass bürgerliche, kapitalistisch-korrupte Prinzipien in der DDR *dominant* waren, während es der sozialistischen Ideologie nie wirklich gelang, im Alltagsleben der Ostdeutschen

---

16 Der Historiker Eric Hobsbawm hat die Epochenbezeichnung „das kurze 20. Jahrhundert" geprägt, mit der er die Zeit von 1914 bis 1991 bezeichnet. Eric Hobsbawm: Das Zeitalter der Extreme. Weltgeschichte des 20. Jahrhunderts. München: Deutscher Taschenbuch Verlag, 1998.

mehr als eine Randerscheinung zu werden. Hein korrigiert also die in der deutschen Öffentlichkeit dominierende Beschreibung vom Leben in der DDR.

Drittens stellt Hein mit seiner Parallelisierung von Freiheitsbegrenzungen in der DDR und Freiheitsbegrenzungen im wiedervereinigten Deutschland das Idealbild vom freien Westen in ein kritisches Licht. Der Anpassungszwang im Sozialismus korrespondiert mit einem Anpassungszwang im kapitalistischen Gesellschaftssystem, der in vieler Hinsicht das Leben ebenso stark kontrolliert. Den Ostdeutschen wird beispielsweise nach 1989 eine maßlose Verdrängungsarbeit abgefordert, um so schnell wie möglich in der neuen Gesellschaft anzukommen. Diejenigen Ostdeutschen, die zur Rückwärtsgewandtheit neigen, grenzen die Westdeutschen schnell als Ostalgiker aus, sie haben geringere Chancen im Arbeitsleben und erleben generell große Probleme, in der Gesellschaft Akzeptanz zu finden. Sind die Anpassungszwänge, in diesem Licht betrachtet, eigentlich geringer im heutigen Deutschland als sie in der DDR waren? Und mit welchem Recht können die Westdeutschen, die gerade bei den Ostdeutschen einen fehlenden Anpassungswillen bemängeln, im nächsten Augenblick den Bürgern der DDR vorwerfen, sie hätten sich unter der sozialistischen Herrschaft allzu sehr angepasst?

In der Stadt Guldenberg dominieren in den 90er Jahren trotz der eingeführten bürgerlich-freiheitlichen Prinzipien Resignation, Schweigen und Stumpfsinn. Das Niveau des historischen Bewusstseins hat einen deprimierenden Tiefpunkt erreicht, und man sieht folglich, wie sich die Geschichte wiederholt, wie man seit den 50er Jahren – u.a. was Fremdenfeindlichkeit angeht – keinen Schritt weiter gekommen ist. Die neu angekommenen Fremdarbeiter in Guldenberg erleben ähnliche Probleme wie die Ostflüchtlinge nach dem Krieg.[18] Statt sich um geschichtliche Zusammenhänge zu bemühen, benutzt man auf eklektische Weise Elemente aus der Vergangenheit zum Zweck der „Sinnstiftung".[19] Bernhard verzichtet symptomatischer Weise auf eine historisch korrekte Erklärung für den an seinem Vater begangenen Mord, und beruhigt sich stattdessen mit dem Gedanken, dass der Mord vielleicht als eine notwendige Opferhandlung angesehen werden kann: „Vielleicht brauchte es erst das Blut meines Vaters, meines unschuldigen Vaters, dass ich hier heimisch werde, dass man mich akzeptiert".[20] Gedankengut aus dem Mittelalter ersetzt also in der

---

17 Landnahme (Anm. 12), S. 343.
18 Bernhards Sohn Paul leitet in einer Aktion gegen zwei Fidschis im Karnevalsaufzug an, Landnahme (Anm. 12), S. 352.
19 „Die Zeit, die nicht vergehen kann oder Das Dilemma des Chronisten", S. 110.
20 Landnahme (ebenda), S. 342.

angeblich aufgeklärten, deutschen Gegenwart eine kritische, historische Reflexion. Geschichtliches Denken wird, wie uns Hein schon Ende der 80er Jahre warnt, auf „Religionsersatz"[21] reduziert.

Letztendlich ist es ausschließlich Heins eigene Schreibpoetik, die uns den Hoffnungsschimmer einer differenzierteren Geschichtsbetrachtung vermittelt. Hein bedient sich hier, wie in *Horns Ende*, einer polyperspektivischen Erzählweise und lässt fünf Personen ihre persönlichen Erinnerungen über Bernhard Haber zum Besten geben. Auf diese Weise bringt Hein die Leser dazu, über die Komplexität der Realität und über die schwierige Aufgabe der Vergangenheitsbeschreibung nachzudenken. Eine solche auf „Prüfen und Bezweifeln des Sinns"[22] begründete Lesart arbeitet einer verbreiteten Geschichtsbetrachtung entgegen, die den Namen Wissenschaft leider nicht verdient.

21 „Die Zeit, die nicht vergehen kann oder Das Dilemma des Chronisten" (Anm. 3), S. 110.
22 Ebenda, S. 110.

Barbara Beßlich (Freiburg, Deutschland)

Der Nationalsozialismus in der Literatur nach 1989
Erinnerungsverfälschung, Zeugenschaft und unzuverlässiges Erzählen

1.

Es ist bemerkenswert, wie viele westdeutsche Autoren nach 1989 sich in ihren Werken nicht mit den politischen Ereignissen der Wende direkt auseinandersetzen. Die Schriftsteller emigrieren aber auch nicht in geschichtsferne Sphären, sondern wenden sich vielmehr oft von der Gegenwart ab, und vermehrt der nationalsozialistischen Vergangenheit als Thema zu. Es stellt sich die Frage, ob solche indirekten Reaktionen auf die deutsche Wende als Stellvertreter-Debatten wahrgenommen werden können, ob also gleichsam wie in der Fischer-Kontroverse der 1960er Jahre über ein Ereignis direkt debattiert wurde, um ein anderes vorsichtig mit zu thematisieren. In der Kontroverse um den Historiker Fritz Fischer stand damals die Schuld der Deutschen am Ausbruch des Ersten Weltkriegs explizit zur Debatte. Aber wäre es nicht unterschwellig immer auch um mehr und um andere politische Schuld der Deutschen im 20. Jahrhundert gegangen, wäre die Heftigkeit der Diskussionen zum Teil nicht zu erklären gewesen. Es fragt sich, ob nicht umgekehrt nach 1989 junge Autoren inspiriert durch die plötzliche Erfahrbarkeit von Geschichte sich nicht den aktuellen Ereignissen, sondern vorvergangenen Phänomenen zuwenden, die nicht vergehen wollen. Jedenfalls schreiben junge Autoren der dritten Generation nach 1989 anders über den Nationalsozialismus, so daß zu fragen steht, inwiefern diese neue Art des Schreibens mit der deutschen Wende ursächlich verknüpft ist.

Während die deutsche Literatur vor 1989 den Blick auf den Nationalsozialismus aus der moralisch selbstsicheren Perspektive der nachgeborenen Generation richtete und die entlastende Identifikation mit den Opfern suchte, wählen Autoren nach 1989 neue Formen des literarischen Erinnerns. Zumeist spielen diese Erzählungen nicht nur in der Vergangenheit vor 1945, sondern sind mit der bundesdeutschen Gegenwart verknüpft. Diese erzähltechnisch innovativen Texte experimentieren mit Irritationsstrategien jenseits eines politisch korrekten Einverständnisses. Oft lädt die Lektüre eingangs scheinbar zur Identifikation mit den Tätern ein, um so bequeme Lesegewohnheiten und moralische Sicherheiten zu brüskieren.

In diesem Zusammenhang spielt das ‚unzuverlässige Erzählen' eine entscheidende und bisher von der germanistischen Forschung kaum beachtete Rolle. Im Medium des unzuverlässigen Erzählens fragen diese Texte nach der Glaubwürdigkeit von Zeitzeugen. Sie problematisieren die Konstruktivität von Erinnerung und die Möglichkeit von Erinnerungsverfälschung.

Von ‚unzuverlässigem Erzählen' spricht man, wenn die von einem fiktiven Erzähler vermittelte Geschichte Widersprüche und Brüche aufweist, die Zweifel an des Erzählers Kompetenz oder Glaubwürdigkeit wecken.[1] Man bezeichnet einen Erzähler als unzuverlässig, wenn ein Widerspruch zwischen den Normen des Gesamtwerks und denen des Erzählers auftritt.[2] Ein unzuverlässiger Erzähler erzählt innerhalb der Fiktionslogik nicht die Wahrheit, zumindest nicht die ganze. Er fordert den Leser indirekt dazu auf, eine zweite Version der erzählten Geschichte zu rekonstruieren. Die Narratologie unterscheidet verschiedene Typen von unzuverlässigen Erzählern: Leichtgläubige Einfaltspinsel können in der Tradition des Schelmen-Romans genau so unzuverlässig sein wie kriminelle Psychopathen. Erzählerische Unzuverlässigkeit kann sowohl aus moralischer Defizienz als auch aus mangelndem Wissen resultieren, und sie kann sich beziehen auf die mimetische und die interpretative Autorität des Erzählers.

In den meisten Fällen handelt es sich bei dem unzuverlässigen Erzähler um einen Ich-Erzähler. Oft berichten die unzuverlässigen Erzähler als autodiegetische Erzähler ihre eigene Geschichte. Es handelt sich in der Regel um explizite Erzähler, die mit Kommentaren und Leseranreden sich als personalisierbare Sprecher zu erkennen geben. In jedem Fall fordert das unzuverlässige Erzählen einen detektivischen Leser, der permanent die ihm gegebenen Informationen in Frage stellt. Korrektivinformationen kann der Leser intratextuell aus der Darstellung des Erzählers ziehen, der sich selbstentlarvend unbeabsichtigt in Widersprüche verstrickt. Paratextuell können distanzierende Titel, Vor- oder Nachworte Unzuverlässigkeit aufdecken. Außertextuell spekuliert eine unzuverlässige Erzählung auf die Erfahrungswirklichkeit des Lesers. Dieser aktiven Teilnahme des Lesers hat die Narratologie in jüngster Zeit besonders Rechnung getragen, und konzeptualisiert das unzuverlässige Erzählen nicht mehr unbedingt vom impliziten Autor aus, sondern als eine Interpretationsstrategie des Lesers.

---

1 Den Begriff des unzuverlässigen Erzählens hat 1961 Wayne Booth geprägt.
2 Wayne Booth: The Rhetoric of Fiction. Chicago 1961, S. 158 f. Unreliable Narration. Studien zur Theorie und Praxis unglaubwürdigen Erzählens in der englischsprachigen Erzählliteratur, hg. von Ansgar Nünning unter Mitwirkung von Carola Surkamp u. Bruno Zerweck. Trier 1997. Was Stimmt denn jetzt? Unzuverlässiges Erzählen in Literatur und Film, hg. von Fabienne Liptay u. Yvonne Wolf. München 2005.

Mir geht es im folgenden vor allem um die Funktion des unzuverlässigen Erzählens, die Glaubwürdigkeit von Erinnerung zu hinterfragen und den Leser über seine Urteilssicherheit zu desillusionieren. Daher soll an einem Text der 1990er Jahre exemplarisch vorgeführt werden, wie unzuverlässiges Erzählen die Erinnerung an den Nationalsozialismus problematisiert, und zwar an Marcel Beyers Roman *Flughunde* (1995).[3] Das unzuverlässige Erzählen scheint hier der narrative Ausdruck einer Zeit zu sein, die versucht, nicht nur ihre eigene Vergangenheit in den Blick zu nehmen, sondern bei diesem Rückblick immer die eigene Standortgebundenheit mitzudenken.

Geschichte erscheint in dieser Geschichte immer perspektivisch verzerrt. Es wird dem Leser schwer und bisweilen unmöglich gemacht zu rekonstruieren, wie es denn nun eigentlich gewesen ist. Das unzuverlässige Erzählen in diesem Text über den Nationalsozialismus und seine Folgen präsentiert Projektionen auf die Vergangenheit und führt zugleich performativ die Unerreichbarkeit einer objektiven und verbindlichen Fixierung der Vergangenheit vor.

2.

Marcel Beyers Roman *Flughunde* fingiert die Geschichte des Tontechnikers Hermann Karnau. Karnaus Leben wird in der Zeit zwischen 1940 und 1945 in den Blick genommen, es wird gleichzeitig gezeigt, wie Karnau Teil des nationalsozialistischen Systems wird. Die SS beordert ihn zu einem Forschungsprojekt, das der arischen Stimme gilt. Karnau nimmt an lebenden Opfern Kehlkopfoperationen vor. Er wird Wachmann im Berliner Führerbunker und erlebt die letzten Tage von Goebbels und Hitler mit.

Es gibt in Beyers Roman drei Erzählinstanzen: Ein heterodiegetischer Er-Erzähler taucht nur kurz gegen Ende des Romans auf und berichtet, daß man im Juli 1992 Spuren von Karnaus Schallarchiv gefunden hätte. Getragen wird der Roman von zwei Erzählstimmen, die sich abwechseln: Karnau spricht als Ich-Erzähler und wird konfrontiert mit der Ich-Erzählerin Helga Goebbels, der ältesten Tochter von Joseph Goebbels. Beide, sich abwechselnden,

---

3   Ausführlicher und an mehreren Texten behandle ich diese Problematik in Barbara Beßlich: Unzuverlässiges Erzählen im Dienst der Erinnerung. Perspektiven auf den Nationalsozialismus bei Maxim Biller, Marcel Beyer und Martin Walser. In: Wende des Erinnerns? Geschichtskonstruktionen in der deutschen Literatur nach 1989, hg. von Barbara Beßlich, Katharina Graetz u. Olaf Hildebrand, erscheint Berlin 2007 (Philologische Studien und Quellen).

autodiegetischen Erzähler berichten unmittelbar aus ihrer Erlebnisgegenwart. Der Abstand zwischen erzählendem und erlebendem Ich wird auf ein Minimum verkürzt, das Erzähltempus ist Präsens und simuliert Gleichzeitigkeit. Aus der Perspektive eines Kindes schildert Helga Goebbels ihren Vater. Aus diesem naiven Blick von unten erhält der Leser einen privaten Einblick ins Kinderzimmer des Nationalsozialismus. Dies führt aber nicht zu einer verharmlosenden Perspektive. Helgas Kinderwissen ist naturgemäß bruchstückhaft, aber sie registriert mimetisch genau Unstimmigkeiten in der Argumentation ihres Vaters. Der Leser weiß, daß er es mit einem arglosen Kind zu tun hat, das nicht über das ganze Ausmaß des NS informiert sein kann. Dementsprechend ist er permanent bemüht, Helgas Aussagen zu kontextualisieren und um Zusatzinformationen zu ergänzen. Besonders deutlich wird das bei Goebbels Sportpalastrede vom 18. Februar 1943. Helga berichtet von dieser Rede als kindliche Zuhörerin. Sie gibt Fragmente wieder, aber es sind gerade nicht die bekannten Zitate, es ist nicht die Suggestiv-Frage „Wollt Ihr den totalen Krieg?", die Helga registriert, sondern es sind die nicht ganz so prominenten Passagen, die Helga wahrnimmt. Es wird dem Leser so sehr leicht gemacht, Helgas Wissen um das eigene zu ergänzen und zu korrigieren.

Während Helga eine unzuverlässige Erzählerin ist, die als solche sofort zu erkennen ist, und deren Unzuverlässigkeit der Leser leicht für sich selbst konzeptualisieren und korrigieren kann, verhält es sich bei Karnau umgekehrt. Karnau sieht sich selbst nicht als einen Nationalsozialisten. Er verabscheut die Massenveranstaltungen, die er tontechnisch betreuen muß. Er äußert Kritik am Nationalsozialismus. Beyer läßt den Leser durch die Technik des unzuverlässigen Erzählens unmittelbar an der schleichenden Entwicklung Karnaus vom anfänglichen Gegner des NS zum verantwortlichen Täter teilhaben. Der Leser wird Zeuge von Karnaus moralischer Deformation als einer sukzessiven Wahrnehmungsverschiebung. Karnau beginnt im Bewußtsein einer politischen Unschuld und versucht zum Schluß, vor sich selbst und damit auch vor dem Leser das Ausmaß seiner schuldhaften Verstrickungen zu vertuschen. Als ihm kurz vor Kriegsende vom Leibarzt Hitlers anempfohlen wird, zum Selbstschutz die Sprache der Opfer zu erlernen und zu imitieren, merkt der Leser, daß Karnau dies bereits praktiziert. Karnau versucht, so unauffällig wie möglich zu sprechen. Gegenüber dieser rhetorischen Tarnung sieht sich der Leser genötigt, Indizien für Karnaus Abgleiten in nationalsozialistisches Fahrwasser gewissermaßen hinter dessen Rücken zu sammeln.

Karnaus Projekt, einen Atlas mit allen menschlichen Stimmäußerungen anzulegen, entpuppt sich als größenwahnsinniges Unterfangen. Sukzessive gewöhnt sich Karnau an Tierversuche. Bei seinen Abhöraktionen trainiert er, die Stimme als Phänomen völlig von dem Menschen, der sie spricht, abzulösen. Dementsprechend indifferent und nebenbei schildert er die grausamen Details seiner Kehlkopfoperationen an unbetäubten Opfern. Der Text führt diese verdinglichende Entmenschlichung aus Karnaus Perspektive vor. Karnau verschleiert dabei seinen Anteil an der Folter, indem er in der ganzen Passage das Sprechen in der ersten Person Singular vermeidet. Impersonale Floskeln, passivische Konstruktionen und elliptische Sequenzen rücken das Geschehen rhetorisch aus seiner Verantwortung. Der Leser muß gegen diese Verschleierungstaktik Karnaus die unausgesprochene Realität des Beschriebenen bewerten. Je mehr Karnau sich einer moralischen Reflexion verweigert, desto intensiver provoziert der Text beim Leser ein ethisches Urteil. Bei der mimetisch genauen, aber interpretativ kindlich-unzuverlässigen Erzählerin Helga mußte der Leser eine Wissenslücke korrigieren; bei Karnau als mimetisch unzuverlässigem und interpretativ unglaubwürdigem Erzähler steht er vor einem moralischen Problem.

Beyer verwendet das unzuverlässige Erzählen, um den Leser zu einem eigenständigen Urteil aufzufordern. Das unzuverlässige Erzählen in *Flughunde* zeigt eine Innenansicht des Nationalsozialismus und macht nachvollziehbar, wie jemand zum Täter wird. Nachvollziehbar meint aber nicht relativierbar, im Gegenteil: Die moralische Leerstelle, die der Text so offensichtlich konstruiert, muß der Leser selbst mit dem eigenen Urteil füllen. In Beyers Roman ist jeder Zeuge „ein falscher Zeuge unter falschen Zeugen".[4] Dies zu ermitteln und zu bewerten, wird nicht an eine leitende auktoriale Instanz delegiert, sondern wird zur Aufgabe des Lesers.

3.

Bei Beyer wird mit dem unzuverlässigen Erzählen die Zuverlässigkeit von Zeitzeugenschaft multiperspektivisch hinterfragt und kindliche Unzuverlässigkeit mit ideologischer Unglaubwürdigkeit konfrontiert. Beyer reflektiert im Medium des Erzählens die Unzuverlässigkeit und Konstruktivität von Erinnerung. Beyers Roman führt in die Irre, wenn der Leser über der Kontextualisierung von Helga Goebbels offensichtlicher erzählerischer Unzuverlässigkeit leicht das Mißtrauen gegen Karnau vernachlässigt.

Mit dem ästhetischen Verfahren der erzählerischen Unzuverlässigkeit provoziert der Text ethische Stellungnahmen und desillusioniert den Leser über die eigene Urteilssicherheit. Er inszeniert Erklärungslücken und verrätselt das Geschehen, um dialogisch den Leser in die eigenverantwortli-

---

4 Marcel Beyer: Flughunde. Roman. Frankfurt a. M. 1995, 293.

che Reflexion zu zwingen. So nutzt *Flughunde* das unzuverlässige Erzählen als narratives Symptom für die Unzuverlässigkeit von Erinnerung und macht den Leser zum Detektiv der Vergangenheit, die sich einer eindeutigen Fixierung entzieht.

ADOLF HÖFER (Erlangen, Deutschland)

Die Entdeckung der deutschen Kriegsopfer
in der Literatur nach der Wende

1

Die Auseinandersetzung mit deutscher Schuld und Täterschaft im Krieg hat in der deutschen Literatur mehr als ein halbes Jahrhundert gedauert, und sie dauert noch an.

Die Entdeckung der deutschen Kriegs*opfer* hingegen setzt sehr viel später ein, im wesentlichen erst nach der Wende von 1989.

Zunächst ist festzustellen, daß diese Entdeckung mit der im Jahr 2002 erschienenen Novelle *Im Krebsgang* von Günter Grass einen vorläufigen Höhepunkt erreicht hat.[1]

Es ist nun kein Zufall, daß sehr bald nach Erscheinen der Novelle eine ganze Reihe von Werken entsteht, die sich diesem in der deutschen Gesellschaft sehr kontrovers diskutierten Thema widmen. Dabei ist es sicher das Verdienst des Schriftstellers Grass, die Kontroverse aus den Niederungen neonationalen Auftrumpfens herausgeführt und sie der seriösen, hohen Literatur zugeführt zu haben. Es ist daher nur natürlich, daß sich die im Gefolge der Grass'schen Erzählung entstandenen Werke an deren Qualität werden messen lassen müssen.

2

Eines der bemerkenswertesten Kennzeichen dieser Werke ist, daß sie Eigenschaften aufweisen, die sich in der Literatur der Auseinandersetzung mit deutscher Schuld und Täterschaft herauszubilden begannen, nachdem die

---

1   Dies ist in einem Aufsatz des Referenten über die Grass'sche Novelle und ihre Vorgeschichte näher dargestellt worden. Adolf Höfer: „Die Entdeckung der deutschen Kriegsopfer in der Gegenwartsliteratur. Eine Studie zu der Novelle Im Krebsgang von Günter Grass und ihrer Vorgeschichte." In: literatur für leser: 3(2003), S. 182–197. In dieser Studie sind auch die Begriffe *Peripherisierung* und *Familiarisierung* durch eine ganze Reihe von Beispielen belegt, und es finden sich Hinweise auf die einschlägigen ausführlichen Aufsätze des Referenten.

Altmeister der engagierten Literatur wie Grass und Böll ihre großen gesellschaftskritischen Romane abgeschlossen hatten. Durch zwei Entwick-
lungslinien der Literatur war nämlich deren Fundamentalkritik am Faschismus abgelöst worden. Da sind zum einen jene Werke zu nennen, in denen
der Themenkomplex von deutscher Schuld am Krieg zu einem von mehreren Themen gerät, wenn nicht gar zum Nebenthema zu verkümmern droht,
welches an die Peripherie des Werkes abgedrängt wird. Es kann also von
einer *Peripherisierung* der Hauptthematik gesprochen werden.[2] Zum anderen handelt es sich um die sogenannten Väterromane, in denen die Auseinandersetzung mit Faschismus und Drittem Reich auf einen Vater-Sohn-Konflikt verkürzt und also durch solchermaßen vorgenommene *Familiarisierung*
die komplexe Schuldthematik auf die Dimension eines Familienkonflikts
gesundgeschrumpft und somit verharmlost wird.[3]

Beide Phänomene finden sich nun bemerkenswerterweise in den Werken wieder, die sich nach der Grass'schen Novelle mit der Thematik der
deutschen Kriegs*opfer* befassen. Wieder haben wir es mit zwei Entwick-
lungsreihen zu tun. Es finden sich einerseits Werke, in denen diese Thematik nur eines von mehreren Themen darstellt und damit durch die genannte
Peripherisierung von vornherein einer gewissen Nivellierung ausgesetzt
ist. Andererseits fallen Romane ins Auge, in denen die bekannte Familiarisierung komplexer gesellschaftlicher Zusammenhänge in neuem und teils
leicht verändertem Gewand auftritt: die gewohnten Vater-Sohn-Konflikte
können bei der Kriegs*opfer*thematik etwa auch die Gestalt einer Auseinandersetzung zwischen Vater und Tochter annehmen.

Die Novelle *Im Krebsgang* fungiert also als eine Art Symmetrieachse,
an der sich Entwicklungen vor und nach Erscheinen dieser Erzählung spiegeln. Die Spiegelung wird allerdings dadurch verzerrt, daß sich die Entwicklung nach der Grass'schen Novelle rasant beschleunigt.

---

2   Zur literarischen Entwicklungsreihe der *Peripherisierung* der Kriegsopferthe-
    matik gehören:
    Tanja Dückers: Himmelskörper. Berlin 2003.
    Christoph Hein: Landnahme. Frankfurt am Main 2004.
    Birgit Bauer: Im Federhaus der Zeit. München 2003.
3   Zur literarischen Entwicklungsreihe der *Familiarisierung* der Kriegsopferthe-
    matik gehören:
    Ulla Hahn: Unscharfe Bilder. München 2003.
    Reinhard Jirgl: Die Unvollendeten. München Wien 2003.
    Stephan Wackwitz: Ein unsichtbares Land. Frankfurt am Main 2003.
    (Die beiden letztgenannten Romane werden hier nicht analysiert).

3

Ein besonders markantes Beispiel für die erstgenannte Entwicklungslinie ist der Roman *Himmelskörper* von Tanja Dückers aus dem Jahr 2003. Schon allein dadurch, daß dieser Roman das Motiv des Untergangs des Flüchtlingsschiffes Wilhelm Gustloff aufgreift, wird die Nähe zur Grass'schen Erzählung ganz besonders hervorgehoben.

Ganz anders aber als bei Grass geht Tanja Dückers mit diesem Motiv um. Die Autorin widmet ihm im wesentlichen nicht mehr als drei der vierundzwanzig Kapitel ihres Romans. Die einzelnen Kapitel aber verbleiben in reichlich loser, assoziativer und für große gesellschaftliche Zusammenhänge fast belanglos erscheinender Beziehung zueinander. Und die wenigen Kapitel, die dem Elend der auf die Rettungsschiffe drängenden Flüchtlinge vorbehalten sind, sind keineswegs der Mittelpunkt des Romans. Das große Thema von den deutschen Kriegsopfern wird also aus dem Zentrum der literarischen Gestaltung in den Hintergrund gerückt. Es machen sich Motive breit, welche die Hauptthematik fast völlig an die Peripherie verdrängen.

Wichtigstes Beispiel dafür sind jene *Himmelskörper* genannten Wolkengebilde, deren Beschreibung den Roman durchgehend prägt. Ein Zitat möge für viele stehen:

> Ich lehnte den Kopf ans Fenster und schaute in den Himmel, suchte ihn unwillkürlich nach Cirrus Perlucidus ab, dem durchsichtigen Cirrus, der einzigen Cirrus-Formation, die ich bisher nur von Beschreibungen aus verschiedenen Wolkenatlanten kannte und die ich seit Jahren überall auf der Welt suchte. Cirrus Perlucidus ist nämlich nicht zu verwechseln mit Cirrus Translucidus […] (S. 11 f.)

Die Versuche der Autorin aber, diese Himmelskörper- beziehungsweise Wolkenthematik mit der Vergangenheitsspurensuche der Ich-Erzählerin und dadurch mit der Kriegsopferthematik zu koppeln, wirken ausgesprochen gekünstelt. „Wolken als ‚Geschichtsspeicher'" (S. 304): dieser geheimnisvollen Formel bleibt der Leser ratlos ausgesetzt. Die Verknüpfung der beiden Themen des Romans verbleibt im Bereich des Pseudowissenschaftlichen und Mysteriösen. Die späte Erklärung eines Herrn Tuben aus dem Roman vermag nicht zu überzeugen:

> Der von ihm [Tuben] erfundene Begriff ‚Geschichtsspeicher' bezog sich, wie er fand, sowohl auf ‚Geschichte' wie auch auf ‚Geschichten'. Und er wollte anhand von Cirrus Perlucidus die schwebende Grenze zwischen ‚subjektiver' und ‚objektiver' Geschichte, zwischen Faktum und Empfindung erörtern (S. 307).

Die Verbindung aber solch disparater Bereiche bleibt im Roman der Tanja
Dückers bloße Absichtserklärung. Die magische Formel von den „Wolken
als ‚Geschichtsspeicher'" (S. 304) erweist sich als untauglich.

Zugegeben: Es muß Angehörigen einer jungen Generation von Schriftstellern unbenommen bleiben, bei der Thematik der deutschen Kriegsopfer andere Gewichtungen vorzunehmen als die Autoren, für die Krieg und
Opfer des Krieges Gegenstand eigener leidvoller Erfahrung gewesen sind.

Zugegeben auch: Die junge Lesergeneration hat sicher viel Verständnis
dafür, daß sich die Perspektive junger Schriftsteller auf Krieg und dessen
Täter und Opfer verschoben hat und daß bei der Auseinandersetzung mit
diesem Themenkomplex auch andere Interessensgebiete Beachtung finden. Schließlich sei diese Veränderung der Interessen doch völlig normal.

All dieses zugegeben: Es bleibt trotzdem bedenklich und trägt ver-
harmlosende Züge, wenn diese Streuung der Interessen so weit geht, daß
die Jahrhundertthemen von Krieg, Kriegstätern und -opfern nur noch *unter
anderem* gestaltet werden. Nivellierung und Abdrängen dieser Themen an
die Peripherie literarischer Werke kann denn wohl doch auch für junge
Autoren und Leser keine akzeptable Problemlösung darstellen.

4

Wenigstens kurze Beachtung in dieser Entwicklungsreihe der Peripherisierung soll der im Jahr 2004 erschienene Roman *Landnahme* von Christoph Hein finden, da er zeigt, daß sich auch Autoren der ehemaligen DDR
nach der Wende dem Thema der deutschen Kriegsopfer zuwenden. Auch
in diesem Roman bekommt der Leser zunächst durchaus ein eindringliches
Bild vom leidvollen Schicksal der Heimatvertriebenen geboten, die bei den
Einheimischen der sächsischen Provinz zutiefst verhaßt sind. Niemandem
unter diesen Provinzlern kommt es je in den Sinn, die aus ihrer Heimat
geflüchteten deutschen Kriegsopfer als bemitleidenswerte Landsleute mit
Sympathie zu bedenken. Leid und Elend des Flüchtlingsschicksals werden
also dem Leser zunächst in aller realistischen Intensität vor Augen gebracht.

Bald aber ändert sich die Perspektive des Romans. In den Mittelpunkt
rückt der Dauerkampf des Helden Bernhard Haber, sein hartnäckiges Ringen um Anerkennung in einer feindselig gesonnenen Umgebung. Dieses
Ringen verselbständigt sich also auch in diesem Roman in der schon beschriebenen Weise. Die Tatsache, daß Haber Flüchtling und Kriegsopfer
ist, ist nicht mehr so wichtig und gerät auch beim Leser fast in Vergessenheit.

Wichtig ist, daß die Kriegsopferthematik unter der Fülle der in Christoph Heins *Landnahme* ausgebreiteten Themen weitestgehend eingeebnet

wird. Sie reichen vom Mauerbau über Fluchthilfe bis zur Wende von 1989 und der folgenden *Landnahme*-Zeit durch die Wessis. Zugegebenermaßen entsteht dadurch ein großes Panorama der DDR-Zeit. Die in diesem Referat geäußerten Bedenken sind jedoch keineswegs ausgeräumt.

5

Bemerkenswert ist es, daß es Jahrzehnte gedauert hat, bis die Auseinandersetzung mit deutscher Schuld und Täterschaft in den einschlägigen literarischen Werken zu einem von mehreren Themen einnivelliert und schließlich als Nebenthema aus dem Zentrum der Werke an die Peripherie verdrängt worden ist. Gerade mal ein Jahr hat es dagegen gedauert, bis mit der Entdeckung der deutschen Kriegs*opfer* Gleiches geschieht. Während es Grass im Jahr 2002 für notwendig erachtet, diesen Stoff zum Dreh- und Angelpunkt seiner Erzählung zu machen, setzt bereits ein Jahr später diese Entwicklung des Abdrängens ein. Auch hier mag man durchaus von einer verständlichen Normalisierung sprechen, wenn das Augenmerk vor allem jüngerer Schriftsteller nur partiell den Motiven von Flucht und Vertreibung gilt. Unbedenklich sind solche Tendenzen jedoch in gar keiner Weise. Wenn nämlich tagtäglich zu sehen ist, wie ausschließlich taktisch sich die Politik in der Kriegsopferfrage verhält und wie gesellschaftliche Gruppen mit derber Zudringlichkeit ihre Ziele verfolgen, dann ist eine Literatur gefordert, die engagiert solche gesellschaftlichen Phänomene durchleuchtet und als gefährlich entlarvt. Der beschriebene Normalisierungsweg bleibt also bei allem Verständnis fragwürdig.

6

Wendet man sich nun der zweiten Entwicklungsreihe in der Nachfolge der Grass'schen Novelle zu, so ist sicherlich der Roman *Unscharfe Bilder* von Ulla Hahn aus dem Jahr 2003 als besonders erwähnenswert zu bezeichnen. Es handelt sich im Roman der Ulla Hahn um eine besonders aussagekräftige Variante der Familiarisierung. Der sonst übliche Vater-Sohn-Konflikt erscheint hier in der Gestalt einer Dauerauseinandersetzung zwischen Vater und Tochter. Tochter Katja hat eine Wehrmachtsausstellung über Verbrechen im Osten besucht und konfrontiert ihren Vater Hans Musbach mit seiner soldatischen Vergangenheit. In einer Art ins Familiäre verlegten Kriegsverbrecherprozesses versucht sie in langen privaten Verhören herauszufinden, inwieweit ihr Vater von den Mordtaten wußte oder gar in sie verwickelt war. Bis zuletzt verschweigt sie ihm dabei, daß sie ihn auf dem Foto eines Erschießungskommandos erkannt zu haben glaubt.

In seinen Verteidigungsreden aber stellt sich Vater Musbach stets als Opfer dar. Lange Zeit ignoriert er alle Anklagen der Tochter zu den Verbrechen der Wehrmacht. Für ihn sind alle deutschen Soldaten und damit natürlich er selbst eine einzige große Kriegsopfergemeinde. Musbach sieht sich stets als „ein Teil der deutschen Kriegsmaschine und ihr Opfer zugleich."(S.27) Völlig zu Recht stellt sich also Tochter Katja die Frage: „Hatte er am Ende alles nur so ausführlich erzählt, damit er mit seinen Erinnerungen selbst auf der Seite der Opfer erschien?" (S. 255) An Stellen wie dieser scheint es durchaus gelungen, das familiäre Gerichtsverfahren für die Dimension größerer gesellschaftlicher Entwicklungen transparent zu machen.

Und trotzdem werden die großen Gesellschaftsfragen wieder zurückgebunden ins Hochprivate des familiären Beziehungsgeflechts. Tochter Katja kann es trotz ihres geschickt inszenierten Inquisitionsverfahrens offenbar nicht ertragen, den verehrten Vater letztlich doch als Schuldigen zu enttarnen. Das Ausstellungsbild, auf dem sie glaubt „ihren Vater erkannt zu haben als Soldaten und Schützen einer ‚gnadenlosen' (so ihr Wort) Erschießung" (S. 261), bringt Vater Musbach zunächst zu hilflosen Entschuldigungsversuchen. Schließlich aber gesteht er: „Hätte ich nein sagen können? Ja. Ich hätte nein sagen können. Das weiß ich heute. Trotz allem, was ich nach fünfundvierzig versucht habe, gutzumachen, ein Mörder war ich auch." (S. 275)

Nach diesem Geständnis aber sucht die Tochter nun plötzlich nach entlastenden Bildern, und sie findet sie auch. Vor der Aussage des Vaters aber – „Ich habe geschossen." (S. 275) – verschließt sie die Ohren. Sie will dieses Geständnis schlicht nicht wahrhaben.

Damit ist höchst Bemerkenswertes geschehen. Im Zuge dieses familiären Prozesses sind mehr und mehr tatsächlich sehr *unscharfe Bilder* entstanden. Ob es nun die Absicht der Autorin gewesen ist oder nicht, die Trennung von Tätern und Opfern ist völlig unscharf geworden; der Einzelne ist immer Täter und Opfer zugleich. Damit aber bewegt sich Ulla Hahn mit Sicherheit im Trend, wie er derzeit in der deutschen Gesellschaft vorherrscht: Alle Deutschen dürfen sich sehen als die leidenden Glieder einer einzigen großen Opferfamilie.

Die Familiarisierung komplexer gesellschaftlicher Konflikte ist in dieser Art Literatur somit ans Ziel gelangt.

7

Es ist bezeichnend, daß es auch bei dieser Entwicklungslinie der Literatur nach der Grass'schen Novelle nicht mehr als ein Jahr gedauert hat, bis die Familiarisierung der Kriegs*opfer*thematik einsetzt. Für die entsprechende Entwicklung bedurfte es in der Frage deutscher Täterschaft ganzer Jahrzehnte.

Auch der Prozeß der Familiarisierung, den offenbar viele Leser und Literaturkritiker gleichermaßen als unvermeidliche Normalisierung betrachten, verläuft also beim Thema der deutschen Kriegs*opfer* ungleich schneller. Gründe dafür sind schon mehrfach angeklungen. Es wird darauf noch zusammenfassend einzugehen sein.

8

Vorher aber muß wenigstens noch kurz versucht werden, die Frage zu beantworten, warum es überhaupt nach der Wende von 1989 diese massive Hinwendung der deutschen Literatur zur Thematik der deutschen Kriegsopfer gegeben hat.

> Dabei dürfte es eine nicht unerhebliche Rolle spielen, daß offensichtlich nach dem Gefühl vieler Leser – mehr als fünfzig Jahre nach Kriegsende – die Zeit reif dafür ist, nicht nur deutscher Schuld, Schmach und Schande, sondern auch des Leids deutscher Kriegsopfer zu gedenken und ein entsprechendes literarisches Mahnmal nicht nur zu akzeptieren, sondern auch als befreiend zu erleben und zu begrüßen. Vielleicht sieht es auch eine Anzahl von Lesern in einer Zeit, da militärisches Engagement der Deutschen […] neuerdings von anderen Nationen […] dringend erwünscht ist, nur als recht und billig an, sich der deutschen Opfer des letzten Krieges in Würde erinnern zu dürfen.[4]

Das gestiegene Selbstbewußtsein der Deutschen in der veränderten Welt nach der Wiedervereinigung scheint dabei ein Bedürfnis auch nach literarischer Aufarbeitung der Kriegsopferthematik geweckt zu haben. Und anscheinend hat eine ganze Reihe deutscher Autoren darauf prompt reagiert.

---

4   Adolf Höfer (Anm. 1), S. 195.
    Die Seitenangaben nach den einzelnen Zitaten im Text des Referats beziehen sich auf das jeweils untersuchte Werk.

9

Der Hauptgrund für die bereits benannte Beschleunigung der Prozesse von *Familiarisierung* und *Peripherisierung* in der Kriegs*opfer*thematik dürfte darin zu sehen sein, daß beide Phänomene von vielen Autoren, Lesern und Kritikern gleichermaßen als möglichst schnell zu erreichende Normalisierung betrachtet werden. Wahrscheinlich wird also die Würdigung der deutschen Kriegs*opfer*, deren Existenz lange Zeit aus dem öffentlichen Bewußtsein verdrängt war, von einem Großteil der Leserschaft nach der Wiedervereinigung mit ganz besonderer Intensität herbeigesehnt. Und offenbar haben deutsche Autoren diesem Bedürfnis nach langem Schweigen dann umso schneller Rechnung getragen, leider nicht immer auf die vorbildlich differenzierte Weise wie in der Grass'schen Novelle.

Die Tendenz zur Verharmlosung der Verbrechen des Faschismus war bei der Reduktion auf innerfamiliäre Konflikte ebenso gegeben wie beim Abdrängen des Kriegsschuldkomplexes an die Peripherie literarischer Werke.

Die vergleichbar gefährliche Tendenz in der Kriegs*opfer*frage wird hingegen meist unterschätzt. Sie besteht aber gerade in der soeben zusammengefaßt dargestellten, weitgehend begrüßten Normalisierung. Denn die Phänomene von Familiarisierung und Peripherisierung sind gerade bei diesem Thema keineswegs nur unangemessene literarische Verfahrensweisen. Diese sogenannte Normalisierung wird nämlich dann zur Gefahr, wenn – vorbereitet durch entsprechende Literatur – von einem nicht unbeträchtlichen Teil der deutschen Bevölkerung mit großer Erleichterung die Gelegenheit ergriffen wird, sich endlich den deutschen Kriegsopfern zuwenden zu können und damit deutsche Täterschaft aus dem Bewußtsein zu verdrängen.

Eine wichtige Aufgabe von Literatur aber sollte es sein, solche Fehlentwicklungen diagnostizierend ins Visier zu nehmen und ein Bild der Welt zu erstellen, das – über die allgemein als normal akzeptierte Wirklichkeit hinausgehend – einer übergeordneten, wertenden Wahrheit entspricht.

Die hier untersuchten Werke sind dieser Aufgabe wenig gerecht geworden. Sie sind uns vieles schuldig geblieben.

FRANK THOMAS GRUB (Saarbrücken, Deutschland)

‚Ossi‘, ‚Wessi‘ und ‚Wossi‘ –
Aspekte dreier Figurentypen in der ‚Wendeliteratur‘

1. Einleitung

Mit wenigen Ausnahmen ist die in den letzten Jahren erschienene deutsch-sprachige Literatur nicht sonderlich innovativ und in ästhetischer Hinsicht eher uninteressant. Das betrifft insbesondere die literarischen Verarbeitungs-versuche von ‚Wende‘ und deutscher ‚Einheit‘. Immerhin erhalten im Zuge der sog. ‚Wendeliteratur‘ diverse, meist typisiert erscheinende Figuren, einen neuen Stellenwert. Neben dem ‚IM‘, dem Informellen Mitarbeiter des Minis-teriums für Staatssicherheit, sind dies vor allem der ‚Ossi‘ und der ‚Wessi‘, aber auch der ‚Wossi‘. Um die drei zuletzt genannten Figuren, oder besser: Gruppen repräsentierende Typen, soll es im Rahmen dieses Beitrags gehen.

2. „Wohl’n Wessi, wa?“:
Zur Entwicklung der Begriffe ‚Ossi‘ und ‚Wessi‘

Häufig wird behauptet, dass die Begriffe ‚Ossi‘ und ‚Wessi‘ nach der ‚Wen-de‘ entstanden seien. Doch bereits vor der ‚Wende‘ treten beide Ausdrücke in Verbindung miteinander auf: Im Epilog von Hans Magnus Enzensber-gers (*1929) „Wahrnehmungen aus sieben Ländern“ *Ach Europa!* aus dem Jahr 1987 wird festgestellt:

> […] Wenn ich meine jungen Freunde hier über die jeweils andere Seite reden höre – ich sage dir, die sind geradezu von Ekel geschüttelt! Der Wessie schwört auf sein Lufthansa-Weltbürgertum. Dafür ist der Ossie moralisch allemal der Größte, so, als wäre er automatisch immun gegen alles, was Dekadenz heißt, Korruption oder Zynismus. Mit einem Wort: jeder der beiden fühlt sich über den andern weit erhaben. (Enzensberger 1987, S. 472)

Während Enzensbergers *paarweise* Verwendung der Begriffe eine Aus-nahme darstellt, war ‚Wessi‘ als *einzelnes* Wort vor 1989 durchaus verbrei-tet: als Bezeichnung für die Westdeutschen aus der Perspektive der West-berliner. So heißt es in *Wohl’n Wessi, wa?* (1989) von Harry Nutt (*1959):

Berlin ist, so könnte man denken, durch eine Mauer vor den Wessis geschützt, aber die Zonis lassen, hinterhältig wie sie nun einmal sind, heutzutage jeden durch den Eisernen Vorhang, der nur mit einem gültigen Stück Ausweis wedelt. Der Wessi muß die Frage „Haam Se Woffen, Fünkjeräte, Müniziön?" zufriedenstellend beantworten und schwupp, ist er drin. So geschah es auch unserem Wessi, der vor gut einem Jahrzehnt zwecks Aufnahme eines Hochschulstudiums an die Mauerstadttore klopfte. Den Himmel über Berlin hatte zu dieser Zeit noch niemand ausgeleuchtet, aber die Sonne Berlins schien auch in der westfälischen Kleinstadt unseres Wessis. (Nutt 1989, S. 139)

Belege für ‚Ossi' finden sich in der Zeit der ‚Wende' schon relativ bald: So schreibt Christoph Hein (*1944) am 12. November 1989 über seinen ältesten Sohn Georg: „Überall wurde er freundlich begrüßt, als man feststellte, daß er ein ‚Ossi' (ostdeutscher Bürger) ist." (Hein 1990, S. 201) Wird das Wort bei Hein noch neutral bis positiv gebraucht, konstatieren 1991 die Herausgeber der Reportagensammlung *Facetten der Wende* eine Verschiebung auf der Ebene der Bewertung:

Aus Brüdern und Schwestern oder aus den Bürgern der Deutschen Demokratischen Republik sind Ossis geworden. Das Wort, das freundliche Vertraulichkeit zu signalisieren scheint, wird nicht nur positiv genutzt. Neue Nähe hat auch neue Distanzen geschaffen. (Golombek/Ratzke 1991, S. 13)

Schon bald steht dieser Aspekt der wechselseitigen Distanzierung bis hin zur Abneigung im Vordergrund. Mathias Wedel (*1953) etwa fürchtet in seiner Polemik *Einheitsfrust* (1994) eine „Ossifizierung der Bundesrepublik" (Wedel 1994, S. 50). Und die eindeutig konnotierten Bilder von ‚Besser-Wessi' (übrigens „Wort des Jahres" 1991) und ‚Jammer-Ossi' sind auch 2005 noch sprichwörtlich. Die aktuellen Konzepte der beiden Gruppen finden sich – ironisch gebrochen – in dem im Frühjahr 2005 erschienenen Band *Typisch Ossi/Typisch Wessi* von Michael Jürgs (*1945) und Angela Elis (*1966) zusammengefasst. Die Vorwürfe reichen von „Ihr habt uns nicht verdient" (wechselseitig), über „Ihr habt keinen Geschmack" (West gegen Ost)/ „Ihr seid gestylte Schickis" (Ost gegen West) bis zu „Ihr seid einfach unersättlich" (West gegen Ost)/ „Ihr habt uns im Stich gelassen" (Ost gegen West) (vgl. Jürgs/Elis 2005, S. 5f.).

3. „Mama, was ist ein Wessi?/ Papa, was ist ein Ossi?“: Satirische Texte

Die literarische Auseinandersetzung mit den Unterschieden zwischen ‚Ossis‘ und ‚Wessis‘ findet vor allem in satirischen Texten statt.[1] Exemplarisch genannt seien Günter Herlts (*1933) *Ratgeber: Wie wird man Wessi* (Herlt 2001) sowie Mathias Wedels und Thomas Wieczoreks (beide *1953) „Dreh- und Wendebuch" *Mama, was ist ein Wessi?/ Papa, was ist ein Ossi?* (Wedel/Wieczorek o.J.). Im zuletzt genannten Beispiel impliziert bereits der Titel eine Verdinglichung von ‚Ossis‘ und ‚Wessis‘, denn das Pronomen „was" bezieht sich in der Regel nicht auf Personen, sondern auf Gegenstände. In den fiktiven Sohn-Mutter- bzw. Tochter-Vater-Gesprächen werden zahlreiche wechselseitige (Vor-)Urteile und Klischeevorstellungen thematisiert.

Herbert Rosendorfer (*1934) verfremdet in *Die große Umwendung* (1997/1999) die beiden Bevölkerungsgruppen zu „Os-si" und „Wes-si" (Rosendorfer 1990; vgl. insbes. S. 50–52). Der Erzähler Kao-tai, ein Mandarin aus dem 10. Jahrhundert, gerät mit den beiden Bevölkerungsgruppen auf einer Reise nach Leipzig („Lip-tsing") in Berührung. Die Perspektive des scheinbar Außenstehenden ist geschickt gewählt: Der Mandarin kann so das Verhältnis zwischen Ost- und Westdeutschen mit all seinen Merkwürdigkeiten dar- und bloßstellen.

Neben den im engeren Sinne als satirisch zu bezeichnenden Texten beherrschen zahlreiche Witzsammlungen zum Thema ‚Ossi/Wessi‘ den Markt (vgl. Janowitz/Huk 1990; Serwuschok/Dölle 1991; Seidel/Dannegger/Dölle 1993; Röhl 1995; Röhl o.J.; o.A. 2001). Meist werden darin die ‚Wessis‘ negativ dargestellt. Stellvertretend zitiert sei ein Beispiel aus der Sammlung *Der BesserWessi* (1991) von Ingolf Serwuschok und Christine Dölle:

Was kommt heraus,
wenn man einen Wessi mit einem Ossi kreuzt?
Ein arroganter Arbeitsloser. (Serwuschok/Dölle 1991, S. 5)

‚Ossi/Wessi‘-Witze werden auch in Prosatexte integriert, zum Beispiel in Edgar Külows (*1925) *Koslowski heiratet wieder*: „[…] Wenn ein Ossi einem Wessi die Hand gibt, muß der Ossi hinterher seine Finger nachzählen." (Külow 1996, S. 11) Texte dieser Art dürften weniger ästhetische Ansprüche erfüllen als eine konkrete ‚Ventilfunktion‘ besitzen, dienen also vor allem der psychischen Entlastung von Erzählern und/oder Zuhörern.

---

1   Die satirischen Texte mögen auch dominieren, weil sie auf der Darstellungsebene in der Regel ohnehin mit vergröbernden Mitteln arbeiten.

Rolf Liebold schuf 1990 für die *Berliner Zeitung* die Figur des ‚kleinen Ossi' (Liebold 1991). Der Protagonist der Serie von Kolumnen wird konsequent als „kleiner Ossi" oder schlicht als „Ossi" bezeichnet, sein Vor- oder Nachname nicht weiter spezifiziert. In diesem Sinne mag er als Repräsentant der Ostdeutschen schlechthin gelten und somit auch als Identifikationsfigur für viele Leserinnen und Leser.

4. „Zonophobie": Ostdeutsche vs. Westdeutsche in essayistischen Texten

Im Bereich der Essayistik dominieren ebenfalls stark polarisierende, häufig polemische Texte. Zwar erscheinen hier die Begriffe ‚Ossi' und ‚Wessi' seltener oder überhaupt nicht, doch ist die zwischen den West- und den Ostdeutschen vorgenommene pauschale Abgrenzung durchaus vergleichbar. Monika Maron (*1941) bekennt 1992 in *Zonophobie*:

> Am wenigsten ertrage ich an meinen ehemaligen Staatsbürgerschaftsgefährten, daß sie glauben, alle Welt sei ihnen etwas schuldig, insbesondere schulde man ihnen ihre Würde. […] Das Ungewöhnliche an dieser Würde ist, daß ihr Wert sich ganz einfach in Geld ausrechnen läßt. (Maron 1992, S. 115)

Die Schriftstellerin ist der Überzeugung:

> Für jede Unbill wird ein Feindbild gebraucht. In Ermangelung von Phantasie nehmen sie das, was ihnen Jahrzehnte eingebleut wurde: Der Westen ist schuld. Der Westen zahlt zu wenig, der Westen schickt die falschen Leute, der Westen verramscht die verrotteten Kostbarkeiten. Dabei müßten sie nur nach Osten sehen, um zu wissen, wie schlecht es ihnen gehen könnte. Aber sowenig es sie interessiert, daß auf dem Balkan die Leute sterben, daß die Russen hungern, daß den Ungarn, Polen, Tschechen und Slowaken schlechte Zeiten bevorstehen, sowenig nehmen sie zur Kenntnis, daß die Verkäuferinnen in Hamburg für zweitausend Mark brutto streiken, daß die höheren Löhne im Westen von den noch höheren Mieten geschluckt werden, daß die zusätzlichen Steuern, die schließlich ihretwegen erhoben werden, die Leute am ärgsten treffen, denen es kein bißchen besser geht als ihnen selbst, auch wenn sie in Köln oder Bochum wohnen, also mit dem Schimpfwort Wessis bedacht werden, was ein Synonym ist für reich. (Maron 1992, S. 116f.)

Auch Maron verabsolutiert also ‚den Osten' und ‚den Westen' und die entsprechenden Bevölkerungsgruppen, so dass das Bild einer weit gehenden Homogenität suggeriert wird.

5. „NeuLand“: Von ‚Wessis‘ zu ‚Wossis‘

Mittlerweile sind diverse autobiografische Texte von Menschen erschienen, die nach der ‚Wende‘, meist aus beruflichen Gründen, von Westdeutschland in die östlichen Bundesländer zogen. Schon bald etablierte sich für sie die Bezeichnung ‚Wossi‘ (Singular) bzw. ‚Wossis‘ (Plural).

An der Rezeption der beiden Bücher von Luise Endlich (d. i. Gabriela Mendling, *1959) zeigt sich die mögliche Brisanz der wenig reflektierten Darstellung subjektiver Erfahrungen einiger ‚Wossis‘. In *NeuLand* (Endlich 1999) schildert die westdeutsche Arztgattin ihren Umzug von Wuppertal nach „Oststadt“ – dem unschwer als Frankfurt/Oder zu erkennenden neuen Wirkungsort ihres Mannes – und die erste Zeit in den ‚neuen‘ Ländern. Endlichs Darstellung gerät, über weite Strecken vermutlich unbeabsichtigt, zur Abrechnung mit den Ostdeutschen, deren angeblich spezifische Eigenheiten sie häufig kaum oder gar nicht versteht.

Stereotype Vorstellungen auf beiden Seiten thematisiert Wilhelm Boeger (*1930) in *Der Leihbeamte* (Boeger 1998) und *Der Leihbeamte kehrt zurück* (Ders. 1999). Boeger war als Jurist selbst „Leihbeamter“ in Schwerin und schrieb mit den Büchern persönlich gehaltene Erinnerungstexte.

Nach der ‚Wende‘ fanden viele westdeutsche Akademiker im Osten einen Arbeitsplatz. Einige von ihnen beschreiben die Situation, in der sie sich befanden, als ausgesprochen schwierig: Das ‚westliche‘ System ist zwar oberflächlich vorhanden, offensichtlich aber noch nicht internalisiert worden; die rund vierzig Jahre der Teilung machen sich deutlich bemerkbar. So schildert der Germanist Ludwig Stockinger seine Situation als

> die eines Literaturwissenschaftlers, der aus den ‚Alten Bundesländern‘ nach Leipzig gekommen ist und hier vor die Aufgabe gestellt ist, vor allem die Literatur der Aufklärung und der ‚Goethezeit‘ in der Lehre zu vermitteln […]. In gewisser Weise könnte meine Situation als die eines Auslandsgermanisten im Inland beschrieben werden, oder vielleicht auch als die eines Inlandsgermanisten in einem Landesteil, in dem zwar deutsch gesprochen, aber ganz anders gefühlt und gedacht wird als in dem übrigen Land, also in einem deutschsprachigen Ausland. (Stockinger 1999, S. 79)

Pauschalisierungen also auch hier. – ‚Aufbauhelfer Ost‘, ‚Leihbeamte‘, Akademiker und weitere ‚Wossis‘ treten häufig auch in Romanen und Erzählungen in Erscheinung. Stellvertretend genannt sei Gisela Karaus (*1932) *Buschzulage* (1996): Bruno Blauärmel, Offizier der Bundeswehr, lässt sich gegen die monatliche „Buschzulage“ von 1700 DM nach Potsdam versetzen. Seine Frau Gerda und Schwiegermutter Mary-Lu sind zunächst wenig angetan, letztere wähnt Potsdam gar „kurz vor Asien […], auf jeden Fall in einer anderen Welt“ (Karau 1996, S. 17). In Karaus Roman werden Blau-

ärmels Erfahrungen sehr anschaulich dargestellt; die „deutsche Vereinigung" findet schließlich nicht nur auf politischer, sondern mit Angelika
Möller auch auf sexueller Ebene statt. Wechselseitige Klischeevorstellungen und Vorurteile werden überzeichnet dargestellt, um anschließend relativiert zu werden. Fiktionale Texte wie *Buschzulage* mögen insofern gewisse didaktische Funktionen mit durchaus politischem Anspruch erfüllen.

Bezeichnenderweise gibt es übrigens kaum Texte, in denen die umgekehrte Perspektive beschrieben würde, also ein Wechsel aus den ‚neuen'
in die ‚alten' Bundesländer.

6. *Exkurs: ‚Alteigentümer' und ‚Investor'*

Neben den eher unspezifischen ‚Ossis', ‚Wessis' und ‚Wossis' spielt schon
früh die Figur des ‚Alteigentümers' eine Rolle in literarischen Texten (vgl.
z. B. Heym 1990; Kunkel 1993; Neutsch 1998). Stets weist sie ähnliche
Charaktereigenschaften auf wie die des – in der Regel als betrügerisch
dargestellten – Investors aus dem ‚Westen'. Doch letztlich besitzen auch
‚Alteigentümer' und ‚Investor' kaum individuelle Charakteristika; sie verkörpern ebenfalls Typen.

7. *Fazit*

Ob ‚Ossis', ‚Wessis' oder ‚Wossis', ob ‚Ostdeutsche' oder ‚Westdeutsche':
Die mit den einschlägigen Begriffen bezeichneten Bevölkerungsgruppen
werden meist pauschal, undifferenziert und typisiert dargestellt. Dieser
Befund gilt auch für Texte, die sich konkret auf die historische Realität
beziehen und keineswegs fiktional sind. Das Fehlen von Differenzierungen mag teilweise beabsichtigt sein, etwa aus stilistischen Gründen. Doch
ist das Maß der Simplifizierungen signifikant hoch. Nicht erst die im August 2005 im Zuge des Vor-Wahlkampfes von Edmund Stoiber wieder entfachte West-Ost-Debatte zeigt, dass es noch immer der Realität entspricht
– und durchaus bestimmten Absichten dient –, heterogene Gruppen als
homogene zu betrachten und entsprechend zu agieren.

Darüber nachzudenken, wie die nach wie vor manifesten wechselseitigen Vorurteile, Klischees und Stereotypen abgebaut werden könnten, gehört sicher nicht zu den genuinen Aufgaben eines Literaturwissenschaft-
lers. Zu untersuchen, inwiefern sowohl literarische als auch nicht-literarische
Texte den jeweiligen Status quo der deutsch-deutschen Befindlichkeiten
spiegeln, dagegen schon.

Literatur

[o. A.]: Ossi-Witze / Wessi-Witze. Ein Dreh- und Wendebuch. Berlin 2001.

Berlin jewendet. Das „Letzte" aus der DDR. Zusammengestellt von Wolfgang Janowitz und Eduard Huk. Berlin 1990 (Edition Jule Hammer).

Wilhelm Boeger: Der Leihbeamte. Berichte aus Bonn, Schwerin und anderen Kleinstädten. Halle (S.) 1998.

Ders.: Der Leihbeamte kehrt zurück. Neue Berichte aus Deutsch-Deutschland. Halle (S.) 1999.

Luise Endlich: NeuLand. Ganz einfache Geschichten. Berlin 1999.

Hans Magnus Enzensberger: „Böhmen am Meer von Timothy Taylor" (The New New Yorker, 21. Februar 2006). In: H. M. E.: Ach Europa! Wahrnehmungen aus sieben Ländern. Mit einem Epilog aus dem Jahre 2006. Frankfurt a. M. 1987, S. 449–500.

Dieter Golombek / Dietrich Ratzke: Facetten der Wende. Reportagen über eine deutsche Revolution. Band II. Hg. von D. G. und D. R. Frankfurt a. M. 1991.

Frank Thomas Grub: ‚Wende‘ und ‚Einheit‘ im Spiegel der deutschsprachigen Literatur. Ein Handbuch. Band 1: Untersuchungen. Berlin / New York 2003.

Christoph Hein: „Brief an Sara, New York". In: C. H.: Die fünfte Grundrechenart. Aufsätze und Reden 1987–1990. Frankfurt a. M. 1990, S. 197–209 [zuerst unter dem Titel East Berlin Diary in: The New York Times Magazine von 17.12.1989].

Günter Herlt: Ratgeber: Wie wird man Wessi. Eine heiter-ironische Lebenshilfe. Berlin 2001.

Stefan Heym: Auf Sand gebaut. Sieben Geschichten aus der unmittelbaren Vergangenheit. München 1990.

Michael Jürgs / Angela Elis: Typisch Ossi / Typisch Wessi. Eine längst fällige Abrechnung unter Brüdern und Schwestern. Mit Karikaturen von Dieter Hanitzsch und Klaus Stuttmann. München 2005.

Gisela Karau: Buschzulage. Roman. Berlin 1996 (edition reiher).

Edgar Külow: „Koslowski heiratet wieder." In: E. K.: Koslowski in Weimar. Ruhrpott-Willi erobert den Osten. Illustriert von Peter Muzeniek. Berlin 1996, S. 7–11.

Rolf Liebold: Geschichten vom kleinen Ossi. Alte und neue Abenteuer im Ländchen der Wendehälse. Mit 27 Zeichnungen von Heinz Jankofsky. Berlin 1991.

Monika Maron: „Zonophobie". In: M. M.: Nach Maßgabe meiner Begreifungskraft. Artikel und Essays. Frankfurt a. M. 1993, S. 112–120.

Erik Neutsch: „Stockheim kommt". In: E. N.: Der Hirt und Stockheim kommt. Zwei Erzählungen. [Berlin] 1998 (Spotless-Reihe Nr. 93), S. 81–96.

Harry Nutt: „Wohl'n Wessi, wa?" In: Margret Iversen (Hg.): Nie wieder Berlin. Berlin-Wortwechsel. Berlin 1989, S. 139–146.

Ernst Röhl: Fünf Jahre sind genug! Sadomaso-Projekt DEUTSCHE EINHEIT. Berlin 1995.

Ders.: 10 Jahre sind zuviel! SadoMaso-Projekt DEUTSCHE EINHEIT. Deutsch-deutsche Witze der Jahrtausendwende. Gesammelt und aufgeschrieben von Ernst Röhl, im Bild festgehalten von Heinz Jankofsky. Berlin [o. J.].

Herbert Rosendorfer: Die große Umwendung. Neue Briefe in die chinesische Vergangenheit. Roman. Ungekürzte, vom Autor neu durchgesehene Ausgabe. München 1999.

Peter Seidel/Klaus Dannegger/Christine Dölle: Mach's besser, Ossi! Leipzig 1993.

Ingolf Serwuschok/Christine Dölle: Der BesserWessi. Leipzig 1991.

Ludwig Stockinger: „Der Bedeutungsverlust des Weimarer Kulturmodells nach 1989. Voraussetzungen und Konsequenzen für die Hochschullehre in den neuen Bundesländern." In: Konzepte und Perspektiven Germanistischer Literaturwissenschaft. Hg. von Christa Grimm, Ilse Nagelschmidt und Ludwig Stockinger. Leipzig 1999 (Literatur und Kultur. Leipziger Texte, Reihe A: Konferenzen, Band 1), S. 79–97.

Mathias Wedel/Thomas Wieczorek: Mama, was ist ein Wessi?/Papa, was ist ein Ossi? Ein Dreh- und Wendebuch. Berlin [o.J.].

Mathias Wedel: Einheitsfrust. Berlin 1994.

Young-Eun Chang (Sookmyung, Südkorea)

Nachdenken über die Wirklichkeit und die künstlerische Phantasie am Beispiel des Kinder- und Jugendliteraten Benno Pludra

1.

In diesem Jahr 2005, in dem sich das Ende des Zweiten Weltkrieges zum 60. Male jährt, beschäftigt man sich häufig mit dem Thema „Vergangen-heits-Bewältigung bzw. die Aufarbeitung der vergangenen Geschichten". Seit 1990 besteht nur noch ein geteiltes Land auf der Welt, dessen Teilung durch den Zweiten Weltkrieg verursacht wurde, nämlich Nord- und Süd-korea. Die deutsche Wiedervereinigung hat uns weitere Hoffnungen auf eine koreanische Wiedervereinigung hegen lassen, obwohl wir zusätzlich noch unter dem Bruderkrieg vom 1950 bis 1953 gelitten haben! Unsere Alltagssituation steht in engem Zusammenhang mit der historischen Wirk-lichkeit, in der die Geschehnisse bloß unter dem Sammelbegriff als Ver-gangenheit subsumiert, und dadurch mit der Zeit vergessen wurden oder werden. Immer wenn die zukünftige koreanische Wiedervereinigung ins Gespräch gekommen ist, wurden sowohl der Sonderweg als auch das Son-derbewusstsein der Deutschen als Muster der Interpretation des Künftigen bei uns besprochen, und über die neue Normalität im Zusammenhang mit der deutsch-deutschen Vereinigung ist bei uns viel geschrieben worden. Durch den Generationswechsel in Korea wird das Trauma, das die Teilung Koreas nach dem koreanischen Bruderkrieg in unserem Volk hinterlassen hat, langsam in Vergessenheit geraten. Um einen solchen Vergessenheits-prozess einzudämmen, wird einerseits unsere Aufmerksamkeit auf den deut-schen Anpassungsprozeß nach der Wende gerichtet. Andererseits muss man auch berücksichtigen, dass die Wende von 1989 und die Wiedervereini-gung von 1990 sowohl drastische politische, wirtschaftliche und gesell-schaftliche Veränderungen, als auch kulturelle und sprachlich-kommuni-kative Anpassungsprozesse verursachten. Es könnte daher heutzutage sinnvoll sein, diese Prozesse aus den beiden Perspektiven „von innen" und „von außen" zu erfassen und zu reflektieren.

Obwohl die Versuche einer politischen Verständigung zwischen West- und Ostdeutschen seit dem Mauerfall häufig unternommen wurden, ist es nicht zu leugnen, dass noch verschiedene Gefühlslagen zwischen „Ossis" und „Wessis" vorhanden sind. Als Begleiterscheinungen solcher Anpassungsprozesse kann man den mit dem Generationswechsel verbundenen Vater-Sohn Konflikt (den Konflikt zwischen den Generationen), der durch die drastischen gesellschaftlichen Veränderungen ausgelöst wurde, unter die Lupe nehmen. Diesbezüglich hat Habermas bereits darauf hingewiesen:

> Alle haben die Öffnung der Mauer – und rückblickend auch die Vereinigung beider Staaten – als die Beendigung einer künstlichen Trennung empfunden. Bei den Älteren waren es wohl auch jene unpolitischen Erinnerungen an die Normalität des Alltags während der NS-Zeit, aus denen sich solche Empfindungen speisten. Ein Schock darüber, dass der Zustand der Teilung einen fast in Vergessenheit geratenen artifiziellen Charakter hatte, war es wohl vor allem bei denen, in deren Gemüt persönliche Erinnerungen aufsteigen konnten. Für die anderen, die jünger sind als fünfzig, ist die Landkarte der neuen Bundesländer ein weißer Fleck.[1]

In Bezug auf die verschiedenen intergenerationellen Wahrnehmungen über die Geschichte ist mein Referat ein Versuch, aufzuzeigen, wie die Literatur die gesellschaftsbezogenen Reflexionen in sich aufnimmt und Kritiken mit sich bringt. Zusätzlich soll es veranschaulichen, wie solche gesellschaftlichen Phänomene auf die Jugendlichen, die dem Anpassungsprozeß machtlos ausgeliefert sind, übertragen werden. Daher ist es wichtig nachzuforschen, wie die sozialen Phänomene und die Wirklichkeit nach der Wende aus einer Perspektive von einem aus der ehemaligen DDR stammenden Schriftsteller wie Benno Pludra dargestellt werden. Dabei wird außerdem die Veränderung der Mentalität innerhalb der Jugend vor und nach der Wende verdeutlicht, wodurch sowohl der soziale Wandel als auch der Wertewandel in Deutschland herbeigeführt wurde.

Der 1992 mit dem Deutschen Jugendliteraturpreis ausgezeichnete Benno Pludra (*1925) war bereits im Jahr 1969 durch seinen Jugendroman *Tambari* mit seiner Einflussnahme auf das kindliche Weltbild und dem Selbstbewusstsein als Kinderbuchautor in der ehemaligen DDR bekannt geworden. Jugendkulturen von 1945 bis 1990 wurden durch ehemalige DDR-Politiker stets unter Kontrolle gehalten. Trotzdem schwebt die künstlerische Phantasie über die politische Grenze und die Wirklichkeit und entwirft ein neues Weltbild. In seinem jüngsten Jugendroman *Jakob heimatlos* (1999), auf das mein Aufsatz tiefer eingehen soll, sind die gesellschaftlichen Integrationsprozesse und die Wandlungen der sozialen Wirklichkeit nach der Wende abzulesen. In diesem Beitrag wird zunächst behandelt, welche Besonderheit sich in diesem jugendliterarischen Werk nach der

---

1   Jürgen Habermas: Vergangenheit als Zukunft. Das alte Deutschland im neuen Europa? Ein Gespräch mit Michael Haller, S. 48 f.

Wende herausbildet. Danach wird es einen Vergleich der deutschen mit der südkoreanischen Jugendliteratur geben.

2. Nachdenken über die Wirklichkeit und die künstlerische Phantasie: „Jakob heimatlos' (1999)

Pludras jüngster Jugendroman *Jakob heimatlos*, der mit dem Jugendliteraturpreis 2000 gekrönt wurde, stellt Jakobs Abhauen von zu Hause, dessen Familie sich in der ehemaligen DDR befindet, dar. Jakob, ein elfjähriger Junge, bewegt sich zwischen seiner neuen Bleibe, dem Kanal, und der Berliner Innenstadt. Der Grund für seine Flucht von zu Hause hat mit seinem Vater zu tun. Dieser ist nach der deutschen Wiedervereinigung arbeitslos und sitzt nur noch am Fenster, was Jakob nicht mehr aushalten kann. Nach der Flucht hat Jakob drei Nächte lang am Kanal in Berlin verbracht. Das Hineinwachsen des elfjährigen Jungens in die neue Gesellschaft und seine Suche nach Sicherheit und Freiheit vollziehen sich nicht konfliktlos. Es ist bemerkenswert, dass Pludra seinen Stoff erneut der unmittelbaren Gegenwart beziehungsweise der gesellschaftlichen Wirklichkeit nach der Wende entnommen hat. Das dient dem vielschichtigen und differenzierten Erfassen des Alltags, zusammengefaßt als Gesamtheit gesellschaftlicher Erscheinungen. Aus der Perspektive des Er-Erzählers wird Jakobs Denkweise über die neue gesellschaftliche Situation berichtet. Bei ihm bleibt aber die aktive und kritische Aneignung der Wirklichkeit versagt. Im Milieu am Kanal, wo drei Obdachlose wie der alte Hugo, Roso und Tute sozusagen ihre feste Bleibe haben, wird die Gesellschaft der Außenseiter geschildert. Die Dialoge unter den Figuren wie die zwischen Jakob und dem alten Hugo bringen eine reizvolle Parallelität von Handlungen und Reflexionen mit unterschiedlichen Wertungen über den gesellschaftlichen Zustand. Weder der Vater-Sohn Konflikt noch die Auseinandersetzungen zwischen Erwachsenen und Kindern werden ausführlich geschildert. Der Leser kann nur vermuten, dass solche Konflikte und die Auflösung der Familie von den drastischen gesellschaftlichen Veränderungen verursacht seien. Angesichts des politischen Vereinigungsprozesses nach der Wende in Deutschland stellt sich nun die Frage nach den „Erhaltenswerten" in der ehemaligen DDR. Ironischerweise beginnt dieser Roman mit der Szene, wie man nachts heimlich einen Pappcontainer abgeladen hat. Seitdem wohnt Jakob wie ein Deportierter in diesem Pappcontainer. Danach bildet sich eine kleine Gesellschaft bestehend aus gesellschaftlichen Außenseitern wie dem alten Hugo, Tute, Roso und Jakob. Zwischen Jakob und dem alten Hugo entwickelt sich eine Freundschaft. Jakobs Neigung zu

ihm wird im Laufe der Zeit immer größer. Dass der alte Hugo, Hugo Kahl-
mann, wie auch Jakob, aus der ehemaligen DDR gekommen ist, verraten
die Dialoge zwischen Jakob und dem Zeitungsmann und zugleich die gegenwärtige Gesellschaftssituation. Obwohl Jakob unter den Pennern am
Kanal wegen der Kälte friert und der alte Hugo ihn überredet, nach Hause
zurückzukehren, ist er dazu nicht mehr in der Lage. Ihm ist das Leben auf
der Straße lieber als sein Zuhause. Jakob kann den familiären Zustand mit
dem arbeitslosen Vater nicht mehr aushalten. Er will lieber bei dem alten
Hugo bleiben. Aber nachdem der alte Hugo plötzlich verschwunden ist,
irrt er allein durch die Berliner Innenstadt und denkt über sich nach. Man
hat den Eindruck, dass der Autor Pludra hier die soziale Wirklichkeit und
den Mentalitätswandel der Jugendlichen diskutiert, wobei der alte Hugo
sich auch für das Leben als Berber entschieden hat.

Die realistischen Darstellungen ermöglichen es uns, einen Einblick in
das Leben der Außenseiter innerhalb der Gesellschaft zu bekommen und
eine weitere Sichtweise über die Wirklichkeit nach der „Wende" und dem
„Transformationsprozess" in Erwägung zu ziehen. Dies gibt wiederum den
heutigen Lesern, sowohl den Erwachsenen als auch den Kindern, die Möglichkeit, ihre reale Wirklichkeit und den gesellschaftlichen Wandel unge-
schont wahrzunehmen und darüber nachzudenken. Daher ist es zu verstehen, dass Pludras Gedanken um die individuelle Selbstbestimmung und
Entscheidungsfindung statt des aufgezwungenen Anpassungsdruckes in der
Gesellschaft kreisen.

3. Junge Ostdeutschen: Die Suche
nach der Freiheit und den Sicherheiten

Die Lebenslage der jungen Generation nach wie auch vor der Wende wurde mit den soziokulturellen Wandlungen vom grundsätzlichen Wandel im
Leben der jungen Ostdeutschen betroffen. Die Jugendlichen in den ehemaligen DDR sind nach den 70er Jahren in einem relativ gesicherten Lebens-
status herangewachsen, und identifizierten sich nicht immer mit der sozialistischen Ideologie und der politischen Sozialisation, wodurch sogar in
den 80er Jahren die westdeutschen Medien, so Rundfunk und Fernsehen,
in die DDR aufgenommen wurden.[2] Trotzdem kann man sich gut vorstellen,
daß der Paradigmenwechsel nach dem westlichen kapitalistischen Lebensmuster bei Ihnen einen Schock ausgelöst hat. Einerseits weist die statisti-

---

2   Vgl. Dieter Geulen: Politische Sozialisation in der DDR. Frankfurt a. M. 1999.

sche Studie über die Jugendforschung in Ost-Deutschland darauf hin, dass sowohl die individuelle Selbstverwirklichung als auch ihre ökonomischen und beruflichen Möglichkeiten der jungen Ostdeutschen in Deutschland nach der Wende erweitert wurden. Aber die ambivalenten Gefühle sind bei ihnen dennoch vorhanden. Sie sind die Gewinner und zugleich die Verlierer der deutschen Wiedervereinigung.[3] Diesbezüglich kann man auch feststellen, dass sich Jakobs Verhalten aus solchen ambivalenten Gefühlen ergibt. Im Grunde genommen, liegt der Konflikt zwischen Jakob und seinem Vater nicht darin, dass Jakob seinen Vater hasst, sondern seinen arbeitslosen Vater nicht mehr zu sehen bekommt, da dieser nur noch sprachlos am Fenster sitzt. Sein Verhalten gegenüber seinem Vater war nicht das ausgerechnete, sondern rührte aus den unberechenbaren Reaktionen Jakobs her. So kann man nicht sagen dass er die Familie als „primäre Sozialisationsinstanz und kindlichen Lebensraum"[4] nicht mehr anerkennt. Aber die Familie verändert sich im Wandel der Gesellschaft.

Nachdem Jakob die Pförtnerbude zerkloppt hat, gab es Zankerei zwischen Jakob und seinem Vater. Ungewollt hat Jakob seinen Vater mit dem Messer erstochen und ist danach von zu Hause abgehauen. Bemerkenswert ist es, dass der Autor Pludra durch die Vermischung des Komischen und des Tragischen vom Leser wechselweise Distanzierung und Identifikation fordert.

Jakob, der einen Umschwung im Denken und Handeln durchlebt, macht einen komplexen Veränderungsprozess in seinem Leben durch. Er wird später dem alten Hugo beteuern: „Ich hab's nicht gewollt, das Messer lag so da. Aber Himmel, verflucht. Gegen den eigenen Vater!".[5] Obwohl Jakob sein Zuhause vermisst, ist er aber nicht mehr in der Lage, nach Hause zurückzukehren. Im Hinblick auf Jakobs Verhalten kann man sich fragen, wonach die Ostdeutschen wie Jakob sich sehnen, und ob sie die Konfrontation mit ihrer veränderten Wirklichkeit und Gesellschaft durchzuführen vermögen. Die Suche nach der Freiheit und den Sicherheiten! Diese kann ihm sein Zuhause nicht mehr geben, sie lässt ihn weiter auf der Straße irren. Seine retrospektiven Ansichten über seine Kindheit vor der Wende vermitteln die reale Wirklichkeit und den Kompensationsbedarf. So erinnert sich Jakob an seine frühe Kinderzeit, die für ihn eine „glückliche Zeit"[6] war. Dies drückt der Dialog zwischen Jakob und Mario aus.

3   Vgl. Detlef Pollack: Das Bedürfnis nach sozialer Anerkennung. Der Wandel der Akzeptanz von Demokratie und Marktwirtschaft in Ostdeutschland. In: APUZ, B13.

4   Hans-Heino Ewers (Hg.): Familien-Szenen. München 1999, S. 21.

5   Benno Pludra: Jakob heimatlos. Berlin 1999, S. 11.

6   Benno Pludra: Ebenda, S. 98.

Der Autor Pludra hat darauf hingewiesen, wie Jakobs Kindheitserinnerungen mit Hoffnungen auf die Wiederherstellung der inter-generationellen Kommunikation sowohl innerhalb der Familie als auch in der gespaltenen ost- und westdeutschen Gesellschaft verbunden sind.

4. Gesellschaftsbilder und die künstlerische Phantasie

Benno Pludra, dem als Schriftsteller in der ehemaligen DDR das ästhetische Verhältnis zur Wirklichkeit bewußt ist, verbindet seine künftigen Erwartungen über die deutsche Gesellschaft und den Wunsch auf die Vergangenheitsbewältigung mit der künstlerischen Bewusstmachung über die Wirklichkeit und dem gesellschaftlichen Zustand. Insofern kann man feststellen, dass er sein sozialistisches Engagement nicht aus den Augen verloren hat. Jakobs Hineinwachsen in die neue Gesellschaft gehen die Wahrnehmungen über die neuen Lebensverhältnisse voraus.

Bei der Lektüre dieses Romans kann man feststellen, dass Pludras Versuch seine Kindheitserinnerungen zu verarbeiten und die gegenwärtigen Gesellschaftsphänomene zu diagnostizieren, aus seinem Vergangenheitsbewältigungsdrang entstehen. Er ist der Ansicht, die Vergangenheit verbinde die Gegenwart und erstrecke sich in die Zukunft. Die rasche Wiedervereinigung betrifft nicht nur die Erwachsenen, sondern auch die Kinder, die hilflos dem Anpassungsprozeß ausgeliefert sind. Daher reflektiert er seine gegenwärtige Gesellschaft und nimmt die Probleme der Jugendlichen unter die Lupe. Auf der Straße begegnet Jakob vielen von zu Hause weggelaufenen Mädchen wie Tina und Teresa und den jungen Drogensüchtigen. Jakob selbst wird auch der Gefahr ausgesetzt, selbst zu einem Drogensüchtigen zu werden. Und nirgendwo außer auf der Straße ist sein zweites Zuhause, wie auch der Titel des Romans besagt. So behält Jakob Hoffnung und wartet bis seine neue Freundin Tina ihn aufsucht.

Obwohl Pludra angesichts des gesellschaftlichen Wandels und der Mentalitätswandlungen sowohl kindliche Leser als auch die Erwachsenen zur Stellungnahme nicht aufgefordert hat, kann man daraus schließen, dass er die ehemalige sozialistische Gemeinschaft zur Selbstreflexion anstrebt. Es könnten auch Zwischengefühle von der DDR-Nostalgie und den Unsicherheiten über die Zukunft (der Zukunftsängste) nach der Wende hervorgebracht werden. Aber Pludras restropektive Perspektive basiert nicht nur auf der Re-Konstruktivität der Erinnerungen, sondern durch seine künstlerische Phantasie ermöglicht er auch seinen Lesern eine Vertiefung der Weltsicht und des gegenwärtigen Gesellschaftsbilds nach der Wende. Schließlich stellt sich dann noch die Frage, was die „Erhaltenswerte" der ehemaligen DDR und der alten Bundesrepublik sind. Obwohl Pludra ein weites Spektrum der Wirklichkeitserfassung in Betracht zieht, bleiben am Ende des Romans durch die offene Konflikt- und Schlussgestaltung viele Fragen offen.

5. Exkurs: Ein Vergleich der deutschen mit der südkoreanischen Kinder- und Jugendliteratur

Es erscheint mir wichtig der Frage nachzugehen, ob die Menschen in den durch den Krieg willkürlich geteilten Ländern wie Deutschland und Korea sich eine Einigung trotz der divergierenden gesellschaftlichen Entwicklungen erhofft haben oder wie im Falle Koreas noch erhoffen. Auf die Begleiterscheinungen im Transformationsprozess von Deutschland nach der Wende haben wir unser Augenmerk mit Aufmerksamkeit gerichtet. Nach der Wende in Deutschland stellen sich solche Fragen wie die von Jakob aufgeworfene: „Warum ist das alles passiert? Warum überhaupt?"[7].

Während die deutsche Kinder- und Jugendliteratur seit den 90er Jahren sich mit den Themen wie dem Wiedervereinigungsprozess und der gesellschaftlichen Aufspaltung in „Ossis" und „Wessis" befaßt, wird die Frage nach einem Zusammenkommen beider koreanischer Länder und ihrer Versöhnung in diesem Zusammenhang mit der Thematik der Vergangenheitsbewältigung innerhalb einer gesellschaftskritischen realistischen Kinder- und Jugendliteratur seit 1980 viel diskutiert. So wurden nordkoreanische Kinder-Erzählungen dem südkoreanischen Lesepublikum vorgestellt, mit den Erzählungen des Südens verglichen und die divergierende Entwicklung der Sprache berücksichtigt. Heutzutage wird nicht selten die Kinder- und Jugendliteratur beider Länder von jungen Literaturwissenschaftlern kritisiert. So bemängelt man zum Beispiel, dass die Kinder- Erzählungen aus Nordkorea mit moralischen Lehren überladen seien, während die südkoreanischen Kinderbücher zu am Konsum orientierten Produkten geworden seien. Unter den südkoreanischen Literaturkritikern wird die zügige Aufarbeitung der Vergangenheit hervorgehoben, die es uns ermöglicht, „das Anders-Sein" wahrzunehmen und anzuerkennen.

Berücksichtigt man dazu den aktuellen Buchmarkt, kann man feststellen, dass die Zahl der Bücher mit Kriegsthematik, sowohl der japanischen Kolonisation als auch dem Koreakrieg, zum Ende der 90er Jahre zunimmt men. Es stellt die Kinder und ihre Familien dar, die erst kürzlich aus Nord-Korea nach China geflüchtet sind. Der Überfluss der ausländischen Kinder-

---

7   Benno Pludra: Jakob heimatlos. Ebenda, S. 115.

und Jugendbücher auf unserem Buchmarkt zwingt unsere Schriftsteller und
Verleger dazu, den Blick auf unsere Lesesituation zu richten. Sowohl vor
als auch nach der Jahrhundertwende präsentiert der aktuelle koreanische
Buchmarkt viele koreanische Kinder- und Jugendliteraten, die ihre Stoffe
in unserer Geschichte und Kultur finden und zugleich die Initiative ergriffen haben: „Unseren Kindern das unser Eigene!" Der Überblick über
sowohl die kinder- und jugendliterarische Entwicklung in Korea als auch
die deutsche Gegenwartsliteratur wie die Texte von Benno Pludra lässt uns
erneut auf die Funktion der Literatur verweisen. Die Hinwendung der Literatur zu gesellschaftsbezogenen Reflexionen und ihre Kritiken angesichts der drastischen zeitlichen und gesellschafts-politischen Veränderungen
können eine intergenerationelle Kommunikation innerhalb der Literatur
möglich machen. Somit bleiben in der Literatur die Hoffnungen für die
Zukunft immer offen.

ELKE BRÜNS (Berlin, Deutschland)

Erinnerung im Zeichen von Pop in Jakob Heins „Mein erstes T-Shirt"[1]

Ein Jahrzehnt nach ihrem Ende feierte die DDR mit der vom Feuilleton konstatierten „DDR-Renaissance" ihre literarische Wiederauferstehung. Mehr noch als die etablierten Schriftsteller Wolf, Kant, Fries, Anderson und Braun standen Debütanten wie Falko Hennig, André Kubiczek und Jakob Hein im Zentrum des Interesses. Mit ihnen zog ein neuer Ton in die Beschreibung des sozialistischen Staates ein: Statt um Ideologien und Rechtfertigungen, Erinnerungen an Repressionen und Trauer um das Verlorene, ging es nun um die Rekonstruktion der ‚banal existierenden DDR' (Leonard Lorek). Jakob Heins Episodentext *Mein erstes T-Shirt* ist allerdings keine autobiographische Erinnerungsliteratur. Er ironisiert vielmehr literarische Muster und stellt als Verarbeitung medialisierter Erinnerung einen selbstreferentiellen Endpunkt der literarischen und kollektiven DDR-Erinnerungen dar.

In den 1990er Jahren wurde der DDR literarisch mit Trauer und Wut gedacht: Volker Braun trauerte im August 1990 mit *Das Eigentum* um die DDR, Monika Maron litt 1992 unter „Zonophobie", Wolfgang Hilbig zeigte 1993 die Deformationen des ‚Ichs' im Repressionsstaat, Günter Grass beschrieb 1995 denselben in *Ein weites Feld* als „kommode Diktatur". 1996 machten vier Bücher symptomatisch Erinnerungsprobleme deutlich: Aus Wut über die fehlende Auseinandersetzung mit der DDR-Vergangenheit rechnete Brussig mit *Helden wie wir* in einer drastischen Groteske mit dem untergegangenen Staat ab. Christa Wolf chiffrierte ihn hingegen in *Medea* als verlorene Utopie und Monika Maron inszenierte in *Animal triste* – einer zeitlos wirkenden Liebesgeschichte – ein Postwende-Ich ohne Erinnerungsvermögen. Im Selbst- und Fremdbild der Protagonistinnen Wolfs und Marons – sie sehen sich als Barbarinnen – artikuliert sich die intrakulturelle Fremdheit vieler Ostbürger nach 1990. Zudem zeigt Marons Roman die drohende kollektive Amnesie: Ihre Erzählerin wendet sich von ihrer DDR-Vergangenheit ab wie vor einer „Lache vom Erbrochenen"

---

1 Der Beitrag greift Ergebnisse meiner Habilitationsschrift „Entgrenzungen – Zur Literatur nach 1989/90" auf.

(AT, S. 198).[2] Maron setzt damit einen Ekel in Szene, der die DDR zum Verworfenen, zum desymbolisierten Abjekt erklärt. Diese Bilder und Affekte sind in Thorsten Beckers satirischem Roman *Schönes Deutschland* zur Narration radikalisiert: In einer gar nicht so fernen Zukunft ist jede Erinnerung an die offiziell als inexistent erklärte DDR Indiz eines Wahns, der zur direkten Einweisung in die Psychiatrie führt.

Mit Brussigs *Am kürzeren Ende der Sonnenallee* und Michael Kumpfmüllers *Hampels Fluchten* wurde die DDR dann zur Vergangenheit. *Am kürzeren Ende der Sonnenallee* folgt einer völlig anderen Intention als *Helden wie wir*. Der Autor griff die „weichgezeichnete Erinnerung" (Brussig 1999) an die DDR auf, die mittlerweile zwar nicht das literarische, dafür aber um so mehr das kollektive Gedächtnis prägte. Die Eingangsszene ist progammatisch: Während der Potsdamer Konferenz spricht Churchill Stalin sechzig Meter der Sonnenallee zu, weil dieser ihm die Zigarre angezündet hat. So imaginiert sich jedenfalls Micha, Sonnenallee-Bewohner und einer der Protagonisten, den Vorgang. Diese Szene signalisiert, daß es im Text nicht um eine Rekonstruktion der ‚wirklichen' DDR gehen wird. Vielmehr wird der ostdeutsche Staat als Objekt der Erinnerung reetabliert: „Glückliche Menschen haben ein schlechtes Gedächtnis und reiche Erinnerungen." (S, S. 157) Damit wird die literarische Destruktion der DDR zurückgenommen, der untergegangene Staat als Erinnerungsraum verfügbar. Und: Indem sie *überhaupt* Erinnerung werden, verlieren die an die DDR gebundenen Gehalte ihren traumatischen Charakter. Der Text folgt der Perspektive, die sich in Churchills kaum politischer, sondern mehr persönlicher Haltung manifestiert. So können die Sonnenallee-Bewohner im Grenzgebiet zwar kaum die Wohnung verlassen, ohne mit den Vertretern des Staates und diesem selbst in Form seiner Grenzen konfrontiert zu sein, andererseits ist selbst die Mauer für Micha nur ein Hindernis, um an einen Liebesbrief zu kommen, der in den Grenzstreifen geweht wurde. Die DDR wird aus dem privaten Blickwinkel heraus erzählt, sie gerät nur so weit in den Blick, wie sie den Wünschen der Jugendlichen Grenzen setzt. Der Text ist eine nachträgliche Liebeserklärung an eine Lebensform, die sicher nicht mit der DDR identisch ist, aber so nur in der DDR hätte gelebt werden können. Der Charme des Buches beruht darauf, die DDR zur „Hippie-Republik" (Leander Haußmann/Anke Westphal) zu machen, die auch einem westdeutschen Jugendlichen hätte gefallen können. Der Preis für die weichgezeichnete Erinnerung besteht laut Brussig darin, daß das Buch nicht

---

2   Primärliteratur zitiert im Text mit folgenden Siglen: AT = „Animal triste", S = „Am kürzeren Ende der Sonnenallee", MT = „Mein erstes T-Shirt, Zo = „Zonenkinder".

„präzise geschrieben" (Brussig 1999b) ist. Es trägt sicher zum Erfolg Brussigs bei, daß er mit diesen Erzählstrategien einer Wahrheit des Erinnerns ästhetischen Raum gibt, die ganz unheldenhaft, in diesem Sinne aber um so authentischer funktioniert.

Auch in Kumpfmüllers Roman wird die DDR zum begehrten Refugium für den vor seinen Gläubigern fliehenden Titelheld Heinrich Hampel. Hampels Wahrnehmung folgt seinem erotomanischen Charakter; entsprechend gering ist sein Interesse für Politik und Zeitgeschichte. Die Perspektive des Romans reicht über Hampels Gesichtskreis kaum hinaus, viele Phänomene verbleiben in einem diffusen Licht. Auch dieser Roman ist alles andere als präzise. Zwar kreisen *Hampels Fluchten* und *Am kürzeren Ende der Sonnenallee* um Liebe und Erotik – aber stilistisch in fast altmodisch erscheinenden Formen. Diese korrespondieren mit der DDR-Idylle. Brussigs Ziel, Westler neidisch zu machen, daß sie nicht in der DDR wohnten (vgl. Westphal 1999), will als Umkehrperspektive natürlich nicht nur die zuweilen arrogante Sicht der Westler korrigieren: Sie bietet auch den Ostdeutschen ein Erinnerungsobjekt an, das sie mit der eigenen Vergangenheit versöhnt. Man kann in beiden Texten die „nostalgischen Verklärungen" sehen, gegen die sich Kurt Drawert schon früh gewandt hatte: Diese funktionalisiere die „ostdeutsche Trauer, [um] die jeweils eigene verlorene Zeit […] und das Verlangen, etwas davon für sich zu retten" (Drawert 1993, S. 78). Bei Brussig und Kumpfmüller wird die verlorene Zeit literarisch wiedergefunden. *Die heile Welt der Diktatur* (Stefan Wolle) findet hier ein literarisches Pendant.

Wie Brussig schildert auch Hein die DDR aus der staatsfernen Sicht des Kindes und Jugendlichen. Handelt es sich bei *Sonnenallee* um eine Erinnerungsrückprojektion, so sind die Erinnerungen bei Hein ironisch eingesetzte Nachwendetopoi, die als mediatisierte Erinnerung im Zeichen von Pop fungieren. Geschrieben ist der Text mit dem Blick danach – nicht nur auf die DDR, sondern auch auf die sie verarbeitende Literatur und die gesellschaftlichen Debatten. So geht es weniger um den „ganz normalen Wahnsinn der letzten DDR-Jahre" (Klappentext) als um das manchmal komische, letztlich aber unspektakuläre Alltagsleben. Das Interesse gilt dabei vorrangig den zwei für den Pop-Roman konstitutiven Themen „Musik und Mädchen" (Baßler 2002, S. 50). Markennamen sind ein weiteres Charakteristikum der Pop-Literatur: Hein erweist mit *Stratocaster, Aerosmith, New Musical Express, Bravo, Matchbox* und *Haribo* nicht nur als genuiner Vertreter derselben, er ist eigentlich immer schon im Westen aufgewachsen.

Die kleinen Geschichten aus der Geschichte sind Zitat. Was in *Sonnenallee* noch ein *running gag* war – der Vater droht bei Mißständen regelmäßig, eine „Eingabe" zu machen – wird zum ironischen Topos einer ganzen Gesellschaft: „Mein Bruder hatte zum Beispiel so große Füße, daß es keine Turnschuhe in seiner Größe gab. Wir schrieben eine Eingabe, und er bekam ein handgefertigtes paar Lederschuhe kostenlos zugeschickt. Auch fundamentalere Kritik an Staat und Gesellschaft wurde sehr ernst genommen und von den offiziellen Stellen sehr aufmerksam verfolgt." (MT, S. 59) Heins Westwaren schickender Onkel ist ebenfalls Tradition. Bevor er in der *Sonnenallee* stirbt, hatte Thomas Rosenlöcher schon 1991 in *Die Wiederentdeckung des Gehens beim Wandern* alle Westdeutschen als Westtante und Westonkel stilisiert. Daß es kein Ost und West mehr gibt, merkt der Erzähler daran, daß „Onkel Kurt […] keine Westpakete mehr" schickt. (MT, S. 59 f.). Auch der Vorwurf, der Westen kolonalisiere den Osten, den u. a. Grass und Wolf erhoben, wird von Hein anhand einer Börsenmetapher ironisch aktualisiert: „Leider wurden die Ost-Berliner Verkehrsbetriebe durch eine feindliche Übernahme durch das Westberliner Unternehmen BVG zerstört" (MT, S. 101). Und auch die Mauer hat ihren Schrecken verloren. Bildete sie für Micha aus der *Sonnenallee* vor allem ein Hindernis zum Liebesbrief, so haßt auch Heins Ich-Erzähler die Mauer erst, als die Eltern seiner Freundin einen Ausreiseantrag stellen. Nach der desillusionierenden ersten Liebesnacht denkt der Erzähler dann „irgendwie erleichtert daran, daß sie bald mit allen peinlichen Erinnerungen in den Westen ausreisen würde. […] Die Mauer haßte ich nicht mehr, aber sehr hilfreich war sie im entscheidenden Moment auch nicht gewesen" (MT, S. 118). Der Mauerfall wird als Schlußepisode zweimal erzählt: 1989 als Doppelspiel mit Fakten und Fiktionen. Die vorgeblich authentische Episode *Wie es damals wirklich war* travestiert Geschichtsszenen im Stile eines B-Pictures: „Es war ein bitterkalter Novembertag, und unser Staatsbürgerkundelehrer hatte uns am Morgen plötzlich auf die Ladefläche eines russischen Lkws getrieben. Das war gar nicht so ungewöhnlich, denn wir lebten in einer Diktatur." (MT, S. 137) Ob es nun zu einer „paramilitärischen Übung" oder einem „brüderlichen Arbeitseinsatz in einem Atomkraftwerk in Sibirien" (MT, S. 137 f.) geht, der Zwischenstop wird jedenfalls bei Brussig eingelegt. In der Gedenkstätte, in der „Ernst Thälmann, euer geliebter Teddy […] von der Gestapo geschnappt wurde" (MT, S. 138), sehen zumindest die Kinogänger unter den Lesern wohl automatisch Klaus Uhltzschts Kindheitsvorstellung von Ernst ‚Teddy' Thälmann vor sich – einen Teddybären im Sträflingsanzug, der viele Besprechungen der Verfilmung von *Helden wie wir* zierte. Von Helmut Kohl, Georg Bush und G. Schröder bekommt der Erzähler schließlich den Auftrag, „mich als Günther Schabowski zu verkleiden und auf einer Pressekonferenz die Mauer zu öffnen." (MT, S. 140 f.) Die Medien-Revolution von 1989 erscheint einmal mehr als Theaterposse – und als Sieg des Westens über den Osten. *Wie es damals wirklich gewesen sein könnte* erzählt den Herbst 1989 vorgeblich realistischer und als eigenständige Geschichte des Ostens.

Moritz Baßler zufolge sind die Pop-Literaten der 90er die neuen Archivisten. Archivieren meint hier mit Bezug auf Boris Groys die Umwertung des Profanen in als tradierungswürdig angesehene Kulturbestände.
Auch der Osten wurde als ‚profane Kultur' archiviert – und zwar ebenfalls
im Zeichen von Pop. Mit Jana Hensels *Zonenkinder* (2003) – Ost-Pendant
zur *Generation Golf* von Florian Illies – hat die Generation der Ost-Popli-
teraten ein Jahr nach der ‚DDR-Renaissance' ihr Label gefunden. Der pop-
kulturelle Diskurs kann dabei durchaus auch auf das politische Imaginäre
bezogen werden: Die literarischen Kindheits- und Jugendräume Ost und
West in den 90ern zeigen nicht nur an, daß beide Staaten historisch geworden sind. Nach 1990 mußte sich die Nation als „imagined community"
(Benedict Anderson) eine neue Vergangenheit erschreiben. Wenn Deutschland nach der Wiedervereinigung endlich ‚erwachsen' sei, so die Meinung
vieler, dann hat die Pop-Literatur die kollektive Kindheit der neuen Nation
archiviert.

Sonnenallee ist der „erste Pop-Versuch aus dem Osten" (Baßler). Doch
schon dieses Buch – dem Geschichtsfälschung vorgeworfen wurde – zeigt,
daß Ost und West hinsichtlich der Erinnerung vor unterschiedlichen Problemen stehe. Während die Pop-Literaten West ihr unproblematisches Verhältnis zur Vergangenheit feiern, will Hensel den „Anekdoten" aus der DDR
eigene Erfahrungen entgegensetzen, weil „hinter solchen *authentischen*
Geschichten ein ganzes Land verschwand" (Zo, S. 31). Ihr Plädoyer läuft
auf die Akzeptanz von Fremdheit hinaus: „Ich habe keine Lust mehr, den
jungen Männern in Anzügen zu erklären, dass genau so, wie wir sie in
Ruhe lassen und ihre bundesrepublikanische Geschichte nicht für abgeschlossen, beendet oder unerheblich erklären, sie bitte auch uns in Ruhe
unsere Biographien abschließen lassen sollen, falls wir sie denn abschließen wollen." (Zo, S. 133 f.) Statt die Biographie durch Abspaltung abzu-
schließen, muß sie historisch situiert werden: Immerhin entstand eine „ganze
Generation im Verschwinden" (Zo, S. 160). Es ist folgerichtig, daß die
Schreibweise dieser Generation sich in einer Verbindung östlicher Erin-
nerungsräume und westlicher Erzählstile realisiert. Tatsächlich ist auch
Jakob Hein, wie Wladimir Kaminer in seinem Vorwort schreibt, ein „West-
mensch made in DDR". Nur unter Ausblendung der Popliteratur, kann
man – siehe den Band *DDR-Literatur der neunziger Jahre* – von einer
separat weiterexistierenden DDR-Literatur und damit von zwei deutschen
Literaturen sprechen. Tatsächlich hatte die literarische Vereinigung gerade
stattgefunden: Die Popliteratur ist – bzw. war – die erste gesamtdeutsche
Literatur.

Literatur

Moritz Baßler: Der deutsche Pop-Roman. Die neuen Archivisten. München 2002.

Thomas Brussig: Am kürzeren Ende der Sonnenallee. Berlin 1999a.

Ders.: [Interview] „Nachdenken über Thomas B.". In: der tip 21/99. 1999b.

Kurt Drawert: Haus ohne Menschen. Zeitmitschriften. Frankfurt a.M. 1993.

Jakob Hein: Mein erstes T-Shirt. Mit einem Vorwort von Wladimir Kaminer. München, Zürich 2001.

Jana Hensel: Zonenkinder. Reinbek bei Hamburg 2002.

Michael Kumpfmüller: Hampels Fluchten: Roman. Köln 2000

Monika Maron: Animal triste. Roman. Frankfurt a.M. 1996.

Text + Kritik. Sonderband IX/2000: DDR-Literatur der 90er Jahre. Hg. von Heinz Ludwig Arnold. München 2000.

Anke Westphal: „Die DDR als Hippie-Republik." In: Die Tageszeitung vom 28./ 29. August 1999.

Stefan Wolle: Die heile Welt der Diktatur. Alltag und Herrschaft in der DDR 1971– 1989. Bonn 1998.

Yusuf Kenan Öncü (Ankara, Türkei)

Literatur von der Verdrängung zur Freiheit
Wolfgang Hilbigs „Das Provisorium" und Monika Marons „Endmoränen"

1. Einleitung

Während sich nach 1945 in der Bundesrepublik Deutschland die parlamentarische Demokratie progressiv weiter entwickelte, bemühte man sich in der DDR vehement um die schnelle Errichtung des Sozialismus. Zum akkuraten Aufbau des Sozialismus verpflichtete der Staat die Schriftsteller zu einer „sozial-pädagogisch-erzieherische[n] Mission".[1] Daraus resultierten ihre permanente Überwachung und Verfolgung und die strikte Kontrolle ihrer Werke durch die Zensur. Während die Autoren im Westen im Namen der Kunst volle Freiheit genossen, litten in der DDR besonders die nicht systemkonformen Schriftsteller unter rigorosen staatlichen Maßnahmen. Als ultima ratio mussten sie vieles verdrängen und so wurde Verdrängung für sie zu einer obligatorischen Lebensform. Diese hinsichtlich der Literatur prekäre Konstellation endete abrupt mit der Auflösung der DDR und ihrer Vereinigung mit der Bundesrepublik am 3. Oktober 1990. Der dadurch initiierte Übergang von der Verdrängung zur Freiheit brachte auch auf dem Gebiet der Literatur manche Umwälzungen mit sich und machte u. a. die übliche und bekannte Signifikanz der Freiheit und Unfreiheit für Literatur und Schriftsteller suspekt.

Wenn man voraussetzt, dass Freiheit für jeden Menschen eine relevante Komponente ist, so muss man auch annehmen, dass ihre Relevanz bei Künstlern verständlicherweise am grössten ist. Wenn man literarische Werke als kreative Produkte betrachtet, so müssen dem Schriftsteller ebenso wie jedem kreativ produzierenden Individuum „im Arbeits- wie im Privatbereich Bedingungen geboten werden, die grosse Handlungsspielräume […], Autonomie, Partizipation, Initiative, Sicherheit und intrinsische Motivation gewährleisten"[2], von welchen jedoch ohne Freiheit kaum die Rede sein kann.

---

1   Wolfgang Emmerich: Kleine Literaturgeschichte der DDR. Berlin: Aufbau Taschenbuchverlag, 2000, S. 43.

2   Wolfgang Meißner: Kreativität. In: Handwörterbuch. Psychologie. Herausgegeben von Roland Asanger u. Gerd Wenninger, S. 366–370. Weinheim: Psychologie Verlags Union, 1992, S. 369.

Anhand der Romane *Das Provisorium* (2000)[3] und *Endmoränen* (2002)[4] der damaligen ostdeutschen Autoren Wolfgang Hilbig und Monika Maron zu beweisen, dass dies nur die halbe Wahrheit ist und so auch das Gegenteil davon richtig sein kann, bildet das Anliegen dieses Vortrags.

2. *Verdrängung als ein DDR-Fall*

Johanna, die Protagonistin aus Monika Marons Roman *Endmoränen* hat nach ihrem Germanistikstudium Nach- und Vorworte verfasst, Begleittexte zu literarischen Schallplatteneditionen geschrieben. Die wichtigste unter ihren Tätigkeiten jedoch war das Verfassen von Biografien. Relevant dabei waren eigentlich nicht die Biografien sebst, sondern die Staatskritik implizierenden „heimlichen Botschaften" (E 38), welche sie darin versteckte. Anderen Menschen behilflich zu sein, avancierte zu der Maxime ihres geplanten wirklichen Lebens. Sie glaubt, dies eben durch das Schreiben von Biografien optimal erfüllen zu können. Denn Biografien „eigneten sich damals besser noch als Romane dazu, geheime Botschaften der Widerständigkeit am Zensor vorbeizuschmuggeln, und den Aufmerkenden ein Bild der Selbstbehauptung des Individuums zu vermitteln".[5] So „im Schutze" eines literarischen Genres konnte Johanna „noch manches sagen, was sonst tabuisiert ist".[6]

Hilbigs Protagonist in *Das Provisorium*, dessen Name durch C. abgekürzt ist, schrieb im Unterschied zu Johanna bereits in seiner Kindheit, aber im Gegensatz zu ihr „immer im verborgenen" (DP, S. 270). Er wird Heizer und schreibt weiterhin heimlich.

Die beiden Protagonisten wollen also vom Staat nicht brüskiert, sie wollen nicht ausgebürgert oder sonst irgendwie bestraft werden. Daher ist ihr Schreibgestus als eine Art Verdrängung zu bezeichnen. Es soll aber auch artikuliert werden, dass gerade der vom Staat als Folge der Repression evozierte „Widerstand", welcher in Johanna und C. „gegen ein vorge-

---

3   Wolfgang Hilbig: Das Provisorium. Roman. Frankfurt a.M.: Fischer, 2000.

4   Monika Maron: Endmoränen. Roman. Frankfurt a.M.: Fischer, 2002.

5   Friedmar Apel: Sommerhaus, Älter. In: Frankfurter Allgemeine Zeitung, 10.02.2002.

6   Hermann Schlösser: Subjektivität und Autobioghraphie. In: Gegenwartsliteratur seit 1968. Herausgegeben von Klaus Briegleb u. Sigrid Weigel, S. 404–423. München: Deutscher Taschenbuchverlag, 1992, S. 407.

schriebenes und bedrückendes Leben heranwuchs"[7], dieselbe in puncto Literatur produktiv macht.

3. Die Freiheit nach der Wende

Johannas mit humanitärer Mission befrachtete Tätigkeit wird jedoch in der vollständigen Freiheit nach der Wiedervereinigung „über Nacht [zu, Y. K.Ö.] eine[r] ganz überflüssige[n] Fähigkeit [degradiert, Y. K.Ö]" (E, S. 56). Sie versucht zwar in der narrativen Gegenwart des Romans, worin ihre DDR-Vergangenheit als Erinnerungsfetzen eingebettet ist, auch eine Biografie zu schreiben, diesmal über Wilhelmine Enke, die Geliebte Friedrich Wilhelms II., aber ihr Versuch ohne geheime Botschaften „schleppt sich […] quälend und langsam dahin"[8] , bleibt eigentlich nur bei Notizen.

Im Unterschied zu Johanna hat C. die Freiheit des Westens bereits antizipativ vor der Einigung erlebt. Wie sein Autor Hilbig ging er am 31. Oktober 1985 mit einem zunächst vierzehnmonatigen Visum in die Bundesrepublik, die im Roman als Schauplatz der Erzählgegenwart dominiert. Aufgrund seiner zahlreichen Reisen zwischen den (noch nicht vereinigten) zwei Staaten auch auf geistiger Ebene fehlt im Roman „[e]ine entwickelte, sich rundende Geschichte".[9] Hierin findet C.s Unzufriedenheit ihren narrativ-kompositorisch adäquaten Niederschlag. Der Grund für seine Unzufriedenheit trotz der größeren und erstrebenswerten Freiheit des Westens liegt eigentlich weder in den Streitigkeiten, welche zwischen ihm und seiner Freundin Hedda ausbrachen, noch in den Lesereisen, die er auf Wunsch seines westlichen Verlages öfters und scheinbar unwillig unternahm, sondern lediglich in seinen Schreibhemmungen.

Der Mensch wird, ob in einer Diktatur oder in einem permissiven System, von Geburt an von der Gesellschaft, als deren primäre Erzieher die Eltern und Lehrer fungieren, bewusst zu einem bestimmten Modell geformt. Durch jahrelange konsequente Ausprägung wird er schließlich zu dem konformen Typ gemacht, wie ihn die Gesellschaft haben wollte. So entstehen, von wenigen renitenten Ausnahmen abgesehen, die meist als Geisteskranke oder Genies diffamiert werden, Gesellschaften aus lauter

---

7　Eberhard Rathgeb: Seele, ostwärts. Wolfgang Hilbigs Provisorium. In: Frankfurter Allgemeine Zeitung. 28. 02. 2000.

8　Christian Stahl: http://www.amazon.de/exec/obidos/ASIN/35961545ref=ase_gallileus_21/028_8017...211.2003.

9　Bernd Heimberger: Mann ohne Mauern. http://www.berlinerlesezeichen.de//e sezei/B1200-04/text15.htm 11. 04. 2005.

Ebenbildern. Diese können nicht umhin, sich loyal zu verhalten. Dies alles hat zur Konsequenz, dass sich beinahe alle Menschen zu Gewohnheitsmenschen entwickeln. Und Gewohnheit ist, wie es Pascal einmal ausdrückte, „eine zweite Natur, die die erste aufhebt".[10] Man tendiert zwar im allgemeinen immer zum Wünschenswerten, aber man kann sich auch an das Nichterwünschte gewöhnen, u. a. auch an die Unfreiheit, was bei Hilbigs und Marons Hauptfiguren der Fall ist. Aufgrund ihrer Gewohnheit an die auf Verdrängung orientierte Lebensform werden sie im Umgang mit der (größeren) Freiheit im Westen mit großen Schwierigkeiten konfrontiert, die u. a. auch ihre weitere Produktivität stagnieren lassen. Für das auf Individualismus beruhende Leben des Westens ist die verwirklichte eigene Identität unerläßliche Bedingung. Gerade diese fehlt den beiden Protagonisten jedoch. Sie mussten in der DDR-Phase gegen einen äußeren Feind, den für sie das rigorose System bildete, kämpfen. Jetzt, in der größeren Freiheit, sind sie mit einem noch rigoroseren inneren Feind konfrontiert, nämlich mit der ihnen fehlenden eigenen Identität. Erbarmungslos wird dieser innere Feind im Gegensatz zum äußeren nicht durch seine Existenz, sondern durch sein Nichtvorhandensein. C. aus *Das Provisorium*, der in der DDR in provisorische[r] Einstellung zum Leben" (DP, S. 294) existierte, will aus diesem Grunde so schnell wie möglich „zu sich selbst finden" (DP, S. 105), was ihm bis zum Ende des Romans jedoch nicht gelingt. Und Marons Protagonistin Johanna hat in der DDR-Zeit ähnlich wie C. wesentlich in der Erwartung gelebt, „dass mein eigentliches Leben eines Tages noch beginnt" (E, S. 55). Zwar traten nach der Wende günstige Bedingungen für ihr „wirkliches Leben" (E, S. 55) ein, aber es stellte sich auch heraus, dass dies im Westen ohne eigene Identität kaum möglich ist.

In Johannas und C.s. Fall ist Erich Fromms Frage „Kann Freiheit zu einer Last werden, die den Menschen so schwer bedrückt, dass er ihr zu entfliehen sucht"[11], zu bejahen. Ihre mit „pervertierter"[12] Nostalgie beladenen Reminiszenzen an die DDR-Zeit, in der sie zwar vieles verdrängen mussten und ihre Werke, wie Hilbig und Maron, nicht veröffentlichen, aber wenigstens schreiben konnten, sind daher als Flucht aus der ungewohnten Freiheit des Westens zu interpretieren.

10 Blaise Pascal: Gedanken. Übersetzt von Ewald Wasmuth. Stuttgart: Reclam, 1984.

11 Erich Fromm: Die Furcht vor der Freiheit. Aus dem Amerikanischen Liselotte Mickel u. Ernst Mickel. München: Deutscher Taschenbuch Verlag, 1991, S. 11.

12 Martin Krumbholz: Lass sie ziehen, die Welt. In: Neue Zürcher Zeitung, 5.09.2002.

Aufgrund ihres Versagens sowohl als Mensch wie auch als Schriftsteller richten Johanna und C. ihre Aversion diesmal auch gegen die Bundesrepublik, zu deren Bürger sie jetzt auch gehören. C., für den die Freiheit des Westens nur Konsumfreiheit bedeutet – *Shopping macht frei* (DP S. 263), die künstlerische Freiheit dagegen nur „in einem westdeutschen Hotelzimmer vorm Pay-TV zu sitzen" (DP, S. 175) ist, greift den Literaturmarkt an: denn dort werde die Literatur, „die sich weigerte, der Zerstreuung zu dienen, […] mit Nichtbeachtung gestraft" und „die beste Zerstreuung verkauf[e] sich am besten" (S., S. 70). Und Johannas Abneigung gilt vor allem der gesellschaftlich-familiären Struktur in der Bundesrepublik. Selbst älter als 50 Jahre, macht sie sich schon Sorgen, dass

> wir nur noch als Zielgruppe von Verkäufern aller Branchen und als katastrophaler Kostenfaktor für die Krankenkassen wichtig sind und sonst von skandalöser Unwichtigkeit, so daß unsere Enkelkinder eines Tages auf die Idee kommen müssen, ob sie uns überhaupt leben lassen können (S., S. 55 f.).

Nach Fromm bedeutet Freiheit „für viele ein hochgeschätztes Ziel und für andere eine Bedrohung".[13] Beide Aspekte der Freiheit gelten schließlich für Hilbigs und Marons Protagonisten, für den ersteren in der DDR, für die zweitere dagegen in der Bundesrepublik Deutschland.

4. Schluss

Die Analyse der Romane *Das Provisorium* von Wolfgang Hilbig und *Endmoränen* von Monika Maron hat ergeben, dass auch Unfreiheit bzw. ungenügende Freiheit, in welcher Verdrängung ihren opulenten Nährboden findet, für literarische Kreativität und Produktivität so effektiv sein kann wie die Freiheit. Es stellte sich auch heraus, dass es eigentlich weder auf die Freiheit noch auf die Unfreiheit ankommt, sondern auf die Gewohnheit des Schriftstellers an die eine oder an die andere.

Die Protagonisten der beiden Romane, die in der eingeschränkten Freiheit der DDR literarisch produktiv waren, geraten in der grösseren Freiheit der Bundesrepublik Deutschland nach der Wende dagegen in Schreibkrisen. Schuld daran waren ihre Gewohnheit an das verdrängungsorientierte Leben aus der DDR und die ihnen fehlende eigene Identität, die sich in der Freiheit des Westens ostentativ bemerkbar machte. Während sie aber lar-

---

13 Erich Fromm: Die Furcht vor der Freiheit. Aus dem Amerikanischen Liselotte Mickel u. Ernst Mickel. München: Deutscher Taschenbuch Verlag, 1991, S. 11.

moyant ihre Schreibhemmungen beklagen, entstehen doch gleichzeitig zwei bemerkenserte Romane: *Das Provisorium* und *Endmoränen.* Ihre Un-produktivität nach der Wende hat also ihre Schöpfer Hilbig und Maron produktiv gemacht.

Am Ende haben sich Freiheit und Unfreiheit, was die Literatur angeht, als kommensurable Komponenten erwiesen. Das gilt aber im Ganzen wie-derum nicht, wenn man bedenkt, dass Literatur ein Phänomen von zwei Phasen ist. In der ersten wird sie produziert (geschrieben), in der zweiten dagegen lässt man sie auf den Leser treffen, d.h. sie wird veröffentlicht. Und für diese zweite Phase ist Freiheit eigentlich Pressefreiheit oder die Nichtexistenz der Zensur, welche nach Nestroy „die jüngere von zwei schändlichen Schwestern [ist], die ältere heißt [dagegen, Y.K.Ö.] Inquisi-tion"[14], eine conditio sine qua non ist. Diese Freiheit gibt es wohl im Ge-gensatz zur damaligen DDR in der Bundesrepublik Deutschland. Sonst hätten Hilbigs und Marons Romane aufgrund ihres auch die Bundesrepublik scharf kritisierenden Inhalts nicht veröffentlicht werden dürfen.

Der Mensch strebt permanent nach Veränderung, Entwicklung und Innovation. Diese Tendenz ist in allen Lebensbereichen zu konstatieren. Heutzutage gehört die Innovation in der Literatur zu den relevanten Krite-rien von „Qualität". Vielleicht war es von Anfang an so, sonst hätten sich nicht verschiedene Literaturepochen entwickelt. Innovativer Umgang mit Literatur wurde und wird aber mit der Zeit immer prekärer, weil schon viele Formen und Techniken versucht worden sind und immer wieder neue versucht werden, so dass am Ende immer weniger Möglichkeiten für Innova-tives übrig bleiben. In diesem Rahmen kann gesagt werden, dass die virtuelle DDR-Literatur mit den andersartigen Werken der Autoren wie Hilbig und Maron eine neue Farbe in die Dichtung der Bundesrepublik eingebracht hat. Aber diese neue Farbe wird dort verfärbt, wo die Repräsentanten der damaligen DDR-Literatur wie Maron und Hilbig zu schreiben aufhören.

---

14 Herbert Wiesner: Zensiert – gefördert – verhindert – genehmigt. Oder wie legt man Literatur auf Eis?. In: „Literaturentwicklungsprozesse". Die Zensur der Literatur in der DDR. Herausgegeben von Ernest Wichner u. Herbert Wiesner, S. 7–17. Frankfurt a.M.: Suhrkamp, 1993.

Holly Liu (Massachusetts, USA)

Unter dem Namen Norma = Unter dem Namen Roman? Über die Nichtübereinstimmung von Erinnerung und Erzählen in der Romanstruktur von Brigitte Burmeisters *Unter dem Namen Norma*[1] (1994)

„Es ist an der Zeit, daß Sie die Wahrheit über mich erfahren" (Burmeister, *Norma*, S. 223). So fängt die Ich-Erzählerin Marianne Arends an, eine Lügengeschichte über sich selbst als Stasi-„Inoffizielle Mitarbeiterin" zu erzählen, die für eine typische ostdeutsche Biographie gehalten werden sollte. Jedoch kann der Leser nicht umhin, folgende Fragen aufzuwerfen: Warum hat Marianne im Roman eine Biographie erfunden und sich dadurch freiwillig zur Täterin oder zum „aktiven Opfer"[2] gemacht, während kaum jemand in der Realität seine eigene Stasi-Verfehlung freiwillig zugibt? Hat Marianne ihre Lügengeschichte wirklich „ohne erkennbaren Grund" (ebd., S. 255) oder wegen des „Horror vacui" (ebd., S. 254) erzählt, wie Norma, Mariannes tatkräftige Freundin, feststellt? Was kann man heute von einem Menschen wissen,[3] dessen Biographie einer politischen und geographischen Teilung zufolge anders verlaufen ist? Im Folgenden werde ich auf die bedeutenden Elemente in der Handlung und Struktur des *Norma*-Romans eingehen, die zu Mariannes Lügengeschichte beitragen. Zugleich werde ich mich im Rahmen des deutsch-deutschen Themas dem Erinnerungsdiskurs in der Gegenwart anschließen, um Erinnerung im *Norma*-Roman als Wette auf die Wahrheit, als romanimmanentes, strukturbildendes Element hervorzuheben. Demzufolge zeugt die durch das Anagramm ermöglichte Umbenennung des besagten Romantitels in „Unter dem Namen Roman" nicht nur von dem Einfluß des französischen Nouveau Roman auf Burmeisters kontinuierliche Auseinandersetzung mit der Roman-

---

1   Im Folgenden wird der Roman als *Norma* bezeichnet.

2   Vgl. Liu: „„Ich wehre mich […]' Ein Interview mit Brigitte Burmeister." S. 36. Laut Burmeister ist „das aktive Opfer"ein Mensch, der an seinem Opferstatus beteiligt ist, entweder indem er sich nicht wehrt, oder indem er sich als Opfer auch manchmal ganz wohl fühlt. Ich meine, Leute, die etwas dazu beigetragen haben, Opfer zu werden oder Opfer zu bleiben." Künftig wird dieses Gespräch als „Interview I" bezeichnet.

3   Vgl. *Norma*, S. 14.

konzeption, sondern auch von der subversiven Kraft der Erinnerung, die mit Ironie jede Wahrheit auf Fiktion umschaltet.

Der *Norma*-Roman „ist aus dem Wunsch entstanden, mich an ein Haus zu erinnern, in dem ich lange gewohnt habe, und an meine alten Nachbarinnen, die längst tot sind."[4] Wie bescheiden der ursprüngliche Wunsch Burmeisters auch klingen mag, gelangt der Roman durch assoziative Ideen, „die eben nicht in der ursprünglichen Absicht versammelt waren" (Burmeister, „Spielraum", S. 33) letztendlich dorthin, wo er seine Anerkennung erntet. *Norma*, der ein literarisches „Psychogramm" (Burmeister, *Norma*, S. 44) der Nachwendezeit darstellt, wurde von Rezensenten und Literaturwissenschaftlern fast einhellig als Erfolgs-Nachwenderoman bezeichnet.[5] In diesem „Gegenwartsroman" (Cramer) gelingt es Burmeister mit viel Subtilität, Behutsamkeit und nicht zuletzt mit ironischer Skepsis,[6] in der rasch in die Vergangenheit gedrängten Gegenwart an der DDR-Vergangenheit festzuhalten und darüber zu reflektieren. Die Erinnerung wird

4   Vgl. Dorothea von Törne: „Haben Sie noch die Mauer im Kopf, Frau Burmeister?" Der Tagesspiegel [Berlin] 9. Nov. 1995.

5   Die *Norma*-Rezeption ist überwiegend positiv mit ein paar Ausnahmen. Zu dokumentieren sind die folgenden Rezensionen in Zeitfolge: Kerstin Hensel: „Ost, West?" Freitag 16. Sept. 1994; Charitas Jenny-Ebeling: „Lebensstoff en masse." Neue Zürcher Zeitung Okt. 1994; Walter Hinck: „Glasierte Gesichter." Frankfurter Allgemeine Zeitung 4. Okt. 1994; Hans-Georg Soldat: „Wenn Geschichte beginnt [...]" Berliner Zeitung 4. Okt. 1994; Sibylle Cramer: „Deutsche Zustände und die offenen Felder im Gefüge der Gegenwart." Süddeutsche Zeitung 5. Okt. 1994, Beilage; Katharina Döbler: „Gepflegter Scharfblick." Neue Zürcher Zeitung 10. Okt. 1995 (gemischtes Urteil); Detlef Kuhlbrodt: „Menschen mit rosig goldener Glasur." Die Tageszeitung [Hamburg] 5. Okt. 1994; Thomas Kraft: „Spielarten des Ausweichens."Der Tagesspiegel [Berlin] 30. Okt. 1994 (negativ); Eva Kaufmann: „,Handlung ohne erkennbaren Grund?'" Neue deutsche Literatur 5 (1994), S. 175–77; Michael Braun: „Aus der Fremde." Frankfurter Rundschau 17. Dez. 1994; Jürgen Jacobs: „Die Risse nicht verkleistern." Kölner Stadt-Anzeiger Silvester 1994; Reiner Moritz: „Die Kritiker sind betört." Rheinischer Merkur 20. Jan. 1995 (negativ); Bettina Schulte: „Nachrichten aus einem Zwischenland." Badische Zeitung 4. Feb. 1995; „Fundbüro für Erinnerung." Handelsblatt 24. Feb. 1995; Julia Kormann: „Leben ohne Vergangenheit und Zukunft." GrauZone 2 (1995), S. 36–37 (negativ); Leonore Schwartz: „Die geliebte Unklarheit." Saarbrücker Zeitung 18. Apr. 1995; Dorothea von Törne: „Haben Sie noch die Mauer im Kopf, Frau Burmeister?" Der Tagesspiegel [Berlin] 9. Nov. 1995; Christine Cosentino: „Ostdeutsche Autoren Mitte der neunziger Jahre: Volker Braun: Brigitte Burmeister und Reinhard Jirgl." Germanic Review 1 (1996), S. 177–94.

6   Vgl. Kerstin Hensel: „Nur mit dieser Skepsis kann man über Gegenwärtiges schreiben."

der Autorin zur Erzählstrategie gegen Vergessen, Vorurteile, Un- bzw. Miß-
verständnisse. Gerade durch die subversive Kraft der Erinnerung, „die uns
die Ungerechtigkeiten und Gewaltsamkeiten des Vereinigungsprozesses
schmerzhaft ins Bewußtsein ruft" (Braun), konstruiert Burmeister unbeirrt
auf ironische Weise eine „typische" ostdeutsche Biographie.

Die Ich-Erzählerin Marianne Arends, Übersetzerin aus dem Französischen, Ende vierzig, nimmt die in der Hinterhofwohnung eines Mietshau-
ses in der Berliner Mitte eine Sonderstellung ein, die der des männlichen
Ich-Erzählers Anders in Burmeisters Erstlingswerk *Anders oder Vom Aufenthalt in der Fremde*[7] (1987) nicht unähnlich ist. Dafür spricht das Anagramm Arends = Anders in Mariannes Nachnamen. Demgemäß verleiht
die Autorin Marianne den beobachtenden „Soziologenblick", eine Art
„Ratevermögen" (Burmeister, *Norma*, S. 88) und die „nötige Fantasie und
Ausdauer" zum Spielen. Die Eigenschaften Mariannes sind dem Leser, der
Anders gelesen hat, bereits im Umgang mit dem Raubkatzenblick von
Anders und seinem Assoziationsvermögen längst bekannt. Im Gegensatz
zu Anders' verhältnismäßig realitätsferner Problematik fällt in *Norma* als
Neues auf, daß Marianne, mit solchen Eigenschaften ausgestattet, mit ih-
rer Energie auf Erinnerungen an die DDR-Zeiten zielt und diese mit Ge-
genwartsproblemen verschmilzt.

Mariannes Erinnerungen und Phantasien, die sich auf verschiedenen
Zeitebenen an zwei knappen Tagen abspielen, sind im Roman als subversi-
ves poetisches Prinzip strukturbildend, dabei aber gleichzeitig auch nahezu strukturdestrukiv. Der erste Teil, der mit dem Titel *Am 17. Juni* auf die
frühe ostdeutsche Revolution, den Arbeiteraufstand im Jahre 1953, anspielt,
wird durch Mariannes Erinnerungen an DDR-Zeiten bestimmt. Der zweite
Teil des Romans *Am 14. Juli* deutet nicht nur auf eine westliche Revolution, nämlich die Erstürmung der Bastille in der Frühphase der Französischen Revolution, sondern auch auf Mariannes Ausbruch aus der ihr unerträglich gewordenen Situation des Mißtrauens.[8] Dort im Westen setzt
Marianne eines ihrer bisher erdrückenden Kopfspiele in eine selbstzerstörerische Tat um, die irreparablen Schaden anrichtet und deren subversive
Wirkung nicht geringer ist als die des Bastillesturms: Auf einer Garten-
party ihres Mannes Johannes, der mittlerweile bereits in Westdeutschland
seine Karriere aufgebaut hat, erfindet Marianne für die sensationsgierigen

---

7   Künftig wird der Roman als *Anders* bezeichnet.
8   Die von Brigitte Burmeister in den Roman eingeführten historischen Daten
     bezeichnet Charitas Jenny-Ebeling als „Doublette", während Thomas Kraft
     ihnen mehr Bedeutung beimißt: „1789, 1949 und 1989 begrenzen so als signi-
     fikante Eckdaten das Koordinatensystem, in dem die Erzählerin herumspringt
     und nach Orientierung sucht."

Westmenschen eine Biographie, in der sie selbst unter dem Decknamen
Norma als inoffizielle Mitarbeiterin (IM) der Stasi auftritt. Diese Lügengeschichte, die ihr Mann Johannes sogar für wahr hält, durchbricht sowohl
die strukturelle als auch die inhaltliche Ost-West-Dichotomisierung und
hat schließlich einen utopischen Frauenfreundschaftsbund zwischen Marianne und ihrer Freundin Norma, ähnlich der Männerfreundschaft Saint-
Justs, zur Folge. Der radikale Revolutionär Saint-Just entwickelte in der
Französischen Revolution eine Theorie, die lautet: „[N]ach dem Sieg der
Revolution [sei] die Freundschaft [...] der Ehe gleichzustellen."[9] Burmeister überträgt die Biographie eines alten Revolutionärs auf das Ergebnis
einer anderen Revolution, auf Mariannes Widerstand gegen die Vorurteile
der Westdeutschen und die Sensationslust der Medien.

Gerade so ein Bild von der tabuisierten realen „Uneinheit der Menschen zugunsten der Einigungsidee" (Mitscherlich, S. 41) rollt Burmeister
ohne Vorurteile durch Mariannes „Röntgenblick" (Kraft) auf. Sie zeigt un-
aufdringlich Mariannes tiefe Skepsis gegenüber ihrer DDR-Vergangenheit,
ihrem Bedenken, „sich in einem völlig veränderten System [ihrer] Biographie zu versichern" (Kuhlbrodt). So ist zu erklären, warum Marianne sich
vor allem für das „Innere einer Erinnerung, von der kein Wort in unseren
Lebensläufen stand" (Burmeister, *Norma*, S. 14), interessiert. Ihre Über-
setzungsbeschäftigung mit einer alten Revolution täuscht allerdings nur
eine scheinbare Teilnahmslosigkeit an der gegenwärtigen vor. Wegen der
zeitgeschichtlichen Lage, in die Marianne als DDR-Bürgerin hineingezwun-
gen ist, zielt sie heimlich auf das „Sammeln von Erinnerungen aus vierzig
Jahren" (Burmeister, *Norma*, S. 167): „Das Material [. . .] liegt auf der
Straße. Man muß nur hinsehen, hinhören, es wird so viel gesprochen in
einem Hause wie diesem" (ebd., S. 170); und sie verarbeitet still „Lebensstoff en masse, [der] jedoch schwer zu bergen" (ebd.) ist. Während Marianne
auch in Mülltonnen „unbefugt" nach den Spuren von vierzig Jahren Vergangenheit wühlt oder in ihrer Wohnung mit der Vorstellung von einem Ge-
sprächskreis mit dem Thema „Wir müssen uns unsere Biografien erzählen"
(ebd., S. 168) spielt, verändert sich die Welt um sie herum. „Jetzt ist Jetzt,
man lebt nur einmal" (ebd., S. 167), hört sie Leute sagen. Mit Geschwindig-
keit fällen diese Leute Urteile, um dann schnell alles zu vergessen.

Dagegen wehrt sich Marianne. Nicht nur die schiefgegangene „Volks-
versammlung", auf der Marianne heftig gegen die anderen Anwesenden
die Biographie des Kommunisten Herrn Bärwalds verteidigt hat, sondern
auch der unerwartete Tod einer Mieterin und die darauf folgende Haus-
haltsauflösung, verstärken Mariannes Drang nach der Wahrheit der Biographie. Der Fall von Mariannes Nachbarin Margarete Bauer, durch ihre

9   Vgl. Liu: „Interview I", S. 36.

energische Stimme bekannt als die „Schreierin aus dem zweiten Hof" (Burmeister, *Norma*, S. 36), darf als stellvertretend für das tragische Ergebnis der deutschen Einheit „in einem Klima öffentlicher Verdächtigungen und Denunziationen" (ebd., S. 58) angesehen werden: Diese Figur stürzt sich vom Balkon in den Tod, nachdem die Stasi-Bezichtigung ihre nach der Wende bereits zerbrechlich gewordene Existenz noch unerträglicher gemacht hat. Ihr Tod führt zu einem ernsthaften Streit zwischen Norma und Marianne, denn Marianne setzt sich für eine tadellose Biographie Margarete Bauers ein, während Norma fest an das Gerücht über Margarete Bauers „Stasi-Affäre" glaubt.

Als Norma im Streit behauptet, sie könne „für niemand die Hand ins Feuer legen" (ebd., S. 60), fühlt Marianne sich tief gekränkt, da sie in Norma einen idealen Menschen erblickt hatte, der sich in der Umbruchszeit zu orientieren vermag: „Vielleicht war sie weniger verletzbar und nicht aus Angst vor Schmerzen in Bewegungsabwehr so geübt wie ich. Sie besaß nicht meine Wendigkeit beim Wegdrehen des Kopfes, bei Ausflüchten auf der Stelle" (ebd., S. 276). Aber jetzt ist sie enttäuscht von Norma, die sich ja auch durch öffentliche Meinungen beeinflussen läßt. Die Auswirkung dieses Streits auf Marianne bildet eine entscheidende Ursache für Mariannes Lügengeschichte, in der Marienne absichtlich Norma als Decknamen angibt.

Ein weiterer Beweggrund für Mariannes „unverständliche Tat" ergibt sich aus der rein literarischen Funktion Emilias, der fiktiven Tochter Mariannes. Diese ins Surreale transponierte Figur erscheint nur, wenn Marianne sie braucht: „Emilia hatte ich für mich allein, da konnte sie weggehen, sooft und solange sie wollte" (ebd., S. 178). Sie versinnbildlicht das andere unbefangene und unbelastete Ich Mariannes und kann als Ergänzung zur Destruktion der Romanstruktur konzipiert werden.[10] Nachdem Emilia Marianne vorgeworfen hat, daß sie sich unbalanciert in die Vergangenheit vertieft und nichts für die Gegenwart getan hat, ermahnt sie Marianne zu einem bedeutenden Vorhaben – „etwas, das du dir aussuchst, das Zeit und Mühe kostet und sich lohnt" (Burmeister, *Norma*, S. 123). Indem sie sich als „Geheimtip" bezeichnet und sich deren Erfolg als „große Tänzerin" am „richtigen Zeitpunkt" durch „die Medien" bewußt ist, erneuert sie Mariannes Erinnerung an die Sensationsgier der Öffentlichkeit. Mit Betroffenheit verspricht Marianne ihr gleich, über ihren Vorschlag nachzudenken. Das

10 Viele Leser haben Schwierigkeiten, die Figur Emilia zu verstehen. Sogar der DDR-Literaturkritiker Wolfgang Emmerich hält in seiner neuen Fassung *Kleine Literaturgeschichte der DDR* (2000) irrtümlicherweise Emilia für die Leibtochter Mariannes: „Burmeister berichtet von einem Ost-Berliner Ehepaar um die vierzig, das nach der Wende auseinandergeht. Die Frau, Übersetzerin, bleibt mit der Tochter am angestammten Platz, der Mann will Karriere machen und zieht nach Mannheim" (S. 501).

ähnelt einem Pakt mit dem Teufel, in dem Marianne – ähnlich wie Faust – zu einer Täterschaft verführt wird, während Emilia den Leser durch ihre springende Bewegungsart an Goethes Euphorion[11] in *Faust II* erinnert. Dieses nächtliche traumhafte Treffen zwischen den beiden endet, da Marianne ihre eigenen „Mängel und Schwächen" (Liu, „Interview II"[12], S. 291) erkennt und die kommende Katastrophe ahnt, mit Mariannes Weinen und ihrer beinahen Ohnmacht vor Aufregung und „der Last des eigenen Lebens" (ebd.).

Mariannes imaginäres Gespräch mit Emilia dient als Katalysator, der Mariannes bereits in der Wendezeit problematische Befindlichkeit zum Extrem treibt. Infolge der Kritik von Norma und Emilia an ihrer Teilnahmslosigkeit sowie Normas Provokation im Streit, ausgestattet mit ihrem Erinnerungs- und Phantasievermögen, über Magarete Bauers Tod trauernd, angespornt durch die Phantasiespiele mit Norma über unbekannte Wesen, gelangweilt durch die Banalität des Alltagslebens, empört über die Klischeevorstellungen der Westdeutschen und deren Bereitschaft, von Gruselgeschichten in der DDR zu hören, nicht zuletzt verführt durch die Sensationslust der Medien, erzählt Marianne „mit Ironie, mit Wut"[13] unter Alkoholeinfluß eine Lügengeschichte. Sie lügt, indem sie die Erlebnisse anderer Menschen zu einer Montage[14] verbindet, diese „Vexierbilder" (Soldat) jedoch als ihre eigenen ausgibt, in der Überzeugung, daß ihre Geschichte geglaubt wird, weil sie in jeder Hinsicht dem Vorurteil entspricht, das man von einer „typischen" ostdeutschen Biographie hat.[15] So rächt sich Marianne an einer unerträglichen Situation, die „allgemeines Mißtrauen erzeugt und kultiviert" (Liu, „Interview I", S. 35). Einen schadenfrohen Triumpf empfindet Marianne dabei, wenn die Leute nicht unterscheiden können, was wahr oder nicht wahr ist. Wenn Marianne als

11 Vgl. Goethes *Faust II*, Dritter Akt, *Faust I und II*, Werke 3 (Köln: Könemann, 1997), S. 347–54. Euphorion ist der Sohn von Helene und Faust, der energisch hochspringt, sich dann zu Tode stürzt.

12 Vgl Holly Liu: „Pollok und die Attentäterin – ‚Ein Roman über die fundamentale und unweigerliche Nichtübereinstimmung von Realität und Erzählung': Das zweite Interview mit Brigitte Burmeister über ihren neuen Roman." German Quarterly 73,3 (2000). Von nun an wird das Gespräch als „Interview II" bezeichnet.

13 Vgl. Liu: „Interview I", S. 35.

14 In diese Lügengeschichte verwebt Marianne die Geschichten von dem finsteren Hausmeister, Magarete Bauer, Norma u. a.

15 Vgl. Brigitte Burmeister und Margarete Mitscherlich: Wir haben ein Berührungstabu. Hamburg: Klein, 1991, S. 39–40. Mitscherlich fragt: „Man sagt hier doch, daß zumindest jeder zweite irgendwie mit der Stasi gearbeitet hat, stimmt das"?

Konsequenz ihrer Lügengeschichte ihren Ehemann verliert, mit dem sie sich sowieso längst nicht mehr verstanden hat, und Norma als eine treue Freundin für die Zukunft gewinnt, beinhaltet dies eines der wenigen utopischen Elemente des Romans. Ihr Freundschaftsbund wird *unter dem Namen Norma* „beschlossen und besiegelt" (Burmeister, *Norma*, S. 283).

Nun wird die dreifache Bedeutung des Romantitels am Ende des Romans erkennbar: 1) Er dient inhaltlich als Mariannes Decknamen für die Lügengeschichte; 2) Der Frauenfreundschaftsbund wird auf *Unter dem Namen Norma* (auf Marianne/Norma und Norma/Norma – Namen aus zwei Fiktionen) getauft; 3) Der Name Norma – ein weiteres Beispiel für Burmeisters durch den Nouveau Roman beeinflusste Erzähltechnik – zeigt sich wieder als ein Anagramm: Norma = Roman. Ohne Zweifel kommt die spielerische Art des Romantitels gerade hier am deutlichsten zum Ausdruck, denn nach dem Anagramm hätte das Buch heißen sollen: *Unter dem Namen Roman*.[16] Nun wird es dem Leser schließlich klar, daß es hier in *Norma* um den Roman selbst geht – ein Versuch, bei dem die experimentierfreudige Autorin mit Ernst und Ironie[17] den Roman-Begriff nochmals in Frage stellt. Die Funktion eines Anagramms im Nouveau Roman erklärt mir die Autorin in unserem ersten Gespräch wie folgt:

> Es hängt mit der Beeinflußung durch den „Nouveau Roman" zusammen, damit also, daß man die Schrift, das geschriebene Wort, als Produktionsfaktor ansieht, und daß man die Phantasie durchaus auch einem bestimmten Regelwerk unterstellt. […], ich probiere und kombiniere mit einem bestimmten Vorrat, auch, um damit zu signalisieren: Ich bleibe auf der Ebene der Fiktion. Ich mache Literatur, nicht […] einen wahren Bericht über das Wahre. (Liu, „Interview I", S. 36)

Aus dieser Sicht ist zu erklären, warum Marianne sich in der Lügengeschichte das Anagramm Norma als Decknamen gewählt hat: Sie will damit signalisieren, daß sie selbst quasi als eine Schriftstellerin verfährt, daß sie vergangene „Momente, Figuren, Erlebnisse, Sätze usw. durchaus aufnimmt und verarbeitet" (Liu, „Interview I", S. 35). Auf diese Weise wird ihre Erinnerung Fiktion.

---

16 Außer dem Wort „Roman" hat das Anagramm „Norma" noch eine dritte mögliche Zusammensetzung: „Maron", die allerdings nicht die Absicht der Autorin ist, sondern vielmehr der Phantasie des Lesers entspringt.

17 Vgl. Eva Kaufmann: „,Handlung ohne erkennbaren Grund?'": „In diesem Roman prägt Ironie nicht nur einzelne Textelemente, sondern die Grundstruktur […]" (S. 175) und „Der Ernst der Geschichte ist im Text stets präsent" (S. 176). Das wechselseitige Spiel zwischen Ernst und Ironie zählt zum Erzählstil Burmeisters in *Norma*.

Dadurch, daß Marianne ihre Erfindung als Wirklichkeit ausgibt und
somit die erzählerische Wahrheit aufs Spiel setzt, damit die Erfindung als
alternative Wirklichkeit geglaubt wird, setzt sie ihren Erzählwillen durch,
der nicht nur ihre Lebens- und Wirklichkeitszusammenhänge auf Widerruf
stellt, sondern auch ihr Verhältnis zu ihrer eigenen Biographie fragwürdig
macht.[18] Einnerung und Erzählen stimmen hier erneut wie bei Anders nicht
miteinander überein, weil die Erinnerung bei der Identitätssuche im Fall
Norma – sich gegenseitig Biographien zu erzählen – nicht nur konstruktiv,
sondern auch destruktiv wirkt. Erinnerung wird subversiv, wenn sie in einer als unerträglich und vergänglich empfundenen Situation aus Protest
verweigert, die „Wahrheit" herzustellen. In dieser Situation ist es fast zwang-
haft, Erinnerung als Fiktion innerhalb einer Fiktion anzuerkennen und zu
interpretieren. Wenn jede Wahrheit unter dem Namen Roman auf Fiktion
umgeschaltet wird, werden dadurch einerseits die Grenzen zwischen Erinnerung und Phantasie überschritten. Andererseits lösen sich auch die erzählerischen Zusammenhänge auf. Meines Erachtens führt ausgerechnet
die Nichtübereinstimmung von Erinnerung und Erzählen in der roman-
technischen Komposition zur „Handlung ohne erkennbaren Grund", damit
zu Mariannes Lügengeschichte. Sie ergibt sich aus dem subversiven poetischen Prinzip der Romanstruktur viel mehr als aus der Zwangsläufigkeit
der Handlung selbst. In dieser Hinsicht ist Norma trotz anderer Unterschiede
jedoch nicht allzu weit entfernt von Anders: Die (Un-)Kausalität muß aus
der Romanstruktur gelesen werden, in der Erinnerung als Fiktion, als sub-
versives poetisches Prinzip, im Norma-Roman in den Vordergrund tritt und
die ästhetische Wahrheit ins Spiel der Wahrscheinlichkeit setzt. Aus Burmeisters Interesse an der Erfindung von Formen, das laut Alain Robbe-
Grillet die Schreibweise des Autors steuert, entsteht – ähnlich wie bei den
Nouveaux Romanciers – „eine Wette auf den möglichen Sinn,"[19] den Rob-
be-Grillet der zukünftigen Literatur zuspricht, was auf den Roman Norma
auch zutrifft:

> Hat die Wirklichkeit einen Sinn? Der heutige Künstler kann auf diese Frage
> keine Antworten geben: er weiß es nicht. Daß diese Wirklichkeit vielleicht
> einen Sinn haben wird, nachdem er dagewesen, das heißt, nachdem das Werk
> einmal zu Ende geführt ist: das ist alles, was er sagen kann [...] wir setzen
> unsere ganze Hoffnung auf den Menschen: Die Formen, die er schafft, können
> der Welt Bedeutung geben.[20]

18 Vgl. Stoll, S. 195.
19 Vgl. Burmeister: Streit um den Nouveau Roman, S. 37.
20 Ebenda.

Bibliographie

Primärliteratur

Brigitte Burmeister: Anders oder vom Aufenthalt in der Fremde. Mit einem Nachwort von Rolf Gerlach. Darmstadt: Luchterhand, 1988.

Brigitte Burmeister/Uwe Saeger/Jens Sparschuh: „Da bin ich noch: Mein Land geht in den Westen." Über Motive von AutorInnen, in der DDR zu bleiben, und heutige Bedingungen des Schreibens. Berlin: Heinrich Böll Stiftung, 1999.

Brigitte Burmeister: „Der hartnäckige Grund von Literatur." Literatur Konkret, 1990, S. 48–50.

—: Herbstfeste: Erzählungen. Stuttgart: Klett-Cotta 1995

Brigitte Burmeister/Gerti Tetzner: „Keine Macht, aber Spielraum." In: Gute Nacht, du Schöne – Autorinnen blicken zurück. Hg. von Anna Mudry. Frankfurt a.M.: Luchterhand, 1991, S. 30–59.

Brigitte Burmeister: „Meine Produktionsbedingungen." entwürfe & zündschrift (1995), S. 22–24.

—: Pollok und die Attentäterin. Stuttgart: Klett-Cotta, 1999.

—: „Schriftsteller in gewendeten Verhältnissen." Sinn und Form 4 (1994), S. 648–54.

—: Streit um den Nouveau Roman: Eine andere Literatur und ihre Leser. Berlin: Akademie Verlag, 1983.

—: Unter dem Namen Norma. 2. Auflage. Stuttgart: Klett-Cotta, 1996.

—: „Weibliches Schreiben." Weimarer Beiträge 10 (1985), S. 1630–1650.

Brigitte Burmeister/Margarete Mitscherlich: Wir haben ein Berührungstabu. Hamburg: Klein, 1991.

Sekundärliteratur

Michael Braun: „Aus der Fremde." Frankfurter Rundschau 17. Dez. 1994.

Christine Cosentino: „Ostdeutsche Autoren Mitte der neunziger Jahre: Volker Braun, Brigitte Burmeister und Reinhard Jirgl." Germanic Review 1 (1996), S. 177–94.

Sibylle Cramer: „Deutsche Zustände und die offenen Felder im Gefüge der Gegenwart." Süddeutsche Zeitung 5. Okt. 1994.

Katharina Döbler: „Gepflegter Scharfblick." Neue Zürcher Zeitung 10. Okt. 1995.

"Fundbüro für Erinnerung." Handelsblatt 24. Feb. 1995.

Kerstin Hensel: „Ost, West?" Freitag 16. Sept. 1994.

Walter Hinck: „Glasierte Gesichter." Frankfurter Allgemeine Zeitung 4. Okt. 1994.

Jürgen Jacobs: „Die Risse nicht verkleistern." Kölner Stadt-Anzeiger Silvester 1994.

Charitas Jenny-Ebeling: „Lebensstoff en masse." Neue Zürcher Zeitung Okt. 1994.

Eva Kaufmann: „Adieu Kassandra? Schriftstellerinnen aus der DDR vor, in und nach der Wende." In: Women and the Wende: Social Effects and Cultural Reflections of the German Unification Process. Ed. Elizabeth Boa and Janet Wharton. Amsterdam: Rodopi, 1994, S. 216–25.

—: „„Handlung ohne erkennbaren Grund?"" Neue deutsche Literatur 5 (1994), S. 175–77.

Julia Kormann: „Leben ohne Vergangenheit und Zukunft." GrauZone 2 (1995), S. 36–37.

Thomas Kraft: „Spielarten des Ausweichens." Der Tagesspiegel [Berlin] 30. Okt. 1994.

Detlef Kuhlbrodt: „Menschen mit rosig goldener Glasur." Die Tageszeitung [Hamburg] 5. Okt. 1994.

Reiner Moritz: „Die Kritiker sind betört." Rheinischer Merkur 20. Jan. 1995.

Bettina Schulte: „Nachrichten aus einem Zwischenland." Badische Zeitung 4. Feb. 1995.

Leonore Schwartz: „Die geliebte Unklarheit." Saarbrücker Zeitung 18. Apr. 1995.

Hans-Georg Soldat: „Wenn Geschichte beginnt …" Berliner Zeitung 4. Okt. 1994.

Andrea Stoll: Erinnerung als ästhetische Kategorie des Widerstandes im Werk Ingeborg Bachmanns. Frankfurt a. M.: Peter Lang, 1991.

Dorothea Törne: „Haben Sie noch die Mauer im Kopf, Frau Burmeister?" Der Tagesspiegel [Berlin] 9. Nov. 1995.

VOLKER WEHDEKING (Stuttgart, Deutschland)

Nachwendeliteratur
Berlin-Darstellung und Wende-Thematik unter neuen medialen und mentalen Voraussetzungen

Die jüngeren Berliner Autor(inn)en, denen ich mich in diesem intermedialen Kontext zuwende, sind Teil einer alltagsnah erzählenden Literatur der kleineren Schritte innerhalb einer allgemeinen Generationenablösung in der gesamtdeutschen Literatur, die von Soziologen wie Claus Leggewie (1995) und Heinz Bude (2001) als „89er" oder „Generation Berlin" umrissen wurde. Für die vielstimmige deutschsprachige Literaturszene nach 1990, gekennzeichnet durch die einander oft überlagernden Einzelfacetten und kurzlebige Debatten der „political correctness", lässt sich nur die vielfältig zueinander offene Mehrsträngigkeit des Generationenwechsels skizzieren, während die zum Teil noch aus der Gruppe 47 entwachsenen großen Namen und die älteren Post-DDR-Autoren keineswegs verstummt sind (Grass, Walser, Wolf, Kunert und andere). Die Vielfalt der Gruppierungen und Etiketten ist groß: Postmoderne, experimentelle Literatur, seit den 80er Jahren anhaltende Wiederkehr des Erzählens im Mainstream eines handlungsintensiven, psychologisch sensiblen Realismus', Wende- und Einheitsthematik, Popliteratur, Migrantenliteratur, Vergangenheitsbewältigung, etwa 2005 die Flut von Zeitzeugenberichten aus der „Stunde Null" nach 60 Jahren, die „Luftkriegsdebatte" und immer wieder, neben dem Mauerfall und der ‚kommoderen Diktatur' der DDR, der Holocaust und anhaltende Antisemitismusstreit. Hinzu kommen das ‚Kulturelle Gedächtnis' (A. Assmann) in der Identitätsprosa von Autoren der sogenannten Neuen Bundesländer, spezifisches Leiden an der österreichischen und schweizerischen Provinz, Körperwelten-Prosa in ‚Neuer Innerlichkeit', Neue Objektivität, Minderheitenprosa und der schwebende Minimalismus junger Autorinnen („Fräuleinwunder" im Gefolge von Judith Hermann, Karin Duve und Zoe Jenny, Alexa Hennig von Lange sowie Felicitas Hoppe). Für die aktuelle Berlin-Thematik und die darin enthaltenen Medien- und Marken-Signale der Jüngeren musste daher stark ausgewählt werden.

In meinen gewählten Texten geht es um eine in Stadtroman-Episoden lokalisierte Aufarbeitung der *mémoire collective* (M. Halbwachs) zum Epocheneinschnitt 1989/1990, wobei die jüngeren Autoren in produktiver Spannung dazu ihre eigenwillige Sicht und ihre eher hedonistisch als tragisch gestimmte Generationenperspektive durch die Einbeziehung von Neuen Medien und Rock- und Popmusik-Anspielungen als Motive und intermediale Reflexionen, also als den „Sound" der Jahrtausendschwelle einbringen. Ihre Erzählprosa verwendet das Berlin-Stadtbild in einem *pars-pro-toto* Verfahren für ihre eigene Identitätsfindung. Teilweise sind es daher Entwicklungsromane und Autobiographien (bis hin zum Tagebuch des Wendejahrs bei Marko Martin) mit neorealistischen Erzählverfahren. Aber auch die Postmoderne und der Minimalismus sind vertreten. Und es sind hier nicht nur in Berlin geborene Autor(inn)en einbezogen, sondern heute vorwiegend in Berlin lebende Erzähler(innen), oder, im erhellenden Kontrast, solche in der Bundesrepublik schreibende, die die epochalen Ereignisse von Mauerfall und Wende in ihre Roman- und Kurzprosa-Handlungen interpolieren, oder, wie bei Judith Hermann, unterschwellig voraussetzen. Für die Postmoderne beziehe ich mich auf Norman Ohlers Roman Mitte (2001), für den Minimalismus mit *Single-Generation* Zügen auf Judith Hermanns Erzählungen und Sven Regeners *Herr Lehmann* (2001), für den Neorealismus einer Ost-Sozialisation auf Jakob Heins Autobiographie der Jugendjahre, *Mein erstes T-Shirt* (2001) und Thomas Brussigs ehrgeizigen und episch umfangreichen Wenderoman *Wie es leuchtet* (2004). Hierzu erscheint es mir sinnvoll, im kontrastierenden Vergleich auch die Berlin- und Mauerfall-Darstellungen aus westdeutscher Perspektive einzubeziehen, etwa Frank Goosens Entwicklungsroman *Liegen lernen* (mit Berlin-Erlebnissen 1989 und 1998) sowie Jakob Arjounis aus der hessischen Provinz nach Berlin führenden Pikaro-Roman *Magic Hoffmann*. In den meisten der zwischen 1998 und 2004 vorgelegten Berlin-Texten scheint sich mir der Eindruck zu bestätigen, dass die Erfolgsgeschichte des Neuen deutschen Films seit Tom Tykwers in Berlin spielendem Film *Lola rennt* (1998) mit dem international als Höhepunkt wahrgenommenen Wende-Film des aus dem Sauerland stammenden, aber auch länger in Berlin lebenden, Wolfgang Becker, *Good Bye, Lenin!* (2003) ihre Rückwirkung auf das gesamt-deutsche Erzählen nicht verfehlt hat. So sind einige der hier gewählten Texte, wie jene von Regener, Brussig und Goosen, bereits verfilmt oder im Visier der Regisseure. Und das neuerlich bei so bekannten Autoren wie Thomas Brussig (2004) und Ingo Schulze (2005) aufgenommene Thema Mauerfall und Wendejahr 1989/90, nachdem es „zehn Jahre danach" schon so aussah, als würden sich auch die jüngeren Erzähler eher dem Alltag zuwenden unter dem Signum „Geschichten statt Geschichte" verdankt seine Wiederaufnahme fünfzehn Jahre danach dieser europaweit beachteten Filmkomödie der Wende.

Thomas Brussig: Wie es leuchtet *(2004) –*
Zeitpanorama und Satire im Genremix

Um die Atmosphäre und die Protagonisten jenes Jahres nach dem Mauerfall
zu beschreiben, wagt Thomas Brussig einen epischen Großversuch über
607 Seiten mit dem für sich sprechenden Titel *Wie es leuchtet.*[1] Sicherlich
hat sich Brussig, der bislang durch geniale Demaskierungen seiner DDR-
Jugend in satirischer Schärfe und grotesker Komik in *Helden wie wir* (1995)
und in einem nacherzählten Filmdrehbuch (zusammen mit Leander Haußmann) als mild ostalgisches Porträt einer Schulzeit in den 70er Jahren glänz-
te, mit dieser neuen Form der groß angelegten, neorealistischen Zeitsignatur
des Wendejahrs partiell übernommen.[2] Er wollte, wie er eingangs im Roman
aus der rückblickenden Perspektive der Hauptfigur, des Fotografen, formuliert, im Blick auf das „Jahrtausendhochwasser" (2002), das soviel an Fotos
aus dem Jahr der friedlichen Revolution vernichtete, einen Zeitzeugenro-
man schreiben, „in dem die Erfahrungen jener Zeit für alle gleichermaßen
gültig aufbewahrt sind, so wie *Im Westen nichts Neues* die Erfahrungen der
Frontsoldaten des Ersten Weltkriegs versammelte."[3] So kommt es zu einem
vielfigurigen Zeitpanorama in der Tradition des realistischen Romans der
Gesellschaftspräsentation, und wie bei seinem Vorbild John Irving (und

---

1 Thomas Brussig: Wie es leuchtet. Roman. Frankfurt a. M. 2004.
2 Vgl. die Erstrezeption u. a. in Beiträgen von Rainer Moritz: „Jetzt waren sie im
   Westen und die Gurke schnurpste nicht. ‚Wie es leuchtet': Thomas Brussig
   müht sich, die Erfahrungen des ‚Deutschen Jahres' festzuhalten – Das Ergebnis
   ist umfangreich und wenig erhellend". In: Stuttgarter Zeitung, 5.10.2004. –
   Dagegen Peter Richter: „Nobelpreis, ich komme! Thomas Brussig, der Meister des kleinen Witzes, will Großschriftsteller werden". In: Frankfurter Allgemeine Sonntagszeitung, 10.10.2004, der die tragikomischen Konstellationen
   als gelungen würdigt, die Überfülle der Figuren aber kritisch sieht und die
   Betulichkeit in manchen philosophischen Passagen mit Lebenshilfe-Tendenz
   als „altbackene, doofe Floskeln" geißelt, wo es um die Euphorien nach dem
   Mauerfall gehen sollte. Die komischen Nebendinge seien vorzuziehen. Lena
   als Hauptfigur sei „unangenehm didaktisch daherempfindend" geraten, auch
   der Fotograf gehe „irgendwann auf die Nerven", die „schillernden Nebenfiguren" seien „wichtiger und interessanter". Doch sei vieles lesenswert, das Wendejahr endlich „wieder lesbar gemacht", einige Stellen seien „ganz großes
   Kino", Tragikomödie „mit einem Drive wie ‚Helden wie wir'". Die Sprache
   findet der Sachbuch-Essayist und in Dresden geb. Berliner Autor Peter Richter (Blühende Landschaften. Eine Heimatkunde. München 2004) dort über-
   zeugend, wo das „leise Erzählen" traurige „Beklemmungen" der Ost-Helden
   „beim Erstkontakt mit den neuen, fremden Verhältnissen" schildere.
3 Thomas Brussig: Wie es leuchtet. Roman. Frankfurt a. M. 2004, S. 13.

dessen Vorbild Dickens)[4] schreibt der Autor die weiteren Schicksale seiner Nebenfiguren nach dem Mauerfall bis zu Ende. Postmoderne Züge, etwa die Metafiktion (vergleichbar Michas Tagebüchern in *Sonnenallee*, ist es hier der „hellsichtige" Fotograf als Ich-Erzähler im ersten Kapitel, dessen Roman wir in der Folge lesen) und der spielerische Genre-Mix aus Realsatire mit freudianisch kalauernden, sprechenden Namen, wie Leo Lattke, Bun(d)zuweit, Schniedel (und mit ‚kenntlichen' Gestalten aus der Zeitgeschichte, wie etwa Schalck-Golodkowski, Volker Braun und Jürgen Fuchs) und neorealistischem Zeitpanorama, machen den Versuch in einigen gelungenen Passagen lesenswert.

Die wichtigsten Figuren sind um eine allegorische Blindenheilung angeordnet, die die Mentalität von Post-DDR-Bürgern spiegeln soll, die mit der neuen Freiheit nichts Rechtes anzufangen wissen und sich der Ostalgie ergeben. Die von Geburt Blinde, Sabine Busse, deren OP im Westen erst durch den Mauerfall möglich wird, lernt trotz gelungener Wiederherstellung potentieller Sehfähigkeit nicht sehen, und versinkt in eine halbe Nacht der Depression. Weitere Nebenfiguren sind um das die neue Freiheit als „leuchtend" begrüßenden Geschwister Lena und „ihren großen Bruder", den hochsensiblen Fotografen, angeordnet. Beide können sich am Ende von ihrem einstigen Quäler, einem sadistischen Theatermann, befreien und erleben an der Seite der Halbblinden Sabine (und des Starreporters Leo in New York) ein Happy End. „Brussigs Begabung liegt darin, diesen Reigen der mal überzeichneten, mal glaubwürdigen Figuren in eine Handlung zu integrieren, die von originellen Episoden lebt. Man sieht Filmszenen vor sich".[5] Für mein intermediales Thema und für eine schlüssige Deutung der von Brussig für die neugewonnene Freiheit vorgeschlagenen Medien-Vergleiche und -Motive ist die Gesamtdeutung der Haupthandlung um Lenas Erfahrung mit ihrem revolutionären Lied im Geschichtsrevisionismus nach dem Mauerfall, und Leos, des Starreporters allegorisch zu deutender Bericht einer ins Leere laufenden Blindenoperation das Wesentliche. Die medialen Motive Brussigs für Freiheitlichkeit sind samt und sonders der avancierten Medienkultur des Westens zugehörig, vom historisch vieldeutigen Flipperkasten über die gelungenen Drachenflieger-Versuche des Fotografen und Chronisten bis hin zu den zitierten Rock- und Popsongs und der Deutung einer Breakdance-Gruppe als Inbegriff der Freiheit.

---

4   So Brussig gegenüber dem Verf. und Studierenden im Seminar und seiner Lesung in Bad Münstereifel, 4.2.1996 zu seiner John Irving geschuldeten Neigung zu Freud. Auch Grass, Hans-Joachim Maaz: Der Gefühlsstau, und Philip Roth seien ihm bei Helden wie wir, in der Zeitdisposition und in der Gestaltung des Reporters, Pate gestanden.

5   Moritz, StZ, 5.10.2004 (Anm. 2).

Für die zusammenfassende These einer sich zunehmend ‚gesamt-deutsch' entwickelnden Literatur, da die Schreibweisen von Berliner Auto-ren, und jener aus den neuen Bundesländern sich immer mehr ihren westdeut-schen Pendants aus derselben Generation, ob Golf oder Single, angleichen, könnte man noch die beiden Texte des Bochumer Autors Frank Goosen, *Liegen lernen* (2001, Filmadaption 2003) und des Frankfurter Autors Ja-kob Arjouni, *Magic Hoffmann* (1996), heranziehen. Bei Arjouni, geb. 1964, ist noch der Unterschied zur Generation Golf zu spüren, aber den fehlen-den Lebensentwurf seines Außenseiterhelden Hoffmann teilt der neorealisti-sche Roman mit der Generation X. Goosen lässt sich bei seinem humorvoll minimalistischen Entwicklungsroman der Kohl-Jahre (mit den Stationen 1982, 1989 und 1998) durch die produktbewusste Mentalität seiner Fi-guren und die Pop-Musik-Anspielungen gut mit Jakob Heins *Mein erstes T-Shirt* vergleichen. Auch sein zum Geschichtsdozenten und zögernden Familienvater mit einem *minimal self* heranreifender Protagonist Helmut sieht sein Leben in der Berliner Rahmenszene in der Gosse einer Kreuz-berger Kneipe in einem zu scharfen Licht, als er sich „verantwortungslos, bindungsunfähig und triebhaft" nennt; denn just in diesem Tiefpunkt kommt er, begleitet von einer Bob-Dylan-Ballade, „Isis" aus der CD „Desire", über sein altes Selbst als *single* und *drifter* hinweg und willigt in den Kin-derwunsch seiner Tina ein. Die Berlindarstellung bei Goosen und Arjouni ist, bei Goosen auch mit dem Jahr 1989/90 verbunden, jene einer anarchi-schen, in rasantem Umbruch befindlichen, eher unheimlichen Metropole voller ruppigem Sozialdarwinismus und Radikalengruppen, Skins und Pro-los. Goosens naiver Held Helmut kann von seiner Jugendliebe Britta nicht lassen und findet sie schließlich im Nachwende-Berlin auf *underground*-Parties in dunklen Bunkern und verlassenen Fabrikhallen wieder. Ihre ei-genen Eltern haben jeden Kontakt verloren und vermuten sie in der Redak-tion der *taz* tätig, aber auch dort scheint man sie nicht zu kennen. Als Helmut, von ihrem Partner, einem Dealer im schmuddeligen Leder-Look angewi-dert, seine Sachen nach einer verwirrenden LSD-Nacht bei ihr holen will, taucht in der Wohnung ihr Ex-Mann aus dem Ausland auf, sie selbst bleibt verschwunden. So verbinden sich Helmuts private Desillusionierungen mit der unwirtlichen Stadt endloser S-Bahn-Fahrten und schräger Typen, die ihn stereotyp mit sardonischem Lächeln zu fragen scheinen: „Ich habe es – brauchst Du es?" (L, S. 238, 255), zu einem düsteren Klischee dystopi-scher Stadtlabyrinthe. Anders natürlich die Rückblicke von Brussig und Hein auf die Wendezeit, die ihnen Befreiung bedeutet.

Vergleicht man aber die Texte der jüngeren, zwischen 1965 und 1975 geborenen Autoren in Ost und West weniger im Blick auf die Wendethe-matik als vielmehr die Medien-Motive und Pop-Musik-Anspielungen, so gibt es sehr viele Ähnlichkeiten der Wahrnehmung über den Walkman und

CD-Player: Ob Single-Mentalität oder Generation X oder Golf, man teilt vieles in dieser Generation zwischen Florian Illies und Jana Hensel, Jakob Hein, Tanja Dückers und Frank Goosen und ist sich näher gerückt. Die Verfilmung Regeners durch Haußmann, die Bewunderung eines Nicht-Berliners und Minimalisten wie Ingo Schulze für Judith Hermann tun ein übriges um die, in den intertextuellen Anspielungen auf Autoren wie Irving, Carver Coupland und Ellis ohnehin gemeinsame, längst erfolgte Überwindung der Mauer im Kopf bei den Jüngeren zu belegen.

YOUNG-AE CHON (Seoul, Südkorea)

Die poetische Bewältigung der [Nach-]Wende.
Zu Durs Grünbeins *Vom Schnee oder Descartes in Deutschland*

Das vereinigte Deutschland stellte für viele Menschen einen Raum der Herausforderung dar, in dem sie sich vor existenzielle Grundfragen gestellt fanden, in dem jeder sich auf eigene Weise damit abfinden und sich schließlich daran anpassen musste und muß. Uns interessiert, wer unter Schriftstellern was macht und wie sich damit durchsetzt. Diese neugierige Frage gilt in der Welt der allseitigen Marketisierung wohl auch allgemein; in noch höherem Maß in einem noch geteilten Land als eine Art Prognose. Die Überlebensstrategie eines Schriftstellers ist außerdem – literarisch wie soziologisch – von Belang. Denn in ihr erweist sich öfters das Maximum der künstlerischen Kompetenz. Hier scheint einer zu philosophieren, schreibt konsequent in Vers – in 42 Langgedichten, von denen jedes aus sieben Strophen zu je zehn gereimten Versen besteht – über einen Philosophen, der markante Grundsteine für die Neuzeit gelegt hat. Warum philosophiert ein Dichter?

1. Voraussetzung: die erlebte Wende

„Wie denkt ein sauber abgetrennter Kopf?"[1] war Grünbeins Frage noch in dem Band *Schädelbasislektion* (1991), der in vieler Hinsicht den Ausgangspunkt und die Basis für weitere Entwicklungen des Dichters bildet. Die dargestellte, eben eingetretene neue Lage war für ihn explizit tabula rasa: „Etwas brach ab und etwas neues/ Kann nicht beginnen seither, Ebbe."[2] In der Lage reflektiert das lyrische Ich zuerst über das Verebbte: die DDR-Vergangenheit. Die Diagnose durchzieht den ganzen Band. Auf der letzten Seite resümiert Grünbein: „Im *Turm des Schweigens* wird der Instinkt des Gesellschaftstieres durch Konditionen ersetzt." (S. 152) Das „Tier-Ich" (S. 13), „das alphabetisierte Tier" (S. 100), das „Gesellschaftstier", differenzierter: der Pawlowsche Hund…wären die Folge davon. Somit wird eher eine Ethologie als etwa eine Soziologie verfolgt. In dem Kontext wird

---

1   Durs Grünbein: Schädelbasislektion. Frankfurt a.M. 1991, S. 69.
2   Ebenda, S. 71.

der Künstler als ein Hund, und zwar als ein Pawlowscher Hund oder ein „Grenzhund" dargestellt. Zwölf Portraits des Hundes sind präsentiert. Dieser Gedichtzyklus ist paradoxerweise als „Der Cartesische Hund" betitelt und ein kurzes Gedicht mit demselben Titel leitet den Zyklus ein. Ein späteres Thema erklingt[3] also, aber erst derart leise, daß das Thema „Descartes" noch kaum abzulesen ist.[4] Das Adjektiv „Cartesisch" wird nur höchst zynisch benutzt. Das Symptom des Denkens lässt sich hier höchstens im Wedeln „um jedes Nein" finden. Schließlich soll der Hund dem „Ersten" gehören, „das kommt und ihn denkt." – Extreme Passivität einer Kreatur.

2. Die Schneelandschaft: „ein idealer Boden" für den Discours

Nach zwölf Jahren ist das Denken in die Mitte der Reflexion gerückt: *Vom Schnee oder Descartes in Deutschland* (2003). Es entfalten sich einunddreißig Szenenbilder aus dem Leben des Descartes, als er im Winter 1619 als dreiundzwanzigjähriger junger Mann, im Verlauf des Krieges in einem „Kaff bei Ulm" eingeschneit, zu philosophieren begann. Es geht dabei in erster Linie darum, die Geburtsumstände einer epochalen Idee am Ort zu fassen. Essentielle Inhalte der Thesen werden vermittelt, indem sie in poetischen Bildern aufgehen.

Der Schnee – Hintergrund und Nährboden, Voraussetzung und Bedingung für den *Discours* – ist Leitmotiv. Er „abstrahiert", „nivelliert" die Unterschiede, hebt sogar „Zeit und Raum" auf. In der Schneelandschaft ist das Leben „reduziert". Sie ist die „reinste Kammer *lucida*", „ein idealer Boden/ Für den *Discours*." Sowohl die Sprache als auch der Gedanke werden darin aktualisiert. Sprich, „der Schnee von heute". In diese Schneelandschaft wird das Bild eines Schlafenden, des Träumers Descartes geprägt, der zeitlebens bis zum Mittag im Bett geblieben sein soll. Sein Famulus eröffnet die Szene, indem er Descartes weckt, wie in der Eingangsszene eines Dramas: „Monsieur, wacht auf. Es hat geschneit die ganze Nacht." Dieser Weckruf durchzieht leicht variiert das lange Gedicht.[5]

---

3   So auch das inzwischen für den Autor wichtige Thema „Tote", das er später in dem Band „Den Teuren Toten" (2000) entfaltet.

4   Vgl. „Wedelnd um jedes Nein das ihn fortschleift/ Worte wie Flöhe im Fell, die Schnauze im Dreck// Ohren angelegt auf der Flucht vor den Nullen/ Gejagt von den kleineren Übeln ins Allergrößte// leeren Himmel, die Kehle blank/ Gehört er dem Ersten das kommt und ihn denkt." D. Grünbein: Vom Schnee oder Descartes in Deutschland. Frankfurt a.M. 2003, S. 91.

5   „Wacht auf, Monsieur." „Es hat geschneit. Seht, vor dem Haus, die weiße Pracht.", „Für euch hat es, für Euch, die ganze Nacht geschneit." Diese sanft

Gillot, der – an Don Quixotes Sancho Pansa oder an Galileis Andrea erinnernd – als ein Gesprächpartner fortlaufend Descartes begleitet, bald mit seiner Klugheit, bald mit seinem Unfreisein vom sexuellen Verlangen eine gewisse Situationskomik und dramatische Spannung herstellt, ist eine fiktive Figur. Als eine solche ist er im Text explizit angegeben: als Descartes' „alter Ego".[6] Die explizite Verteilung der Rollen auf zwei Person widerspiegelt unter anderem den Dualismus, der zwar im Ganzen – ob zwischen Träumer und Denker, ob zwischen skepsisvoller Reflexion und mathematischer Evidenz, ob zwischen Körper und Seele – herrscht und doch den beiden Komponenten die Koexistenz erlaubt.

In den ersten vier Gedichten sind die Züge des Träumers Descartes, nicht die des Denkers, besonders hervorgehoben: Neigung zur Reflexion, Skepsis, seelischer Sensibilität. „Ein Murmeltier/ Bin ich, das sich verkriecht im Bau, bei Kerzenlicht." (S. 16)[7] „Ich bin – nur Geist. (S. 19)

> Ich bin kein Dichter, kein Sophist. Auch kein Scholast,
> Der alte Texte wiederkäut. Ich bin – ja, was?
> Nur was ich selber dachte, selber ersah, halte ich fest.
> Am eignen Haar zieh ich mich aus dem eigenen Morast. (S. 19)

Was zuerst als des Gelehrten Skepsis vertreten wird, mündet hier gleich in die philosophische conclusio: „Nur was ich selber dachte, selber ersah, halte ich fest." Darauf kommt in einem humoristisch getönten poetischen Bild die Selbsthilfe: „Am eignen Haar zieh ich mich aus dem eigenen Morast." Solider Fundus dafür sind die eigene Denkfähigkeit und die physische Vergewisserbarkeit der Dinge. Weitere Schritte wollen ebenso auf dem konkreten sinnlich faßbaren Boden getan werden:

> Wem soll ich traun? Mir selbst? Der Welt dort draußen?
> Was ich weiß nur, was mein Körper mir erzählt von ihr,
> Was Nerv und Nerv mir übersetzt in Schrift. Zu Hause
> Bin ich nur hier: in meiner Haut. – Papier, Papier. (S. 19)

überredende Stimme erklingt leitmotivisch im ganzen Band ab und zu, zuallerletzt nach dem Tod Descartes' mit unterdrückter Trauer noch einmal – als eine Art Kreisschluß: „Wacht auf, Monsieur."

6 „Ich war so einsam, daß ich Selbstgespräche führte,/ Und Traum und Wachen, Tag und Nacht war alles eins./ Das ging so weit, daß ich im Schlaf mich selbst berührte,/ Nur um zu prüfen: wem gehört dies Schlüsselbein/ *Ihr dementiert, hier vor den Toten, jedes Wort?* / Nur wir, mein Alter ego und ich selbst, waren damals dort." D. Grünbein: Vom Schnee oder Descartes in Deutschland. Frankfurt a. M. 2003, S. 73 f.

7 Ebenda, S. 16.

Sinnliche Vergewisserung wird versucht; materiell fundierte Gewissheit
gesucht. Oder: Die gesuchte Wahrheit muß derart evident sein und die
Grundlage für die Metaphysik soll derart solide sein, daß man sich phy-
sisch vergewissern kann. Der davon gezogene Schluß ist etwas, was dringend aufgeschrieben werden soll. Die Dringlichkeit dabei zeugt von der
Rarität und vom Gewicht einer Erkenntnis. „Papier, Papier" steht ja für
„Heureka". Dies wiederholt sich am Ende des Gedichts um eine Spur erweitert und zugleich verschlüsselt:

> Nach römisch Fünf kommt, wie im Leben römisch Vier.
> „Discours de la méthode" – das Ich grüßt sich mit Du
> Daß ich nicht lache. Wer ist Ich? – Papier, Papier. (S. 20)

Verschlüsselt – Man kann, wenn man will, im Buch Descartes' selber nach-
schlagen, was römisch Fünf wie Vier ist.[8] In einem Gedicht darf man ein
Rätsel auch ruhig überspringen. –, aber auch leicht kokett – im Sinne der
Lust aufs Versteckspiel – ist das ausgedrückt, was wiederum dringend aufgeschrieben werden soll. Das wäre eben der Grund, warum eben der *Discours de la méthode* verfasst wurde, und zwar auf Französisch, nicht auf
Lateinisch. Dieser soll ein Dialog sein: „Das Ich grüßt sich mit Du." Die
Dialogizität erzielt in erster Linie die Plausibilität für sich selber: „daß ich
nicht lache." Den Kern bildet die Reflexion über das Ich.

Statt eine These direkt zu vermitteln, passiert hier öfters poetische Um-
hüllung. Gerade dadurch versucht der Leser eben die berühmte These abzulesen, die stets angespielt im Hintergrund steht. Der Dichter selber verrät diese These übrigens erst am Ende des Bandes im vorletzten Gedicht
plakativ, trotzdem höchstens als Bruchteil, und zwar stark im poetischen
Flair: *(„Ein Engel – auf die Flügel schrieb ich ihm mein COGITO.")*[9]

---

8   Unter V geht es darum, dass die Methode nötig ist, um die Wahrheit zu erfor-
     schen, und unter IV darum, daß die Methode in Ordnung und Disposition be-
     steht. Genauer lautet die Regel IV bei Descartes: „Necessaria est methodus ad
     veritatem investigandam", und Regel V: „Tota methodus consistit in ordine et
     dispositione eorum, ad quae mentis acies est convertenda, ut veritatem in-
     veniamus. Atqui hanc exacte servabimus, si propositiones et obscuras ad sim-
     pliciores gradatim reducamus, et deinde ex omnium simplicissimarum intuitu
     ad aliarum omnium cognitionem per eosdem gradus ascendere tentemus". Vgl.
     R. Descartes: Regulare ad directionem ingenii (1628).
     Man kann aber grundsätzlich fragen, ob dieser Druck auf den Leser, selbst
     nachzuforschen, der Gattung Gedicht angemessen ist. Hier jedenfalls ist die
     philosophische Lehre derart geschickt verflochten, daß sie die Freude am Le-
     sen vermehrt.

9   „Ein Zweifler, reich beschenkt im Schlaf" (S. 138).

Diese Züge werden durch das Anführen des Traums, den Descartes geträumt haben soll, nochmals flankiert.[10] Es zeigt sich verschiedentlich, wie das sehr evidente Diktum „cogito ergo sum" eben aus der Skepsis herrührt. Was Grünbein hier in poetischen Bildern vergegenwärtigen will, steht bei Descartes selber im Satzfeld des berühmten Diktums wie folgt gefaßt:

> […] Aber gleich darauf bemerkte ich, während ich auf diese Weise denken wollte, alles sei falsch, doch notwendig ich, der dies dachte, irgendwas sei. Und indem ich bemerkte, daß diese Wahrheit: *ich denke, also bin ich*, so fest und so sicher ist, daß sämtliche ausgefallensten Untersteigerungen der Skeptiker nicht in der Lage sind, sie zu erschüttern, urteile ich, daß ich sie ohne Bedenken als das erste Prinzip der Philosophie, die ich suchte, annehmen konnte.[11]

3. Poetische Umsetzung der philosophischen Reflexion

3.1 „Regel der Evidenz"

Klar steht, daß mitten in der allgemeinen Skepsis etwas Fassbares und Zuverlässiges, eine feste Stütze gesucht wurde. Aufgrund der Skepsis also eine „Regel der Evidenz"[12], die gelten soll und gilt. Angesichts der Misere der Welt, aber auch der gespaltenen Welt, dominiert der Zweifel. Die dualistische Struktur der Welt wird in stilistischer Vielfalt wiederholt gezeigt. Goethes *Divan*-Zeilen[13] etwa sind barock verzerrt.[14] Statt zur Versöhnung oder Flucht ins Imaginäre zu kommen, trifft es hier mit Sarkasmus doch den Kern. Die

---

10 „Doch war da noch ein Buch – mein Corpus Poetarum." // Das war kein Traum. Ich lug es auf du las den Vers: / ‚In welche Richtung führt er mich, mein lebensweg?' / Da kam ein mann, ich höre ihn sagen: ‚Est et non'." (S. 24)

11 René Descartes: Discours de la Méthode / Gericht über die Methode. Stuttgart 2001, S. 65.

12 Die sog. „Regel der Evidenz" lautet bei Descartes selbst: „Die erste Vorschrift besagte, niemals irgendeine Sache als wahr zu akzeptieren, die ich nicht evidentermaßen als solche erkenne: dies bedeutet, sorgfältig Übereilung und Voreingenommenheit zu vermeiden und in meinen Urteilen nicht mehr zu umfassen als das, was sich so klar und so deutlich meinem Geist vorstellt, daß ich keine Möglichkeit hätte, daran zu zweifeln." Ebenda, S. 39.

13 „Gottes ist der Orient, Gottes ist der Okzident / Nord- und südliches Gelände ruht / in Frieden in seinen Händen." („Hegire")

14 „Im Orient stirbt ein Kamel, im Okzident ein alter Gaul. / Und alles streitet sich um einen Gott, den keiner kennt. / Der Adel geht im feinen Tuch, das Volk im Leinenhemd." (S. 47)

Absurdität der religiösen Konflikte, die damals die Welt zu Grunde spaltete und auch heute noch leider aktuell ist: „alles streitet sich um einen Gott, den keiner kennt." Das „Buch der Welt", das einst bei Descartes das Gelehrtentum ersetzte, ist voller Zerrbilder. Descartes' „Muße" zum Meditieren fand mitten im eben begonnenen langjährigen Krieg statt. Dessen verheerende Begleitumstände und Folgeerscheinungen, die in der Anfangsphase nicht im vollen Maß bekannt gewesen sein können, werden hier mit Gryphius-Tenor und mit der Form der Alexandriner angedeutet:

> In ihr herrscht mehr als nur Gewalt, Gewalt und Jammer.
> Zum Beispiel Anmut. Und die Schönheit ganzer Zahlen.
> Im Buch der Welt zu blättern, heißt: du suchst dort draußen,
> Was größer ist als du. Du lauschst dem Ohrensausen (S. 50)

Die erste Zeile erinnert stark an Gryphius.[15] Während bei diesem sich die Darstellung aller Grausamkeit am Schluß ins Religiöse steigert, hebt Grünbein die Mathematikliebe bei Descartes auf, eröffnet damit den Weg zum „Sich-Richten", zur Bildung. – Über sich und die Welt wird reflektiert. Daraus werden keine moralischen Grundsätze gezogen. Dafür steht hier ein flüchtiger Hinweis auf „größeres".

3.2 „Regel der Zerlegung"

Die Vermittlung der Lehre beginnt wie die Lehre selbst mit dem gesunden Menschenverstand.[16] Die Vermittlungsweise ist mal platt, mal allgemein zugänglich. Das regelrechte Prinzip bei Descartes, die sog. „Regel der Zerlegung"[17] etwa wird unversehrt und deutlich angegeben: „Ist ein Problem zu groß, zerlegs in viele kleine." (S. 38) Dies ist aber Antwort auf die Frage: „Monsieur, Ihr kennt die Frauen nicht." Im Dialog erreicht man im Zickzackgang – mal humoristisch, mal bizarr – letzten Endes den Kern der philosophischen Botschaft:

> „Du siehst zu schwarz." „Vielleicht ist mein Problem so groß
> wie diese Welt." „Heißt Baum nicht: Ast plus Ast?
> Wenn alles schwarz ist, weiß, halt dich an den Kontrast." (S. 39)

---

15 Vgl. „Wir sind doch nunmehr gantz/ ja mehr denn gantz verheeret!" („Tränen des Vaterlandes Anno 1636").

16 „Der gesunde Verstand / ist die bestverteilte Sache der Welt [...]" („Le bon sens").

17 Die sog. „Regel der Zerlegung" lautet bei Descartes selbst: „Die zweite besagte, jede der Schwierigkeiten, die ich untersuchen würde, in so viele Teile zu zerlegen, wie es möglich und wie es erforderlich ist, um sie leichter zu lösen." Discours de la Méthode/ Gericht über die Methode. Stuttgart 2001, S. 39.

Die Welt voller Probleme, die überall „zu groß" sind, nicht bloß wie angeblich bei Gillot in der Liebe. Im Kontext der Wirklichkeit befindet sich auch die Liebe stark im Zug der Deduktion: „Ich, wie berauscht, greif mir den Hut – da schwirren Fliegen/ Aus ihrem Rock, und da erst seh ich, starr, das Augenpaar." (S. 39) Das „Augenpaar" steht hier für das Kriegselend: Es ist Detail davon und steht zugleich im Kontrast dazu vor allem für die Liebe. Im Sog der nötigen Deduktion gewinnt das pars pro toto-„Augenpaar", das sonst abgegriffen wirken könnte, neue Frische.

3.3 Keine „Regel der Ordnung", keine „Regel der vollständigen Synthese"

Die Welt ist voller Probleme und gespalten. Stets gilt die Regel der Zerlegung. Die Ordnung lässt sich dafür schwer finden. Die „Regel der Ordnung"[18] will nicht funktionieren. Die „Regel der vollkommenen Synthese"[19] noch weniger. Anhand eines optischen Spiels[20] wird sie bloßgestellt – als fiktiv.

Die große Einsamkeit des Philosophen, die häufig vortritt („Solitude"), ist auch ein Beweis für seine Ratlosigkeit angesichts der Weltlage. Die Wirklichkeit lähmt den Verstand. Es waltet die Unvernunft, der religiöse Wahn etwa, in dem Giordano Bruno 1600 verbrannt wurde („Ein Ketzer stirbt"). Von einem von dichterischer Anschauungskraft belebten einheitlichen Weltbild, wie Bruno es vortrug, ist keine Rede. Nur seine Angst wird

18 Die sog. „Regel der Ordnung" lautet bei Descartes selbst: „Die dritte besagte, meine Gedanken mit Ordnung zu führen, indem ich mit den am einfachsten und am leichtesten zu erkennenden Dingen beginne, um nach und nach, gleichsam stufenweise, bis zu der Erkenntnis der am meisten zusammengesetzten aufzusteigen, und indem ich selbst dort Ordnung unterstelle, wo nicht natürlicherweise das eine dem andern vorausgeht." Discours de la Méthode/ Gericht über die Methode. Stuttgart 2001, S. 39.

19 Die sog. „Regel der vollkommenen Synthese" lautet bei Descartes selbst: „Und die letzte besagte, überall so vollständige Aufzählungen und so allgemeine Übersichten herzustellen, daß ich versichert wäre, nichts wegzulassen." Ebenda, S. 41.

20 „Zum Zeitvertreib, wie oft, wenn er nicht weiter weiß,/ Nimmt er ein Spielzeug her. Er hat es selber konstruiert.
Ein Medaillon ist es. Doch statt um Kopf und Zahl,/ Dreht sich's, an einer Silberkette, um ein Bildmotiv,/ das ihn erschaudern lässt, weil's auf der einen Seite/ Ihm einen Vogel zeigt – und einen Käfig im Revers./ Geschwind gedreht, erscheint, ein Trick der Illusion,/ Das Ganze räumlich, dank Hypnose, zum Emblem vereint./ Entfesselt ist, im Handumdrehn, von Noch und Schon/ Der Augenblick. Die Lösung heißt: Aus zwei mach eins." (S. 62)

lebendig vermittelt. Auch die Haltung gegenüber Galilei ist fast bizarr verzerrt, als schillernd und konfliktreich dargestellt („Mücken vorm Fernrohr").
Grünbeins Studium des „Buchs der Welt" setzt sich zwar fort, schrumpft
dabei aber zur Gehirnstudie zusammen.(„Buch der Welt II") Der Hang zum
Physischen, zum Fassbaren ist groß, wird sinnlich vermittelt: „Von den
Planeten schließen wir zurück aufs eigne Auge./ Die Optik zeigt, was uns
an Täuschung innewohnt." (S. 92)
        Denn „Europa schwelt". (S. 95) Es folgt „Verdacht, Verdacht". Es bleibt
schließlich der Hohn: „Du gehst, du siehst, und ringsum schneits. „Nennt
Ihr das Denken?"/ „Ich denke, heißt: ich nehme wahr, reflexhaft schnell,/
Was hier geschieht. Hier in mir drinnen. Wo ich bin." (S. 105) Tief ist der
Zweifel. Auch die Skepsis. Hier passiert anscheinend fast die Zurücknah-
me der Lehre: eine Regression, aber im R. M. Rilke-Tenor: „Wer da noch
streunt, verloren im Schnee, wird lange irregehn." (S. 63)

4. „Ins Ungewisse"

Statt die philosophische Lehre weiter zu führen, werden am Ende einige
Szenen aus den späteren Jahren Descartes', vor allem aus der Zeit am schwedischen Hof umrissen. Dort konnte er sich dem Vasallentum nicht anpassen; er musste u. a. um fünf Uhr aufstehen und sich der verkrampft bil-
dungsbeflissenen Königin für alle möglichen Fragen zur Verfügung stellen.
Auch plagte ihn die nordische Kälte. Grünbein zeigt das Irregehen des
Erzrationalisten „ins Ungewisse". Mit diesem offenen Ende wird des Träumers Bogen nach 42 Erzählgedichten geschlossen. Es bleibt „Sein Testament, er schloß es ab, eh er Arkadien verließ –/ Das sichre Ufer, Holland.
Eine Truhe mit Papieren/ Ging da, als Flaschenpost, auf Reisen durch die
Zeiten" („Luftblasen"[21]). Die „Flaschenpost" – Paul Celan und Ossip Man-
delstamm klingen mit – hebt ein Dichter nach der Wende auf. Grünbein
gab sich einige Winter die ungebrochene Mühe, eben die Philosophie,
besonders die Methodologie auf dem Nullpunkt zu aktualisieren. Daraus
entstanden poetische Bilder in Weite und Breite: insgesamt 42 Cantos, 2940
Zeilen. In früheren Sammlungen weckte Grünbein mit seiner weitgreifen-
den Verwendung von Bildern wie auch eines naturwissenschaftlichen Wortschatzes stark den Eindruck, daß es um bemühte Versuche geht, zwei unterschiedliche Disziplinen, Literatur und Naturwissenschaft, zu verbinden.
Hier in unserem Band tut Grünbein den zweiten Schritt und verfolgt seine

---

21   Vom Schnee oder Descartes in Deutschland (Anm. 4), S. 136.

Linie anscheinend noch konsequenter: Dem Anschein nach geht es um nichts Geringeres als die Wiederherstellung der verloren gegangenen Einheit der Naturwissenschaften und Künste, an deren Scheidepunkt eben „Galilei" stand:

> Denn eines Tages im Jahre 1587 hielt Galilei in Florenz einen Vortrag, der die Lage veränderte. Es ging, allen Ernstes, um Dantes *Göttliche Komödie* aus der Sicht eines Physikers, um eine Topographie des Infernos im geometrisch strengen Sinn. Galilei vermisst Dantes Hölle und bleibt an den Maßen hängen. […] Von nun an laufen die Wege der Naturwissenschaften und der Künste beschleunigt auseinander, geradlinig gleichförmig die einen, Haken schlagend und in Spiralen und Ellipsen die andern. Und niemals schneiden sie sich mehr wirklich, nirgendwo kommt es zur unmittelbaren Kreuzung.[22]

Danach soll „mit jedem seiner Schritte sich Denken und Anschaulichkeit" trennen – „bei enormen Gewinnen, enormer Verlust für beide Seiten."[23] In unserem Gedichtband wird versucht, einen Philosophen, und zwar den entscheidendsten Bahnbrecher der Moderne, an seinem Ausgangspunkt aufzusuchen und seine Reflexionen in poetischen Bildern aufgehen zu lassen. Ein gewagter Versuch, Poesie und Philosophie (wieder) zu verbinden. Mit seinem enzyklopädischen Interesse und mit seiner die europäische Geistes- wie Kulturgeschichte durchkreuzenden Einbildungskraft faßt Grünbein das, was eben seine Taste berührt, in eine hemmungslos barocke Sprache mit starker Bildkraft. Heutzutage, wo jeder sozusagen an einem Ende der weit auseinander klaffenden Zweige sich festhält, ist nicht einmal davon zu träumen, zur Quelle, zur alten Einheit zurückzukehren. Doch kann es eben ein Dichter, der mit elementaren Existenzproblemen konfrontiert wird und auf dem Nullpunkt mit unbefangenem Blick mit allem neu anfangen muß. Wer sonst.

---

22 D. Grünbein: Galilei vermißt Dantes Hölle. Frankfurt a.M. 1996, S. 91.
23 Ebenda, S. 93.

CHERYL DUECK (Manitoba, Canada)

„Wenn Sprache eine Heimat ist, gab es davon immer zu wenig" *Heimvalenz* in der Lyrik Lutz Seilers

Heimat ist für ehemalige DDR-Bürger ein unerreichbarer Raum. Der Dichter Lutz Seiler verknüpft Sprachlosigkeit und Körperempfinden in der Reaktion auf die neue und alte Topographie. Viele Gedichte aus *Pech & Blende* und *vierzig kilometer nacht* beziehen sich auf die Landschaft seiner Kindheit in Culmitzsch, wo heute die"größte radioaktive Schlammdeponie" Europas steht. Diese Arbeit zeigt, wie dieser Dichter die Entfremdung und Verführung der Geschichte, sowie die Muttersprache, räumlich bestimmt.

Seiler, der zu den erfolgreichsten deutschen Dichtern des letzten Jahrzehnts gehört, wurde 1963 in Culmitzsch (Thüringen) geboren. Zur Zeit lebt Seiler im Peter-Huchel-Haus in Wilhelmshorst, außerhalb von Berlin, wo er ein kleines Kulturprogramm leitet. Sein erster Lyrikband, *berührt/ geführt*, wurde 1995 publiziert. Kurz darauf wurde er von Suhrkamp entdeckt, und seine letzten Lyrikbände, *pech & blende* und *vierzig kilometer nacht*, fanden bei den Kritikern große Anerkennung. 2004 veröffentlichte er seine erste Essaysammlung: *Sonntags dachte ich an Gott*. Zu seinen zahlreichen literarischen Auszeichnungen gehört der prestigeträchtige Bremer Literaturpreis von 2004. Ein Schlüssel zu Seilers Auffassung des Raumes und der Sprache – der Schwerpunkt dieser Arbeit – kann in seinem Essay *Heimaten* gefunden werden.

Seiler übernimmt Joachim Sartorius' Behauptung, dass Gedichte „Nervensysteme der Erinnerung" seien (zit. im Gespräch 2001). Er erklärt sogleich, dass er in seinen Gedichten versucht, nicht die Vergangenheit zu rekonstruieren, sondern eher einen Resonanzboden zu kreieren. Ein Ortsbewusstsein schwingt stimmungsmäßig durch sein Werk mit: gedämpfte, grau-braune Töne eines Bergbaugebietes, kalte Echos der Soldatenschritte und knatternde Geigerzähler entsteigen seinen Gedichten; der Autor schöpft aus seiner Kindheit in der ostdeutschen Stadt Culmitzsch, in der Wismut, Wolfram und Pechblende für die Waffenproduktion in der Sowjetunion abgebaut wurden. In diesen Bänden vermittelt Seiler in einer lyrischen Sprache den Ort und die Verschleppung, Bindung und Entfremdung des Individuums in Bezug auf ein historisches und geographisches Zuhause.

Peter Blickle stellt fest, dass „Invocations of Heimat [...] always turn up where deep socioeconomic, ontological, psychological and political

shifts, fissures and insecurities occur" (*Heimat*, S. 14). Blickle nennt sechzehn bedeutende wissenschaftliche Untersuchungen von Heimat, die seit
1995 veröffentlicht wurden, als die Wissenschaft damit anfing, sich den
bedeutenden Umwälzungen der Wende zuzuwenden. Auch die Literatur
hat den Begriff Heimat aus neuen Perspektiven und mit unterschiedlichen
Ergebnissen wieder in Anspruch genommen und neu interpretiert. Anhand
von Beispielen aus *pech & blende* und mittels des Titelgedichtzyklus aus
vierzig kilometer nacht werde ich zeigen, dass die Entfremdung und der
Reiz der Geschichte im Werk von Seiler räumlich lokalisiert sind. In seiner
Arbeit über räumlich-symbolische Metaphern behauptet Michel de Certeau, dass die Bewegung des Körpers und die Macht der Sprache es ermöglichen, Sinne und Richtungen zu produzieren. „A rich indeterminati-
on gives them [the metaphors] [...] the function of articulating a second
poetic geography on top of the geography of the literal, forbidden, or per-
mitted meaning" (S. 105). In seinem Essay *Heimaten* verbindet Seiler
Sprachlosigkeit und Körpereindruck als Reaktion auf das Trauma und str-
engt sich ständig gegen die Beschränkungen der Sprache an. „Wenn Sprache eine Heimat ist, gab es auch davon immer zu wenig" (S. 27).

Thüringen, mit seinen vielen Hügeln, Teichen und Flüssen ist eine schöne Landschaft und das Zuhause des klassischen Kulturerbes Deutschlands.
Was Seiler die „schwarze Ausfahrt" von der Autobahn (Ausfahrt 59 auf
der A4, nennt), führt nach Korbußen und Culmitzsch, einem Industriegebiet,
von der so nahe gelegenen schönen Landschaft weit entfernt. Im 19. Jahrhundert wurde in diesem Gebiet Uran gefunden, und am Anfang wurde es
wegen der Radioaktivität eine beliebte Stelle, die ‚heilenden' Wasser zu
genießen. 1945 prüften russiche Geologen das Gebiet, und bereits 1946
hatten sie in Deutschland die einzige kommunistische Aktiengesellschaft
zur Unterstützung von russischer Atomwaffenproduktion, die „Sowjetisch-
Deutsche AG Wismut", gegründet. Das Erz, aus dem das Uran gewonnen
wurde, heißt Pechblende und wurde während der DDR-Periode in großem
Umfang abgebaut. Als die Bergbauunternehmen erweitert wurden, wurden viele Städte zerstört, einschließlich Seilers Heimatstadt Culmitzsch.
Das Grundwasser verschwand, und die Desertifikation setzte ein. (siehe
Müller; und Seiler, *Heimaten*)

Die Bergbaulandschaft herrscht in Seilers beiden ersten Gedichtbänden
vor. Ein programmatischer Vers des Gedichtes *gravitation* lautet: *jedes
gedicht geht langsam / von oben nach unten, von unten / nach oben* (*pech*,
S. 80). Seiler kommentiert in seinem Essay: „die Heimat als Gangart, auch
im Vers." (*Heimaten*, S. 11) Genauso wie die Bergarbeiter in die Erde hin-
untergraben und am Ende des Tages wieder auftauchen, so bewegen sich
der Dichter und der Leser – von oben nach unten und wieder zurück. Heimat ist eine Art des Gehens, sich in die Rohstoffe der Erde hinein zu be-

wegen, in die Knochen der Erde, laut alter Mythologie des Bergbaus (*Heimaten*, S. 10). Lothar Müller spricht von Seiler als einem „Knochenträumer", der das Ich archäologisch ausgräbt. Die Bewegung – das Gehen selbst – spielt in diesem Gedicht eine bedeutende Rolle. Ein weiterer Vers lautet: „jedes gedicht geht auf ameisenstrassen/durch die schallbezirke seiner glocke." (*pech*, S. 80) De Certeau behauptet, das Gehen sei eine Artikulationsform, wie ein Sprechakt. So wie die Bildsprache von der wörtlichen Sprache abschweift, schweift das gehende Subjekt vom festen Ort ab, damit neue Signifikation ins räumliche System eingeführt wird. In diesem Gedicht, *gravitation,* erfährt die lyrische Stimme simultan die unterirdische Geschichte des Ortes und das Wesen eines Gedichts. Zum Schluss zeigt diese Stimme, wie sie den Ort körperlich erfährt: „das ICH/ liest den eisernen zähler, der/ dir in den adern hängt: jedes gedicht/ nagt am singenden knochen, es/ ist auf kinderhöhe abgegriffen/ und erzählt" (*pech*, S. 81). Das ICH liest die Radioaktivität im Blut. Die Knochen, woran das Ich nagt, sind das Erz und/oder die Vorfahren, die singen, damit das ICH ihre Geschichte weitererzählen kann.

Die Elemente des Ausdrucks *Pechblende* sind im Titel von Seilers Gedichtband *Pech & Blende* getrennt, um die assoziativen Bedeutungen hervorzuheben. Das Gebiet hat nicht nur *Pech*, die physische Substanz, die auch Bitumen oder Asphalt genannt wird, sondern „es hat auch Pech gehabt". *Blende* bezieht sich erstens auf Pechblende und in zweiter Linie auf ein Rouleau oder einen Schirm, wohinter der gefährliche Atommüll verborgen wird. Das Titelgedicht endet mit dem Bild des Vaters:

> er hatte die halden bestiegen/ die bergwelt gekannt, die raupenfahrt, das wasser,
> den schnaps/ so rutschte er heimwärts, erfinder des abraums/ wir hören es
> ticken, es ist die uhr, es ist/ sein geiger zähler herz. (S. 36 f.)

Der Großvater von Seiler war Bergarbeiter bei Wismut, und wenn er morgens von den Minen nach Hause kam, amüsierte er seine Enkel dadurch, dass er seine Hand über dem großen Holzradio hin und her bewegte und ein Knistern und Pfeifen hervorbrachte. Als er seine Hand wieder wegnahm, kam das normale Programm zurück (*Heimaten*, S. 10). In seinem Essay über Heimat erzählt Seiler diese Anekdote als eine glückliche Erinnerung, obwohl später viele seiner Verwandten und der Stadtbewohner an Krebs starben. In diesem Gedicht gibt es auch eine Art nostalgischer Erinnerung, die durch den Ausdruck *heimwärts*, durch die Verwendung des Plusquamperfekts, durch das Herz des Großvaters, beschwört wird. Das Uran wurde nicht nur in der Waffenproduktion verwendet, sondern auch in der Raumfahrt, einem idealisierten und romantisierten Abenteuer für den Jungen, dessen Erinnerungen diese sind.

In seiner Untersuchung der deutschen Vorstellung von *Heimat* stellt Blickle einfach fest, dass „Heimat is based in a spatial conception of identity" (S. 15). Blickle nach liefert Heimat an der Oberfläche eine räumliche, unaufhörlich positive und gesicherte Kollektividentität, eine die von privater Verantwortung frei ist (S. 14). Ähnlich unterstreicht Anton Kaes die optimistische Heimatillusion, wenn er von Blochs Verständnis von Heimat als „the utopian antithesis to the experience of alienation per se" spricht (S. 165). Blickle erwidert, dass der Heimatbegriff im Deutschen tatsächlich ein leerer Signifikant ist, „used for anything that provides the utopia of a wished-for experience of shelteredness and harmony, an experience of disalienation in a spatially conceived world." (S. 17) Mit Heimat werden oft Unschuld und Kindheit assoziiert.

Anscheinend seiner Empfindsamkeit gemäß beginnt Seiler seinen Essay über Heimat mit einem Gedicht, das eine Kindheit widerspiegelt. Das Gedicht beginnt mit den Versen „wir lagen vor madagaskar und hatten / die welt / und das Thema verfehlt: wir lagen / vor gera, vor krossen […]" Viele kennen das Kinderlied, auf das hier angespielt wird: „Wir lagen vor Madagaskar / und hatten die Pest an Bord." In diesem Lied sehnen sich die Seeleute nach ihrem Zuhause, während sie auf See gestrandet sind, und zum Schluss sterben sie alle an der Pest. Das Lied hat eine fröhliche Melodie, die über den tragischen Text hinwegtäuscht und den Sängern erlaubt, über das historische Ereignis hinter dem Lied uninformiert zu verbleiben. Seiler erinnert sich daran, dieses Lied zusammen mit anderen Jungen zu singen und sich vorzustellen, dass sie nie heimkehren würden und schließt, „niemand wollte wirklich: heimgekehrt sein." (S. 7) Seine poetische Variation über das Thema des Liedes offenbart die gescheiterten Träume der gesamtdeutschen und der DDR-Geschichte des letzten Jahrhunderts:

> wir lagen vor madagaskar und hatten
> die welt
> und das thema verfehlt: wir lagen
> vor gera, vor krossen, wir übten
> die wurzel, revolution von unten, nicht
> bismarck, lenin […]

Das Lied kann den Jungen die grausame Wirklichkeit ihrer Bergarbeiterstädte wegnehmen und in eine nicht weniger grausame Abenteuerfantasie versetzen. Die nostalgische Erinnerung der Heimat ist dunkel gefärbt von der Geschichte, die ihren Raum bewohnt hat, und kann keineswegs bloß als ein utopisches der Entfremdung entgegenwirkendes Bild betrachtet werden. Seilers Heimatbilder unterscheiden sich von vielen anderen in ihrer Spannung von Nostalgie und Dystopie.

Wie wir schon festgestellt haben, kann die Bewegung in dem Ringen der Identität, Sprache und Heimat helfen. Im Titelgedicht von *vierzig kilometer nacht* (S. 32–36) erlaubt eine Reise durch Zeit und Raum im Gebiet rund um Berlin das Überwinden der Sprachlosigkeit, indem die Sprache der Heimat in einem metaphorischen Rahmen freigelassen wird. Wilhelmshorst liegt südwestlich von Berlin, und man muss an Potsdam und Saarmund vorbeifahren, um die Stadt zu erreichen. Zur DDR-Zeit war die Stadt isoliert, weil die Einwohner um die ganze Stadt herum fahren mussten, um in Berlin von der Ostseite her einzufahren. Seilers anspielungsreiche und strenge Technik distanziert den Leser von seiner lyrischen Reportage, in der topographische Daten wie die Namen der Autobahnausfahrten einen historischen Raum hervorrufen. Zum Beispiel bezieht sich der Name Kirschsteigfeld im dritten Teil auf eines der ambitioniertesten Projekte der Wohnkonstruktion der 1990er Jahre in Brandenburg. An Jahrzehnte von DDR-Erinnerung und -Geschichte lassen die *nervenbilder* denken, in denen wir u. a. die *bitumen-bergen* und die alten *transit-planken* sehen, den *zerbrochenen beton der vorkriegsautobahnen* riechen, uns an die handgeschriebenen und aufschlussreichen Seiten des Gästebuches erinnern *(letzte woche westbesuch?)*, und den Wind aus den *provinz-moränen* spüren. Das Ich, der Fahrer „roch blind/ am zubringer die neue/ spur. ich witterte/ den schredder, zitternd aus/ dem erdreich aufgestürzte kronen/ stümpfe fassten fuss/ ein dünner flüchtlingsstrom durchzog die luft." Der Weg des Gedichtes erlaubt dem Leser, mit dem lyrischen Ich mitzureisen, und bringt durch sinnliche Bilder allmählich die Räume der Geschichte und der Identität zum Vorschein. Die Fahrspur mag neu sein, aber sie geht über denselben geschichtsträchtigen Boden wie die alte Straße. Im zweiten Teil kommt wieder die bildhafte Artikulation der Erinnerung vor: „jeder blick/ ein NEGATIV. tunnel aus/ absencen. jeder sieht etwas. was du nicht siehst. und das./sind nervenbilder […]" In diesem Akt des Fahrens entsinnt sich das lyrische Ich des alten Raums gleichzeitig dadurch mit, dass es einen neuen Raum betritt. Bilder werden umgestellt (und werden negative Bilder) und gestrichen (asphaltiert), destabilisiert und reproduziert.

Diese Gedichte sind eindeutig lokalisiert. Wie Seiler es formuliert, verliert der Autor als „global player" die Kraft der affektiven Metaphorik seiner oder ihrer Heimat, denn „Das Globale besitzt keine Heimvalenz" (*Heimaten*, S. 20). Mit *Heimvalenz* meint er jenes Heimatgefühl, das aus den sensorischen Zeichen der Landschaft entsteht, wenn man heimwärts fährt. Diese *Heimvalenz* verleiht dem Werk des Autors eine im Leser widerhallende Kraft. Das Gedicht zeigt, dass die signifikante Kraft der Landschaft, das Schieben und Ziehen von *Heimvalenz*, in den Hügeln wie in den Straßen gegenwärtig ist.

Der Zyklus endet mit dem Gedicht *in abgeschlossenen kapiteln wohnen*. Seiler erzählte mir im Gespräch, dass er es schätzt, dass er in der Lage
ist, über die begrenzte Zeit und den begrenzten Raum der DDR nachzudenken: ein überstandenes Kapitel. Am Anfang war die Wende für ihn wie
für viele andere durch einen Mangel an Sprache ausgezeichnet. Aus Mangel an vergleichbaren Erfahrungen konnten so gut wie sprachlose DDR-
Bürger zunächst nur „Wahnsinn" sagen, als ihnen die Mikrofone vor die
Nase gehalten wurden. (*Heimaten*, S. 24) Im Laufe der Zeit hat Seiler gelernt, an die Grenzen der Sprache vorzustoßen, um Heimatbilder hervorrufen zu können, in denen alle die Vielschichtigkeiten der Geschichte und
Erinnerung mitschwingen.

Literaturverzeichnis

Lutz Seiler: Heimaten. In: Heimaten: Lutz Seiler, Anne Duden, Farhad Showghi.
    Göttingen: Göttinger Sudelblätter, 2001, S. 5–28.
—: pech & blende. Frankfurt a. M.: Suhrkamp, 2000.
—: vierzig kilometer nacht. Frankfurt a. M.: Suhrkamp, 2003.
Peter Blickle: Heimat: A Critical Theory of the German Idea of Homeland. Roches-
    ter: Camden House, 2002.
Michel de Certeau: The Practice of Everyday Life. Berkeley: University of Califor-
    nia Press, 1984.
Cheryl Dueck: Personal Interview with Lutz Seiler, 14th May 2001.
Anton Kaes: From Heimat to Hitler. Cambridge: Harvard UP, 1989.
Lothar Müller: „Der Knochenträumer: Laudatio auf Lutz Seiler, gehalten am 26. Ja-
    nuar 2004." Bremer Literaturpreis 2004. Bremen: Rudolf-Alexander-Schröder-
    Stiftung, 2004.

RAINER MORITZ (Hamburg, Deutschland)

Guter Osten, böser Westen
Zur Gegenüberstellung ost- und westdeutscher Autoren nach der Wende

Groß und medial groß aufbereitet war die Entrüstung, als der bayerische Ministerpräsident Edmund Stoiber im Bundestagswahlkampf 2005 das (Wahl-)Verhalten der Bewohner in den so genannten neuen Bundesländern attackierte. „Frustrierte" seien dort allenthalben auszumachen, die es irgendwie noch nicht zur Demokratiereife gebracht. Stoibers Reden in der bayerischen Provinz zogen heftige Reaktionen nach sich, die dem enttäuschten Wahlkämpfer von 2002 vorwarfen, über ein eingeschränktes Demokratieverständnis zu verfügen und Deutschland zu spalten. Die bisweilen nicht ohne Scheinheiligenschein auftretenden Stoiber-Kritiker übersahen zweierlei: Sie verkannten zum einen, dass Edmund Stoibers Frustrationsausbruch bei seiner Zielgruppe keineswegs auf breite Ablehnung stieß, formulierte Stoiber doch so, wie es der Stammtisch im Westen seit einigen Jahren tat. Aus einem leisen Grummeln ist längst ein vehementes Wehklagen darüber geworden, dass das alte bundesrepublikanische Wohlstandsgebäude vor allem wegen der Millionen des Ostaufbaus ins Wanken geraten sei. Und überdies spiegeln Edmund Stoibers Giftpfeile von Schwandorf und Deggendorf wider, was nur Sonntagsredner unterschiedlichster Couleur zu negieren suchen: Auch über 15 Jahre nach der Wiedervereinigung ist Deutschland ein zweigeteiltes Land, das seine historischen und kulturellen Differenzen keineswegs überwunden hat.

Was hat Edmund Stoiber mit der deutschen Literatur der neunziger Jahre zu tun? Wenig auf den ersten Blick, zumal etwaige Leseleidenschaften des Ministerpräsidenten bislang nicht auffällig geworden sind. Sieht man genauer hin, so zeigt sich, dass Edmund Stoibers Konfrontation von Ost und West vielleicht nur die Kehrseite dessen ist, was in Intellektuellenkreisen und in der Literaturkritik der alten Bundesländer in den 90er Jahren an Oppositionen aufgebaut wurde. Anders gesagt: Wer untersucht, wie west- und ostdeutsche Autoren im letzten Jahrzehnt von manchen Meinungsmachern des Feuilletons rezipiert wurden, wundert sich, wie seitenverkehrt auch in der Literaturkritik argumentiert wurde und wie Kritiker den Osten rühmten, wo sie vor allem den Westen tadeln wollten.

Ausgangspunkt ist eine Beobachtung, die sich, quer durch fast alle westlichen Feuilletons, bald nach dem Mauerfall machen ließ. Angeführt von Günter Grass, begegneten viele Intellektuelle der raschen Wiedervereinigung unter altbundesrepublikanischer Federführung mit großer Skepsis. Wirtschaftliche Interessen dominierten in ihren Augen und verwarfen – sieht man einmal vom Ampelmännchen oder vom Rechtsabbiegepfeil ab – nahezu alles, was das sich sozialistisch nennende DDR-Regime hervorgebracht hatte.

Was immer man von diesen politischen Widerreden der Intellektuellen halten mag: Sie fanden zumindest in den Reihen der Literaturkritik Fürsprecher, die mit einem Mal zu einem Lob ostdeutscher Autoren, die nicht mit dem System kollaboriert hatten, ansetzten und gleichzeitig das Elend der westdeutschen Gegenwartsliteratur beklagten. Zum Ärger vieler mit allen Wassern der Moderne gewaschenen Kritiker hatten sich in den neunziger Jahren nicht zum „inner circle" des Rezensionsbetriebs gehörende Stimmen zu Wort gemeldet, die der deutschen Gegenwartsliteratur artifiziell konstruierte Langeweile und ermüdende Kopflastigkeit vorwarfen und den Schriftstellern anrieten, eine „Neue Lesbarkeit" zu kreieren und Unterhaltungsanspruch nicht von vornherein als Ausweis minderer literarischer Güte zu sehen.

Autoren wie Maxim Biller, Matthias Altenburg und Matthias Politycki zählten zu den Wortführern dieser Attacken gegen die Säulenheiligen der „schweren" deutschen Literatur, und zu ihnen gesellten sich Lektoren oder Verleger wie Martin Hielscher, Uwe Wittstock oder Reinhard Neven Du-Mont.[1] Diese oft mit reichhaltigem publizistischen Echo versehenen Appelle stießen nicht nur auf Zustimmung. Ihre Gegner sahen darin eine ungute Kommerzialisierung der Literatur und eine Verflechtung von Verlags- und literarischen Interessen. Seicht und flach drohte in ihren Augen zu werden, was die Propagandisten der „Neuen Lesbarkeit" als Ziel der Literatur ausgaben.

Auf diese Weise verbreitete die Literaturkritik – oder sagen wir besser: ein Teil der einflussreichen Literaturkritik – die Kluft zwischen ost- und westdeutschen Autoren. Letztere wurden dabei gern als konsumanfällige, müde Repräsentanten einer literarischen Beliebigkeit vorgeführt, während sich unter den aus der alten DDR stammenden Autoren jene urwüchsigen Typen fänden, die die Sache der Literatur wirklich ernst nähmen und sich nicht von schnöden Marketingargumenten leiten ließen.

Iris Radisch, Kritikerin der „Zeit", hat diese Opposition in mehreren Essays und Rezensionen eindringlich zugespitzt. Im Oktober 1997 veröffentlichte sie in ihrem Hausblatt einen viel beachteten Grundsatzartikel

---

1   Vgl. Andrea Köhler / Rainer Moritz (Hgg.): Maulhelden und Königskinder. Zur Debatte über die deutschsprachige Gegenwartsliteratur. Leipzig: Reclam, 1998.

„Der Herbst des Quatschocento", der bereits in der Unterzeile deutlich machte, woraus es ankam: „Immer noch, jetzt erst recht, gibt es zwei deutsche Literaturen: selbstverliebter Realismus im Westen, tragischer Expressionismus im Osten". Mit vielen bedenkenswerten Beobachtungen angereichert, pointierte Iris Radisch, was sich in ihren Augen im literarischen Diskurs auseinander dividiert hatte:

> Die Westbindung der westlichen Seele – vormals noch nachsichtig für ,befangen' erklärt – ist inzwischen im ostdeutschen Bewusstsein zum Schreckenszeichen des Nichtauthentischen, des Seifglatten und des Falschen avanciert. Der Westmensch surft auf dem Lack der Erscheinungen, der faden Speckseite der Existenz, der Ostmensch wühlt untertage im Bergwerk des Lebensernstes.[2]

Ohne sich in allen Belangen auf die Seite der ostdeutschen Autoren – namentlich werden vor allem Wolfgang Hilbig und Reinhard Jirgl genannt – zu schlagen, ist die Vehemenz unverkennbar, mit der sich Iris Radisch gegen die „früh gealterte junge Westliteratur" und die „nekrophile Kärntner Ministrantenprosa" – namentlich wird Matthias Politycki und sein „Weiberroman" genannt – wendet und vor allem den ostdeutschen Schriftstellern wie Jirgl oder Schramm zutraut, den eigentlichen literarischen Anspruch zu bewahren. Die „westliche Comédie humaine aus Stöckelschuh und Straßenschlacht" erscheint Iris Radisch folgerichtig als „literarisches Leichtgewicht".

Wieder und wieder hat Iris Radisch dieses Gegensatzpaar heraufbeschworen, und fast immer wenn sie Autoren aus der alten DDR rühmt, werden en passant westliche Dekadenzphänomene gebrandmarkt. Die 2003 erschienene Besprechung von Jirgls Roman *Die Unvollendeten* schließt mit der süffisanten Bemerkung, dass die Zeiten „vorbei" seien, da die „Grenzen der jungen Gegenwartsliteratur gleich hinter der Haustür"[3] lagen. Ein Roman Helga Schütz' wird unter der Überschrift „Morsezeichen aus Altdeutschland" herausgehoben, weil er nicht zu den „Buchsoldaten im Literaturkampf" – man muss ergänzen: im „westlichen" Literaturkampf – zähle, und wenn es darum geht, den Reichtum der „schwarzen Heimatromane von Wolfgang Hilbig, Reinhard Jirgl oder Gert Neumann" zu präsentieren, darf ein Seitenhieb auf die „weich gespülten Archivstudien junger Westautoren"[4] nicht fehlen.

Iris Radisch stand mit dieser Haltung nicht auf verlorenem Posten, im Gegenteil. Für „Die Zeit" schreibt auch Helmut Böttiger, ein Kenner der ostdeutschen Literaturszene, der mehrfach versucht hat, die kulturelle Differenz zwischen dem zu beschreiben, was nach 1990 in den neuen Bundes-

2   Iris Radisch: Der Herbst des Quatschocento. In: Köhler/Moritz (Anm. 1), S. 182.
3   Iris Radisch: Mund zu, wenn Gänse anfliegen. In: Die Zeit, 19/2003.
4   Iris Radisch: Morsezeichen aus Altdeutschland. In: Die Zeit, 13/2000.

ländern zu wachsen schien, und dem, was die alte Bundesrepublik an Ab-
gelebtem weiterzutragen suchte. Es ist von heute aus aufschlussreich nach-
zulesen, welche Hoffnungen ein Literaturkritiker wie Helmut Böttiger in
die befreite DDR setzte.

In Böttigers 1996 erschienener Essaysammlung „Ostzeit/Westzeit"
zeigt sich, wie bei Iris Radisch, schon in den Überschriften, woher der
Wind weht, wehen soll. Ein Aufsatz heißt „Ein Kessel Bundesrepublik.
Der Westen wird müde, und der Osten immer stärker" und ruft heute, zehn
Jahre später, allenfalls resignatives Lächeln hervor. Mehr ist dem Wunsch-
denken solcher Sätze kaum mehr abzugewinnen. „Und es gibt", schreibt
Böttiger, „Momente, in denen sich der Osten als Avantgarde zeigt, als Vor-
bote eines neuen Alltags, der auch auf die alte Bundesrepublik überschwap-
pen wird."[5] Die alte DDR war Mitte der 1990er Jahre offenkundig ein
Land, das auf westdeutsche Intellektuelle wundersame Reize ausübte.

„Was die Post-DDR von der alten Bundesrepublik vor allem unterscheidet", schreibt Helmut Böttiger, „ist das Fehlen einer bürgerlichen Revolution, in der Art dessen, was im Westen 1968 immerhin stattfand."[6]
Diese Aussicht auf gesellschaftlichen Umsturz macht aus der postsozialistischen DDR ein ungefähres Traumland und lässt noch einmal die Mor-
genröte eines Neuanfangs erahnen – auch in literarischer Hinsicht. 2004
legte Helmut Böttiger eine Sammlung von Essays und Rezensionen vor,
die sich – so der Untertitel – als „Eine Geschichte der deutschsprachigen
Gegenwartsliteratur" verstand. Ein Kapitel ist „Die späte Moderne des
Ostens" überschrieben und widmet sich Autoren wie Hilbig, Herta Müller
oder Kathrin Schmidt. In der Einleitung fasst Böttiger nochmals zusammen, worin er die Stärke des Ostens nach 1990 sah:

> Mit dem Ende der DDR prallten zwei Welten aufeinander, die kaum etwas
> miteinander zu tun hatten. Im Osten wurde, schon als das sozialistische Staats-
> wesen bestand, die Moderne auf eine ganz eigene Weise noch einmal erfunden,
> während sie im Westen schon längst abgehakt war. Autoren wie Wolfgang
> Hilbig oder Reinhard Jirgl stehen für die spezifische Ost-Moderne, in der der
> Gegensatz von Individuum und Gesellschaft zu völlig ungeahnten Formen führte,
> zu einer ästhetischen Zuspitzung. Hier bildete sich ein Ich heraus, das mit
> fundamentalen Widersprüchen lebte, hier war Literatur die alte Botschaft. Und
> in der Erfahrung, wie Geschichte plötzlich wieder in einen vermeintlichen Still-
> stand hereinbrechen kann, entstanden unmittelbar zeitgenössische Texte. Die
> Bundesrepublik hingegen war längst eher ein Fernsehland als ein Leseland.[7]

5   Helmut Böttiger: Ostzeit/Westzeit. Aufbrüche einer neuen Kultur. München:
    Luchterhand, 1996, S. 38.
6   Helmut Böttiger (Anm. 5), S. 64.
7   Helmut Böttiger: Nach den Utopien. Eine Geschichte der deutschsprachigen
    Gegenwartsliteratur. Wien: Zsolnay, 2004.

Obschon Böttigers „Literaturgeschichte" differenzierter als die 1996 erschienenen Reportagen „Ostzeit/Westzeit" argumentiert, bleibt ein Restbestand der alten Oppositionen unübersehbar. Hier das Fernsehland im alten Westen, dort die „alte Botschaft", die „unmittelbar zeitgenössische Texte" hervorbringt. Die Sympathien sind ungleich verteilt, und sie haben offenkundig damit zu tun, dass die ostdeutsche Literatur weitaus mehr an kultureller und gesellschaftlicher Bürde zu tragen hat als ihr westdeutsches Pendant. Letztere signalisiert häufig Müdigkeit und Konsumhingegebenheit, erstere hingegen die vage Hoffnung auf eine neue Konstituierung der Bundesrepublik.[8]

Iris Radisch und Helmut Böttiger wurden hier als Beispiele dafür angeführt, dass selbst die profundeste Literaturkritik von literaturpolitischen Strategien gelenkt ist, vom unterschwelligen Willen, einer bestimmten Richtung das Wort zu reden. Aparterweise funktionieren diese Mechanismen auch umgekehrt. Der Literaturwissenschaftler Moritz Baßler legte 2002 ein Taschenbuch vor, das unter dem Titel „Der deutsche Pop-Roman. Die neuen Archivisten" einer wichtigen Strömung der 1990er Jahre einen ersten literaturhistorischen Stempel aufdrückte. Baßlers Buch, das vom Feuilleton zum Teil mit erstaunlicher Begeisterung aufgenommen wurde, steht nicht im Verdacht, Wasser auf die Mühlen der Radischs und Böttigers zu gießen. Seine Bezugsgrößen heißen Andreas Mand, Thomas Meinecke, Wolf Haas oder Benjamin von Stuckrad-Barre, und deren Erzähltechniken werden, ohne dass Baßler zu großer Begriffsschärfe neigen würde, dem so genannten „Pop-Roman" zugeordnet.

Vor diesem Hintergrund ist es interessant zu sehen, dass für Baßler die Garanten des Erlauchten, also etwa Herta Müller und Wolfgang Hilbig, mit Skepsis betrachtet werden. Hilbigs *Provisorium* etwa wird zu einem Text, der westliche Phänomene reflexartig abtut und sich damit immer auf der sicheren Seite des Hehren und Guten weiß. Die freundliche Aufnahme durch die Literaturkritik wiederum erklärt sich für Baßler dadurch, dass

> Hilbig – jenseits aller Differenzen von Ost und West und jenseits aller Selbstzweifel – in den Augen seiner Kritiker immer schon auf der richtigen Seite steht: der der großen, ‚ernsthaften', authentischen Hochliteratur.[9]

---

8   Einen Sonderfall in dieser Diskussion stellt sicherlich die Rezeption Christa Wolfs nach 1989 dar. Siehe dazu Thomas Anz (Hg.): Es geht nicht um Christa Wolf. Der Literaturstreit im vereinten Deutschland. Erweiterte Neuausgabe. Frankfurt a. M.: S. Fischer, 1995.

9   Moritz Baßler: Der deutsche Pop-Roman. Die neuen Archivisten. München: Beck, 2002, S. 181.

Immer auf der „richtigen Seite" – das ist ein beliebter Standort, und Litera-turkritiker zeigen ein großes Beharrungsvermögen, wenn es darum geht, ihre eigenen Kriterien zu befragen. Wer mit Adorno und anderen groß wurde, verträgt es nicht, wenn sich, wie in den 90er Jahren geschehen, die literari-sche Szene von Überlegungen der Gefälligkeit, des Verkaufswertes oder der Lesbarkeit leiten lässt und sich dadurch deutlich von den Segnungen der Moderne absetzt. Die in der alten DDR entstandene Literatur tat dies in weit geringerem Maße, und das brachte ihr die Belobigung der an der Moderne geschulten Westkritiker ein.

Edgar Platen (Göteborg, Schweden)

Abschiedsstimmungen
Zur Aktualität der Rede vom Ende
vor, während und nach der Wende

Der Begriff der ‚Wende' bezeichnet zunächst einmal ein Ende, allerdings weniger das einer endgültigen Apokalypse, sondern vielmehr das eines Abschlusses des Bisherigen im Übergang zu einem Neuen, das noch unbekannt ist. Bezogen auf die jüngste, mit den Ereignissen von 1989/90 verknüpfte ‚Wende', formuliert beispielsweise Volker Braun: „Erst das Ende war ein guter Anfang. […] wir lieben das Land nicht, „nicht mehr, noch nicht" (Braun 1998, S. 103). Braun verortet die Gegenwart somit von vornherein im Zwischenraum der „zweifache[n] Negation" „von ‚noch nicht' und ‚nicht mehr'", durch die die „Zeitstruktur" jeder Rede vom Ende bestimmt ist (Stierle 1996, S. 578).

Bezogen auf die aktuellen Reden vom Ende wäre sicherlich zunächst einmal an das Ende der DDR als Ende einer bestimmten Ordnung der Dinge zu denken: „Es ist wie eine lange Westreise ohne die Möglichkeit, zurück nach Hause zu kommen", formuliert Daniela Dahn (1996, S. 174). Bei Helga Königsdorf (1990, S. 9) heißt es: „Ohne den Ort zu verändern, gehen wir in die Fremde" und Brigitte Burmeister (1995, S. 134) erzählt, um „wenigstens die Verlustgefühle nicht [zu] vergessen". Das sich hieraus ergebende Bedürfnis nach geschichtlicher Selbstvergewisserung zeigt sich in einer Vielzahl von Erfahrungsberichten, Protokoll- und Dokumentensammlungen, Verarbeitungen von Einsichten in Stasiakten usw. Aber so verständlich solche Äußerungsformen allein aus psychischen und sozialen Gründen sein mögen, so fällt doch zugleich auf, dass nach 1990 auch sehr schnell wieder die Reden vom Ende aufgegriffen wurden, die bereits vor ‚der Wende' diskutiert wurden. Die Reden vom Ende der DDR und ihrer Literatur sowie die seit den 90er Jahren zu beobachtenden literarischen Entwicklungen scheinen somit in einem größeren Umfeld kontextuiert zu sein, als das sich diese Entwicklungen allein auf das so genannte ‚Epochenjahr' 1989/90 zurückführen ließen. Dazu seien im Folgenden vier Aspekte angerissen.

Erstens zeugen die Debatten der 90er Jahre, in denen es nicht nur um eine mehr oder weniger ausgeprägte Stasi-Nähe von Autoren wie Christa Wolf oder Sascha Anderson ging, sondern, wie die eher wendeunabhängi-

gen Streitigkeiten um Botho Strauß, Günter Grass, Martin Walser, Luftkrieg-
debatte, das Holocaustdenkmal usw. zeigen können, um die Bedeutung
der jüngeren Vergangenheit. Was in diesen Debatten immer wieder angesprochen wurde, ist ein vieldiskutierter Generationswechsel, dessen Zweck
Ulrich Greiner (1990) frühzeitig benannt hat: „Wer bestimmt, was gewesen ist, der bestimmt auch, was sein wird." Dieser Streit um Geschichte ist
mehr oder eben vor allem weniger ein Streit um die DDR-Vergangenheit
als vielmehr einer um die Deutung des Nationalsozialismus, das – wenn
man so will – ‚Epochenjahr 1945' sowie der Auseinandersetzung der folgenden Jahre mit diesen Geschehnissen. Wenn Imre Kertész Recht damit
hat, dass Auschwitz immer „der nächsten Generation und dann den dar-
auffolgenden [gehört]", dann können die Streitigkeiten der 1990er Jahre
auch generations- oder besser erfahrungsbedingte Auseinandersetzungen
mit der Shoah und ihren Bedeutungsdimensionen nach 1945 sein, also
Verständigungsversuche der Gegenwart über sich selbst anzeigen, die in
ihrer eigenen Deutung der Shoah sowie der darauf folgenden (Nachkriegs-)
Geschichte gründen müssen. Denn Gegenwart bestimmt sich immer auch
durch ihre Deutung der Vergangenheit – sie schafft sich immer auch *ihre*
Geschichte als Deutung der Vergangenheit. Die Debatten um die gegenwärtigen Deutungsprozesse setzten aber nicht 1989, sondern vor der ‚Wende' ein, was insbesondere der Historikerstreit zeigt, dessen Argumentationen in vielen Nach-Wende-Debatten fortzuleben scheinen.

Ein ähnliches Problem kann einerseits in Bezug auf die DDR-Literatur
ausgemacht werden, denn man kann bereits die Biermann-Ausweisung auch
als den „Anfang vom Ende" einer eigenständigen DDR-Literatur sehen,
andererseits entsteht gerade in den 1990er Jahren eine „DDR-Literatur",
die nicht allein eine „Ostalgie" bedient, sondern die Notwendigkeit literarischer Erinnerungsarbeit sichtbar macht. Historische Trennschärfe liefert
das Datum jedenfalls nicht.

Dies bedeutet auch, dass das erfahrene Geschehen über das als Datum
Festgestellte hinausgeht. Dabei kann an dieser Stelle der äußerst relevanten Frage nach dem Verhältnis von zeitgeschichtlichem Ereignis und literarischer Darstellung kaum angegangen werden. Festzuhalten ist jedoch,
dass die Diskussionen um ‚den Wenderoman' in den 1990er Jahren ebenso
wenig Klarheit und Übersicht verschaffen konnten wie sein Vorläufer in
den 1980er Jahren, nämlich der von Hanns-Josef Orteil so betitelte ZEIGRO-
DEURO, der „ZEITGENÖSSISCHE GROSSE DEUTSCHE ROMAN", der bereits damals antiquiert wirken musste (Orteil 1987).

Zweitens zeigen sich in den Generationsdebatten und Literaturstreitig-
keiten der 90er Jahre vor allem Diskussionen, die lange vor ‚der Wende'
geführt wurden. So sieht beispielsweise Jochen Vogt in diesen Debatten zu
Beginn der 90er Jahre „die literaturkritischen Schlachten von gestern" (Vogt

1991, S. 457). Bezogen auf die Rede vom Ende der Nachkriegsliteratur verweist Vogt auf Entwicklungen, die gut zwanzig Jahre vor der deutschen Vereinigung liegen: „Vielleicht ist dies – 1968 – der eigentliche Anfang vom Ende der Nachkriegsliteratur", wobei Vogt nicht in erster Linie auf die politischen, sondern auf die ästhetischen Auswirkungen hinweist (zu ähnlichen Ergebnissen kommen Untersuchungen von Klaus Michael Bogdal, Nikolaus Förster, Joachim Garbe und anderen, die aus Platzgründen an dieser Stelle nicht nachgewiesen werden können). Die beiden Positionen der gegenwärtigen Diskussion um die Bedeutung der Wende für die Literatur lässt sich in Anlehnung an Huntemann und Patri (2003) polarisieren in diejenige Position, die in der ‚Wende' einen Epocheneinschnitt sieht, und diejenige, welche die solchen Einschnitten entsprechenden literaturästhetischen Veränderungen vermisst und deshalb dadurch die bisher sichtbar gewordene Bedeutung dieser Ereignisse (in Bezug auf die Literatur!) in Frage stellen kann.

Offen ist damit auch die Diskussion darum, welche Entwicklungen der 90er Jahre überhaupt „wendebedingt" sind, denn in „Zäsursetzungen" wie ‚Wende' verbirgt sich immer auch die Gefahr, „gleichwohl eingetretene Veränderungen, die mit der Wende gar nichts zu tun haben mögen", zu entschärfen oder gar zu übersehen (Huntemann 2003, S. 47). Wird in der Rede bzw. dem Gerede vom Wenderoman oder von Wendeliteratur nicht vielleicht auch die damals längst bekannte „neue Unübersichtlichkeit" (Habermas) wegzureden versucht, deren Wurzeln bis mindestens in die 1960/70er Jahre zurückverfolgt werden können, z. B. als Ende der Nachkriegszeit oder gar das der Moderne. Bezogen auf die unterschiedlichen Versionen der Reden vom Ende, die in allen Generationskämpfen und Epochalisierungsversuchen immer auch anwesend sind, zeigt sich jedenfalls, dass nahezu alle auf die Zeit vor 1989/90 zurückgeführt werden können. Sogar das Ende der DDR scheint in der Literatur (nach der Biermann-Ausweisung) vorbereitet, auch wenn es damals noch nicht realpolitisch eintrat.

Drittens können weitere, kaum wendebedingte Reden vom Ende wenigstens noch stichwortartig angeführt werden, z. B. das inzwischen diagnostizierte Ende der Postmoderne, deren „Bilanz" (Bohrer, Scheel 1998) längst zu ziehen versucht wurde, weiter die Erinnerungsschübe und Selbstverortungsversuche, die sich aus dem Ende des 20. Jahrhunderts bzw. des 2. Jahrtausends ergaben, von Grass' *Mein Jahrhundert* bis hin zu den Diskussionen um Baudrillards *Das Jahr zweitausend findet nicht statt*, oder vor allem auch die Hinwendung zu „Grenzen, Grenzüberschreitungen, Grenzauflösungen" (Platen / Todtenhaupt 2004) und damit zu transitorischen Literaturformen, z. B. innerhalb der jüngeren ‚Migranten'-Literatur (wenn man das Wort überhaupt noch so benutzten kann?) als Abschied von der Gastarbeiterliteratur oder in der deutschen jüdischen Literatur als Abschied von den Zeitzeugen der Shoah. Dabei scheinen letztere Ansätze kaum allein durch den multikulturellen Hintergrund der Autorenbiographien erklärbar, denn ein ähnliches Bewusstsein prägt auch das Erzählen von Autoren ohne diesen biographischen Hintergrund, z. b. bei Hans Christoph Buch, Gerhard Köpf, Katja Lange Müller, Judith Hermann, Christoph Peters etc. Hier ist nicht nur längst schon die Idee der „großen Erzählung" (Lyotard) verabschiedet, sondern bereits alle Vorstellungen von Homogenitäten. Die ‚neuen' Positionierungen in Zwischenräumen, die in den obigen Zitaten von Dahn, Königsdorf und Burmeister noch wendebedingt verstanden werden konnten, finden sich in anderen kulturellen Konstellationen und vor allem ästhetischen Entwürfen längst vorgezeichnet.

Wenn man viertens ‚Wende' strukturell als Beendigung des Bisherigen im Übergang in einen neuen Zustand betrachtet, so war 1989/90 innerhalb der Literatur eine ‚Wende'-Bewegung längst im Gange. Erinnert sei unter anderem an postmoderne Verfahren oder die Hinwendung zu solchen, die man heute als transitorische bezeichnet und die ihre Entsprechungen in transnationalen bzw. transkulturellen Konstellationen finden. Wichtig scheint weiter, dass sich diese Veränderungen eben nicht auf den deutschen Kulturraum begrenzt entwickelt haben, sondern international wahrnehmbar sind, vielleicht weil sie zum Prozess einer zunehmenden Europäisierung und Globalisierung irgendwie dazugehören. Die Fixierung auf den deutschen Mauerfall und die anschließende Vereinigung kann eben auch von solchen Veränderungen ablenken, und zwar sowohl von ihrem internationalen Umfeld als auch von ihrem historischen Kontext. So formulierte beispielsweise kürzlich der polnische Germanist Karol Sauerland: „Das Bild vom Mauerfall erspart den meisten das Nachdenken über das jahrzehntelange Zusammenbrechen dieses Systems" (Sauerland 2003, S. 169), nämlich das des ehemaligen Ostblocks, das für Sauerland 1953 beginnt.

Vielleicht ist das deutsche Datum 1989 gar nicht so viel mehr als nur einer unter vielen Belegen für Entwicklungen, die eigentlich weit über Deutschland hinausgehen. Auch wenn man sich darüber streiten kann, welche der genannten Ereignisse in Deutschland, Polen, der Sowjetunion usw. – andere, insbesondere die im ehemaligen Jugoslawien, ließen sich leicht hinzufügen – zufällig oder irgendwie folgerichtig-systematisch sind, so sind doch die Deutungen und gesellschaftlichen Konsequenzen ähnlich. Am Ende des zwanzigsten Jahrhundert steht der Begriff der „Wende" sowie seine entsprechenden Vergleichsbegriffe (Zusammenbruch, Revolution, Umbruch usw.) für ganz unterschiedliche Entwicklungen, je nachdem in welchem Kulturraum man sich befindet. Er zeugt vielleicht nur von einem diffusen Bewusstsein davon, dass unsere Gegenwart eine Übergangsphase bildet bzw. sich selbst als ein solcher Übergang kulturell beschreibt.

Zusammenfassend kann diese Skizze einiger Reden vom Ende vielleicht darauf verweisen, dass die deutsche ‚Wende‘ nicht nur innerhalb dieser internationalen politischen Veränderungen gesehen werden müsste, sondern auch innerhalb von anderen kulturellen Entwicklungen steht, die beispielsweise unter den Stichworten einer zunehmenden Medialisierung und/oder Globalisierung benannt werden könnten. Dem Thema ‚Wende‘ – soweit damit die Ereignisse von 1989/90 gemeint sind –, scheint jedenfalls innerhalb der deutschen Gegenwartsliteratur die Luft auszugehen. So antwortete z.B. Katja Lange-Müller 1998 auf die Frage nach dem „Buch über die DDR":

Und natürlich wird das Ereignis der Vereinigung, was sicherlich sehr wichtig war und mit dem die Deutschen nun den Rest der Welt genug genervt haben, inzwischen von anderen sich ankündigenden, die Deutschen sehr viel mehr in Bestürzung versetzende Ereignisse verdrängt. Die Wende ist denen im Moment völlig egal, sie erwarten mit Zittern und Bangen, dass der Euro über sie kommt. Das ist ihnen viel unheimlicher, selbst noch als die Tatsache, dass nun die kleine DDR ein Teil der Bundesrepublik geworden ist. Die Sache mit dem Euro, die zieht alte Ängste wieder hoch: Inflation usw. Da reagieren die Leute nicht rational. Ich meine, dafür dass die Deutschen fünfzig Jahre lang relativ ihre Ruhe hatten, kommen die Ereignisse jetzt ziemlich rasant über sie. Erst die armen Brüder und Schwestern und nun der Euro. Ist schon hart. (Lange-Müller in Platen 1999, S. 185)

Vielleicht ist dieses Datum der Einführung des Euros zukünftig ebenso entscheidend wie beispielsweise das Jahr 1986, in dem die Wolke von Tschernobyl die Auflösung von Grenzen, auch die des Eisernen Vorhangs konkret sichtbar machte. In Schweden jedenfalls verbindet kaum noch ein Student etwas mit dem Jahr 1989 oder dem seltsamen Bauwerk in Berlin, wohl aber bewegt man sich recht orientiert innerhalb der globalen Veränderungen. Eben dies ist die Wende, die alte, gerade auch nationalstaatliche und nationalphilologischen Vorstellungen verabschiedet und sich zugleich in der schwedischen wie der deutschen Gegenwartsliteratur – in anderen wohl auch – zeigt.

Literatur

Karl Heinz Bohrer/Kurt Scheel: „Postmoderne. Eine Bilanz". In: Merkur, Sept./ Okt. 1998.
Volker Braun: Wir befinden uns soweit wohl. Wir sind erst einmal am Ende. Äußerungen. Frankfurt a.M. 1998.
Brigitte Burmeister: Herbstfeste. Stuttgart 1995.

Daniela Dahn: Westwärts und nicht vergessen. Vom Unbehagen in der Einheit. Berlin 1996.

Helga Königsdorf: Adieu DDR. Protokolle eines Abschieds. Reinbek bei Hamburg 1990.

Ulrich Greiner: „Die deutsche Gesinnungsästhetik. Noch einmal: Christa Wolf und der deutsche Literaturstreit. Eine Zwischenbilanz." In: Die Zeit, 2.11.1990.

Willi Huntemann / Kai Hendrik Patri: „Einleitung: Engagierte Literatur in Wendezeiten". In: Willi Huntemann u. a. (Hg.): Engagierte Literatur in Wendezeiten. Würzburg 2003, S. 9–31.

Willi Huntemann: „,Unengagiertes Engagement' – zum Strukturwandel des literarischen Engagements nach der Wende." In: Huntemann (ebenda), S. 33–48.

Imre Kertész: „Wem gehört Auschwitz? Aus Anlaß des umstrittenen Film „Das Leben ist schön": Der ungarische Schriftsteller und KZ-Überlebende Imre Kertész über die Enteignung der Erinnerung." In: Die Zeit, 19.11.1998.

Hanns-Josef Orteil: „ZEIGRODEURO oder Wie die Geschichte der Bundesrepublik sich selbst erfand." In: Süddeutsche Zeitung, 10./11.10.1987.

Edgar Platen: „,Wenn etwas für Schriftsteller interessant ist, dann ist es dabei zu verschwinden'. Gespräch mit Katja Lange-Müller'. In: Moderna Språk, 2, 1999, S. 182–185.

Edgar Platen / Martin Todtenhaupt (Hgg.): Grenzen, Grenzüberschreitungen, Grenzauflösungen. Zur Darstellung von Zeitgeschichte in deutschsprachiger Gegenwartsliteratur (III). München 2004.

Karol Sauerland: Die Wendeproblematik von Polen aus gesehen. In: Huntemann (s. oben), S. 169–179.

Karlheinz Stierle: „Die Wiederkehr des Endes. Zur Anthropologie der Anschauungsformen." In: K.S., Rainer Warning (Hgg.): Das Ende. Figuren einer Denkform. München 1996.

Jochen Vogt: „Langer Abschied von der Nachkriegsliteratur. Aus Anlaß der letzten westdeutschen und ersten gesamtdeutschen Literaturdebatte." In: Weimarer Beiträge, 3, 1991, S. 452–461.

ILSE NAGELSCHMIDT (Leipzig, Deutschland)

Über Produktion und Verwaltung der Vergangenheit – die neunziger Jahre

Der Fokus meiner Aufmerksamkeit liegt zunächst darauf, wie ostdeutsche Autorinnen und Autoren verschiedener Generationen mit den Veränderungen nach 1989 umgehen, wie sie Begriffe wie Heimat und Fremde reflektieren, ob und auf welche Weise sie inneres Zerrissensein registrieren und wie sie wieder herausfinden können.

Viele der unmittelbar nach 1989 getroffenen Äußerungen sind von Aufbrüchen, Ängsten, endgültigen Verlusten, aber auch von Trotz und Ironie bestimmt. Für das linke Spektrum der DDR symbolisierten die Ergebnisse der ersten freien Wahlen am 18.03.1990 das offenkundige Ende der Herbstereignisse des Jahres 1989. „Das Spiel mit den Masken"[1], schreibt Helga Königsdorf Anfang 1990 verbittert, sei nun zu Ende. Mit „ungelenken Schritten", heißt es weiter, „taumele [sie – I.N.] „in die Freiheit, aber es ist die Freiheit der anderen, denn sie habe keine Verwendung dafür"[2]. Die Autorin begründet ihre damalige Trauer aus einem trügerischen Bild der Wende – Realität. Von der Schönheit, die sie im Herbst 1989 empfand, blieb im Folgejahr nur noch der „schöne falsche Schein"[3]. Es war bei ihr weniger die Unkenntnis der Sachlage als vielmehr die Überschätzung des persönlichen Einflußbereiches, der diesen Denkfehler zur Folge hatte.[4] „Verführt vom schönen Anfang unserer Revolution, verführt vom Glauben an die Möglichkeit großer Inszenierungen, wollten wir endlich selbst Regisseure sein [...] Aber zugleich, indem wir Leben und Kunst vermischt haben, sind wir nun hineingeraten in das Spektabel."[5] Auch Wolf Biermann hat für diese Ereignisse Theatermetaphern gefunden: „Diese Revo-

---

1 Helga Königsdorf: 1989 oder Ein Moment Schönheit. Eine Collage aus Briefen, Gedichten, Texten. Vorwort. Berlin, Weimar 1990, S. 5.

2 Ebenda.

3 Helga Königsdorf: Aus dem Dilemma eine Chance machen. Reden und Aufsätze. Hamburg, Zürich 1991, S. 91.

4 Vgl. dazu: Stefan Schulze: Der fliegende Teppich bietet wenig Raum. Schriftstellerinnen der ehemaligen DDR vor, während und nach der Wende: Brigitte Burmeister, Jayne Ann Igel, Helga Königsdorf, Angela Krauß und Christa Wolf – Biographische, textkritische und literatur-soziologische Diskurse. Dissertation. Philologische Fakultät der Universität Leipzig, 1996.

5 Helga Königsdorf (Anm. 3), 1991, S. 9.

lution ist eine Weltpremiere: eine Revolution ohne Revolutionäre. Sonst hatten wir in Deutschland immer das Umgekehrte: lauter Revolutionäre, die nie eine Revolution zustande brachten. Ja, es ist ein absurdes Stück, und alle Rollen sind phantastisch falsch besetzt."[6] Die Jüngeren dagegen – wie Uwe Kolbe – hatten diesen Irrtum beizeiten erkannt. Während seines damaligen Amerika-Aufenthaltes in Austin (Texas) – Kolbe hatte somit auch eine geographische Distanz zu den Herbst-Ereignissen – schrieb er in einem offenen Brief an die Bürgerrechtlerin Bärbel Bohley:

> Wir haben nicht das Recht, die Minderheitsherrschaft zu erhalten, indem wir sie reformieren, sie lediglich um unsere eigene Teilnahme vermehren und so weiterführen. [...] Ich denke an ein Referendum, das Volk soll selbst sprechen in seiner Gesamtheit.[7]

Dabei wurde immer wieder das artifizielle Erlebnis dieser Monate an der „befreiten Sprache", am „literarischen Volksvermögen"[8] festgemacht. So heißt es bei Christa Wolf im Berlin-Essay: „Die Blumenfrau in der Ossietzkystraße, die so redete wie der Namenspatron ihrer Straße [...]"[9] In ihrer Begeisterung über die freigelegte, kollektive Artikulationsfähigkeit begriffen viele Autorinnen und Autoren erst allmählich, daß sich das Volk nicht nur von seiner Regierung, sondern auch von ihnen, ihren stellvertretenden Wortführerinnen und Wortführern emanzipiert hatte. Die Volksfront aus intellektueller Avantgarde und Masse, die für kurze Zeit wirklich existierte, brach auseinander. Die linksdemokratischen Autorinnen und Autoren mit ihrer Sozialismussehnsucht standen jetzt denjenigen im Weg, die die deutsche Einheit – egal aus welchen Gründen – im Blick hatten.

Beweggründe, Absichten, Biographien und Werte wurden dominant in Ostdeutschland auf den Prüfstand gehoben. Eine neue Zeitrechnung ohne die Einbeziehung der alten schien angefangen zu haben, polarisierende Ein- und Zuordnungen dominieren.

Neben der immer wieder angemahnten Auseinandersetzung mit dem eigenen Werk und der eigenen Biographie standen Währungsunion, die Auflösung der DDR, Unsicherheit und Zukunftsangst. Ernst-Ullrich Pinkert hat diese Situation in seinem Vortrag anläßlich des 3. Leipziger Inter-

6   Wolf Biermann: Nur, wer sich ändert, bleibt sich treu. Der Streit um Christa Wolf, das Ende der DDR, das Elend der Intellektuellen: Das alles ist komisch. In: Die Zeit vom 24.08.1990.
7   Uwe Kolbe: Offener Brief an Bärbel Bohley von 8.11.1989. In: Oktober 1989, S. 198–199.
8   Vgl. dazu: Christa Wolf: Wo ist euer Lächeln geblieben? Brachland Berlin 1990. In: Christa Wolf: Auf dem Weg nach Tabou. Texte 1990–1994, S. 28–57.
9   Ebenda, S. 45.

nationalen Kolloquiums zu den Kulturstudien (2001) zum Thema „Die Wende als Kulturschock"[10] verdichtet. Dabei versteht er unter „Kulturschock" auf Alois Wierlacher und Corinna Albrecht Bezug nehmend:

> Kulturschock ist ein Begriff, der in der Anthropologie und Ethnologie, in den Erziehungswissenschaften, der (Sozial-)Psychologie und der modernen Fremdsprachendidaktik verwendet wird. Er bezeichnet zusammenfassend individuelle psychische Reaktionen auf engen Kontakt mit einer fremden Kultur.[11]

Für viele Autorinnen und Autoren waren die Ereignisse des Jahres 1989 in erster Linie eine Erfahrung des Religions- und Utopieverlustes.[12] In den meisten unmittelbar nach 1989 geschriebenen Gedichten überwiegen Brüche, Beschädigungen und Melancholie; die Veränderungen erscheinen „weniger hoffnungsvoll als vielmehr niederschmetternd, weniger utopisch als vielmehr orientierungslos, weniger stabilisierend als vielmehr ich-gefährdend"[13].

1. Bewegungen und Gegenbewegungen im Leseland Ost – Willkommen im 21. Jahrhundert

Schreiben nach 1989 in Ostdeutschland ist vor allem ein Schreiben wider die Entortung gelebten Lebens. Im soeben erschienenen Buch *Ein Land genannt die DDR* formuliert der Mitherausgeber, Ulrich Plenzdorf, das Ziel, daß Autoren zu Wort kommen, die in der Lage sind, „wirkliche Auskunft über ein wirkliches Leben in der DDR zu geben, indem sie uns ihre

---

10 Ernst Ullrich Pinkert: Die Wende als Kulturschock. Aspekte der Zeiterfahrung in der ostdeutschen Nachwende-Prosa. In: Theorie und Praxis der Kulturstudien. Literatur und Kultur. Leipziger Texte. Hg. von Christa Grimm, Ilse Nagelschmidt und Ludwig Stockinger. Band 3. Leipzig 2003, S. 183–204. Mit diesem Vortrag hat er den direkten Bezug zu seinem Aufsatz „Wunschbilder, Schreckbilder, Trugbilder. Bilder des Westens in Werken der ostdeutschen Nachwendeliteratur" hergestellt. In: Mannigfaltigkeit der Richtungen. Analyse und Vermittlung kultureller Identität im Blickfeld germanistischer Literaturwissenschaft. Literatur und Kultur. Leipziger Texte. Hg. von Christa Grimm, Ilse Nagelschmidt und Ludwig Stockinger. Band 2. Leipzig 2001, S. 273–295.
11 Alois Wierlacher, Corinna Albrecht: Fremdgänge. Eine anthologische Fremdheitslehre für den Unterricht Deutsch als Fremdsprache. Bonn 1995, S. 158.
12 Vgl. dazu: Claus Welzel: Utopieverlust – die deutsche Einheit im Spiegel ostdeutscher Autoren. Frankfurt a. M. 1993, S. 105.
13 Walter Erhart: Gedichte, 1989. Die deutsche Einheit und die Poesie. In: Zwei Wendezeiten. Blicke auf die deutsche Literatur 1945 und 1989. Hg. von Walter Erhart und Dirk Niefanger. Tübingen 1997, S. 165.

Geschichten in und mit der DDR erzählen"[14]. Als ein „Geschichtsbuch"
haben es die Herausgeber betitelt – so schlußfolgere ich einerseits durchaus provokant –, das wie viele andere seiner Art in dieser Übermäßigkeit
von Erinnerungsobsession leicht am Ende auch zur „Geschichtsvergessen-
heit" führen kann, wie es Hans Ulrich Gumbrecht in dem Aufsatz „Vom
Nachteil der Historie für das Leben" im Hinblick auf die Restaurierungs-
wut konstatiert.[15] Andererseits stimme ich Wolfgang Emmerich zu, der von
der Fülle autobiographischer Texte von Günter de Bruyn bis Hedda Zinner
als von dem Phänomen der „Wiederaneignung des Verschwiegenen in Autobiographie und Dokument"[16] spricht. Das Wissen um die Vergangenheit
wird in der ständigen Produktion und Rekonstruktion des Gewesenen auf
den Markt getragen. Dabei ist es ein Trugschluß von *der* Ost-Identität zu
sprechen. Das in der DDR favorisierte und auch umgesetzte Konzept der
Einheit, das mit der Konstruktion der kollektiven Ich-Identität[17] einher-
ging, weicht der Aushandlung eines äußerst problematischen Wir-Konzepts:
„Identität fungiert hier vor allem als Wissen über die Vergangenheit; um
dieses Wissen wird gekämpft."[18] Das hat zur Folge, daß die verschiedenen
Texte ein Wissen über die gemeinsame Vergangenheit mit formen und dadurch an der Gestaltung eines kollektiven Gedächtnisses[19] teilhaben. Autorinnen und Autoren sind mit ihren Texten sowohl primär beteiligt, indem
sie existierende Erinnerungen transformierend weiterleiten, diese bestäti-

---

14 Ebenda, S. 200. Auffallend ist die Wiederholung des Attributs „wirklich", was
    das Authentische noch unterstreichen soll. Ein Bestreben, das auch anderen
    Vorhaben zugrunde liegt. Vgl. dazu: Martina Rellin: Klar bin ich eine Ost-
    Frau. Frauen erzählen aus dem richtigen Leben. Reinbek bei Hamburg 2004.
15 Hans Ulrich Gumbrecht: Vom Nachteil der Historie für das Leben. Wie die
    Erinnerungsobsession am Ende zur Geschichtsvergessenheit führt. In: Die Welt.
    Die literarische Welt vom 30.07.2005.
16 Wolfgang Emmerich: Kleine Literaturgeschichte der DDR. Erweiterte Neu-
    ausgabe. Leipzig, S. 479.
17 Vgl. dazu: Karsten Dümmel: Identitätsprobleme in der DDR-Literatur der sieb-
    ziger und achtziger Jahre. Frankfurt a. M. / Berlin / Bern / New York / Paris / Wien
    1997.
18 Hyacinthe Ondoa: Identitätskonstruktionen in der DDR-Erzählliteratur vor und
    nach der Wende. Brüche und Kontinuität. Dissertation. Philologische Fakultät
    der Universität Leipzig. Unveröffentlichtes Manuskript. Leipzig 2004.
19 Mit dem Begriff des kollektiven Gedächtnisses beziehe ich mich auf Aleida
    Assmann: „Ein ‚kollektives' Gedächtnis ist in diesem Sinne ein durch Zusam-
    menleben und Kommunikation mit anderen Menschen erworbenes, erlerntes,
    übernommenes, angeeignetes, geteiltes Gedächtnis." Aleida Assmann: Das kul-
    turelle Gedächtnis an der Milleniumsschwelle. Krise und Zukunft der Bildung.
    In: Konstanzer Universitätsreden. Konstanz 2004, S. 5.

gen oder ihnen widersprechen. Gleichermaßen werden diese Texte selbst
wieder zu Objekten, sowohl als Quelle für weitere Texte als auch für Diskurse, die das gesellschaftliche Gedächtnis beeinflussen – wie Kommenta-
re, Rezensionen oder wissenschaftliche Auseinandersetzungen. Frauke
Meyer-Gosau hat es in der Frühjahrsausgabe des Journals „Literaturen"
auf den Punkt gebracht: „Abgeschlossen, aufgehoben, wie ein Einschluss
im Gestein, ruht das versunkene Land in diesen Büchern".[20]

Es ist Bewegung in das „Leseland Ost" – oder wie der Titel dieser
Frühjahrsausgabe intertextuell gut verpackt lautet: (in) *Wolfs Revier* – gekommen. Nach Jahren der bitter ironisch-satirischen Abrechnung mit der
DDR (Braun, Brussig, Sparschuh, Rosenlöcher, Wolf), des Vorführens von
Defiziterfahrungen der Gegenwart (Burmeister, Kant, Königsdorf) sowie
der Konstruktion des Fremden (Braun, Hilbig, Wolf) war am Ende der neunziger Jahre der Tiefpunkt erreicht: „Wo einmal die Literatur der DDR gewesen war, herrschte Tabula rasa."[21]

2. Erinnerungs- und Gedächtnismuster

In dieser Hochzeit des Tanzes um das „Goldene Kalb DDR" erobert 2002
ein Buch die Bestsellerlisten, das auf der Grenze zwischen Belletristik (Ost)
und Sachbuch (West) anzusiedeln ist. Geschrieben von einer jungen Frau,
die bis zu diesem Zeitpunkt einiges ausprobiert hatte, Jana Hensel (Jg.
1976): *Zonenkinder*. Das Anliegen sei in einem Satz zusammengefaßt: Als
sie 13 Jahre alt war fiel die Mauer, die unmittelbaren Kindheitsjahre und
somit die prägenden Grunderlebnisse lagen in der DDR. Was danach folg-
te waren Irritationen, Versteckspiele, Grenzgänge. Diese Autorin und andere junge Frauen haben sich unbeschadet aller Belastungen und Vor-Schrei-
bungen – auch über die Einbeziehung von Fotos: vom Pionierhalstuch bis
zum Schwimmzeugnis – aufgemacht, sich der DDR erinnernd wahrneh-
mend zu nähern. Während Claudia Rusch in *Meine Freie Deutsche Jugend*[22] anekdotisch mit der DDR abrechnet, blenden Angelika Klüssendorf[23] und Julia Schoch[24] die eigene Vorgeschichte weitestgehend aus.

20 Frauke Meyer-Gosau: Blühende Leselandschaften. Kleine Führung durch die
    Botanik der neuesten Literatur aus der ehemaligen DDR. In: Literaturen. Das
    Journal für Bücher und Themen. 4/2004, S. 14.
21 Ebenda, S. 12.
22 Claudia Rusch: Meine freie deutsche Jugend. Frankfurt a.M. 2003.
23 Angelika Klüssendorf: Aus allen Himmeln. Frankfurt a.M. 2004.
24 Julia Schoch: Verabredungen mit Mattok. München 2004.

Jana Hensel formuliert ihr Anliegen direkt:

> Ich möchte wieder wissen, wo wir herkommen, und so werde ich mich auf die
> Suche nach den verlorenen Erinnerungen und unerkannten Erfahrungen ma-
> chen, auch wenn ich fürchte, den Weg zurück nicht mehr zu finden.[25]

Diese Intention verteidigt sie in mit ihr geführten Interviews; die Kindheit
soll anhand von Erinnerungen wieder zugänglich gemacht werden.[26] Hieran sowie an dem provozierenden „Wir" des Textes hat sich die Kritik ent-
zündet[27], die die Autorin so nicht hinnehmen will. In der Tat ist es vermes-
sen, von einer 26-Jährigen einen überprüfbaren Erinnerungsbericht erwarten
zu wollen. Gerade dem widersetzt sie sich, indem sie betont, ein Lebensgefühl rekapitulieren zu wollen. Zu dieser Rekonstruktion gehöre die Konstruktion des Wir-Gefühls und somit der Verweis auf das Gruppengefühl
ihrer Generation. Zu eindeutig sind die Codes, mit denen sie umgeht: sei es
die Pausenmilchversorgung, die Altstoffsammlung oder die wenig geliebten Ost-Jeans. Im Vergleich zu Angela Krauß, die bewußt demaskiert und
ihre Protagonistin über die Zerstörung der Äußerlichkeit zu ihrer Innerlichkeit und somit zu ihren Wurzeln zurückfinden läßt, entwirft Hensel
Maskierungen und betont die Entwurzelung:

> Manchmal schien es fast, als suchten wir zwittrigen Ostwestkinder diese Auf-
> tritte.[28]

Lese ich den Text unter diesen Voraussetzungen von Maskeraden, Entortun-
gen und Entwurzelungen, so ist dieser durch ständige Ängste überlagert,
erkannt zu werden; das Fremdsein wird zum bestimmenden Muster:

> Wofür man mich hielt? In den letzten Jahren immer häufiger für einen Westler.
> Ich hatte meine Lektionen gelernt und war nicht mehr zu enttarnen.[29]

So ist dann auch das Ende des Textes zu deuten. Identitätsmerkmale der
Vergangenheit sind längst gelöscht, das Ankommen in einer neuen Identität ist teuer erkauft und brüchig.

---

25 Jana Hensel: Zonenkinder. Reinbek bei Hamburg 2003, S. 14.
26 Die Normalität des Ausnahmezustandes. Tom Kraushaar im Gespräch mit Jana
    Hensel. In: Die Zonenkinder und Wir. Die Geschichte eines Phänomens. Hg.
    von Tom Kraushaar. Reinbek bei Hamburg 2004, S. 106.
27 Alexander Cammann: Auf der Suche nach dem DDR-Gefühl. In: Ebenda, S. 61–73.
28 Jana Hensel (Anm. 25), S. 54.
29 Ebenda, S. 63.

Doch jetzt sind wir über den Berg. Die ersten zehn Jahre in der Freiheit waren sehr ereignisreich. Viele Abschiede. neue Bekannte. Die nächsten zehn werden ruhiger werden. Wir sind die ersten Wessis aus Ostdeutschland, und an Sprache, Verhalten und Aussehen ist unsere Herkunft nicht mehr zu erkennen.[30]

Hensel konstruiert ein Wir, da es weder ihr Anliegen war noch sein konnte, die Differenzierungen einer scheinbar homogenen Generation offenzulegen. Darin sehe ich die Problematik des Textes. Es überwiegen Distanz, Abkehr und Abschied.

Bei diesen offensichtlichen Differenzen sehe ich jedoch in bezug auf die ostdeutsche Literatur verschiedener Generationen wesentliche Gemeinsamkeiten. Beide thematisieren die jüngste deutsche Vergangenheit, den Zerfall von Ländern und politischen Systemen, beide setzen sich intensiv mit der eigenen Geschichte auseinander und greifen somit in die Strukturierung des kollektiven Gedächtnisses ein. In diesen gesellschaftskritischen Ansätzen – der literarischen Transzendenz, die weitab von jeder Enthistorisierung und Verharmlosung liegen – sehe ich die Wirkung und die Kraft ostdeutscher Literatur.

30 Ebenda, S. 166.

DORLE MERCHIERS (Montpelliers, Frankreich)

Christa Wolfs *Medea* (1996)
Der Mythos als Metapher für die Wende

Die Verwendung des Mythos ist bei Christa Wolf nie willkürlich. Zum Verständnis ihrer Arbeitsweise muss der geschichtliche und politische Kontext herangezogen werden, in welchem der Entstehungsprozess des Werks stand. Das machte schon *Kassandra* deutlich. Als die Autorin nämlich 1983 der Tochter des Königs Priamos das Wort gab, d. h. der Seherin, die vergeblich versuchte, ihr Volk vor einem Krieg gegen die Griechen zu warnen, einem Krieg, der mit der Niederlage und der Zerstörung Trojas enden sollte, so ließ sich das daraus erklären, dass zu Beginn der 80er Jahre sowohl Deutschland als auch ganz Europa ein Atomkrieg größten Ausmaßes drohte. Im Jahre 1996 ist die Lage ganz anders. Der Konflikt zwischen den beiden Großmächten ist seit Ende der 80er Jahre aufgehoben, was die Wiedervereinigung der beiden Teile Deutschlands möglich machte. Indessen findet der Vereinigungsprozess weder auf politischer noch auf wirtschaftlicher Ebene so statt, wie die Regierenden es vorsahen. Die Hoffnungen, die viele Deutsche, vor allem im Osten, hegten, wurden rasch enttäuscht.

Der Rückgriff auf den Medea-Mythos erlaubt es der Schriftstellerin, Distanz zu einer Wirklichkeit zu gewinnen, die allzu aktuell wäre, um in realistischer Form wiedergegeben zu werden.

1. Transposition der zeitgenössischen deutschen Wirklichkeit

Die Welt der Fiktion, die der Roman *Medea*[1] beschreibt, und die deutsche Wirklichkeit in den Jahren unmittelbar vor und nach der Wiedervereinigung weisen frappierende Ähnlichkeiten auf. Das attestieren übrigens auch die meisten Rezensionen des Werks: sie ziehen nämlich Parallelen zwischen dem am Ostufer des Schwarzen Meers gelegenen Kolchis und der DDR einerseits, und der griechischen Stadt Korinth und der Bundesrepu-

---

1   Zitierte Ausgabe: Christa Wolf: Medea – Stimmen. München: DTV, 1998 (im Folgenden abgekürzt in M.).

blik andererseits. Manche gehen so weit, *Medea* als Allegorie oder Schlüsselroman zu bezeichnen, und stellen eine Liste der Entsprechungen von fiktiven Figuren und Episoden zu Personen und Ereignissen der Wirklichkeit auf. Hier sei nur eine bezeichnende Überschrift von vielen erwähnt: „Honecker heißt jetzt Aietes".[2] Es lässt sich nicht leugnen, dass Christa Wolf dem Leser zahlreiche Indizien anbietet, die eine derartige Interpretation des Mythos nahelegen.

Einige dieser Indizien sollen hier kurz untersucht werden, ehe gezeigt wird, dass die Sicht der Autorin nicht so einfach, ja nicht so simpel oder simplifizierend ist, wie manche Rezensenten durchblicken lassen, sondern dass sie vielmehr eine gewisse Desillusion, eine gewisse Skepsis der ganzen zeitgenössischen Zivilisation gegenüber verrät und auch eine Warnung vor jeglicher Idealisierung eines Systems enthält – ganz gleich, um welches System es sich dabei handeln mag.

Warum hat Medea den Entschluss gefasst, ihre Heimat zu verlassen und mit Jason in Richtung Westen, bis Korinth zu fliehen? In erster Linie aus politischen Gründen, die sie in einem fiktiven Gespräch mit ihrem Bruder Absyrtos erklärt:

> Den Niedergang von Kolchis ahnte ich wie eine schleichende Krankheit in mir selbst [...]. Wir hatten ihn [= Aietes] unterschätzt, unser hinfälliger, unfähiger König und Vater hatte jedes Fetzchen Kraft, das noch in ihm war, auf einen Punkt versammelt: sich an der Macht und damit am Leben zu halten. [...] Wir waren blind, Absyrtos. Sogar du hattest verstanden, daß die Art wie Aietes Kolchis regierte, immer mehr Kolcher gegen ihn aufbrachte, auch unsere Mutter, und mich, Priesterin der Hekate, deren Tempel ohne mein Zutun zum Treffpunkt der Unzufriedenen wurde, vor allem der jüngeren Leute [...]. Sie stießen sich am Starrsinn des Aietes, an der unnützen Prachtentfaltung des Hofes und verlangten, der König solle die Schätze des Landes, unser Gold, verwenden, um unserem Handel einen Aufschwung zu geben [...]. (M, S. 90–91)

Wie könnte man hier nicht eine Anspielung auf jene sehen, die 1989 in der DDR herrschten (Honecker war damals 77)? Oder auf die Versammlungen reformhungriger Bürger, für die die Kirchen der einzige Ort waren, um dies auszudrücken? Oder auch die Anspielung auf den Luxus, in dem die Privilegierten des Systems in einem streng bewachten für sie allein reservierten Stadtviertel wie Wandlitz lebten?

Wenn man Akamas' Zeugnis glauben soll, so wurden die Kolcher, die in Korinth landeten von der einheimischen Bevölkerung als „fremde Tiere" betrachtet, denen man weder besondere Sympathie noch Antipathie entgegenbrachte. Damals, erklärt er, durchlebten die Korinther eine glück-

---

2 Manfred Fuhrmann: Frankfurter Allgemeine Zeitung, 2.3.1996.

liche Zeit und sie freuten sich, wenn sie sahen, wie die Kolcher ihren Wohlstand bestaunten (M, S. 114). Diese Formulierungen geben recht gut die
Einstellung der Westdeutschen sowie auch die der Ostdeutschen zum Zeitpunkt der Vereinigung wieder: für die ersteren waren die Bürger der DDR
Fremde; für letztere verfügte der Westen über einen Lebensstandard, der
Staunen, ja Neid erweckte. Schließlich stimmt, dass die westdeutsche Wirtschaft damals florierte und alles darauf hindeutete, dass die Wiedervereinigung sie nicht erschüttern würde.

Dass die Kolcher sich nur schwer in Korinth anpassen, hängt mit ihren
Bräuchen und Gewohnheiten zusammen, die sich von denen der Korinther
unterscheiden. Viel grundlegender sind allerdings die wirtschaftlichen, ideologischen und soziologischen Divergenzen. Bei der Ankunft in Korinth stellen
die Kolcher verwundert fest, dass die Stadt von der Goldgier besessen ist
(M, S. 35). Gold ist in Korinth der einzige Maßstab, der nicht nur den Preis
der Waren bestimmt, sondern auch den Wert eines Bürgers und die Höhe seiner Steuern, was eine Klassengesellschaft zur Folge hat: Dem Reichtum der
einen steht die Armut der anderen gegenüber (M, S. 91). Die meisten Korinther betrachten die Kolcher als tiefer gestellte Lebewesen. In den Augen
Kreons sind sie „Wilde", auch wenn er einräumt, „reizvolle Wilde" (M, S. 54).

Obgleich keine wirkliche Integration der Kolcher in Korinth gelingt,
gibt es einige Ausnahmen, z.B. Presbon und Agameda. Presbon ist ein
typischer Opportunist, der seiner Vergangenheit den Rücken kehrt wie die
sogenannten „Wendehälse". Sehr rasch erklettert er die Stufen der Macht
und wird zum Organisator der Korinther Spiele. Kein anderer Kolcher hat
es so weit gebracht wie er (M, S. 31). Agameda, die andere Opportunistin,
ist nicht nur ehrgeizig und liebedienerisch, sie ist auch noch heimtückisch
und falsch. Sie verrät mit Presbons Hilfe Medea, deren brillanteste Schülerin sie einst war. Sie macht Akamas das Angebot, ihm eine „Information"
zu geben, die sich als bedeutend für die Zukunft Korinths erweisen könnte:
sie hat gesehen, wie Medea beim Bankett des Königs der Königin Merope
nachspioniert hat. Denkt man nicht unwillkürlich an jene, die in der DDR
durch die zwei Buchstaben IM bezeichnet wurden?

Obwohl die Autorin Medea zu wiederholten Malen (M, S. 28, 96, 186,
204) sagen lässt, sie traure Kolchis nach, das sie nicht hätte verlassen
sollen, darf man in Christa Wolfs Werk kein manichäistisches Weltbild
sehen, wo „dieses Wunderland Kolchis" (M, S. 41) einer Stadt Korinth
gegenübersteht, wo den Menschen kein wahres Glück beschieden ist. Die
Umgestaltung des Mythos durch die Schriftstellerin soll ja gerade beweisen, dass ihre Sicht der Dinge differenzierter ist.

Weder sind alle Korinther durchdrungen von ihrer Überlegenheit, noch
lassen sich alle vom Glanz des Goldes oder der Macht faszinieren. Zwei
Figuren belegen das: Leukon und Oistros. Leukon, der zweite Hofastro-

nom, macht keinen Hehl aus seiner Sympathie für die Kolcher; der Bildhauer Oistros, Medeas Geliebter, führt ein einfaches, spartanisches Leben, fern vom städtischen Luxus.

Was die Kolcher angeht, so werden sie ebenso leicht gewalttätig wie die Korinther. Mit voller Absicht stellt die Autorin neben die Brutalität der Korinther anlässlich des Fests zu Ehren der Artemis die Brutalität der Kolcher, die sich beim Demeter-Fest manifestiert (M, S. 185–190).

Doch gibt es noch Schlimmeres als die bestialischen Ausschreitungen einer hysterischen Masse, nämlich den vorsätzlichen Mord zu politischen Zwecken. In Kolchis lässt Aietes seinen Sohn Absyrtos ermorden, um seinen Thron nicht zu verlieren. In Korinth lässt Kreon seine Tochter Iphinoe umbringen, um an der Macht zu bleiben. Zwei unterschiedliche Länder, zwei gleiche Verbrechen, auch wenn das Staatsverbrechen in Korinth besser getarnt ist als in Kolchis.[3] Zu Recht sieht Medea in Iphinoe eine authentische Schwester des Absyrtos (M, S. 104).

Wenn es eine Dichotomie gibt, einen geteilten Himmel, dann ist es nicht so sehr die Trennung zwischen Ost und West, Kolchis und Korinth, der ehemaligen DDR und der neuen Bundesrepublik, sondern jene zwischen den Siegern einerseits und den Opfern andererseits, was Medea auch unterstreicht:

> Auf dieser Scheibe, die wir Erde nennen, gibt es nichts anderes mehr, mein lieber Bruder, als Sieger und Opfer. (M, S. 104)

Christa Wolf verwendet den Mythos sicher in der Absicht einer Evokation der zeitgenössischen Wirklichkeit, die ihre Leser unschwer wiedererkennen dürften; doch würde man zu kurz greifen, wenn man in *Medea* nur eine Widerspiegelung des schwierigen deutschen Vereinigungsprozesses sehen wollte: das ist der Sinn der hier zitierten Worte Medeas. Als sie aus Kolchis floh, ahnte sie nicht, welch grausames Los sie in Korinth erwartete, angefangen mit den Verleumdungen bis hin zur Verbannung. In dieser Hinsicht ist die persönliche Erfahrung der Schriftstellerin wohl nicht ohne Bezug zur Wahl Medeas als Figur. Die Überschriften einiger Besprechungen im Frühjahr 1996 unterstreichen das unmißverständlich: „Medea Schwester" oder „Medea – Opfer eines Rufmords" oder noch „Medea des Ostens".[4]

---

3   In Kassandra hatte König Priamos einen Hirten damit beauftragt, seinen Sohn Paris zu töten, da er befürchtete eines Tages seine Macht an diesen Sohn zu verlieren (K, S. 54–55).

4   Andrea Köhler: „Medea Schwester". In: Neue Zürcher Zeitung, 3.3.1996; Thomas Anz: „Medea – Opfer eines Rufmords". In: Süddeutsche Zeitung, 2./3.3.1996; Sigrid Löfler: „Medea des Ostens". In: Falter 9/96; cf. auch Christine Tresch: „Ihr werdet mich nicht klein sehen". In: Die Wochenzeitung, 1.1.1996.

2. Transposition einer persönlichen Erfahrung

Zunächst muss erinnert werden, welche politische Rolle Christa Wolf im Herbst 1989 zu spielen suchte. In einer Rede auf dem Alexanderplatz rief sie ihre Landsleute auf, nicht zu fliehen, sondern wirksam für effektive Reformen einzutreten und so das Ideal, an das sie noch glaubte, Wirklichkeit werden zu lassen: „Stell dir vor, es ist Sozialismus, und keiner geht weg!"[5] Eine Erinnerung Jasons an Medea in Kolchis scheint die politische Rolle der Schriftstellerin zu illustrieren:

> Ich hatte doch gesehen, wie sie durch ihre Stadt ging, mit erhobenem Kopf. Wie die Leute sich um sie sammelten, sie grüßten. Wie sie mit ihnen sprach. Sie kannte jeden, eine Woge der Erwartung trug sie. (M, S. 40)

Medea bemühte sich jedoch vergeblich um eine Erneuerung und Verjüngung der Machtverhältnisse in Kolchis. Auch Christa Wolf musste rasch einsehen, dass ihr Plan eines „dritten Wegs" für Deutschland unter ihren Mitbürgern wenig Anhänger hatte.

Zur politischen Niederlage kam bald ein sicher noch schmerzlicherer Schlag hinzu, als Christa Wolf 1990 nach der Veröffentlichung ihres Buchs *Was bleibt* Opfer einer Verleumdungskampagne wurde. Knapp drei Jahre später wurde publik, dass Christa Wolf von 1959 bis 1962 selbst als IM mit der Stasi zusammengearbeitet hatte. Die Angriffe auf die Schriftstellerin wurden noch heftiger. Wir wollen uns nicht bei den Anklagepunkten und bei den Verleumdungen aufhalten, die Christa Wolf über sich ergehen lassen musste,[6] sondern hier nur die Antwort zitieren, die sie im September 1993 gab, als jemand sie fragte, wie glaubwürdig die Enthüllungen aus den Stasi-Akten seien:

> Diese Akten enthalten nicht „die Wahrheit", weder über den, zu dessen Observation sie angelegt wurden, noch über diejenigen, die sie mit ihren Berichten füllten [...] Nein, „die Wahrheit" über diese Zeit und über unser Leben müsse wohl doch die Literatur bringen.

---

5   Christa Wolf: Auf dem Weg nach Tabou, München: dtv, 1996, S. 13. Christa Wolf spielt hier auf das Schlagwort der deutschen Friedensbewegung der 80er Jahre an: „Stell dir vor, es ist Krieg und keiner geht hin!".

6   Zahlreiche Unterlagen zu diesem Thema finden sich in: Thomas Anz (Hg.): Es geht nicht um Christa Wolf – Der Literaturstreit im vereinten Deutschland, Frankfurt a. M.: Fischer, 1995 und Hermann Vinke (Hg.): Akteneinsicht Christa Wolf – Zerrspiegel und Dialog. Eine Dokumentation, Hamburg: Luchterhand, 1993.

In der Literatur, und gerade in *Medea*, hat Christa Wolf die Wahrheit wieder-
herstellen wollen.[7]

---

7   In ihrem Essay „Begegnungen Third Street" schildert Christa Wolf, wie die
     Medea-Figur als „Unschuldige" sich ihr während ihres Aufenthalts in Kalifor-
     nien aufgedrängt hat (1993). Cf. Christa Wolf: Hierzulande Andernorts, Mün-
     chen 1999, S. 11–12. Siehe auch, im selben Band den Essay „Von Kassandra
     zu Medea".

ANKE BOSSE (Namur, Belgien)

Heterotopien
Zur deutschen Literatur vor und nach der ‚Wende'

Michel Foucaults Konzept der „Heterotopie" hat eine komplexe, das Konzept immer wieder umschreibende Rezeption erfahren. Da macht es Sinn, sich die Ursprungstexte zu vergegenwärtigen: Hier stellt Foucault erstens der „Heterotopie" dezidiert die „Utopie" gegenüber, zweitens taucht diese Gegenüberstellung schon bei ihm in *zwei* unterschiedlichen Kontexten auf – einem raum- und einem sprachbezogenen.

In seinem Text *Von anderen Räumen* beschreibt Foucault Utopien und Heterotopien als „Räume", die „in Verbindung und dennoch im Widerspruch zu allen anderen Orten" stehen; Utopien seien „Orte ohne realen Ort", Heterotopien dagegen „reale, wirkliche, zum institutionellen Bereich der Gesellschaft gehörige Orte"; sie stellten „gleichsam Gegenorte" dar,

> tatsächlich verwirklichte Utopien, in denen […] die anderen realen Orte, die man in der Kultur finden kann, zugleich repräsentiert, in Frage gestellt und ins Gegenteil verkehrt werden. Es sind gleichsam Orte, die außerhalb aller Orte liegen, obwohl sie sich durchaus lokalisieren lassen.[1]

Eine Kultur, eine Gesellschaft von ihren Heterotopien her zu beschreiben, dürfte also gerade an die verborgeneren Kernbereiche ihrer Funktionsweise führen. Dass das Konzept der Heterotopie auch für die *Literaturwissenschaft* ein Gewinn sein kann, begründet Rainer Warning mit seiner Beobachtung, dass die Heterotopie als Gegenort häufig Sujet der Literatur sei – allerdings nicht als bloße „mimetische Replik" eines realen Gegenorts; vielmehr „modelliert" sie „ihn aus einer subjektiven Sprecherperspektive, macht ihn zum Ort einer außerordentlichen poetischen Erfahrung", die sich nach Foucault „in einem poetischen" Gegendiskurs „artikuliert".[2]

---

1   Michel Foucault: Von anderen Räumen. In: Ders.: Schriften in vier Bänden / Dits et Écrits. Hg. von Daniel Defert u. François Ewald. Bd. 4, S. 931–942, hier S. 935. Zur Entstehungsgeschichte: Michel Foucault: Die Heterotopien / Les hétérotopies. Der utopische Körper / Le corps utopique. Zwei Radiovorträge. Frankfurt a. M. 2005, S. 9–22, 39–52.
2   Rainer Warning: Der Zeitungsverkäufer am Luxembourg. In: DVjs 76 (2002), S. 261–270, hier S. 265.

Hierzu ist nun Foucaults *zweite* Heterotopie-Definition, die sprachbezogene, aufschlussreich. Laut seinem Vorwort zu *Die Ordnung der Dinge* folgen Utopien dem Muster einer Sinn und Kohärenz stiftenden Erzählung und entwerfen einen irrealen „wunderbaren und glatten Raum"; ihnen sei daher wesentlich zu „trösten". Im Gegensatz dazu seien Heterotopien zutiefst beunruhigend, „weil sie heimlich die Sprache unterminieren", „im voraus die ‚Syntax' zerstören", die Referentialität von Sprache und somit die „fundamentalen Codes einer Gesellschaft" unterlaufen. Dieses ‚de-kon-struktive' kreative Potential von Heterotopien entfalte sich gerade in der „Ortlosigkeit" speziell poetischer „Sprache", die einen „unwägbaren Raum" öffnet, an die Grenzen des Denkens führt– eine Konzeption von Alterität, die über die des ‚poetischen Gegendiskurses' noch hinausführt.[3]

Es geht also um *drei Ebenen*: 1) Heterotopie als realer Gegenort in einer Gesellschaft, 2) Heterotopie als literarisch gestalteter Gegenort, der 3) sprachlich heterotop artikuliert werden – kann. Und dies jeweils im Kontrast zur ‚Utopie'.

In ihren Zielvorgaben wies die 27. Sektion auf den von der kontrollierten Öffentlichkeit abweichenden ‚zweiten' Raum in der DDR hin, der allerdings weder autonomer Sektor noch eine dissidente Gegenöffentlichkeit gewesen sei, sondern integrierter Teil der DDR-Realität. Hinzuzufügen ist: Er konstellierte sich aus vielen, in Bezug auf ihren Autonomieanspruch unterschiedlichen Teilräumen. Diese möchte ich als ‚Heterotopien' ansprechen. Ich werde mich *erstens* auf drei Beispiele spezifisch ‚heterotoper', für die *literarische Produktion* von DDR-Autoren *konstitutive Räume* beschränken. *Zweitens* haben die Autoren diese ‚heterotopen Räume' in ihren Werken auch gestaltet. An diese wird, *drittens*, die Frage zu stellen sein, inwiefern sie sprachlich anzusiedeln sind zwischen einer de-konstruktiven Heterotopie oder einer sinn- und kohärenzstiftenden Utopie.

Beispiel 1: Das Literaturinstitut Johannes R. Becher in Leipzig war die zentrale staatliche Kaderschmiede der DDR für Nachwuchsautoren, ein Erziehungsinstrument der SED zum ‚sozialistischen Realismus'. *Mitten in* diesem institutionellen Bereich der DDR-Gesellschaft entwickelte sich mit dem Schreibseminar des Lyrikers Georg Maurer ein heterotoper, kreativer Freiraum: Um ihn als Mentor versammelte sich jene Gruppe von Jungautoren, die Adolf Endler etwas scherzhaft „Sächsische Dichterschule" nannte: Karl Mickel, Volker Braun, Sarah und Rainer Kirsch, Adolf Endler, Rainer Kunze, Heinz Czechowski, Bernd Jentzsch, Elke Erb u.a. Assoziiert war außerdem Wolf Biermann, als sich die Gruppe nach Ost-Berlin verlagerte

---

3   Michel Foucault: Die Ordnung der Dinge [1966]. Frankfurt a.M. [8]1989, S. 19f., 22 (Hervorhebung A.B.).

und sich neue, nun private ‚Gegenorte‘ sicherte wie Mickels Haus und Garten am Müggelsee oder Erich Arendts Berliner Wohnung. Unter dem wachsenden Erfahrungsdruck, dass Anspruch und Wirklichkeit des Sozialismus immer weiter auseinanderklafften, meldete diese Gruppe immer deutlicher Kritik vor allem an Fremdbestimmungs- und Entfremdungsphänomenen an, die sie, den offiziellen literarischen Codes des ‚sozialistischen Realismus‘ zuwiderlaufend, am geschmähten Ich veranschaulichten. Zugleich gab es wohl kaum je wieder eine Autorengruppe, deren Texte sich dermaßen zirkulär auf ihre Mitglieder, ihre Texte, ihr Schreiben und ihr gegenseitiges Lesen bezogen.[4] Diese Selbstbezüglichkeit – auch sie ein Code-Verstoß in der DDR – kann mit Blick auf ein Lesepublikum Ausschlusseffekte haben oder, hat sich der Leser genug Insiderwissen erlesen, umso wirkungsvollere Einschlusseffekte. Sie fungiert hier jedenfalls als „System der Öffnung und Abschließung", das nach Foucault Heterotopien „isoliert" oder einen spezifischen „Zugang zu ihnen ermöglicht".[5] Nur ein, auch hierfür repräsentativer Text sei erläutert: Bernd Jentzschs Kurzerzählung *Berliner Dichtergarten*.[6] Denn mit dem „Dichtergarten" imaginiert dieser Text eine *literarische* Heterotopie, einen eigentümlich abgesonderten ‚Gegenort‘. Hier versammeln sich die Dichter Bernd Jentzsch, der Ich-Erzähler, Sarah Kirsch, Karl Mickel und Günter de Bruyn; des abwesenden Volker Braun wird gedacht, Rainer Kunze stattet der Gruppe einen Besuch ab. Es treten aber auch bereits Verstorbene hinzu: Johannes Bobrowski, großes Vorbild der hier Versammelten, Otto zur Linde und Paul Scheerbart. Es wird deutlich: Jentzsch imaginiert einen „Dichtergarten" als Zeit und Raum transgredierende Gemeinschaft jenseits am Realismus geschulter Wahrnehmungsschemata und erstellt über das Personal und vielfältige Anspielungen Mehrfachverbindungen zu früheren Dichtern, Dichterkreisen und deren literarischen Programmen, vom Naturalismus über den Expressionismus bis zur Phantastik.[7] Dieser „Dichtergarten" bildet einen vom Umfeld abgelösten, eigenständigen Schutzraum, dessen Sich-selbst-Genügen mit dem Hinweis Foucaults korrespondiert, gerade der Garten sei „die kleinste Parzelle der Welt und zugleich [...] die ganze Welt" – und darin eine

4   Vgl. Gerrit-Jan Berendse: Die „Sächsische Dichterschule". Lyrik in der DDR der sechziger und siebziger Jahre. Frankfurt a.M. u.a. 1990, S. 1–5.

5   Foucault: Von anderen Räumen (Anm. 1), S. 940.

6   Erstveröffentlicht in der westdeutschen Literaturzeitschrift Tintenfisch. Jg. 1974, S. 11–13.

7   So zur Friedrichshagener Dichterkolonie am Müggelsee (pro Naturalismus), zu Arno Holz’ dezidiert sprachexperimentellem Naturalismus, zu Otto zur Lindes Berliner Dichterkreis „Charon" (u.a. Ansätze zum Expressionismus) und zu Scheerbart (Übergang vom Expressionismus zur Phantastik).

der „ältesten" Heterotopien.[8] Indem der Text aber *inhaltlich* einen fröh-
lichen, schöpferischen, durchaus Konflikte aus- und ertragenden Freundschaftsbund aus dem Geist des *wahren* Sozialismus phantasiert, dem diese
Autorengruppe (noch) anhängt, stellt er – eine Funktion der Heterotopie –
den Lebenskontext des *realen Sozialismus* infrage.

Zuletzt noch die Sprachebene: Der Text durchbricht spielerisch die
Zeit- und Raumkohärenz, er reiht unverbunden Miniszenen aneinander,
die ins Surreale kippen, und brilliert mit interliterarischen und intertextuellen Verweisen. Damit machte er sich suspekt in den Augen einer Kulturpolitik, die, orientiert am ‚sozialistischen Realismus',[9] gemäß einem binären
Bewertungscode mit positiv vs. negativ, fortschrittlich vs. reaktionär, vernünftig vs. irrational urteilte. Alles Mehrdeutige, Experimentelle stand so
von vornherein unter („Formalismus")-Verdacht – und näherte sich so dem
subversiven poetischen Gegendiskurs nach Foucault. Dafür entscheidend
war nicht, tabuisierte Sachverhalte auszusprechen, sondern „‚verrückte'
Erzählhaltungen", „fragmentierte, dezentrierte dramatische Fabeln", „Intertextualität und Redevielfalt", „Autoreflexivität" zu entwickeln[10] – so auch
bei den Autoren der „Sächsischen Dichterschule". Ihre reale Heterotopie
aber, ihr spezifischer ‚Schreib-Raum', zerschellte am sie umgebenden repressiven System, als in den 70er Jahren einige Autoren auswanderten bzw.,
wie Wolf Biermann, ausgebürgert wurden.

Beispiel 2: Aus dem Wissen eines solchen Zerfalls hat Christa Wolf ihr
Buch *Sommerstück* geschrieben, erschienen im Wendejahr 1989. Wolf gehört zu jener Generation von DDR-Autoren, die ihre vom Nationalsozialismus geprägte Kindheit und Jugend abgelten wollte durch affirmative
Selbstbindung an den deklariert antifaschistischen Staat DDR. Angesichts
des immer krasseren Widerspruchs zwischen dem ‚realen' DDR-Sozialis-
mus und seinen Versprechungen wurde vielen allerdings bewusst, dass sie
in eine Loyalitätsfalle geraten waren und der ersehnte ‚wahre Sozialismus'
mehr und mehr am fernen ‚Nichtort' siedelte, in der *Utopie* – was aber
gerade bei diesen Autoren die Vorstellung stabilisierte, dass es ihn dennoch gäbe und dass sie und ihre Literatur Statthalter dieser Utopie sein
müssten. Deshalb verbanden sie mit ihrer oft scharfen Kritik regelmäßig
die Unterlegung eines verborgenen, noch zu entfaltenden Sinns – den des
wahren, noch utopisch-ortlosen Sozialismus'. Damit und mit ihrem Ziel

---

8   Foucault: Von anderen Räumen (Anm. 1), S. 939.
9   Hinter dem Modell der sinn- und kohärenzstiftenden Erzählung, die Foucault
    dem sprachbezogenen Modell der Utopie zuschreibt, lässt sich das Programm
    des ‚sozialistischen Realismus' ausmachen.
10 Wolfgang Emmerich: Die andere deutsche Literatur. Aufsätze zur Literatur
    aus der DDR. Opladen 1994, S. 180 f.

der Sinngebung durch Sprache haben solche Texte den wesentlich „trö-
stenden" (und damit eben auch systemstabilisierenden) Effekt einer Utopie. *Sommerstück* stellt nun, auf dem Hintergrund fortgeschrittener Desillusionierung, die Frage, wie man überhaupt noch ein ‚richtiges Leben im
falschen' leben könne. Es gelingt, wie es scheint, einer kleinen Gruppe
von Intellektuellen, Künstlern, Autoren, die sich aufs Land nach Mecklenburg in alte Bauernhäuser zurückzieht und eine Art Künstlerkolonie bildet– und Wolf befürchtete, ihre Erzählung könne „als Idylle missverstan-
den werden".[11] Eine Idylle wird hier nicht entworfen, zu deutlich sind die
Einbrüche von Krisen, die Erinnerung an Verluste und Abschiede, das Scheitern eines Aufbruchs. Verdichtet werden autobiographische Erlebnisse aus
den Sommern 1975, 1976, 1977, in denen Christa und Gerhard Wolf, Helga Schubert, Joachim Seyppel u.a. sowie als Besucherinnen Sarah Kirsch
und Maxie Wander diese mecklenburgische ‚Künstlerkolonie' bildeten, die
als reale Heterotopie ansprechbar ist. Sie war der Versuch, eine (mit Foucault) „tatsächlich verwirklichte Utopie" zu leben, eine Gemeinschaft, die
sich durch Empathie, Freundschaft und das geteilte desillusionierte Wissen über das ‚falsche Leben' ‚draußen' konstituiert. In dieser dezidierten
Abgrenzung und im Installieren einer eigenen Ordnung – dem Wechsel
von streng eingehaltenen Arbeitszeiten mit Festen– praktizierte sie eine
Eigengesetzlichkeit, die nach Foucault für Heterotopien typisch ist.[12] Komplexer geht *Sommerstück* in der *literarischen* Gestaltung dieser Kolonie-
Heterotopie vor. Sehr deutlich wird herausgearbeitet, wie diese Gemeinschaft ein Fremdkörper im ländlichen Leben und ‚außerhalb' ist: „Die
Geschichte hatte weitergearbeitet. Leute unserer Art, dachte Ellen, verweist sie in diesem Land auf Inseln und da müssen wir noch froh sein,
wenn die uns bleiben."[13] Der Text kombiniert mit dem heterotopen ‚Insel'-
Raum eine für Heterotopien spezifische Heterochronie, einen „Bruch mit
der traditionellen Zeit"[14]– hier einen eigentümlichen Stillstand. Die Aus-
zeit am „Gegenort" bietet die Möglichkeit, einen geradezu überlebensnot-
wendigen „Vorrat an Gemeinschaft"[15] anzulegen, mit dem man in den ‚Alltag' zurückkehren kann und kreative Kraft findet. Natürlich ist diese
Künstlerkolonie auch darin Heterotopie, dass sie, das ‚richtige Leben im
falschen' zeigend, die Dysfunktionalität der umgebenden (DDR-)Gesell-

---

11   Christa Wolf: Schreiben im Zeitbezug. In: Dies.: Im Dialog. Darmstadt/Neu-
     wied 1990, S.131–157, hier S.149.
12   Foucault: Von anderen Räumen (Anm. 1), S. 941. Vgl. das Zeugnis Joachim
     Seyppels unter http://www1.ndr.de/ndr_pages_std/0,2570,OID512266,00.html.
13   Christa Wolf: Sommerstück. Frankfurt a.M. [2]1989, S. 188.
14   Foucault: Von anderen Räumen (Anm. 1), S.939.
15   Wolf: Sommerstück (Anm. 13), S.10.

schaft desavouiert. Allerdings ist dieser Text *sprachlich* nicht heterotop-beunruhigend, sondern, in eingängiger Sprache, harmonisierend. Er sug-geriert durch wiederholtes „wisst ihr noch" und dauerndes „wir" *jedem* Leser: Du bist selbst dabei, dabei gewesen.[16] Und der DDR-Leser proji-ziert seine eigenen ‚kleinen Fluchten' auf den hier dargestellten Freiraum in einem repressiven System. Er findet sich bestätigt, dass es ihn gibt – und darin ist dieser Text, kurz vor der Wende veröffentlicht, doch wieder sy-stemstabilisierend und *tröstend* wie eine Utopie.

Beispiel 3: Deutlich radikaler war da der Ansatz der jungen, seit Ende der 70er Jahre auftretenden Autorengeneration. Diese ‚Hineingeborenen' hat-ten den Sozialismus nur als deformierte Realität und nicht mehr als Hoff-nung kennen gelernt. Konsequent erteilten sie jeder Utopie eine Absage und zogen sich in Randzonen der DDR-Gesellschaft zurück. Die Enklave der subkulturellen Prenzlauer-Berg-Szene ist nur das prominenteste Beispiel eines solchen ‚anderen Orts', einer solchen Heterotopie – Texte wie *Bestia-rium literaricum* bringen dies etwa im Bild des (*immer* heterotopen) Zoos auch *literarisch* auf den Punkt.[17] Hatte die kritisch-loyale ältere Generatio-nen als ‚Statthalter der Utopie' beträchtliches kulturelles Kapital ansam-meln und über ihre Präsenz im ost- *und* westdeutschen Literaturbetrieb verdoppeln können, suchten die Jungen im Gegensatz dazu maximale Au-tonomie durch ein Netz ausschließlich selbstverlegter Samisdat-Literatur mit einer kleinen, meist auf den heterotopen Raum beschränkten Distribu-tion. Es entwickelte sich eine interne, selbstbezügliche Kommunikations-struktur, die diese Heterotopie nach außen deutlich abgrenzte. Gemeinsame Basis war eine Diskurs- und Schreibpraxis, die jegliche konfrontative Be-zugnahme auf den herrschenden Diskurs verweigerte, um ihm nicht als bloßer „Gegen-Diskurs" verhaftet zu bleiben. In ihrem Text *Zoro in Skorne* erklären Stefan Döring, Jan Faktor und Bert Papenfuß: „[…] nichtsdesto-trotz ist Politik weder mit Alternativ-, noch mit Anti-, noch mit sonst wel-chen A-Polytiken beizukommen ist ihr lediglich mit UNKONTROLL-/Lier-barkeit, in etwa einem Schalxtum, freiwillig […]."[18] Die Autoren entwickelten eine avancierte, poststrukturalistisch inspirierte Sprachreflexion und, nach dem Motto „alle randgebiete sind gefährlich. Jede begriffsstruktur ist ver-

16 Ebd., S. 31, 59, 113, 187 u. ö.; vgl. S. 61: „Schließt die Augen. Versetzt euch in
     einen der nächsten Abende."
17 H. Gurwizz [Pseudonym]: Bestiarium literaricum etlicher Spezies aus der Fauna
     der Assoziativen Finalpoesie der blasseren Hälfte Berlins und Umgegend […]
     In: Heinz Ludwig Arnold (Hg.): Die andere Sprache. Neue DDR-Literatur der
     80er Jahre. München 1990, S. 226–233.
18 Klappentext zu Andreas Koziol / Rainer Schedlinski (Hgg.): Abriss der Ariadne-
     fabrik. Berlin 1990.

wundbar an ihren rändern", eine Ästhetik und Poetik, die sich das Experimentelle, Fragmentarische, das Sprachspiel, die Dekonstruktion des Sprachmaterials, dessen maximale Funktionsfreiheit auf ihre Fahnen schrieb. Viele
ihrer Texte öffneten „unwägbare Räume" auch jenseits der Verständlichkeit
– und damit über den poetischen ‚Gegendiskurs' hinausführende, Sinn und
Kohärenz verweigernde, *sprachbezogene* Heterotopien:[19]

> Hinein in tumultane Zügellosigkeit [...]. Ssmatens schäfft's mir lo grimm und
> ich went's nopel missbrauchen um halb lo Quantmmes-Schibbes zu fetzen.
> Vom Leffzenruach, der in mir cabbaster, baute mir neulich wieder mal logig-
> geslogagges. Alles baut mir kiesig murr. [...][20]

Den Autoren der Prenzlauer Berg-Szene – Uwe Kolbe, Bert Papenfuß, Johannes Jansen, Sacha Anderson, Rainer Schedlinski, Jan Faktor, Stefan Döring,
Peter Böthig, Durs Grünbein, Kurt Drawert und die älteren Gerd Neumann,
Adolf Endler und Elke Erb – schien der Ausbruch aus der Selbstfesselung
an das System zu gelingen. ‚Andere Orte', herrschaftsfreie, in der Gesellschaft, in der Sprache, in der Literatur zu besetzen, dem galt ihr Bemühen.
    Nach der Wende aber, mit dem Verschwinden der DDR, verlieren auch
die für sie spezifischen Heterotopien ihre Funktion, ihren Existenzgrund, ob
die Künstlerkolonie in Mecklenburg oder die Prenzlauer Berg-Szene. Vor
einem utopielosen Horizont verloren die Autoren der Generation Christa
Wolfs ihren Status als öffentliches, loyal-kritisches Sprachrohr, hatten aber
immerhin eine solide Publikationsbasis, waren sie doch seit Jahrzehnten
auch im westlichen Literaturbetrieb etabliert. Anders die sprachexperimen-
telle Literatur vom Prenzlauer Berg. Sie verlor ihre Klandestinität, die Autoren
hatten nur die Wahl, in der Konkurrenz des Literaturbetriebs, am Markt, zu
bestehen (was einigen gelang), oder aber im sich bewahrenden Zirkel zu
vergehen. Ihr Verdienst, so dezidiert gegen die Herrschaftssprache angetre-
ten zu sein, zählte über Nacht nichts mehr. Schlimmer noch: Ausgerechnet
Rainer Schedlinski, der sich als Analyst und Kritiker der Herrschaftssprache
profiliert hatte, wurde 1992 zusammen mit Sascha Anderson als IM entlarvt.
Ausgerechnet die Prenzlauer Berg-Szene, die konsequenteste ‚Heterotopie'
in meinen drei Beispielen, war letztlich ein ‚Außenraum im Innenraum einer
Ordnung', der von dieser Ordnung nicht nur unterminiert, sondern, um
umfassend kontrollierbar zu sein, zugleich als gegenpoliger ‚Außenraum'
verdeckt und zielgenau *gefördert* wurde – lieferte er doch nur als solcher
der Stasi(-Kontrolle) ihre Existenzberechtigung.[21]

---

19 Peter Böthig: ganz kleiner versuch über den schaden. In: Ebd., S. 142–145,
    hier S. 143.
20 Zoro in Skorne, Klappentext zu ebenda.
21 Vgl. dazu den brillanten Roman Ich von Wolfgang Hilbig (1993).

Offensichtlich aber ist eine andere Art der ‚Heterotopie' am Prenzlauer Berg entstanden aus jenen, die ihre Verweigerungshaltung radikal
prolongieren bis hin zur Selbstsabotage – nämlich widerständig gegen den
Markt, den Literaturbetrieb, die potentielle Leserschaft und sich selbst.
Trocken stellt Jan Faktor zehn Jahre nach dem Fall der Mauer fest, die
„Nach-Wende-Bücher" vieler wichtiger Autoren des Prenzlauer Bergs hätten sich „nicht nur *nicht verkauft*", sie seien zudem absichtlich „*schwer
lesbar bis ungenießbar*", um (im Falle des Talentiertesten, Bert Papenfuß)
„von der Öffentlichkeit unumkehrbar abgelehnt zu werden". Faktors Nach-
Wende-Fazit:

> Aus uns ist das geworden, was aus uns zu DDR-Zeiten auch werden sollte:
> Kunstmacher im Unterholz und in Randgebieten. [...] Damals befanden sich
> die so genannten Prenzlauer-Berg-Autoren außerhalb des offiziellen Gesche-
> hens, heute sind sie am Rande oder unterhalb der Schwelle, an der die großen
> oder größeren Verlage sie hereinzubitten gewillt sind. [...] Auf den Büchern
> der Prenzlauer-Berg-Autoren liegt [...] der Fluch der Verweigerung.[22]

Eine freiwillig-unfreiwillige Heterotopie.

---

22 Jan Faktor: Warum aus uns nichts geworden ist. Betrachtungen zur Prenzlauer-
    Berg-Szene zehn Jahre nach dem Mauerfall [1999]. In: Heinz Ludwig Arnold
    (Hg.): DDR-Literatur der neunziger Jahre. München 2000, S. 92–106, hier S. 94,
    97.

Jahrbuch für Internationale Germanistik
Reihe A - Kongressberichte

Band 51   Torsten Hahn (Hg.): Internationales Alfred-Döblin-Kolloquium, Bergamo 1999, 314 S. 2002.

Band 52   Anton Schwob, András Vizkelety (Hg.), unter Mitarbeit von Andrea Hofmeister-Winter: Entstehung und Typen mittelalterlicher Lyrikhandschriften. Akten des Grazer Symposiums, 13.–17. Oktober 1999. 328 S. 2001.

Band 53 bis Band 64:
          Peter Wiesinger (Hg.), unter Mitarbeit von Hans Derkits: Akten des X. Internationalen Germanistenkongresses Wien 2000. «Zeitenwende – Die Germanistik auf dem Weg vom 20. ins 21. Jahrhundert».

Band 53   Peter Wiesinger (Hg.): Akten des X. Internationalen Germanistenkongresses Wien 2000. «Zeitenwende – Die Germanistik auf dem Weg vom 20. ins 21. Jahrhundert». Band 1: Grußworte und Eröffnungsvorträge – Plenarvorträge – Diskussionsforen – Berichte. 180 S. 2002.

Band 54   Peter Wiesinger (Hg.): Akten des X. Internationalen Germanistenkongresses Wien 2000. «Zeitenwende – Die Germanistik auf dem Weg vom 20. ins 21. Jahrhundert». Band 2: Entwicklungstendenzen der deutschen Gegenwartssprache – Lexikologie und Lexikographie. 399 S. 2002.

Band 55   Peter Wiesinger (Hg.): Akten des X. Internationalen Germanistenkongresses Wien 2000. «Zeitenwende – Die Germanistik auf dem Weg vom 20. ins 21. Jahrhundert». Band 3: Aufgaben einer zukünftigen Sprachgeschichtsforschung – Gesprochene Sprache in regionaler und sozialer Differenzierung – Sprache in der Öffentlichkeit. 443 S. 2002.

Band 56   Peter Wiesinger (Hg.): Akten des X. Internationalen Germanistenkongresses Wien 2000. «Zeitenwende – Die Germanistik auf dem Weg vom 20. ins 21. Jahrhundert». Band 4: Lehr- und Lernprozesse des Deutschen als Fremdsprache in kognitiver Perspektive – Sozial-kulturelle Aspekte des Deutsch-als-Fremdsprache-Unterrichts. 319 S. 2002.

Band 57   Peter Wiesinger (Hg.): Akten des X. Internationalen Germanistenkongresses Wien 2000. «Zeitenwende – Die Germanistik auf dem Weg vom 20. ins 21. Jahrhundert». Band 5: Mediävistik und Kulturwissenschaften – Mediävistik und Neue Philologie. 361 S. 2002.

Band 58   Peter Wiesinger (Hg.): Akten des X. Internationalen Germanistenkongresses Wien 2000. «Zeitenwende – Die Germanistik auf dem Weg vom 20. ins 21. Jahrhundert». Band 6: Epochenbegriffe: Grenzen und Möglichkeiten – Aufklärung / Klassik / Romantik – Die Wiener Moderne. 524 S. 2002.

Band 59   Peter Wiesinger (Hg.): Akten des X. Internationalen Germanistenkongresses Wien 2000. «Zeitenwende – Die Germanistik auf dem Weg vom 20. ins 21. Jahrhundert». Band 7: Gegenwartsliteratur – Deutschsprachige Literatur in nichtdeutschsprachigen Kulturzusammenhängen. 384 S. 2002.

Band 60   Peter Wiesinger (Hg.): Akten des X. Internationalen Germanistenkongresses Wien 2000. «Zeitenwende – Die Germanistik auf dem Weg vom 20. ins 21. Jahrhundert». Band 8: Kanon und Kanonisierung als Probleme der Literaturgeschichtsschreibung – Interpretation und Interpretationsmethoden. 361 S. 2003.

Band 61   Peter Wiesinger (Hg.): Akten des X. Internationalen Germanistenkongresses Wien 2000. «Zeitenwende – Die Germanistik auf dem Weg vom 20. ins 21. Jahrhundert». Band 9: Literaturwissenschaft als Kulturwissenschaft – Interkulturalität und Alterität / Interdisziplinarität und Medialität / Konzeptionalisierung und Mythographie. 390 S. 2003.

Band 62   Peter Wiesinger (Hg.): Akten des X. Internationalen Germanistenkongres-
          ses Wien 2000. «Zeitenwende – Die Germanistik auf dem Weg vom 20. ins
          21. Jahrhundert». Band 10: Geschlechterforschung und Literaturwissen-
          schaft – Literatur und Psychologie – Medien und Literatur. 425 S. 2003.
Band 63   Peter Wiesinger (Hg.): Akten des X. Internationalen Germanistenkongres-
          ses Wien 2000. «Zeitenwende – Die Germanistik auf dem Weg vom 20. ins
          21. Jahrhundert». Band 11: Übersetzung und Literaturwissenschaft – Ak-
          tuelle und allgemeine Fragen der germanistischen Wissenschaftsgeschich-
          te. 339 S. 2003.
Band 64   Peter Wiesinger (Hg.): Akten des X. Internationalen Germanistenkongres-
          ses Wien 2000. «Zeitenwende – Die Germanistik auf dem Weg vom 20. ins
          21. Jahrhundert». Band 12: Niederländische Sprach- und Literaturwissen-
          schaft im europäischen Kontext – Der skandinavische Norden: Sprache,
          Literatur und Kultur. 213 S. 2002.
Band 65   Julia Bernhard, Joachim Schlör (Hg.): Deutscher, Jude, Europäer im 20.
          Jahrhundert. Arnold Zweig und das Judentum. Akten des V. Internationalen
          Arnold-Zweig-Symposiums, Potsdam 1999. 267 S. 2004.
Band 66   Michael Scheffel (Hg.): Erschriebene Natur. Internationale Perspektiven auf
          Texte des 18. Jahrhunderts. 333 S. 2001.
Band 67   Franz Simmler (Hg.): Textsorten deutscher Prosa vom 12./13. bis 18. Jahr-
          hundert und ihre Merkmale. Akten zum Internationalen Kongress in Berlin,
          20. bis 22. September 1999. 662 S. 2002.
Band 68   Peter Pabisch (Hg.): Mit Goethe Schule machen? Akten zum Internationalen
          Goethe-Symposium, Griechenland–Neumexiko–Deutschland 1999. 205 S.
          2002.
Band 69   Hartmut Eggert, Gabriele Prauß (Hg.): Internationales Alfred-Döblin-Kollo-
          quium, Berlin 2001. 320 S. 2003.
Band 70   Ferdinand van Ingen, Hans-Gert Roloff (Hg.): Johann Beer. Schriftsteller,
          Komponist und Hofbeamter, 1655–1700. Kongressakten des Internationa-
          len Beer-Symposions in Weißenfels (3.–8. Oktober 2000). 642 S. 2003.
Band 71   Anton Schwob, Karin Kranich-Hofbauer (Hg.): Zisterziensisches Schreiben
          im Mittelalter – Das Skriptorium der Reiner Mönche. Beiträge der Interna-
          tionalen Tagung im Zisterzienserstift Rein, Mai 2003. 450 S. 2005.
Band 72   Peter Pabisch (Hg.): Patentlösung oder Zankapfel? «German Studies» für
          den internationalen Bereich als Alternative zur Germanistik – Beispiele aus
          Amerika. 384 S. 2005.
Band 73   Ralf Georg Czapla, Ulrike Rembold (Hg.): Gotteswort und Menschenrede.
          Die Bibel im Dialog mit Wissenschaften, Künsten und Medien. 417 S.
          2006.
Band 74   Marian Holona, Claus Zittel (Hg.): Masurische Gespräche. Beiträge zur Pol-
          nisch-Deutschen Elfriede Jelinek-Konferenz, Olsztyn 2005. In Vorbereitung
Band 75   Christine Maillart, Monique Mombert (Hg.): Internationales Alfred-Döblin-
          Kolloquium. Strasbourg 2003. 258 S. 2006.
Band 76   Daniel Azuélos (Hg./Ed.): Lion Feuchtwanger und die deutschsprachigen
          Emigranten in Frankreich von 1933 bis 1941 / Lion Feuchtwanger et les
          exilés de lange allemande en France de 1933 à 1941. 537 S. 2006.
Band 77   bis Band 88
          Jean-Marie Valentin (Hg.): Akten des XI. Internationalen Germanistenkon-
          gresses Paris 2005. «Germanistik im Konflikt der Kulturen».

Band 77   Jean-Marie Valentin (Hg.) unter Mitarbeit von Jean-François Candoni: Akten des XI. Internationalen Germanistenkongresses Paris 2005. «Germanistik im Konflikt der Kulturen». Band 1: Ansprachen – Plenarvorträge – Podiumsdiskussionen – Berichte. 232 S. 2007.

Band 78   Jean-Marie Valentin (Hg.) unter Mitarbeit von Konrad Harrer: Akten des XI. Internationalen Germanistenkongresses Paris 2005. «Germanistik im Konflikt der Kulturen». Band 2: Jiddische Sprache und Literatur in Geschichte und Gegenwart – Niederlandistik zwischen Wissenschaften und Praxisbezug – Alteritätsdiskurse in Sprache, Literatur und Kultur der skandinavischen Länder. 325 S. 2007.

Band 79   Jean-Marie Valentin (Hg.) unter Mitarbeit von Marielle Silhouette: Akten des XI. Internationalen Germanistenkongresses Paris 2005. «Germanistik im Konflikt der Kulturen». Band 3: Deutsch lehren und lernen im nichtdeutschsprachigen Kontext – Übersetzen im Kulturkonflikt. 318 S. 2007.

Band 80   Jean-Marie Valentin (Hg.) unter Mitarbeit von Hélène Vinckel: Akten des XI. Internationalen Germanistenkongresses Paris 2005. «Germanistik im Konflikt der Kulturen». Band 4: Empirische Grundlagen moderner Grammatikforschung – Integrative Zugriffe auf Phänomene des Sprachwandels – Lexik und Lexikologie: sprachpolitische Einstellungen und Konflikte – Sprache und Diskurs in den neuen Medien. In Vorbereitung.

Band 81   Jean-Marie Valentin (Hg.) unter Mitarbeit von Laure Gauthier: Akten des XI. Internationalen Germanistenkongresses Paris 2005. «Germanistik im Konflikt der Kulturen». Band 5: Kulturwissenschaft vs. Philologie? – Wissenschaftskulturen: Kontraste, Konflikte, Synergien – Editionsphilologie: Projekte, Tendenzen und Konflikte. In Vorbereitung.

Band 82   Jean-Marie Valentin (Hg.) unter Mitarbeit von Stéphane Pesnel: Akten des XI. Internationalen Germanistenkongresses Paris 2005. «Germanistik im Konflikt der Kulturen». Band 6: Migrations-, Emigrations- und Remigrationskulturen – Multikulturalität in der zeitgenössischen deutschsprachigen Literatur. 386 S. 2007.

Band 83   Jean-Marie Valentin (Hg.) unter Mitarbeit von Ronald Perlwitz: Akten des XI. Internationalen Germanistenkongresses Paris 2005. «Germanistik im Konflikt der Kulturen». Band 7: Bild, Rede, Schrift – Kleriker, Adel, Stadt und außerchristliche Kulturen in der Vormoderne – Wissenschaften und Literatur seit der Renaissance. In Vorbereitung.

Band 84   Jean-Marie Valentin (Hg.) unter Mitarbeit von Stéphane Pesnel: Akten des XI. Internationalen Germanistenkongresses Paris 2005. «Germanistik im Konflikt der Kulturen». Band 8: Universal-, Global- und Nationalkulturen – Nationalliteratur und Weltliteratur. 322 S. 2007.

Band 85   Jean-Marie Valentin (Hg.) unter Mitarbeit von Elisabeth Rothmund: Akten des XI. Internationalen Germanistenkongresses Paris 2005. «Germanistik im Konflikt der Kulturen». Band 9: Divergente Kulturräume in der Literatur – Kulturkonflikte in der Reiseliteratur. 411 S. 2007.

Band 86   Jean-Marie Valentin (Hg.) unter Mitarbeit von Brigitte Scherbacher-Posé: Akten des XI. Internationalen Germanistenkongresses Paris 2005. «Germanistik im Konflikt der Kulturen». Band 10: Geschlechterdifferenzen als Kulturkonflikte – Regiekunst und *Development-Theatre* – Streiten im Lichte der linguistischen und literaturwissenschaftlichen Dialogforschung – Deutsche Sprache und Literatur nach der Wende. 486 S. 2007.

Jean-Marie Valentin (Hrsg.)
unter Mitarbeit von Stéphane Pesnel

Akten des XI.
Internationalen Germanistenkongresses Paris 2005
«Germanistik im Konflikt der Kulturen»

Band 8
Universal-, Global- und Nationalkulturen
Betreut von Young Eun Chang, Konrad Ehlich und Fabrice Malkani

Nationalliteratur und Weltliteratur
Betreut von Alexander Belobratow,
Raymond Heitz und Naoji Kimura

Bern, Berlin, Bruxelles, Frankfurt am Main, New York, Oxford, Wien, 2007. 322 S.
Jahrbuch für Internationale Germanistik. Reihe A: Kongressberichte. Bd. 84
Herausgegeben von Hans Gert Roloff
ISBN 978-3-03910-797-1 br.
sFr. 75.– / €* 51.70 / €** 53.10 / € 48.30 / £ 31.40 / US-$ 62.95

* inkl. MWSt. – gültig für Deutschland ** inkl. MWSt. – gültig für Österreich

Der 8. Band der Akten des XI. Internationalen Germanistenkongresses Paris 2005 bewegt sich im Spannungsfeld zwischen National- und Globalkulturen und erkundet die daraus hervorgehenden Wege der Literatur.

In der Sektion «Universal-, Global- und Nationalkulturen» werden neben der traditionellen Opposition zwischen Nationalkultur und Universalkultur folgende Richtungen erforscht: Hierarchisierung der Kulturen, höhere *vs.* niedere Kultur, Zentralisierung *vs.* Regionalisierung, Internationalismus *vs.* Regionalismus; Begriffe und Begriffsgeschichte: Nation-Nationalismus-Nationalkultur.

In der Sektion «Nationalliteratur und Weltliteratur» stehen die Bestimmung dieser beiden Begriffe sowie ihre historischen Zusammenhänge im Zentrum. Dazu kommen Untersuchungen, die der Erforschung der Kommunikation und der produktiven Auseinandersetzung der deutschsprachigen Literatur mit anderen Literaturen gewidmet sind.

Aus dem Inhalt: Kosmopolitismus – Kultur und Nation – Patriotismus – National- und Globalkulturen – Elitäre vs. populäre Kultur – Lokalkultur vs. Globalkultur – Europa und aussereuropäische Perspektiven – Europäisierung und Globalisierung – Transnationale Kulturräume – Deutsche, österreichische und schweizerische Literatur – Weltliteratur als Manifestation der Moderne – Globalisierung vs. Lokalisierung.

PETER LANG
Bern · Berlin · Bruxelles · Frankfurt am Main · New York · Oxford · Wien

Jean-Marie Valentin (Hrsg.)
unter Mitarbeit von Elisabeth Rothmund

Akten des XI.
Internationalen Germanistenkongresses Paris 2005
«Germanistik im Konflikt der Kulturen»

Band 9

Divergente Kulturräume in der Literatur
Betreut von Marc Cluet, Zhu Jianhua, Aleya Khattab,
M. K. Natarajan und Christoph Graf von Nayhauss

Kulturkonflikte in der Reiseliteratur
Betreut von Annakutty V. K. Findeis,
Hans-Wolf Jäger und Françoise Knopper

Bern, Berlin, Bruxelles, Frankfurt am Main, New York, Oxford, Wien, 2007. 411 S.
Jahrbuch für Internationale Germanistik. Reihe A: Kongressberichte. Bd. 85
Herausgegeben von Hans Gert Roloff
ISBN 978-3-03910-798-8 br.
sFr. 95.– / €* 65.50 / €** 67.30 / € 61.20 / £ 39.80 / US-$ 79.95

* inkl. MWSt. – gültig für Deutschland   ** inkl. MWSt. – gültig für Österreich

Band 9 der Akten des XI. Internationalen Germanistenkongresses Paris 2005 vereinigt Arbeiten zur literarischen Auseinandersetzung mit Fremdkulturen und zu Formen der Reiseliteratur.

Die Sektion «Divergente Kulturräume in der Literatur» behandelt die Wahrnehmung bzw. Konstruktion fremdkultureller Wirklichkeit deutschsprachiger Autoren, die sich selbst einem deutschen Kulturraum zurechnen. Das Interesse gilt den Denkmustern, durch welche die fremdkulturelle Wirklichkeit zustande kommt, der Beschaffenheit der fremdkulturellen Wirklichkeit sowie deren Funktion für die Autoren und ihr Publikum.

In der Sektion «Kulturkonflikte in der Reiseliteratur» werden alle Textgattungen beleuchtet, die mit Konflikt und Mobilität zu tun haben: sowohl authentische Reiseberichte, Apodemiken, Ratschläge für Touristen und Auswanderer, Vademekums für Diplomaten, Kriegstagebücher, als auch fiktive, literarische Reisebeschreibungen und Utopien.

PETER LANG
Bern · Berlin · Bruxelles · Frankfurt am Main · New York · Oxford · Wien

Jean-Marie Valentin (Hrsg.)
unter Mitarbeit von Jean-François Candoni

Akten des XI.
Internationalen Germanistenkongresses Paris 2005
«Germanistik im Konflikt der Kulturen»

Band 12
Europadiskurse in der deutschen Literatur und Literaturwissenschaft
Betreut von Claudia Benthien,
Paul Michael Lützeler und Anne-Marie Saint-Gille

Deutsch-jüdische Kulturdialoge/-konflikte
Betreut von Daniel Azuélos, Klaus L. Berghahn,
Irène Heidelberger-Leonard und Bernd Witte

Bern, Berlin, Bruxelles, Frankfurt am Main, New York, Oxford, Wien, 2007. 384 S.
Jahrbuch für Internationale Germanistik. Reihe A: Kongressberichte. Bd. 88
Herausgegeben von Hans Gert Roloff
ISBN 978-3-03910-801-5 br.
sFr. 89.– / €* 61.40 / €** 63.10 / € 57.40 / £ 40.20 / US-$ 68.95

* inkl. MWSt. – gültig für Deutschland ** inkl. MWSt. – gültig für Österreich

Band 12 der Akten des XI. Internationalen Germanistenkongresses Paris 2005 behandelt Europadiskurse in der deutschen Literatur(wissenschaft) sowie deutsch-jüdische Kulturdialoge und -konflikte.

Der Rolle von Schriftstellern und Publizisten in der Europadiskussion wird im Zusammenhang mit der gegenwärtigen europäischen Integration vermehrt Aufmerksamkeit geschenkt. Die Beiträge der Sektion «Europadiskurse in der deutschen Literatur und Literaturwissenschaft» berücksichtigen die methodischen und theoretischen Anregungen der jüngsten Forschung, entdecken offene Fragen und befassen sich mit der literarischen Verarbeitung des Themas.

Neben den Konflikten zwischen deutschen Juden und ihren deutschen Mitbürgern war auch die Auseinandersetzung mit der jüdischen Identität innerhalb der jüdischen Gemeinschaft Deutschlands spannungsreich. Die Beiträge der Sektion «Deutsch-jüdische Kulturdialoge/-konflikte», welche die 12 Kongressbände beschliesst, untersuchen verschiedene Standpunkte und Ansätze jüdischer und nicht-jüdischer Schriftsteller in ihrer Beschäftigung mit der jüdischen Identität.

PETER LANG
Bern · Berlin · Bruxelles · Frankfurt am Main · New York · Oxford · Wien